Financial Law

新编金融法学

（第三版）

主 编 唐 波

北京大学出版社
PEKING UNIVERSITY PRESS

颖,资料截至2004年底。

本书由唐波总策划,设计写作大纲和写作要求,由唐波、贾希凌审定全书。张宁为本书的统稿做了大量工作,邱晓琛做了部分文字校对工作。全书各章内容的撰写分工如下:

贾希凌(第一章)、胡国祥(第一章、第二章)、张宁(第三章、第五章、第十章)、于永峰(第四章)、唐波(第五章、第七章、第十章)、穆治平(第六章)、莫璟华(第七章)、邱晓琛(第八章)、时小丽(第九章)。本书是全体写作人员通力合作的结晶。

本书的撰写及出版,得益于华东政法大学的系列教材更新的明智决定,得到了华东政法大学相关部门和领导的大力支持,在此深表感谢。

金融改革千头万绪,金融法内容浩瀚庞杂,加之撰写者学识有限,撰写时间紧迫,本书难免存在许多不足,真诚欢迎读者批评指正。

主　编

2005年1月

第二版修订说明

我国金融市场发展迅速，金融法的废、改、立十分频繁，特别是2005年10月27日，第十届全国人民代表大会常务委员会第十八次会议通过了新修订的《中华人民共和国证券法》（自2006年1月1日起施行），对我国金融市场的发展意义深远。本书再版时，根据最新的法律法规，对相关章节作了修改、调整；对错误之处作了订正；对第六章证券法律制度则作了较大改动。

特此说明。

主　编

2006年7月

第三版修订说明

第三版的修订,有这样两方面改进:一是自第二版出版以来,国内外金融市场及其金融法制有了较大的变化和发展,这些内容需及时反映在教材中。对保险法的内容,则根据新修订的《中华人民共和国保险法》作了全面的更新。本次修订,资料截止到2011年初。二是本次修订,由华东政法大学经济法学院常年坚持在金融法教学科研第一线的五位博士教师执笔完成,他们将积累的较为丰富的授课经验融入教材修订中。

全书的修订分工为:第一章,贾希凌;第二、三、四章,何颖;第五、六章,唐波;第七章,唐波、赵琼;第八、九章,张敏;第十章,孙宏涛。全书由唐波审定。研究生赵琼为全书做了大量文字工作,在此深表感谢。

主　编

2011年4月

目　　录

第一章　金融法总论

第一节　金 融 概 述

一、金融概念的产生和发展

金融，即货币资金的融通，也可以说是与货币流通和信用有关的各种活动。1915年的《辞源》中曾有“今谓金钱之融通曰金融，旧称银根”的解释。[①] 按严格的定义，金融是指在社会经济生活中的货币流通和信用活动以及与其相联系的一切经济活动的总称。金融是一个经济范畴，包括金融关系、金融活动、金融机构、金融工具、金融市场等一切与货币和信用相关的经济关系和活动。

货币产生初期，仅仅是商品交换的媒介而已，与信用并不直接联系。随着经济的发展，交换日益频繁，信用的需要也越来越多。在货币成为较为固定形态的金属货币后，货币与信用就逐渐结合起来，形成以货币为对象的信用形式，即货币信用。货币信用最早的形式是货币兑换，即不同金属货币之间的交换，这是以货币为直接对象的交换。以后由于货币兑换的发展，又产生了货币贷放、货币保管、代理支付以及汇兑等业务，并由此产生专营或者兼营的货币经营业。由此可见，货币信用的出现即已包含了金融关系的某些特征。但是，早期的金融关系比较薄弱，内容单一，范围狭小，在整个社会经济中的影响和作用不大。在资本主义之前的时期，也没有“金融”这样的概念。

在资本主义经济条件下，货币信用关系突飞猛进，出现了专门经营货币信用业务的现代金融机构——银行。银行通过货币信贷业务，对全社会的货币流通以及货币资本的分配与再分配起了组织和枢纽的作用，同时也产生了各种信用货币，如票据、股票、债券等，越来越多的社会经济活动和商品交易都通过信用货币进行。货币与信用在近代商品经济条件下紧密地结合起来。第一次世界大战后，在发达资本主义国家中，贵金属铸币全部退出流通，至20世纪30年代，先后实行了彻底不兑现的银行券流通制度。此时，货币的流通与信用活动变成同一过程。货币与信用的结合，构成了新的经济范畴和概念，这就是金融。伴随着货

---

① 周战地、许树信主编：《金融法教程》，中国金融出版社1998年版，第1页。

币与信用相互渗透并逐步形成一个新的金融范畴的过程，金融范畴也同时向投资和保险等领域覆盖。① 资本市场与保险市场也成为金融市场的组成部分。当代市场经济发达，金融对社会经济生活的影响也日益加剧，成为世界经济的主宰力量之一。

二、金融的相关概念

（一）金融与货币

金融，首先是货币形式的运动。货币作为商品交换的媒介，伴随着商品运动而运动，从而形成货币流通的特殊运动形式。随着商品经济的发展，各种金融关系都表现为货币关系，货币不仅对商品交换存在着媒介关系，而且货币与货币之间也存在着相互交换、积累、分配等关系，这一切都构成金融的基础。可以说，金融是以货币或者货币索取权②形式存在的资产的流通，没有货币关系和货币形式的运动也就没有金融关系和金融活动。

货币有不同分类方法，按照价值关系可以分为商品货币（实物货币或实质货币）、代用货币和信用货币。现代市场经济中通常把纸币和存款货币称为信用货币。

（二）金融与信用

信用是指“借贷行为”。在经济学上通常解释为以现有的财物或货币，回复将来支付的一种承诺。③ 金融就其本质特征看，更重要的是信用关系。金融活动也就是信用活动，但信用关系要比金融关系的范围更为广阔。金融关系是指以货币或者价值为对象的贷和借的运动，而信用关系还包括各种以非货币形式为对象的借贷活动，如实物借贷。原始社会末期交换产生后，具有信用意义的借贷活动就存在了，当时的借贷都是实物借贷。在商品经济不发达的漫长时期里，信用多是采取实物借贷形式。货币作为交换的媒介产生后，才出现了货币信用形式，这也就是早期的金融关系的诞生。随着商品经济的发展，货币信用逐渐代替了大部分实物信用形式，特别是现代市场经济条件下，人们几乎把金融和信用等同看待。

按照不同的标准，可将信用划分为不同的形式。以信用主体为标准，可分为公共信用和私人信用；以信用的对象为标准，可分为对物信用和对人信用；以信用的用途为标准，可分为生产信用和消费信用；以时间长短为标准，可分为长期信用、中期信用和短期信用。在现代市场经济条件下，这些不同的信用已经形成

① 黄达编著：《金融学》（精编版），中国人民大学出版社 2004 年版，第 63 页。
② 指能够取得特定金额的货币的请求权，主要以各种有价证券为载体。
③ 周大中：《现代金融学》，北京大学出版社 1994 年版，第 44 页。

了统一的信用体系，主要的信用形式有商业信用、银行信用、国家信用、消费信用、证券信用、租赁信用、信托信用、民间信用和国际信用等。

（三）金融工具

资金的融通是资金自供应者向需求者的转移，要实现这个转移就需要借助于一定的载体，这个载体就是金融工具。金融工具（financial instruments）是指在信用活动中产生的能够证明金融交易金额、期限和价格的标准化的合法的书面文件，反映了债权人与债务人之间债权债务关系，在金融市场上以股票、债券、存单等不同形式存在。金融工具作为资金的载体，是金融市场交易的客体，即买卖的对象。金融工具一般都具有偿还期限、流动性或者可转让性、收益性和风险性等特征。金融工具与金融产品、金融资产联系密切，从广义上讲，金融资产、金融工具和金融产品所指的内容是一致的，但又相互区别。金融资产（financial assets）是建立在债权债务关系基础上对另一方要求在将来提供报偿的所有权或索取权。[①] 金融产品（financial products）是由金融机构设计与开发的金融资产。[②] 金融产品中那些可交易的是金融工具。[③]

随着金融创新的推进，更多的金融工具出现在经济生活中。按照不同的标准，可以将金融工具划分为不同的类别：

以期限为标准，金融工具可分为货币市场的金融工具和资本市场的金融工具。前者一般指期限在一年及一年以下的金融工具，如商业票据、短期公债、大额可转让定期存单和回购协议等，这种金融工具期限短、流动性强、风险相对较小。后者通常指一年以上的金融工具，主要有股票、公司债券及中长期公债等，这类金融工具期限长、流动性差、风险相对较大。

以发行者是否为金融机构为标准，可以分为直接金融工具和间接金融工具。政府债券、非金融公司股票、公司债券等是由非金融机构的融资者发行的，目的主要是为自己取得资金，属于直接金融工具。而银行存单、保险单、银行债券等是由金融机构发行的，目的是集聚可用于放贷的资金，属于间接金融工具。

以投资者投入资金所获权利为标准，可以分为所有权凭证、债权凭证和信托凭证等。所有权凭证只有股票一种，其他所有金融工具都是债权凭证。债权凭证表明资金投入者对投入的资金取得了债权，有权据以到期讨还本金，而所有权凭证表明资金投入者并非取得债权而是所有权，因而无权据以索要本金，只能在必需时通过转让所有权，即出售股票的方式，收回本金。信托凭证则是基于信托关系中的受益人身份而取得的权利，典型的如信托型投资基金份额、集合资金信

---

① 朱宝宪：《金融市场》，辽宁教育出版社 2001 年版，第 2 页。

② 同上书，第 3 页。“我们之所以把金融机构设计与开发的金融资产称做金融产品，是因为它具有较高信用、较大规模、标准面值与期限、统一的发行与偿还等条件，适合面向社会大规模的发行。”

③ 同上书，第 4 页。

托计划的信托单位、资产证券化产品中的受益权凭证等。

（四）金融市场

市场是买者与卖者相互作用并共同决定商品或劳务价格和交易数量的机制。金融市场是金融工具进行交易的场所或机制，也是确定金融工具价格的场所或机制。[①] 在金融市场上，各个金融主体包括政府机构、金融机构、企业、个人等，交易的金融对象主要是各种金融工具。现代金融市场是一种有形市场和无形市场并存的市场。金融市场形成的初期，一般有固定的场所，即有形市场。随着商品经济、信用和科学技术的发展，金融市场突破了场所的限制，人们可以借助电话、传真、计算机网络等现代电讯设施进行投融资，从而形成一种无形的市场。

金融市场是一个由许多相互独立又相互关联的子市场组成的大市场，根据不同的标准可以分成若干类市场：

根据金融交易的期限，可以分为货币市场和资本市场。货币市场是指融资期限在一年以内（含一年）的短期资金交易市场，主要是满足交易者的短期资金需求，参与者一般注重资金的流动性。根据货币市场上的融资活动及其流通的金融工具，又可将货币市场分为同业拆借市场、票据贴现市场、可转让存单（CD[②]）市场和国库券市场。资本市场是指融资期限在一年以上的长期资金交易市场，主要是满足中长期融资需要，包括股权（典型形式为股票）市场和长期债券市场等，参与者一般更注重安全性和盈利性。

根据金融交易中资金的交割时间，可以分为现货市场和期货市场。现货市场上达成的金融交易一般要求交易双方成交后的第二个营业日内进行资金的交割清算。而期货市场上达成的金融交易是按照期货合约规定的交割日期进行资金的交割清算。

根据金融工具的流通状态，可以分为一级市场和二级市场。一级市场是新证券发行的市场，又称为发行市场。二级市场是已发行证券进行交易转让的市场，又称为交易市场。

根据金融交易的标的物，可以分为货币市场、证券市场、保险市场、外汇市场和黄金市场。[③] 此外，按金融交易的地域范围，可以分为国内金融市场与国际金融市场。

随着金融创新，从各种金融原生产品派生出各种金融衍生产品，具体表现为一些金融合约，如远期合约、期货合约、期权合约、互换协议等。金融衍生品市场

---

① 朱宝宪：《金融市场》，辽宁教育出版社 2001 年版，第 1 页。

② 即 certificate of deposit 的缩写，指银行对存款人将资金存放于银行一定期间所发给的证明文件。

③ 张维主编：《金融市场学》，首都经济贸易大学出版社 2004 年版，第 210 页。

就是以金融衍生品为交易对象的市场,主要由远期协议市场、金融期货市场、金融期权市场、互换市场组成。

第二节　金融法概述

一、金融法的概念及其调整对象

（一）金融法的概念

金融法是调整金融关系的法律规范的总称。具体地说,金融法是确立金融机构的性质、地位和职责权限,并调整在金融活动中形成的金融调控与监管关系和金融业务关系的法律规范的总称。

（二）金融法的调整对象

金融法的调整对象是金融关系,金融关系是金融各主体在金融活动中发生的社会关系,包括金融调控与监管关系和金融业务关系两大类:

1. 金融调控与监管关系

金融调控与监管关系是指国家金融调控与监管部门(包括中国人民银行、中国银行业监督管理委员会、国家外汇管理局、中国证券监督管理委员会、中国保险监督管理委员会等)在组织、管理全国的金融事业和对金融市场的调控与监管过程中与各类金融机构和非金融机构之间形成的金融管理关系。具体包括:

(1) 中国人民银行因货币发行和货币流通、制定和实施货币政策而同各类金融机构和非金融机构之间所形成的货币发行、现金与转账结算、利率管理、外汇管理等金融调控关系。

(2) 各金融监管部门因各类银行、非银行金融机构的设立、变更、接管和终止而产生的主体资格监管关系。

(3) 金融监管部门对各类金融机构的业务活动进行的监管关系,包括在存贷款管理、结算管理、融资管理、信托管理、保险管理、证券发行交易管理、期货期权交易管理等金融业务管理中发生的监管关系。

(4) 金融监管部门对货币市场、资本市场、保险市场、黄金市场和外汇市场的设立、变更、终止及交易品种的监管关系。

(5) 金融监管部门对金融机构、非金融机构和个人非法从事金融活动进行查处而产生的金融行政处罚关系。这里主要是对金融机构违法违规经营、非法设立金融机构、非法吸收公众存款、非法发行和交易有价证券等行为进行调查处罚所形成的法律关系。

2. 金融业务关系

金融业务关系是指银行和其他非银行金融机构在法律、法规允许的范围内从事相应业务活动而与其他金融主体之间发生的平等主体间的经济关系，表现为直接融资关系、间接融资关系、金融中介服务关系和特殊融资关系，具体包括：

(1) 因直接融资业务的开展而发生在证券、信托等非银行金融机构和投资、融资主体之间的发行、交易关系，如证券发行买卖关系、承销关系，证券交易买卖关系、行纪关系，证券发行服务与交易服务关系、产权交易关系等。

(2) 因间接融资业务的开展而发生在银行等金融机构与存贷款主体之间的资金融通关系，如存款关系、贷款关系等。

(3) 因金融中介服务业务的开展而发生在银行等金融机构和非金融机构的法人、非法人组织和自然人之间的金融中介服务关系，如结算、汇兑、咨询、信托、租赁、代理等关系。

(4) 因开展特殊融资业务而产生的特殊融资关系，如外汇买卖、期货期权交易、利率互换交易而产生的关系。

(5) 银行及非银行金融机构等金融机构之间的同业拆借、再贷款、转贴现、再贴现等金融业务。

(6) 保险与被保险人或受益人之间的金融关系。

二、金融法律关系

(一) 金融法律关系的概念和特点

金融法律关系是受金融法调整所形成的在金融调控与监管活动及金融业务活动过程中形成的权利义务关系。

与一般法律关系相比，金融法律关系的特点如下：

(1) 金融法律关系是一种经济法律关系，既有管理性质的金融调控与监管关系，又有协调性、平等性的金融业务关系，二者互相融合，互为支持。

(2) 金融法律关系的主体一般应有一方是金融机构。

(3) 金融法律关系具有广泛性、多样性、多变性和复杂性的特点，这是由金融活动在现代化、国际性的市场经济中所处的重要作用决定的。

(二) 金融法律关系的构成要素

金融法律关系的构成和一般的法律关系的构成一样，由主体、客体和内容三大要素构成。

1. 金融法律关系的主体

金融法律关系的主体是指金融法律关系的参加者，即金融法律关系中权利的享有者和义务的承担者。根据我国法律的规定，国家机关、企事业单位、社会组织和个人依法可以成为金融法律关系的主体。其中，金融机构是金融关系最主要的主体。金融法律关系的主体主要有：

（1）金融机构。我国境内的金融机构，按照金融机构的地位和功能划分，大致可以分为如下四类：第一类是中央银行，即中国人民银行；第二类是各类银行，包括政策性银行、商业银行等；第三类是非银行金融机构，主要包括证券公司、信托公司、保险公司、金融租赁公司、信用合作社、邮政储汇局、企业集团财务公司、金融资产管理公司、汽车金融公司、消费金融公司和其他非银行金融机构；第四类是在境内开办的外资金融机构，包括各类外资独资和合资金融机构以及外国金融机构在我国境内设立的业务分支机构或者驻华代表处等。

（2）各类经济组织、事业单位、社会团体。这些主体可以是法人组织，也可以是非法人组织。

（3）国家。国家在特定的情况下，也能以主体资格参加金融活动，成为金融法律关系的主体，如发行货币、发行国家公债等就是国家以金融法律关系主体的身份出现。

（4）个人。包括中国公民、外国公民、无国籍人，他们参与金融活动就成为金融法律关系的主体。

2. 金融法律关系的客体

金融法律关系的客体是指金融法律关系主体享有的权利和承担的义务所共同指向的对象。金融法律关系的客体包括：

（1）货币。货币是金融法律关系的主要客体，既包括流通中的现钞，也包括汇票、本票、支票等各种票据。

（2）金银。在我国统一的货币制度下，金银不准计价流通，黄金仅限于在国家规定的黄金交易所内按规定进行交易。当国家的黄金储备充当国际结算支付工具时，黄金就成了金融法律关系的客体。

（3）企业债券、金融债券和股票等有价证券。

（4）国库券等各种形式的政府债券。国库券作为债权凭证不得充当货币流通，但是允许转让。

（5）其他金融资产，如外汇储备等。

（6）金融服务行为。在有些金融法律关系中，权利和义务所共同指向的对象是金融服务行为本身。如证券投资咨询机构为证券投资者、交易者和发行者的投资交易和融资活动提供投资分析、预测或者建议的行为，证券资信评估机构对证券投资进行研究、统计、咨询、评估的行为。

3. 金融法律关系的内容

金融法律关系的内容是指金融法律关系主体所享有的权利和所承担的义务。在不同的金融法律关系中，金融法律关系主体所享有的权利和承担的义务也不同。

三、金融法的体系

（一）金融法体系的概念

金融法体系是指相互有机联系的多层次的各种金融法律规范的总体。金融法体系的多层次性表现为，按制定机关和法律效力的不同，金融法律规范的表现形式有金融法律、金融法规、金融规章、地方性金融法规和自律性规章等多个层次。金融法体系的有机性表现为，在金融法的基本原则指导下，调整金融关系不同侧面的金融法律、法规、规章等金融法律规范，分类组合为不同的金融法律制度，共同实现金融法的任务，而形成的统一整体。

（二）金融法体系的构成

金融法的体系内容相当庞杂，各国金融立法也因经济发展阶段不同和管理重点各异，内容不尽相同，体系也各有特点。适应社会主义市场经济发展的要求，我国金融法的体系主要由以下几个法律部门组成：

1. 金融机构法

金融机构法调整银行组织机构、业务经营和调控与监督管理关系，是金融法的基本法。根据金融法律规范所调整的金融主体的类型，金融机构法可以分为中央银行法、商业银行法、政策性银行法和非银行金融机构法；根据规范的内容，金融机构法可以分为金融机构组织法和金融机构行为法。

2. 货币管理法

货币管理法调整有关货币的发行、流通及其管理关系。货币管理法的主要内容是确定一国货币的种类、地位、发行制度、流通制度和保护制度。货币发行制度包括货币发行原则、发行权限、发行机关、发行程序、发行规律和发行责任。货币流通制度规定现金货币和转账货币的使用、管理。货币保护制度规定违反货币发行制度和流通制度所应承担的法律责任。

3. 票据法

票据法规定票据的种类、形式、内容以及调整票据关系和与票据关系有关的其他社会关系，包括汇票、本票和支票的各种基本制度等。

4. 证券法

证券法调整证券的发行、交易、管理、监督及其他与证券相关的活动而产生的社会关系。证券法有狭义和广义之分。狭义上的证券法专指国家立法机关依照法定程序制定的、专门调整证券关系及证券行为并以证券法或证券交易法命名的证券法典或证券单行法，如我国现行的《证券法》。广义上的证券法包括调整证券关系或证券行为的一切法律规范，即除了包括专门的证券法规范之外，还包括其他法律规范中有关证券的规定，如公司法中关于证券发行的规定、刑法中关于证券犯罪行为的规定等。

5. 金融衍生品法

金融衍生品法调整金融衍生品交易关系和监管关系。金融衍生品法由金融衍生品交易法以及金融衍生品交易监管法等构成。

6. 信托法

信托法调整信托关系。信托法有广义和狭义之分。狭义的信托法是指调整信托基本关系的法律,其内容主要包括:信托当事人、信托财产以及信托的设立、变更、终止等。广义的信托法除包括狭义的信托法外,还包括信托业法。信托业法是规范信托机构的法律,其内容主要包括:信托机构的设立、变更、终止、业务范围、经营规则及监督管理等。

7. 投资基金法

投资基金法调整投资基金发行、交易与监管关系。主要内容包括投资基金的设立、募集、交易、运作和监管等方面的规定。

8. 保险法

保险法调整保险关系和保险监督管理关系。保险法的主要内容包括保险业法、保险合同法、保险特别法和保险监督管理法等。

四、金融法的基本原则

金融法的基本原则是调整整个金融关系、从事金融监督管理活动和金融业务活动必须遵循的行为准则,集中体现金融法的本质和基本精神,主导整个金融法体系,也是金融立法、执法和司法所应遵守的根本原则。当然,在不同国家或同一国家的不同历史阶段,由于经济发展水平、社会文化差异、金融政策目标、国际经济环境的不同,金融法的基本原则的内容和侧重点也是不同或不完全相同的。

我国现阶段的金融法的基本原则主要是:

(一)在稳定币值的基础上促进经济增长的原则

金融宏观调控的基本任务就是稳定币值,并在此基础上促进经济增长。《中国人民银行法》也把“保持货币币值的稳定,并以此促进经济增长”①作为我国的货币政策目标,并把它作为我国金融法的基本原则。

稳定币值,就必须贯彻货币制度的独立和统一原则。货币制度的独立是指货币政策的制定和实施要与其他政策相对独立,货币的发行必须与财政发行、政府信用相分开,即财政部门不得向中国人民银行透支,中国人民银行不得直接认购、包销国债和其他政府债券,不得向地方政府、各级政府部门提供贷款。货币制度的统一是指货币的发行与管理要统一由中国人民银行负责,其他银行非依

① 《中国人民银行法》第3条规定:货币政策目标是保持货币币值的稳定,并以此促进经济增长。

法律规定或特别批准不得发行任何形式的银行债券。

稳定币值与经济增长是相互促进的，对经济有着重要的调节作用。一方面，通过调节货币供应量和信贷规模，调节社会总需求使之与社会总供给相适应，实现总量控制；另一方面，通过运用利率杠杆和信贷资金投向，调节产业结构乃至整个经济结构，实现国民经济结构的合理和优化。

（二）防范和化解金融风险，维护投资者和债权人合法权益的原则

金融业是个高风险的行业，风险的存在严重影响着金融业的安全运营，从而可能损害债权人的合法权益，因此必须防范并化解金融风险。在立法上，必须科学合理地建立和健全各种金融法律、法规，为防范和化解金融风险创造良好的法律环境；在执法上，必须强化金融各监管部门的地位和职权，改进监管的方式，完善各项金融制度的监管程序；在守法上，各金融机构必须加强内部控制和完善法人治理结构，合法和审慎经营。在防范和化解金融风险的同时，也维护了投资者的合法权益。

（三）实行金融管理和金融经营相分离，政策性金融业务和商业性金融业务相分离，适度地开展金融竞争的原则

金融管理和金融业务相分离的原则是指中国人民银行不再兼有管理金融和从事一般金融业务的双重职能，而改由中国人民银行制定统一的货币政策、方针和金融规章，各金融业监管机构执行金融监管，各银行和非银行金融机构在法律、法规和金融政策、方针允许的范围内开展金融业务活动。

政策性金融业务与商业性金融业务相分离的原则是指商业银行只经营商业性金融业务，而由独立的政策性银行经营政策性金融业务。由于政策性金融和商业性金融的目标不相一致，原先我国的国有专业银行同时肩负政策性金融和商业性金融的双重任务，致使两者的目标都难以实现。在金融改革的过程中，各政策性银行相继建立，各国专业银行也正在逐步实现商业化经营。

金融业不是一个垄断的行业，但由于其是个高风险的行业，涉及债权人权益乃至整个社会经济的安全与稳定，在确立适当的市场准入的同时，应允许适度的竞争，从而提高金融业的效益。

（四）与国际接轨原则

随着我国的金融业按照 WTO 的规定逐步开放后，大量外资金融机构涌入，而国内金融业也越来越多地参与到国际金融活动中去。因此，我国的金融立法与国际接轨，要按照 WTO 的有关要求、参照发达国家的先进金融立法以及国际金融组织如巴塞尔银行监管委员会公布的一些有广泛国际影响的法律文件和金融行业标准进行。

第三节 世界主要发达国家和地区的金融体制与立法

一、世界主要发达国家和地区的金融体制与立法

（一）金融体制的概念

金融体制是指一国依法划分金融管理机构和金融业务机构的法律地位、职责权限、业务范围，协调彼此之间的活动及其相互关系而形成的制度系统。包括金融机构组织体系、金融市场体系、金融调控与监管体系和金融制度体系四方面的内容。

目前，在发达工业化国家中，经过长时期的发展演变，基本上都形成了在法制基础上以国家金融主管部门为监管中心，以商业银行和证券机构为主体，与信托、保险等其他金融机构并存，以货币、证券和保险等市场为枢纽的金融体制。

（二）美国的金融体制与立法

美国的金融体制由联邦储备系统（the Federal Reserve System，FRS，即中央银行体系）、联邦证券交易委员会（Securities and Exchange Commission，SEC）、商业银行、非银行金融机构、政府专业信贷机构和各专门金融监管机构构成。根据1913年《联邦储备法》（Federal Reserve Act），联邦储备系统由美国联邦储备委员会（Board of Governors，简称“美联储”）、联邦公开市场委员会（Federal Open Market Committee，FOMC）、联邦储备银行（Federal Reserve Banks）三级机构组成。商业银行包括国民银行、州立银行和外国银行。非银行金融机构包括商业银行以外为私人服务的金融机构和为企业服务的机构以及养老基金、货币市场互助基金等。为私人服务的非银行金融机构主要包括储蓄贷款协会、互助储蓄银行、信用联合社、人寿保险公司等，为企业服务的非银行金融机构主要包括金融公司、投资银行、商业票据所、经纪和交易商公司、证券交易所和信托机构等。政府专业信贷机构主要包括进出口银行、联邦中期信贷银行、联邦土地银行、合作社银行、住宅信贷银行、环境保护金融管理局、小企业管理局、联邦融资银行等。

1．市场准入上实行双轨注册制

双轨注册制，是指美国联邦政府和州政府有权分别接受金融机构的注册登记，并对登记的金融机构实施监管。如美国的银行，既可按《国民银行法》（National Banking Act of 1863）在联邦政府财政部的货币监理署（Controller of the Currency，OCC）注册领取执照，接受其管理，成为国民银行，也可按各州银行法在各州的金融管理机构注册，领取执照，成为州立银行。就储蓄机构看，既可在联邦住房贷款银行委员会注册，也可在州管理机构注册。

2. 单一商业银行制为主，银行持股公司发展迅猛，实现了由分业经营向混业经营的转变

根据1933年《银行法》(Banking Act 1933)，商业银行只能从事中短期贷款、存款和买卖政府债券等银行业务，不能从事发行、买卖有价证券等投资银行业务，也不能从事长期贷款等储蓄信贷机构业务；而投资银行和储蓄贷款协会、互助储蓄银行、信用社、人寿保险公司等金融机构，则不能从事活期存款和工商信贷等商业银行业务。因此，许多商业银行只能设立信托部，从事证券业务，并实行独立核算。根据1863年《国民银行法》及其后的银行法，国民银行不得跨州开设分支行。各州银行法也禁止或限制州银行设立分支行，从而形成单一银行制度。结果，美国的银行具有数量多、规模一般比较小的特点。20世纪80年代以来才逐渐放宽管制，1994年《里格—尼尔银行跨州竞业和跨州设立分行之效率法》(Riegle-Neal Interstate Banking and Branching Efficiency Act of 1994)允许银行持股公司收购美国商业银行，不受州法律的限制。1997年，美国联邦储备委员会决定，银行可设立子公司或与其他公司联手组成下属公司经营证券业务，银行控股公司收益中的证券收入比例可达四分之一。1999年《金融服务现代化法》(Financial Services Modernization Act of 1999)进一步允许以银行持股公司的形式实现商业银行、证券公司、保险公司的混业经营。1998年，花旗公司与旅行者集团合并成为花旗集团(Citi Group)，是当今世界资产规模最大、利润最多、全球连锁性最高、业务门类最齐全的超级金融服务集团，每位客户到花旗集团的任一营业点都可得到储蓄、信贷、证券、保险、信托、基金、财务咨询、资产管理等全能式的金融服务。①

3. 非银行金融机构实力雄厚，证券直接融资所占比重较大

美国的保险公司、储蓄贷款协会、互助储蓄银行、养老基金、投资基金、金融公司、投资银行等非银行金融机构为数众多，有三万多家，其资产总额大大超过了商业银行。同时，美国的证券市场发达，直接融资比重与间接融资相近。

4. 监管上侧重功能性监管，表现为监管多头制

监管多头制，简言之，是指美国对金融机构的监督和管理是通过多家机构进行的。经济危机后的1933年《银行法》规定了美国银行业分业经营、分业监管的格局。有关证券业务主要由联邦证券交易委员会监管，保险业务则受州保险厅和全国性保险同业协会的监管。1999年《金融服务现代化法》允许以金融控股公司的形式从事银行、证券和保险业务，金融格局的变化引发了监管框架的相

---

① 到2003年底，花旗集团的组织机构由最初的三大模块(全球散户、全球公司及全球资产管理)调整为九个核心产品部门，五个业务集团的格局，即全球消费金融集团(GCC)、全球企业及投资金融部(GCIB)、全球投资管理部(GIM)、美邦(Smith Barney)和花旗集团国际事业部(Citi Group International)。

应调整。美国的监管被形象地称为“功能性监管”（functional supervision），具体分工为：美联储作为综合一级的监管机构，全面负责监管金融控股公司，必要时可对银行、证券和保险子公司进行有限制的监管，行使裁决权；财政部货币监理署等其他银行监管机构、证券交易委员会和保险监管机构分别对银行、证券公司和保险公司进行分业监管，一旦各监管机构认为美联储的限制监管不适当，可优先行使自己的裁决权。此外，要求各监管机构之间互通信息，加强联系，以保证监管的健全性。《格拉斯—斯蒂格尔法》（the Glass-Steagall Act）[①]的结束、《金融服务现代化法》的开始，是美国金融制度多年来变革的结果，两个制度的更替概括了美国从20世纪30年代初到90年代末整个金融业的历史。它不仅仅是一场金融监管制度的变革，更是一个金融机构竞争与整合、金融服务手段创新、金融服务理念革命的过程。

对金融业从严格管制到放松管制、寄希望于“市场纪律”约束确实在一段时期内促进了美国金融创新和金融市场的繁荣，然而，随着现代化金融体系的演进不断加速，市场参与者日益多元化，金融创新日益加剧，金融工具日趋复杂，各类金融中介及交易平台不断涌现，美国对于金融创新过于放任的监管理念使金融市场整体约束松懈，而纵向割据的监管机构对不断创新的金融商品缺乏横向统一规制，存在监管缺位和监管重叠的弊端，金融监管滞后于金融创新的步伐，金融立法失去了适应性与前瞻性。为了应对危机，美国政府对部分面临困境的金融机构进行了国有化（Bail-out），于2009年6月公布了《金融监管改革——新基础：重建金融监管》，该方案几乎涉及美国金融领域的各个方面，从消费者保护到金融机构和金融产品的监管都更为严格，从而建立对金融市场的全方位监管，冀能确保美国金融市场在全球的核心地位。[②] 2009年5月，奥巴马签署了《信用卡问责及信息法》（Credit Card Accountability Responsibility and Disclosure Act of 2009），该法案旨在通过修改《真实信贷法》，建立一个公平和透明的循环消费者信用授信做法。2010年7月，奥巴马政府颁布《多德—弗兰克华尔街改革与消费者保护法》，其主要内容之一是创立消费者金融保护署（Consumer Financial Protection Agency），以保证金融消费者在选择使用住房按揭、信用卡和其他金融产品时，得到清晰、准确的信息，同时杜绝隐性费用、掠夺性条款和欺骗性的做法。该法案致力于解决以往监管者对次级抵押贷款、信用卡等金融产品的监管失败问题，将金融消费者保护置于与安全、可靠的审慎监管同等重要的地位。

---

① 《格拉斯—斯蒂格尔法》是美国1933年《银行法》中第16、20、21、32条的专称，即“格拉斯—斯蒂格尔墙”，把投资银行的证券投资活动与商业银行业务隔离开来，区别对待，http://www.sia.com/capitol-hill/html/glass-steagall-act.html，2005年1月10日访问。

② 吴弘等：《对金融风暴的法制思考》，载《东方法学》2009年第3期；罗培新：《美国金融监管的法律与政策困局之反思——兼及对我国金融监管之启示》，载《中国法学》2009年第3期。

（三）英国的金融体制与立法

英国的金融体制经历了漫长的演进过程。根据英格兰银行 1992 年的分类，英国的金融机构分为一级零售银行、二级银行、其他接受存款机构及其他金融机构。一级零售银行主要包括巴克莱银行、国民西敏寺银行（National Westminster Bank LTD.）、劳埃德银行等清算银行及贴现行（Discounting Houses）；二级银行主要包括商人银行及海外银行等；其他接受存款的机构主要是住房贷款协会（Building Society）、国民储蓄银行等；其他金融机构则主要指保险公司、养老基金、投资信托公司、伦敦票据交换所及证券交易所等机构。随着 1986 年金融“大爆炸”（Big Bang），英国的金融体制开始发生变化。1986 年《金融服务法》（Financial Services Act 1986）出台后，分业经营的限制被取消，银行可以通过设立分支机构或分公司的形式进行证券投资，开展混业经营；相应地，政府也设立了证券投资局（Securities and Investments Board，SIB），负责对从事证券与投资业务的金融机构进行监管。1997 年 5 月 20 日，英国合并原有九类金融监管机构的职能成立金融服务局（Financial Service Authority，FSA），其中包括剥离英格兰银行监管银行的权力，由其行使。与此同时，宣布政府今后主要负责制定控制通货膨胀的目标，而确定基础利率和实现控制通货膨胀目标的责任将从政府手中转移到英格兰银行，由英格兰银行独立行使制定货币政策的权力。英格兰银行职能的变化，通过 1998 年《银行法》确立下来；而 FSA 汇集所有金融监管职能，成为唯一金融监管机构的地位，也在 2000 年《金融服务和市场法》（Financial Services and Markets Act 2000）中得以正式确立。金融监管的变革，终结了英国分业监管、自律监管的运作模式，标志着统一监管法制化。

为了协调各方面的工作，共同维护金融体系的稳定，1997 年 10 月 28 日，英国发布了《财政部、英格兰银行和金融服务局之间的谅解备忘录》，确立了三者之间分工与合作的制度性框架。按照备忘录，财政部、英格兰银行和金融服务局共同负有维护金融稳定的责任，不过，彼此之间存在着明确的分工：财政部主要负责金融法规和制度的整体框架建设和支持；英格兰银行主要负责金融货币体系的整体稳定和金融基础设施（如支付体系）的发展与完善；金融服务局主要负责审批各类金融机构并制定监管政策，对金融机构、金融市场和支付清算体系进行审慎性监管。设立一个由三方代表组成的常务委员会，定期讨论金融稳定问题，协调和商讨重要、紧急或相关事宜；规定人员在各机构中的任职和建立信息交流与共享机制；规定在对外交往上的分工和对内事务上的人事安排，以充分发挥各个机构的优势，同时避免监管摩擦或者真空，等等。①

自 2007 年夏天开始的全球金融危机也对英国造成了冲击，危机促使英国政

① 洪艳蓉：《银行监管的海外经验概述与借鉴》，载《证券市场导报》2003 年 10 月号，总第 135 期。

府开始了新一轮的金融监管改革，其内容主要体现在 2009 年《银行法》和《改革金融市场》白皮书中。根据 2009 年《银行法》，设立针对危及银行的“特别解决机制”(Special Resolution Regime, SRR)和金融服务赔偿计划(Financial Services Compensation Scheme)；扩大英格兰银行的权利，新设金融稳定委员会(Financial Stability Committee, FSC)。白皮书作为对全球金融危机的应对，确定了英国一些急需改革的关键领域，例如监管机构的改革、系统性风险的控制、对消费者权益的保护、金融市场竞争环境的培育等，并提出加强欧洲和国际监管合作的设想。

(四) 德国的金融体制与立法

德国的金融体制包括德意志联邦银行(德国中央银行)、商业银行(包括大型商业银行、地方银行和私人银行等)、储蓄机构(由基层储蓄银行、州汇划中心、德意志汇划中心[①]三层机构构成)、信用合作银行(由信用合作银行、地区信用合作银行中心和德意志合作银行三个层级构成)和专业银行(主要有抵押银行、消费信贷银行、复兴信贷银行)等。德国采取全能型银行(Universal Banking)模式，银行可以直接开展法律规定范围内如信贷、证券、保险、信托保管、投资、金融咨询等综合性的业务，而无须通过设立子公司或分支机构的形式进行，是一种典型的内部混业经营。

德国银行业体系的市场构成有其自身特点，即信贷银行占主导地位、其他金融机构的种类较为有限、较高的市场集中率等，主要表现为长期以来以德意志银行、德累斯顿银行和商业银行(Commerzbank)三大银行为首的商业银行在德国银行体系中居于绝对控制地位，占据大部分存款与信贷业务，并与产业资本关系密切。相应地，德国金融监管侧重于对银行开业、最低资本额、资本与资产负债比率、银行报告制度、外汇经营等方面进行严格的监督与管理，特别是注重对银行信贷规模及结构进行调控，并保持联邦银行与信贷机构、企业界的经常联系，从而对整个宏观经济运行管理及通货膨胀控制产生更明显的效果。

尽管德国采取的是全能银行制，但在 2002 年 5 月之前，德国的金融监管职能是由联邦信贷监管局(BAKred)、联邦保险监管局(BAV)和联邦证券交易监管局(BAWe)一起承担的；同时，《联邦银行法》要求德国中央银行必须与联邦信贷监管局和联邦证券交易监管局之间进行密切合作，且监管行动必须达成一致，这为战后德国银行较为平稳运行起到了重要的作用。[②] 随着金融市场的发展，各种金融机构之间交叉持股，银行、保险公司、金融服务机构组建成金融集团，系统

---

① 汇划中心负责保管和管理本州内的储蓄银行流动资金储备以及各银行之间非现金清算等，“德意志汇划中心”是公营的德国地方储蓄银行的州划拨中心。

② http://www.china-a.de/cn/dgjm/zhck/cndgjm-28.htm，2005 年 1 月 10 日访问。

性业务风险大大增强，竞争恶化，金融市场发生了重大变化。2002 年 5 月 1 日，根据《金融监管局设立法案》(Finanzdienstleistungsaufsichtsgesetz)，德国金融监管局(Bafin)成立，负责监管所有的金融机构，即其首要目标就是保证德国有一个功能正常、稳定和日趋融合的统一金融市场。① 根据 1957 年德国《联邦银行法》(最新一次修改时间为 2002 年 3 月)第 3 条的规定，德意志联邦银行是德国的中央银行，作为欧盟中央银行体系的一个部分，其主要职能是实现欧盟中央银行体系的货币政策目标、提供和维护支付清算系统以及管理外汇储备等，其职责范围并未直接涉及金融监管。

但是，按照授权，金融监管局不在各州设立下属机构，这样，各州银行日常经营活动的具体监管，就由德意志联邦银行在全国 9 个地区设立的办事机构和这些办事机构下属的 118 家分行代为承担，并负责将监管的情况向金融监管局报告，由其作出最终决定。同时，德意志联邦银行是全国唯一有权对金融机构行使统计权力的机构，金融监管局因行使监管所需的必要信息，可从德意志联邦银行获得；德意志联邦银行对涉及金融机构资本金与流动性方面的信息所做的报告，也会向金融监管局提供。②

德国金融业在 2007 年开始的世界金融危机中受到的冲击主要是因金融机构持有大量美国抵押证券并受其影响。德国将危机应对措施的目标确定为稳定银行和金融系统、维持并重新刺激银行间贷款往来，主要措施包括 2008 年 10 月德国议会通过的《金融市场稳定基金法》(Financial-Market Stabilisation Fund Act-FMStFG)和欧洲中央银行所采取的扩张性货币政策。《金融市场稳定基金法》决定设立金融市场稳定基金，由联邦财政部提供债务和应付款项担保；通过国家注资参股企业，防止对整个金融系统重要的金融机构破产。但除少数外，德国政府并没有对银行和其他企业实行大规模国有化。此外，欧洲中央银行用扩张性的货币政策配合德国等欧元区国家用财政手段维持流动性，同时采用购买政府债券，对银行无限量现金拍卖等非常规措施向市场注入流动性，降低了金融市场的不确定性。③

(五) 日本的金融体制与立法

日本的金融体制由日本银行(日本中央银行)、金融厅、存款保险机构、金融控股集团、商业银行(包括城市银行和地方银行)、专业银行等民间金融机构(包

---

① http://www.bafin.de/cgi-bin/bafin.pl? sprache = 0&verz = 01-$W $ir-xfcber-uns * 01-$A $ufgaben-amp-Ziele&filter = &ntick = 0&nofr = 1&site = 0，2005 年 1 月 10 日访问。

② 洪艳蓉：《银行监管的海外经验概述与借鉴》，载《证券市场导报》2003 年 10 月号，总第 135 期。

③ 材料参见德国金监局网站：www.bafin.de。《设立金融市场稳定基金法》的英文本见 http://www.bafin.de/cln_152/nn_720786/SharedDocs/Aufsichtsrecht/EN/Gesetze/fmstfg__en.html，中文介绍材料参见史世伟：《德国应对国际金融危机政策评析特点、成效与退出战略》，载《经济社会体制比较》2010 年第 6 期。

括外汇专业银行、长期信用银行、信托银行、相互银行、信用金库、信用合作社、信用协同组合、各种人寿和财产保险公司、证券公司等)、日本输出入银行、日本开发银行、金融公库等政府金融机构和其他机构(包括海外经济合作基金、邮局、贷款特别会计等)组成。

在1996年11月金融改革以前,日本的金融市场融资模式以银行间接融资为主导,金融业经营模式以严格分业为原则,以大藏省为主体进行货币调控与金融监管。

但随着日本经济高速增长时代的结束和国内外经济环境的变化,这一金融运行机制越来越难以有效运转,并产生种种日益严重的问题和弊端。"泡沫经济"破灭以后,日本金融业陷入了空前的危机之中:巨额不良债权严重地影响着日本金融业的稳定,金融机构的经营危机频频发生;日本金融机构和东京国际金融中心在国际金融市场上的地位不断下降,甚至出现了一定程度的"金融空洞化";金融监管体系问题丛生,人们对日本金融行政当局的信任程度减弱。为此,日本政府对金融体制进行了一系列的改革。1997年6月,日本通过了《金融制度改革计划》,其主要内容就是确定了银行、证券、信托三种业态的金融机构可以通过设立子公司的形式实现业务的兼营化;此外,生命保险公司与财产保险公司也可以通过设立子公司的形式涉入到对方的经营领域。《反垄断法》的修改和1998年起实施的《银行控股公司法》使日本终于实现了金融控股公司的合法化,也标志着其金融业进入了混业经营时代。近年来,日本金融业出现了大型重组的高潮,超大规模银行合并事件不断涌现,由第一劝业银行、富士银行、日本兴业银行于2002年4月1日合并成立的瑞穗集团与三井住友银行集团、三菱东京银行集团、联合金融集团、大和银行集团一起形成五大金融集团。此外,保险业、证券业的同业重组也出现了加快的趋势,不同类型的金融机构之间的联合与合作也不断加深。①

适应金融混业经营的要求,日本启动了金融监管体制改革,致力于构筑对各种金融商品进行横向整合的金融法制。一方面,改革中央银行,通过推出全新的1997年《日本银行法》,加强日本银行作为中央银行的独立性,并强调它应履行金融监管的职责。另一方面,通过1997年《金融监督厅设置法》,设立金融监督厅,剥离大藏省的金融机构的监督职权归其行使,并原封不动地吸纳原属大藏省的证券交易监督委员会。2000年又再次剥离大藏省的金融行政计划和立案权限,金融监督厅也更名为金融厅。各职能监管部门有工作协调机构,并常联合稽

---

① 吴昊:《日本金融体制改革与金融秩序重建》,载《世纪之交的东北亚经济(文集)》,吉林文史出版社2002年版。

核监察，以减轻被监管对象的负担并提高信息资源的共享性。① 到2001年底，一个以金融厅为核心、独立的中央银行和存款保险机构共同参与、地方财务局（接受金融厅委托）监管的新的金融监管体制初步形成。为了适应金融商品和投资服务不断创新发展的现实环境，日本于2006年将《证券交易法》修改为《金融商品交易法》，对证券、信托、金融期货、金融衍生品等大部分金融商品进行一揽子、统合性的规范，构建了一部横向化、整体覆盖金融服务的法律体系。日本这种以保护投资者为目的的横向金融法制的制度设计，较好地平衡协调了金融创新和金融监管的关系。②

（六）我国香港地区的金融体制

作为世界金融中心之一的香港，金融体制有以下独特之处：

（1）实行独特的货币制度和联系汇率制度。香港1983年10月15日起实施称为"联系汇率"的货币发行局制度。一是港币的发行权属于香港特别行政区政府，香港特别行政区政府可授权指定银行发行或继续发行港币。目前这些银行是汇丰银行、渣打银行和中国银行。二是发行货币的银行以固定汇率向外汇基金交付外汇作为货币发行的准备金，以此换回外汇基金颁发的无息负债证明书，然后凭此证书发行等值的港币。自1983年起，香港一直实施联系汇率制，规定发行货币的银行在发行货币前，必须以1美元兑7.8港元的固定汇率用美元向外汇基金购买无息负债证明书，作为发钞准备金。联系汇率制度在实施的十几年中有效地维持了港元的稳定。③

（2）没有中央银行制度，但金融法制监管审慎严密。香港作为一个国际金融中心，金融业十分发达，现行的全融法律制度也独具特点，即没有一个中央银行统一管理金融业，但金融法制监管审慎严密。审慎严密的金融法律监管是金融业有序运作和稳健发展的基本保证。目前香港已架构起一个比较公正、合理、严格、缜密的法律监管体制，建立了两个专司其职的监管机构：一是金融管理局；二是证券与期货事务监察委员会。在注重政府监管的同时，强调行业自律，依靠金融业的同业组织实行自我约束和自我管理，使其成为对金融实施有效监管的得力助手。

（3）实行独特的金融三级制。即把香港从事存款及有关活动的金融机构划分为三个级别：持牌银行、有限制牌照银行和接受存款公司。三级银行经营存款业务时，接受存款的类别不同：持牌银行可以接受任何数额和任何期限的公众存款，而且只有这类银行方可经营往来账户或储蓄账户业务；有限制牌照银行可接

① 洪艳蓉：《银行监管的海外经验概述与借鉴》，载《证券市场导报》2003年10月号，总第135期。

② 对日本金融法制的进展参见杨东：《论金融法制的横向规制趋势》，载《法学家》2009年第2期。

③ 在1997—1998年的亚洲金融危机中，联系汇率制度成功地进行了应对，但与此同时也暴露出了一些问题。金融危机后，香港特别行政区政府对联系汇率制度进行了修正和巩固。

受任何期限的公众存款,但存款额不得少于50万港元,不能接受储蓄存款;接受存款公司只能接受10万港元以上的存款,存款期限最少为3个月。三级银行各自的业务范围也不同。持牌银行经营的业务主要包括各类存款、抵押放款、建筑放款、信用透支、进出口押汇、楼宇信贷、海外汇兑、外汇买卖、证券投资、信托和保险代理等;有限制牌照银行的业务属"批发性",主要有包销、财务服务与咨询、集团贷款和可转让存款证买卖等;接受存款公司的业务属"零售性",主要有各类抵押贷款、股票、债券、外汇、黄金、可转让存款证的买卖、保险代理、信贷财务和租赁财务、消费者信贷等。

香港金融业以法律为核心,逐步完善使其形成一整套具有香港特色的制度。一方面,重视金融立法,构筑起良好的金融活动的外在约束环境;另一方面,不断调整与修改现行法律,逐步完善金融法律制度。

二、金融国际化与金融监管的国际协调

随着金融全球化的加快,国际上成立了多个国际金融组织,并制定或者签订了一系列的国际间金融条约、协定。1944年7月形成的"布雷顿森林体系",签订了《联合国货币金融会议战后决议书》、《国际货币基金协定》和《国际复兴开发银行协定》,并成立国际复兴开发银行、国际货币基金组织、国际清算银行等一系列国际金融组织,促进了国际金融的发展。

国际复兴开发银行(International Bank for Reconstruction and Development, IBRD)通称"世界银行"(World Bank),于1945年12月27日根据《国际复兴开发银行协定》成立。其资金来源包括各成员国缴纳的股金、向国际金融市场借款和发行债券及收取贷款利息。只有参加国际货币基金组织的国家,才允许申请成为世界银行的成员。只有成员国才能申请贷款,私人生产性企业申请贷款要由政府担保。成员国申请贷款一定要有工程项目计划,贷款专款专用。1980年5月,中国恢复了在世界银行的合法席位。1981年起,中国开始借用该行资金。国际货币基金组织(International Monetary Fund,IMF),是政府间的国际金融组织。它是根据1944年7月在美国新罕布什尔州布雷顿森林召开联合国和联盟国家的国际货币金融会议上通过的《国际货币基金协定》而建立起来的。其主要业务活动有:向成员提供货款,在货币问题上促进国际合作,研究国际货币制度改革的有关问题,研究扩大基金组织的作用,提供技术援助和加强同其他国际机构的联系。然而,面对日趋复杂的国际经济形势,IMF原有的功能正在逐渐演变,IMF希望在帮助其成员国股东应对金融和经济危机及改革全球金融体系中发挥积极的作用。国际清算银行(Bank for International Settlements, BIS)成立于1930年,其宗旨为促进各国中央银行间的合作关系,维持国际金融体系的秩序及稳定;主要功能在于提供国际金融支付清算的服务,进行世界金融及经济

的调查研究，对于银行管理制定相关规范，是主要国家中央银行每个月定期集会交换意见和讨论问题的论坛。

第二次世界大战后，尤其是进入20世纪六七十年代，金融业国际化有了飞速发展。其原因主要是生产和资本的国际化以及相适应的金融资本的垄断发展。同时，一些国家相继放松金融管制，形成金融自由化浪潮。金融国际化使得金融风险不可能限制在一国区域内，给金融监管带来了挑战，金融监管迫切需要各国的协调和合作。现有的金融监管国际协调组织分为两类，一类是对成员国无法律约束力的国际组织，例如巴塞尔委员会（Basel Committee on Banking Supervision，BCBS）、国际证券委员会组织（International Organization of Securities Commissions）、国际保险监管员联合会（the International Association of Insurance Supervisors）等。另一类是以国际法或区域法为基础的监管组织，通过有约束力的监管规则对成员国金融监管产生影响，例如欧盟和北美自由贸易组织等。

在国际监管组织中，作为一个中央银行监督国际银行活动的联系机构和协调机构，巴塞尔银行法规与监管委员会（简称巴塞尔委员会）的影响突出。它成立于1975年，其主要职责是交流金融监管信息，制定银行监管条例，加强各国监管当局间的国际合作和协调，维护国际银行体系稳健运行。二十几年来，该委员会进行了一系列卓有成效的工作，取得了不少成果。这些成果不仅在成员国内得到遵行，而且也愈来愈被非成员国的国家和地区的监管当局和银行所自动认可或接受。

1.《巴塞尔协定》

《巴塞尔协定》（the Basle Concordat）[①]主要内容是：(1) 本国和东道国当局共同负有对本国银行设在东道国的分支机构的监督责任；(2) 所有的金融机构不得逃避任何一方的监督；(3) 监督清偿力是东道国当局的主要责任；(4) 对外国分支行清偿力的监督实际上是本国当局的职责，而对外国附属机构清偿力的监督则主要是东道国当局的责任；(5) 本国当局与东道国当局通过交换信息进行银行监督的国际合作，也可采取本国授权检查机构代表本国当局在东道国进行监督。

2.《巴塞尔协议》

1988年7月，巴塞尔委员会颁布《关于统一国际银行资本衡量和资本标准的协议》（International Convergence of Capital Measurement and Capital Standards，1997年进行了修改），简称《巴塞尔协议》。该协议就资本构成、风险权数、目标

① 1983年5月委员会制定了一份《对银行国外机构的监管原则》的文件，对原协定中的分权原则作了重大改动，特别强调本国监管的重要性；1990年4月又发布了对83年协定的补充规定；1992年将《巴塞尔协定》的某些原则重新整理为“最低标准”（minimum standards）予以公布。

标准比率、过渡与实施的安排等取得共识,在金融监管标准国际统一化的道路上迈出了重要的一步。《巴塞尔协议》的核心规定是:资本对风险加权资产的最低目标标准比率(即通常所说的资本充足率)为8%,其中核心资本成分至少为4%。它对资本组成、风险加权的计算和资本充足率的目标进行了明确的规范,并就过渡期和实施进行了安排。《巴塞尔协议》是一个具有划时代意义的重要成果,它对商业银行的经营管理和银行监管有着巨大的影响。

3.《有效银行监管的核心原则》

20世纪90年代以来,许多国家银行体系逐渐暴露出一些弱点,严重威胁到各国和世界的金融稳定,主要表现为银行系统的巨额坏账,造成银行损失的违规操作,倒闭乃至连锁的破坏性反应等。1997年9月,巴塞尔银行监管委员会通过了《有效银行监管的核心原则》(Core Principles for Effective Banking Supervision),为规范银行监管提出国际统一的准则,确定了有效银行监管体系所必须具备的25项基本原则,共分7大类,即有效银行监管的先决条件;发债和结构;审慎法规和要求;持续性银行监管手段;信息要求;正式监管权利;跨国银行业。《巴塞尔协议》的制定和逐步推广,为进行有效的银行监管提供了依据,对防范与化解银行业的风险,维护银行体系的稳定发挥了积极作用。但是,《巴塞尔协议》对市场风险和操作风险的考虑不足,而这两者对银行业的破坏日趋显现。1997年亚洲金融危机的爆发和危机蔓延所引起的金融动荡使金融监管当局和国际银行业迫切感到需要重新修订国际金融监管标准。

4.《新巴塞尔资本协议》

2002年定稿并定于2005年实施的《新巴塞尔资本协议》全面取代1988年的《巴塞尔协议》,成为新的国际金融环境下各国银行进行风险管理的最新法则。新协议体现了以资本防范风险的理念,把对资本充足率的评估和银行面临的风险进一步紧密结合在一起,使其能够更好地反映银行的真实风险状况。新协议不仅强调资本充足率标准的重要性,还通过互为补充的"三大支柱",即最低资本要求、对机构的资本充足比率及内部评估程序进行检讨和有效利用市场规律,以期有效地提高金融体系的安全和稳定。

但《新巴塞尔资本协议》未足够重视的某些风险成为2007年开始的金融危机的成因。作为全球金融监管改革的重要组成部分,国际银行资本监管也在进一步完善。2009年7月,巴塞尔银行监管委员会通过了对1996年交易账户资本计提规则和新资本协议三大支柱的修订稿,以期达到以下目标:(1)提高压力时期可提取的缓冲资本储备;(2)提高银行资本的质量;(3)引入杠杆率作为新资本协议的最低保障机制。同年9月,全球的中央银行行长和监管当局负责人会议就资本充足率监管标准和过渡期安排达成了共识。12月,巴塞尔委员会发布正式文件对7月宣布的市场风险框架和9月共识中的银行压力测试指引予以确认,并准备就市场风险框架和流动性进行修订。[1]

此外,针对本次金融危机中暴露出的银行在公司治理方面的缺陷,巴塞尔银行监管委员会(BCBS)于2010年10月4日发布了《强化公司治理指导原则》。该文件提出银行实现稳健公司治理的14条原则,明确了银行业监管机构对银行公司治理的监管责任,并阐释了其他利益相关者和市场参与者、法律框架对于强化银行公司治理的作用。[2]

在其他金融领域,也存在大量的国际条约和国际惯例。

第四节 中国金融体制和金融立法

一、我国金融体制的发展过程

我国的金融体制,是在革命根据地和解放区金融体制基础上,根据建立社会主义国家的不同阶段的需要,逐步建立和发展起来的,经历了艰难曲折的发展过程。大体而言,可分为以下三个时期:

(一)计划经济下的金融体制

1949至1977年是我国单一制的银行体制时期(或称一级银行体制、大一统银行体制时期),即由中国人民银行统一领导、垄断金融的时期。其特点是中国人民银行既是行使货币发行和金融管理职能的国家机关,又是从事信贷、储蓄、结算、外汇等业务经营活动的经济组织,其机构遍及全国城乡。另外,有少数几家专业银行存在,但并不受中央银行的领导,而是直接受命于政府。这种体制适应了当时高度集权的计划经济体制的需要。

这种金融体制尽管在一定时期适应了我国计划经济的发展,但随着我国经济体制由计划经济转向市场经济,表现出以下几个方面弊端:

第一,金融信用领域狭小,资金运用效率低下。

在高度集中的计划经济体制下,全社会的固定资产投资均通过财政资金分配的方式进行,企业生产和流通中的流动资金也通过财政分配,只有临时性、季节性的流动资金不足部分才由银行信贷解决。因此,整个社会对金融信用需求不足,金融市场不存在,整个金融业处于高度压抑的状态。而财政分配的方式也使得资金运用的效率相当低下。

第二,信用形式单调,金融机构单一。

---

① 参见世界银行文件,http://www.bis.org/press/p100912.htm 和 http://www.bis.org/publ/bcbs193.htm,2011年2月28日访问。

② 参见银监会网站,http://www.cbrc.gov.cn/chinese/home/jsp/docView.jsp?docID=20110212CB52E7674E9585A9FFD88F5490FA520,2011年2月28日访问。

在此期间,信用形式单一,只有单一的银行信用。其他各类信用工具和机构,如商业信用、证券信用、消费信用等,一概被禁止。银行信用处于垄断状态。在全国形成大一统的银行体制后,中国人民银行同时执行着商业银行、政策性银行和中央银行的职能,全面垄断了金融业务活动。

第三,金融对整个国民经济的调控作用微弱。

在这种高度集中统一的金融体制下,不仅金融活动范围狭小,而且金融的经营管理行政化,金融在资源配置上的作用非常有限。金融的运行主要靠国家编制计划,通过金融机构的严格执行实现,信贷数量和投向、利率等都由国家计划确定,金融只是计划部门的配角、财政部门的出纳,没有自身利益和主观能动性,难以发挥其宏观调控的作用。

(二) 改革开放初期的金融体制

1978 至 1993 年是我国中央银行体制的确立和完善时期。在这一时期,我国逐步建立起适应计划商品经济发展需要的二级银行体制,又称中央银行体制。在恢复、分设专业银行、中国人民保险公司的基础上,中国人民银行开始专门执行中央银行的职能,另设中国工商银行办理工商信贷和城镇储蓄业务。随后,重新组建了交通银行等全国性综合银行,设立了中信银行等全国性商业银行和招商银行等区域性商业银行。同时,还大力发展保险、信托等非银行金融机构,开办了中外合资银行或财务公司等。这样,在我国初步形成了以中央银行为领导,以国有专业银行为主体,多种金融机构并存、分工协作的金融体制。

中央银行体制确立后,中国人民银行逐步运用货币政策,加强宏观调控和监管。主要是改革信贷资金管理办法,建立了以再借款和再贷款限额管理为主要手段的信贷规模调控方法,建立存款准备金制度,发挥和加强利率的杠杆作用,加强金融法制管理等,从而建立了直接调控和间接调控相结合的宏观调控体系。

金融信用领域也逐步扩大,银行信贷发挥了资金融通的主渠道作用。从 1978 年起,我国逐步实行资金"全额信贷"制度和除国家机关和事业单位外固定资产投资的"拨改贷"制度。改革了单一的银行信用,发展了商业信用、国家信用、消费信用和民间信用等多种信用形式,同时银行贷款的对象也不断扩大,使金融信用成为国民经济发展中资金筹集和分配的主要载体。

金融市场尤其是证券市场初具规模。多种金融工具得到发展,资金融通实现多渠道、多形式。自 1985 年以来,我国相继形成了资金拆借市场、国债交易市场,成立了上海和深圳两个证券交易所,这些金融市场的形成和建立为我国经济发展和资金融通提供了更广阔、高效、便捷的场所。

(三) 全面深化金融体制改革时期的金融体制

1994 年起是我国全面深化金融体制改革的时期。按照 1993 年 12 月国务院《关于金融体制改革的决定》和《关于进一步改革外汇管理体制的通知》的规定,我国自1994年起开始进行金融体制的全面改革,以建立适应社会主义市场经济发展需要的金融体制。即建立在国务院领导下,独立执行货币政策的中央银行宏观调控体系;建立政策性金融与商业性金融分离,以国有商业银行为主体、多种金融机构并存的金融组织体系;建立统一开放、有序竞争、严格管理的金融市场体系;把中国人民银行办成真正的中央银行,把国有专业银行办成真正的商业银行。截至2010年,原有的国有专业银行都已改制为股份有限公司且成功上市。

2006年12月起,针对我国农村地区金融服务不足、竞争不充分的状况,银监会调整放宽农村地区银行业金融机构准入政策,包括村镇银行、贷款公司和农村资金互助社等在内的新型农村金融机构的设立使农村地区金融机构覆盖率提高,且类型更加多元化。

银监会坚持在审慎监管、严格审批的原则下,支持符合条件的中资银行业金融机构在海外设置机构和投资入股境外金融机构,涵盖商业银行、投资银行、保险等多种金融服务领域。

为适应市场经济发展的需要,加强金融宏观调控职能和服务功能,防范和化解金融风险,我国金融体制的深化改革和金融法制建设仍在进行中。

二、我国金融立法的沿革与现状

与我国金融体制的沿革相对应,我国的金融立法也经历了三个阶段:

(一)计划经济体制下的金融立法

在这一时期,由于实行高度集权的计划经济体制,我国的金融事业发展缓慢,对金融活动的规范和管理以行政手段为主,依靠计划和政策作为主要管理手段,金融立法也就不可能受到重视,金融法的表现形式多为一些行政管理性的法规、规章和政策。

(二)改革开放初期的金融立法

实行改革开放政策后,随着金融改革的深化及我国法制建设进程的加快,适应有计划的商品经济的需要,我国加快了金融立法的步伐,制定了大量的金融法规和规章,其中以1986年1月7日发布的《银行管理暂行条例》为代表。

(三)社会主义市场经济条件下的金融立法

1993年,我国确立了建立社会主义市场经济体制的目标,金融体制的总体目标得以确立,金融改革进一步深化,金融立法也步入了一个崭新时期。尤其是1995年,可以说是我国的"金融立法年",在这一年里,我国制定颁布了四部金融基本法律及一个决定:1995年3月18日通过《中国人民银行法》,1995年5月10日通过《商业银行法》和《票据法》,1995年6月30日通过《商业保险法》和《全国人大常委会关于惩治破坏金融秩序犯罪的决定》。这从根本上改变了我国金融领域欠缺基本法律规范的局面，初步形成了我国金融法体系的基本框架。此后，我国金融立法进入系统立法阶段，立法的层次有了提高。1997 年 3 月 14 日修订、同年 10 月 1 日实施的新《刑法》对金融犯罪作了规定。1998 年 12 月 29 日发布《证券法》，规范证券市场。2001 年 4 月 28 日发布、同年 10 月 1 日起施行《信托法》，调整信托关系。2003 年 10 月 28 日通过《中华人民共和国证券投资基金法》，规范证券投资基金活动。2003 年 12 月 27 日通过《银行业监督管理法》，加强对银行业的监督管理，规范监督管理行为，防范和化解银行业风险。此外，改革开放以来，我国还先后发布了一系列金融法规和金融规章。

同时，我国根据加入 WTO 的要求和国内外金融发展的现实需要对一些重要的金融法律进行了相应的修改。全国人大常委会分别于 2002 年 10 月 28 日通过了对《保险法》的修改，2003 年 12 月 27 日通过了对《中国人民银行法》和《商业银行法》的修改，2004 年 8 月 28 日通过了对《票据法》和《证券法》的修改，并于 2005 年 10 月 27 日对《证券法》再次进行修订，2009 年 2 月 28 日对《保险法》再次进行修订。《银行业监督管理法》则于 2006 年 10 月 31 日得到修正。2006 年 8 月通过的《破产法》完善了金融机构退出的法律规范。

总之，我国的金融立法是与金融体制的改革同步推进的，金融改革和发展取得了巨大的成就，金融立法工作也进入了全新阶段。金融立法工作在保护金融改革成果、规范金融组织体系和规范金融业务行为方面起到了不可替代的作用，保证和促进了我国金融业在改革开放中的发展。但从总体上说，我国当前的金融法制建设尚处于发展阶段，落后于经济体制改革迅速发展的要求。[①] 突出表现在：

（1）许多重要金融市场和金融主体的立法层次不高、法律效力低。金融立法由全国人大及其常委会通过的法律较少，主要是国务院颁布的行政法规和中国人民银行等部门发布的行政规章，在政策性银行、融资租赁、期货管理、外汇管理等方面缺少高层次的立法。

（2）法律系统性差。法律体系应是各个不同层次、调整不同领域的法律、行政法规和规章的相互衔接和相互支持的有机体。但因我国处于经济转型时期，而且政出多门，新旧法律之间、不同层次的法律之间矛盾、抵触之处甚多，大批过时的、与高层次法律相矛盾的法规、规章有待清理。

（3）金融立法内容抽象、操作性较差，致使金融业务活动和金融监管活动难以依法进行。

在社会主义市场经济体制改革不断深化和金融开放不断扩大的前提下，我国现阶段金融改革的趋势应是在保障国家金融安全，完善金融监管措施的前提

---

① 朱大旗：《金融法》，中国人民大学出版社 2000 年版，第 36—37 页。

下,倡导适度的金融自由和竞争,鼓励金融创新,加强制度建设,从而提高金融法治水平。这种符合法治要求的金融制度应当发现并尊重市场的竞争规律,适应现代金融的运行状态和本质要求,使金融市场中的自由意志与监管意志协调并存。因此,必须进一步加强金融立法工作,以促进和推动金融体制改革的顺利进行,保障金融事业的健康发展。

三、WTO 与我国金融立法改革

(一) 加入 WTO 对我国金融业的影响

2001 年 12 月 11 日,我国加入世界贸易组织(WTO)。根据我国加入 WTO 作出的承诺,金融市场的准入限制逐步减少直至最后取消。具体开放领域及其进程为:(1) 银行业:入世后 2 年,外资银行可以从事中国企业的人民币业务,入世后 5 年,外国银行可以与中国居民进行人民币业务往来,在入世 5 年内,地域限制和顾客限制都将取消;(2) 保险业:两年后取消对外资保险机构的城市控制,5 年后取消许可证限制,允许外国保险公司拥有 50% 的股权;(3) 证券业:外国金融公司允许在基金管理企业中持股 33%,3 年后增至 49%,外国股票包销商可以在合资承销公司中占 33% 的股份,外资金融机构尤其是经营性机构从经济特区、沿海开放城市逐步向内地扩散,经营范围将扩大到人民币、债券、国内结算等。

根据中美达成的金融服务开放协议,加入 WTO 后,我国的银行市场开放是全方位的。在外汇业务方面,加入 WTO 后即允许外资金融机构在我国任何地方向任何机构和个人提供外汇服务;在人民币业务方面,自 2005 年 1 月 1 日起,取消所有地域限制和客户限制。目前,外资金融机构在服务地域和服务对象上与我国金融机构已完全一样。2006 年 12 月实施的《外资银行管理条例》对外资银行(外资金融机构参照执行)的市场准入、业务范围、资产实力、资本金标准、违法处理等必要事项作了规定。自 2006 年“法人银行导向”政策实施以来,外资银行在我国发展的市场格局已经实现了由“分行主导”向“法人主导”的平稳过渡,外资法人银行在华数目增加较快。

(二) 我国金融立法的缺陷

WTO 中的《金融服务贸易协议》对各国金融服务贸易市场开放及其立法提出了新的法律性要求。我国的金融法制面临着巨大的变革。在金融立法方面,“废旧”和“立新”是同一个过程的不同方面。面对 WTO 的原则,不仅要废止一批与 WTO 原则相悖的法律、法规和规章制度,还要制定一些与 WTO 法律体系相适应的法律法规,以填补金融立法的空白。面对挑战,仅有入世的金融政策是远远不够的,重要的是把金融政策纳入法制的轨道,因为金融政策只有上升为国家法律才具有一体遵行的强制力。在当代法治社会中,也只有法律确认和保障的金融政策在国际交往中有最大的可信度，作为市场经济核心的金融体制的基础构造以及金融合作与监管的诸多原则，也只有得到一个综合性的法律框架的支持，才能得到确立和实现。

然而，我国现实的金融法律体系面对入世后如此高标准的要求，显示出许多的不足，[①]其具体表现是：

（1）金融立法相对滞后于金融全球化、自由化趋势，面对金融入世，显得准备不足

我国金融业本身由于历史包袱沉重，盈利水平低，抵抗风险能力差，一直制约着整体实力的提高，再加上我国金融法律对商业银行实行"分业经营"的限制，使得我国银行业金融产品单一，金融创新乏力，同时也使盈利能力较强的中间业务等新型业务拓展领域有限，难以培植新的经济效益增长点。加入 WTO 后，银行竞争在我国的主战场主要是表外业务，产品竞争的实质是创新能力的较量。我国内资银行的任务主要是移植适合国情的新的金融产品；外资银行则致力于适应国内的金融环境，把国外的金融产品应用在国内客户，目标是争夺优质客户。

（2）在金融对外开放的立法上存在认识上的偏差

WTO 所确立的法律规则反映了当今世界各国普遍遵循的基本市场法则。我国加入 WTO 以后，作为成员国，必须遵守世贸组织的一系列协议，同时通过国内立法和执法活动严格遵守入世承诺。我国加入 WTO 以后，外资金融机构的准入限制逐步取消，国内金融市场与国际金融市场融为一体。这意味着国内金融机构正式进入国际竞争的阶段。国外金融机构的竞争优势在我国加入 WTO 以后充分展现在国人面前，先进的管理经验和灵活的经营方式，多样化的丰富产品优势，技术优势等，都是我国金融机构的软肋。随着我国成为 WTO 的正式成员，金融业对外开放的法律体系也正初步形成。但在以优惠政策吸引外资银行的思想指导下，有些外资金融法律法规赋予外资金融机构超国民待遇过多，使外资金融机构本身就处于竞争优势的地位，更进一步使中资金融机构在与外资金融机构的竞争中处于政策法律上的弱势地位。而在保护国内中资金融机构的思想指导下，国内金融立法对外资金融机构过多的业务限制，也对入世后的中国金融业产生了诸多不利影响。

（3）国内金融立法与国际金融立法接轨不够

当今世界各国和地区放松金融管制、开放金融市场、逐渐放开资本项目的管制，使得资本在全球的资本市场自由流动，出现了金融全球化的趋势。为顺应金融全球化的趋势，各国以及国际层面加强立法，促进金融的国际化、自由化和金

① 刘定华：《金融法专题研究》，北京大学出版社 2002 年版，第 15—19 页。

融市场的一体化进程,统一交易规则,减少交易成本,协调各国金融政策,探索金融国际监管的法律框架。目前,我国国内金融立法与国际金融立法的接轨不够,如《中国人民银行法》简单地提到了中国人民银行在有关外汇业务和国际金融业务方面的职责,但对我国中央银行的外汇风险管理、外汇与国际收支管理以及解决国际收支不平衡时的措施并未作法律规定,这不利于我国利用《服务贸易总协定》中“对保障收支平衡的限制”条款寻求金融服务贸易的特殊保护。国内对中外资金融机构立法不一致,对中资金融机构的分业经营和外资金融的混业经营实施两种不同的法律规定,大大降低了中资金融机构的竞争力。混业经营是金融企业为了实施多元化经营,加强综合竞争力所采取的重大变革。从分业经营到混业经营,是国际金融业的发展趋势。

(4) 立法质量不高,缺乏法制内核,尚未形成健康有序的金融执法环境

金融与法律的关系的基本命题是规则治理下的金融活动才是有效率的。在法治理论下,人们实现以立法形式对待决事项的处理制定了规则,管理者只能依据规则对待决事项作出决定,而无权以该待决事项的某些特殊性为由作出规则规定内容之外的决定。金融法治化,就是指各主要金融活动所形成的社会关系都有明文的法律规定,并且被行之有效地执行。法律应公正地配置权利资源,金融“法治”的内核是限制监管者的权力,保障金融机构的权利,保护存款者和投资者的合法权益。

虽然《中国人民银行法》和《商业银行法》都规定,任何单位和个人都不得对中央银行和商业银行的业务进行非法干预,但非法干预金融业务的现象仍然大量存在;金融业有法不依、执法不严、违规违法操作依然存在;非法设立金融机构、非法办理金融业务的现象依然屡禁不止;金融执法主体的多样性又导致了金融执法的效率性较差;全社会还没有形成一个健康高效的金融执法环境,特别是对外资金融机构的执法还没有引起足够的重视。

可以说,我国金融立法和管制实践始终没有解决好公正配置权利这个核心问题,监管者和市场参与者的权利边界处于模糊状态。模糊状态的标志是对法律没有明文禁止也没有明文允许的灰色区域,我国金融机构的权利没有依据,金融机构或者等待监管部门的红头文件,或者通过社会关系争取批文。如果金融法制树立一个明确的法治原则,金融权利的界区明晰,金融机构的创新积极性必然激发出来,从而促进资源的高效配置。这个原则应该是:对监管者来说,权力仅仅来源于法律的明确授权,法律未允许者,监管者不得自行其是;对金融机构来说,法律没有禁止者,视为可行使权利。其理由是,尽管权利(力)的享有者都有滥用权利(力)的倾向,但监管者更有条件和理由滥用权力,且这种权力的滥用直接压缩甚至剥夺了金融机构的权利。监管者应合理行使权力,合理性来源于法律的授权;而金融机构应正当行使权利,除了非法、不当利益、损害投资者和

存款者合法权益外,都应视为正当。

(三) 入世后我国金融立法的完善

我国经济和金融的市场化和国际化程度日益提高,金融市场的国际性要求国内的金融立法和监管突破地域限制,跨国金融公司已经凭借资本、技术和管理优势在国内金融市场上蓄势待发。抓住这个时机,果断推进金融改革,完善金融法律体系,提高监管能力,增强金融机构和金融行业的风险抵御能力,完善金融风险预警、防范和解决机制,是我国提高金融这一关键行业和领域的控制力的必然选择。

为适应我国金融市场化、现代化、国际化的要求,当前应在以下几个方面加快金融立法的步伐:加快清理现有不符合市场经济要求的法律、法规和规章;探索金融控股集团立法;尽快推进和加强保险、证券、信托监管等方面的立法,引导、规范和促进金融混业经营;完善金融机构的退出机制,防范系统性金融风险;进一步推进改革现行有管理的浮动汇率机制,形成更加适应市场供求变化,更为灵活的人民币汇率形成机制,并完善与此相适应的外汇管理法制;逐步试行和完善金融衍生产品、网络银行等金融创新立法,为我国金融市场的现代化、国际化提供法律保障。

四、我国金融经营模式的选择

(一) 金融业分业经营和混业经营的利弊分析

一国金融业实行分业经营还是混业经营一直是争议颇为激烈的一个问题。从金融业的本质特征看,混业经营反映了金融业的本质并代表着金融的发展方向。其优势主要表现在:(1) 混业经营可以使金融机构实现多元化运作,扩大收益来源,从而降低经营风险。(2) 多元化经营使金融机构能够及时地根据金融市场的变化调节自身的经营活动;金融机构可以通过为客户设计具有针对性的金融产品组合并提供一条龙金融服务发挥总体优势,降低经营成本,提高服务效率。(3) 更好地发挥信用中介的功能。其弊端在于:在风险控制方面和监管方面,既不利于系统风险控制,也不利于平等竞争,难以实现监管的专业化分工。[①] 分业经营制的产生曾对世界经济和金融业的发展起到过积极的作用:(1) 分业经营制可有效地控制金融风险。将金融业分成银行、证券、保险几个行业,使之风险不同,客户不同,机构分设,功能各异,行业间设有"防火墙",一个行业出了问题,不会"传染"给其他行业,整个金融体系不会因一个行业出问题而崩溃。(2) 分业经营有助于提高金融业的经营与监管效率。分业经营使银行、证券、保险各行业集中精力使各自的行业迅速发展壮大,提高其成长速度,而且分业经营

---

① 刘定华:《金融法专题研究》,北京大学出版社 2002 年版,第 114 页。

避免了因业务交叉混乱，彼此行业目标不清，职责不明所引发的风险，从而提高了效率，最终分业经营使金融业内不同行业能高效利用自身有限的资源为客户提供更好的服务。在监管方面，分业经营模式可促进金融业监管的专业化分工，明确各自的监管职责，避免因监管庞杂导致无暇监管、业务生疏带来的低效率，提高监管效能。(3) 分业经营有利于减少垄断、维护金融市场的自然竞争。在金融业管理、监管手段落后的情况下，极易产生金融风险、行业垄断，从而导致经济的畸形发展。分业经营使资金运动被限制在行业范围内，可减少资金横向流动寻求利润所带来的各种风险，避免产生跨行业的超级垄断。然而，随着历史的变迁，经济的发展，分业经营的这些优点逐渐消失，反而成为金融业进一步发展的瓶颈。

可以说，分业经营和混业经营各有利弊，没有一种模式是绝对优越的。各国应立足本国经济、金融发展的具体阶段和具体情况，选择适合各自国情、最适宜金融业发展的制度。

(二) 我国分业经营模式的不足和混业经营的探索：以金融控股公司为例

20 世纪 70 年代末 80 年代初，我国金融体制改革之初曾经尝试过综合经营的金融体制模式，我国国有银行在其改革过程中也曾涉足多种金融业务。但在 1993 年前，当时的混业经营不仅表现为“混”，更表现为“乱”，混业经营的目的在一定程度上是为了寻求双重体制并存背景下的灰色利润，甚至黑色利润。[①]抑制金融混业经营消极影响的直接策略便是选择分业经营的发展思路。鉴于混业经营的弊端和我国的实际情况，为了防止金融风险的跨行业传播，进而降低系统性风险，1989 年，国家明确提出银行业与信托业、证券业、保险业“分业经营”、“分业管理”的原则，1993 年国务院《关于金融体制改革的决定》进一步明确了这一原则，1995 年《商业银行法》和后来的《证券法》、《保险法》更以法律形式确立了分业经营、分业监管金融体制。

但是，随着我国金融业的进一步发展，分业经营的模式逐渐显现出不足：商业银行的业务被限制在狭小的存贷款业务领域内，资产形式单一，资产风险过于集中；商业银行和投资银行业务被严格区分，隔断了货币市场与资本市场重要的资金纽带，券商融资渠道不畅，证券市场的发展受到严重影响；保险资金投资渠道更是受到限制，仅能运用到银行存款、国债等一些低风险、低收益的项目上，在利率下调的环境中，保险资金由于不能投资到其他收益更高的渠道，保险公司面临着巨大的“利差损”。尤其是 20 世纪 90 年代末以来，随着我国经济、金融对外开放程度的加深，我国金融业面临的竞争压力和金融创新的压力不断增加，综

① 江成会、夏华龙：《论我国金融业的适度分业经营》，载《金融体制改革》1995 年第 4 期；转引自张忠军：《金融监管法论》，法律出版社 1998 年版，第 196 页。

合经营的要求和动力日益增强。加入 WTO 后，经过短暂的保护期，我国金融业面临的是众多实力雄厚的国际金融集团的挑战和竞争。在这种“内忧外患”的不利形势下，我国金融企业纷纷效仿国外金融混业的经验，在金融合作、以控股公司收购兼并从而实现混业经营方面作出了有益的探索。我国现阶段出现了各种形式的金融控股公司就是一例。

从我国立法上来说，尽管 1995 年《商业银行法》不允许商业银行投资于非银行金融机构，但对非金融企业投资金融业并没有法律限制；“集团混业、公司分业”的金融控股集团也并不违反 1995 年《证券法》关于“银行、证券、保险和信托四业分业经营，各业务机构分别设立”的规定。2003 年，《商业银行法》进行了修改，为商业银行通过股权投资的方式或其他方式从事非银行金融业务留下了空间，修改后的《证券法》也为证券业从事其他金融业务留下了空间。

现阶段我国出现的各种形式的金融控股公司，可以分为以下几类：

第一类是由非银行金融机构形成的金融控股公司，如中信控股、平安集团分别以中国国际信托投资公司和平安保险公司为基础形成金融控股集团，现在已改制为纯粹型控股公司，母公司不再是经营机构，而只是一个纯粹的投资控股机构，投资或控股银行类、证券类、保险类、其他类（如信托类、融资租赁类、企业集团财务公司）等各类金融机构。

第二类是商业银行在国内、海外通过设立、重组、并购金融机构形成控股公司，如中国银行、中国建设银行、中国工商银行、交通银行及招商银行、民生银行等。

第三类是由实业或企业集团形成的金融控股公司，如上海宝钢集团公司、山东电力集团公司、海尔集团等，后者如新希望集团等。[①]

在我国目前的经济形势下，这些金融集团的建立和发展，无论在宏观上对我国金融体制的改革，还是在微观上对金融企业和实业效益的提高，都有很大的益处：

（1）金融控股集团通过控股不同金融业务类型的具有独立法人地位的子公司实现业务的综合化。金融控股集团是在不违反我国现行金融法的前提下，使我国金融业享受混业经营带来的利益，不会对分业经营和相应的监管体制带来根本性的冲击，具有促使现有金融体制顺利过渡的作用。

（2）对金融企业来说，通过金融控股集团，其业务不断扩大和相互交叉，可以优化配置金融资源，提高营利能力，从而化解风险。对产业资本来说，由于国民经济进入相对过剩阶段，很多实业的利润率已经很低，通过投资控股金融机构，能够获得稀缺的金融资源的利润。

---

① 吴晓灵：《金融混业经营和监管现实》，载《金融时报》2004 年 3 月 23 日。

（3）利用金融机构的筹资功能，壮大企业规模，扩大市场占有份额。我国许多企业，特别是主营业务是生产、流通类领域的企业，或多或少地存在融资难的问题，通过建立金融控股公司，控股金融企业，尽可能地扩大筹资、融资功能，为其主营业务服务，扩大主营产品的市场份额。

（4）全面提升企业集团的管理水平和内部风险控制机制，最大限度地发挥集团协同效应，提高集团业务和产品的竞争力。通过统一整合信息资源、内部审计资源，构筑综合金融服务平台，最大限度地降低成本，实现规模经济，提高整体管理水平。在集团内存在保险、基金、证券、财务公司的情况下，可取得优势互补，扬长避短。

金融控股公司（集团）的存在为我国金融业的改革和发展带来了动力和活力，但也带来了新的问题和挑战。主要是：

（1）如何控制关联交易、防范风险传递和可能实现的利益冲突。金融集团利用上市公司和商业银行之间的关联交易，形成银行融资、购并、上市的资金循环，以及利用金融机构与企业的关系，套取银行的资金或挪用客户资金解决关联企业资金需求的风险。德隆集团的实践和德隆系的崩溃就是一个很典型的例子。

（2）信息公开没有规范性要求，整体风险状况难以判别。金融集团成员之间的内幕交易和交叉复杂的股权结构往往会降低公开信息的准确性和真实性，使监管当局无法了解其经营状况和准确判断集团所面临的真实风险。

（3）现有监管体制如何实施对金融控股公司的监管。我国当前实行分业经营、分业管理的原则，在银监会、证监会、保监会分业监管的体制下监管机构对金融控股公司的整体风险缺少监管的法律依据和监管标准。①

金融控股集团在我国已客观存在，如果视而不见，监管措施的缺乏和金融监管体制的滞后可能使金融集团的风险失控。因此，应当注意加强对金融控股公司的引导，从法律上界定金融控股集团，解决其设立与经营的合法性问题，同时，为依法监管提供依据。转变政府监管体制，结合理论研究和我国的现实条件，现阶段宜建立主监管机构体制：以分业监管为基础，由主监管机构统一负责、协调对金融控股集团的整体性监管工作。金融监管的长远目标可以考虑建立类似于英国金融服务局或德国金融监管局的统一监管体制。

我国对金融控股公司的集团公司依据其主要业务性质，归属相应的监管机构，对金融控股公司内相关机构、业务的监管，按照业务性质实施分业监管。银监会、证监会、保监会分别向其监管对象收集信息和数据，并负责统一汇总、编制各类金融机构的数据和报表，按照国家有关规定予以公布，并建立定期信息交流

① 吴晓灵：《金融混业经营和监管现实》，载《金融时报》2004 年 3 月 23 日。

制度。银监会、证监会、保监会建立“监管联席会议机制”，就重大监管事项和跨行业、跨境监管中复杂问题进行磋商，评价和权衡已出台政策的市场反映和效果评估以及其他需要协商、通报和交流的事项。

五、世界金融监管模式的变革趋势和我国金融监管模式的完善

(一) 世界金融监管模式的变革趋势

从若干发达国家近年来的金融改革实践看，世界金融监管模式变革呈现出如下特征：①

第一，从分业监管向混业监管转变。

以美国《格拉斯—斯蒂格尔法》的废除为标志，全球的金融业务日益向混业经营的方向转变，与之相适应的金融监管模式也日益朝着混业监管的方向演变。美国旧的金融监管体系采取按不同金融机构的类别进行纵向分别立法、分别监管的模式。1999 年实施《金融服务现代化法案》后，美国采取了联邦政府、州政府与专门机构分层的金融监管模式，综合监管和分离监管相结合。与此同时，英国、日本、德国等国也通过金融改革建立了统一的监管框架，建立了综合性监管机构，如“金融服务局”、“金融厅”、“金融监管局”。统一监管提高了复杂金融联合体的监管效率，实现了金融监管的规模经济效应，顺应了现代金融业混业经营的潮流。

第二，从机构性监管向功能性监管转变，并进一步走向横向规制金融商品的统合监管模式。

机构型监管是指按照金融机构的类型分别设立不同的监管机构，不同监管机构拥有各自的职责范围，无权干预其他类别金融机构的业务活动。功能性监管是指依据金融体系基本功能而设计的监管。功能性监管关注的是金融产品所实现的基本功能，以金融业务而非金融机构确定相应的监管机构和监管规则，减少监管职能的冲突、交叉重叠和监管盲区。同时，功能性监管针对混业经营下金融业务交叉现象层出不穷的趋势，强调跨机构、跨市场的监管，因而可以实现对金融体系的全面监管。近年来，以英国、德国、日本、韩国等国家为代表，金融法制出现了从纵向的金融行业规制到横向的金融商品规制的发展趋势，出现了根据单一监管者的功能性监管模式重新整理和改编原有的多部与金融市场、资本市场相关的法律而将传统银行、保险、证券、信托等金融投资业整合在一部法律中的趋势。

第三，从单向监管向全面监管转变。

从监管内容上看，由于金融工具的不断创新以及金融混业经营的发展，各国

---

① 丁邦开、周仲飞主编：《金融监管学原理》，北京大学出版社 2004 年版，第 37—38 页。

监管机构相应地扩大了金融监管的范围，从单纯的表内、表外业务扩展到所有业务。从监管重点看，以往的金融风险监管侧重于信用监管，但银行还可能因为其他风险而陷入经营困境，因此，当前国际金融业的监管除信用监管外，还重视市场风险、经营风险等。从监管范围上看，以2003年巴塞尔委员会颁布的《新巴塞尔资本协议》为代表，国际金融监管也从单纯的资本充足率的监管转向最低资本标准、监管当局的检查及市场自律三个层次的全面监管。

第四，从封闭型监管向开放型监管转变，并从一国监管向跨境监管转变。

金融全球化发展趋势，主要表现为国际资本的大规模流动、金融业务与机构的跨境发展和国际金融市场的发展，一国的金融安全及经济安全与国际金融市场的变化息息相关。同时，金融全球化也带来了许多负面的影响。频频爆发的国际金融危机，使各国监管当局认识到各国信息沟通对于加强国际银行及其经营活动监管的重要性，促进了全球范围、地区范围及双边范围内各个层次上的国际银行监管合作。金融全球化使各国的监管理念和着眼点发生重大变化，金融监管从国内单边监管转向国内国际的多边监管，从封闭型监管转向开放型监管。

全球化促进了世界金融市场的一体化，各种风险在国家之间相互转移、扩散便在所难免。其结果是各个市场及其监管者之间的相互依赖性增强了，金融国际化要求金融监管本身的国际化。如果各国在监管措施上松紧不一，不仅会削弱各国监管措施的效应，而且会导致国际资金大规模的投机性转移，影响国际金融的稳定。在很大程度上，世界金融管制体系的强度由其最薄弱的环节决定。因此，西方各国致力于国际银行联合监管，逐步实施和完善跨境监管，发展中国家金融监管体制面临挑战。

第五，合规性监管和风险性监管并重。

从20世纪80年代末开始，国际监管组织和各国监管当局就对金融创新产品和电子银行都给予了高度关注。20世纪末，金融市场更加复杂多变，金融创新产品层出不穷，金融衍生产品交易、银行网络化以及中间业务日益增大。较之传统银行业务，金融创新产品在收益更大的同时，对金融市场造成的冲击也更直接和激烈。因此，只有并重监管传统业务和创新业务，才能有效防范和化解银行业的整体风险。但是，随着银行业的创新和变革，合规性监管并不能及时全面地反映银行风险，相应的监管措施也滞后于市场发展。为此，国际金融监管组织和一些国家的监管机构相继推出了一系列以风险监管为基础的审慎规则。风险性监管更注重银行本身的风险控制程序和管理水平，能够及时反映银行经营状况，预测潜在风险。

第六，金融消费者权益保护的注重。

1999年美国的《金融服务现代化法》、2000年英国的《金融服务与市场法案》都在大金融的背景下提出了“消费者保护”的概念，而于2001年4月实施的

《日本金融商品销售法》则规定,“本法保护的对象为资讯弱势的一方当事人,即在金融商品交易时,相对于金融机构的专业性,另外一方当事人无论是自然人或法人,基本上都属于资讯弱势者”。对金融消费者着重保护的基础在于金融市场信息获得的显著不对称性,金融机构处于信息优势地位,金融消费者处于信息弱势地位。保护金融消费者权益有利于减少因信息不对称导致的不公平,对于提升消费者信心和金融市场稳定具有重要作用。

2007 年开始的全球金融危机促使世界主要金融中心所在国纷纷总结经验教训,将金融消费者保护重新提上议程,设立或计划设立独立的金融消费者保护机构,并着手完善金融消费纠纷解决机制。

(二) 我国金融监管模式的完善

我国的金融监管模式已初步确定,采取“分业监管模式”或称“单层分头模式”。[①] 中国人民银行、银监会、证监会、保监会等监管机关,分别对银行、证券和保险业等金融各业进行监管,其主要依据是《中国人民银行法》、《商业银行法》、《银行业监督管理法》、《证券法》、《保险法》等一系列法律、法规,我国金融监管体制的法律体系框架初步形成。目前,我国的金融监管的内容主要包括对金融机构的准入管理;对金融机构业务活动的监督检查;对有问题金融机构的处理。

当前,立足我国金融市场的发展状况并有选择地借鉴国际金融监管的经验,我国金融监管模式尚需进一步完善。

首先,理顺金融监管体制。银监会、证监会、保监会的监管地位虽已经确立,但各自的独立性仍有待加强,且监管机构之间以及内部各职能部门之间和分支机构的监管协调机制尚待完善。2003 年开始,根据有关金融监管机构金融监管分工合作备忘录,我国金融监管机构之间建立起协调机制,其目标在于明确银监会、证监会、保监会在金融监管方面的职责,协调配合,避免监管真空和重复监管,提高监管效率,鼓励金融创新,以达到所有金融机构及其从事的金融业务都能得到持续有效的监管。但该协调机制还是建立在分业监管、各司其职的前提下,具有一定局限性。为提高金融监管的效率和促进金融发展,可以考虑在适当条件下借鉴发达国家的经验成立金融监管局或金融监管委员会之类的综合一体化金融监管机构。

其次,完善金融监管的法律制度。我国目前的金融法制还是处于转型过程中的过渡性的金融法制,金融法制的基础既非完全政府干预,也不是完全的市场自发调节,而是从政府较多干预,向较多的市场调节过渡。[②] 我国金融改革和实践中,往往注重行政手段,忽视法律手段。在运用法律手段时,由于金融制度缺

---

① 刘定华:《金融法专题研究》,北京大学出版社 2002 年版,第 116 页。

② 吴志攀:《金融全球化与中国金融法》,广州出版社 2001 年版,第 207 页。

乏稳定性和可预见性,多用行政化的法规、规章,而不是通过司法系统独立运作的法律。由于我国金融法律简单,原则性宣示成分多,操作性和程序性差,金融规章成为法律的实施细则,但又缺乏透明度,造成金融制度的政策化色彩浓厚。为从根本上改变上述状况,应尽快完善我国金融监管法律法规体系,即建立和完善以《中国人民银行法》为核心,《商业银行法》、《保险法》、《证券法》、《信托法》、《票据法》、《银行业监督管理法》等基本法律为主体,单项业务法规、规章为基础的法律法规体系。同时,对我国层次繁多的金融规章的相互冲突矛盾之处,应予以清理,对我国与 WTO 规则和国际惯例不适应的内容应进行修订。无论清理规章还是修订法律,基本的理念都是要考虑遵循市场经济的普遍规律和 WTO 规则。

再次,完善监管措施和手段。针对我国金融机构违规现象严重和金融风险巨大的双重特点,从目前合规性监管为主,逐渐过渡到风险性监管和合规性监管并重。针对我国金融机构内控薄弱和法人治理机制不健全的状况,要加强金融机构内部监管,完善法人治理结构。顺应我国金融改革市场化的需要,应扩大信息披露的范围,着重保护投资者和存款人的利益,强化行业性监管,增强和扩大市场机制对金融机构约束的力度、广度。

最后,适应国际金融业发展的新趋势。我国应有步骤地对混业监管进行循序渐进的立法,强化对金融控股集团的监管,发挥法律在银行、证券、保险业务的交叉、渗透、合作过程中的引导、规范和促进作用。同时,顺应金融国际化和全球化的趋势,加强与国际监管组织和国外金融监管机构的合作。

思考题

1. 简述金融法的调整对象及其主要内容。
2. 我国金融法体系主要包括哪些内容?
3. 我国金融法的基本原则有哪些?
4. 试论我国金融监管模式的完善。
5. 试以金融控股公司为例,分析分业经营和混业经营的利弊。
6. 试就各国应对 2007 年开始的全球金融危机对策作一评论。

第二章　金融组织法律制度

第一节　金融组织法律制度概述

一、金融组织概述

银行是专门经营存款、贷款和汇兑等货币信用业务，充当信用中介和支付中介的金融机构。银行业是从历史上的货币兑换业发展过来的。1171 年成立的威尼斯银行是世界近代史上第一家银行。1694 年在伦敦组建的英格兰银行是世界上第一家股份制银行。

随着经济、金融的发展和金融的创新，各类非银行金融机构迅速发展，在经济生活中的地位日益重要，与银行互相补充和互相竞争，构成一国的金融组织体系。当代，银行业与证券业、信托业、保险业并列为金融四大行业。

我国现有的银行机构主要有中央银行、商业银行和政策性银行等；非银行金融机构主要有如下几类：证券公司、信托投资公司、保险公司、基金管理公司、金融租赁公司、信用合作社、邮政储汇局、企业集团财务公司、金融资产管理公司、汽车金融公司等。此外，我国目前还有外资银行、外国银行分行、中外合资银行、独资财务公司、中外合资财务公司、外资参股证券公司、外资保险公司（独资保险公司、合资保险公司和外国保险公司分公司）、中外合资基金管理公司等涉外金融机构。

二、银行法概述

银行法是调整银行组织机构、业务经营以及对银行的调控和监督管理的法律规范的总称。银行法是金融法的核心，是金融法的基本法。

根据规范的内容不同，银行法可以分为银行调控和监督管理法、银行组织法和银行业务法。银行调控和监督管理法是关于银行业监督管理机关对银行的组织机构及其经营活动进行监督管理的法律规范的总称；银行组织法是关于银行机构的性质、地位、设立、变更、终止等组织方面的法律规范的总称；银行业务法是关于银行机构开展业务活动的法律规范的总称。根据银行法律规范所调整的银行类型不同，银行法律体系可以分为中央银行法、商业银行法和政策性银行法。

三、我国银行立法概述

从中华人民共和国成立后到改革开放前,由于实行高度的计划经济体制,反映在金融上就是高度统一和单一的金融体制,虽然先后成立了中国人民银行、中国银行、中国建设银行、中国农业银行,但银行立法并没有受到重视,银行法的表现形式也多为一些行政管理性质的法规、规章。

1978 年以来,我国逐渐建立起一个以中央银行为主导、各类商业银行为主体、多种金融机构并存与分工协作的金融机构体系。银行业立法也进入前所未有的新时代,形成了以银行业法律为基础,银行业行政法规、行政规章及规范性文件为补充,较为完善的银行业法律体系。具体而言,银行业法律包括:《中国人民银行法》(1995 年 3 月颁布实施,2003 年 12 月 27 日修订)、《商业银行法》(1995 年颁布实施,2003 年 12 月 27 日修订)、《银行业监督管理法》(2004 年 2 月 1 日施行,2006 年 10 月 31 日修订)、《反洗钱法》(2006 年 10 月 31 日通过,2007 年 1 月 1 日起施行)等。银行业行政法规包括:《金融资产管理公司条例》(国务院 2000 年 11 月 1 日公布并施行),《外资银行管理条例》(国务院 2006 年 11 月 8 日公布,2006 年 12 月 11 日施行)、《外资金融机构管理条例》(国务院 2001 年 12 月 20 日公布,2002 年 2 月 1 日起施行)。

但是,金融法律颁布之后不容易及时修改,而金融市场发展变化较大,法律经常显示出与现实情况不适应。由于不能立即修改法律,也难以通过立法解释和司法解释实现修订,因此就出现了行政主管部门制定暂行规定、变更原来立法的情形。[①] 自 1997 年银行业监督管理委员会成立以来,银行业监督管理委员会共颁布了 53 件部门规章,141 件规范性文件。中国人民银行则颁布了 50 件部门规章,517 件其他规范性文件。[②] 这些数量可观的银行业监管规章和规范性文件,在一定程度上弥补了我国银行业法律法规的滞后与不足。

第二节 中央银行法律制度

一、中央银行法律制度概述

(一) 中央银行的产生与建立

中央银行是一国实施货币政策和金融监管的金融机构,目前各国几乎都设有中央银行。1668 年,瑞典收归国有的里克斯银行被认为是中央银行的萌芽。

① 吴志攀:《回顾总结我国金融法制建设第一个十年》,载《中国金融》2005 年 7 月 18 日。

② 资料来源:中国人民银行网站、中国银行业监督管理委员会网站。

学术界公认的中央银行的鼻祖是英格兰银行。1694 年,根据英国国王特准令成立的英格兰银行,具有货币发行权;1844 年,《皮尔条例》宣布英格兰银行拥有货币的垄断发行权;1854 年,英格兰银行取得清算银行的地位;1872 年,英格兰银行充当起"最后贷款人"的角色,最终确定了中央银行的地位。到了 20 世纪,各国普遍建立了中央银行。

中央银行主要是通过两种方式建立的:第一种是从一般的商业银行演变而来,由国家通过立法逐步确定其中央银行的地位。英格兰银行就是这种方式的典型。第二种是直接依法建立中央银行。这种方式最典型的就是美国的联邦储备系统。1913 年,美国国会通过《联邦储备法》,据此建立联邦储备系统,履行中央银行的职能。大多数国家的中央银行是直接依法建立的。

(二) 中央银行的性质

中央银行究竟属于国家机关还是作为一种特殊的企业,对此各国法律的规定并不一致。根据《荷兰银行法》,荷兰的中央银行荷兰银行是一家股份有限公司;《瑞典国家银行法》则将瑞典国家银行定义为直属于国会的政府组织;而《韩国银行法》却规定韩国银行是无资本的特殊法人。[①] 综合各国情况看,中央银行是一种特殊的金融机构,兼具金融机构和国家机关的双重属性。

中央银行首先是一家金融机构。从中央银行的发展史看,中央银行是从商业银行中分离出来的,由国家赋予其金融管理权,但其从事金融业务的权利并没有被剥夺,而是转化为其履行金融调控职能的一项手段。同时,中央银行也从事货币、信用等金融活动,所以中央银行具有一般金融机构的特性。其次,中央银行与商业银行相比又体现出国家机关的特性,是一国的最高金融管理机关。它不经营商业银行业务,不以营利为经营目标,资本国有化,人事上由国家任免,并且通过货币政策工具对国家的金融乃至整个经济进行调控,这些均反映出中央银行是国家机关的特性。

(三) 中央银行的法律地位

中央银行的法律地位是指中央银行在国家机构体系中的地位,核心问题是中央银行在制定和执行金融货币政策时,相对于政府而言享有多大的权力或者具有多大的独立性。中央银行的独立性问题,直接关系到中央银行在金融宏观调控中的作用和对整个国民经济的影响。

在中央银行的独立性问题上,各国中央银行法的规定不尽相同,概括起来,有以下三种类型:

第一,直接对议会或者国会负责,独立性较大。

这一类的中央银行直接对议会或者国会负责,可以独立地制定和执行货币

---

① 陈乐田主编:《银行法》,法律出版社 1999 年版,第 20 页。

政策,政府不得对中央银行发布命令和指示。属于这类的国家以美国和德国为代表,包括瑞典、瑞士等国。

第二,名义上属于财政部,独立性居中。

对于这一类型的中央银行,法律往往规定政府可以对其发布指令,监督其业务活动,并有权任免其高层领导。与直接对议会或者国会负责的中央银行相比,其法律地位要低,但由于政府从未或者极少使用这一权力,这一类型的中央银行在实际业务操作中仍保持着较大的独立性。英国、日本、加拿大等国的银行属于这一类型。

第三,直接受控于政府,独立性较小。

这一类型的中央银行无论在组织管理的隶属关系上还是在货币政策的制定、执行上都受政府影响很大。这些中央银行制定货币政策必须依据政府的指令,有的甚至无权制定货币政策,采取重大金融措施时也必须经政府批准。属于这一类的国家有意大利、法国、比利时、澳大利亚、巴西、韩国等。

(四)中央银行的职能

传统的、典型的表述方法是将中央银行的职能分为发行的银行、政府的银行和银行的银行三大职能。这是从中央银行在国民经济中承担的角色划分的。

1. 发行的银行

发行的银行是中央银行的基本职能,是指中央银行垄断发行国家的货币。中央银行的形成过程就是货币发行权的集中过程,现在,设有中央银行的国家与地区普遍规定中央银行独占货币发行权。例如,《德意志联邦银行法》第 14 条第 1 款规定:"在不违反建立欧盟的条约之第 106 条和本法有效范围内,发行银行钞票的专属权归德意志联邦银行。"《日本银行法》第 29 条规定:"日本银行发行银行券。该银行券无限制地通用于一切公私交易。"①发行货币不仅是中央银行的一项重要职能,也是中央银行行使其他职能的重要基础。只有垄断货币发行权,中央银行才能根据经济情况的变化调整货币供应量,保证货币政策的实施。

有些国家不设中央银行,货币发行权往往由专门设立的机构享有或授权商业银行发行。例如,新加坡的货币发行机构是新加坡货币委员会的常设机构——新加坡货币局;我国香港地区则自 1983 年 10 月 15 日起实施称为"联系汇率"的货币发行局制度,其运作由外汇基金咨询委员会辖下的货币发行委员会负责监察。香港特别行政区政府可授权指定银行发行或继续发行港币。

① 陈乐田主编:《银行法》,法律出版社 1999 年版,第 21 页。

2. 政府的银行

政府的银行主要是指中央银行的货币政策成为政府调节和干预经济的重要工具,中央银行代理国库收支;为财政部开户,作为政府的代理人,代表政府从事有关的国际金融活动;为政府提供各种金融服务,对政府融通资金等;行使全部或部分金融监管职能。

3. 银行的银行

银行的银行是指中央银行可以向商业银行提供贷款,对商业银行的支付能力和风险负有监护责任,是"最后贷款人"。其向银行提供的服务主要有:集中保管金融机构的存款准备金;向金融机构提供再贷款和再贴现;维护支付和清算系统的正常运行,为金融机构提供清算服务等。①

除了上述对中央银行职能的归类以外,也有其他的归类方法。如美国大学通用教科书《货币、银行与经济》认为中央银行有两个主要职能:一是控制货币数量与利率,即控制货币供给的职能;二是防止大量的银行倒闭,即最后贷款人职能;此外,还有一些日常职能,如为商业银行和政府提供服务,发行通货,充当政府顾问等职能。②

当前的一些教科书和论文还提出了两类比较通用的归纳方法,即将中央银行的职能归纳为宏观调控、公共服务和金融监管三个方面,或是宏观上的货币政策和微观上的金融监管两个方面。

无论从哪个角度对中央银行的职能进行归纳,都是为了更好地发挥中央银行的职能。

(五) 中央银行的组织形式与结构

由于各国政治、经济、历史文化和金融发展水平的差异,中央银行的组织形式和结构也存在着较大差异。

1. 中央银行的组织形式

中央银行的组织形式大致有四种类型:单一制,二元制,跨国制,准中央银行制。

(1) 单一制。单一中央银行制度是指全国只设一家中央银行,并根据需要下设若干分支机构,因此也称总分行制。中央银行本身虽然是由总行和分支机构组成的系统,但它作为一个法人开展业务,实行集中统一和适当分权相结合的管理体制。在这种体制下,分支机构属派出机构,不得独立地制定自己的货币政策,而是执行总行的货币政策。目前大部分的国家采用这种组织形式,如英国、

① 陈乐田主编:《银行法》,法律出版社 1999 年版,第 23 页。

② 〔美〕托马斯·梅耶、詹姆斯·S. 杜森贝里、罗伯特·Z. 阿利伯:《货币、银行与经济》,洪文金、林志军等译,上海三联书店、上海人民出版社 1994 年版,第 182—185 页。

日本、法国、意大利、韩国等。

(2) 二元制。二元中央银行制度是指在一个国家内,设置中央和地方两级中央银行机构。它的特点是地方区域性中央银行并不是隶属于总行的分支机构,而是有自己的权力机构,除执行统一的货币政策外,在业务经营管理上具有较大的独立性。因其主要适用于联邦制国家,又称为联邦式中央银行制度。美国、德国等采用这一制度。

随着经济的发展,单一制和二元制的实质性区别正在逐渐消失。区域性中央银行正逐渐成为中央银行的分支机构,其独立性越来越小,权力也日益集中在中央机构手中。

(3) 跨国制。跨国中央银行制度是指几个国家共同组成一个货币联盟,这些国家不设本国的中央银行,而由货币联盟为各成员国执行中央银行的职能。典型代表是西非国家货币联盟、中非国家银行、东加勒比海货币管理局等。欧盟的情况比较特殊,作为欧盟中央银行体系(ESCB)的核心,欧洲中央银行(ECB)负责欧元区的货币政策,和欧盟各国的中央银行(NCB)一起承担欧盟中央银行的职能。

(4) 准中央银行制。准中央银行制度是指国内没有真正专业化的、具备完全职能的中央银行,而是由几个履行有限中央银行职能的类似中央银行的机构共同组成一个准中央体系。如新加坡中央银行的职能就是由金融管理局和货币发行委员会两个机构共同行使的,新加坡金融管理局行使中央银行除货币发行以外的其他职能,货币发行则由新加坡货币委员会的常设机构——新加坡货币局负责。

2. 中央银行的资本结构

中央银行的资本结构实质上是指中央银行的资本所有制,即中央银行的资本来源。目前,各国主要有以下几种资本结构:

(1) 国有制。即中央银行的全部资本属于国家所有,或者由国家拨款出资设立,或者由国家对某一私有商业银行实施国有化改组而成。世界上大多数的中央银行实行资本国有制。

(2) 会员制。即中央银行的全部资本由参加中央银行系统的金融机构出资认缴和持有。如美国的联邦储备银行系统,各联邦储备银行的资本全部由参加联邦储备系统的会员银行认购并持有。

(3) 私有制。即中央银行的全部资本由私有企业法人出资认缴。如意大利银行的全部资本就是由储蓄银行、全国性银行、公营信贷机构等企业法人全部持股,经政府授权,执行中央银行的职能。

(4) 混合所有制。即由国有资本和私人资本共同组建和持有中央银行。如日本银行资本的55%由政府持有,其余45%由私人持有。其他实行这一制度的国家还有比利时、墨西哥、奥地利等。但这些国家的银行法都规定，私人持股者除依法领取固定的股息外，没有其他权利，这样主要是为了保障中央银行的公益性和独立性。

（5）多国所有制。即跨国中央银行的资本不为某一国所独有，而是由各成员国共有。

（6）无资本制。无资本的中央银行目前世界上仅韩国的中央银行一家。根据1950年《韩国银行法》设立的韩国银行执行中央银行职能，最初有资本15亿韩元，全部由政府出资。1962年《韩国银行法》的修改使韩国银行成为一个不再拥有资本的特殊法人。《韩国银行法》第2条规定："韩国银行为无资本之特殊法人。"①

3. 中央银行的组织结构

在单一制模式下，中央银行的组织结构主要包括权力机构、内部职能机构和分支机构。

（1）权力机构。中央银行的权力主要是决策和执行两个方面。有些国家的中央银行，这两个方面的权力由同一个机构行使，而有些国家，则由不同的机构行使。前者如英格兰银行的董事会和美国联邦储备理事会；后者如德国的联邦银行理事会和执行理事会。

（2）内部职能机构。中央银行根据其职能和业务管理的需要，设立若干职能部门作为具体的执行机构，如行政办公机构、业务机构等。

（3）分支机构。中央银行根据经济和金融发展的需要按一定的经济区域设立分支机构。各分支机构根据总行的授权，在各自的辖区内执行中央银行的职能。各分支机构是作为总行的派出机构存在的，并非一级独立机构。

在二元制模式下，中央银行由联邦层面的中央银行与地方区域性中央银行组成。

（六）中央银行的货币政策

制定和执行货币政策是中央银行的主要职能之一，传统上和金融监管一起构成中央银行的主要职能。货币政策是国家为了实现特定的经济目标而采用的各种调控货币供应量或者信用量的金融措施。

1. 货币政策目标

货币政策目标是一国中央银行据以制定和实施货币政策的目的。货币政策的目标包括终极目标（或称最终目标）和中介目标（或称操作目标）。一般所称的货币政策目标仅指货币政策的终极目标。

关于货币政策目标的具体内容，理论上存在争议，各国不尽相同。而且，同

① 《韩国银行法》制定于1950年7月12日，其后历经修正，最近一次修改是在2005年3月31日。

一国家在不同时期货币政策的侧重点也有所不同。就各国中央银行在不同时期的目标选择来说,有的是明确突出为一个目标,有的则是明确追求几个目标。对于前者,称之为单目标;对于后者,称之为多目标。美国联邦储备系统把经济增长、充分就业、稳定币值和平衡国际收支等经济指标作为货币政策目标,核心是就业和稳定两项。1998 年《日本银行法》的第 2 条明确日本银行货币政策的目标是稳定物价,以此促进经济增长。英国在 2004 年 5 月确立了货币政策的两项核心目标是币值稳定与金融稳定。德国联邦银行作为欧盟中央银行体系的一部分,首要目标是维护币值稳定。

国际货币基金组织和其他国际金融组织对于货币政策的主流观点都是强调单目标的稳定币值。

2. 货币政策工具

货币政策工具是指中央银行为实现货币政策目标而运用的手段。中央银行运用货币政策工具的活动即为中央银行的金融业务活动。根据货币政策工具的作用对象和效果的不同,货币政策工具可以分成两类:一类是一般性货币政策工具,即以整个金融系统的资产运用与负债经营活动为对象,对整个社会的信用和货币供需状况都将产生影响的货币政策工具,主要包括法定存款准备金率、基准利率、再贴现率、再贷款、公开市场操作等;另一类是选择性货币政策工具,即以个别金融机构的资产运用与负债经营活动为对象、影响某些特殊经济领域中的信用和货币状况的货币政策工具,主要包括信贷计划、贷款限额管理、特种存款账户、消费信用管理、不动产信用管理、证券保证金比例、道义劝告、窗口指导等。

3. 货币政策的制定和实施

货币政策的制定和实施是指由谁来行使货币政策的决策权和由谁来执行制定的货币政策。正确处理好这个问题,有利于保证货币政策的科学性、权威性和独立性。根据各国对货币政策决策机构和决策权限的规定,主要有两类:

(1) 由中央银行统一行使货币政策的决策权和执行权。美国是这种模式的代表。美国的货币政策决策权和执行权都集中在联邦储备委员会。联邦储备委员会负责制定货币政策,委员会在货币金融政策上有权独立作出决定,直接向国会负责。英国的英格兰银行在进行改革获得独立的货币政策制定权后,由 9 人组成的货币政策委员会负责制定货币政策。

(2) 单设货币政策决策机构。单独设立一个货币政策的决策机构制定货币政策,然后由中央银行负责执行,货币政策的决策和执行相分离。这种体制下的货币决策机构的地位比较超然,既在中央银行之上,又在中央银行之外,权力也比较大。法国、日本是这一类的代表。

(七) 中央银行的金融监管

对于中央银行职能的认识在学术和实践中并不统一,主要争议集中在中央银行的金融监管职能上，即中央银行是否应具有金融监管职能。

(1) 支持中央银行具有金融监管职能的主要有以下理由：

第一，货币政策和金融监管是两种相互联系的职能，金融监管职能是中央银行有效实施货币政策的前提和必要措施，因此必须由中央银行统一行使。如在澳大利亚，虽然承认在某些情况下，中央银行的监管责任与其货币调控职能可能出现冲突，但“坎贝尔调查委员会”[①]和“马丁小组”[②]一致认为只有中央银行才能最有效地将这两项职责协调起来。澳大利亚储备银行认为不仅应继续保留其金融监管职能，而且应通过立法扩大其监督权。

第二，强有力的金融监管机构是实施有效金融监管的前提，独立的中央银行是最强有力的金融监管机构，而分类设立、只负责监管而无其他职能的金融监管机构只能造成监管的松弛，并造成极为不利的结果。英国学者古德哈特和斯哥梅克 1993 年对 24 个国家 104 家破产的全国性银行进行了调查，评价中央银行货币政策和监管职能应该联合还是分离。其中的一个结论是：与实行货币政策和监管职能分离体制的国家相比，联合体制国家的银行破产数较少。[③] 还有其他理由诸如中央银行拥有实施金融监管所必需的信息和充足的资源等。

(2) 反对中央银行具有金融监管职能的主要有以下理由：

第一，主要是和前述的第一点理由相反，货币政策和金融监管虽然相互联系，但仍是两种不同性质的职能，并且这两种职能会存在冲突，因此应加以分离，不宜由中央银行同时兼有。如瑞士一个负责修改银行法的专家小组，就反对把金融监管职能由联邦银行委员会转交中央银行，其理由是为维护债权人利益而进行银行监管和实施货币与外汇政策是两种不同的职能，这两种不同职能必须由法律界限清楚的不同机构履行，虽然这种区别不应妨碍它们之间的协调。[④]

第二，中央银行独立于政府几乎已达成共识，事实上各国中央银行具有独立地位已是大势所趋。独立后的中央银行虽然也是公法意义上的法人，可享有公权力，但因为其独立于政府的性质，如果兼有金融监督职能，就意味着政府没有金融监管职能，而这是任何一个政府都不会接受的。从法律上界定，金融监管职能无异属于行政职能的范畴，因此只能由政府行使。这也许是中央银行获得独立的代价，就像当年中央银行获得金融监管职能时，要丧失商业银行职能一样。实践也证明了这一点。德国、美国等从一开始就具有独立地位的中央银行，就缺

---

① 澳大利亚高度严密的金融管制制度在进入 1970 年后，因其弊端日益显露而遭到不断地批评。1974 年，澳大利亚成立了“坎贝尔调查委员会”，第一次对澳大利亚金融体系进行系统的调查研究。坎贝尔调查委员会代表了澳大利亚金融自由化思想，提出一系列的理由建议放宽金融管制。

② 坎贝尔调查委员会下属的一个工作组。

③ 庄起善，柯荣富：《以实证分析看英、德、日等国货币政策和监管职能联合与分离的差异》，载《国际金融研究》1997 年第 8 期。

④ 孟龙：《市场经济国家金融监管比较》，中国金融出版社 1995 年版，第 17 页。

乏法定的监管职能;而几乎所有后来和现在兼有金融监管职能的中央银行,都隶属于政府。换言之,中央银行只有在隶属于政府的情况下,才有可能具有属于政府行政职能范畴的金融监管职能。在英格兰银行获得货币政策决定权两周以后,财政大臣就宣布:英格兰银行传统的银行监管职能将转移到重组后的“证券和投资委员会”。今后英格兰银行的职责将集中在实施货币政策和保证金融环境的稳定方面。

第三,金融创新使金融机构之间的界限日益模糊,通常认为,货币政策仅通过银行体系发挥作用。事实上,中央银行即使具有金融监管职能,也只限于银行监管。但随着“全能化银行”的出现和扩展,中央银行面临两种选择,要么将金融监管职能涵盖整个金融体系,要么完全放弃金融监管职能,日益庞大而复杂的金融体系决定了中央银行只能选择后者。从德国等实行全能银行制国家的中央银行无一具有监管职能就可以找到例证。同样的例证是,在宣布多种监管职能从英格兰银行分离出来后,英国传统的分业经营制度已经打破,形成了全能银行制度,这两者不能说没有联系。

第四,纸币本位制的确立和经济的迅速发展,使得货币政策更加重要。将在本质上并不属于中央银行必要职能的金融监管职能从中央银行分离出来,有利于中央银行更有效地执行货币政策职能。

总之,从本质上说,一家独立的、专职执行货币政策的中央银行才是一家现代意义上的真正的中央银行。2003 年 3 月,中国银行业监督管理委员会成立,与中国证券监督管理委员会、中国保险监督管理委员会一起,基本形成我国金融业分业监管又密切合作的格局。同时,为了正确地实施货币政策和维护金融稳定,中国人民银行也依法保留了必要的监管职能。国务院建立了金融监管协调机制。

二、中国中央银行法律制度

(一)中国中央银行法律制度的发展过程

1948 年 12 月 1 日,在原华北银行、北海银行和西北农民银行三家解放区银行的基础上,在河北石家庄成立了中国人民银行,并发行了中国人民银行的货币——人民币。新中国成立后,总行迁到北京的中国人民银行迅速在全国建立起区行、分行、支行等分支机构,合并了解放区的其他银行,接着又接管了官僚资本的银行,改造了私营银行。1952 年,全国各大区银行行长会议做出《关于各级银行调整问题的决定》,强调银行不划分专业系统,各个银行都作为中国人民银行内部的一个组成部分。从此,中国人民银行形成了大一统的格局。这时候的中国人民银行既行使中央银行的职能,也办理商业银行的业务。

中国共产党十一届三中全会后,金融体制改革逐步进行,中国人民银行是我国中央银行的地位逐步确立。1981 年《国务院关于切实加强信贷管理严格控制货币发行的决定》指出:中国人民银行要切实认真执行中央银行职责。1982 年 7 月,国务院批转《关于人民银行的中央银行职能及其与专业银行的关系问题的请示》,授权中国人民银行行使中央银行的职能,加强金融管理,同时要求专业银行更好地发挥作用。1983 年 9 月 17 日,国务院发布《关于中国人民银行专门行使中央银行职能的决定》,规定中国人民银行专司中央银行职能,不再对企业和个人办理金融业务。1986 年 1 月 7 日,国务院发布《中华人民共和国银行管理暂行条例》,明确规定中国人民银行是国务院领导和管理全国金融事业的国家机关,是国家的中央银行。1993 年 12 月,国务院《关于金融体制改革的决定》明确提出了"必须建立在国务院领导下独立执行货币政策的中央银行的宏观调控体系,把中国人民银行办成真正的中央银行"的重要目标。1995 年 3 月《中国人民银行法》的颁布与实施,第一次以法律的形式确定了中国人民银行作为我国中央银行的地位。2003 年 12 月 27 日《中国人民银行法》的修订,进一步明确由中国人民银行执行货币政策这一中央银行职能。

(二) 中国人民银行的性质

《中国人民银行法》第 2 条规定:"中国人民银行是中华人民共和国的中央银行。中国人民银行在国务院领导下,制定和执行货币政策,防范和化解金融风险,维护金融稳定。"由此可以看出,中国人民银行是我国的中央银行,主要行使制定和执行货币政策的职能。

首先,作为中央银行,中国人民银行是发行的银行,政府的银行和银行的银行。中国人民银行垄断货币发行权,发行人民币并管理人民币的流通;集中保管金融机构的存款准备金,向金融机构提供再贷款和再贴现,维护支付和清算系统的正常运行,为金融机构提供清算服务等;在法律规定的范围内为政府提供金融服务,包括:代理国库,为国家持有、管理和经营外汇储备、黄金储备等。

其次,中国人民银行是在国务院领导下的管理金融事业的职能部门。尽管修改后的《中国人民银行法》去掉了"对金融业实施监督管理",只行使制定和执行货币政策的职能,将原先承担的银行业监管职能交由新成立的银行业监督管理委员会行使,但中国人民银行依然要负责金融宏观调控,"防范和化解金融风险,维护金融稳定",中国人民银行仍然保留了六项必要的金融监管职责。

(三) 中国人民银行的法律地位

中国人民银行的法律地位是指中国人民银行在国家机构体系中的地位。

首先,中国人民银行是国务院管理全国金融事业的职能部门,受国务院领导。根据《中国人民银行法》,中国人民银行在国务院领导下,制定和执行货币政策,防范和化解金融风险,维护金融稳定;就年度货币供应量、利率、汇率和国务院规定的其他重要事项作出的决定,报国务院批准后执行;在国务院领导下依法独立执行货币政策，履行职责，开展业务；全部资本由国家出资，属于国家所有；中国人民银行行长的人选，根据国务院总理的提名，由全国人民代表大会决定；全国人民代表大会闭会期间，由全国人民代表大会常务委员会决定，由中华人民共和国主席任免。中国人民银行副行长由国务院总理任免。可见，中国人民银行直属于中央政府——国务院，这一方面有利于中国人民银行同政府其他部门协作，但另一方面也容易使中央银行的货币政策不可避免地受到政府短期经济政策的影响。因此，有学者建议，中国人民银行应该在法律地位上隶属于全国人大及其常委会，在其指导下独立制定和执行货币政策。①

其次，中国人民银行也拥有相对独立的制定和执行货币政策的权力。一方面，中国人民银行可以就某些货币政策事项拥有独立的决定权，中国人民银行就年度货币供应量、利率、汇率和国务院规定的其他重要事项作出的决定，报国务院批准后执行；对其他有关货币政策事项作出决定后，即予执行，并报国务院备案。另一方面，中国人民银行独立于国务院以外的其他政府部门和地方各级政府，不受地方政府、各级政府部门、社会团体和个人的干涉。

最后，中国人民银行对全国人民代表大会常务委员会负有报告义务，应当向全国人民代表大会常务委员会提出有关货币政策情况和金融业运行情况的工作报告。

（四）中国人民银行的职能

综合来说，中国人民银行具有三大职能，即金融宏观调控职能、金融服务职能以及一般金融监管职能。

1. 金融宏观调控职能

中国人民银行的金融宏观调控职能主要包括：(1) 依法制定和执行货币政策，这是中国人民银行最重要的职能。《中国人民银行法》规定，中国人民银行在国务院领导下，制定和执行货币政策，防范和化解金融风险，维护金融稳定。(2) 发行人民币并管理人民币的流通。

2. 金融服务职能

中国人民银行为政府提供的服务有：代理经营国库；为国家持有和管理外汇储备、黄金储备；代表政府参加国际金融活动；负责金融业的统计、调查、分析和预测，充当政府金融决策顾问。有的国家的中央银行还向政府提供直接融资服务，如向政府提供贷款、购买政府债券，甚至允许财政透支。由于中央银行向政府直接融资会使中央银行无法控制货币发行量，从而无法控制社会总供给，导致通货膨胀并引发诸多弊病，因此大多数国家禁止中央银行向政府提供直接融资服务。我国法律严禁中国人民银行向政府直接融资。中国人民银行不得对政府

① 朱大旗：《试论我国中央银行独立性的法律确认与实现》，载《法学家》1998 年第 5 期。

财政透支，不得直接认购、包销国债和其他政府债券；不得向地方政府、各级政府部门提供贷款。但中国人民银行可以向政府提供间接融资服务，主要包括代理国务院财政部门向各金融机构组织发行、兑换国债和其他政府债券，通过公开市场操作在二级市场上买卖政府债券等。

中国人民银行为金融机构提供的服务主要是建立和维护全国金融业的资金清算中心和担当最后贷款人。《中国人民银行法》第 4 条规定了中国人民银行的职责之一是"维护支付、清算系统的正常运行"；为在中国人民银行开立账户的金融机构办理再贴现和向商业银行提供贷款则是中国人民银行可以选择的两种货币政策工具。

同时，中国人民银行还向社会公众提供一些服务：依法发行国家法定货币并维护币值稳定；维护金融业的稳健运行，保护存款人的利益；对金融业进行统计、调查、分析和预测，使社会公众及时了解金融和经济形势等。

3．一般金融监管职能

修改后的《中国人民银行法》没有提到"监管"这两个字，但是中国人民银行作为金融业的核心，对于整个金融业当然进行着宏观上的监督管理，"防范和化解金融风险，维护金融稳定"，即是中国人民银行的一般金融监管职能。中国人民银行具有以下六项监管职责：(1) 监管银行间同业拆借市场、银行间债券市场、银行间外汇市场和黄金市场。(2) 会同银监会制定支付结算规则；中国人民银行还应当组织或者协助组织银行业金融机构相互之间的清算系统，协调银行业金融机构相互之间的清算事项，提供清算服务，具体办法由中国人民银行制定。(3) 有权对金融机构以及其他单位和个人的下列行为直接进行检查：执行存款准备金管理规定的行为，与人民银行特种贷款有关的行为，执行有关人民币管理规定的行为，执行有关银行间同业拆借市场、银行间债券市场管理规定的行为，执行有关外汇管理、黄金管理规定的行为，代理人民银行经理国库的行为，执行清算管理规定的行为，执行有关反洗钱规定的行为；对人民银行在上述检查中发现的违法行为规定相应的处罚。(4) 根据执行货币政策和维护金融稳定的需要，可以建议由银监会对银行业金融机构进行检查监督，银监会应自收到建议之日起 30 日内予以回复。(5) 当银行业金融机构出现支付困难，可能引发金融风险时，为了维护金融稳定，人民银行经国务院批准，有权对银行业金融机构进行检查监督。(6) 人民银行根据履行职责的需要，有权要求银行业金融机构报送必要的资产负债表，利润表以及其他财务会计、统计报表和资料；人民银行应当与银监会、国务院其他金融监督管理机构建立监管信息共享机制。

(五) 中国人民银行的资本结构

中国人民银行是实施国有制的中央银行，即中国人民银行的全部资本由国家出资，属于国家所有。首先，中国人民银行是由国家独资设立的特殊金融机构，排斥了其他资本的参股，保证了国家对中央银行的绝对控制，避免了中央银行因其所有权的分散而产生的对货币政策制定和实施的不利影响。其次，中国人民银行具有资本，依法可以经营业务，能够承担民事权利和义务，具有法人的地位。最后，中国人民银行的资本数额没有限定。

（六）中国人民银行的组织结构

1. 中国人民银行的领导机构

根据《中国人民银行法》的规定，中国人民银行设行长一人，副行长若干人。中国人民银行行长的人选，根据国务院总理的提名，由全国人民代表大会决定；全国人民代表大会闭会期间，由全国人民代表大会常务委员会决定，由中华人民共和国主席任免。中国人民银行副行长由国务院总理任免。这实际上规定了中国人民银行的领导机构为行长，并明确了行长和副行长的产生、解任的法律程序，但未规定行长的任期和任职届数。中国人民银行行长是中国人民银行的最高行政领导人，是中国人民银行的法定代表人。

中国人民银行实行行长负责制。行长领导中国人民银行的工作，副行长协助行长工作。这是中国人民银行的领导体制，即行长负责制。中国人民银行行长全权领导中国人民银行的工作，享有对内管理和执行中国人民银行内部事务、对外代表中国人民银行的权力。

2005 年 8 月 10 日，中国人民银行上海总部在沪挂牌，它主要以人民银行上海分行为基础进行组建，作为总行有机组成部分，在总行领导和授权下开展工作，将主要承担部分中央银行业务的具体操作职责，同时履行一定的管理职能。

2. 货币政策委员会

中国人民银行设立货币政策委员会，作为货币政策的咨询议事机构。货币政策委员会的职责、组成和工作程序由国务院规定，报全国人民代表大会常务委员会备案。1997 年 4 月 15 日，国务院发布了《中国人民银行货币政策委员会条例》（以下简称《货币政策委员会条例》），规定了货币政策委员会的性质、职责、组织机构、委员的权利和义务以及工作程序等。随着国家经济金融的发展，一方面《中国人民银行法》得到修订，中国人民银行作为中央银行在宏观调控体系中的作用更加突出；另一方面，根据《银行业监督管理法》成立的中国银行业监督管理委员会专门负责对银行业进行监管；保险业监督管理委员会也根据修订后的《保险法》正式成立，负责对保险业进行监管。因此，2003 年国务院任命的新一届货币政策委员会组成人员与《货币政策委员会条例》规定的相比已经发生了较大的变化：一是增加了国务院分管金融业务工作的副秘书长为货币政策委员会委员；二是增加了中国银行业监督管理委员会和中国保险监督管理委员会为货币政策委员会组成单位；三是为更全面、充分掌握银行业对货币政策制定和实施的意见，由中国银行业协会代替原来的国有独资商业银行作为货币政策委员会组成单位。

3. 中国人民银行的内部职能机构

《中国人民银行法》并未规定内部职能机构的设置。目前，中国人民银行总行内部设置了若干职能机构，包括：办公厅、条法司、货币政策司、货币政策二司、金融市场司、金融稳定局、调查统计司、会计财务司、支付结算司、科技司、货币金银局、国库局、国际司、内审司、人事司、研究局、征信管理局、反洗钱局等。

4. 中国人民银行的分支机构

中国人民银行根据履行职责的需要设立分支机构，作为中国人民银行的派出机构。各分支机构是中国人民银行的派出机构，是中央银行的组成部分，不具备独立的法人资格，受中国人民银行统一领导和管理。中国人民银行的分支机构根据中国人民银行的授权，维护本辖区的金融稳定，承办有关业务。

目前中国人民银行设立的分支机构有：中国人民银行营业管理部、重庆营业管理部、天津分行、沈阳分行、上海分行、南京分行、济南分行、武汉分行、广州分行、成都分行、西安分行，以及太原中心支行等 25 家中心支行。

（七）中国人民银行的货币政策

1. 货币政策目标

很长一段时间以来，我国对货币政策目标一直存在着争议，直到《中国人民银行法》从法律上最终确定了我国的货币政策目标，才结束了这场争论。《中国人民银行法》第 3 条规定："货币政策目标是保持货币币值的稳定，并以此促进经济增长。"有学者认为我国采用的是双重目标模式，货币政策目标有两个：稳定货币币值和促进经济增长。但大多数学者持单一目标的观点，认为我国货币政策的目标是稳定货币币值。稳定货币币值是货币政策的首要的和直接的目标，而经济增长是货币政策的最终目标，因此中国人民银行应该根据经济增长的需要调控货币币值变化的方式和幅度；同时，当稳定币值与经济增长发生矛盾时，应当把稳定币值放在首位。[①]

在计划经济体制下，我国货币政策的中介目标主要是信贷规模和现金发行。当前，我国货币政策的中介目标主要有货币供应量、信用总量、同业拆借利率和银行备付金。[②]

2. 货币政策工具

为执行货币政策，《中国人民银行法》规定了六类货币政策工具：(1) 要求银行业金融机构按照规定的比例交存存款准备金；(2) 确定中央银行基准利率；(3) 为在中国人民银行开立账户的银行业金融机构办理再贴现；(4) 向商业银

---

① 陈乐田主编：《银行法》，法律出版社 1999 年版，第 84—85 页。

② 参阅 1993 年《国务院关于金融体制改革的决定》。

行提供贷款;(5)在公开市场上买卖国债、其他政府债券和金融债券及外汇;(6)国务院确定的其他货币政策工具。

三、中国银行业监督管理委员会

(一)金融监管模式分类

国际上的金融监管模式有多种,概括起来可以分为四类:第一类是由中央银行负责的监管。我国在银监会成立前就是这种模式。此外,澳大利亚、新西兰、荷兰、爱尔兰和希腊也都采用此种监管模式。在瑞士,中央银行是一个全能型的监管机构,除了监管银行外,还监管保险和证券机构。第二类是金融监管由财政部负责。奥地利采取这种模式。加拿大的金融监管机构也是属于财政部的,但是独立性很大。第三类是独立监管机构。1998年日本金融管理体制改革后,金融监管机构不再属于日本中央银行,而直属首相府,但是监管职权方面具有相当大的独立性。第四类是多元分管的监管机构。美国在联邦的层次上有联邦储备委员会、财政部货币司、联邦存款保险公司、联邦信用合作社管理局、财政部储蓄机关监管局;在州政府的层次上,由各州政府银行局负责银行监管。德国的银行监管分别由隶属于财政部的联邦金融监管局和德国联邦银行负责;联邦金融监管局局长由联邦政府与联邦银行协商后,由联邦总统任命。

我国基本上采用的是第三类模式。根据第十届全国人民代表大会第一次会议通过的《关于国务院机构改革方案的决定》(2003年3月10日),国务院决定设立中国银行业监督管理委员会(简称中国银监会)。中国银监会根据第十届全国人大常委会第二次会议通过的《关于中国银行业监督管理委员会履行原由中国人民银行履行的监督管理职责的决定》,统一监督管理银行、金融资产管理公司、信托投资公司及其他存款类金融机构,维护银行业的合法、稳健运行,自2003年4月28日起正式履行职责。《银行业监督管理法》的颁布和施行,结束了银监会履行职责的无法可依状态,是我国第一部银行业监管的专门法律。

(二)银监会组织机构

《银行业监督管理法》没有对银监会的组织机构进行规定。根据职权,目前银监会下设有:办公厅、政策法规部(研究局)、银行监管一部、银行监管二部、银行监管三部、银行监管四部、非银行金融机构监管部、合作金融监管部、业务创新监管协作部、银行业案件稽查局、融资性担保业务工作部、统计部、财务会计部、国际部、监察局、人事部、宣传工作部、监事会工作部等部门。其中,银行监管一部负责承办对国有商业银行及资产管理公司等的监管工作;银行监管二部负责承办对股份制商业银行、城市商业银行的监管工作;银行监管三部负责监管外资银行,银行监管四部负责监管资产管理公司、政策性银行和邮政储蓄机构;非银行金融机构监管部负责承办对信托公司、财务公司、金融租赁公司等非银行金融机构（证券、期货和保险类除外）的监管工作；合作金融机构监管部负责承办对农村商业银行和农村信用社的监管工作；其他部门也将按规定各司其职。

银监会根据履行职责的需要设立派出机构，并对派出机构实行统一领导和管理。各派出机构在银监会的授权范围内，履行监督管理职责。

（三）银监会的监管对象

银监会负责对全国银行业金融机构及其业务活动进行监督管理。银行业金融机构，是指在中华人民共和国境内设立的商业银行、城市信用合作社、农村信用合作社等吸收公众存款的金融机构以及政策性银行；对在中华人民共和国境内设立的金融资产管理公司、信托投资公司、财务公司、金融租赁公司以及经国务院银行业监督管理机构批准设立的其他金融机构的监督管理，适用《银行业监督管理法》对银行业金融机构监督管理的规定；对银监会批准在境外设立的金融机构以及上述金融机构在境外的业务活动也由银监会实施监督管理。至2009年，银监会监管的对象包括：5家大型国有商业银行[①]，1家邮政储蓄银行[②]，2家政策性银行，4家金融资产管理公司，12家股份制商业银行，145家城市商业银行，43家农村商业银行，11家城市信用社，3056家农村信用社，以及所有外资银行及其代表处、信托投资公司、金融租赁公司、企业集团财务公司、贷款公司、货币经纪公司、汽车金融公司、村镇银行、农村资金互助社。[③]

（四）银监会监管目标和监管标准

1. 监管目标

银监会明确提出了监管工作的四个目标：第一，通过审慎有效的监管，保护广大存款人和消费者的利益。特别是在银行出现危难境况时，要采取有力的监管手段，以确保银行采取及时有效措施，避免和减少广大存款人和消费者的损失。第二，通过审慎有效的监管，增进市场信心。市场经济是信心支撑起来的经济。有效的、强有力的监管能使公众对金融市场充满信心并作出理性的交易决策。第三，通过宣传教育工作和相关信息披露，增进公众对现代金融的了解。银行业既是经营货币的特殊行业，又是直接面向公众的服务性行业。要结合业务进行宣传教育，不仅让公众认识到金融在现代经济中所处的核心地位，更要让公众了解有关金融的法律法规，明确贷款人和存款人的责任，增强诚信观念和防范风险的意识。第四，努力减少金融犯罪，维护金融稳定。其中前三个目标都与保护公众利益直接相关，银监会在实施保护存款人和消费者利益方面强调要建立和完善信息披露和预警制度，银监会分设后对监管工作的专业化优势已充分显

① 2008年12月，原政策性银行国家开发银行正式改制为商业银行。

② 中国邮政储蓄银行由中国邮政储金汇业局转型而来，2007年3月20日正式挂牌成立。根据存款额计算，中国邮政储蓄银行已成为仅次于工、农、中、建四家大型商业银行的第五大商业银行。

③ 资料来源：《中国银行业监督管理委员会2009年年报》。

现,这实际上是监管理念发生了变化。

2. 监管标准

为了实现上述监管目标,银监会明确良好监管的六条标准:一要促进金融稳定和金融创新共同发展;二要努力提升我国银行业在国际金融服务中的竞争力;三要对各类监管权限的设置做到科学合理,有所为有所不为,减少一切不必要的限制;四要鼓励公平竞争、反对无序竞争;五要对监管者和被监管者都要实施严格、明确的问责制;六要高效、节约地使用一切监管资源,做到权为民所用,情为民所系,利为民所谋。

(五)银监会的监管职责

1. 依照法律、行政法规制定和发布对银行业金融机构及其业务活动监督管理的规章、规则。银行业金融机构的审慎经营规则,由法律、行政法规规定,也可以由银监会依照法律、行政法规制定。审慎经营规则,包括风险管理、内部控制、资本充足率、资产质量、损失准备金、风险集中、关联交易、资产流动性等内容。

2. 依照法律、行政法规规定的条件和程序,审查批准银行业金融机构的设立、变更、终止以及业务范围。申请设立银行业金融机构,或者银行业金融机构变更持有资本总额或者股份总额达到规定比例以上的股东的,银监会应当对股东的资金来源、财务状况、资本补充能力和诚信状况进行审查。银行业金融机构业务范围内的业务品种,应当按照规定经过银监会审查批准或者备案;需要审查批准或者备案的业务品种,由银监会依照法律、行政法规作出规定并公布。未经国务院银行业监督管理机构批准,任何单位或者个人不得设立银行业金融机构或者从事银行业金融机构的业务活动。

3. 对银行业金融机构的业务活动及其风险状况实行现场和非现场监管,依法对违法违规行为进行查处。银监会应当建立银行业金融机构监督管理评级体系和风险预警机制,根据银行业金融机构的评级情况和风险状况,确定对其现场检查的频率、范围和需要采取的其他措施。银监会应当制定现场检查程序,规范现场检查行为。

4. 审查银行业金融机构高级管理人员任职资格。银监会对银行业金融机构的董事和高级管理人员实行任职资格管理,具体办法由银监会制定。

5. 负责统一编制全国银行业金融机构的统计数据、报表,并按照国家有关规定予以公布。

6. 建立银行业突发事件的发现、报告岗位责任制度,会同中国人民银行、国务院财政部门等有关部门建立银行业突发事件处置制度,制定银行业突发事件处置预案,明确处置机构和人员及其职责、处置措施和处置程序,及时、有效地处置银行业突发事件。发现可能引发系统性银行业风险、严重影响社会稳定的突发事件的,应当立即向银监会主席报告;银监会主席认为需要向国务院报告的,应当立即向国务院报告，并告知中国人民银行、国务院财政部门等有关部门。

7. 对银行业自律组织的活动进行指导和监督，银行业自律组织的章程应当报银监会备案。

8. 开展与银行业监督管理有关的国际交流、合作活动。

9. 承办国务院交办的其他事项。

（六）银监会设立的必要性

根据新古典经济学的研究，市场失灵的主要原因是市场垄断、外部性①、公共物品②等，而通过政府管制可以消除这些问题，从而纠正市场失灵、实现资源配置的帕累托效率③。一般认为，金融市场的外部性、脆弱性等问题比其他行业更加明显，金融市场的失灵也比其他行业的失灵更加严重，所以几乎所有的国家都对金融业实行了比其他任何行业更加严格的监管。我国从20世纪80年代中后期开始金融改革，但金融监管意识到20世纪90年代才逐步形成。在1998年中国人民银行机构改革之前，金融监管的重点只是市场准入和合规性监管等方面，并没有实现以风险监管为重点的方向性转变。由于理念不清、思路不明、政出多门，导致不能有效监管。早日提出专业化解决办法，包括及时关闭金融机构，就可以控制风险，将损失降至最小。在大多数案例中监管部门均是在金融机构发生了挤兑、挤提、资不抵债或恶性重大事件等问题以后，才开始关注和采取行动。面对当前存在的问题，我国的金融监管及货币政策都需要执行透明的政策，需要不断深化改革。从未来的发展趋势看，中央银行的独立性必将逐步增强，一些国家纷纷采取货币政策和金融监管职能分离模式，比如英国、日本和韩国。应该说，采取分离模式，也是符合我国金融市场现阶段发展需要的。

原有监管体系存在的问题也迫切需要采取货币和监管分离的模式。我国的银行监管之所以能够在短期内实现金融的稳定，是以长期的不稳定或长期的金融低效率为代价的。随着我国金融市场的开放，这种不稳定或低效率将会越来越突出，也可以说，银行监管的失灵将会显示出来。我国原有监管模式存在四大难题：一是金融风险的不断积累导致金融监管难度加大；二是中央银行制定货币政策职能和银行监管职能相互牵制，影响了各自功能的有效发挥；三是中央银行

---

① 外部性又称外部效应，指某种经济活动给予这项活动无关的主体带来的影响。这就是说，这些活动会产生一些不由生产者或消费者承担的成本（称为负外部性），或不由生产者或消费者获得的利益（称为正外部性）。

② 公共物品是集体消费的物品，它的特征是消费的非排他性和非竞争性。这种特征决定了人们不用购买仍然可以消费，这样公共物品就没有交易，没有市场价格，生产者不愿意生产。如果仅仅依靠市场调节，由于公共物品没有交易和相应的交易价格，就没有人愿意生产，或生产远不能满足需求。也即，市场调节无法提供足够的公共物品。公共物品的供小于求是资源配置的失误，这种失误是由于仅仅依靠市场机制引起的，这就是市场失灵。

③ 如果一个经济体系能够做到有效地分配资源和运用资源，就可以认为这个经济体系是高效率的，也可以说，这种效率就是帕累托效率。

在金融监管中存在道德风险；四是部分混业经营的领域存在监管真空。[①]

（七）银监会模式的评价

1. 银监会模式的进步之处

（1）银监会分设有利于货币政策的制定。1998 年后，我国金融宏观调控发生了重大变革，取消了对商业银行贷款规模的限额控制，实施货币政策主要靠运用各种货币政策工具进行间接调节，商业银行贷款数量在很大程度上取决于其资金平衡能力和风险控制能力。在这种情况下，让中央银行同时承担货币政策和银行监管职能，不仅会造成宏观和微观目标的冲突，而且也容易造成管理和约束软化。银监会的分设，有利于加强货币政策与银行监管的相互约束和制衡，更好地发挥市场的作用，使货币政策更加科学化、专业化。

（2）有助于解决金融机构不良资产问题。从我国的实际情况看，目前我国金融风险主要来自银行系统。这体现在以下两方面：一是自有资本不足，二是不良资产率高。1997 年，国内银行不良资产比重在 25%—26% 之间，到 2002 年不良资产比例已经下降到 19.8%。经过资产剥离、股份制改造、上市等一系列改革，目前主要国有商业银行的不良贷款率已降至 2% 以下。解决金融机构不良资产问题不能仅仅依靠中央银行的再贷款，还需要存款保险机构以及各级财政部门的共同合作。银监会的问世可以改变由中央银行一家独揽、手段单一的被动局面。

（3）银监会的设立开阔了中央银行的视野。银监会方案使得中央银行的视野更开阔。人民银行不再仅仅局限于对银行业的监管，而是将视野扩大到所有与其有交易关系的金融机构上，专注于货币政策职能，更多地着眼于产业部门和实体经济。银监会的设立有助于人民银行不断完善有关金融机构运行规则和改进对金融业宏观调控政策，进一步改善金融服务，推动利率市场化改革，并能够从国民经济全局的角度考虑，鸟瞰整个金融业乃至实体经济的发展，克服通货紧缩趋势，保持宏观经济环境的长期稳定。

（4）有助于真正维护金融安全。银监会成立之后，将更多地依靠自身监管水平的提高而不是依赖于货币发行掩饰监管责任。因而从长期而言，银监会有助于真正维护金融安全。

2. 银监会模式存在的弊端

（1）协调成本增加。目前，我国的银行监管与证券、保险监管不完全一样，后两者监管的对象基本上是专一性的机构，而银监会监管的对象有八种类型、近四万个机构，各类机构情况都不一样，化解风险的难度很大。银行监管职能与货币政策职能的分离，有可能使原来部门内的目标冲突转变为部门间冲突，大幅度

---

① 李媛：《银监会模式探讨》，载《内蒙古科技与经济》2003 年第 10 期，第 41 页。

地增加银监会和人民银行的摩擦和协调成本。

（2）商业银行的处境可能会因关系协调不好而恶化。银监会成立之后，将对商业银行实施监管职能，但中央银行依然是商业银行最后的贷款人。同时，中央银行对商业银行仍拥有检查权。因此，中央银行和银监会之间能否建立一个稳定的沟通协调机制，成为商业银行关注的焦点。如果这两个部门协调不好，商业银行可能陷入从过去的一个"婆婆"变成了两个"婆婆"的窘境。

（3）监事会①挂靠问题。向国有商业金融机构派驻监事会，是资产所有者的权利，属于企业的内部监管，应该与政府的外部市场监管分开，否则可能造成新的政企不分，也可能影响政府机构的公正性和权威性。因为政府机构是市场规则的制定者，同时是部分市场主体的所有者代表，这在理论上存有利益矛盾。

3. 银监会模式是我国监管的过渡

银监会模式是当前银行业监管的过渡模式。现阶段，中央银行的监管水平还不高，商业银行和其他金融行业的自我约束力还不足，所以整个金融业分业经营，必然要分业监管。银监会的成立，实现了货币政策与银行监管职能的部分分离。被剥离了部分监管职能的中国人民银行可不再局限于对商业银行的安全与利益的关注，而能够从整个金融业乃至国民经济的全局出发考虑货币政策的制定。而银监会专司银行监管，无法借助货币政策掩饰监管的不足，从而专心致力于自身监管水平的提高，有利于维护我国金融安全。

然而，当前混业经营已成为我国金融领域的发展趋势。目前，国内金融市场也出现了混业的尝试，一些金融控股集团已经出现。特别我国加入 WTO 之后，必须按照服务贸易协定（GATS）要求，尽可能开放金融市场和金融服务领域。大批的外资银行、保险公司、证券公司将会以合资或独资形式涌入我国，最严峻的挑战来自于国外大型金融集团实行混业经营而国内金融业仍然实行分业经营这一差异。金融市场开放以后，大量资金、技术、管理等方面具有竞争优势的金融机构进入国内金融市场，其业务经营多元化所形成的抗风险能力以及跨国公司内部补偿机制带来的灵活策略，都给那些仍然遵循分业经营模式的国内金融机构带来巨大的竞争压力。我们应在加强专业经营和风险控制能力的基础上大力强化国内金融机构的综合经营能力，塑造和培育我国的全能型金融集团，以便使国内金融机构能够与外资金融机构站在同一条起跑线上展开竞争。

从国际情况看，混业经营已成为金融业的主流趋势，一些主要国家，如英国、美国的金融业大多是混业经营。多数金融混业经营的国家都经历了相当长时间的分业监管，分业经营分业监管体系的构建正是为了实现金融业规范地发展。尽管短期内我国金融业还无法实现真正的混业经营，但随着市场条件的成熟，混

---

① 这里的监事会是指挂靠银监会，专门管理 16 个国有商业金融机构的监事会。

业经营必将带来银行、保险、证券业的再度融合。金融业的经营模式决定了监管模式,因此,我国的银监会模式是银行监管的过渡模式。

第三节 商业银行法律制度

一、商业银行法概述

(一) 商业银行的概念

我国《商业银行法》第2条规定:“本法所称的商业银行是指依照本法和《中华人民共和国公司法》设立的吸收公众存款、发放贷款、办理结算等业务的企业法人。”

(二) 商业银行的主要类型

1. 总分行制商业银行

总分行制是指一家商业银行可以根据需要在其营业总机构所在地以外开设分支机构,形成一个以总行为中心的庞大的银行网络。实行总分行制的国家主要有英国、法国、德国、意大利、瑞典、日本等。总分行制商业银行的总行既可以只管理各分支机构,也可以同时兼营对外业务。总分行制的商业银行一般规模都比较大,抗风险能力比较强。

2. 单一制商业银行

单一制商业银行是指银行业务完全由各自独立的商业银行经营,不设立或不准设立分支机构的银行制度。目前,只有美国的一些银行采用这种制度。单一制商业银行规模偏小,不利于降低风险。

3. 集团制商业银行

集团制商业银行即由某一集团成立控股公司,由该公司控制或收购两家以上的银行,但这些银行在法律上是独立的,而其经营政策和业务活动则由同一控股公司控制。集团制商业银行在美国比较流行,主要是为适应那些单一制商业银行生存而产生的。

4. 连锁制商业银行

连锁制商业银行是指由某一个人或某一集团购买若干银行的多数股票控制这些银行的一种银行制度。与集团制商业银行的区别主要在于是否存在控股公司。这种制度主要在美国的西部地区流行。

5. 全能制商业银行

全能制商业银行是指商业银行可以经营各种各样的金融业务,其最大的特点就是银行不仅可以从事长短期的金融业务,还可以全面经营其他金融业务,即可以承担金融的全部职能,因此被称为“全能”银行。实行这种制度的主要国家有德国、瑞士和奥地利等。

我国的商业银行类型比较复杂,主要采取总分行形式。《商业银行法》规定,商业银行根据业务需要可以在中华人民共和国境内外设立分支机构。同时对商业银行又作了地域上的划分,即全国性的银行和地区性的银行(如全国性商业银行和城市商业银行)等。

(三)商业银行的法律性质

商业银行的法律性质是企业法人,即商业银行应具有法人资格,以法人的形式设立。对此,《商业银行法》第4条进一步规定商业银行"实行自主经营,自担风险,自负盈亏,自我约束","商业银行以其全部法人财产独立承担民事责任"。

商业银行的组织形式、组织机构适用《公司法》的规定。因此,我国商业银行的组织形式主要有两种,即有限责任公司和股份有限公司。

(四)商业银行的经营原则

商业银行以安全性、流动性、效益性为经营原则。

1. 安全性原则

安全性是指银行资产免遭风险、按期收回资产本息的可靠性程度。商业银行的风险主要有四个来源:①一是商业银行经营特点和资金构成的自身风险。商业银行主要依靠负债经营,其自有资本在全部资产中所占比重较小,银行的这种经营特点必然形成其风险。二是商业银行营利性资产的数量和期限结构中所包含的风险。营利性资产数量一旦超过了银行自有资金来源的可用限度和承受能力后,财务风险就会增大。如果资金来源的期限较短,而资产业务中长期贷款和投资的期限过长,这种期限的结构不合理也会构成风险。三是客户的信用状况不佳或恶化构成的风险。如借款人使到期借款成为不良贷款。四是经济发展的不确定因素也构成商业银行的经营风险。商业银行作为负债经营行业所固有的脆弱性、金融风险的系统危害性和金融在整个经济体系中的重要性决定了安全性是第一位的。为了保障商业银行的安全性,《商业银行法》规定了很多措施,如存款准备金、资本充足率、存贷比例、资产流动性比例、单一贷款比例,规定对商业银行业务的监督管理,规定风险防范、接管终止等。

2. 流动性原则

流动性是指商业银行能够随时付出资金和收回资金的能力,包括资产流动性和负债流动性。资产流动性要求商业银行必须总是持有一定比例的现金资产和变现能力强的其他资产,使银行在不发生损失的前提下能够迅速变现,及时、充足地满足客户提取存款的需要和满足必要贷款。流动性资产指1个月内(含1个月)可变现的资产,包括库存现金、在人民银行存款、存放同业款、国库券、1

① 王伯庭主编:《现代金融问题法律分析》,吉林人民出版社2003年版,第122页。

个月内到期的同业净拆出款、1 个月内到期的贷款、1 个月内到期的银行承兑汇票和其他经中国人民银行核准的证券。负债流动性是指商业银行能够随时获得所需要资金的能力。流动性负债指 1 个月内(含 1 个月)到期的存款和同业净拆入款。资产流动性比例指流动性资产与各项流动性负债的比例。通常的计算公式是:

$$\frac{\text{流动性资产旬末平均余额}}{\text{流动性负债旬末平均余额}} \times 100\%$$

《商业银行法》规定,流动性资产余额与流动性负债余额的比例不得低于 25%。

3. 效益性原则

效益性是指商业银行以利润最大化为经营目标。商业银行是一种企业法人,追逐利润是商业银行从事业务活动的出发点和经营核心,也是衡量商业银行经营绩效的主要标准和内在动力。商业银行必须保持一定的盈利水平,有充实的资本,以此提高银行的竞争力。

从总体上讲,商业银行是安全性、流动性、效益性的矛盾统一体,流动性是安全性的保障,安全性是效益性的前提,而效益性是目的。

(五) 商业银行的设立与变更

1. 商业银行的设立

各国对商业银行的设立多采用"审批制",也称核准制或特许制,对商业银行的市场准入进行较为严格的监管。我国《商业银行法》也采用审批制:设立商业银行,应当经国务院银行业监督管理机构审查批准。未经国务院银行业监督管理机构批准,任何单位和个人不得从事吸收公众存款等商业银行业务,任何单位不得在名称中使用"银行"字样。

对于商业银行的设立条件,各国银行法一般都对法定最低资本、具有合格的任职资格的管理人员、符合要求的营业场所和设施等方面加以规定。我国《商业银行法》规定了如下条件:(1) 有符合本法和《公司法》规定的章程。(2) 有符合本法规定的注册资本最低限额。设立全国性商业银行的注册资本最低限额为 10 亿元人民币。设立城市商业银行的注册资本最低限额为 1 亿元人民币,设立农村商业银行的注册资本最低限额为 5000 万元人民币。注册资本应当是实缴资本。(3) 有具备任职专业知识和业务工作经验的董事、高级管理人员。《金融机构高级管理人员任职资格管理暂行规定》(1996 年 9 月 3 日中国人民银行发布)规定了董事、高级管理人员任职的积极条件,《商业银行法》则规定了消极条件。(4) 有健全的组织机构和管理制度。(5) 有符合要求的营业场所、安全防范措施和与业务有关的其他设施。

《商业银行法》具体规定了设立商业银行的程序,包括申请、审批、登记和公告，并具体规定了申请所要提交的文件和资料。

另外，商业银行根据业务需要可以在中华人民共和国境内外设立分支机构。设立分支机构必须经国务院银行业监督管理机构审查批准。在中华人民共和国境内的分支机构，不按行政区划设立。商业银行在中华人民共和国境内设立分支机构，应当按照规定拨付与其经营规模相适应的营运资金额。拨付各分支机构营运资金额的总和，不得超过总行资本金总额的60%。商业银行分支机构不具有法人资格，在总行授权范围内依法开展业务，其民事责任由总行承担。

2. 商业银行的变更

商业银行的变更包括商业银行的事项变更和主体变更。

事项变更是指商业银行在某些重大事项上有所变动。下列事项的变更，应当经国务院银行业监督管理机构批准：(1) 变更名称；(2) 变更注册资本；(3) 变更总行或者分支行所在地；(4) 调整业务范围；(5) 变更持有资本总额或者股份总额5%以上的股东；(6) 修改章程；(7) 国务院银行业监督管理机构规定的其他变更事项，更换董事、高级管理人员时，应当报经国务院银行业监督管理机构审查其任职资格。

主体变更是指商业银行的分立与合并。商业银行的分立、合并，适用《中华人民共和国公司法》的规定。商业银行的分立、合并，应当经国务院银行业监督管理机构审查批准。

(六) 商业银行的接管与终止

1. 商业银行的接管

接管是指国务院银行业监督管理机构在商业银行已经或者可能发生信用危机、严重影响存款人的利益时，对商业银行进行整顿和改组等措施。接管的目的主要是对被接管的商业银行采取必要措施，以保护存款人的利益，恢复商业银行的正常经营能力。被接管的商业银行的债权债务关系不因接管而变化，因此由接管产生的民事责任仍然由被接管的商业银行承担。

《商业银行法》对接管只规定了信用危机这一事由，即商业银行已经或者可能发生信用危机，严重影响存款人的利益时，国务院银行业监督管理机构可以对该银行实行接管。而有些国家还规定商业银行严重违法时可以被接管。

接管由国务院银行业监督管理机构决定，并组织实施。国务院银行业监督管理机构应当按照法律规定的要求作出接管决定，并将接管决定予以公告。接管决定应当载明下列内容：被接管的商业银行名称；接管理由；接管组织；接管期限。

接管自接管决定实施之日起开始。自接管开始之日起，由接管组织行使商业银行的经营管理权力。接管期限届满，国务院银行业监督管理机构可以决定延期，但接管期限最长不得超过2年。

接管终止是指由于法律规定的情况的出现，停止接管工作。《商业银行法》规定了下列导致接管终止的情形：(1) 接管决定规定的期限届满或者国务院银行业监督管理机构决定的接管延期届满；(2) 接管期限届满前，该商业银行已恢复正常经营能力；(3) 接管期限届满前，该商业银行被合并或者被依法宣告破产。

接管制度在我国有着非常重要的价值，由于我国尚未建立存款保险制度①，又属低收入低消费的国家，人均储蓄很少。因而通过接管制度保护存款人的利益尤为重要，同时通过接管也可以给予被接管商业银行一次重整更生的机会，有利于降低社会经济的损失。

2. 商业银行的终止

商业银行的终止是指商业银行因出现法律规定的或者章程约定的情形，其主体资格归于消灭的法律行为。《商业银行法》规定了下列导致商业银行终止的情形：

(1) 因解散而终止

解散主要有以下几种情形：① 因章程规定的解散事由出现而需要解散商业银行。商业银行可以在章程中规定解散的事由，在章程规定的事由出现时，银行便可以依照该规定解散。比如，在章程中可以规定，银行设立时所确定的经营目无法达到，或者多年连续没有盈利时应当解散。② 因分立或合并而解散。当某一商业银行分立后，原有银行不复存在，分成两个或两个以上的新设立的银行，此时发生原有商业银行的解散。商业银行的合并包括吸收合并和新设合并，前一种情况下，被吸收合并的商业银行依法解散；在后一种情况，两家原有的银行都需要依法解散。同时，商业银行的分立、合并，应当经国务院银行业监督管理机构审查批准。③ 经商业银行股东会决议解散的，按公司法的相关规定。

由于商业银行的解散关系到广大存款人的利益和整个金融业的安全，《商业银行法》对商业银行解散规定了较为严格的程序和条件。商业银行因分立、合并或者出现公司章程规定的解散事由需要解散的，应当向国务院银行业监督管理机构提出申请，并附解散的理由以及支付存款的本金和利息等债务清偿计划，经国务院银行业监督管理机构批准后解散。

---

① 有关建立存款保险制度的讨论在我国已有十余年的时间。1993年，《国务院关于金融体制改革的决定》就提出要建立存款保险基金。但直至1997年底，中国人民银行成立存款保险制度研究课题组，才开始进入研究层面。近年来，社会上呼吁建立存款保险制度的声音从未间断。央行在2006年底发布的《金融稳定报告》已明确表示，存款保险制度正在积极酝酿之中。我国建立存款保险制度的条件已基本具备。在去年的《政府工作报告》中提出“健全金融体系是应对国际金融危机冲击的重要举措”，要“推进存款保险制度建设”。去年6月，国务院在《批转发展改革委关于2010年深化经济体制改革重点工作意见的通知》中表示，尽快出台存款保险制度实施方案，制定出台存款保险条例。

商业银行解散的,应当依法成立清算组进行清算,按照清偿计划及时偿还存款本金和利息等债务。国务院银行业监督管理机构监督清算过程。具体清算程序按照公司法等相关规定进行。

(2) 因撤销而终止

商业银行的被撤销是指已经成立的商业银行因在经营行为中违反法律、法规,国务院银行业监督管理机构有权吊销其金融机构法人许可证,撤销该违法经营的商业银行。

商业银行应当依照法律、行政法规的规定使用经营许可证。如果违反法律的规定进行经营活动,国务院银行业监督管理机构可以吊销其经营许可证,从而撤销该违法经营的商业银行。商业银行及其分支机构自取得营业执照之日起无正当理由超过6个月未开业的,或者开业后自行停业连续6个月以上的,由国务院银行业监督管理机构吊销其经营许可证,并予以公告。

根据《商业银行法》的有关规定,商业银行有下列情形之一,情节特别严重或者经国务院银行业监督管理机构责令改正,但逾期不改正的,国务院银行业监督管理机构可以责令停业整顿或者吊销其经营许可证:① 未经批准设立分支机构的;② 未经批准分立、合并或者违反规定对变更事项不报批的;③ 违反规定提高或者降低利率以及采用其他不正当手段,吸收存款,发放贷款的;④ 出租、出借经营许可证的;⑤ 未经批准买卖、代理买卖外汇的;⑥ 未经批准买卖政府债券或者发行、买卖金融债券的;⑦ 违反国家规定从事信托投资和证券经营业务、向非自用不动产投资或者向非银行金融机构和企业投资的;⑧ 向关系人发放信用贷款或者发放担保贷款的条件优于其他借款人同类贷款的条件的。⑨ 拒绝或者阻碍国务院银行业监督管理机构检查监督的;⑩ 提供虚假的或者隐瞒重要事实的财务会计报告、报表和统计报表的; 未遵守资本充足率、存贷比例、资产流动性比例、同一借款人贷款比例和国务院银行业监督管理机构有关资产负债比例管理的其他规定的。

商业银行有下列情形之一,情节特别严重或者经国务院银行业监督管理机构责令改正,但逾期不改正的,中国人民银行可以建议国务院银行业监督管理机构责令停业整顿或者吊销其经营许可证:① 未经批准办理结汇、售汇的;② 未经批准在银行间债券市场发行、买卖金融债券或者到境外借款的;③ 违反规定同业拆借的;④ 拒绝或者阻碍中国人民银行检查监督的;⑤ 提供虚假的或者隐瞒重要事实的财务会计报告、报表和统计报表的;⑥ 未按照中国人民银行规定的比例交存存款准备金的。

对于被撤销的商业银行,由国务院银行业监督管理机构组织清算。

(3) 因破产而终止

商业银行因不能支付到期债务,达到了《企业破产法》规定的破产界限时,经过银监会同意，可由人民法院宣告破产，从而终止其法律人格。从金融改革以来，我国的银行体系逐渐从单一的国有专业银行向不同类型的商业银行转化，商业银行成为自主经营、自担风险、自负盈亏、自我约束的市场主体，商业银行的破产将会成为一个正常的现象。

商业银行被宣告破产的，由人民法院组织国务院银行业监督管理机构等有关部门和有关人员成立清算组，进行清算。具体的破产程序适用《公司法》、《破产法》和《民事诉讼法》的有关规定。

二、中国商业银行体系

我国的商业银行制度，初创于20世纪80年代中后期，目前正在逐步走向完善。1978年，我国的金融改革开始进行。1979年2月，中国农业银行从中国人民银行中分立出来，集中办理农村金融业务。同年3月，国务院批准决定将中国银行从中国人民银行分离出来。中国人民建设银行也由财政拨款机关重组为长期投资银行。1983年9月，国务院决定由中国人民银行专门执行中央银行的职能，从1984年1月1日起由新设立的中国工商银行负责办理工商信贷和城镇储蓄业务。1984年10月，我国提出要建立与工、农、中、建四大专业银行并行的新型全国性银行。1986年7月，国务院决定恢复交通银行，其性质被确定为全国综合性股份制银行。1987年以来又成立了中信实业银行、中国光大银行、招商银行、深圳发展银行、广东发展银行、福建兴业银行、华夏银行和上海浦东发展银行等股份制商业银行。1992年11月6日，国务院在北京召开的"全国加快第三产业发展工作会议"上，提出我国金融业改革发展的方向，即"进一步健全中央银行的宏观调控体系，完善中央银行为领导、国有商业银行为主体、各种金融机构分工协作的金融业体系"。这是"商业银行"一词正式在国务院文件中出现。1993年12月，国务院在《关于加快金融体制改革的决定》中又一次提出建立以国有商业银行为主体的金融体系。1995年5月10日《商业银行法》颁布，以法律的形式确定了"商业银行"这一名称，并规定了商业银行的组织原则和行为原则，最终确立了我国商业银行制度。

我国的商业银行根据其性质可分为三类：(1) 国有控股商业银行，包括中国农业银行、中国工商银行、中国建设银行、中国银行和国家开发银行。(2) 股份制商业银行，目前有交通银行、招商银行、中信实业银行、深圳发展银行、福建兴业银行、广东发展银行、中国光大银行、华夏银行、上海浦东发展银行、中国民生银行、浙商银行股份有限公司、渤海银行等。(3) 城市商业银行和农村商业银行。近年来，遍布全国各地的大量城市商业银行和农村商业银行已经成长为一支新兴的金融力量，成为向中小企业提供金融服务的主力军。

三、国有独资商业银行改革法律研究

（一）国有独资商业银行改革的必要性与紧迫性

1. 国有独资商业银行改革是建立现代金融体制的迫切要求

健全的、适应社会主义市场经济要求的金融体系，要求金融机构结构完善，其主体应该多元化。但四大国有独资商业银行一直牢牢占有着70%左右的市场份额，其他商业银行很难动摇其垄断地位，更无法在大范围内同其展开公平竞争。新兴的商业银行为了扩大市场份额，采取不规范的经营行为甚至进行恶性竞争。这不仅造成了金融资源的巨大浪费，而且积累了大量的金融风险，给经济的持续、稳定、健康发展埋下隐患。“十五”时期，我国金融体制改革主要是围绕金融机构体系、金融市场体系和金融监管体系三大方面进行。在深化金融机构体系改革方面，具有制度创新意义的是深化国有独资商业银行的产权制度改革和实现金融机构的多元化发展。

2. 国有独资商业银行自有资本金不足，且不良资产率过高

按《巴塞尔协议》的规定，商业银行的资本充足率不得低于8%，其中核心资本充足率不得低于4%。我国国有独资商业银行普遍未能达到这一标准。从国际大银行的情况看，2000年，世界前20家大银行（不包括中国的银行）平均资本充足率为11.52%，中国国有独资商业银行资本充足率（一般认为不足8%）与国际大银行相比还存在着较大差距，这制约着商业银行的抗风险能力和扩张能力。从不良资产比率看，世界前20家大银行，其平均不良资产率仅为3.27%，其中花旗银行和美洲银行的不良资产率分别为1.4%和0.85%，而中国四大国有独资商业银行的不良资产率高达20%左右。国有独资商业银行的资本不足严重削弱了银行消化贷款损失的能力，而且有可能危及整个金融体系的安全，加大整个金融系统的风险。

3. 国有独资商业银行产权不明晰，承担了过多的政策性业务

传统经济体制下，单一的国有产权形式决定了我国国有独资商业银行政企合一的制度特征。在原有体制下，国有独资商业银行承担了过多的政策性业务，导致大量不良资产的产生。改革开放以前，国有企业最重要的资金渠道是财政，但随着体制改革的深入，为国有企业提供资金、推动国企发展成为国有银行的历史重任。20世纪80年代后，国有独资商业银行取代了财政成为国有企业最重要的资金供给者。据统计，改革以来，国有独资商业银行每年贷款额的80%以上流向了国有企业。没有银行的金融支持，国有企业的增长是不可能实现的。但是，这种金融支持却使国有银行付出了沉重的代价，1999年成立的四大资产管理公司就接收了国有银行在1995年前产生的1.3万亿的呆坏账。据官方估计，这还只能使国有银行的呆账、坏账率下降到20%以内。只有明确了国有独

资商业银行的产权关系,建立现代金融公司治理结构,才能使国有独资商业银行成为真正的商业银行。只有剥离政策性业务,才能真正搞活国有独资商业银行。

4. 国有独资商业银行实行股份制,是应对加入 WTO 挑战的需要

入世后,我国企业面临全面的竞争,特别是金融企业面对的挑战更为激烈。现阶段我国国有独资商业银行面对外资银行的挑战存在着严重的不足。首先是体制和机制上的不足。世贸组织的基本原则就是公平竞争,减少、消除壁垒和保护。如果四家国有独资商业银行仍然政企不分、政府色彩浓厚,不具备完全市场主体和法人主体,那么在外资银行取得国民待遇后,不但会被视为违背 WTO 原则,而且也难以在竞争中取胜。其次是实力的不足。能够在国际上四处扩张的外资银行,大都是规模大、实力强、资本充足、国际业务经验丰富、业绩优良的大银行。我国国有独资商业银行业务品种单一,金融创新动力和能力低。按四家国有独资商业银行现有的体制,是难以从根本上解决这些问题的。进行股份制改造,是符合现代金融企业发展方向的。

(二) 国有独资商业银行改革方案研究

1. 对国有独资商业银行实施股份制改造,优化产权结构、明晰产权关系

国有独资商业银行应公平、公正地选择境内外战略投资者,改变单一的股权结构,实现投资主体多元化。通过引进战略投资者特别是境外战略投资者,不仅要增强资本实力,改善资本结构,还应借鉴国际先进管理经验、技术和方法,促进管理模式和经营理念与国际先进银行接轨,优化公司治理机制。

2. 在国有独资商业银行股份制改造的基础上,进一步完善公司治理结构

在国有独资商业银行实行股份制改造和建立现代企业制度的基础上,彻底打破原有的行政化运作方式,实现银行管理人员职业化,使其成为真正的银行家,从而有效解决高级管理人员与银行经营目标偏离的问题,切实降低代理成本,提高经营效率。建立、健全股东大会、董事会和监事会,完善公司治理的组织体系,形成有效的制衡机制。要明确股东大会、董事会和监事会以及高级管理人员之间的职责和权利。

3. 逐步建立起有效的激励机制和内部控制体系

有效的激励机制的建立首先要有明确的业绩考核与评价体系。在科学衡量业绩的基础上,改变原有的基数分配、按人员分配以及按级别分配的做法,推进隐性福利货币化,根据业绩和贡献进行激励,如将高级管理人员收入与部门业绩挂钩、将员工收益与银行的长期效益联系起来等,形成现代商业银行工资、奖金、社会保险、公积金以及股权等多种方式的、科学的收入分配新机制。同时进一步强化内部控制体系建设,建立良好的内部审计以及监督、处罚制度,实现激励和约束的对等。

4. 完善信息披露制度,提高商业银行经营的透明度

一方面,要进一步完善我国银行业信息披露准则,要求银行对其资产质量、盈利状况等方面进行完整、详细、准确及时的信息披露。另一方面,要随着我国通信技术的发展,开展信息管理手段创新,逐步实现信息搜集、处理和传递的标准化,提高信息的处理效率,降低信息成本,促进信息在银行内部的传播。

5. 健全商业银行的外部治理机制

完善我国国有独资商业银行的公司外部治理机制可从以下方面着手:一是与银行高级管理人员的职业化相适应,大力发展经理市场,促进银行管理人员之间充分竞争,真正实现银行管理的职业化;二是强化资本市场的作用,努力发挥资本市场对于商业银行的约束作用;三是强化外部审计机构的作用,加强对商业银行的审计监督;四是完善有关的法律制度,对商业银行进行严格的法律约束。

(三) 国有独资商业银行改革进程

把国有独资商业银行逐步改造为具有国际竞争力的现代化股份制商业银行,是我国金融体制改革中的一个重大决策,也是我国金融市场建设中一项全新的改革实践。此举意义深远,任务艰巨。

早在1993年,《国务院关于金融体制改革的决定》就明确指出,要把我国的专业银行办成真正的商业银行。1997年,中央召开全国金融工作会议,对国有独资商业银行改革与发展作出重大战略部署。2001年,国务院成立了由中国人民银行牵头的专题研究小组,论证国有独资商业银行改革问题。2002年2月,全国金融工作会议和会后下发的有关文件进一步明确,具备条件的国有独资商业银行可改组为国有控股的股份制商业银行,完善法人治理结构,条件成熟的可以上市。2003年10月,党的十六届三中全会通过的《中共中央关于完善社会主义市场经济体制若干问题的决定》再一次明确提出,选择有条件的国有商业银行实行股份制改造,加快处置不良资产,充实资本金,创造条件上市。2003年底,国务院根据我国国有独资商业银行的具体情况,决定中国银行和中国建设银行实施股份制改造试点,并决定动用450亿美元国家外汇储备等为其补充资本金。这一举动表明了党和政府按照市场经济规律搞好国有独资商业银行改革的坚强决心。2004年3月2日,国务院召开常务会议,研究部署中国银行、中国建设银行股份制改造试点的有关工作,提出改革试点工作的总体目标和主要任务。会议指出,要紧紧抓住改革管理体制、完善治理结构、转换经营机制、促进绩效进步这几个重要环节,用三年左右的时间将两家试点银行改造成为具有国际竞争力的现代股份制商业银行。2004年12月29日召开的国务院常务会议,再次研究推进国有商业银行股份制改革问题。会议要求,要进一步搞好中国银行、中国建设银行股份制改革试点各项工作,坚定不移地推进国有商业银行改革。要按照发展社会主义市场经济的要求,推进国有商业银行股份制改革、公司治理结构

改革和内部控制机制改革。按照现代金融企业制度的要求,围绕转变经营机制这个核心,加强科学管理和队伍建设,着力提高银行市场竞争力和抗风险能力,加快建成资本充足、内控严密、运营安全、服务和效益良好的现代商业银行。按照国务院的要求,银监会于2004年3月起相继出台了《关于中国银行、中国建设银行公司治理改革与监管指引》等多个条例,提出了操作性强、十分具体的改革要求。人民银行从多方面对改革的推进作出指导。

2004年9月,中国建设银行股份有限公司成立,并于2005年10月在香港联交所上市。这是国务院决定对国有独资商业银行实施股份制改造以来,首家实现公开发行上市的中国国有商业银行,受到海内外广泛关注,影响深远。2005年10月,中国工商银行股份有限公司成立。2004年8月,中国银行股份有限公司成立,并自2006年6月起在香港联交所上市,2006年7月在上海证券交易所上市。2009年1月16日,中国农业银行股份有限公司成立,并于2010年7月在上海证券交易所和香港联交所同步上市,从而标志着我国国有商业银行的股份制改革上市工作的全面完成。

第四节 政策性银行法律制度

一、政策性银行法律制度概述

(一)政策性银行的概念和特征

政策性银行是指由政府创立、参股或保证,不以营利为目的,专门为贯彻、配合政府经济政策或产业政策,在特定的业务领域内,直接或者间接地从事政策性融资活动,充当政府发展经济、促进社会进步、进行宏观经济管理的专门金融机构。按照业务领域,可以将其分为农业、中小企业、进出口、住房、经济开发、基础产业、主导产业以及环境、国民福利等政策性银行。目前,发达国家普遍建立了各自的政策性银行体系。

政策性银行既不同于中央银行,也不同于一般的商业银行,是承担政策性银行业务的银行,具有以下特征:

(1)在设立和资本上,政策性银行一般由政府出资创立或者参股,与政府保持着密切的关系。有些国家的政策性银行由政府全资创立,如日本的“二行九库”①、

① “二行九库”,即日本国际协力银行(原日本输出入银行)、国民金融公库、中小企业金融公库、中小企业信用保险公库、环境卫生金融公库、农林渔业金融公库、住宅金融公库、公营企业金融公库、北海道东北开发金融公库、冲绳振兴开发金融公库。2005年以来,日本政府全面改革政策性银行。其中,国民生活金融公库、农林渔业金融公库、中小企业金融公库、冲绳振兴开发金融公库、国际协力银行进行合并,日本政策投资银行与商工组合中央金库实现民营化,公营企业金融公库则移交地方管理。

美国的进出口银行、韩国的开发银行等。有些国家的政策性银行由政府参与部分股本,联合商业银行和其他金融机构共同设立。如法国的对外贸易银行,即由法国的中央银行——法兰西银行(持股24.5%)、信托储蓄银行(持股24.5%)以及几大商业银行和其他金融机构投资组成。

(2) 在经营原则上,政策性银行不以营利为目的,而追求社会整体效益和自身效益的统一。这是由创立政策性银行的宗旨和政策性银行业务本身的性质决定的。

(3) 在经营业务上,贯彻和执行政府的社会经济政策。为国家重点建设和按照国家产业政策重点扶持的行业及企业提供资金融通,包括支持农业开发贷款、农副产品收购贷款、交通和能源等基础设施和基础产业的贷款。这些行业和项目由于期限长、风险大、效益低,难以得到商业性资金融通,需要由政策性银行提供贷款以形成最佳的资源配置。

(4) 在资金来源和运用上,政策性银行具有特殊的融资原则。政策性银行不能吸收活期存款,主要的资金来源是政府提供的资本金、各种借入资金和发行金融债券筹集的资金。

(5) 在融资条件或资格上,其贷款对象必须是从其他金融机构不易得到所需的融通资金,而且主要提供中长期信贷资金,贷款利率明显低于商业银行同期同类贷款利率,有的甚至低于筹资成本,但要求按期还本付息,在因偿还困难出现亏损时,则由国家财政予以补贴。同时,政策性银行对其他金融机构自愿从事的符合国家政策目标的放款活动给予偿付保证、利息补贴或者再融资。

(二) 政策性银行法

政策性银行法是规定政策性银行的组织和行为的法律规范的总称,主要包括政策性银行的性质、地位、资金来源与资金运作、业务范围、组织形式和组织机构的设立、变更和终止等内容。

政策性银行一般实行单独立法。绝大多数国家的政策性银行不受普通银行法(或商业银行法)的制约,而是以单独的法律、条例规定政策性银行的相关内容。如《日本输出入银行法》即为日本输出入银行的专门立法。日本普通银行法的规定对其不适用。

二、我国的政策性银行

(一) 我国政策性银行的建立及其发展

1993年12月25日,国务院发布《关于金融体制改革的决定》,提出建立政策性银行,目的是实现政策性金融和商业性金融分离,以解决国有专业银行身兼二任的问题,割断政策性贷款与基础货币的直接联系,确保中国人民银行调控基础货币的主动权。1994年,我国相继成立了三家政策性银行,即国家开发银行

（1994年3月17日成立）、中国进出口银行（1994年7月1日成立）和中国农业发展银行（1994年11月8日成立）。我国目前尚未制定专门的政策性银行法，各政策性银行的业务开展主要是依据各自的章程规定和有关的一些法规、规章。三家政策性银行都是直属于国务院领导的政策性金融机构，在业务上接受国务院银行业监督管理机构的指导和监督。

1. 国家开发银行

国家开发银行是一家以国家重点建设为主要融资对象的政策性投资开发银行，注册资本为500亿元人民币，由财政部划拨，主要办理国家重点建设（包括基础设施、基础产业和支柱产业）的政策性贷款及贴息业务。

2. 中国进出口银行

中国进出口银行成立于1994年7月1日，是直属国务院领导的政策性金融机构，具有法人资格，不设营业性分支机构。其注册资本金为33.8亿元人民币，由财政部核拨。

3. 中国农业发展银行

中国农业发展银行是一家以承担国家粮棉油储备、农副产品收购、农业开发等方面的政策性贷款为主要业务的政策性银行，注册资本为200亿元人民币，一部分资本金从中国农业银行资本金中划拨，同时接管原中国农业银行和中国工商银行的农业政策性贷款（债权），并接受相应的中国人民银行的贷款（债务）。

（二）我国政策性银行的法律地位

国外的政策性银行立法一般均确认政策性银行具有独立的法人地位。韩国的《产业银行法》、《住宅银行法》、《进出口银行法》、《中小企业银行法》明确规定这类政策性银行为法人；日本的《输出入银行法》、《开发银行法》、《农林渔业金融公库法》等也均确认这些政策性银行具有法人资格。

根据我国《关于金融体制改革的决定》的规定，中国农业发展银行和中国进出口银行均为独立法人。但《关于金融体制改革的决定》、国务院《关于组建国家开发银行的通知》（国务院1994年3月17日发布）、经国务院批准的《国家开发银行组建和运行方案》及《国家开发银行章程》对国家开发银行是否为独立法人未予明确规定。多数学者认为，国家开发银行也是独立法人。首先，国家开发银行符合我国《民法通则》规定的法人应具备的四个条件；其次，包括国家开发银行在内的政策性银行具有独立法人地位，符合建立政策性银行的初衷，有利于实现政策性金融与商业性金融的分离，有利于政策性银行加强经营管理，实行独立核算、自主、保本经营，责权统一，建立风险责任机制；最后，从国务院有关组建国家开发银行的规范性文件的规定精神看，国家开发银行事实上是被作为独立法人对待的：国家开发银行制定有自己的章程，有国家核拨的注册资本，实行独立核算、自主经营、独立开展业务活动，是直属国务院领导的政策性金融机构等。

因此可以说,我国的政策性银行均具有独立法人资格当属无疑。①

根据2007年召开的全国金融工作会议,政策性银行改革首先从国家开发银行的商业化改制开始。经国务院同意,中国银监会正式批准国家开发银行以发起设立的方式进行改制,设立国家开发银行股份有限公司,注册资本金为人民币3000亿元,由财政部和中央汇金投资有限责任公司共同出资发起设立,双方持股比例分别为51.3%和48.7%。

2008年12月,国家开发银行正式改制为商业银行。国家开发银行股份有限公司依法承继原国家开发银行的全部资产和负债,主要从事中长期信贷与投资等金融业务,为国民经济重大中长期发展战略服务,业务范围包括吸收除居民储蓄存款外的公众存款,以及发放短期、中期和长期贷款等《商业银行法》所规定的其他各项业务,不再包含政策性银行业务。从现有的资产规模和股东构成属性看,改制后的国家开发银行是我国排名居工、农、中、建行之后的第五家大型国有商业银行。

三、我国政策性银行的现状、问题与完善思路

我国的政策性银行自运行以来,较好地完成了原定目标,政策性银行的贷款余额占全国金融机构贷款额的比例稳定在10%以上,达万亿元。这对我国国有专业银行转制、提高资金使用效益、调节地区间经济发展不平衡、促进产业结构优化、乃至适应"西部大开发"战略和加入WTO都起到不可替代的作用。但由于其成立时间短、经验不足,在自身经营管理和外部经营环境方面都还存在许多问题,影响其功能的有效发挥。

(一)我国政策性银行的现状和存在的问题

1. 内部经营机制不健全,资产质量差,潜在风险严重

一方面,政策性银行强调资金的来源与运用都是有偿的,需要实现自我循环;另一方面,还要体现政策性功能,其贷款投向必须符合国家产业政策要求,扶持那些商业性金融机构不愿贷款、经济效益差而社会效益好、贷款回收期长的项目。这种天然的矛盾性导致政策性银行不得不倾向于政策性贷款一边,营利性减弱。加之与政府及其部门的关系不规范,缺乏经营经验,对放出的款项监管力度不够,而且因为有财政的支持,责权利不明确,贷款随意性较大,对款项回收的力度不强,造成政策性银行信贷资产质量低下、潜在的金融风险日趋严重。如农业开发银行在1997年净亏损25亿元,1998年在财政补贴156亿元的情况下仅

① 有学者提出,尽管我国民法对法人的分类尚未能囊括政策性银行这类新出现的法人,但从我国政策性银行设立的目的、宗旨及国外的实践看,政策性银行应是公法人,具有充分的根据。张长利:《政策性银行法律制度研究》,载《广西政法管理干部学院学报》2000年第3期。

盈利1亿元,不过这一情况正在逐步得到改善,农业开发银行已经自2000年起连续盈利。

2. 资产负债关系失衡,资金来源渠道单一,期限结构、利率结构不合理,成本较高

在中央财政财力有限,资本金迟迟不能到位的情况下,政策性银行主要是通过向中央银行融资和发行金融债券满足其资金需求。有关数字表明,我国政策性银行单一融资渠道筹资占其全部资金来源的80%以上,并有逐步扩大的趋势,这加大了对中央银行基础货币的倒逼机制,影响货币政策的独立性、有效性。同时,金融债券的大规模发行不但增加了筹资成本,而且严重制约了资金的长期使用,最终不得不陷入发新债还旧债的境地。①

3. 委托代理制度弊端颇多

从我国政策性银行业务运营的现状看,由于没有分支机构或分支机构尚未建立,在相当长的一段时期内,其业务委托商业性金融机构代办。但这种委托代理制度由于双方在经营目标、经营宗旨、核算体系、财务管理制度上都存在根本的区别,而且双方间在具体职责、权限、违约的法律责任等方面又没有具体明确的规定,结果无法形成直接的信贷经济约束,致使信贷资产质量难以保证,形成较大的体制性风险,表现在:委托代理关系缺乏竞争性和选择性,客观上存在代理行轻率放贷等现象,使政策性银行信贷资产的质量大受影响;政策性银行的资金严重漏损,时常被代理行和其他相关单位挤占挪用;由于结算传递渠道梗阻,各政策性银行总行对系统内各地区之间资金的调度能力较低,资金闲置和资金匮乏并存、拆入资金与拆出资金并存,使政策性银行资金流动性较差,利用效率较低。

4. 从外部经营环境看,政策性银行的经营缺乏法律保障

由于政策性银行业务活动的特殊性,许多国家都通过立法的形式对政策性银行的资金来源渠道、资金运用方式和与社会各方面的关系作出明确规定。而我国政策性银行的经营活动缺乏法律依据,随意干预、变更政策性银行经营活动的情况时有发生,政策性银行自身的“寻租”、逐利等异化行为也屡见不鲜。

(二) 我国政策性银行改革和完善思路

当前,我国社会主义市场经济的改革和建设取得了重大成就,市场机制日益成熟,宏观经济环境、产业结构、市场需求和微观条件等方面发生了巨大变化。政策性银行如何适应新形势,解决新问题,是摆在我国理论和实际工作面前的一个迫切问题。

① 李鸿雁:《关于政策性金融几个基本问题的探讨》,载《决策借鉴》2001年第6期。

1. 明确定位政策性银行的性质和法律地位,完善其内部经营机制

政策性银行既具有财政的特性,又具有金融的特征。其财政性表现为:财政必须为其提供资金或是为其筹集资金创造条件,政府必须在其中起主导作用,政策性银行必须按国家的产业政策从事业务活动,不以盈利为目的。其金融性表现为:资金来源中负债较多,资金运用是有偿的,须还本付息,并有一定收益。因此,既不能把政策性银行当做第二财政,随意扩大业务范围,不计成本,不求效益,又不能允许其经营商业性业务,与商业性金融机构争市场、争业务。只有从理论上明确政策性银行的实质,才能在实践中把握政策性银行与商业银行和财政投资的界限,避免错位,为政策性银行的运行造就一个良好的理论基础。

2. 拓宽筹资渠道,优化负债结构

财政部门要量力而行,根据每年实际拨付给政策性银行的资本金或补贴退税额确定政府对政策性银行的核定任务数,给政策性银行一定的自主权,增加其筹资渠道,如借鉴日本经验,开发邮政储蓄存款、基金融资等渠道,加大从国外筹集政府优惠贷款的力度,研究面向社会公众发债的可行性;提高政策性银行内部或行际之间调拨资金的流动性,挖掘内部资金潜力,减小利息负担。由于财政拨付资本金数额巨大、稳定且无偿付红利或股息的后顾之忧,因此要建立财政拨付资本金的固定化、合法化机制,这是最主要的低成本资金来源。

3. 完善政策性银行的组织机构体系,改革委托代理制度

政策性银行要能有效运转,需要具备完善的组织机构体系。一是改变过去那种认为政策性银行无需设立分支机构的观念,要明确是否设立分支机构,应视业务发展的情况和需要而定。二是改变由政府指定代理行的做法,引入竞争、择优机制,通过竞标决定代理行,同时制定相应的代理规则,严格规定代理行的资格和条件以及授受双方的权利、责任等事项。只有这样,才能提高委托质量,降低委托费用,消除"寻租"现象。

4. 尽快组建国民经济发展不可缺少的新的政策性金融机构

目前,我国一些急需政策性金融介入的领域和部门尚没有专门的政策性金融机构,如中小企业金融机构、环境银行、政策性保险公司、政策性住宅金融机构、科技开发银行等。对于这些极具开发价值、风险较大、期限较长、经济发展必需的项目,政策性金融应积极承担起政策性的义务,在这些领域内建立政策性银行,完善政策性金融体系。

5. 制定政策性金融法规

市场经济是法制经济,政策性银行作为社会主义市场经济的产物和特殊的市场主体,必须将其全部经营活动纳入法制化轨道。在规范政策性银行经营行为的同时,明确界定其与政府、中央银行、商行、企业等各方面的关系,摆脱外部主体超越法规的干预,维护自身的合法权益,保障资产的安全。有关法规应包括

两个层次：一是国家制定的专门的政策性金融机构法，如《中国进出口银行法》、《国家开发银行法》等。二是各类政策性金融机构或主管部门制定的内部规章制度。这些内部规章是国家专门法的补充和具体化，如贷款项目评估办法、贷款审批收放程序、贷款风险防范和管理办法、委托代理机构资格和职责规定等。

2006年3月14日，第十届全国人民代表大会第四次会议通过了《国民经济和社会发展十一五规划纲要》，明确提出"合理确定政策性银行职能定位，健全自我约束机制、风险调控机制和风险补偿机制"，这为我国政策性银行的改革指明了方向。

政策性银行向开发性金融机构转型是目前的一个主流趋势，也是我国进行政策性银行改革的基本方向。所谓开发性金融机构，简单地说就是既开展政策性金融业务，又开展商业性金融业务的金融机构。走开发性金融的改革道路，就是要把政策性银行按资本充足、内控严密、公司治理完善、可持续发展的原则，转变为贯彻国家意图、以市场化运作为主、有较强国际竞争力和一定政策性功能的开发性金融机构。通过分账管理、专项经营，分别管理国家交办的政策性业务和银行自主经营的商业性业务。同时，建立一套合理的利益补偿机制，既能保证政策性金融机构正常运转并获得微利，又能使开发性金融机构具有足够的自有资本充足率并提取足够的呆账准备金。

第五节 非银行金融机构法律制度

一、信用合作社法律制度

信用合作社是集体所有制性质的合作金融组织，农村信用合作社和城市信用合作社是我国金融体系的重要组成部分。

（一）农村信用合作社

农村信用合作社（简称农村信用社）是指依照《农村信用合作社管理规定》等由社员入股组成、实行社员民主管理、主要为社员提供金融服务的农村合作金融机构。农村信用社是独立的企业法人，以其全部资产对农村信用社的债务承担责任，依法享有民事权利，承担民事责任。农村信用社的社员，是指向农村信用社入股的农户以及农村各类具有法人资格的经济组织。社员以其出资额为限承担风险和民事责任。

经批准，农村信用社可经营下列人民币业务：办理存款、贷款、票据贴现、国内结算业务；办理个人储蓄业务；代理其他银行的金融业务；代理收付款项及受托代办保险业务；买卖政府债券；代理发行、代理兑付、承销政府债券；提供保险箱业务；由县联社统一办理资金融通调剂业务及经批准的其他业务。

农村信用社现由中国银监会监督管理。农村信用社应当向所在县(市)农村信用社联合社(简称县联社)入股,并接受县联社的管理。农村信用社接受行业统一的业务制度管理。县联社是指经中国银行业监督管理机构批准设立、由所在县(市)农村信用社入股组成、实行民主管理、主要为农村信用社服务的联合经济组织,是企业法人。县联社的主要任务是对本县(市)的农村信用社进行管理和服务,其开展业务经营应坚持不与农村信用社竞争的原则。

2003年6月27日,国务院下发了《关于印发深化农村信用社改革试点方案的通知》,明确提出"明晰产权关系、强化约束机制、增强服务功能、国家适当支持、地方政府负责"的改革总体要求,加快农村信用社管理体制和产权制度改革,以把农村信用社逐步办成由农民、农村工商户和各类经济组织入股,为农民、农业和农村经济发展服务的社区性地方金融机构。

2003年6月,国务院决定在浙江等8个省(市)实施农村信用社体系改革试点。2004年8月,农村信用社改革在除海南省和西藏自治区以外的21个省(区、市)全面推开,目前已取得重要进展和阶段性成果。在农信社改革试点中,形成了"国家宏观调控,加强监管;省级政府依法管理,落实责任;信用社自我约束,自担风险"的新监督管理框架。

(二)城市信用合作社

城市信用合作社(简称城市信用社)是指依照《城市信用合作社管理办法》等,在城市市区内,由城市居民、个体工商户和中小企业法人出资设立的,主要为社员提供服务,具有独立企业法人资格的合作金融组织,现由中国银监会监督管理。城市信用社的社员以其出资额为限对城市信用社承担责任。城市信用社以其全部资产对城市信用社的债务承担责任。城市信用社实行社员民主管理、一人一票的原则。

经批准,城市信用社在其所在地可经营下列人民币业务:吸收社员存款;吸收规定限额以下的非社员的公众存款;发放贷款;办理结算业务;办理票据贴现;代收代付款项及受托代办保险业务及经批准的其他业务。

城市信用社作为我国金融体制改革过程中产生和发展起来的地方性金融机构,曾发挥过积极作用。但因经营规模小、抗风险能力差,加之缺乏严格的内部控制机制和有效的外部监管,城市信用社经营管理混乱、资产质量低下等问题逐步暴露。

自1995年起,根据国务院指示精神,部分地级城市在城市信用合作社基础上组建了城市商业银行。同年3月,中国人民银行下发《关于进一步加强城市信用社管理的通知》,以文件形式明确:"在全国的城市合作银行组建工作过程中,不再批准设立新的城市信用社"。这个通知下发以后,全国基本上完全停止了城市信用社的审批工作。1998年10月,国务院明确提出对城市信用社进行彻底整顿和规范。具体而言,对于经营状况良好且已达到组建城市商业银行标准的城市信用社,逐步组建为城市商业银行;对于设在县市的城市信用社,可以考虑研究探索组建以所在地区的中小企业和居民为主要服务对象、按照股份制原则进行经营管理、具有较强抗风险能力的社区银行;对于风险较大的城市信用社,提请当地人民政府采取切实措施,通过增资扩股、置换不良资产、更换管理层等方式,增强资本实力,改善股东结构,提高资产质量和管理水平;凡不能按照要求进行规范改造、资产质量低劣、管理混乱、经多种措施救助无效的城市信用社,按照《金融机构撤销条例》等有关规定,依法实施市场退出,以更好地维护地方金融秩序。

城市商业银行是在中国特殊历史条件下形成的,是金融主管部门整肃城市信用社、化解地方金融风险的产物。1995 年,深圳城市商业银行成立,成为我国内地第一家城市合作商业银行。至今,全国城市商业银行已有近一百五十家,遍及除西藏以外的各个省(市、自治区)。

二、金融租赁公司法律制度

(一)金融租赁的概念和种类

金融租赁,是指出租人根据承租人对租赁物的特定要求和对供货人的选择,出资向供货人购买租赁物,并租给承租人使用,承租人按约定币种支付租金,在租赁物期满时,按约定的办法取得租赁物所有权的金融交易形式。金融租赁包括自营租赁,合同租赁,委托租赁,回租,转租。

金融租赁自 1952 年美国租赁公司开始采用,发展得非常迅速。其迅速发展主要取决于两个因素:其一,它符合商品经济发展的客观要求,生产与设备进一步社会化;其二,这种租赁方式带来的明显经济效益。这两者之间重要的还是经济效益。

对承租人来说,金融租赁的优势主要表现在:不需大量投资,就能及时得到所需技术设备;可以保持技术设备的先进性;对非经常性使用或尚无充分把握的技术设备,采取租赁方式较为有利;引进技术设备较快,并可得到良好的服务;处理方法灵活,并免受通货膨胀的影响;能延长资金融通期限;能使得现金预算的编制比较灵活。对供货人来说,金融租赁通过减少承租方的负担而达到促进交易、增加客户、扩大市场的效果。对出租人来讲,由于租借期间所有权没有转移,风险相应较小,并可以获得长期稳定的收入;同时,国家为了鼓励投资、鼓励技术进步,专门为金融租赁提供了一系列优惠政策,出租人可以享受税收减免、加速折旧、利息费用进成本等税收优惠。在国际融资租赁中,出租人还可免受其所在国法律关于国际贷款和贷款利率的限制,且能免遭承租人所在国关于抵押规则不便利或不完善所形成的风险。

（二）我国金融租赁业现状

1980年初，中国国际信托投资公司率先开办了国际金融租赁业务。1981年4月，中日双方在北京成立中国东方租赁有限公司筹备处，不久成立了东方租赁公司。这是我国第一家专营金融租赁业务的合资企业。中国租赁有限公司是1981年7月由中国国际信托投资公司与原国家物资总局共同组建的一家全国租赁性企业，1987年被中国人民银行批准为全国性非银行金融机构。到1997年初，全国共有金融租赁公司16家，中国人民银行总行监管其中4家在京的中央级租赁公司，其余各家由所在地中国人民银行分行监管。另外，还有大约四十多家原外经贸部（现商务部）监管的中外合资租赁公司，1997年后，海南国际租赁公司、广东国际租赁公司、武汉国际租赁公司和中国华阳金融租赁公司先后退出市场。截至2010年底，我国金融租赁公司的总数为17家。

（三）金融租赁公司的设立、变更

为促进我国融资租赁业的健康发展，加强对金融租赁公司的监督管理，中国人民银行根据《中国人民银行法》、《合同法》、《公司法》等有关金融法律法规的规定制定了《金融租赁公司管理方法》，并于2000年6月30日颁布实施。《金融租赁公司管理方法》对我国金融租赁公司的机构设立及变更、业务经营、监督管理、整顿、接管及终止进行了比较详细的规定。我国对金融租赁业务实行特许经营制。按照《银行业监督管理办法》和《金融租赁公司管理办法》的规定，金融租赁公司是经过中国银监会批准成立的以经营融资租赁业务为主的非银行金融机构。未经中国银监会批准，不得设立金融租赁公司，其他公司名称中不得标明“金融租赁”字样。中国银监会在批准设立金融租赁公司时，需要考虑国家经济发展需要和融资租赁业的竞争状况。

2007年初，中国银监会发布了新的《金融租赁公司管理办法》，通过降低资本充足率与注册资本门槛，允许商业银行进入金融租赁产业等举措，以加快我国金融租赁行业的健康发展。根据新的《金融租赁公司管理办法》，申请设立金融租赁公司应具备的条件是：(1) 具有符合《金融租赁公司管理办法》规定的主要出资人和一般出资人，其中出资额占拟设金融租赁公司注册资本50%以上的出资人为主要出资人。主要出资人可以是中国境内外注册的具有独立法人资格的商业银行、中国境内外注册的租赁公司以及中国境内注册的、主营业务为制造适合融资租赁交易产品的大型企业。主要出资人是其他金融机构的，应当经由银监会认可。(2) 具有符合法定要求的最低限额的实缴注册资本金，目前最低注册资本金的要求是1亿元或等值的自由兑换货币，经营外汇业务的应另有不低于5000万美元的外汇资产；(3) 具有符合法定要求的公司章程；(4) 具有符合中国银监会规定的任职资格的高级管理人员；(5) 有健全的组织机构、内部管理制度和风险控制制度；(6) 有与业务经营相适应的营业场所、安全防范措施和其他设施;(7) 中国银监会规定的其他条件。

金融租赁公司有下列事项之一的,必须报经中国银监会批准:变更名称;改变组织形式;调整业务范围;变更注册资本;调整股权结构;修改章程;变更营业地址;变更高级管理人员;中国银监会规定的其他变更事项。

（四）金融租赁公司的经营范围与监管措施

经过中国银监会批准,金融租赁公司可以经营下列本外币业务:直接租赁、回租、转租赁、委托租赁等融资性租赁业务;吸收股东1年期(含)以上定期存款、接受承租人的租赁保证金、向商业银行转让应收租赁款、经批准发行金融债券、同业拆借、向金融机构借款、境外外汇借款、租赁物品残值变卖及处理业务、经济咨询,以及中国银行业监督管理委员会批准的其他业务。

金融租赁公司由中国银行业监督管理委员会进行监管。具体而言,银监会对金融租赁公司进行风险监管:金融租赁公司的资本净额不得低于风险加权资产的8%;对同一承租人的融资余额最高不得超过金融租赁公司资本净额的30%;对一个关联方的余额不得超过金融租赁公司资本净额的30%;对全部关联方的融资余额不得超过金融租赁公司资本净额的50%;同业拆入资金余额不得超过金融租赁公司资本净额的100%。

另外,金融租赁公司须按规定履行信息披露义务,向中国银监会报送资产负债表、损益表及业务比例考核报表和书面报告,并于每一会计年度终了后的一个月内报送上一年度的财务报表和资料。金融租赁公司法定代表人及直接经办人员应对所提供的财务会计报表的真实性承担法律责任。中国银监会认为有必要时,有权随时要求金融租赁公司报送有关业务和财产状况的报告和资料。金融租赁公司应当实行风险资产5级分类制度,并制定呆账准备金制度,及时足额计提呆账准备金。此外,金融租赁公司应当建立关联交易管理制度,重大关联交易应当经董事会批准。金融租赁公司应建立定期审计制度。金融租赁公司的董事会或监事会应于每年初委托具有资格的会计师事务所对公司上一年度的经营活动进行一次审计,并于每年的4月15日前将经董事会或监事会主席签名确认的审计报告报送中国银监会。

中国银监会对金融租赁公司的设立、变更、撤销等重大事项实行公告制度。

三、企业集团财务公司法律制度

（一）财务公司的发展

财务公司形式最早出现于18世纪的法国,后来美、英等国纷纷设立。在西方国家,财务公司一般是独立的金融机构,主要经营批发性金融业务。在我国,财务公司是指以加强企业集团资金集中管理和提高企业集团资金使用效率为目的,为企业集团成员单位(以下简称成员单位)提供财务管理服务的非银行金融机构。

我国在1979年之后，陆续组建了一批企业集团。在企业集团的众多成员单位之间，有的公司资金暂时闲置，有的公司资金紧缺，所以，在集团内部存在着资金调剂的要求和可能性。在这种情况下，企业集团财务公司应运而生。1984年，我国第一家财务公司在深圳经济特区成立。企业集团财务公司是由企业集团内部各成员单位入股，并向社会募集一部分中长期资金，为企业技术进步服务的金融股份有限公司，是独立的企业法人。企业集团财务公司是金融与国民经济支柱产业相互结合的产物，也是金融深化与多样化的产物。

截至2006年底，全国企业集团财务公司数量达到79家，资产规模达到8581亿元。从1984年到现在，其中一些大型的企业集团财务公司已经发展成为商业银行，例如，中信实业银行、光大银行、华夏银行及招商银行都是分别从中国国际信托投资公司、光大国际信托投资公司、首都钢铁公司和招商局的财务公司中发展起来的。

（二）企业集团财务公司的概念和特点

我国企业集团财务公司作为经济金融改革的新生事物，具有双重身份、双重性质：(1) 作为所属企业集团的子公司，直接依附于所属的企业集团，财务公司可以为企业集团创造利润，其经营业绩与发展规模与所属企业集团的状况直接相关。(2) 财务公司是一种非银行金融机构，事实上经营除个人存贷款以及保险业务外的几乎全部金融业务。所以，财务公司与商业银行之间既有合作又有竞争：财务公司利用银行的结算渠道，服务集团，开展内部转账结算，成为银行功能的进一步延伸；同时二者在吸收存款、贷款方面存在竞争。

（三）财务公司的设立和变更

为规范财务公司及其经营行为，财政部于1991年发布《企业集团财务公司财务管理试行办法》，中国人民银行、国家计委、国家体改委、国务院经贸委于1992年联合发布《关于国家试点企业集团建立财务公司的实施方法》，2000年6月30日，中国人民银行发布施行了《企业集团财务公司管理办法》，统一适用于中资企业集团财务公司以及外商投资性公司为其在中国境内的投资企业提供财务管理服务而设立的财务公司。在财务公司的监管职责交由银监会行使后，银监会于2004年发布了新的《企业集团财务公司管理办法》，该办法最近一次修订于2006年12月28日。

按照修订后的《企业集团财务公司管理办法》的规定，设立财务公司的申请人必须是具备下列条件的企业集团：(1) 符合国家的产业政策；(2) 申请前一年，母公司的注册资本金不低于8亿元人民币；(3) 申请前一年，按规定并表核算的成员单位资产总额不低于50亿元人民币，净资产率不低于30%；(4) 申请前连续两年，按规定并表核算的成员单位营业收入总额每年不低于40亿元人民币,税前利润总额每年不低于2亿元人民币;(5)现金流量稳定并具有较大规模;(6)母公司成立2年以上并且具有企业集团内部财务管理和资金管理经验;(7)母公司具有健全的公司法人治理结构,未发生违法违规行为,近3年无不良诚信纪录;(8)母公司拥有核心主业;(9)母公司无不当关联交易。外资投资性公司除适用前述第(1)、(2)、(5)、(6)、(7)、(8)、(9)项的规定外,申请前一年其净资产应不低于20亿元人民币,申请前连续两年每年税前利润总额不低于2亿元人民币。

设立财务公司,应当具备下列条件:(1)确属集中管理企业集团资金的需要,经合理预测能够达到一定的业务规模。(2)有符合《公司法》和《企业集团财务公司管理办法》规定的章程。(3)设立财务公司的注册资本金最低为1亿元人民币。财务公司的注册资本金应当是实缴的人民币或者等值的可自由兑换货币。经营外汇业务的财务公司,其注册资本金中应当包括不低于500万美元或者等值的可自由兑换货币。(4)有符合中国银监会规定的任职资格的董事、高级管理人员和规定比例的从业人员,在风险管理、资金集约管理等关键岗位上有合格的专门人才。(5)在法人治理、内部控制、业务操作、风险防范等方面具有完善的制度。(6)有符合要求的营业场所、安全防范措施和其他设施。(7)中国银监会规定的其他条件。

中国银监会根据财务公司的发展情况和审慎监管的需要,可以调整财务公司注册资本金的最低限额。

财务公司有下列变更事项之一的,应当报经中国银监会批准:变更名称;调整业务范围;变更注册资本金;变更股东或者调整股权结构;修改章程;更换董事、高级管理人员;变更营业场所;中国银监会规定的其他变更事项。

(四)财务公司的业务范围和主要监管措施

财务公司可以经营下列部分或者全部业务:对成员单位办理财务和融资顾问、信用鉴证及相关的咨询、代理业务;协助成员单位实现交易款项的收付;经批准的保险代理业务;对成员单位提供担保;办理成员单位之间的委托贷款及委托投资;对成员单位办理票据承兑与贴现;办理成员单位之间的内部转账结算及相应的结算、清算方案设计;吸收成员单位的存款;对成员单位办理贷款及融资租赁;从事同业拆借;中国银监会批准的其他业务。符合条件的财务公司,可以向中国银监会申请从事下列业务:经批准发行财务公司债券;承销成员单位的企业债券;对金融机构的股权投资;有价证券投资;成员单位产品的消费信贷、买方信贷及融资租赁。

财务公司的业务范围经中国银监会批准后,应当在财务公司章程中载明。财务公司不得办理实业投资、贸易等非金融业务。

财务公司应加强风险管理及控制,业务经营遵循下列资产负债比例:资本充足率不低于10%；拆入资金余额不得高于资本总额；担保余额不得高于资本总额；短期证券投资与资本总额的比例不得高于40%；长期投资与资本总额的比例不高于30%；自有固定资产与资本总额的比例不得高于20%。中国银监会根据财务公司业务发展或者审慎监管的需要，可以对上述比例进行调整。

四、金融租赁公司与财务公司的整顿、接管和终止

金融租赁公司和财务公司出现下列情况之一的，监管机构可责令其整顿：出现严重支付困难；当年亏损超过注册资本30%或连续3年亏损超过注册资本10%；严重违反国家有关法律或者规章。监管机构责令整顿后，可对金融租赁公司或财务公司采取下列措施：责令暂停部分业务、停止批准开办新业务；限制分配红利和其他收入；限制资产转让；责令控股股东转让股权或者限制有关股东的权利；责令调整董事、高级管理人员或者限制其权利；停止批准增设分支机构。整顿时间最长不超过1年。公司经过整顿，恢复了支付能力，亏损得到弥补，纠正了违法违规行为，可恢复正常营业。

金融租赁公司或财务公司已经或者可能发生信用危机，严重影响存款人利益和金融秩序的稳定时，监管机构可对其实行接管或者促成机构重组，采取必要的措施以恢复财务公司的正常经营能力。被接管的财务公司的债权债务关系不因接管而变化。

金融租赁公司或财务公司因被解散或者被撤销而终止。导致解散的情形包括：(1) 组建金融租赁公司的发起人解散或组建财务公司的企业集团解散，不能实现合并或者改组；(2) 章程中规定的解散事由出现；(3) 股东会议决定解散；(4) 公司已经分立或被合并。如有违法经营、经营管理不善等情形，不予撤销将严重危害金融秩序、损害公共利益的，中国银监会有权予以撤销。公司被解散或撤销后，应依法成立清算组，按照法定程序进行清算。

第六节　涉外金融机构法律制度

一、涉外金融机构法律制度概述

涉外金融机构是指依法设立的、其资本构成具有涉外因素的金融机构。我国涉外金融机构可以分为三类：(1) 外资金融机构，是指外国银行或非银行金融机构全部或部分在中国境内设立的银行或非银行金融机构，包括外资独资金融机构和合资金融机构。(2) 外国金融机构代表机构，是指外国银行或非银行金融机构在中国依法设立的从事咨询、联络、市场调查等非经营性活动的派出机构。(3) 境外金融机构，是指在中国境外从事金融业务的我国境内的银行或非

银行金融机构以及境外中资金融机构。

1979年首家外国金融机构——日本东京银行在我国设立代表处。截至2009年底,共有46个国家和地区的194家银行在华设立229家代表处,13个国家和地区的外国银行在华设立33家外商独资银行(下设分行199家)、2家合资银行(下设分行6家,附属机构1家)、2家外商独资财务公司,24个国家和地区的71家外国银行在华设立95家分行。获准经营人民币业务的外国银行分行为49家、外资法人银行为32家,获准从事金融衍生产品交易业务的外资银行机构为54家。[①] 另外,还有众多的涉外非银行金融机构。

在涉外金融业务日益频繁的同时,我国也加强了对涉外金融机构的立法活动。除了《中国人民银行法》、《商业银行法》、《银行业监督管理法》所涉及的相关规定以外,还包括以下法律法规:1997年中国人民银行发布的《外资金融机构中、高级管理人员任职资格暂行规定》、《外资金融机构管理条例》(2002年2月1日起施行)、《外资金融机构驻华代表机构管理办法》(2002年7月18日起施行)、《境外金融机构投资入股中资金融机构管理办法》(2003年12月31日起施行),以及《外资金融机构行政许可事项实施办法》(2006年2月1日起施行)等。

二、外资金融机构法律制度

(一)外资金融机构的种类

根据《外资金融机构管理条例》,外资金融机构是依照我国有关法律、法规的规定,经批准在中国境内设立和营业的下列金融机构:(1)总行在中国境内的外国资本的银行(简称独资银行);(2)外国银行在中国境内的分行(简称外国银行分行);(3)外国的金融机构同中国的公司、企业在中国境内合资经营的银行(简称合资银行);(4)总公司在中国境内的外国资本的财务公司(简称独资财务公司);(5)外国的金融机构同中国的公司、企业在中国境内合资经营的财务公司(简称合资财务公司)。

(二)外资金融机构的设立、变更与终止

1. 外资金融机构的设立

根据《外资金融机构管理条例》,独资银行、合资银行的注册资本最低限额为3亿元人民币等值的自由兑换货币。独资财务公司、合资财务公司的注册资本最低限额为2亿元人民币等值的自由兑换货币。注册资本应当是实缴资本。外国银行分行应当由其总行无偿拨给不少于1亿元人民币等值的自由兑换货币的营运资金。中国人民银行根据外资金融机构的业务范围和审慎监管的需要,

① 数据来源:《中国银行业监督管理委员会2009年报》。

可以提高其注册资本或者营运资金的最低限额，并规定其中的人民币份额。

设立独资银行或者独资财务公司，申请人应当具备下列条件：申请人为金融机构；在中国境内已经设立代表机构 2 年以上；提出设立申请前 1 年年末总资产不少于 100 亿美元；申请人所在国家或者地区有完善的金融监督管理制度，并且受到所在国家或者地区有关主管当局的有效监管；申请人所在国家或者地区有关主管当局同意其申请；中国人民银行规定的其他审慎性条件。

设立外国银行分行，申请人应当具备下列条件：在中国境内已经设立代表机构 2 年以上；提出设立申请前 1 年年末总资产不少于 200 亿美元，并且资本充足率不低于 8%；申请人所在国家或者地区有完善的金融监督管理制度，并且申请人受到所在国家或者地区有关主管当局的有效监管；申请人所在国家或者地区有关主管当局同意其申请；中国人民银行规定的其他审慎性条件。

设立合资银行或者合资财务公司，申请人应当具备下列条件：外国合资者为金融机构；外国合资者在中国境内已经设立代表机构；外国合资者提出设立申请前 1 年年末总资产不少于 100 亿美元；外国合资者所在国家或者地区有完善的金融监督管理制度，并且外国合资者受到所在国家或者地区有关主管当局的有效监管；外国合资者所在国家或者地区有关主管当局同意其申请；中国人民银行规定的其他审慎性条件。

2. 外资金融机构的变更

外资金融机构有下列情况之一的，须经中国人民银行批准，并依法向工商行政管理机关办理有关登记：设立分支机构；调整、转让注册资本，追加、减少营运资金；变更机构名称或者营业场所；调整业务范围；变更持有资本总额或者股份总额 10% 以上的股东；修改章程；更换高级管理人员；中国人民银行规定的其他情况。

3. 外资金融机构的解散、清算与终止

外资金融机构自行终止业务活动，应当在距终止业务活动 30 日前以书面形式向中国人民银行提出申请，经中国人民银行审查批准后予以解散并进行清算。外资金融机构无力清偿到期债务的，中国人民银行可以责令其停业，限期清理。在清理期限内，已恢复偿付能力、需要复业的，必须向中国人民银行提出复业申请；超过清理期限，仍未恢复偿付能力的，应当进行清算。外资金融机构因解散、依法被撤销或者宣告破产而终止的，其清算的具体事宜，参照中国有关法律、法规的规定办理。外资金融机构清算终结，应当在法定期限内向原登记机关办理注销登记。

（三）外资金融机构的业务范围

根据《外资金融机构管理条例》，外资金融机构可以经营下列业务：

(1) 独资银行、外国银行分行、合资银行按照中国人民银行批准的业务范围,可以部分或者全部依法经营下列种类的业务:吸收公众存款;发放短期、中期和长期贷款;办理票据承兑与贴现;买卖政府债券、金融债券,买卖股票以外的其他外币有价证券;提供信用证服务及担保;办理国内外结算;买卖、代理买卖外汇;从事外币兑换;从事同业拆借;从事银行卡业务;提供保管箱服务;提供资信调查和咨询服务;经中国人民银行批准的其他业务。

(2) 独资财务公司、合资财务公司按照中国人民银行批准的业务范围,可以部分或者全部依法经营下列种类的业务:吸收每笔不少于100万元人民币或者其等值的自由兑换货币,期限不少于3个月的存款;发放短期、中期和长期贷款;办理票据承兑与贴现;买卖政府债券、金融债券,买卖股票以外的其他外币有价证券;提供担保;买卖、代理买卖外汇;从事同业拆借;提供资信调查和咨询服务;提供外汇信托服务;经中国人民银行批准的其他业务。按照入世协议,外资金融机构可以经营的业务范围将越来越广泛。

三、外国金融机构驻华代表机构法律制度

按照《外资金融机构驻华代表机构管理办法》的规定,外资金融机构驻华代表机构包括外国金融机构和在中国境内注册设立的外资金融机构在中国境内设立并从事咨询、联络和市场调查等非经营性活动的代表处、总代表处。

外国金融机构设立代表处,申请人应当具备下列条件:(1) 申请人所在国家或地区有完善的金融监督管理制度;(2) 申请人是由其所在国家或地区金融监管当局批准设立的金融机构,或者是金融性行业协会会员;(3) 申请人经营状况良好,无重大违法违规记录;(4) 中国银监会规定的其他审慎性条件。在中国境内注册的外资金融机构设立代表处,申请人应具备上述(3)、(4)项条件。

在中国境内已设立5个或5个以上分支机构的外国金融机构,可申请设立总代表处。总代表处的申请设立程序及管理与代表处相同。

总代表处总代表以及代表处首席代表的任职资格适用核准制。中国银监会负责核准或取消总代表处总代表、代表处首席代表的任职资格。

申请关闭代表机构,经中国银监会审查批准后,向工商行政管理部门申请注销登记,并到有关部门办理相关手续。代表处经中国银监会批准升格为营业性分支机构或总代表处后,原代表处自行关闭,并向工商行政管理部门申请注销登记。代表处关闭或被中国银监会依法撤销后,凡设有总代表处的,由其总代表处负责未了事宜;总代表处以及没有设立总代表处的代表处关闭或被中国银监会依法撤销后,其未了事宜由其代表的外资金融机构负责处理。

四、境外金融机构法律制度

我国金融机构的海外发展还属于起步阶段,除中国银行有较长的海外经营

历史外，其他金融机构都是在20世纪90年代初才开始迈出国门开展海外业务的，业务的广度和深度都有待大力发展。与此相对应，我国对境外机构的法律也有待完善。目前我国专门针对境外机构监管的法规只有由国务院批准、中国人民银行1990年4月13日颁布的《境外金融机构管理办法》。该办法主要是对在境外设立金融机构制定了各项要求，其中规定提出申请的国内金融机构要有不低于8000万元人民币等值外汇的自有资金，而没有对业务管理作出任何规定，只要求每半年报送一次报表。至于具体的监管操作，目前在机构审批时主要考察申请银行的资金实力及从事外汇业务的能力；在设立地的选择上主要考虑当地的监管体系是否完善，是否有发达的金融市场，业务发展效益如何等。在业务经营方面，目前不要求境外金融机构缴存存款准备金，基本不限制业务范围，允许其经营当地法规许可的一切金融业务；除每年报送两套报表外，尚未进行过现场检查，风险监管目前还没有对境外机构单独实施。

思考题

1. 简述银行法的概念及其主要内容。
2. 简述中央银行的法律地位。
3. 简述中国人民银行的法定职能。
4. 简述中央银行货币政策及其主要操作工具。
5. 简述商业银行的概念、性质及其职能。
6. 试述如何完善我国政策性银行法律制度。

第三章　银行业务法律制度

第一节　银行业务法律制度概述

商业银行是银行体系中的主体。西方商业银行业务一般归纳为以下三类：负债业务、资产业务和中间业务。由于各国立法不同，三大业务所包含的具体业务种类不尽相同。

一、我国商业银行法定业务

根据我国《商业银行法》的规定，商业银行可以经营下列部分或者全部业务：吸收公众存款；发放短期、中期和长期贷款；办理国内外结算；办理票据承兑与贴现；发行金融债券；代理发行、代理兑付、承销政府债券；买卖政府债券、金融债券；从事同业拆借；买卖、代理买卖外汇；从事银行卡业务；提供信用证服务及担保；代理收付款项及代理保险业务；提供保管箱服务；经国务院银行业监督管理机构批准的其他业务。经营范围由商业银行章程规定，报国务院银行业监督管理机构批准。商业银行经中国人民银行批准，可以经营结汇、售汇业务。

二、我国商业银行业务经营原则

（一）安全性、流动性、效益性原则

商业银行是特殊的企业，其对经济稳定与发展有重要作用，负债经营是其最本质特征之一，其经营目标是利润最大化。这就需要商业银行以安全性、流动性、效益性为经营原则，实行自主经营，自担风险，自负盈亏，自我约束。

（二）商业银行依法开展业务原则

商业银行作为独立的企业法人，依法开展业务，不受任何单位和个人的干涉，并以其全部法人财产独立承担民事责任。同时，商业银行开展业务，应当遵守法律、行政法规的有关规定，不得损害国家利益、社会公共利益，商业银行业务法律规范对违法行为规定了行为人应承担的法律责任。

（三）商业银行与客户之间的平等原则

商业银行与客户的业务往来，应当遵循平等、自愿、公平和诚实信用的原则。

商业银行与客户是平等的民事主体,在业务往来中地位平等且平等地受法律保护。商业银行与客户之间自愿进行有关业务活动,任何一方不得强迫另一方与之发生业务往来。商业银行不得利用其优势地位,向客户苛加不平等条件,使其业务往来有失公允。诚实信用作为一切民事活动的准则,也适用于商业银行与其客户之间。

(四) 商业银行公平竞争原则

商业银行开展业务,应当遵守公平竞争的原则,不得从事不正当竞争。公平竞争可以促进银行业的发展,创造良好的金融环境,从而促进经济的发展。

三、我国商业银行综合经营的发展趋势

在传统分业经营模式下,我国商业银行的经营范围主要局限于传统的存款贷款业务。特别是入世以来,由于外资银行具有综合经营的竞争优势,这使得我国商业银行压力重重,进而迅速推动国内银行业综合经营的改革步伐。

一是开发跨市场、跨行业的交叉金融业务。商业银行开展外汇结构性存款业务,从而实现一项业务横跨外汇市场、银行市场等多个金融市场。2005 年 3 月,中国人民银行会同财政部、银监会发布《信贷资产证券化试点管理办法》,批准部分银行开展信贷资产证券化试点。此外,商业银行与证券公司合作,开展银证转账等业务;商业银行与保险公司合作,代理保险销售业务;商业银行开展企业资信服务、企业理财咨询、重组并购顾问等非银行业务,以及商业银行参与企业年金管理与投资业务等,皆为商业银行跨行业开展的交叉性金融业务。

二是组建银行控股公司,开展综合经营。2005 年 2 月,中国人民银行等多家监管机构联合出台了《商业银行设立基金管理公司试点管理办法》,很快首家“银行系”基金公司工银瑞信基金公司宣布成立。

四、商业银行与客户的法律关系

银行与客户之间主要是平等主体之间的合同关系,它是在自愿基础上通过一系列协议而建立起来的服务关系。与一般意义上的民事合同相比,银行与客户之间的合同关系有其特殊性:第一,合同的标准化。银行与客户之间的合同在形式上往往为标准化的格式合同,表现为由银行印制并提供的文本、单据等书面文件。第二,合同受到双重规范调整。银行与客户之间的合同关系受到各类金融监管法律规范和合同法等民事法律规范的双重调整。具体而言,银行与客户的合同关系不仅要遵守《民法通则》、《合同法》等民事规范,而且还应遵守《商业银行法》、《电子签名法》、《银行卡管理条例》等金融监管规范。第三,合同内容多样化。由于客户的金融需求不同,因此银行与客户的合同法律关系也呈现出多样化。例如,在负债业务中主要是存款合同关系,在资产业务中主要是贷款合

同关系，在中间业务中主要是代理、保管、担保等合同关系。信用卡业务典型地反映了这种多重性、多样性的特点。有关信用卡的法律关系有四种，即信用卡发卡机构与持卡人之间、信用卡发卡机构与担保人之间、信用卡发卡机构与信用卡特约单位之间、特约单位与持卡人之间的法律关系。信用卡发卡机构与持卡人之间通过签订领用信用卡协议，产生储蓄、借贷、结算关系，这是信用卡业务中的基本法律关系；信用卡发卡机构与担保人之间形成担保法律关系；信用卡发卡机构与特约商户之间形成委托代理关系，即特约商户委托信用卡发卡机构代理其与持卡人之间的交易结算；持卡人与特约商户之间的买卖、服务等债权债务关系，通过信用卡消费而转换为银行信用。

《商业银行法》规定了银行与客户交易活动的基本原则，要求商业银行与客户的业务往来，应当遵循平等、自愿、公平和诚实信用的原则。

第二节　银行负债业务法律制度

商业银行的负债是指商业银行所承担的能以货币计量、需在未来一定时间内偿付的债务。商业银行负债业务是构成商业银行资金来源的业务，主要包括吸收公众存款和借入款。[①] 负债业务形成信贷资金来源，是商业银行的经营之本。我国《商业银行法》规定的负债业务主要包括：吸收公众存款、发行金融债券、从事同业拆借（拆入）。

一、吸收公众存款业务

存款是商业银行等具有存款业务经营资格的金融机构接受客户存入资金，并在存款人支取存款时支付存款本息的一种信用业务。[②] 它是商业银行最主要、最基本的负债业务。存款不同于同业存放，同业存放是一金融机构在另一金融机构的存款行为，接收同业存放的金融机构向对方出具相应的存款凭证。[③]

存款人与商业银行之间的存款关系是通过存款合同确定的。存款关系是一种债权债务关系。存款人是债权人，接受存款的银行是债务人。在我国，存款合同包括储蓄存款合同和单位存款合同。存款合同不仅需要当事人意思表示一致，而且需要存款人向商业银行等机构实际交付资金，商业银行等机构出具了存折、存单、凭证或其他存款证明，存款合同才能成立。可见，存款合同以资金交付为成立要件，所以存款合同为实践性合同。

---

① 借入款包括发行金融债券、同业拆入资金、向中央银行贷款、再贴现、境外借债等。
② 朱大旗：《金融法》，中国人民大学出版社 2000 年版，第 190 页。
③ 吴志攀主编：《金融法》，中国人民大学出版社 2001 年版，第 81—82 页。

我国规范存款业务的法律规范主要有:《中国人民银行法》、《商业银行法》、《银行业监督管理法》、《储蓄管理条例》(1992 年 12 月 11 日发布,1993 年 3 月 1 日起实行)、《个人存款账户实名制规定》(2000 年 4 月 1 日起施行)等行政法规,以及《人民币单位存款管理办法》(中国人民银行 1997 年 11 月 15 日发布并执行)、《人民币利率管理规定》(中国人民银行 1999 年 3 月 2 日发布,1999 年 4 月 1 日起实行)、《通知存款管理办法》(中国人民银行 1999 年 1 月 3 日发布并生效)等中国人民银行和银监会等施行的行政规章和规范性文件。

(一) 存款的分类

存款根据不同标准可以有不同的分类:

(1) 按存款主体的不同,分为单位存款和储蓄存款。单位存款是指企业、事业、机关、部队和社会团体等单位在金融机构办理的人民币存款,包括定期存款、活期存款、通知存款、协定存款及经中国人民银行批准的其他存款。储蓄存款是指个人将属于其所有的人民币或者外币存入储蓄机构,储蓄机构开具存折或者存单作为凭证的存款。

(2) 按存款币种的不同,分为本币存款(人民币存款)和外币存款。只有特准办理外汇业务的银行或其他金融机构才可办理外币存款。经外汇管理部门批准,商业银行可以办理下列外币储蓄业务:活期储蓄存款;整存整取定期储蓄存款;经中国人民银行批准开办的其他种类的外币储蓄存款。办理外币储蓄业务,存款本金和利息应当用外币支付。

(3) 按存款期限和提取方式不同,分为活期存款、定期存款、定活两便存款和通知存款。活期存款是存款人可以随时支取的存款。定期存款是存款期限、到期或按期支付本金和利息的存款。定活两便存款是介于活期存款和定期存款之间的一种存款,可以随时支取,同时也可以获得相当的利息。通知存款,是指存款人在存入款项时不约定存期,支取时需提前通知金融机构,约定支取存款日期和金额方能支取的存款。商业银行办理定期储蓄存款时,根据储户的意愿,可以同时为储户办理定期储蓄存款到期自动转存业务。

此外,还有一些特殊性质的存款,如财政存款等。财政存款,是指国家财政在集中分配国民收入过程中,其中待分配、待使用部分和结余部分存入商业银行的存款以及财政拨付款项后所形成的存款的总称。

(二) 经营存款业务的基本监管规则

1. 经营存款业务特许制

《商业银行法》规定,未经国务院银行业监督管理机构批准,任何单位和个人不得从事吸收公众存款等商业银行业务,任何单位不得在名称中使用“银行”字样。也就是说,我国对吸收公众存款业务实行特许经营制,必须先经银监会批准。

2. 存款机构依法缴存存款准备金，留足备付金

商业银行应当按照中国人民银行的规定，向中国人民银行交存存款准备金，留足备付金。存款准备金是限制金融机构贷款扩张和保证客户提取存款和资金需要而准备的资金，此部分资金是对社会公众的负债。超额准备金（备付金）是法定存款准备金超过5%的部分及金融机构分支机构存放所在地人民银行的资金，此部分资金用于银行间及银行与客户间日常的支付清算。[①] 1998年3月，中国人民银行发布的《关于改革存款准备金制度的通知》规定：将金融机构代理人民银行财政性存款中的机关团体存款、财政预算外存款，划为金融机构的一般存款。金融机构按规定比例将一般存款的一部分作为法定存款准备金存入人民银行。将现行各金融机构在人民银行的“缴来一般存款”和“备付金存款”两个账户合并，称为“准备金存款”账户。准备金存款账户超额部分的总量及分布由各金融机构自行确定。中央银行透过调整存款准备金率，可以影响金融机构的信贷扩张能力，从而间接调控货币供应量。2007年以来，由于流动性过剩等诸多矛盾的存在，国内经济系统中流动性过剩问题日益突出。为了抑制过快的流支性，截至2011年2月，中国人民银行将法定存款准备金率连续上调至19%。

3. 依法确定并公告存款利率

利率的调整由中国人民银行作出决定，报国务院批准后执行，商业银行则按照中国人民银行规定的存款利率的上下限，确定存款利率，公告后实行。2004年10月29日，中国人民银行决定调整利率，其中，允许人民币存款利率下浮，即所有存款类金融机构对其吸收的人民币存款利率，可在不超过各档次存款基准利率的范围内浮动。存款利率不能上浮。

4. 财政性存款由中国人民银行专营

财政性存款和存款准备金由中国人民银行专营，任何金融机构不得占用财政性存款。存款机构代理人民银行吸收的除财政性存款中的机关团体存款、财政预算外存款划为金融机构的一般存款外，对吸收的中央预算收入、地方金库存款代理发行国债款项等财政性存款需全额划缴人民银行。

5. 正当吸收存款

商业银行不得违反规定提高或者降低利率，不得采用其他不正当手段吸收存款。商业银行吸收存款，应当遵守法律、行政法规的有关规定，不得损害国家利益、社会公共利益，并且应当遵守公平竞争的原则。

6. 保护存款人利益

《商业银行法》规定了对存款人的保护规则。如商业银行应为存款人保密；除非法律另有规定，商业银行有权拒绝任何单位或者个人冻结、扣划存款人的存

---

① 吴志攀主编：《金融法》，中国人民大学出版社2001年版，第86页。

款;商业银行应当保证存款本金和利息的支付,不得拖延、拒绝支付存款本金和利息;对损害存款人利益的行为,规定了商业银行应承担的法律责任等。

(三)个人储蓄存款法律制度

根据《储蓄管理条例》的规定,储蓄是指个人将属于其所有的人民币或者外币存入储蓄机构,储蓄机构开具存折或者存单作为凭证,个人凭存折或者存单可以支取存款本金和利息,储蓄机构依照规定支付存款本金和利息的活动。在我国可以办理储蓄存款业务的储蓄机构是指经中国人民银行或其分支机构批准,各银行、信用合作社办理储蓄业务的机构,以及邮政企业依法办理储蓄业务的机构。任何单位和个人不得将公款以个人名义转为储蓄存款。

1. 个人储蓄存款的基本原则

根据《商业银行法》的规定,商业银行办理个人储蓄存款业务,应当遵循存款自愿、取款自由、存款有息、为存款人保密的原则。存款自愿是指存款人自愿与商业银行发生存款关系,不受任何干涉。取款自由是指存款人要求支取存款时,只要符合法律规定和双方约定,商业银行应当保证存款本金和利息的支付,不得拖延、拒绝支付存款本金和利息。存款有息是指商业银行应当按照依法确定并公告的存款利率、存款的种类和期限、法律规定的计息方法,向存款人计付利息。为存款人保密原则是指商业银行对存款人与存款相关的信息和资料,负有保密的义务,不得泄露。商业银行有权拒绝任何单位或者个人查询、冻结、扣划,但法律另有规定的除外。

2000 年 4 月 1 日起,国务院《个人存款账户实名制规定》正式施行。所谓存款账户实名制,即个人在金融机构开立个人存款账户时,应当出示本人身份证件,使用实名;代理他人在金融机构开立个人存款账户的,代理人应当出示被代理人和代理人的身份证件。采取个人存款账户实名制,有利于强化资金管理,防止公款私存、洗钱等违法犯罪行为。对加强税收征收管理、完善个人信用制度,以及促进金融机构开展多种个人金融服务,均具有积极作用。

2. 个人储蓄存款的基本规定

(1) 储蓄存款利率和计息

储蓄存款利率由中国人民银行拟订,经国务院批准后公布,或者由国务院授权中国人民银行制定、公布。储蓄机构必须挂牌公告储蓄存款利率,不得擅自变动。

未到期的定期储蓄存款,全部提前支取的,按支取日挂牌公告的活期储蓄存款利率计付利息;部分提前支取的,提前支取的部分按支取日挂牌公告的活期储蓄存款利率计付利息,其余部分到期时按存单开户日挂牌公告的定期储蓄存款利率计付利息。逾期支取的定期储蓄存款,其超过原定存期的部分,除约定自动转存的外,按支取日挂牌公告的活期储蓄存款利率计付利息。定期储蓄存款在存期内遇有利率调整,按存单开户日挂牌公告的相应的定期储蓄存款利率计付利息。活期储蓄存款在存入期间遇有利率调整,按结息日挂牌公告的活期储蓄存款利率计付利息。全部支取活期储蓄存款,按清户日挂牌公告的活期储蓄存款利率计付利息。储户认为储蓄存款利息支付有错误时,有权向经办的储蓄机构申请复核;经办的储蓄机构应当及时受理、复核。

(2) 提前支取存款

未到期的定期储蓄存款,储户提前支取的,必须持存单和存款人的身份证明办理;代储户支取的,代支取人还必须持其身份证明。

(3) 存款挂失

存单、存折分为记名式和不记名式。记名式的存单、存折可以挂失,不记名式的存单、存折不能挂失。存款人遗失存单、存折或者预留印鉴的印章的,必须立即持本人身份证明,并提供存款人的姓名、开户时间、储蓄种类、金额、账号及住址等有关情况,向其开户的商业银行书面申请挂失。在特殊情况下,存款人可以用口头或者函电形式申请挂失,但必须在5天内补办书面申请挂失手续。商业银行受理挂失后,必须立即停止支付该储蓄存款;受理挂失前该储蓄存款已被他人支取的,储蓄机构不负赔偿责任。

(4) 查询、冻结、扣划储蓄存款

商业银行及其工作人员对储户的储蓄情况负有保密责任。商业银行不代任何单位和个人查询、冻结或者划拨储蓄存款,国家法律、行政法规另有规定的除外。

(5) 存款过户或提取

储蓄存款的所有权发生争议涉及办理过户的,商业银行依据人民法院发生法律效力的判决书、裁定书或者调解书办理过户手续。

根据中国人民银行1993年1月12日发布的《关于执行〈储蓄管理条例〉的若干规定》,存款人死亡后的存款提取、过户手续问题,依据以下规定处理:

存款人死亡后,合法继承人为证明自己的身份和有权提取该项存款,应向当地公证处(尚未设立公证处的地方向县、市人民法院,下同)申请办理继承权证明书,银行凭以办理过户或支付手续。如该项存款的继承权发生争执时,应由人民法院判处。银行凭人民法院的判决书、裁定书或调解书办理过户或支付手续。

在国外的华侨、中国血统外籍人员和港澳同胞在国内银行的存款或委托银行代为保管的存款,原存款人死亡,如其合法继承人在国内者,凭原存款人的死亡证(或其他可以证明存款人确实死亡的证明)向当地公证处申请办理继承权证明书,银行凭以办理存款的过户或支付手续。在我国定居的外侨(包括无国籍者)在我国银行的存款,其存款过户或提取手续,与我国公民存款处理手续相同,应按照上述规定办理。与我国订有双边领事协定的外国侨民应按协定的具体规定办理。

继承人在国外者，可凭原存款人的死亡证明和经我驻在该国使、领馆认证的亲属证明，向我国公证机关申请办理继承权证明书，银行凭以办理存款的过户或支付手续。继承人所在国如系禁汇国家，按上述规定办理有困难时，可由当地侨团、友好社团和爱国侨领、友好人士提供证明，并由我驻所在国使领馆认证后，向我公安机关申请办理继承权证明书，银行再凭以办理过户或支付手续。继承人所在国如未与我国建交，应根据特殊情况，特殊处理。居住国外的继承人继承在我国内银行的存款，能否汇出国外，应按我国外汇管理条例的有关规定办理。

存款人死亡后，无法定继承人又无遗嘱的，经公证部门的证明，暂按财政部规定：全民所有制企、事业，国家机关，群众团体的职工存款，上缴财政部门入库收归国有。集体所有制企、事业单位的职工，可转归集体所有。此项上缴国库或转归集体所有的存款都不计利息。

由于银行不可能及时掌握存款人的死亡情况，因此，对存款的支付，仍宜按现行储蓄存款章程的规定和习惯的做法，即凭存款存单、存折付款（留有印鉴的须验对图章），对定期存款提前支取者，须查看取款人的身份证明。如存款人死亡后，在其合法继承人主张权利以前，存款已被人取走，银行不负责任。

（四）单位存款法律制度

根据《人民币单位存款管理办法》，单位存款是指企业、事业、机关、部队和社会团体等单位在金融机构办理的人民币存款，包括定期存款、活期存款、通知存款、协定存款及经中国人民银行批准的其他存款。

1. 单位存款的基本原则

为严格货币资金管理，维护财经制度，严格单位财务管理制度，加强税收征管，防范利用银行结算账户进行套取现金、逃废债务、洗钱等违法犯罪活动，企事业单位和商业银行在从事单位存款业务中须遵循以下原则：

（1）强制存入原则

各开户单位必须将其所有或持有的超过核定库存现金限额的现金存入银行，不得自行保存。开户单位现金收入应当于当日送存开户银行。当日送存确有困难的，由开户银行确定送存时间；开户单位支付现金，可以从本单位库存现金限额中支付或者从开户银行提取，不得从本单位的现金收入中直接支付（即坐支）。

（2）限制支出原则

单位存款的使用除在规定范围内可以支取现金外，应当通过开户银行进行转账结算。

（3）禁止公款私存、私款公存原则

任何单位和个人不得将公款以个人名义转为储蓄存款。任何个人不得将私款以单位名义存入金融机构;任何单位不得将个人或其他单位的款项以本单位名义存入金融机构。

(4) 监督使用原则

商业银行对单位存款人的资金使用有权监督,对违反有关规定的存款使用的存款单位,可给予制裁。

2. 单位存款的基本规则

(1) 单位定期存款及计息

金融机构对单位定期存款实行账户管理(大额可转让定期存款除外)。存款时单位须提交开户申请书、营业执照正本等,并预留印鉴。印鉴应包括单位财务专用章、单位法定代表人章(或主要负责人印章)和财会人员章。由接受存款的金融机构给存款单位开出"单位定期存款开户证实书"(以下简称"证实书"),证实书仅对存款单位开户证实,不得作为质押的权利凭证。单位定期存款的期限分三个月、半年、一年三个档次。起存金额1万元,多存不限。

存款单位支取定期存款只能以转账方式将存款转入其基本存款账户,不得将定期存款用于结算或从定期存款账户中提取现金。支取定期存款时,须出具证实书并提供预留印鉴,存款所在金融机构审核无误后为其办理支取手续,同时收回证实书。单位定期存款在存期内按存款存入日挂牌公告的定期存款利率计付利息,遇利率调整,不分段计息。单位定期存款可以全部或部分提前支取,但只能提前支取一次。全部提前支取的,按支取日挂牌公告的活期存款利率计息;部分提前支取的,提前支取的部分按支取日挂牌公告的活期存款利率计息,其余部分如不低于起存金额由金融机构按原存期开具新的证实书,按原存款开户日挂牌公告的同档次定期存款利率计息;不足起存金额则予以清户。单位定期存款到期不取,逾期部分按支取日挂牌公告的活期存款利率计付利息。金融机构办理大额可转让定期存单业务按照《大额可转让定期存单管理办法》执行。

(2) 单位活期存款、通知存款、协定存款及计息

金融机构对单位活期存款实行账户管理。单位活期存款按结息日挂牌公告的活期存款利率计息,遇利率调整不分段计息。

金融机构开办单位通知存款须经中国人民银行批准,并遵守经中国人民银行核准的通知存款章程。通知存款按支取日挂牌公告的同期同档次通知存款利息计息。

金融机构开办协定存款须经中国人民银行批准,并遵守经人民银行核准的协定存款章程。协定存款利率由中国人民银行确定并公布。

(3) 单位存款的变更、挂失及保密

因存款单位人事变动,需要更换单位法定代表人章(或单位负责人章)或财会人员印章时,必须持单位公函及经办人身份证件向存款所在金融机构办理更

换印鉴手续,如为单位定期存款,应同时出示金融机构为其开具的证实书。因存款单位机构合并或分立,其定期存款需要过户或分户,必须持原单位公函、工商部门的变更、注销或设立登记证明及新印鉴(分户时还须提供双方同意的存款分户协定)等有关证件向存款所在金融机构办理过户或分户手续,由金融机构换发新证实书。存款单位迁移时,其定期存款如未到期转移,应办理提前支取手续,按支取日挂牌公布的活期利率一次性结清。

存款单位的密码失密或印鉴遗失、损毁,必须持单位公函,向存款所在金融机构申请挂失。金融机构受理挂失后,挂失生效。如存款在挂失生效前已被人按规定手续支取,金融机构不负赔偿责任。

金融机构应对存款单位的存款保密,有权拒绝除法律、行政法规另有规定以外的任何单位或个人查询;有权拒绝除法律另有规定以外的任何单位冻结、扣划。

二、发行金融债券业务

金融债券是指各类金融机构为了筹集信贷资金,按照法律规定的条件和程序向社会公开发行的,约定在一定时期内还本付息的有价证券。[①] 我国四大商业银行从 1982 年起就开始发行金融债券,但由于种种原因,从 1992 年起金融债的发行被叫停。1994 年,政府把四大商业银行的政策性贷款业务剥离出来成立了三家政策性银行,开始向商业性金融机构发行以财政担保为主要特征的长期政策性金融债。但从严格意义上说,这类金融债应属于政府债券,不应列入资本性金融债券的范畴。特种金融债券是指由中国人民银行批准发行的,专门用于清偿证券回购债务的有价证券,作为特定历史时期的产物,存续了较短的时间(1996—1997 年)。

目前,我国商业银行可以发行的金融债券包括普通金融债券和次级债券。商业银行发行普通金融债券适用一般公司债券的发行规则,由中国人民银行核准。

商业银行次级债券是指商业银行发行的,本金和利息的清偿顺序列于商业银行其他负债之后、先于商业银行股权资本的债券。2003 年 12 月,中国银监会发布《关于将次级定期债务计入附属资本的通知》,允许符合条件的次级债务计入商业银行资本,即商业银行可通过发行次级债补充附属资本,缓解中国商业银行资本先天不足、资本补充渠道单一的状况。为了规范商业银行发行次级债券行为,维护投资者合法权益,促进商业银行资产负债结构的改善和自我发展能力的提高,2004 年 6 月,中国人民银行和中国银监会共同发布《商业银行次级债券

---

① 吴志攀主编:《金融法》,中国人民大学出版社 2001 年版,第 168 页。

发行管理办法》。商业银行发行次级债券由中国人民银行与银监会共同批准。其中，中国银监会负责对商业银行发行次级债券资格进行审查，并对次级债券计入附属资本的方式进行监督管理；中国人民银行对次级债券在银行间债券市场的发行和交易进行监督管理。

在2008年全球金融危机的背景下，商业银行相互持有次级债券的现状受到了监管机构的严重关注。2009年10月21日，银监会正式公布《关于完善商业银行资本补充机制的通知》（下称《通知》），明确规定将以"新老划断"方式处理存量互持次级债，即对于2009年7月1日以后银行持有的其他银行长期次级债务，将从该通知下发之日起进行全额扣减。《通知》出台后有关大型商业银行将不能以向其他银行发行次级债的"便捷方式"补充资本，而要更多引入保险公司之类的机构投资者，融资成本会有所上升，或需要采取其他资本补充方式。

三、从事同业拆借（拆入）业务

根据1990年3月8日中国人民银行发布的《同业拆借管理试行办法》，同业拆借是银行、非银行金融机构之间相互融通短期资金的行为。拆入资金也是商业银行的负债。2007年，该办法进行了大幅度修订，新的《同业拆借管理办法》设立了统一的全国性同业拆借网络系统，明确禁止金融机构的网下拆借行为。

根据同业拆借的区域不同，同业拆借可分为同城同业拆借和跨地区同业拆借。同城金融机构之间的拆借要同票据清算相结合，参加金融市场资金拆借活动的会员，因票据清算发生头寸不足，可由金融市场统一使用会员基金调剂解决。跨地区的同业拆借采取两种形式，一种是委托金融市场办理；另一种是由拆借双方自行联系办理。

根据《商业银行法》的规定，拆入资金用于弥补票据结算、联行汇差头寸的不足和解决临时性周转资金的需要。禁止用拆入资金发入固定资产贷款或者用于投资。其中，7天以内的同业拆借称为头寸拆借，头寸拆借主要是商业银行之间的临时性借款，主要用于调节资金头寸，弥补票据交换的交付差额。4个月以内的同业拆借称为短期拆借，是金融机构利用资金融通中的时间差、空间差、行际差，调剂资金余缺的短期贷款。[①] 须注意的是，2003年修改的《商业银行法》取消了同业拆借"拆借的期限最长不得超过4个月"的规定。

凡经中国人民银行批准，并在工商行政管理机关登记注册的银行和非银行金融机构均可参加同业拆借。人民银行、保险公司、非金融机构和个人不能参加同业拆借活动。同业拆借应坚持自主自愿、平等互利、恪守信用、短期融通的原

① 吴志攀主编：《金融法》，中国人民大学出版社2001年版，第234—235页。

则。参加同业拆借的双方必须签订拆借合同,合同内容包括拆借金额、期限、利率、资金用途和双方的权利、义务等。同业拆借资金的期限和利率高限由中国人民银行总行根据资金供求情况确定和调整,拆借双方可在规定的限度之内,协商确定拆借资金的具体期限和利率。

中国人民银行及其分支机构是同业拆借的主管机关,负责管理、组织、监督和稽核同业拆借活动。

第三节　银行资产业务法律制度

商业银行资产业务是商业银行运用资金以营利的业务。商业银行资产一般包括现金资产、信贷资产、买卖证券资产、国家资产、贴现资产等部分。商业银行以追求利润最大化的经营目标,通过开展资产业务获取利息和投资收益,其在扣除存款储蓄利息和其他各种费用后成为银行利润,因此资产业务是商业银行最主要、最核心的业务。西方商业银行资产业务主要包括:放款业务、票据业务、投资业务。根据《商业银行法》的规定,我国商业银行资产业务包括:发放短期、中期和长期贷款;办理票据贴现;买卖政府债券、金融债券;从事同业拆借(拆出);买卖外汇。同时规定:商业银行在中华人民共和国境内不得从事信托投资和证券经营业务,不得向非自用不动产投资或者向非银行金融机构和企业投资,但国家另有规定的除外。

一、商业银行贷款业务

贷款业务是指金融机构依法把货币资金按约定的利率贷放给客户,并约定期限由客户偿还本息的一种信用活动。[①] 贷款人,是指在中国境内依法设立的经营贷款业务的中资金融机构。借款人,是指从经营贷款业务的中资金融机构取得贷款的法人、其他经济组织、个体工商户和自然人。商业银行贷款,应当与借款人订立书面合同。合同应当约定贷款种类、借款用途、金额、利率、还款期限、还款方式、违约责任和双方认为需要约定的其他事项。

贷款关系是贷款人与借款人之间的债权债务关系。贷款之债是合同之债。

我国规范贷款关系的法律规范主要包括《民法通则》、《合同法》、《中国人民银行法》、《商业银行法》、《银行业监督管理法》、《担保法》等。此外,中国人民银行及银监会还出台了《贷款通则》(中国人民银行 1996 年 6 月 28 日发布,1996 年 8 月 1 日起实行)、《银团贷款业务指引》(中国人民银行 2007 年 8 月 11 日发布并施行)等大量金融监管的规章和规范性文件。

---

① 朱大旗:《金融法》,中国人民大学出版社 2000 年版,第 197—198 页。

（一）贷款的分类

（1）按贷款期限的长短可分为：短期贷款、中期贷款和长期贷款。

短期贷款，是指贷款期限在1年以内的贷款。中期贷款，是指贷款期限在5年以下超过1年的贷款。长期贷款，是指贷款期限超过5年的贷款。

（2）按贷款人对贷款风险承担的不同可分为：自营贷款、委托贷款和特定贷款。

自营贷款，是指贷款人以合法方式筹集的资金自主发放的贷款，其风险由贷款人承担，并由贷款人收回本金和利息。委托贷款是指由政府部门、企事业单位及个人等委托人提供资金，由商业银行（即受托人）根据委托人确定的贷款对象、用途、金额、期限、利率等代为发放、监督使用并协助收回的贷款。商业银行开办委托贷款业务，只收取手续费，不得承担任何形式的贷款风险。特定贷款，是指国务院批准并对贷款可能造成的损失采取相应补救措施后责成国有独资商业银行发放的贷款。

（3）按贷款有无担保可分为：信用贷款和担保贷款。

信用贷款，是指以借款人的信誉发放的贷款。担保贷款，是指保证贷款、抵押贷款、质押贷款。保证贷款，是指按《担保法》规定的保证方式以第三人承诺在借款人不能偿还贷款时，按约定承担一般保证责任或者连带责任而发放的贷款。抵押贷款，是指按《担保法》规定的抵押方式以借款人或第三人的财产作为抵押物发放的贷款。质押贷款，是指按《担保法》规定的质押方式以借款人或第三人的动产或权利作为质物发放的贷款。

（4）按贷款所采用利率的不同可分为：商业贷款和优惠利率贷款。

商业贷款为一般利率贷款。优惠利率贷款，利率低于商业贷款。

（5）按贷款标的物的不同可分为：人民币贷款和外币贷款。

（6）按贷款发放主体的不同可分为：单独贷款、银团贷款和联合贷款。

单独贷款是由一家银行单独向借款人提供的贷款。银团贷款是由获准经营贷款业务的多家银行或非银行金融机构，采用同一贷款协议，按商定的期限和条件向同一借款人提供资金的贷款方式。联合贷款是由若干家银行联合，各自按照应承担的贷款份额向借款人提供的贷款。

（7）按照贷款风险程度不同，贷款可分为正常、关注、次级、可疑和损失五类。

从2004年开始，中国人民银行取消了贷款四级分类制度，全面推行贷款五级分类制度。其中，正常贷款是指借款人能够履行合同，没有足够理由怀疑贷款本息不能按时足额偿还。关注贷款是指尽管借款人目前有能力偿还贷款本息，但存在一些可能对偿还产生不利影响的因素。次级贷款是指借款人的还款能力出现明显问题，完全依靠其正常营业收入无法足额偿还贷款本息，即使执行担保,也可能会造成一定损失。可疑贷款是指借款人无法足额偿还贷款本息,即使执行担保,也肯定要造成较大损失。损失贷款是指在采取所有可能的措施或一切必要的法律程序之后,本息仍然无法收回,或只能收回极少部分。后三类贷款合称为不良贷款。

（二）贷款业务基本法律要求

1．商业银行在国家产业政策指导下开展贷款业务

《商业银行法》规定,商业银行根据国民经济和社会发展的需要,在国家产业政策指导下开展贷款业务。

2．依法、正当、自愿发放贷款

商业银行不得违反规定提高或者降低利率以及采用其他不正当手段,发放贷款。任何单位和个人不得强令商业银行发放贷款或者提供担保。商业银行有权拒绝任何单位和个人强令要求其发放贷款或者提供担保。

3．担保贷款为主,信用担保为辅

商业银行贷款,借款人应当提供担保。商业银行应当对保证人的偿还能力,抵押物、质物的权属和价值以及实现抵押权、质权的可行性进行严格审查。经商业银行审查、评估,确认借款人资信良好,确能偿还贷款的,可以不提供担保。商业银行不得向关系人发放信用贷款;向关系人发放担保贷款的条件不得优于其他借款人同类贷款的条件。关系人是指:(1)商业银行的董事、监事、管理人员、信贷业务人员及其近亲属;(2)前项所列人员投资或者担任高级管理职务的公司、企业和其他经济组织。借款人应当按期归还贷款的本金和利息。借款人到期不归还担保贷款的,商业银行依法享有要求保证人归还贷款本金和利息或者就该担保物优先受偿的权利。商业银行因行使抵押权、质权而取得的不动产或者股权,应当自取得之日起2年内予以处分。借款人到期不归还信用贷款的,应当按照合同约定承担责任。

4．遵守资产负债比例管理规定

商业银行贷款,应当遵守下列资产负债比例管理的规定:(1)资本充足率,即资本总额月末平均余额与加全风险资产月末平均余额的比例,不得低于8%;(2)贷款余额与存款余额的比例不得超过75%;(3)流动性资产余额与流动性负债余额的比例不得低于25%;(4)对同一借款人的贷款余额与商业银行资本余额的比例不得超过10%;(5)国务院银行业监督管理机构对资产负债比例管理的其他规定。

5．严格审查、审贷分离、分级审批

商业银行贷款,应当对借款人的借款用途、偿还能力、还款方式等情况进行严格审查。商业银行贷款,应当实行审贷分离、分级审批的制度。

（三）贷款业务基本规则

1. 贷款期限和利率

贷款期限根据借款人的生产经营周期、还款能力和贷款人的资金供给能力由借贷双方共同商议后确定，并在借款合同中载明。自营贷款期限最长一般不得超过10年，超过10年应当报中国人民银行备案。不能按期归还贷款的，借款人应当在贷款到期日之前，向贷款人申请贷款展期。是否展期由贷款人决定。申请保证贷款、抵押贷款、质押贷款展期的，还应当由保证人、抵押人、出质人出具同意的书面证明。已有约定的，按照约定执行。短期贷款展期期限累计不得超过原贷款期限；中期贷款展期期限累计不得超过原贷款期限的一半；长期贷款展期期限累计不得超过3年。国家另有规定者除外。借款人未申请展期或申请展期未得到批准，其贷款从到期日次日起，转入逾期贷款账户。

中国人民银行制定贷款基准利率和贷款利率浮动区间，有效管理金融机构人民币贷款的利率水平。金融机构应当根据借款人的风险、效益等状况，在贷款利率浮动区间内自主确定贷款利率。2004年以前，中国人民银行是根据企业所有制性质、规模大小分别制定不同的贷款利率浮动区间。但是，该标准明显与公平、公正的市场经济原则相冲突，不利于企业的公平竞争和发展。自2004年1月1日起，中国人民银行决定扩大金融机构贷款利率浮动区间。在中国人民银行制定的贷款基准利率基础上，商业银行、城市信用社贷款利率的浮动区间上限扩大到贷款基准利率的1.7倍，农村信用社贷款利率的浮动区间上限扩大到贷款基准利率的2倍，金融机构贷款利率的浮动区间下限保持为贷款基准利率的0.9倍不变。

贷款人和借款人应当按借款合同和中国人民银行有关计息规定按期计收或交付利息。贷款的展期期限加上原期限达到新的利率期限档次时，从展期之日起，贷款利息按新的期限档次利率计收。逾期贷款按规定计收罚息。

根据国家政策，为了促进某些产业和地区经济的发展，有关部门可以对贷款补贴利息。对有关部门贴息的贷款，承办银行应当自主审查发放，并根据《贷款通则》有关规定严格管理。除国务院决定外，任何单位和个人无权决定停息、减息、缓息和免息。贷款人应当依据国务院决定，按照职责权限范围具体办理停息、减息、缓息和免息。值得注意的是，我国加入WTO后，根据世贸组织《补贴与反补贴措施协议》（简称《协议》）反对和限制专向性补贴原则，我国信贷资金政策中的企业专向性、产业专向性、产品专向性的贴息，可能会构成协议所禁止的专向性补贴，对此，我们一方面要根据世贸组织的规则适当调整有关政策，另一方面，要善于主动引用协议下的权益，利用协议完善对转型经济国家的特殊待遇政策、对基础研究的资助的政策、对贫困地区的援助政策、对发展基础设施和保护环境的资助政策等，完善和调整我国的贴息制度，防止引起贸易争端。

2. 借款人

借款人应当是经工商行政管理机关(或主管机关)核准登记的企(事)业法人、其他经济组织、个体工商户或具有中华人民共和国国籍的具有完全民事行为能力的自然人。

借款人申请贷款,应当具备产品有市场、生产经营有效益、不挤占挪用贷款资金、恪守信用等基本条件,并且应当符合以下要求:有按期还本付息的能力,原应付贷款利息和到期贷款已清偿;没有清偿的,已经做了贷款人认可的偿还计划;除自然人和不需要经工商部门核准登记的事业法人外,应当经过工商部门办理年检手续;已开立基本账户或一般存款账户;除国务院规定外,有限责任公司和股份有限公司对外股本权益性投资累计额未超过其净资产总额的50%;借款人的资产负债率符合贷款人的要求;申请中期、长期贷款的,新建项目的企业法人所有者权益与项目所需总投资的比例不低于国家规定的投资项目的资本金比例。

借款人享有以下权利:可以自主向主办银行或者其他银行的经办机构申请贷款并依条件取得贷款;有权按合同约定提取和使用全部贷款;有权拒绝借款合同以外的附加条件;有权向贷款人的上级和中国人民银行反映、举报有关情况;在征得贷款人同意后,有权向第三人转让债务。

借款人负有以下义务:应当如实提供贷款人要求的资料(法律规定不能提供者除外),应当向贷款人如实提供所有开户行、账号及存贷款余额情况,配合贷款人的调查、审查和检查;应当接受贷款人对其使用信贷资金情况和有关生产经营、财务活动的监督;应当按借款合同约定用途使用贷款;应当按借款合同约定及时清偿贷款本息;将债务全部或部分转让给第三人的,应当取得贷款人的同意;有危及贷款人债权安全情况时,应当及时通知贷款人,同时采取保全措施。

同时,《贷款通则》对借款人规定有如下限制:借款人不得在一个贷款人同一辖区内的两个或两个以上同级分支机构取得贷款。不得向贷款人提供虚假的或者隐瞒重要事实的资产负债表、损益表等。不得用贷款从事股本权益性投资,国家另有规定的除外。不得用贷款在有价证券、期货等方面从事投机经营。除依法取得经营房地产资格的借款人以外,不得用贷款经营房地产业务;依法取得经营房地产资格的借款人,不得用贷款从事房地产投机。不得套取贷款用于借贷牟取非法收入。不得违反国家外汇管理规定使用外币贷款。不得采取欺诈手段骗取贷款。

3. 贷款人

贷款人必须经中国人民银行批准经营贷款业务,持有中国人民银行颁发的《金融机构法人许可证》或《金融机构营业许可证》,并经工商行政管理部门核准登记。

贷款人根据贷款条件和贷款程序自主审查和决定贷款，除国务院批准的特定贷款外，有权拒绝任何单位和个人强令其发放贷款或者提供担保。此外，贷款人还具有以下权利：要求借款人提供与借款有关的资料；根据借款人的条件，决定贷与不贷、贷款金额、期限和利率等；了解借款人的生产经营活动和财务活动；依合同约定从借款人账户上划收贷款本金和利息；借款人未能履行借款合同规定义务的，贷款人有权依合同约定要求借款人提前归还贷款或停止支付借款人尚未使用的贷款；在贷款将受或已受损失时，可依据合同规定，采取使贷款免受损失的措施。

贷款人负有如下义务：应当公布所经营的贷款的种类、期限和利率，并向借款人提供咨询；应当公开贷款审查的资信内容和发放贷款的条件；贷款人应当审议借款人的借款申请，并及时答复贷与不贷。短期贷款答复时间不得超过 1 个月，中期、长期贷款答复时间不得超过 6 个月；国家另有规定者除外；贷款人应当对借款人债务、财务、生产、经营情况保密，但对依法查询者除外。

同时，《贷款通则》对贷款人也作了一些限制性规定：第一，贷款的发放必须严格执行《商业银行法》关于资产负债比例管理以及关于不得向关系人发放信用贷款、向关系人发放担保贷款的条件不得优于其他借款人同类贷款条件的规定。第二，借款人有下列情形之一者，不得对其发放贷款：不具备本通则所规定的借款人资格和条件的；生产、经营或投资国家明文禁止的产品、项目的；违反国家外汇管理规定的；建设项目按国家规定应当报有关部门批准而未取得批准文件的；生产经营或投资项目未取得环境保护部门许可的；在实行承包、租赁、联营、合并（兼并）、合作、分立、产权有偿转让、股份制改造等体制变更过程中，未清偿原有贷款债务、落实原有贷款债务或提供相应担保的；以及有其他严重违法经营行为的，未经中国人民银行批准，不得对自然人发放外币币种的贷款。第三，自营贷款和特定贷款，除按中国人民银行规定计收利息之外，不得收取其他任何费用；委托贷款，除按中国人民银行规定计收手续费之外，不得收取其他任何费用；不得给委托人垫付资金，国家另有规定的除外；严格控制信用贷款，积极推广担保贷款。

4. 贷款程序规则

根据《贷款通则》的规定，贷款包括八个程序：

（1）贷款申请

借款人需要贷款，应当向主办银行或者其他银行的经办机构直接申请。借款人应当填写包括借款金额、借款用途、偿还能力及还款方式等主要内容的《借款申请书》并提供以下资料：借款人及保证人基本情况；财政部门或会计（审计）事务所核准的上年度财务报告，以及申请借款前一期的财务报告；原有不合理占用的贷款的纠正情况；抵押物、质物清单和有处分权人的同意抵押、质押的证明及保证人拟同意保证的有关证明文件；项目建议书和可行性报告；贷款人认为需要提供的其他有关资料。

(2) 对借款人的信用等级评估

应当根据借款人的领导者素质、经济实力、资金结构、履约情况、经营效益和发展前景等因素，评定借款人的信用等级。评级可由贷款人独立进行，内部掌握，也可由有权部门批准的评估机构进行。

(3) 贷款调查

贷款人受理贷款人申请后，应当对借款人的信用等级以及借款的合法性、安全性、盈利性等情况进行调查，核实抵押物、质物、保证人情况，测定贷款的风险度。

(4) 贷款审批

贷款人应当建立审贷分离、分级审批的贷款管理制度。审查人员应当对调查人员提供的资料进行核实、评定，复测贷款风险度，提出意见，按规定权限报批。

(5) 签订借款合同

所有贷款应当由贷款人与借款人签订借款合同。借款合同应当约定借款种类，借款用途、金额、利率，借款期限，还款方式，借、贷双方的权利、义务，违约责任和双方认为需要约定的其他事项。

保证贷款应当由保证人与贷款人签订保证合同，或保证人在借款合同上载明与贷款人协商一致的保证条款，加盖保证人的法人公章，并由保证人的法定代表人或其授权代理人签署姓名。抵押贷款、质押贷款应当由抵押人、出质人与贷款人签订抵押合同、质押合同，需要办理登记的，应依法办理登记。

(6) 贷款发放

贷款人要按借款合同规定按期发放贷款。贷款人不按合同约定按期发放贷款的，应偿还违约金。借款人不按合同约定用款的，应偿付违约金。

(7) 贷后检查

贷款发放后，贷款人应当对借款人执行借款合同情况及借款人的经营情况进行追踪调查和检查。

(8) 贷款归还

借款人应当按照借款合同规定按时足额归还贷款本息。贷款人在短期贷款到期 1 个星期之前、中长期贷款到期 1 个月之前，应当向借款人发送还本付息通知单；借款人应当及时筹备资金，按时还本付息。贷款人对逾期的贷款要及时发出催收通知单，做好逾期贷款本息的催收工作。贷款人对不能按借款合同约定期限归还的贷款，应当按规定加罚利息；对不能归还或者不能落实还本付息事宜的，应当督促归还或者依法起诉。借款人提前归还贷款，应当与贷款人协商。

5. 对不良贷款的监管规则

贷款人应当建立和完善贷款的质量监管制度,对不良贷款进行分类、登记、考核和催收。根据2002年1月1日实施的《贷款风险分类指导原则》规定,不良贷款包括以下三类:次级贷款、可疑贷款、损失贷款。

使用贷款风险分类法对贷款质量进行分类,实际上是判断借款人及时足额归还贷款本息的可能性,考虑的主要因素包括:借款人的还款能力,这是一个综合概念,包括借款人现金流量、财务状况、影响还款能力的非财务因素等;借款人的还款记录;借款人的还款意愿;贷款的担保;贷款偿还的法律责任;银行的信贷管理。对贷款进行分类时,要以评估借款人的还款能力为核心,把借款人的正常营业收入作为贷款的主要还款来源,贷款的担保作为次要还款来源。应将贷款的逾期状况作为一个重要因素考虑。对贷款分类时,不能用客户的信用评级代替对贷款的分类,信用评级只能作为贷款分类的参考因素。如果影响借款人财务状况或贷款偿还的因素发生重大变化,应及时调整对贷款的分类。

商业银行应至少每半年对全部贷款进行一次分类。对不良贷款应严密监控,加大分析和分类的频率,根据贷款的风险状况采取相应的管理措施。

重组贷款是指银行由于借款人财务状况恶化,或无力还款而对借款合同还款条款作出调整的贷款。需要重组的贷款应至少归为次级类。重组后的贷款(简称重组贷款)如果仍然逾期,或借款人仍然无力归还贷款,应至少归为可疑类。对利用企业兼并、重组、分立等形式恶意逃废银行债务的借款人的贷款,至少归为关注类,并应在依法追偿后,按实际偿还能力进行分类。逾期(含展期后)超过一定期限,其应收利息不再计入当期损益的贷款,至少归为次级类。违反国家有关法律和法规发放的贷款应至少归为关注类。

信贷部门负责不良贷款的催收,稽核部门负责对催收情况的检查。未经国务院批准,贷款人不得豁免贷款。除国务院批准外,任何单位和个人不得强令贷款人豁免贷款。

6. 贷款管理责任制规则

(1) 行长(经理、主任)负责制

贷款实行分级经营管理。各级行长应当在授权范围内对贷款的发放和收回负全部责任。行长可以授权副行长或贷款管理部门负责审批贷款,副行长或贷款管理部门负责人应当对行长负责。

贷款人各级机构应当建立有行长或副行长(经理、主任,下同)和有关部门负责人参加的贷款审查委员会(小组),负责贷款的审查。

(2) 审贷分离制

贷款调查评估人员负责贷款调查评估,承担调查失误和评估失准的责任;贷款审查人员负责贷款风险的审查,承担审查失误的责任;贷款发放人员负责贷款的检查和清收，承担检查失误、清收不力的责任。

(3) 建立贷款分级审批制

贷款人应当根据业务量大小、管理水平和贷款风险度确定各级分支机构的审批权限，超过审批权限的贷款，应当报上级审批。各级分支机构应当根据贷款种类、借款人的信用等级和抵押物、质物、保证人等情况确定每一笔贷款的风险度。

(4) 信贷工作岗位责任制

各级贷款管理部门应将贷款管理的每一个环节的管理责任落实到部门、岗位、个人，严格划分各级信贷工作人员的职责。

(5) 驻厂信贷员制度

贷款人对大额借款人建立驻厂信贷员制度。

(6) 离职审计制

贷款管理人员在调离原工作岗位时，应当对其在任职期间和权限内所发放的贷款风险情况进行审计。

7. 贷款债权保全和清偿的管理规则

借款人不得违反法律规定，借兼并、破产或者股份制改造等途径，逃避银行债务，侵吞信贷资金；不得借承包、租赁等途径逃避贷款人的信贷监管以及偿还贷款本息的责任。贷款人有权参与处于兼并、破产或股份制改造等过程中的借款人的债务重组，应当要求借款人落实贷款还本付息事宜。

借款人实行承包、租赁经营，贷款人应当要求其在承包、租赁合同中明确落实原贷款债务的偿还责任。借款人实行股份制改造，贷款人应当要求其重新签订借款合同，明确原贷款债务的清偿责任。对实行整体股份制改造的借款人，应当明确其所欠贷款债务由改造后公司全部承担；对实行部分股份制改造的借款人，应当要求改造后的股份公司按占用借款人的资本金或资产的比例承担原借款人的贷款债务。借款人实行联营，贷款人对联营后组成新的企业法人的借款人，应当要求其依据所占用的资本金或资产的比例将贷款债务落实到新的企业法人。借款人实行合并（兼并），贷款人应当要求其在合并（兼并）前清偿贷款债务或提供相应的担保。借款人不清偿贷款债务或未提供相应担保，贷款人应当要求合并（兼并）企业或合并后新成立的企业承担归还原借款人贷款的义务，并与之重新签订有关合同或协议。借款人与外商合资（合作），贷款人应当要求其继续承担合资（合作）前的贷款归还责任，并要求其将所得收益优先归还贷款。借款人用已作为贷款抵押、质押的财产与外商合资（合作）时必须征求贷款人同意。借款人分立，贷款人应当要求其在分立前清偿贷款债务或提供相应的担保。借款人不清偿贷款债务或未提供相应担保，贷款人应当要求分立后的各企业，按照分立时所占资本或资产比例或协议，对原借款人所欠贷款承担清偿责任。对设立子公司的借款人,应当要求其子公司按所得资本或资产的比例承担和偿还母公司相应的贷款债务。借款人产权有偿转让或申请解散,贷款人应当要求其在产权转让或解散前必须落实贷款债务的清偿。贷款人应当按照有关法律参与借款人破产财产的认定与债权债务的处置,对于破产借款人已设定财产抵押、质押或其他担保的贷款债权,贷款人依法享有优先受偿权;无财产担保的贷款债权按法定程序和比例受偿。

8. 贷款管理特别规定

(1) 贷款主办行制度

1996 年 6 月 29 日,中国人民银行发布《主办银行管理暂行办法》(1996 年 7 月 1 日起施行),规范主办行与企业之间的金融服务关系。借款人应按中国人民银行的规定与其开立基本账户的贷款人建立贷款主办行关系。主办银行是指为企业提供信贷、结算、现金收付、信息咨询等金融服务,并与其建立较为稳定的合作关系,签有《银行合作协议》的商业银行。借款人发生企业分立、股份制改造、重大项目建设等涉及信贷资金使用和安全的重大经济活动,事先应当征求主办行的意见。一个借款人只能有一个贷款主办行,主办行应当随基本账户的变更而变更。主办行不包资金,但应当按规定有计划地对借款人提供贷款,为借款人提供必要的信息咨询、代理等金融服务。

(2) 银团贷款规则

1997 年 10 月,人民银行颁布了《银团贷款管理暂行办法》,明确规定银团贷款是由获准经营贷款业务的多家银行或非银行金融机构,采用同一贷款协议,按商定的期限和条件向同一借款人提供资金的贷款方式。银团贷款的参加者为境内中资银行和非银行金融机构。银团贷款应当确定一个贷款人为牵头行,并签订银团贷款协议,明确各贷款人的权利和义务,共同评审贷款项目。牵头行应当按协议确定的比例监督贷款的偿还。我国第一笔人民币银团贷款是在 1986 年,中国农业银行、中国工商银行及 12 家信用社为江麓机械厂提供 438 万元人民币。随着我国加入世界贸易组织和金融市场化步伐的加快,我国银团贷款业务有一定发展,但银团贷款在全国每年新增贷款中的占比仍然较低。

2007 年,银监会发布了新的《银团贷款业务指引》(以下简称《指引》),大幅度放宽了对银团贷款业务的限制性规定。具体表现为:第一,将银团贷款的业务范围从"提供资金"扩大到"向借款人提供本外币贷款或授信业务",为银团贷款业务创新留下空间。第二,放宽银团贷款的业务对象,银团贷款不仅可以是国有大中型企业、企业集团和列入国家计划的重点项目,还可以是任何"大型集团客户和大型项目的融资",或符合"单一企业融资总额超过贷款行资本金余额 10%,或单一集团客户授信总额超过贷款行资本金余额 15%"等条件的客户。第三,明确银团贷款成员的转让权限,放开银团贷款二级市场。《指引》允许银团贷款成员在依法合规的基础上进行银团贷款转让，以促进银团贷款二级市场的发展，同时规定银团贷款协议中"约定必须经借款人同意的，应事先征得借款人同意"，以维护借款人利益。第四，删除禁止收费规则和强制担保规则。《指引》删除了"银团贷款不得向借款人收取其他任何费用"的禁止性规定，明确银团贷款收费应由借款人与银团成员行自愿协商确定，并由借款人支付。《指引》还删除了"银团贷款必须实行担保"的规定。第五，完善银团贷款成员职责、贷款评审方式等制度。《指引》用较大篇幅规定了银团成员行的职责、权利、义务及违约条款。《指引》还明确了贷款评审方式，鼓励牵头行可聘请外部中介机构如会计师事务所、资产评估事务所、律师事务所及相关技术专家出具评审意见。同时，《指引》明确规定了牵头行的贷款份额和分销份额。即单家银行担任牵头行时承贷份额原则上不低于银团总额的20%，分销给其他银团成员的份额原则上不低于50%。

（3）其他管理规定

非银行金融机构贷款的种类、对象、范围，应当符合中国人民银行规定。贷款人发放异地贷款，应当报中国人民银行当地分支机构备案。信贷资金不得用于财政支出。各级行政部门和企事业单位、供销合作社等合作经济组织、农村合作基金会和其他基金会，不得经营贷款等金融业务。企业之间不得违反国家规定办理借贷或者变相借贷融资业务。

二、商业银行票据贴现业务

票据贴现相当于发放贷款，是贷款人以购买借款人未到期商业票据的方式发放的贷款。具体是指商业汇票的持票人在汇票到期日前，为了取得资金，贴付一定利息将票据权利转让给金融机构的票据行为，是金融机构向持票人融通资金的一种方式。票据贴现的程序为：申请贴现、审查核准、委托收款、到期付款、划回票款。

转贴现是指金融机构为了取得资金，将未到期的已贴现商业汇票再以贴现方式向另一金融机构转让的票据行为，是金融机构间融通资金的一种方式。申请贴现的银行称为贴现银行，转贴现接受银行称为转贴现银行。转贴现的程序包括：转贴现的申请、转贴现的办理、转贴现资金的收回。

贴现与转贴现是商业银行的资产业务。贴现人、转贴现人应将贴现、转贴现纳入其信贷总量，并在存贷比例内考核。贴现、转贴现的期限，最长不超过6个月。商业银行应当运用贴现、转贴现方式增加票据资产，调整信贷结构。

再贴现是指金融机构为了取得资金，将未到期的已贴现商业汇票再以贴现方式向中国人民银行转让的票据行为，是中央银行的一种货币政策工具。再贴现是商业银行的负债业务。再贴现的期限，最长不超过4个月。再贴现的程序包括:再贴现的申请、再贴现的办理、再贴现的收回。

贴现、转贴现、再贴现的商业汇票,应以真实、合法的商品交易为基础。贴现、转贴现、再贴现应当遵循平等、自愿、公平和诚实信用的原则。再贴现应当有利于实现货币政策目标。再贴现利率由中国人民银行制定、发布与调整。贴现利率采取在再贴现利率基础上加百分点的方式生成,加点幅度由中国人民银行确定。转贴现利率由交易双方自主商定。

为防范商业汇票业务风险,有关金融机构要健全商业汇票贴现、转贴现、再贴现的申请、审查、审批制度,依法进行业务操作。办理商业汇票贴现、转贴现、再贴现业务的金融机构,须健全有关业务统计和原始凭证档案管理制度,并按规定向其上级行和中国人民银行或其分支机构报送有关业务统计数据。

第四节 银行中间业务法律制度

中间业务是指不构成商业银行表内资产、表内负债,形成银行非利息收入的业务。也即商业银行不需动用自己的资金,替客户办理收付、进行担保或其他委托事项,而收取手续费的各项业务。

我国规范银行中间业务的法律规范主要包括《银行业监督管理法》、《商业银行法》、《票据法》等法律,以及《商业银行中间业务暂行规定》(中国人民银行2001年6月21日发布并实施)、《支付结算办法》(中国人民银行1997年9月19日发布,1997年12月1日起施行)、《银行卡业务管理办法》(中国人民银行1999年1月27日发布,1999年3月1日起施行)、《商业银行个人理财业务管理暂行办法》(中国银监会2005年9月24日发布,自2005年11月1日起施行)、《商业银行开办代客境外理财业务管理暂行办法》(中国人民银行、中国银监会和国家外汇管理局发布,自2006年4月17日发布之日起施行)等部门规章、规范性文件。

根据上述法律规范,我国商业银行中间业务可分为九大类:支付结算类中间业务,包括国内外结算业务;银行卡业务,包括信用卡和借记卡业务;代理类中间业务,包括代理证券业务、代理保险业务、代理金融机构委托、代收代付等;担保类中间业务,包括银行承兑汇票、备用信用证、各类银行保函等;承诺类中间业务,主要包括贷款承诺业务;交易类中间业务,例如远期外汇合约、金融期货、互换和期权等;基金托管业务,例如封闭式或开放式投资基金托管业务;咨询顾问类业务,例如信息咨询、财务顾问等;其他类中间业务,例如保管箱业务等。

一、中间业务基本法律要求

（一）开办中间业务主体符合法律要求

商业银行申请开办中间业务，应符合以下要求：符合金融市场发展的客观需要；不损害客户的经济利益；有利于完善银行的服务功能，有利于提高银行的盈利能力；制定了相应的业务规章制度和操作规程；具备合格的管理人员和业务人员；具备适合开展业务的支持系统；中国人民银行要求的其他条件。

（二）开办中间业务应经国务院银行业监督管理机构审查批准或者备案，并接受其监督检查

银行业金融机构业务范围内的业务品种，应当按照规定经国务院银行业监督管理机构审查批准或者备案。

适用审批制的业务主要为形成或有资产、或有负债的中间业务以及与证券、保险业务相关的部分中间业务。包括：票据承兑；开出信用证；担保类业务，包括备用信用证业务；贷款承诺；金融衍生业务；各类投资基金托管；各类基金的注册登记、认购、申购和赎回业务；代理证券业务；代理保险业务。

适用备案制的业务主要为不形成或有资产、或有负债的中间业务。包括：各类汇兑业务；出口托收及进口代收；代理发行、承销、兑付政府债券；代收代付业务，包括代发工资、代理社会保障基金发放、代理各项公用事业收费（如代收水电费）；委托贷款业务；代理政策性银行、外国政府和国际金融机构贷款业务；代理资金清算；代理其他银行银行卡的收单业务，包括代理外卡业务；各类代理销售业务，包括代售旅行支票业务；各类见证业务，包括存款证明业务；信息咨询业务，主要包括资信调查、企业信用等级评估、资产评估业务、金融信息咨询；企业、个人财务顾问业务；企业投融资顾问业务，包括融资顾问、国际银团贷款安排；保管箱业务。

根据修改后的《商业银行法》、《中国人民银行法》以及《银行业监督管理法》的规定，中国人民银行对商业银行的与中国人民银行特种贷款有关的行为、执行有关银行间同业拆借市场、银行间债券市场管理规定的行为、执行有关外汇管理规定的行为等进行监督检查；而商业银行中间业务由国务院银行业监督管理机构予以监管。

（三）公平竞争开展中间业务

商业银行开展中间业务，应加强与同业之间的沟通和协商，杜绝恶性竞争、垄断市场的不正当竞争行为。

（四）按标准收费

对国家有统一收费或定价标准的中间业务，商业银行按国家统一标准收费。对国家没有制定统一收费或定价标准的中间业务，由中国人民银行授权中国银

行业协会按商业与公平原则确定收费或定价标准,商业银行应按中国银行业协会确定的标准收费。

(五)制定中间业务内部授权制度,并备案

商业银行应制定中间业务内部授权制度,并报中国人民银行备案。商业银行内部授权制度应明确商业银行各级分支机构对不同类别中间业务的授权权限,应明确各级分支机构可以从事的中间业务范围。

(六)建立相关制度,加强对中间业务的风险控制和管理

商业银行应健全内部经营管理机制,加强内部控制,保证对中间业务的有效管理和规范发展。商业银行应加强对中间业务风险的控制和管理,并应依据有关法律、法规和监管规章,建立和实施有效的风险管理制度和措施。商业银行应建立监控和报告各类中间业务的信息管理系统,及时、准确、全面反映各项中间业务的开展情况及风险状况,并及时向监管当局报告业务经营情况和存在的问题。商业银行应注重对中间业务中或有资产、或有负债业务的风险控制和管理,对或有资产业务实行统一的资本金管理;应注重对交易类业务的头寸管理和风险限额控制;应对具有信用风险的或有资产业务实行统一授信管理。商业银行应建立中间业务内部审计制度,对中间业务的风险状况、财务状况、遵守内部规章制度情况和合规合法情况进行定期或不定期的审计。

二、中间业务分类及规则

(一)支付结算类中间业务

支付结算是指单位、个人在社会经济活动中使用票据、信用卡和汇兑、托收承付、委托收款等结算方式进行货币给付及其资金清算的行为。支付结算类业务是指由商业银行为客户办理因债权债务关系引起的与货币支付、资金划拨有关的收费业务。我国对支付结算实行集中统一和分级管理相结合的管理体制。

(1)支付结算原则。根据1997年12月1日施行的《支付结算办法》的规定,单位、个人和银行办理支付结算必须遵守下列原则:恪守信用,履约付款;谁的钱进谁的账,由谁支配;银行不垫款。

(2)结算工具。结算业务借助的主要结算工具包括银行汇票、商业汇票、银行本票和支票。

(3)结算方式,主要包括同城结算方式和异地结算方式。汇款业务,是由付款人委托银行将款项汇给外地某收款人的一种结算业务。汇款结算分为电汇、信汇和票汇三种形式。托收业务,是指债权人或售货人为向外地债务人或购货人收取款项而向其开出汇票,并委托银行代为收取的一种结算方式。信用证业务,信用证是由银行根据申请人的要求和指示,向收益人开立的载有一定金额,在一定期限内凭规定的单据在指定地点付款的书面保证文件。其他支付结算业

务，包括利用现代支付系统实现的资金划拨、清算，利用银行内外部网络实现的转账等业务。

（4）结算时间。根据中国人民银行 1997 年 4 月 16 日发布的《关于进一步加强银行结算管理的通知》，各银行要确定办理结算的时间标准，向客户公开业务处理时间和到账参考时间。向外发出的结算凭证，必须于当日至迟次日寄发；收到的结算凭证，必须及时将款项支付给收款人。结算的时间，同城一般不超过 2 天，异地全国或省内直接通汇行之间，电汇一般不超过 4 天，信汇一般不超过 7 天。

在现有的运行方式下，小站在会计营业部门营业时间内，不得停止接受往来账，以保证当天的业务能通过电子联行处理。要坚持随到随发，中国人民银行本身的汇划业务必须做到当天到达，少量特殊情况也不得超过次日上午。企业单位通过商业银行办理的汇划业务，从汇出行到汇入行不得超过 3 天。如发生延误，必须分清责任，切实加以处理。

（5）银行结算账户管理。银行结算账户，是指银行为存款人开立的办理资金收付结算的人民币活期存款账户。银行结算账户按存款人分为个人银行结算账户和单位银行结算账户。个人银行结算账户是自然人因投资、消费、结算等而开立的可办理支付结算业务的存款账户。存款人以单位名称开立的银行结算账户为单位银行结算账户。单位银行结算账户按用途分为基本存款账户、一般存款账户、专用存款账户、临时存款账户。基本存款账户是存款人因办理日常转账结算和现金收付需要开立的银行结算账户。一般存款账户是存款人因借款或其他结算需要，在基本存款账户开户银行以外的银行营业机构开立的银行结算账户。专用存款账户是存款人按照法律、行政法规和规章，对其特定用途资金进行专项管理和使用而开立的银行结算账户。临时存款账户是存款人因临时需要并在规定期限内使用而开立的银行结算账户。

根据中国人民银行制定的、自 2003 年 9 月 1 日起施行的《人民币银行结算账户管理办法》的规定，银行结算账户管理应遵循以下原则：

第一，开立基本存款账户、临时存款账户和专用存款账户实行核准制度。

存款人开立基本存款账户、临时存款账户和预算单位开立专用存款账户实行核准制度，经中国人民银行核准后由开户银行核发开户登记证。但存款人因注册验资需要开立的临时存款账户除外。

第二，开立银行结算账户自愿原则。

存款人可以自主选择银行开立银行结算账户。除国家法律、行政法规和国务院规定外，任何单位和个人不得强令存款人到指定银行开立银行结算账户。

第三，合法原则。

银行结算账户的开立和使用应当遵守法律、行政法规，不得利用银行结算账户进行偷逃税款、逃废债务、套取现金及其他违法犯罪活动。

第四,银行为存款人的银行结算账户保密原则。

银行应依法为存款人的银行结算账户信息保密。对单位银行结算账户的存款和有关资料,除国家法律、行政法规另有规定外,银行有权拒绝任何单位或个人查询。对个人银行结算账户的存款和有关资料,除国家法律另有规定外,银行有权拒绝任何单位或个人查询。

(6) 现代化支付系统中存在的法律问题。随着计算机技术日益广泛的运用,银行的支付结算越来越多地运用电子支付。所谓电子支付,指的是以电子计算机及其网络为手段,用负载有特定信息的电子数据取代传统的支付工具用于资金流程,并具有实时支付效力的一种支付方式。[①] 电子支付的法律关系主体包括消费者、商家、银行、支付网关提供者和电子认证机构,客体是电子支付行为,内容则是电子支付当事人之间的权利义务关系。

目前,世界上很多国家都制定了电子商务法、电子交易法等规范电子支付问题。联合国国际贸易法委员会(UNCITRAL)发布了《电子资金划拨法律指南》(1987)、《电子商务示范法及其颁布指南》(1996)、《电子签名统一规则(草案)》(1999)、《电子签名统一规则附条例指南》(2001)。

近年来,随着我国金融电子化水平不断提高和金融基础设施的完善,在银行票据业务方面,银行汇票、银行本票和支票都不同程度地实现了电子化,安全性和效率得到极大改善。要发展电子票据业务,必须在法律上确立电子化票据的法律地位,并确立电子签章的法律效力,此外还必须从电子签名的技术特征出发,制定出使用电子签名的法律规则。2004 年 8 月 28 日,第十届全国人民代表大会通过了《电子签名法》。该法明确规定了电子签名具有与手写签名或者盖章同等的效力,并且明确规定电子文件与书面文件具有同等效力。该法为我国商业银行开展电子票据等银行业务提供了法律支持和保护,使商业银行可以通过电子签名识别和确认客户身份,将极大地促进电子银行业务的发展。

2009 年 10 月,中国人民银行颁布了《电子商业汇票业务管理办法》等一系列电子汇票管理制度。据此,只要具有中华人民共和国组织机构代码,并且具备办理电子商业汇票业务的基本技术条件的企业皆可以选择使用电子汇票。由于该管理办法将电子商业汇票付款期限延长到了 1 年,从而可以更好地发挥商业汇票的融资功能,为中小企业融资难纾困。

随着网络信息、通信技术的快速发展和支付服务的不断分工细化,越来越多的非金融机构借助互联网、手机等信息技术广泛参与支付业务。传统的支付服务一般由银行部门承担,如现金服务、票据交换服务、直接转账服务等,而新兴的

---

① 蒋志培主编:《网络与电子商务法》,法律出版社 2002 年版。

非金融机构介入到支付服务体系，运用电子化手段为市场交易者提供前台支付或后台操作服务，因而往往被称做“第三方支付机构”。2010年6月，中国人民银行公布了《非金融机构支付服务管理办法》，并于2010年9月1日正式予以施行。根据该办法，非金融机构支付服务是指非金融机构在收付款人之间作为中介机构提供的货币资金转移服务，包括网络支付、预付卡的发行与受理以及银行卡收单等。该办法确立了非金融机构从事支付服务业务的许可证制度，非金融机构只有符合法定的支付服务市场准入条件并取得人民银行颁发的《支付业务许可证》才能够合法营业。该办法进一步规定了从事支付服务业务的非金融机构在规范经营、资金安全、系统运行等方面应承担的责任与义务，强化了对非金融机构支付服务的监督管理，以有效防范各类金融风险。

（二）银行卡业务

银行卡是由经授权的金融机构（主要指商业银行）向社会发行的具有消费信用、转账结算、存取现金等全部或部分功能的信用支付工具。1992年，中国人民银行颁布了《信用卡业务管理暂行办法》，这是我国第一部有关银行卡的监管规章。以后经过两次修订，该文件发展成为1999年《银行卡业务管理办法》。然而，相对于我国蓬勃发展的银行卡特别是信用卡产业而言，信用卡立法显然较为滞后。2010年8月，银监会就即将出台的《商业银行信用卡业务监督管理办法》公开征求意见，该文件将推进我国银行卡规范体系的进一步发展。

1. 银行卡业务分类

银行卡可分为贷记卡、准贷记卡和借记卡。贷记卡是指发卡银行给予持卡人一定的信用额度，持卡人可在信用额度内先消费、后还款的信用卡。准贷记卡是指持卡人须先按发卡银行要求交存一定金额的备用金，当备用金账户余额不足支付时，可在发卡银行规定的信用额度内透支的信用卡。借记卡按功能不同分为转账卡（含储蓄卡，下同）、专用卡、储值卡。借记卡不具备透支功能。转账卡是实时扣账的借记卡，具有转账结算、存取现金和消费功能。专用卡是具有专门用途、在特定区域使用的借记卡，具有转账结算、存取现金功能。储值卡是发卡银行根据持卡人要求将其资金转至卡内储存，交易时直接从卡内扣款的预付钱包式借记卡。

另外，依据结算的币种不同，银行卡可分为人民币卡业务和外币卡业务；按使用对象不同，银行卡可以分为单位卡（商务卡）和个人卡；按载体材料的不同，银行卡可以分为磁性卡和智能卡（IC卡）；按使用对象的信誉等级不同，银行卡可分为金卡和普通卡；按流通范围，银行卡还可分为国际卡和地区卡；其他分类方式，包括商业银行与营利性机构或非营利性机构合作发行联名卡/认同卡。联名/认同卡所依附的银行卡品种必须是已经中国人民银行批准的品种，并应当遵守相应品种的业务章程或管理办法。发卡银行和联名单位应当为联名卡持卡人在联名单位用卡提供一定比例的折扣优惠或特殊服务。持卡人领用认同卡表示对认同单位事业的支持。

2. 银行卡业务基本规则

（1）银行卡业务审批规则

商业银行开办银行卡业务应当具备下列条件：开业3年以上，具有办理零售业务的良好业务基础；符合中国人民银行颁布的资产负债比例管理监控指标，经营状况良好；已就该项业务建立了科学完善的内部控制制度，有明确的内部授权审批程序；合格的管理人员和技术人员、相应的管理机构；安全、高效的计算机处理系统；发行外币卡还须具备经营外汇业务的资格和相应的外汇业务经营管理水平；中国人民银行规定的其他条件。

商业银行开办各类银行卡业务，应当按照中国人民银行有关加强内部控制和授权授信管理的规定，分别制订统一的章程或业务管理办法，报中国人民银行总行审批。商业银行发行全国使用的联名卡、IC卡、储值卡应当报中国人民银行总行审批。商业银行分支机构办理经中国人民银行总行批准的银行卡业务应当持中国人民银行批准文件和其总行授权文件向中国人民银行当地行备案。商业银行分支机构发行区域使用的专用卡、联名卡应当持商业银行总行授权文件、联名双方的协议书报中国人民银行当地中心支行备案。已开办信用卡或转账卡业务的商业银行可向中国人民银行申请发行联名/认同卡、专用卡、储值卡。已开办人民币信用卡业务的商业银行可向中国人民银行申请发行外币信用卡。商业银行变更银行卡名称、修改银行卡章程应当报中国人民银行审批。外资金融机构经营银行卡收单业务应当报中国人民银行总行批准。银行卡收单业务是指签约银行向商户提供的本外币资金结算服务。

（2）计息规则

根据《银行卡业务管理办法》，银行卡的计息包括计收利息和计付利息。发卡银行对准贷记卡及借记卡（不含储值卡）账户内的存款，按照中国人民银行规定的同期同档次存款利率及计息办法计付利息。发卡银行对贷记卡账户的存款、储值卡（含IC卡的电子钱包）内的币值不计付利息。贷记卡持卡人非现金交易享受如下优惠条件：(1) 免息还款期待遇。银行记账日至发卡银行规定的到期还款日之间为免息还款期。免息还款期最长为60天。持卡人在到期还款日前偿还所使用全部银行款项即可享受免息还款期待遇，无须支付非现金交易的利息。(2) 最低还款额待遇。持卡人在到期还款日前偿还所使用全部银行款项有困难的，可按照发卡银行规定的最低还款额还款。

但是，贷记卡持卡人选择最低还款额方式或超过发卡银行批准的信用额度用卡时，不再享受免息还款期待遇，应当支付未偿还部分自银行记账日起，按规定利率计算的透支利息。贷记卡持卡人支取现金、准贷记卡透支，不享受免息还款期和最低还款额待遇,应当支付现金交易额或透支额自银行记账日起,按规定利率计算的透支利息。

贷记卡透支按月记收复利,准贷记卡透支按月计收单利,透支利率为日利率万分之五,并根据中国人民银行的此项利率调整而调整。

(3) 账户及交易管理规则

个人申领银行卡(储值卡除外),应当向发卡银行提供公安部门规定的本人有效身份证件,经发卡银行审查合格后,为其开立记名账户;凡在中国境内金融机构开立基本存款账户的单位,应当凭中国人民银行核发的开户许可证申领单位卡;银行卡及其账户只限经发卡银行批准的持卡人本人使用,不得出租和转借。

个人人民币卡账户的资金以其持有的现金存入或以其工资性款项、属于个人的合法的劳务报酬、投资回报等收入转账存入。个人外币卡账户的资金以其个人持有的外币现钞存入或从其外汇账户(含外钞账户)转账存入。该账户的转账及存款均按国家外汇管理局《个人外汇管理办法》办理。个人外币卡在境内提取外币现钞时应按照我国个人外汇管理制度办理。

单位人民币卡账户的资金一律从其基本存款账户转账存入,不得存取现金,不得将销货收入存入单位卡账户。单位人民币卡可办理商品交易和劳务供应款项的结算,但不得透支;超过中国人民银行规定起点的,应当经中国人民银行当地分行办理转汇。单位外币卡账户的资金应从其单位的外汇账户转账存入,不得在境内存取外币现钞。其外汇账户应符合下列条件:按照中国人民银行境内外汇账户管理的有关规定开立;其外汇账户收支范围内具有相应的支付内容。

除国家外汇管理局指定的范围和区域外,外币卡原则上不得在境内办理外币计价结算。

持卡人在还清全部交易款项、透支本息和有关费用后,可申请办理销户。销户时,单位人民币卡账户的资金应当转入其基本存款账户,单位外币卡账户的资金应当转回相应的外汇账户,不得提取现金。

发卡银行依据密码等电子信息为持卡人办理的存取款、转账结算等各类交易所产生的电子信息记录,均为该项交易的有效凭据。发卡银行可凭交易明细记录或清单作为记账凭证。银行卡通过联网的各类终端交易的原始单据至少保留2年备查。

(4) 银行卡风险管理规则

发卡银行应当认真审查信用卡申请人的资信状况,根据申请人的资信状况确定有效担保及担保方式;应当对信用卡持卡人的资信状况进行定期复查,并应当根据资信状况的变化调整其信用额度;应当建立授权审批制度,明确对不同级别内部工作人员的授权权限和授权限额;应当加强对止付名单的管理,及时接收和发送止付名单。通过借记卡办理的各项代理业务,发卡银行不得为持卡人或委托单位垫付资金。

发卡银行应当遵守下列信用卡业务风险控制指标:同一持卡人单笔透支发生额个人卡不得超过2万元(含等值外币)、单位卡不得超过5万元(含等值外币);同一账户月透支余额个人卡不得超过5万元(含等值外币),单位卡不得超过发卡银行对该单位综合授信额度的3%,无综合授信额度可参照的单位,其月透支余额不得超过10万元(含等值外币);外币卡的透支额度不得超过持卡人保证金(含储蓄存单质押金额)的80%;从《银行卡业务管理办法》施行之日起新发生的180天(含180天,下同)以上的月均透支余额不得超过月均总透支余额的15%。准贷记卡的透支期限最长为60天。贷记卡的首月最低还款额不得低于其当月透支余额的10%。

发卡银行通过下列途径追偿透支款项和诈骗款项:扣减持卡人保证金、依法处理抵押物和质物;向保证人追索透支款项;通过司法机关的诉讼程序进行追偿。

3. 信用卡基本法律关系

信用作为一类特殊的交易行为,是以货币的借贷以及赊销预付为内容的,因此消费者通过信用卡消费就可以实现买和卖、消费和支付在时空上的分离,也使得信用卡法律关系表现出与普通的现金交易所不同的特殊之处。信用卡关系当事人不仅限于持卡人和发卡行,还要依赖信用卡组织、收单银行、特约商户等多方当事人的合作。一般来说,信用卡交易包括以下几个环节:① 申请人向发卡机构申请核发信用卡;② 发卡机构根据申请人的收入状况等情况确定相应的信用额度;③ 发卡银行向申请人发行信用卡;④ 持卡人出示信用卡,并在签购单上签字;⑤ 特约商户审核持卡人的卡片、签名及其他必要条件无误后接受持卡人刷卡消费;⑥ 特约商户凭持卡人签字的签购单向收单银行或发卡银行要求付款;⑦ 发卡银行每月定期寄出明细对账单通知持卡人还款,持卡人可选择到期日前偿还全部金额而免于支付利息,或仅偿付最低还款额并支付循环利息。可见,持卡人刷卡消费、发卡银行向特约商户付款、持卡人向发卡银行还款是构成信用卡交易的三大基本环节,三方主体之间的买卖合同、信用卡领用合同以及信用卡受理合同则构成信用卡的三大基本法律关系。其中,银行卡申请表、领用合约是发卡银行向信用卡持卡人提供的明确双方权责的契约性文件,持卡人签字,即表示接受其中各项约定。发卡银行应当本着权利与义务对等的原则制定信用卡申请表及信用卡领用合约。商业银行发展受理信用卡的商户,应当与商户签订受理合约,受理合约不得包括排他性条款。受理合约中的手续费率标准低于本办法规定标准的不受法律保护。

发卡银行享有如下权利:发卡银行有权审查申请人的资信状况、索取申请人

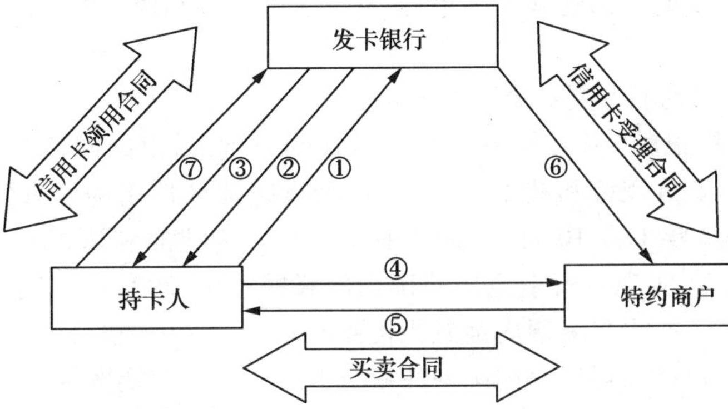

的个人资料,并有权决定是否向申请人发卡及确定信用卡持卡人的透支额度;发卡银行对持卡人透支有追偿权,对持卡人不在规定期限内归还透支款项的,发卡银行有权申请法律保护并依法追究持卡人或有关当事人的法律责任;发卡银行对不遵守其章程规定的持卡人,有权取消其持卡人资格,并可授权有关单位收回其信用卡。发卡银行还应承担如下义务:发卡银行应当向银行卡申请人提供有关信用卡的使用说明资料,包括章程、使用说明及收费标准,现有持卡人亦可索取上述资料;发卡银行应当设计针对信用卡服务的公平、有效的投诉制度,并公开投诉程序和投诉电话,发卡银行对持卡人关于账务情况的查询和改正要求应当在30天内给予答复;发卡银行应当向持卡人提供对账服务,按月向持卡人提供账户结单(在下列情况下发卡银行可不向持卡人提供账户结单:已向持卡人提供存折或其他交易记录;自上一月份结单后,没有进行任何交易,账户没有任何未偿还余额;已与持卡人另行商定);发卡银行应当向持卡人提供信用卡挂失服务,应当设立24小时挂失服务电话,提供电话和书面两种挂失方式,书面挂失为正式挂失方式,并在章程或有关协议中明确发卡银行与持卡人之间的挂失责任;发卡银行应当在有关卡的章程或使用说明中向持卡人说明密码的重要性及丢失的责任;发卡银行对持卡人的资信资料负有保密的责任。

持卡人享有如下权利:持卡人享有发卡银行对其信用卡所承诺的各项服务的权利,有权监督服务质量并对不符服务质量进行投诉;申请人、持卡人有权知悉其选用的信用卡的功能、使用方法、收费项目、收费标准、适用利率及有关的计算公式;持卡人有权在规定时间内向发卡银行索取对账单,并有权要求对不符账务内容进行查询或改正;信用卡的挂失手续办妥后,持卡人不再承担相应卡账户资金变动的责任,司法机关、仲裁机关另有判决的除外;持卡人有权索取信用卡领用合约,并应妥善保管。持卡人还应承担如下义务:申请人应当向发卡银行提供真实的申请资料并按照发卡银行规定向其提供符合条件的担保;持卡人应当遵守发卡银行的章程及领用合约的有关条款;持卡人或保证人通讯地址、职业等发生变化,应当及时书面通知发卡银行;持卡人不得以和商户发生纠纷为由拒绝支付所欠银行款项。

4. 银联卡及跨行交易收益分配

银联卡,即"银联"标识卡,是经中国人民银行批准,由国内各发卡金融机构发行,采用统一业务规范和技术标准,可以跨行跨地区使用的带有"银联"标识的银行卡。2002 年 1 月 10 日,首期银联卡发行。为建立和运营全国银行卡跨行信息交换网络,实现银行卡全国范围内的联网通用,2002 年 3 月 26 日,经中国人民银行批准,八十多家国内金融机构共同发起设立中国银联股份有限公司。其经营范围为:建设和运营全国统一的银行卡跨行信息交换网络;提供先进的电子化支付技术和与银行卡跨行信息交换相关的专业化服务;开展银行卡技术创新;管理和经营"银联"标识;制定银行卡跨行交易业务规范和技术标准,协调和仲裁银行间跨行交易业务纠纷;组织行业培训、业务研讨和开展国际交流,从事相关研究咨询服务;经中国人民银行批准的其他相关服务业务。

为适应市场发展,完善银行卡业务参与机构的分配体系,充分发挥利益分配的杠杆调节机制,经中国人民银行批复,《中国银联入网机构银行卡跨行交易收益分配办法》自 2004 年 3 月 1 日起施行,对 ATM(Automatic Teller Machine,即自动柜员机)跨行交易手续费和 POS(Point of Sale,即销售点终端机)跨行交易商户结算手续费作了规定。ATM 跨行交易分为取款和查询两种交易,交易手续费分配涉及发卡银行、提供机具和代理业务的代理银行以及提供跨行信息转接的中国银联。POS 跨行交易商户结算手续费的分配涉及发卡银行、提供 POS 机具和完成对商户资金结算的收单机构以及提供跨行信息转接的中国银联。

(三) 代理类中间业务

代理类中间业务是指商业银行接受客户委托、代为办理客户指定的经济事务、提供金融服务并收取一定费用的业务,包括代理政策性银行业务、代理中国人民银行业务、代理商业银行业务、代收代付业务、代理证券业务、代理保险业务、代理其他银行银行卡收单业务等。代理政策性银行业务,是指商业银行接受政策性银行委托,代为办理政策性银行因服务功能和网点设置等方面的限制而无法办理的业务,包括代理贷款项目管理等。代理中国人民银行业务,是指根据政策、法规应由中央银行承担,但由于机构设置、专业优势等方面的原因,由中央银行指定或委托商业银行承担的业务,主要包括财政性存款代理业务、国库代理业务、发行库代理业务、金银代理业务。代理商业银行业务,是指商业银行之间相互代理的业务,例如为委托行办理支票托收等业务。代收代付业务,是商业银行利用自身的结算便利,接受客户的委托代为办理指定款项的收付事宜的业务,例如代理各项公用事业收费、代理行政事业性收费和财政性收费、代发工资、代扣住房按揭消费贷款还款等。代理保险业务是指商业银行接受保险公司委托代其办理保险业务的业务。商业银行代理保险业务，可以受托代个人或法人投保各险种的保险事宜，也可以作为保险公司的代表，与保险公司签订代理协议，代保险公司承接有关的保险业务。代理保险业务一般包括代售保单业务和代付保险金业务。其他代理业务，包括代理证券业务[1]、代理财政委托业务、代理其他银行银行卡收单业务等。

（四）担保类中间业务

担保类中间业务是指商业银行为客户债务清偿能力提供担保，承担客户违约风险的业务，主要包括银行承兑汇票、备用信用证、各类保函等。银行承兑汇票，是由收款人或付款人（或承兑申请人）签发，并由承兑申请人向开户银行申请，经银行审查同意承兑的商业汇票。备用信用证，是开证行应借款人要求，以放款人作为信用证的收益人而开具的一种特殊信用证，以保证在借款人破产或不能及时履行义务的情况下，由开证行向收益人及时支付本利。各类保函业务，包括投标保函、承包保函、还款担保函、借款保函等。

（五）承诺类中间业务

承诺类中间业务是指商业银行在未来某一日期按照事前约定的条件向客户提供约定信用的业务，主要指贷款承诺，包括可撤销承诺和不可撤销承诺两种。可撤销承诺附有客户在取得贷款前必须履行的特定条款，在银行承诺期内，客户如没有履行条款，则银行可撤销该项承诺。可撤销承诺包括透支额度等。不可撤销承诺是银行不经客户允许不得随意取消的贷款承诺，具有法律约束力，包括备用信用额度、回购协议、票据发行便利等。

（六）交易类中间业务

交易类中间业务是指商业银行为满足客户保值或自身风险管理等方面的需要，利用各种金融工具进行的资金交易活动，主要包括金融衍生业务。根据金融衍生品交易形态的不同，金融衍生业务可分为远期、期货、期权和互换四大类。远期（forwards），是指交易双方根据协议，约定在未来某一特定时间，以特定价格买卖某一特定数量和质量的金融资产或实物资产的交易。期货（futures），是指交易双方在交易所通过公开竞价达成标准化合约，承诺在未来某一特定时间内、按照约定的价格买卖某种特定数量的金融资产或实物资产的交易。期权（options），是指交易双方订立合约并约定，由买方向卖方支付一定数额的权利金，而

---

[1] 2006年1月1日，修订后的《证券法》正式施行。2006年5月8日，中国证监会下发《关于落实〈证券法〉、规范证券经营机构证券经纪业务有关行为的通知》，规定各证券经营机构不得委托其他机构代理审核投资者开户资料或者开立证券交易账户；不得委托其他机构代理签订证券交易协议；不得通过或借助其他非证券类机构的业务系统为投资者提供证券交易委托申报；不得委托其他非证券类机构代理完成全部或者部分资金清算交收义务。根据该通知，商业银行代理证券业务中代理买卖股票、代理证券资金清算交收业务被叫停。

买方取得在一定的时期内、以双方事先约定的价格购买或者出售某种特定金融资产之权利的交易。互换(swaps)，又称"掉期"或"套购"，是交易各方依据预先约定的规则，在未来一段时间内，互相交换一系列现货流通物或价格的交易，即以互换参与者在特定的金融市场上拥有的优势，进行以套汇、套利为目的的债权或债务的互相交换。

（七）基金托管业务

基金托管业务是指有托管资格的商业银行接受基金管理公司委托，安全保管所托管的基金的全部资产，为所托管的基金办理基金资金清算款项划拨、会计核算、基金估值、监督管理人投资运作，包括封闭式证券投资基金托管业务、开放式证券投资基金托管业务和其他基金的托管业务。

（八）咨询顾问类业务

咨询顾问类业务是指商业银行依靠自身在信息、人才、信誉等方面的优势，收集和整理有关信息，并通过对这些信息以及银行和客户资金运动的记录和分析，形成系统的资料和方案，提供给客户，以满足其业务经营管理或发展的需要的服务活动。其中包括企业信息、资产管理、财务、企业并购、现金管理等方面的咨询业务。企业信息咨询业务，包括项目评估、企业信用等级评估、验证企业注册资金、资信证明、企业管理咨询等。资产管理顾问业务，指为机构投资者或个人投资者提供全面的资产管理服务，包括投资组合建议、投资分析、税务服务、信息提供、风险控制等。财务顾问业务，包括大型建设项目财务顾问业务和企业并购顾问业务。大型建设项目财务顾问业务指商业银行为大型建设项目的融资结构、融资安排提出专业性方案。企业并购顾问业务是指商业银行为企业的兼并和收购双方提供的财务顾问业务，银行不仅参与企业兼并与收购的过程，而且作为企业的持续发展顾问，参与公司结构调整、资本充实和重新核定、破产和困境公司的重组等策划和操作过程。现金管理业务，是指商业银行协助企业，科学合理地管理现金账户头寸及活期存款余额，以达到提高资金流动性和使用效益的目的。

（九）其他类中间业务

其他类中间业务包括保管箱业务以及其他不能归入以上八类的业务。

保管箱业务是银行接受客户的委托，以出租保管箱或代保管的形式对客户交付的贵重物品、重要文件、有价单证等财物进行保管的服务性项目。

商业银行提供保管箱业务有两种形式[①]：

(1) 出租保管箱，是指商业银行将设在银行里保管库中的屉式存物箱出租给客户使用。此种情形下，银行与客户之间成立租赁合同关系。

---

① 王泽宙主编:《银行法通论》,经济日报出版社 1995 年版,第 475—476 页。

（2）代管保管业务，是指委托人将贵重物品、证券文件等，检交商业银行代为保管，并不自租保管箱的方式。此种情形下，银行与客户之间成立保管合同关系。代保代管业务又可分为露封保管业务和密封保管业务。前者是委托人将保管物件检交商业银行保管，并不欲加保封，主要用于代保管股票、债券及其他有价证券；后者是指对难以检点鉴别或不愿公开交存的保管物件，委托人自行装箱或包封，由商业银行原封保管，主要是契约、遗嘱、印章、凭证、金银首饰等。

三、中间业务的发展趋势

社会经济活动对信用中介多样化的需求，金融业竞争的加剧、国家监管的加强和风险的加大，以及商业银行自身对利润最大化的追求，使中间业务得到了快速发展。而科技的发展和应用，进一步为商业银行中间业务的发展提供了技术手段。自 1988 年《巴塞尔协议》的签订和实施，中间业务已经成为国际间银行发展的重点。近几年，国外商业银行中间业务发展得相当成熟，美国商业银行的中间业务收入占全部收入的比重的 38.4%；日本银行为 39.9%；英国商业银行平均为 41.1%；而我国四大银行平均不超过 10%。[①]

中间业务是国际银行业发展的潮流，是国内银行业务发展和收入提升的重要增长点。就我国目前银行中间业务开展的现状看，还需更新观念，提高认识；建立完善的内部管理机制；完善健全、科学的核算体系；加强通讯网络和计算机应用软件配套能力等各方面发展中间业务。

我国商业银行中间业务的发展将趋向全方位、多样化、系统化，具体而言呈现以下趋势：（1）商业银行中间业务创新的重点集中于表外业务。中间业务已由传统的结算、商业信用证、代收代付、票据承兑等发展为包括金融理财、融资租赁、代理融通、现金管理、信息咨询、保险代理、衍生工具交易等一系列新兴的表外业务，表外业务在增加银行收入或规避风险方面将产生特殊作用。（2）中间业务的金融创新产品将增多。当前各商业银行大力推行的金融理财产品就是一种新型的中间业务。随着我国经济的持续快速平稳发展，境内居民个人和机构持有的以银行存款为主的金融资产快速增长，境内居民个人和机构的资产管理需求日益增长。根据《商业银行个人理财业务管理暂行办法》，个人理财业务，是指商业银行为个人客户提供的财务分析、财务规划、投资顾问、资产管理等专业化服务活动。商业银行个人理财业务按照管理运作方式不同，分为理财顾问服务和综合理财服务。综合理财服务，是指商业银行在向客户提供理财顾问服务的基础上，接受客户的委托和授权，按照与客户事先约定的投资计划和方式进

① “世界资本论坛——2003 年银行中间业务发展及金融客户关系管理国际研讨会”资料，http://www.sinoec.com.cn/foreshow/Iff/lookback.htm，2005 年 1 月 20 日访问。

行投资和资产管理的业务活动。商业银行在综合理财服务活动中,可以向特定目标客户群销售理财计划。按照客户获取收益方式的不同,理财计划可以分为保证收益理财计划和非保证收益理财计划,后者可以分为保本浮动收益理财计划和非保本浮动收益理财计划。《商业银行开办代客境外理财业务管理暂行办法》允许境内机构和居民个人委托境内商业银行在境外进行金融产品投资。(3) 中间业务将广泛采用现代高科技技术。计算机技术将扩展到中间业务的管理和决策系统,实现中间业务自动化、管理现代化和银行网络化。

思考题

1. 简述我国商业银行业务经营原则。
2. 分析商业银行与客户法律关系的特点。
3. 简述贷款管理责任制规则。
4. 如何从法律上规范电子支付业务?
5. 如何理解信用卡法律关系?

第四章　货币管理法律制度

第一节　货币管理法律制度概述

一、货币概述

（一）货币的概念及货币形式

马克思认为，货币是在商品交换过程中自发地从商品中分离出来，固定地充当一般等价物的特殊商品。但马克思分析的货币仅为金本位制度及其以前的货币。根据货币的职能特征，“任何一种能执行交换中介、价值标准或完全流动的财富储藏手段职能的物品都可看成货币”。[①] 货币具有价值尺度、流通手段、支付手段、储藏手段、世界货币五种职能。

在货币发展史上，货币经历了以下五种形式：实物货币、金属货币、代用货币、信用货币和电子货币。目前，各国广泛使用的是代用货币和信用货币。电子货币作为新兴的货币形式和崭新的支付手段，因其方便、快捷、安全的优势而迅速发展。

（二）货币制度

1. 货币制度的概念

货币制度是一个国家在历史上形成的，并由国家以法律形式规定的货币流通、组织形式，包括货币金属、货币单位、本位币、辅币以及其他货币符号的流通和组织程序。资本主义以前的社会，货币流通分散、混乱，这种无序的货币流通制度严重阻碍着商品交易的发展和统一市场的形成。资本主义国家建立后，通过立法对货币流通进行规范，逐步建立起统一规范的资本主义货币制度。

2. 货币制度的构成要素

（1）法定货币金属

法定货币金属是一个国家用法律形式规定的充当本位币币材的金属。在金属货币制度下，固定的充当本位币币材的金属主要有黄金和白银，因此选用黄金

---

① 〔美〕托马斯·梅耶、詹姆斯·S. 杜森贝里、罗伯特·Z. 阿利伯：《货币、银行与经济》，洪文金、林志军等译，上海三联书店、上海人民出版社1994年版，第6页。

或白银，或金银并用就构成了金本位制、银本位制和金银复本位制。货币金属是金属货币制度下的主要货币载体，在当时的货币制度中发挥着基础性作用。

（2）货币单位

货币单位是国家法定的货币计量单位，包括货币单位名称和每一货币单位所包含的货币金属重量。例如，美国的货币单位名称为“美元”，根据1934年1月的法令，1美元的含金量为0.888671克纯金；中国1914年北洋政府颁布的《国币条例》规定，货币单位为“圆”，1圆含纯银6钱4分8厘（合23.997克）。

（3）本位币与辅币

本位币亦称主币，是一国计价、结算的唯一合法货币单位。本位币是足值货币，即面值与实际价值（金属价值）相一致。辅币是主币以下的小额货币，专供日常零星交易和找零之用。

（4）金准备制度

所谓金准备制度，即黄金储备制度，它是指集中于中央银行或国库的货币金属准备。金准备数量多少是一国经济实力状况的标志之一，也是一国货币稳定的基础。在金属货币流通的条件下，金准备有三种作用：用于国际支付；调节国际货币流通；保证存款支付和银行券的兑现。现阶段金属货币制度已经被不兑现的信用货币制度所取代，金准备制度主要作为国际支付的准备金，即作为世界货币的准备金。

（5）银行券与纸币的发行和流通程序

银行券是银行发行的一种不定期的债务凭证，有银行的信用保证和黄金保证，持有者可随时兑换成金属货币。银行券由于具有可兑换性和发行银行充分的信用保证，因而作为一种代用货币在流通中被普遍接受和认同。早期的银行券，是由各商业银行根据自己的需要分散发行的。分散发行的结果，使其数量难以控制，还常因得不到兑现导致银行券持有人利益灭失和发行银行倒闭。因此由国家规定，把银行券的发行权集中于国家银行和极少数垄断银行，最后又进一步集中于中央银行。中央银行发行的银行券，通常为国家法律所认可，并作为法定支付手段。1929—1933年世界经济危机以后，各国银行券相继停止兑换，其流通也不再依靠银行信用，而是单纯依靠国家政权的力量，从而使银行券纸币化。

纸币又称钞票，是伴随着经济发展的要求由银行券发展而来的，由国家发行并由国家强制执行的货币符号。纸币与银行券存在以下区别：第一，纸币是为满足国家职能的需要，从货币作为流通手段职能中产生的；而银行券则产生于货币的支付手段职能，其基础是信用关系。第二，纸币是为弥补财政赤字，由国家强制发行与流通的；而银行券则是适用商品流通的需要，通过商业票据贴现等信用关系而发行的。第三，纸币不能兑现；而典型的银行券可以随时兑换为金属货币。第四，纸币会贬值；而银行券不会贬值，能保持币值的稳定。

3. 货币制度的历史演变

从历史的发展过程看，各国的货币制度先后经历过银本位制、金银复本位制、金本位制和不兑现的信用货币制度四种类型。目前，各国一般都采用不兑现的信用货币制度。

最早的货币制度之一是银本位制，即以白银为本位币币材的货币制度，从16世纪以后开始盛行。金银复本位制，是指同时以金和银两种金属为本位币币材的货币制度，它是资本主义发展初期最典型的货币制度，流行于16—18世纪。金本位制，是指以黄金为本位币币材的货币制度，于1816年首先实行于英国，19世纪中叶为资本主义国家普遍采用，金本位制度是一种相对稳定的货币制度。不兑现的信用货币制度，是指以具有强制法定偿付能力的纸币为本位币的货币制度，黄金不再为纸币提供兑现保证。当前世界各国普遍采用不兑现的纸币代替货币金属的流通。同时黄金非货币化的过程也逐渐加剧，但黄金在实际上并没有完全失去其货币商品的作用，仍继续执行储藏手段和世界货币的职能。

不兑现的信用货币制度的主要特点是：不兑换的纸币一般由国家法律赋予无限清偿的能力。纸币与黄金脱钩，不能直接兑换黄金。纸币的发行量一般根据国内经济发展需要确定，并由中央银行根据流通中的货币需求情况进行调节。现实经济中的货币都是基于信用关系产生，都是信用货币。货币的发行乃至流通成为调控经济的主要手段，与此同时货币政策得以成为国家干预经济的方式，经济运行由自发走向自觉。国家一般通过制定科学、稳健的货币政策稳定币值、防止通货膨胀，并以此促进经济发展。

二、货币管理法的概念与体系

（一）货币管理法的概念

货币管理法是有关货币的发行、流通及其管理的法律规范的总称。货币管理法的主要内容是确定一国货币的种类、地位、货币发行制度、流通制度和保护制度。货币发行制度包括货币发行原则、货币发行权限、发行机关、发行程序、发行规律和发行责任。货币流通制度规定现金货币和转账货币的使用、管理。货币保护制度规定违反货币发行制度和流通制度所应承担的法律责任。

货币法是各国金融法律体系的重要组成部分，世界上一些经济发达国家都有自己的货币法。19世纪初，英国就颁布了世界上较早的成文货币法，历经多次修改，至今仍然适用。日本、美国等也有类似情况。虽然这些货币法表现形式多样，但都以自己特有的形式维护本国货币的法定地位。

（二）货币管理法的体系

现代经济和金融的市场化和国际化对货币流通提出了新的要求，即货币应该有多样化的流通和使用范围,并在不同范围内发挥货币职能:通货即纸币在国内经济运行中发挥货币职能;外汇在涉外经济中发挥货币职能;金银作为万能货币是国际支付的最后手段。通货、外汇和金银构成了现代国家实际发挥货币职能的载体。相应地,通货管理法、外汇管理法、金银管理法也就构成一国货币管理法的体系。通货管理法主要规定通货的名称、单位、法律地位、通货的发行原则、发行权、发行机关和发行程序、现金和非现金货币的流通及管理、违反通货管理法的法律责任。外汇管理法主要规定外汇的种类、经常项目外汇、资本项目外汇、外汇汇率、外汇买卖、外汇市场和违反外汇管理法的法律责任。金银管理法规定金银的加工、铸造、收购、配售、回收、进出国境以及违反金银管理法的法律责任。

第二节　人民币管理法律制度

一、人民币管理法律制度概述

(一) 人民币的历史沿革

我国的法定货币是人民币。1948 年 12 月 1 日,第一套人民币发行,从此我国的货币制度不断发展和完善。从 20 世纪 50 年代第二套人民币开始,发行了人民币硬币,自此新中国货币进入纸、硬币混合流通的时代。60 年代发行的第三套人民币是我国首次完全独立设计与印制的一套货币。80 年代为适应经济发展和人民生活的需要,中国人民银行适时调整了货币结构,在发行第四套人民币时,增发了 50 元、100 元大面额的人民币。改革开放以来,还相继发行了普通纪念币和金银纪念币,进一步丰富了我国的货币品种。与此同时,我国努力抑制通货膨胀,防止通货紧缩,保持了人民币币值的稳定;而且努力保持国际收支平衡,保持了人民币汇率的稳定。从 1993 年开始,人民币由禁止出入境改为限额管理。

根据中华人民共和国第 268 号国务院令,中国人民银行在全国发行第五套(1999 年版)人民币 100 元券。第五套人民币自 1999 年 10 月 1 日开始发行至 2002 年 11 月 18 日,共发行了 100 元、50 元、20 元、10 元、5 元五种纸币和 1 元、5 角、1 角三种硬币。新版人民币发行后与现行第四套人民币等值流通,具有相同的货币职能。与第四套人民币相比,第五套人民币具有鲜明的特点:经过专家论证,它的印制技术已达到了国际先进水平;在设计上通过有代表性的图案,体现了我们伟大祖国悠久的历史和壮丽的山河;它的主景、人像、水印、面额数字均较以前放大,便于群众识别,收到较好的社会效果;应用先进的科学技术,在防伪性能和适应货币处理现代化方面有较大提高。总之,第五套人民币是一套科技含量较高、具有较鲜明民族特色的货币。待时机成熟后，新版人民币将完全取代旧版人民币在市面上流通。

（二）人民币的法律地位

我国现行规制人民币的法律规范主要是《中国人民银行法》和国务院于2000年颁布实施的《人民币管理条例》。《中国人民银行法》的规定表明了人民币在我国的法定货币地位：中华人民共和国的法定货币是人民币；以人民币支付中华人民共和国境内的一切公共的和私人的债务，任何单位和个人不得拒收；人民币由中国人民银行统一印制、发行；任何单位和个人不得印制、发售代币票券，以代替人民币在市场上流通。可见，人民币的法律地位包括以下几层含义：

（1）人民币发行权属于国家。人民币由中国人民银行统一发行，任何单位和个人无权发行货币或发行变相货币。

（2）人民币是清偿性货币。凡在中华人民共和国境内的一切公私债务，均以人民币进行支付，任何债权人在任何时候均不得以任何理由拒绝接收。

（3）人民币是信用货币。人民币的发行，是通过国家信贷程序进行的。同时，人民币的发行是以与国家信用相应的商品物资作保证的。

（4）人民币是我国的唯一法定货币。国家禁止发行除人民币以外的其他货币或变相货币，金银不得以货币的形式进行流通。同时，国家禁止外国货币在国内私自流通，对人民币的出境给予相关限制。

（三）人民币的法律保护

人民币作为我国的法定货币，维护人民币的法定货币地位，对于稳定金融秩序，统一货币市场，支持国民经济发展起着十分重要的作用。当前人民币流通中存在着一些问题，如制造、贩卖假人民币的犯罪活动以及其他损害人民币的行为（如在人民币上乱涂乱画，或非法在商品、出版物上使用人民币图样等）。这些行为都严重地影响了人民币的信誉，妨碍了人民币的正常流通。为此，要依法保护和爱护人民币，严厉打击制造、贩卖假人民币的犯罪活动，做好反假人民币工作；强化宣传教育，禁止任何毁损人民币的行为，在全社会养成自觉爱护人民币、维护人民币正常流通的良好风气。根据《中国人民银行法》、《人民币管理条例》和《刑法》以及其他法律、法规的规定，我国人民币的法律保护主要体现在以下几个方面：

1. 对伪造、变造人民币以及假币的处理

一是明确了有权没收假币的行政机关。中国人民银行、公安机关发现伪造、变造的人民币，应当予以没收，加盖“假币”字样的戳记，并登记造册。二是规定金融机构有假币收缴权。[①] 办理人民币存取款业务的金融机构发现伪造、变造的人民币，数量较多、有新版的伪造人民币或者有其他制造、贩卖伪造、变造的人民币线索的，应当立即报告公安机关；数量较少的，由该金融机构两名以上工作人员当面予以收缴，加盖“假币”字样的戳记，登记造册，向持有人出具中国人民银行统一印制的收缴凭证，并告知持有人可以向中国人民银行或者向中国人民银行授权的国有独资商业银行的业务机构申请鉴定；单位和个人持有伪造、变造的人民币的，应当及时上交中国人民银行、公安机关或者办理人民币存取款业务的金融机构；发现他人持有伪造、变造的人民币的，应当立即向公安机关报告。

另外，为了加强对人民币的保护，维护人民币的法定货币地位，针对当前伪造、变造人民币犯罪活动的猖獗，1997 年修订的《刑法》及其以后的司法解释也通过相关条文的明确规定，加强了对伪造、变造人民币行为的打击力度，规定了伪造人民币罪，买卖、运输、兑换伪造人民币罪，非法持有、使用伪造人民币罪，走私伪造人民币罪和变造人民币罪等罪名，并对相关犯罪行为采取了较为严厉的刑事处罚措施。

2. 对非法买卖和经营人民币行为的处理

近年来，不少地方出现了一些自发的“钱币市场”，高价进行流通人民币买卖。这种情况严重损害了人民币的形象。为此，1997 年 7 月，国务院办公厅发布了《关于禁止非法买卖人民币的通知》。同年 9 月，中国人民银行、国家工商行政管理局联合下发了《关于贯彻落实〈国务院办公厅关于非法买卖人民币的通知〉的通知》，对“非法买卖人民币”的政策界限作了具体规定。根据上述文件精神和目前管理的实际做法，《人民币管理条例》规定禁止非法买卖流通人民币；纪念币的买卖，应当遵守中国人民银行的有关规定；装帧流通人民币和经营流通人民币，应当经中国人民银行批准。

3. 开展残存人民币兑换和人民币券别调剂业务

曾经一些办理存取款业务的金融机构由于种种原因没有办理残损人民币兑换和人民币券别调剂业务，给广大群众带来不便，在一定程度上影响了人民币的

① 关于金融机构的假币收缴权的性质，有两种不同意见：一种意见认为这种收缴属于行政处罚，因为收缴和没收虽然行为名称不一，但其实质都是行政法规规定某一组织剥夺相对人对某物的所有权，对相对人的法律后果是一样的，并且在我国《行政处罚法》公布之前，收缴和没收在法律和行政法规中是不作区别混用的；另一种意见认为这种收缴不属于行政处罚，主要理由是：《人民币管理条例》中同时规定，公安机关、人民银行有假币没收权，金融机构有假币收缴权。依据我国《行政处罚法》的规定，没收非法财物属行政处罚，而《行政处罚法》中没有关于收缴的规定；《人民币管理条例》对收缴程序作了较为具体的规定，将“没收”规定为“收缴”的后续程序，如果“收缴”属行政处罚，则应当直接适用我国《行政处罚法》中有关处罚程序的规定，无需在此再作规定；普通的金融机构不符合《行政处罚法》规定的处罚主体要求，我国《行政处罚法》规定了三种主体有权实施处罚，即行政机关、授权的具有管理公共事务职能的组织和受委托的具有管理公共事务职能的事业组织。杨华柏、欧阳媛：《假币没收中的法律问题》，http://law.china.com/zh-cn/wssx/fzwy/10001664/20010920/10110885-1.html，2005 年 1 月 12 日访问。

信誉。因此，中国人民银行制定了《中国人民银行残缺污损人民币兑换办法》(2003 年 12 月 15 日第 20 次行长办公会议通过，2004 年 2 月 1 日起施行)：凡办理人民币存取款业务的金融机构(以下简称金融机构)应无偿为公众兑换残缺、污损人民币，不得拒绝兑换；金融机构应按照中国人民银行的有关规定，将兑换的残缺、污损人民币交存当地中国人民银行分支机构；中国人民银行依照本办法对残缺、污损人民币的兑换工作实施监督管理。另外，《人民币管理条例》规定办理人民币存取款业务的金融机构应当根据合理需要的原则，办理人民币券别调剂业务。这两项业务作为办理存取款业务的金融机构出纳部门的基本业务之一，可以保证流通中人民币保持较好的票面整洁度和合理的券别比例，便利市场货币流通，提高社会的交易效率，促进经济的发展。

4. 对人民币出入境的管理

改革开放以来，人民币出入境频繁且数量不断增加，原来的《禁止国家货币出入国境办法》，虽未明令废止，但实际上已不再执行。1993 年 1 月 20 日，国务院颁布 108 号令，规定对人民币出入境实行限额管理制度。据此精神，《人民币管理条例》规定：中国公民出入境、外国人入出境携带人民币实行限额管理制度，具体限额由中国人民银行规定。

二、人民币发行法律制度

(一) 人民币的发行权和发行机关

从理论上讲，人民币的发行有广义和狭义之分。广义的人民币发行是指中国人民银行代表国家发行、投放、回笼、调拨、销毁、保管以及调节各地人民币等业务活动的总称。狭义的人民币发行是指中国人民银行向流通领域投放现金的行为。具体说就是指人民银行通过发行库把发行基金投入业务库，使一部分货币进入流通领域的行为。[①] 人民币的投放与回笼直接关系到人民币币值的稳定和国家货币政策目标的实现，因此必须加强对人民币发行的管理。人民币发行法律制度包括人民币发行原则、发行程序、发行纪律和发行责任等内容。

中国人民银行 1988 年 3 月发布的《货币发行管理制度(试行)》、国务院 2000 年颁布实施的《人民币管理条例》以及《中国人民银行法》规定了人民币的发行制度。

依照我国法律的有关规定，我国货币发行的决定权属于国务院，国务院授权中国人民银行作为唯一的货币发行机关，负责具体组织发行人民币。《中国人民银行法》规定，人民币由中国人民银行统一印制、发行。中国人民银行发行新版人民币，应当将发行时间、面额、图案、式样、规格予以公告。这从法律上确定

① 强力：《金融法》，法律出版社 1997 年版，第 318 页。

了中国人民银行作为唯一货币发行机关的地位。中央银行集中与垄断货币发行权是其成为中央银行的最基本、最重要的标志,也是中央银行发挥其全部职能的基础。几乎在所有国家,垄断货币发行都是与中央银行的产生与发展直接相连的。从商业银行逐步演变为中央银行的发展过程看,货币发行的独占与垄断是其性质发生质变的基本标志①。根据1988年3月30日中国人民银行发布的《货币发行管理制度(试行)》的规定,人民银行作为货币发行机关,它的主要职责是:根据国民经济发展的需要提出货币发行计划,报经国务院批准后组织实施;研究货币发行与社会经济发展的关系,为调节货币流通和制定货币发行政策提供科学依据;根据国务院批准的货币发行计划,编制货币需要量计划;根据国务院的决定,组织办理新版人民币的发行和旧版人民币的回收工作;根据市场货币流通状况,编制、执行、调整发行基金调拨计划和损伤货币销毁计划,调节市场流通货币的面额结构,组织专业银行办理货币兑换和挑剔业务;制定货币发行业务有关的规章规定;宣传国家货币发行政策,组织反假人民币工作;办理人民币发行基金的保管、调运、销毁及核算业务;办理专业银行存取现金业务;监督、检查、协调专业银行的现金出纳业务。

另外,《人民币管理条例》也规定:中国人民银行发行新版人民币,应当报国务院批准,应当将发行时间、面额、图案、式样、规格、主色调、主要特征予以公告。如需改版,中国人民银行应当将改版后的人民币发行时间、面额、主要特征等予以公告。在公告前,不得将新版人民币和改版人民币支付给金融机构。

(二)人民币发行的原则

人民币发行是流通中货币的源头,而流通中货币的数量和质量直接决定着一国货币政策目标的实现。为了保持人民币币值的稳定,促进国民经济的发展,我国人民币的发行必须遵循以下原则:

(1)集中统一发行原则。货币的集中统一发行,是社会主义市场经济持续、稳定发展的客观需要。所谓集中是指人民币发行权集中于中央政府——国务院。统一是指国家授权中国人民银行垄断发行人民币。除中国人民银行以外的任何地区、任何单位和个人都无权发行货币和变相货币,无权动用发行基金向市场投放货币。人民币发行的集中统一,是我国货币制度的核心。只有坚持人民币发行的集中统一管理,才能巩固人民币在我国的法定货币地位,国家才能从宏观上有效调控货币投放,以保证市场上的货币流通量与商品流通量相适应,从而保证人民币币值稳定和货币的正常流通。

(2)计划发行原则。货币发行要根据国民经济发展要求,有计划、有组织地进行。中国人民银行总行根据同一时期国民经济发展状况,提出货币发行计划,

① 王广乾:《中央银行学》,高等教育出版社1999年版,第15页。

报国务院批准后实施。计划发行原则的贯彻,可以保证市场物价和币值稳定,有利于国家货币政策目标的实现。

(3) 经济发行原则。经济发行,或称信用发行原则,是财政发行的对称,主要是指人民银行根据国民经济运行实际所需要的货币量,提出货币发行计划,以保证市场上的货币流通量与商品流通量相适应,从而避免用发行人民币的方法弥补财政赤字或缓解财政支出紧张而导致的通货膨胀,以保持币值和物价的稳定。

要坚持经济发行的原则,就必须杜绝财政发行。财政发行,是指用发行货币的方法弥补由于财政收支不平衡引起的财政赤字。其主要形式有国家财政向中央银行借款、透支,中央银行直接购买公债券、国库券等。财政发行不是按照生产发展和商品流通扩大的需要进行的,因此投放到市场的货币量实际上超出了市场对货币的正常需求数量,必然引起币值和物价的不稳定,严重时会导致通货膨胀,危及一国正常的经济、政治秩序。为避免财政发行,保证经济发行,《中国人民银行法》规定,中国人民银行不得对政府财政透支,不得直接认购、包销国债和其他政府债券。

(三) 人民币发行的程序

人民币发行的程序,就是指人民币发行的步骤,属于人民币发行制度的主要组成部分。根据《中国人民银行法》和《货币发行管理制度(试行)》的规定,人民币发行需经过以下四个环节:

(1) 中国人民银行提出人民币的发行计划,确定年度货币供应量。中国人民银行根据国家的经济和社会发展计划,提出货币发行和回笼计划,经国务院批准后具体组织实施,包括负责票币设计、印刷和储备。

(2) 国务院批准中国人民银行报批的货币供应量计划。

(3) 进行发行基金的调拨。发行基金是中央银行为国家保管的待发行的货币。发行基金是货币发行的准备基金,不具备货币的性质,由设置发行库的各级人民银行保管,总行统一掌管,发行基金的动用权属于总库。

发行基金的调拨是组织货币投放的准备工作,是发行库与发行库之间发行基金的转移。发行基金的调拨采取逐级负责的办法。发行库调拨发行基金,应当按照上级发行库的调拨命令办理。任何单位和个人不得违反规定,动用发行基金。

(4) 普通银行业务库日常现金收付。人民币的发行主要是通过商业银行的现金收付业务活动实现的。各商业银行将人民银行发行库的发行基金调入业务库后,再从业务库通过现金出纳支付给各单位和个人,人民币就进入了市场,这称为现金投放。同时,各商业银行每日都要从市场上回收一定数量的现金,当业务库的库存现金超过规定的限额时,超出部分要送交发行库保管,这叫现金归行。货币从发行库到业务库的过程叫出库,即货币发行;货币从业务库回到发行库的过程叫入库,即货币回笼。

(四)发行库与业务库

1. 发行库

发行库是人民银行为保管货币发行基金而设置的金库,是办理货币发行的具体机构。人民银行通过立法的形式对发行库的相关制度作了原则性的规定。《中国人民银行法》规定:中国人民银行设立人民币发行库,在其分支机构设立分支库。分支库调拨人民币发行基金,应当按照上级库的调拨命令办理。任何单位和个人不得违反规定,动用发行基金。根据《货币发行管理制度(试行)》的具体规定,我国实行四级发行库体制,依次分为总库、分库、中心支库、支库四级。发行库由人民银行根据经济发展和业务需要决定设置。根据需要,总行在部分地区设置重点库和委托分库代总库保管发行基金。重点库和委托分库保管的发行基金归总行直接调拨。各级发行库主任,均由同级人民银行行长兼任。货币发行部门根据库主任的授权,负责管理发行库日常业务。总行重点库主任由所在分行行长兼任。

发行库的主要职责是:(1) 保管人民币发行基金;(2) 办理人民币发行基金出入库和各银行及其他金融机构的现金存取业务;(3) 办理人民银行业务库现金收付业务;(4) 负责回笼现金的整理清点等。

发行库实行双人管库、同进同出制度。对办理库务业务(包括临时从事出入库业务)的人员,经发行库行审查,发给出入库标志、证件(临时人员使用后收回),以严格管理。另外,发行库建立检查制度。有查库资格的仅限于上级行查库介绍信注明人员和发行库行有关人员。上级行和发行库行定期、不定期对辖内发行库和本行库进行检查。发行库行年终则必须由库主任组织有关部门进行检查。被查库的管库人员必须按要求出示账簿、提供情况、共同清点实物,不得以任何理由拖延、拒绝。上级行查库,必须开具查库介绍信。非管库、库务、查库人员因特殊需要入库,必须由该人员所在单位向发行库行提出申请和提供申请人员政审证明,并由发行库行报上级行批准后方可办理入库手续。进入库房的任何非管库人员都必须遵守库房管理有关规定,佩戴出入库标志,并须办理登记手续,以备查考。

2. 业务库

所谓业务库是各银行基层分、支行的处、所为办理日常现金收付而设置的金库。业务库保管的货币是流通中的货币,处于周转状态。为节约现金使用和减少现金调拨,控制货币发行的额度,在保证业务库现金需要的前提下,人民银行对各银行业务库保留的现金,均确定一个库存限额。业务库库存限额确定后,不能任意突破。库存现金超出限额时,超出部分要缴回发行库;不足限额时,发行库就发行一部分货币补充业务库,使其恢复到正常水平。

发行库和业务库都属于人民币发行程序的主要环节,二者的主要区别是:第一,机构设置不同。发行库是各级人民银行的主要组成部分,实行垂直领导;而业务库则是各级政策银行和商业银行为办理现金收付业务而设立的金库。第二,保管的货币的性质不同。发行库保管的是发行基金,在出发行库之前,它尚属货币准备金的性质,不是流通中的货币,不具备货币的职能;业务库保管的是现金,属流通中货币的一部分。第三,业务对象不同。发行库的业务对象是各普通银行;业务库的业务对象是全社会。第四,收付款项的起点不同。发行库出入库的金额起点以千元为单位,须整捆入库;而业务库收付现金则不受起点的限制。

三、人民币流通法律制度

(一) 人民币流通法律制度概述

货币在一国经济金融体系中处于基础地位,现代经济的运行离不开货币的流通。货币流通主要有两种方式,现金流通和非现金流通。现金流通是指当事人以人民币现金进行的货币收支活动;非现金流通是指当事人通过银行进行转账结算的活动。一般来说,一国的货币流通体系既包括现金流通又包括非现金流通,现金流通与非现金流通构成一国统一的货币流通体系。只是由于不同国家的经济发展状况以及金融体系的完善程度的差异,各国货币流通方式有不同侧重。发达市场经济国家更多地采用非现金的货币流通方式,现金流通量在其货币总流通量中所占的比重较小;而发展中国家由于经济、金融水平的欠缺,现金流通量在其货币总流通量中所占的比重较大。

现金的广泛使用是我国经济运行的一大特色。目前,我国流通领域人民币实物总量很大。随着农村由自然经济向市场经济的转化、由实物分配向货币分配的转化,流通中人民币实物总量将会进一步增加。在市场经济条件下,国家通过管理货币流通调控社会资源的配置,尤其是现金流通形成现实的社会购买力,直接影响着市场的稳定,进而影响着经济增长的实效。因此,各国均加强立法,规范和管理货币流通。本节将主要论述人民币现金管理法律制度的相关内容。①

(二) 现金管理法律制度

1. 现金管理的含义及其意义

现金管理是指国家授权银行对单位现金使用和流通状况的监督管理。

目前,我国规制现金管理的法律规范是 1988 年国务院发布的《现金管理暂

① 非现金流通法律制度见第三章“银行业务法律制度”第四节“银行中间业务法律制度”。

行条例》以及《现金管理暂行条例实施细则》。另外,中国人民银行在不同时期发布的有关现金管理的"通知"、"决定"也是我国现金管理的重要依据。如1997年以来,中国人民银行为了强化和改进现金管理,出台了一系列加强现金管理的政策规定:《关于大额现金支付管理的通知》、《大额现金支付登记备案规定》,2001年《关于进一步加强和改进现金管理有关问题的通知》、《中国人民银行关于进一步加强大额现金支付管理的通知》等。

现金管理制度在我国扮演着重要角色,在改善现金管理、抑制通货膨胀、稳定币值,确保中央银行货币政策的制定、执行,抵制经济活动中的违法犯罪行为,规制单位现金的合法使用,扩大银行资金来源等方面发挥着重要作用。

我国自改革开放以来,洗钱[①]犯罪问题日益突出。我国出台的一系列现金管理规章制度,虽然不具有反洗钱的针对性,但总体上都要求金融机构严格内部控制管理,对客户进行身份认定,对大额交易进行识别和记录,客观上能够起到抑制洗钱犯罪的作用。2003年1月3日,中国人民银行发布了《金融机构反洗钱规定》、《人民币大额和可疑支付交易报告管理办法》、《金融机构大额和可疑外汇资金交易报告管理办法》,明确规定中国人民银行是金融机构反洗钱工作的监督管理机关,要求金融机构建立和健全反洗钱内控制度,并将对金融机构违反有关规定给予处罚。我国正在逐步加强反洗钱工作的力度,开始构建以反洗钱刑事法律为基点、以金融机构反洗钱法规为重心、其他法规相配套的反洗钱法律体系和金融操作体系。[②]

2. 现金管理制度的内容

根据《现金管理暂行条例》的规定,我国现金管理的目的是改善现金管理,促进商品生产和流通,加强对社会经济活动的监督;现金管理的主管机关是中国人民银行;各开户银行和其他金融机构依照本条例和其他相关法规的规定,具体负责实施现金管理;现金管理的对象是在银行和其他金融机构(以下简称开户银行)开立账户的机关、团体、部队、企业、事业单位和其他单位(以下简称开户单位)。现金管理的主要内容包括单位现金管理、大额现金支付管理等内容。

(1) 单位现金管理

现金使用范围,是指开户单位在法律许可的范围内可以使用现金,主要表现在以下方面:第一,职工工资、津贴;第二,个人劳务报酬;第三,根据国家规定颁发给个人的科学技术、文化艺术、体育等各种奖金;第四,各种劳保、福利费用以及国家规定的对个人的其他支出;第五,向个人收购农副产品和其他物资的价

---

① 《金融机构反洗钱规定》(中国人民银行2003年1月3日发布,3月1日起施行)第3条规定:本规定所称洗钱,是指将毒品犯罪、黑社会性质的组织犯罪、恐怖活动犯罪、走私犯罪或者其他犯罪的违法所得及其产生的收益,通过各种手段掩饰、隐瞒其来源和性质,使其在形式上合法化的行为。

② 谷慎:《当代金融法》,科学出版社2004年版,第111页。

款;第六,出差人员必须随身携带的差旅费;第七,结算起点以下的零星支出;第八,中国人民银行确定需要支付现金的其他支出。

除第五、第六项外,开户单位支付给个人的款项中,支付现金每人一次不得超过 1000 元,超过限额的部分,应当以支票或者银行本票支付;确需全额支付现金的,经开户银行审核后,予以支付现金。单位购置国家规定的专项控制商品,须采用转账的方式进行,不得使用现金。

现金库存限额,是指各开户单位为保证日常业务经营费用和其他零星开支的需要,依法保留一定数额的库存现金。

现金库存限额由开户单位提出计划,开户银行应当根据实际需要,核定开户单位 3 天至 5 天的日常零星开支所需的库存现金限额。边远地区和交通不便地区的开户单位的库存现金限额,可以多于 5 天,但不得超过 15 天的日常零星开支。经核定的库存现金限额,开户单位必须严格遵守。需要增加或者减少库存现金限额的,应当向开户银行提出申请,由开户银行核定。

开户单位的现金收支应该严格依法办理。开户单位现金收入应当于当日送存开户银行,当日送存确有困难的,由开户银行确定送存时间;开户单位支付现金,可以从本单位库存现金限额中支付或者从开户银行提取,不得从本单位的现金收入中直接支付(即坐支);因特殊情况需要坐支现金的,应当事先报经开户银行审查批准,由开户银行核定坐支范围和限额;坐支单位应当定期向开户银行报送坐支金额和使用情况;开户单位从开户银行提取现金,应当写明用途,由本单位财会部门负责人签字盖章,经开户银行审核后,予以支付现金;因采购地点不固定,交通不便,生产或者市场急需,抢险救灾以及其他特殊情况必须使用现金的,开户单位应当向开户银行提出申请,由本单位财会部门负责人签字盖章,经开户银行审核后,予以支付现金。

国家鼓励个体工商户、农村承包户到银行开立账户,以转账方式结算。对个体工商户、农村承包经营户发放的贷款,应当以转账方式支付。对确需在集市使用现金购买物资的,经开户银行审核后,可以在贷款金额内支付现金。在开户银行开户的个体工商户、农村承包经营户异地采购所需货款,应当通过银行汇兑方式支付。因采购地点不固定,交通不便必须携带现金的,由开户银行根据实际需要,予以支付现金。

未在开户银行开户的个体工商户、农村承包经营户异地采购所需货款,可以通过银行汇兑方式支付。凡加盖“现金”字样的结算凭证,汇入银行必须保证支付。

(2) 大额现金支付管理

加强大额现金支付的管理,是借鉴国际经验、促进社会主义市场经济发展的需要,是维护金融秩序、防范和打击经济犯罪的需要,是维护存款人权益和确保资金安全的需要。1997 年,中国人民银行相继颁布了《关于大额现金支付管理的通知》和《大额现金支付登记备案规定》,2001 年又发布了《中国人民银行关于进一步加强大额现金支付管理的通知》,希望通过立法的形式对我国的大额现金收支进行有效管理。

第一,大额现金支付实行登记备案制度。登记备案的范围限于机关、团体、企业、事业单位、其他经济组织和个体工商户以及外国驻华机构(以下简称开户单位)的大额现金支付,工资性支出和农副产品采购现金支出除外。对居民个人提取储蓄存款暂不实行登记备案。

大额现金的数量标准由中国人民银行各省、自治区、直辖市分行根据当地开户单位正常、零星的现金支出的实际确定,并报中国人民银行总行备案。

开户单位在提取大额现金时,要填写有关大额现金支取登记表格,表格的主要内容应包括支取时间、单位、金额、用途等。开户银行要建立台账,实行逐笔登记,并于季后 15 日内报送中国人民银行当地分支行备案。开户银行对本行签发的超过大额现金标准、注明“现金”字样的银行汇票、银行本票,视同大额现金支付,实行登记备案制度。

中国人民银行各级分支行要定期检查开户银行执行大额现金支付登记备案规定的情况,对于开户银行不按规定建立台账,不按期向人民银行报送备案的,视情节轻重,给予严肃处理,并责令其限期改正。

第二,根据《中国人民银行关于进一步加强大额现金支付管理的通知》,国家从以下诸方面加强对大额现金支付的管理:严格企事业单位账户大额现金支付的管理;严格企事业单位的库存现金管理;加强对乡镇企业、私营企业和个体经营者提取大额现金的管理;加强居民个人储蓄账户大额现金支付管理;严禁公款私存;加强对银行卡存取现金的管理;加强现金银行汇票和银行本票大额提取现金的管理;加强对非银行金融机构大额现金支取的管理;加强对异常大额现金支取的监管;加强开户银行库存现金管理;加快各商业银行及全国金融系统大额现金支取管理监测系统建设。

另外,该通知还规定,定期开展大额现金制度执行情况检查,强化内部控制制度、健全监管机制。检查的重点是大额现金有关规章制度的执行情况,内部控制制度、监督制约机制和监管机制的运作情况。通过检查,找出漏洞和管理的薄弱环节,并通过典型案件教育从业人员,以期更好地贯彻国家对大额现金的管理制度。

(3) 违反现金管理的法律责任

《现金管理暂行条例》规定了违反现金管理的法律责任。

第一,开户单位有以下情形之一的,开户银行应当依照中国人民银行的规定,责令其停止违法活动,并可根据情节轻重处以罚款:超出规定范围、限额使用现金的；超出核定的库存现金限额留存现金的。

开户单位有以下情形之一的，开户银行应当依照中国人民银行的规定，予以警告或者罚款；情节严重的，可在一定期限内停止对该单位的贷款或者停止对该单位的现金支付：对现金结算给予比转账结算优惠待遇的；拒收支票、银行汇票和银行本票的；违反本条例第 8 条[①]规定，不采取转账结算方式购置国家规定的专项控制商品的；用不符合财务会计制度规定的凭证顶替库存现金的；用转账凭证套换现金的；编造用途套取现金的；互相借用现金的；利用账户替其他单位和个人套取现金的；将单位的现金收入按个人储蓄方式存入银行的；保留账外公款的；未经批准坐支或者未按开户银行核定的坐支范围和限额坐支现金的。

第二，行政复议和行政诉讼。

开户单位对开户银行作出的处罚决定不服的，必须首先按照处罚决定执行，然后可在 10 日内向开户银行的同级人民银行申请复议。同级人民银行应当在收到复议申请之日起 30 日内作出复议决定。开户单位对复议决定不服的，可以在收到复议决定之日起 30 日内向法院起诉。

第三，开户银行及其工作人员的法律责任。

银行工作人员违反本条例规定，徇私舞弊、贪污受贿、玩忽职守纵容违法行为的，应当根据情节轻重，给予行政处分和经济处罚；构成犯罪的，由司法机关依法追究刑事责任。

四、人民币利率管理制度

（一）利率的概念和分类

利率，即利息率，是指一定时期内的利息额与所存入或贷出的本金额的比率，利率是计算利息的依据。

在多种利率并存的条件下，对整个利率体系起决定作用的利率被称做基准利率（benchmark interest rate）。基准利率发生变动，其他利率也随之相应调整。基准利率传统上是以中央银行的再贴现利率为标志，现在已有变化，各国不尽相同。伦敦同业拆借利率（London Inter bank Offered Rate，LIBOR），是国际上一种最广泛的被参考的基准利率。我国的人民币基准利率是由中国人民银行确定的对金融机构的存、贷款利率，包括再贷款利率、再贴现利率、存款准备金利率和超额存款准备金利率。

根据是否可在市场机制下自由变动，利率可分为市场利率和法定利率。市场利率是指在市场机制下由借贷双方通过竞争而形成的利率。法定利率是国家

---

① 第 8 条规定：机关、团体、部队、全民所有制和集体所有制企业事业单位购置国家规定和专项控制商品，必须采取转账结算方式，不得使用现金。

为了实现货币政策目标，由中央银行或金融监督管理机构确定的利率。

根据在借贷期内是否调整，利率可分为固定利率与浮动利率。固定利率是指在整个借贷期间不作调整的利率。浮动利率是指在借贷期内可根据市场利率作定期调整的利率。

根据计算利息的期限单位，利率可分为年利率、月利率、日利率。年利率按本金的百分之几表示，月利率按本金的千分之几表示，日利率按本金的万分之几表示。

根据是否考虑通货膨胀（包括通货紧缩）因素，利率可分为名义利率与实际利率。名义利率是指未考虑通货膨胀（包括通货紧缩）因素的利率。实际利率是指包括补偿通货膨胀（包括通货紧缩）风险后的利率。实际利率是判断利率水平的依据。

（二）人民币利率管理与利率市场化改革

利率体现了资金的时间价值，是一项重要的经济杠杆，利率政策是一国货币政策的重要组成部分，也是货币政策实施的主要手段之一。中国人民银行是我国的利率主管机关，代表国家统一行使利率管理权，其他任何单位和个人不得干预。中国人民银行根据国务院的决定或授权，制定和调整法定利率。中国人民银行根据货币政策实施的需要，适时运用利率工具，对利率水平和利率结构进行调整，进而影响社会资金供求状况，实现货币政策的既定目标。

中国人民银行推行利率市场化改革。改革的目标是，建立由市场供求决定金融机构存、贷款利率水平的利率形成机制，中央银行通过运用货币政策工具调控和引导市场利率，使市场机制在金融资源配置中发挥主导作用。改革的基本原则是，正确处理好利率市场化改革与金融市场稳定和金融业健康发展的关系，正确处理好本币、外币利率政策的协调关系，逐步淡化利率政策承担的财政职能。改革的基本步骤是“先外币、后本币，先贷款、后存款，存款先大额长期、后小额短期”。

自 1996 年我国利率市场化进程正式启动以来，经过几年的发展，利率市场化改革稳步推进，现在，我国的国债利率、同业拆借利率、外国银行办理国际业务的利率等已由市场决定。最近一次利率调整是中国人民银行从 2004 年 10 月 29 日起上调金融机构存贷款基准利率并放宽人民币贷款利率浮动区间和允许人民币存款利率下浮。①

① 2011 年 2 月 9 日起，中国人民银行上调金融机构人民币存贷款基准利率。金融机构一年期存贷款基准利率分别上调 0.25 个百分点，其他各档次存贷款基准利率相应调整。

第三节　外汇管理法律制度

一、外汇管理概述

(一) 外汇及汇率

1. 外汇的概念及其分类

外汇,是国外汇兑的简称,有动态和静态两方面含义。动态意义上的外汇,是指将一国货币转换成另一国货币,并转移到另一个国家的金融活动。静态意义的外汇,是指用外币表示的,用于国际结算的支付手段。通常意义上讲的外汇一般是指静态的外汇。

国际货币基金组织对外汇的解释为:"外汇是货币行政当局(中央银行、货币机构、外汇平准基金组织及财政部)以银行存款、财政部库券、长短期政府债券等形式所保有的、在国际收支逆差时可以使用的债权。"这一解释实质上使用的是静态意义上的外汇概念。我国国务院颁布的《外汇管理条例》(1996 年 4 月 1 日起施行,2008 年 8 月 1 日修订)也是从静态意义上界定外汇的,但范围较广。《外汇管理条例》规定的外汇包括以下形式:(1) 外币现钞,包括纸币、铸币;(2) 外币支付凭证或者支付工具,包括票据、银行存款凭证、银行卡等;(3) 外币有价证券,包括债券、股票等;(4) 特别提款权;(5) 其他外汇资产。

另外,外汇是以外国货币表示的金融资产,即货币只有从发行国转移到他国居民手中才能作为外汇;不是所有的外国货币都能成为外汇,只有在国际支付中为世界各国普遍接受,可以自由兑换另一种资产或其他国际支付手段、办理国际支付结算的外国货币才可称为外汇。

外汇根据不同标准可以作以下分类:

(1) 根据支付方式的不同,外汇可分为自由外汇和记账外汇。自由外汇是指无需经过货币发行国管汇当局的批准,即可在国际金融市场上自由兑换成他国货币或对第三国办理支付的外国货币及这些货币的支付凭证。目前世界上的自由外汇主要有:美元、英镑、日元、欧元、加拿大元以及我国香港特别行政区的港元等。记账外汇,又称双边外汇,是指未经管汇当局批准不能自由兑换成其他国家货币的外汇。记账外汇只能用于贸易协定国之间的双边清算。记账外汇中所使用的双边计价结算的货币由协定国在协定中约定,它可以是协定国任何一方的货币,也可以是协定国以外第三国的货币或者复合货币。

(2) 根据来源和用途的不同,外汇可分为贸易外汇和非贸易外汇。贸易外汇,是指通过对外贸易而取得的外汇。非贸易外汇是指通过对外贸易以外的方式或渠道而取得的外汇,如通过旅游、对外贷款、侨民汇款、科技文化交流等收入的外汇。

（3）根据持有人的不同，外汇可分为居民外汇和非居民外汇。居民外汇，是指一国境内的居民以各种形式持有的外汇。由于居民的外汇收支直接影响到居住国的国际收支，因此在实行外汇管制的国家，对居民外汇一般实行比较严格的管理。非居民外汇，是指一国境内的临时居留的外国旅游者、留学生、短期回国侨民，外国驻本国外交使、领馆及外交人员以及驻本国的国际性机构及其工作人员等非居民，以各种形式所持有的外汇。一般情况下，各国对非居民的外汇收支管理比较宽松。

（4）根据国际收支发生项目的不同，外汇可分为经常项目外汇和资本项目外汇。经常项目外汇是指国际收支中经常发生的交易项目，包括贸易收支、劳务收支、单方面转移等产生的外汇。资本项目外汇是指国际收支中因资本输出和输入而产生的资本与负债的增减项目外汇，包括直接投资、各类贷款、证券投资等。

2．汇率的概念及其分类

所谓汇率是指一国货币同他国货币之间的兑换比率，或者说是一国货币单位用另一国货币单位表示的价格。

外汇汇率根据不同的标准可以作如下分类：

（1）按照汇率稳定性的不同，分为固定汇率和浮动汇率。固定汇率是指一国货币同另一国货币的汇率基本固定，其波动被限制在极小的范围内，波动幅度很小。浮动汇率是指一国货币当局不规定本币对其他货币的官方汇率，外汇汇率完全由市场供求关系决定。事实上，完全由市场决定浮动汇率并不存在，各国货币当局都审时度势地干预外汇市场，实行有管理的浮动汇率。

（2）按照对汇率的管制程度的不同，分为官方汇率和市场汇率。官方汇率是指由一国货币当局或外汇管理部门制定和公布的用于一切外汇交易的汇率。市场汇率是指在自由外汇市场上买卖外汇所使用的实际汇率。官方汇率与市场汇率之间往往存在差异，在外汇管制较严的国家不允许存在外汇自由买卖市场，官方汇率就是实际汇率。而在外汇管制较松的国家，官方汇率往往流于形式，通常有行无市，实际外汇买卖都是按市场汇率进行。

（3）按照汇率的制定方法的不同，可分为基础汇率和交叉汇率。基础汇率是指本国货币与基准货币或关键货币的汇率。基准货币或关键货币是国际上普遍使用的，在本国国际收支中使用最多的，在国际储备中比重最大的货币。目前，各国基本上都以美元作为基准货币，通过制定与美元的汇率套算（交叉）出与其他货币的汇率。我们经常所说的直盘就是基础汇率，交叉盘就是交叉汇率。交叉汇率是指通过基础汇率套算出的本币对其他货币的汇率，也称套算汇率。

（4）按照汇率的来源与用途的不同，可分为单一汇率和多重汇率。前者指一国对外只有一个汇率，不同来源和用途的外汇收支均按此进行结算。后者指一国对某一外币的汇价因来源与用途不同而规定两种以上的汇率。

（二）外汇管理的概念及其类型

1. 外汇管理的概念

外汇管理也称外汇管制，是指一个国家的外汇管理机构依法对所辖境内的外汇收付、买卖、借贷、转移和汇价等实行的行政限制性措施。

在国际交往中，外汇对于促进国际间经济贸易的发展和政治文化交流发挥着巨大的作用：外汇能够转移国际间的购买力，实现国与国之间的货币流通；外汇能够促进国际贸易的发展，提高资金效益，加速商品流通；外汇能够调剂国际间的资金余缺，缓和国际经济发展中资金短缺的矛盾。

从内国的情况看，无论是促进本国国际竞争力的提高，还是实现稳定物价、促进就业、经济增长、国际收支平衡的宏观调控目标，都需要运用货币政策。运用货币政策的制度前提是国内货币的流通，而这就需要通过外汇管理限制和禁止境外货币在境内的流通。因此，各国都不同程度地对外汇实行管理。

现阶段各国对外汇实行管制的主要目的是：稳定汇率、平衡国际收支和保护国内市场、促进经济发展。

2. 外汇管理的类型

目前，世界上多数国家都实行外汇管理。由于社会制度和经济发展状况的差异，各国对外汇所采取的方针、政策和措施也有所不同。根据各国和地区对外汇管理的宽严程度，可将外汇管理分为三种类型：

（1）实行严格的外汇管理，即对经常项目外汇和资本项目的外汇收支都实行严格的限制。大多数发展中国家都实行严格的外汇管理。

（2）实行部分外汇管理，即对经常项目的外汇收支原则上不加限制，但对资本项目的外汇收支加以一定的限制。一些发达的市场经济国家实行部分外汇管理，如日本、丹麦、挪威、法国、意大利等约有二十多个国家。我国目前也是实行部分外汇管理。

（3）基本不实行外汇管理，即对经常项目和资本项目外汇收支都不加限制，允许外汇自由兑换、自由进出国境。这类国家有美国、英国、瑞士、荷兰、新加坡等。

（三）外汇管理的内容

外汇管理的内容主要包括外汇管理的机构、对象和项目。

1. 外汇管理的机构和对象

实行外汇管理的国家，一般都授权中央银行或专门的外汇管理部门履行外汇管理职能。各国外汇管理机构一般分为三种类型：一是中央银行，如英国、德国；

二是财政部,如日本、法国;三是由政府设立专门的外汇管理机构,如意大利的外汇管理署。这些外汇管理机构负责制定外汇管理政策、法规和规章,并监督实施。

外汇管理的对象包括对物和对人两个方面。对物的管理是指对外汇收支中所使用的各种支付手段和外汇资产的管制。这些支付手段和外汇资产主要包括纸币、铸币、外汇票据(汇票、本票、支票及其他支付凭证)、有价证券(股票、息票、公债券、公司债券、人寿保险单、存折等)和黄金。有些国家还把白银、白金、金刚石包括在内。对人的管理包括自然人和法人。实行外汇管制的国家,根据自然人和法人居住地点和期限的不同,又把自然人和法人分为居民和非居民。居民是指在本国境内居住一年以上的本国人和外国人。大多数国家因居民的外汇收支对本国的国际收支影响较大,所以对居民的外汇收支管理较严,而对非居民的外汇收支管理较松。

2. 外汇管理的项目

(1) 经常项目外汇管理

由于经常项目外汇收支是一国发展对外经济关系的基础,且经常项目外汇收支给国内经济造成冲击的可能性较小,大多数国家对经常项目外汇收支的管理都比较宽松。

(2) 资本项目外汇管理

由于各国经济发展以及外汇供求情况的不同,不同的国家对资本项目外汇的管制也有所不同。一般来说,发达国家对资本输入限制较严,发展中国家对资本输出限制较严。

(3) 金融机构外汇管理

一般来说,金融机构从事外汇业务涉及面广、涉及金额巨大,可以在较短的时间内对一国的外汇收支产生重要影响。因此,各国都很重视对金融机构外汇业务的管理。这表现在各国外汇管理机关通过制定相关政策、法规、规章加强对外汇金融机构的资格控制、业务控制,从而抑制外汇风险,保持本国国际收支的稳定。

(4) 汇率管理

汇率管理是指政府通过行政性措施规定或影响本币的对外汇率,并通过汇率杠杆的作用,使外汇收支向着对本国有利的方向发展的管理模式。

汇率管理的主要形式是实行复汇率制度,即一国在制定其本币对外汇率时,规定几种汇率同时并存。复汇率表现形式之一是实行贸易汇率和金融汇率并存的制度。这样做可以改善一国的国际收支,使其进口减少,出口增加。复汇率制是一种歧视性的金融措施,表现为针对不同的贸易国和不同的进出口货物规定不同的汇率,以限制或扩大对某些国家的贸易,这容易引起别国的报复措施。

(5) 外汇市场管理

外汇市场,是指进行外汇买卖的场所。外汇市场与资金市场不同,它是买卖场所，而资金市场是借贷市场。国际上的外汇市场有两种形式：一种是有形市场，即有固定交易场所的市场，如巴黎、布鲁塞尔等；另一种是无形市场，即没有具体交易场所的市场。目前世界上大多数外汇市场是后一种形式。在这种市场上，交易所通过电话、电报、电传等通信工具完成外汇交易。

外汇市场的运行，有利于国际资金的融通、加速国际资金的周转、促进国际经济一体化的发展，各国都比较重视对外汇市场的管理。

二、中国外汇管理法律制度的历史沿革

新中国成立以后的一个相当长的时期内，国家对外汇实行"集中管理，统一经营"的方针，对外汇实行严格的管制。改革开放以来，我国的外汇体制也随之进行了改革。1980 年国务院发布的《外汇管理暂行条例》规定，实行外汇留成制，建立外汇调剂市场。1993 年 11 月，《中共中央关于建立社会主义市场经济体制若干问题的决定》提出："改革外汇管理体制，建立以市场为基础的有管理的浮动汇率制度和统一规范的外汇市场，逐步使人民币成为可兑换的货币。"这为我国今后的外汇体制改革指明了方向。

1993 年 12 月 28 日，中国人民银行发布了《关于进一步改革外汇管理体制的公告》，使我国的外汇管理体制改革取得了以下重大突破：(1) 取消了原有企业的上缴和留成制度，实行银行结、售汇制度；(2) 相应地，以统一的银行间外汇调剂市场代替企业间外汇买卖市场，全国范围内开始形成统一、规范、高效的外汇交易市场；(3) 改进外汇形成机制，从 1994 年 1 月 1 日起实现汇率并轨，实行以市场供求为基础、单一的、有管理的浮动汇率制；(4) 取消外汇指令性计划，国家主要运用经济、法律手段实现对外汇和国际收支的宏观调控。

1994 年以后，银行结、售汇制度逐步推广到所有外商投资企业和其他企业，银行对企业和居民的供汇范围也逐步扩大，覆盖了经常项目下的所有的交易类别。同年 4 月 4 日，全国统一的外汇市场——中国外汇交易中心在上海正式运行，从此我国外汇市场由带有计划经济色彩的外汇调剂市场发展到符合市场经济要求的银行间外汇市场的新阶段。为了更好地使我国的外汇管理适应对外开放的要求，国务院于 1996 年 1 月 29 日发布了《外汇管理条例》，明确规定国家对经常性国际支付和转移不予限制。在这样的背景下，中国人民银行宣布从 1996 年 12 月 1 日起，实现人民币经常项目可兑换，至此，我国成为世界上又一个符合《国际货币基金组织协定》第 8 条①要求的国家，我国的外汇管理体制改革取得

① 1996 年 12 月 1 日，我国正式接受《国际货币基金组织协定》第 8 条的义务，取消了对经常项目交易的外汇限制，自此人民币实现经常项目下完全可兑换。国际货币基金组织在其 2000 年关于与中国的第 8 条磋商年度报告中确认，中国对经常项目交易不存在外汇限制。

了显著成就。与此同时,国家外汇管理局1996年发布《境内居民因私兑换外汇办法》、1997年9月24日颁布《银行外汇业务管理规定》、1998年9月1日发布《境内居民个人外汇管理暂行办法》,中国人民银行1996年6月20日发布《结汇、售汇和付汇管理办法》等,进一步促进了我国外汇管理体制改革的深入。

入世后,为了更好地融入世界市场,完善我国现有的金融体制,我国外汇管理体制面临进一步的改革。在立法方面,国家外汇管理局2001年1月1日发布《资本项目外汇收入结汇暂行办法》,2003年4月3日发布《国家外汇管理局关于取消部分资本项目外汇管理行政审批后过渡政策措施的通知》,2003年4月2日发布《国家外汇管理局关于取消经常项目外汇管理行政审批项目有关问题的通知》,2003年8月1日发布《国家外汇管理局关于调整国际承包工程等项下经常项目外汇账户管理政策有关问题的通知》,2003年9月9日发布《国家外汇管理局关于银行间外汇市场开展双向交易的通知》,2004年2月16日发布《国家外汇管理局关于规范非居民个人外汇管理有关问题的通知》。这些规章的颁行实施,一方面从经常项目、资本项目、金融机构外汇管理、汇率管理和外汇市场等各个方面实际上改进了我国现行的外汇管理体制,另一方面也为中国外汇管理体制的未来走向指明了方向。

近年来,随着我国经济的快速发展和国际经济形势的深刻变化,外汇管理面临一些新情况,需要从制度上加以解决。一是,外汇管理改革日益深化,经常项目已实现完全可兑换,企业可自行保留经常项目外汇收入,个人的外汇需求基本得到满足,资本项目可兑换程度不断提高,人民币汇率形成机制进一步完善,需要修订原有旧法以巩固改革成果,并为下一步改革留出余地。二是,我国国际收支形势发生根本性变化,由外汇短缺转为外汇储备增长过快。外汇管理局的统计数据显示,截至2010年底我国外汇储备量已超过2.8万亿美元。如何适当控制外汇流入,实施对外汇流入流出的均衡和规范管理成为监管者的全新任务。三是,在我国经济日益国际化,国际资金流动加快的情况下,需要进一步完善跨境资金流动监测体系,建立健全国际收支应急保障制度,以有效防范风险,提高开放型经济水平。

2008年8月5日,国务院正式颁布了修订后的《外汇管理条例》。新《外汇管理条例》吸收了近年来外汇改革的若干成果,对旧《外汇管理条例》在以下方面进行了全面修订:

第一,对外汇资金流入流出实施均衡管理。2008年修订后的《外汇管理条例》要求经常项目外汇收支应当具有真实、合法的交易基础,取消外汇收入强制调回境内的要求,允许外汇收入按照规定的条件、期限等调回境内或者存放境外;规范资本项目外汇收入结汇管理,要求资本项目外汇及结汇资金应当按照批准的用途使用,增加对外汇资金非法流入、非法结汇、违反结汇资金流向管理等违法行为的处罚规定；明确外汇管理机关有权对资金流入流出进行监督检查及具体管理职权和程序。

第二，完善人民币汇率形成机制及金融机构外汇业务管理。新《外汇管理条例》确定了以市场供求为基础的、有管理的人民币浮动汇率制度；经营结汇、售汇业务的金融机构和符合规定条件的其他机构，按照国务院外汇管理部门的规定在银行间外汇市场进行外汇交易；调整外汇头寸管理方式，对金融机构经营外汇业务实行综合头寸管理。

第三，强化对跨境资金流动的监测，建立国际收支应急保障制度。新《外汇管理条例》健全了国际收支统计申报制度，完善外汇收支信息收集，加强对跨境资金流动的统计、分析与监测；规定根据世界贸易组织规则，规定国际收支出现或者可能出现严重失衡，以及国民经济出现或者可能出现严重危机时，国家可以对国际收支采取必要的保障、控制等措施。

第四，健全外汇监管手段和措施。为保障外汇管理机关依法、有效地履行职责，新《外汇管理条例》增加规定了外汇管理机关的监管手段和措施，同时规定了外汇管理机关进行监督检查的程序。

三、中国外汇管理法律制度的基本内容

1996年制定并颁布的《外汇管理条例》，主要规定外汇管理的基本原则和基本内容。而单行的部门规章和规范性文件，主要规定外汇管理的具体内容、管理方式和工作程序，单行法的制定和实施，为基本法的完善奠定了基础。

1996年《外汇管理条例》规定我国外汇管理机关是外汇管理局及其分、支局。1979年3月，国务院设立了国家外汇管理总局，它与中国银行合署办公。1982年8月，国家外汇管理总局并入中国人民银行，属于央行管理外汇的一个职能部门，其名称改为国家外汇管理局。1988年，国务院进行了机构调整，将国家外汇管理局设为国务院直属局，业务上由中国人民银行代管。1998年5月，国务院再次进行调整将原来由中国人民银行负责的与国际金融组织有关的国际资产及投资、交易、清算、会计核算等业务交给国家外汇管理局；原来由国家外汇管理局负责的对金融机构外汇业务、市场准入审批职能以及对金融机构外币资产质量和风险监管职能交给中国人民银行。现在，外汇管理局执行外汇管理的职能，其基本职责是根据国家外汇政策和经济发展的需要，拟定外汇管理的方针、政策、法规和相应的实施细则，拟定人民币汇率政策，公布、调整人民币汇率，参与编制国家外汇收支计划和国际收支计划并组织实施和监督执行，拟定国家外汇储备政策和经营原则，集中管理国家外汇储备和抵押外汇，管理和监督非贸易和资本项目下的外汇收支，审批和管理经营外汇业务的金融机构，管理外汇交易市

场,管理外债,负责外债的登记、监测和统计,查处违反外汇管理制度的案件等。①

（一）经常项目下外汇管理规则及其改革

经常项目外汇管理,因其适应条件的不同,又分为对境内机构、对个人、对外国驻华机构与外籍人员经常项目外汇的收支管理三部分。

1. 境内机构经常项目外汇管理及其改革

1996年《外汇管理条例》规定:(1) 境内机构的经常项目外汇收入必须调回境内,不得违反国家有关规定将外汇擅自存放在境外。境内机构是指中华人民共和国境内的国家机关、企事业单位、社会团体、部队等,包括外商投资企业,但不包括金融机构。(2) 境内机构的经常项目外汇收入,应当按照国务院关于结汇、售汇及付汇管理的规定卖给外汇指定银行,或者经批准在外汇指定银行开立外汇账户。(3) 境内机构的经常项目用汇,应当按照国务院关于结汇、售汇及付汇管理的规定,持有效凭证和商业单据向外汇指定银行购汇支付。

为适应我国加入WTO的新形势,降低企业经营成本,完善经常项目外汇管理,2002年9月9日国家外汇管理局发布了《境内机构经常项目外汇账户管理实施细则》,对外汇管理局在管理境内机构经常项目外汇账户的职能、权限,开设外汇账户的境内机构资格,境内机构经常项目外汇账户的收支范围,境内机构经常项目外汇账户的变更、关闭和撤销等内容作出了具体规定,使境内机构经常项目外汇收支及其管理更为规范。

随着涉外经济的不断发展,为进一步满足境内机构和个人的用汇需求,促进贸易便利化,国家外汇管理局决定进一步改善经常项目外汇管理,于2006年4月13日发布《国家外汇管理局关于调整经常项目外汇管理政策的通知》,对境内机构经常项目外汇管理政策作出调整。(1) 取消经常项目外汇账户开户事前审批,提高经常项目外汇账户限额。除开立首个账户需进行机构基本信息登记外,企业开立、变更和关闭经常项目外汇账户,由银行按外汇管理要求和商业惯例直接办理并向外汇局备案,无需经外汇局审批;调整账户限额核定办法,提高境内机构经常项目外汇账户保留外汇的限额;允许境内机构有真实贸易背景且有进口支付需求的企业提前购汇存入外汇账户。(2) 简化服务贸易售付汇凭证,调整服务贸易售付汇审核权限。允许国际海运企业直接到外汇指定银行购汇支付国际海运项下运费及相关费用,不再对其购汇行为进行限制。

2. 个人经常项目下外汇收支管理及其改革

根据1996年《外汇管理条例》的规定,国家对个人持有的外汇管理比较宽松:(1) 属于个人所有的外汇,可以自行持有,也可以存入银行或者卖给外汇指定银行。对个人的外汇储蓄存款,实行存款自愿、取款自由、存款有息、为储户保

① 刘定华:《金融法教程》,中国金融出版社2004年版,第173页。

密的原则。(2) 个人因私用汇,在规定限额以内购汇。超过规定限额的个人因私用汇,应当向外汇管理机关提出申请,外汇管理机关认为其申请属实的,可以购汇。个人携带外汇进出境,应当向海关办理申报手续;携带外汇出境,超过规定限额的,还应当向海关出具有效凭证。

2003 年 4 月 2 日,国家外汇管理局发布的《国家外汇管理局关于取消经常项目外汇管理行政审批项目有关问题的通知》规定,取消边境易货项下支付定金或贸易从属费的审批;取消居民个人从境外汇入或携入的经常项目外汇一次解付外币现钞或兑换人民币等值 5 万美元(含 5 万美元)以上的审批;取消免税商品进口用汇及免税商店购进的免税商品因货损、积压等需转为人民币销售的审批。行政手段的退出,市场机制的进入,进一步促进了我国经常项目外汇管理的市场化趋势。

为了适应对外开放的新形势,更好地满足境内居民个人经常项目下的真实用汇需求,方便和规范居民个人向银行购买外汇,抑制外汇非法交易,2003 年 9 月 1 日,国家外汇管理局发布《国家外汇管理局关于调整境内居民个人经常项目下购汇政策的通知》,决定对 2002 年 7 月 11 日发布的《境内居民个人购汇管理实施细则》规定的居民个人经常项目下的购汇政策进行调整,扩大用汇居民的范围、调整个人用汇限额等,其中最重要的是提高了个人用汇限额,将个人购汇指导性限额规定如下:(1) 有实际出境行为的购汇指导性限额:居民个人因出境旅游、朝觐、探亲会亲、境外就医、商务考察、被聘工作、出境定居、国际交流、境外培训、其他出境学习、外派劳务等事由需购汇时,凡其签证上标注的出境时间在半年以内的,每人每次可向银行购汇等值 3000 美元;出境时间在半年以上(含半年)的,每人每次可向银行购汇等值 5000 美元。(2) 没有实际出境行为的购汇指导性限额:居民个人并未出境,但因缴纳境外国际组织会费、境外直系亲属救助、境外邮购等事由需购汇时,其购汇指导性限额统一调整为每人每次等值 3000 美元。

根据近年来境内居民个人自费出国(境)留学(以下简称"自费留学")用汇标准不断提高的实际情况,为满足自费留学人员的合理用汇需求,完善经常项目外汇管理,国家外汇管理局于 2004 年 11 月 9 日发布《国家外汇管理局关于调整境内居民个人自费出国(境)留学购汇指导性限额的通知》(以下简称《通知》,自 2005 年 1 月 1 日起正式施行)。《通知》规定:(1) 调整境内居民个人自费留学的供汇指导性限额。将现行指导性限额由每人每年等值 2 万美元调整为:学费按照境外学校录取通知书或学费证明上所列明的每年度学费标准进行供汇;生活费的供汇指导性限额为每人每年等值 2 万美元,即每人每年生活费购汇金额在等值 2 万美元(含 2 万美元)以下的,到外汇指定银行办理;等值 2 万美元以上的,经外汇局核准后到外汇指定银行办理。(2) 简化自费留学人员购汇时需提供的生活费证明材料。对于生活费购汇金额在等值2万美元(含2万美元)以下的,自费留学人员在购汇时,可不再提供生活费证明材料,持境外学校录取通知书、学费通知书、护照签证及身份证或户口簿即可到外汇指定银行办理购汇;对于购汇金额在等值2万美元以上的,须持录取通知书、生活费通知书、护照签证及身份证或户口簿到外汇局进行核准,经核准后到外汇指定银行办理。(3)对于前往德国、比利时等需要汇入保证金才签发留学签证的国家的自费留学人员,允许其在持相关证明材料购买外汇保证金汇出境外的同时,另外还可购买等值3000美元的外汇,作为出国途中的零用费。(4)自费留学人员购买用于支付学费的外汇,事后仍需按《境内居民个人购汇管理实施细则》的有关规定,凭有关证明材料进行核销;生活费购汇不需办理核销。

2006年4月13日发布的《国家外汇管理局关于调整经常项目外汇管理政策的通知》,对境内居民个人购汇管理政策也进行了调整,放宽境内居民个人购汇政策,实行年度总额管理。对境内居民个人购汇实行年度总额管理;简化年度总额内购汇的手续,境内居民个人凭本人真实身份证明并向银行申报用途后即可购买;对于超过年度总额的用汇需求,只要提供了真实需求凭证,经银行审核后仍可按实际需要购买;取消外汇管理局对境内居民个人购汇的核销管理。

3. 外国驻华机构与来华人员经常项目外汇收支管理

根据1996年《外汇管理条例》的规定,外国驻华机构和来华人员的合法人民币收入,需要汇出境外的,可以持有关证明材料和凭证到外汇指定银行兑付;外国驻华机构和来华人员由境外汇入或者携带入境的外汇,可以自行保存,可以存入银行或者卖给外汇指定银行,也可以持有效凭证汇出或者携带出境。

2008年修订的新《外汇管理条例》,全面确立了人民币经常项目完全可自由兑换的基本规则,即任何单位和个人不得对经常性国际支付和转移进行限制,并不得实行歧视性货币安排或多重货币制度。具体而言,新条例规定对经常性国际支付和转移不予限制,并取消经常项目外汇收入强制结汇要求,经常项目外汇收入可按规定保留或者卖给金融机构;规定经常项目外汇支出按付汇与购汇的管理规定,凭有效单证以自有外汇支付或者向金融机构购汇支付。为保证经常项目外汇收支具有真实、合法的交易基础,新条例要求办理外汇业务的金融机构应当对交易单证的真实性及其与外汇收支的一致性进行合理审查,同时规定外汇管理机关有权对此进行监督检查,监督检查可以通过核销、核注、非现场数据核对、现场检查等方式进行。

(二)资本项目外汇管理规则及其改革

我国已经于1996年底实现了人民币经常项目下的可自由兑换,但原有的《外汇管理条例》仍然规定国家对资本项目外汇收支实行管制。这在当前我国金融监管体制不健全,外汇管理体制有待完善的情况下,可以防止资本项目外汇混入经常项目外汇收支而造成的资本大量流入流出从而冲击国内市场的局面。严格管理资本项目外汇收支既是国际惯例，也是我国市场经济建立阶段的需要。但从长远看，适时推进资本项目可兑换，是我国进一步充分利用国际国内两个市场、两种资源，加快结构调整，促进产业升级，推动经济可持续发展的客观要求，也是主动应对经济全球化和加入 WTO 挑战的必然选择。

根据 1996 年《外汇管理条例》，现阶段我国对资本项目外汇收支规定了四个方面的管理措施，即资本项目结汇管理，对境外直接投资的外汇管理，外商投资企业外汇资本金的管理，境内机构对外担保、借贷的管理。

1. 资本项目结汇管理

境内机构的资本项目外汇收入，除国务院另有规定外，应当调回境内；境内机构的资本项目外汇收入，应当按照国家有关规定在外汇指定银行开立外汇账户，卖给外汇指定银行的，须经外汇管理机关批准；境内机构投资于合资企业终止结算后，属于中方所有的外汇，应全部卖给外汇指定银行。

2. 对境外直接投资的外汇管理

目前，我国境外投资项目审批的主管机关是国家发展计划委员会和商务部及其授权的部门。国家外汇管理局作为境外投资的外汇管理机关主要对投资者的资格、境外投资的风险和境外投资的外汇来源等进行审查。

3. 外商投资企业外汇资本金的管理

外商投资企业外汇资本金的增加、转让或以其他方式处置，以及外方所得利润在境内增资或再投资，均凭外汇管理局的核准件从其外汇账户中支付，到外汇指定银行兑付。外商投资企业终止并依法清算后，属外方投资者所有的人民币，可以向外汇指定银行购汇汇出或者携带出境。

4. 境内机构对外担保、借贷的管理

(1) 境内机构对外担保，只能向符合国家规定条件的金融机构和企业办理，并需经外汇管理机关批准。(2) 金融机构在境外发行外币债券，必须经国务院外汇管理部门批准，并按照国家有关规定办理手续。(3) 境内机构从境外借款，应经国务院确定的政府部门、国家外汇管理局批准。我国单位从境外借款的一般是金融机构和大型企业。外商投资企业借用国外贷款，不需有关部门批准，但仍需报外汇管理机关备案。(4) 我国实行外债登记制度，境内机构应按国务院关于外债统计监测的规定办理外债登记，国家外汇管理局负责全国的外债统计与监测，并定期公布外债情况。(5) 担保、借贷经登记批准后，持有效凭证及登记证经外汇管理局核准用汇。

为适应国际投资新趋势，多渠道引进外资，不断完善外商直接投资外汇管理，进一步改善外商投资环境，2003 年 3 月 3 日国家外汇管理局发布了《关于完善外商直接投资外汇管理工作有关问题的通知》，确立了对外国投资者未在境内设立外商投资企业而在境内从事直接投资或与直接投资相关活动,通过外国投资者专用外汇账户进行管理的制度和原则;允许外国投资者以其境内非居民个人现汇账户,以及其开立于经中国人民银行批准经营离岸业务的外汇指定银行的离岸账户中的资金向外商投资企业出资;将外商投资企业外方出资的许可范围,从原有的外汇、实物、无形资产、人民币利润等形式扩大到清算、转股、减资等财产境内再投资、未分配利润、应付利润、三项基金、债转股等形式;明确了对外商收购境内企业股权的登记原则和具体操作方案,以确保并购领域外资流的真实性与合规性;明确了非投资性外商投资企业境内投、外资比例低于25%的外商投资企业的外汇管理原则。

为了加强和改善外汇管理,促进国际收支平衡,进一步促进贸易和投资便利化,2004年3月18日,国家外汇管理局发布了《国家外汇管理局关于规范居民个人外汇结汇管理有关问题的通知》,明确了居民个人合法外汇收入结汇的要求、银行对居民个人结汇真实性审核的义务以及外汇管理部门对银行办理居民个人结汇业务合规性的检查和监督等。这为国家有效管理资本项目外汇收支,防止投机性跨境资本交易活动通过居民和非居民个人的非贸易外汇渠道完成提供了法律依据。

2008年新修订的《外汇管理条例》对资本项目外汇管理机制进行了全面改革。第一,简化对境外直接投资外汇管理的行政审批,增设境外主体在境内筹资、境内主体对境外证券投资和衍生产品交易、境内主体对外提供商业贷款等交易项目的管理原则,从而为拓宽资本流出渠道预留政策空间。第二,放松对资本项目的外汇管理。条例规定,除国家规定无需批准的以外,资本项目外汇收入保留或者结汇应当经外汇管理机关批准;资本项目外汇支出国家未规定需事前经外汇管理机关批准的,原则上可以持规定的有效单证直接到金融机构办理,国家规定应当经外汇管理机关批准的,在外汇支付前应当办理批准手续。第三,加强流入资本的用途管理。要求资本项目外汇及结汇后人民币资金应当按照有关主管部门及外汇管理机关批准的用途使用,并授权外汇管理机关对资本项目外汇及结汇后人民币资金的使用和账户变动情况进行监督检查。

(三)金融机构外汇业务管理

金融机构[①]的外汇经营,往往在短期内形成大量外汇收支,可能严重影响到

① 这里的金融机构应该主要包括外汇指定银行和经营外汇业务的非银行金融机构两大类。外汇指定银行是指经国家外汇管理局批准经营结汇和售汇业务的银行,目前有中国工商银行、中国银行、中国农业银行、中国建设银行4家国有商业银行,交通银行、中信实业银行、光大银行、华夏银行、广东发展银行、福建兴业银行、招商银行、深圳发展银行、浦东发展银行、中国投资银行、民生银行、恒丰银行、浙商银行等12家股份制商业银行及其授权的分支机构,576家城市商业银行和4家农村商业银行,以及188家外资银行、中外合资银行和外国银行分行。非银行金融机构指中国农业发展银行、中国进出口银行等政策性银行和信托投资公司、融资租赁公司、财务公司、证券公司、保险公司等其他金融机构。

国家的国际收支，甚至冲击国内市场，造成国家经济发展的不稳定。因此，各国都不同程度地对本国金融机构的外汇业务进行管理。根据1996年《外汇管理条例》、中国人民银行1997年发布的《中国人民银行远期结、售汇业务管理暂行办法》、国家外汇管理局1997年9月发布的《银行外汇业务管理规定》和1998年4月发布的《关于〈银行外汇业务管理规定〉及〈关于对各级银行外汇业务范围的规定〉适应问题的通知》等规定，我国目前对金融机构的外汇业务实行许可制。金融机构经营外汇业务须经外汇管理机关批准，领取经营外汇业务许可证；未经外汇管理机关批准，任何单位和个人不得经营外汇业务；经批准经营外汇业务的金融机构，经营外汇业务也不得超出批准的范围。金融机构经营外汇业务的具体规则包括：

（1）经营外汇业务的金融机构应当按照国家有关规定为客户开立外汇账户，办理有关外汇业务。

（2）金融机构经营外汇业务，应当按照国家有关规定交存外汇存款准备金，遵守外汇资产负债比例管理的规定，并建立呆账准备金；金融机构经营外汇业务，应当接受外汇管理机关的检查、监督，向外汇管理机关报送外汇资产负债表、损益表以及其他财务会计报表和资料；终止经营外汇业务的金融机构，应当向外汇管理机关提出申请，经批准终止后，应当依法进行外汇债权、债务的清算，并缴销经营外汇业务许可证。

（3）外汇指定银行办理结汇业务所需的人民币资金，应当使用自有资金。外汇指定银行的结算周转外汇，实行比例幅度管理，具体幅度由中国人民银行根据实际情况核定。

2008年新《外汇管理条例》在维持外汇业务特许制度的基础上，突出强调外汇管理部门的依法行政原则，全面加强了对外汇业务经营机构的行政管理规则。新条例明确和细化了外汇管理机关的检查手段和措施，包括：外汇管理机关依法履行职责时，有权进行现场检查，进入涉嫌外汇违法行为发生场所调查取证，询问有关当事人，查阅、复制有关交易单证、财务会计资料，封存可能被转移、隐匿或者毁损的文件、资料，查询与被调查外汇违法事件有关的单位和个人的账户（个人储蓄存款账户除外），申请人民法院冻结或者查封涉案财产、重要证据等。当然，外汇管理机关必须按照条例规定的程序实施相关检查，维护当事人合法权益。

（四）人民币汇率和外汇市场的管理及其改革

1. 人民币汇率及其改革

1993年11月，《中共中央关于建立社会主义市场经济体制若干问题的决定》提出了改革外汇管理体制，建立以市场为基础的有管理的浮动汇率制度的改革方向。1994年，我国实现了汇率并轨，人民币汇率由官方定价和市场调剂价并存的双重汇率制转变为以市场供求为基础的、单一的、有管理的浮动汇率制度。1996 年《外汇管理条例》确认了这一汇率制度。由中国人民银行根据前一日银行间外汇市场形成的价格，每日公布人民币对美元及其他几种主要货币的汇率；[①]各外汇指定银行在中国人民银行规定的幅度内挂牌，自行确定对客户的外汇买卖价格；中国人民银行通过对外汇交易市场吞吐外汇的调控，保持各银行挂牌汇率的基本一致和相对稳定，在市场出现不公正交易时，由中国人民银行通过限制汇率浮动幅度或其他措施进行干预。

为缓解对外贸易不平衡、扩大内需以及提升企业国际竞争力、提高对外开放水平，自 2005 年 7 月 21 日起，我国开始实行以市场供求为基础、参考一篮子货币进行调节、有管理的浮动汇率制度。人民币汇率不再盯住单一美元，而是按照我国对外经济发展的实际情况，选择若干种主要货币，赋予相应的权重，组成一个货币篮子。同时，根据国内外经济金融形势，以市场供求为基础，参考一篮子货币计算人民币多边汇率指数的变化，对人民币汇率进行管理和调节，维护人民币汇率在合理均衡水平上的基本稳定。

2008 年新《外汇管理条例》进一步完善了人民币汇率形成机制及其规则。新条例规定，人民币汇率实行以市场供求为基础的、有管理的浮动汇率制度。与原《外汇管理条例》的规定相比较，新条例删除了“单一的”限制，从而在法规层面确立了人民币汇率不再单一盯住美元的基本做法。同时，新条例未将“参考一篮子”等当前实践中的做法纳入条文，从而为将来人民币汇率形成机制的发展和完善预留空间。

2. 中国的外汇市场及其改革

外汇市场是进行外汇交易的场所，根据《外汇管理条例》及中国人民银行 1996 年 11 月 19 日发布的《银行间外汇市场管理暂行规定》，我国的外汇市场是指银行间外汇市场，即经国家外汇管理局批准可以经营外汇业务的境内金融机构（包括银行、非银行金融机构和外资金融机构）之间通过我国外汇交易中心进行人民币与外币之间的交易的市场。任何境内金融机构之间不得在外汇交易中心之外进行人民币与外币之间的交易。银行间外汇市场由中国人民银行授权国家外汇管理局进行监管。外汇交易中心是中国人民银行领导下的独立核算、非营利性的事业法人，实行会员制，在国家外汇管理局的监管下负责银行间外汇市场的组织和日常业务管理。

我国已初步形成了统一的全国性的外汇市场，但客观地看，我国外汇市场与

---

① 2002 年 3 月 21 日，国家外汇管理局发布的《国家外汇管理局关于公布欧元对人民币市场交易中间价等有关问题的通知》规定，我国外汇交易中心于 2002 年 4 月 1 日起在外汇市场开设欧元对人民币之间的交易。

国际上先进的外汇市场相比还存在较大差距，表现在：从交易性质上看，我国外汇市场只是一个与现行外贸外汇体制相适应的本外币头寸转换的市场，而并不是具有现代市场形态的金融性外汇市场；从市场发育情况看，现行外汇市场是一个不完全竞争的、供求关系扭曲的市场（这主要是指强制性的银行结汇制）；从交易内容和品种上看，主要是人民币对美元、港元、日元、欧元等的即期交易，缺乏远期外汇交易、外汇期货交易等其他交易品种；从市场形式上看，只是交易所形式的有形市场，而非现代无形市场形态；从对外交流上看，与国际外汇市场基本隔离。由于我国外汇市场存在上述种种不足，导致许多负面问题，如难以形成合理、均衡的人民币汇率，中央银行经常被动入市干预、敞口收购溢出外汇，不利于提高中、外企业创汇积极性等。

根据我国加入世界贸易组织协议中关于金融服务贸易的有关条款，我国将全面开放金融业和金融市场，届时我国的外汇市场将会面临更多的挑战。这就需要建立一个统一规范的全国性的外汇交易市场，集中反映供求动向，发挥汇率的价格调节功能。建设这样的外汇市场，要求丰富市场交易主体，促进公平竞争；不断发现新的交易品种，开发市场避险工具；加强市场风险监管，维护市场稳定运行；改进管理手段，提高中央银行市场调控水平。

为了提高我国汇率形成的市场化程度，加快银行间外汇市场的发展，充分发挥市场在资源配置中的基础作用，为银行和企业提供更多的风险管理工具，我国对外汇市场进行了一系列的改革。

2005 年 8 月 8 日，中国人民银行发布《关于加快发展外汇市场有关问题的通知》，明确对外汇市场进行四个方面的改革：(1) 扩大即期外汇市场交易主体，允许符合条件的非金融企业和非银行金融机构向交易中心申请会员资格，以实需原则参与银行间外汇市场交易；(2) 增加外汇市场询价交易方式，银行间外汇市场参与主体可在原有集中授信、集中竞价交易方式的基础上，自主选择双边授信、双边清算的询价交易方式；(3) 开办银行间远期外汇交易，允许符合条件的银行间外汇市场参与主体开展银行间远期外汇交易，并允许获得远期交易资格的远期外汇市场会员，可按即期交易与远期交易相关管理规定，在银行间市场开展即期与远期、远期与远期相结合的人民币对外币掉期交易；(4) 加强外汇市场监管，中国人民银行授权国家外汇管理局对银行间即期外汇市场和远期外汇市场进行监督管理，外汇管理局应依据《外汇管理条例》和相关外汇管理规定，加强对外汇市场的监督和检查，对违反本通知规定、扰乱外汇市场交易秩序的参与主体，依法严肃查处。

2005 年 11 月 24 日，国家外汇管理局发布《银行间外汇市场人民币外汇即期交易规则》，以规范银行间外汇市场人民币外汇即期交易秩序，维护人民币外汇即期市场会员的合法权益。人民币外汇即期交易指会员以约定的外汇币种、金额、汇率，在成交日后的法定工作日交割的外汇对人民币的交易。即期交易采用竞价交易或询价交易方式，由外汇交易中心为会员之间的即期交易提供电子交易系统和其他相关服务。

2005 年 11 月 24 日，国家外汇管理局发布《银行间外汇市场做市商指引》（暂行），决定在银行间外汇市场引入做市商制度。2008 年 8 月 30 日，国家外汇管理局对《银行间外汇市场做市商指引（暂行）》予以修订，形成了新的《银行间外汇市场做市商指引》，并于 2011 年 1 月 1 日正式施行。该指引进一步完善银行间外汇市场做市商制度，将银行间外汇市场做市商进一步细化分类，分为即期做市商、远期掉期做市商和综合做市商，此外，做市商的申请条件也更加严格。

根据指引的规定，即期做市商是指在银行间即期竞价和询价外汇市场上做市的银行；远期掉期做市商是指在银行间远期、外汇掉期和货币掉期市场做市的银行；综合做市商是指在即期、远期、外汇掉期和货币掉期等各外汇市场开展做市的银行。符合条件的外汇指定银行向国家外汇管理局申请做市商资格，须首先申请相应做市品种的尝试做市资格，申请尝试做市资格应具备以下基本条件：取得银行间外汇市场会员资格两年（含）以上的银行类金融机构；最近一个年度全行资本充足率达到 8% 以上；集中管理结售汇综合头寸，外汇局核定的银行结售汇综合头寸上限在 2 亿美元（含）以上。做市商应通过银行间外汇市场的询价交易系统和竞价交易系统进行交易。外汇管理局对做市商的报价、成交等情况进行监督。做市商制度是金融市场发展到一定阶段的产物。在银行间外汇市场引入做市商制度，表明我国加大了对外汇市场的改革力度，以进一步提高外汇市场流动性，更好地发挥市场在资源配置中的基础作用，加速完善人民币汇率形成机制。

随着外汇市场一系列改革措施和制度的积极推行，将有利于我国建成一个功能健全、监管规范、立足国内、面向世界的外汇市场。

（五）违反外汇管理法的法律责任

违反外汇管理法的行为主要有逃汇、非法套汇和扰乱金融秩序三大类。《刑法》、《外汇管理条例》、全国人大常委会 1998 年 12 月 29 日通过的《关于惩治骗购外汇、逃汇、非法买卖外汇犯罪的决定》、国务院 1998 年 12 月 16 日批准的《关于骗购外汇、非法套汇、逃汇、非法买卖外汇等违反外汇管理行为的行政处分或者纪律处分暂行规定》等，对这三大类违法行为所应承担的法律责任作了明确规定。为适应新形势下打击外汇违法行为的需要，2008 年修订后的《外汇管理条例》还增加了对资金非法流入、非法结汇、违反结汇资金流向管理、非法携带外汇出入境以及非法介绍买卖外汇等违法行为的行政处罚规定。

第四节　金银管理法律制度

一、金银管理法律制度概要

（一）金银管理的意义

“金银天然不是货币，但货币天然是金银”。金银作为贵金属，在世界货币史上一直具有重要地位。金银曾是主要的货币形式，担当货币的价值尺度、流通手段、支付手段、储藏手段及世界货币五项职能。19世纪以来，随着社会生产力的不断发展，经济活动和生产规模日益加快和扩大，金银受产量、分布和战争等因素的影响，其货币功能逐渐减弱。①

现代经济条件下，金银虽然已经退出流通领域，不再充当一般等价物，但由于金银具有非货币化价值实体的特殊性质，同时它可以商品的形式进入流通领域，因此各国仍将其作为重要的储备资产，以应付国际收支平衡和金融危机，黄金储备数量的大小是衡量一国经济金融实力的主要标志之一。在当今国际金融领域，金银仍然是重要的金融资产和投资工具，金银作为具有特殊自然属性的贵金属也是现代工业生产和科学研究的重要材料。

为了加强对金银的管理，大多数国家都制定了相应的金银管理法规，将对金银的管理纳入法制化的轨道。金银管理法是有关国家对金银的收购配售、经营、进出国境等方面进行管理的法律规范的总称。

（二）金银管理的类型

依国家管理力度的大小，金银管理可分为三种类型：(1) 严格管理型。允许居民在国内市场上自由买卖金银，但禁止金银出入国境。(2) 部分管理型。只允许本国非居民在国内市场上买卖金银，但对金银出入国境规定许多限制措施。(3) 自由放任型。无论居民或非居民均可按市场价格自由买卖金银，同时金银可不受限制地自由出入国境。

（三）中国金银管理制度的历史沿革

新中国诞生之前，国家于1949年就先在华北解放区，随后在华东、华中、华西解放区相继颁布了《金银管理办法》，严禁将金银带出解放区，禁止私自买卖金银，构筑起金银统收专营的基本法律框架。

新中国成立之初，为了树立人民币的权威，稳定人民币流通，打击金融投机，

---

① 1929—1933年世界经济危机后，各国纷纷宣布放弃金本位制。1944年布雷顿森林会议确定了美元与黄金直接挂钩的国际货币制度，黄金的货币地位受到美元的冲击。国际货币基金组织于1976年通过了《牙买加协议》，废除了黄金条款，而是用“特别提款权”取代黄金作为国际间债务清偿的工具。1978年国际货币基金组织《牙买加协议》正式生效，标志着黄金从制度上非货币化。

新政权对金银实行了严格控制的政策，将黄金统收专营政策推展到全国。1950年4月，中国人民银行出台了《金银管理暂行办法》，这一办法基本是解放区《金银管理办法》的延续。之后，随着新政权的巩固，人民币权威得以树立，但由于此时国家外汇极度短缺，致使国家国际支付能力极低，已经成为国家生存、发展的重大隐患，而金银是换汇、增汇的最可靠手段，而且金银本身还在国家外汇储备中占有重要份额。国家外汇储备对金银的高度依赖，决定了国家必然对金银实行统收专营的管理体制。

20世纪80年代，我国的外汇来源增多，但外汇依然处于短缺状态，金银的外汇作用受到了国家的高度重视，国家加快了金银的生产，与此同时对金银的管制更加强化。1983年6月，国务院发布了《金银管理条例》，这是我国金银管理的基本法律规范。同年12月，《金银管理实施细则》发布实施。至此，统收专营的金银管理体制在法律上确立。

进入20世纪90年代，我国的金融市场发生了重大变化，统收专营的金银管理体制已经越来越不能适应市场经济的要求，金银管理的市场化改革已经提上日程。1993年，以辽宁海城感王黄金市场为代表的民营黄金市场迅速发展，大大冲击了金银统收专营体制，体现了金银自发走向市场的趋势。1999年12月28日，白银首先取消统购统销放开交易，上海华通有色金属现货中心批发市场首次成为全国白银现货交易市场。2001年4月，时任行长戴相龙在中国人民银行金融服务会议上表示："央行将改革黄金管理体制，建立黄金市场，取消黄金统购统配的计划管理体制"，"建立黄金市场，就是要充分发挥市场对黄金资源的配置和调节的基础性作用，促进黄金生产、流通和消费的健康发展"。① 同年6月11日，中国人民银行开始实行黄金周报价制度；8月1日，国家开放黄金饰品价格；11月28日，上海黄金交易所试运行，黄金市场启动，黄金市价与国际市价接轨。伴随着金银的市场化改革进程，国家管理金银的方式也发生了重大变化：由原来的指令性计划到主要依靠市场对金银市场进行调节，2002年末和2003年初，国务院先后两次公布取消了多项有关金银管理的行政审批项目，进一步体现出计划手段在金银管理中让位于市场。

二、统购统配体制下中国的金银管理制度

《金银管理条例》规定国家金银管理的主管机关为中国人民银行，在未设中国人民银行的地方，可由中国人民银行省级分行委托有关专业银行办理金银管理的各项工作。

---

① 转引自《点击黄金交易六大焦点》，载《新民晚报》2001年11月28日第17版。

1. 统购统配体制下，中国人民银行金银管理方面的主要职责

(1) 中国人民银行负责管理国家金银储备；(2) 负责金银的收购与配售；(3) 会同国家物价主管机关制定和管理金银收购与配售价格；(4) 会同国家有关主管机关审批经营（包括加工、销售）金银制品、含金银化工产品以及从含金银的废渣、废液、废料中回收金银的单位（以下统称经营单位），管理和检查金银市场；(5) 监督《金银管理条例条例》的实施。

2. 金银管理的范围

(1) 矿藏生产金银和冶炼副产金银；(2) 金银条、块、锭、粉；(3) 金银铸币；(4) 金银制品和金基、银基合金制品；(5) 化工产品中含的金银；(6) 金银边角余料及废渣、废液、废料中含的金银。另外，铂（即白金）按国家有关规定管理。

3. 金银收购管理

金银的收购统一由中国人民银行办理。除经中国人民银行许可、委托的以外，任何单位和个人不得收购金银。具体而言：(1) 从事金银生产（包括矿藏生产和冶炼副产）的厂矿企业、农村社队、部队和个人所采炼的金银，必须全部交售给中国人民银行，不得自行销售、交换和留用。(2) 经营单位和使用金银的单位，从伴生金银的矿种和含金银的废渣、废液、废料中回收金银，回收的金银必须交售给中国人民银行，不得自行销售、交换和留用。但是，经中国人民银行许可，使用金银的单位将回收的金银重新利用的除外。(3) 境内机构从国外进口的金银和矿产品中采炼的副产金银，除经中国人民银行允许留用的或者按照规定用于进料加工复出口的金银以外，一律交售给中国人民银行，不得自行销售、交换和留用。(4) 个人出售金银，必须卖给中国人民银行。(5) 一切出土无主金银，均为国家所有，任何单位和个人不得熔化、销毁或占有。单位和个人发现的出土无主金银，经当地文化行政管理部门鉴定，除有历史文物价值的按照《文物法》的规定办理外，必须交给中国人民银行收兑，价款上缴国库。(6) 公安、司法、海关、工商行政管理、税务等国家机关依法没收的金银，一律交售给中国人民银行，不得自行处理或者以其他实物顶替。没收的金银价款按照有关规定上缴国库。

4. 金银配售管理

金银的配售是指中国人民银行根据金银配售计划向金银使用单位或由使用单位指定的加工单位出售金银。中国人民银行通过以下途径加强对金银配售的管理：(1) 凡需用金银的单位，必须按照规定程序向中国人民银行提出申请使用金银的计划，由中国人民银行审批、供应。中国人民银行应当按照批准的计划供应，不得随意减售或拖延。(2) 中华人民共和国境内的外资企业、中外合资企业以及外商，订购金银制品或者加工其他含金银产品，要求在国内供应金银者，必须按照规定程序提出申请，由中国人民银行审批予以供应。(3) 使用金银的单位，必须建立使用制度，严格做到专项使用、结余交回。未经中国人民银行许可，

不得把金银原料(包括半成品)转让或者移作他用。(4)在《金银管理条例》规定范围内,中国人民银行有权对使用金银的单位进行监督和检查。使用金银的单位应当向中国人民银行据实提供有关使用金银的情况和资料。

5. 金银出入境管理

统购统配体制下,对金银进出国境管理的主要依据是《金银管理条例》和1984年2月1日中国人民银行和海关总署联合发布的《金银进出国境管理办法》。金银出入境的主管机关是中国人民银行和海关。我国对金银出入境实行宽进严出的原则,具体表现在以下方面:(1)携带金银进入中华人民共和国国境,数量不受限制,但是必须向入境地中华人民共和国海关申报登记。(2)携带或者复带金银出境,中华人民共和国海关凭中国人民银行出具的证明或者原入境时的申报单登记的数量查验放行;不能提供证明的或者超过原入境时申报登记数量的,不许出境。(3)携带在中华人民共和国境内供应旅游者购买的金银饰品(包括镶嵌饰品、工艺品、器皿等)出境,中华人民共和国海关凭国内经营金银制品的单位开具的特种发货票查验放行。无凭据的,不许出境。(4)在中华人民共和国境内的中国人、外国侨民和无国籍人出境定居,每人携带金银的限额为:黄金饰品1市两(31.25克),白银饰品10市两(312.50克),银质器皿20市两(625克)。经中华人民共和国海关查验符合规定限额的放行。(5)中华人民共和国境内的外资企业、中外合资企业,从国外进口金银作产品原料的,其数量不限;出口含金银量较高的产品,须经中国人民银行核准后放行。未经核准或者超过核准出口数量的,不许出境。

三、中国金银管理体制的市场化改革

金融全球化、市场化的发展,WTO规则对成员国国内金融市场发育情况的要求以及我国金银管理体制和金银市场本身的弊端,都要求我国金银管理体制遵循市场规则进行改革。

金银市场作为一国金融市场中处于基本地位的子市场之一,牵一发而动全身,因此我国金银管理体制的改革应该坚持审慎原则,遵循循序渐进的道路。这表现为:(1)从大的方向上,实现对白银、黄金管理体制改革的分离,先改白银,后改黄金;首先让白银脱离国家统收专营体制,走向市场;在此基础上,实现黄金走向市场,在黄金市场顺利运作的基础上,实现黄金对境内居民的开放;与此同时,加强对金银经营以及出入境等方面的改革。(2)国务院及其下属各金银主管机关根据我国金银市场的发展完善程度以“通知”、“决定”等形式逐步对金银配售、经营、出入国境等问题进行市场化改革,待时机成熟后,以国家立法的形式系统全面构建我国黄金管理体系、强化黄金市场监管规则和行业自律管理体制。同时,在借鉴国外黄金管理有益经验的基础上,可对黄金储备、黄金投资产品和

黄金商品进行分类管理。

(一) 金银收购、配售的市场化改革

1. 取消白银统购统配的管理体制

1999 年 10 月 18 日,中国人民银行发布《关于白银管理改革有关问题的通知》,明确指出为适应社会主义市场经济发展需要,进一步促进我国白银的生产和消费,实现白银资源合理配置,取消白银统购统配的管理体制,放开白银市场,允许白银生产企业与用银单位产销直接见面。取消对白银生产企业免征增值税和拨付白银地勘资金的特殊政策。利用现有的有色金属交易市场组织白银上市交易。此规定同时指出,为平稳白银管理体制,至 1999 年底以前,中国人民银行仍适度保留金银收购、配售业务。从 2000 年 1 月 1 日起,中国人民银行不再办理白银收购、配售业务。

2. 黄金收购与配售管理改革

在国务院统一领导下,我国于 2001 年正式启动了黄金管理体制改革。此次改革的基本目标是:取消黄金"统购统配、统一管理"的管理体制,开放黄金市场,充分发挥市场对黄金资源配置和调节的基础性作用。为了配合国务院的黄金管理体制改革,规范黄金制品零售市场经营秩序,促进黄金制品零售市场健康发展,中国人民银行、国家经贸委、国家工商行政管理总局和国家税务总局于 2001 年 10 月 31 日发布了《关于规范黄金制品零售市场有关问题的通知》,对黄金制品零售市场管理政策进行了调整,并对黄金零售的有关问题作了相应规定,肯定了黄金制品零售的合法性,体现了对黄金零售市场的放开。同年 11 月 28 日,上海黄金交易所开始模拟运行。2002 年 11 月 15 日,中国人民银行发布了《中国人民银行关于做好当前金银管理工作的通知》,规定:(1) 上海黄金交易所正式运行之前,仍实行中国人民银行统一收购、配售黄金的管理政策。黄金交易所正式运行后,为培育市场有序发展,在一个较短时间内,还将实行黄金交易所交易黄金与人民银行收购、配售黄金共同运行的双轨运行机制。(2) 从 2002 年起,人民银行收购黄金不再下达收购计划,各分支行应取消收购计划考核办法。黄金交易所正式运行后,人民银行只收购成色低于 99.95% (不含 99.95%) 的黄金,但最低成色应不低于 98%。(3) 配售黄金仍实行计划管理,配售黄金指标由总行下达。黄金交易所正式运行后,人民银行停止首饰用金的供应,首饰用金需求通过黄金交易所解决。人民银行配售黄金主要面向军工、科研等特殊项目的需求,并由总行逐笔核批。(4) 双轨制运行期间,人民银行配售黄金的税收征管办法仍按现行的"即征即退"办法执行。人民银行各分支行收购、配售黄金,按总行通知的价格执行。2002 年 10 月,为了进一步深化黄金管理体制改革,经国务院批准,上海黄金交易所成立,我国黄金市场开始进入黄金交易所交易黄金与人民银行收购、配售黄金共同运行的双轨运行机制。

（二）金银制品经营和出入境管理体制改革

1. 金银制品经营体制改革

根据1983年《金银管理条例》的规定，企业经营金银制品必须领取经营金银制品许可证，并经由严格的行政审批程序，始得营业，而且其业务范围也被严格限定。

（1）白银经营体制改革。随着国家对金银市场的放开，国家对金银经营的管理也逐步放松。1999年10月18日中国人民银行发布的《关于白银管理改革有关问题的通知》中指出，取消对白银制品加工、批发、零售业务的许可证管理制度（银币除外），对白银生产经营活动按一般商品的有关规定管理。2000年3月17日，国家税务总局发布的《国家税务总局关于白银生产环节征收增值税的通知》规定自2000年1月1日起，对企业生产销售的银精矿含银、其他有色金属精矿含银、冶炼中间产品含银及成品银恢复征收增值税。另外，为贯彻国务院关于白银管理体制改革的有关决定的精神，2003年2月27日财政部发布的《关于对白银恢复征收进口环节增值税的通知》要求各海关，自2003年1月1日起，对银精矿含银、其他有色金属精矿含银、冶炼中间产品含银及成品银恢复征收进口环节增值税。对白银及白银制品恢复征收增值税，体现了白银由统购统配时期的特殊商品向一般商品的转化，市场开始在白银的生产经营中起到重要作用。

（2）黄金经营体制改革。中国人民银行、国家经贸委、国家工商行政管理总局、国家税务总局，于2001年10月31日发布了《关于规范黄金制品零售市场有关问题的通知》，改革黄金制品零售管理审批制，取消黄金制品零售业务许可证管理制度，实行核准制；经营黄金制品（包括K金制品）零售（专营、兼营）业务的单位，应经核准行核准并领取经营黄金制品核准登记证。当地工商行政管理机关和税务部门凭人民银行核发的核准登记证给予办理营业执照、税务登记和消费税认定登记手续。为进一步开放黄金市场，放松国家对黄金的管制，2002年末和2003年初，国务院先后两次公布取消了多项有关金银管理的行政审批项目，进一步推进了我国金银管理体制改革走向深入。

为了规范黄金交易，加强黄金交易的税收管理，2002年9月12日，财政部、国家税务总局《关于黄金税收政策问题的通知》规定：（1）黄金生产和经营单位销售黄金（除标准黄金[①]）和黄金矿砂（含伴生金），免征增值税；（2）黄金交易所会员单位通过黄金交易所销售标准黄金（持有黄金交易所开具的《黄金交易结算凭证》），未发生实物交割的，免征增值税；发生实物交割的，由税务机关按照实际成交价格代开增值税专用发票，并实行增值税即征即退的政策，同时免征城

① 标准黄金是指，成色为Au9999、Au9995、Au999、Au995，规格为50克、100克、1公斤、3公斤、12.5公斤的黄金。

市维护建设税、教育费附加,但纳税人不通过黄金交易所销售的标准黄金不享受增值税即征即退和免征城市维护建设税、教育费附加政策。在税收领域,对黄金流通免征增值税,体现了黄金的市场化改革趋势;对在黄金交易所交易的黄金免征增值税,体现了国家鼓励黄金经营的规范化、法制化的政策取向。

然而,我国对于黄金经营活动的监管体制尚存在一些问题,急需通过完善相关立法和加强监管予以解决。第一,国内黄金及黄金市场、商业银行个人黄金投资理财业务、黄金期货、一般黄金生产及首饰经销业务分属不同部门管理,容易导致监管真空。第二,对于新兴的各类黄金投资业务活动存在监管空白。随着黄金投资功能的不断显现,各类金融机构纷纷开展与黄金有关的新型业务,例如商业银行进行的交易所实物黄金和纸黄金、有关生产商品牌黄金销售和回购以及黄金期货交易等,目前都缺乏相应的监管。第三,黄金的非法投资经营活动日益猖獗,大大增加监管难度。伴随着我国黄金交易开放,黄金投资成为新的投资热点,并逐步成为民众投资的重要工具和品种,黄金流通日益频繁。与此同时,"地下炒金"等非法黄金交易方式纷纷涌现,其交易场所不固定、交易方式单一、交易行为和价格难掌控,这些无疑加大了黄金市场的监管难度,增加了黄金投资的风险。

目前对黄金市场监测和管理所依据的《金银管理条例》、《关于取缔自发黄金市场加强黄金产品管理的通知》以及《关于规范黄金制品零售市场有关问题的通知》等若干规定,主要还是针对黄金走私和统购统配管理,严重滞后于当前黄金管理的需要。因此,建议国务院法制部门尽快废除《金银管理条例》,制定《黄金市场管理条例》。新条例应致力于完善黄金管理体系、强化黄金市场监管、推进行业自律管理。在借鉴国外黄金管理有益经验的基础上,可对黄金储备、黄金投资产品和黄金商品进行分类管理。

2. 金银制品出入境管理体制改革

根据《金银管理条例》和《对金银进出国境管理办法》,中国人民银行和海关是金银出入境管理机关。由于长期以来金银在我国的特殊性,国家对金银进出国境采取"宽进严出"政策。鼓励金银进口,对金银进口免征增值税,并且入境金银不受数量限制;对金银出境设定种种限制,严格限制金银出境的数量,金银出境要受到严格的程序审查。

随着国际上金银非货币化的趋势和我国金银市场本身的发展,金银在我国的地位及其市场供求情况已经发生了重要变化。但从总体上来说,我国仍然十分重视对金银进出国境的管制。1999 年国家外汇管理局发布的《关于加强进口金银及其制品售付汇审核的通知》和 2002 年中国人民银行发布的《中国人民银行关于做好当前金银管理工作的通知》均指出:国家管理金银的机关为中国人民银行,未经中国人民银行总行批准,境内任何企业、单位不得擅自进口金银及其制品。以上通知的内容体现了国家对金银进出境进行管制的精神。

（1）白银出入境管理体制改革。我国对白银长期实行抑制消费的政策，加上近年来我国白银产量大幅提高，我国白银供大于求的情况逐渐显现。因此国家对白银进出国境的政策进行了改革，由统购统配时期的"宽进严出"到加强对白银进口的管制，同时对白银（人民银行库存成品以外的白银）出口实行配额审批制管理。[①] 1999 年 12 月 1 日，中国人民银行、海关总署发布《白银进口管理暂行办法》，对白银进口作了如下规定：第一，国家限制白银一般贸易进口，对一般贸易白银进口实行审批制管理。[②] 一般贸易进口白银，须报经中国人民银行批准。第二，入境旅客携运或邮寄白银进境，应以自用合理数量为限。超出自用合理数量携运或邮寄的白银，视同一般贸易进口，须凭中国人民银行的批件，依照《海关进出口税则》予以征税放行。第三，加工贸易加工制成的白银，应按国家有关管理规定，全部返销出口。如内销，视同一般贸易进口，需报经中国人民银行批准后，按一般贸易管理规定由海关办理相关手续。第四，中华人民共和国境内的外资企业、中外合资经营企业、中外合作经营企业需从境外或港、澳、台地区进口白银，属加工贸易的，全部返销出口。如内销，视同一般贸易进口，需报经中国人民银行批准后，按一般贸易管理规定由海关办理相关手续。第五，一般贸易进口白银和加工贸易制成的白银转为国内销售的，须向中国人民银行当地分支行提出申请，由中国人民银行各分行、营业管理部、省会（首府）城市中心支行、深圳市中心支行初审，报经中国人民银行总行批准后，为有关进口单位开具白银进口准许证，海关凭此证查验放行。第六，白银进口准许证实行一批一证制。《白银进口管理暂行办法》中对白银入境的限制，体现出国家对白银"宽进"政策的改变和对白银进口的管制。

（2）黄金出入境管理体制改革。随着黄金市场的发展和国家对黄金管理体制改革的深化，国家加强中国人民银行对黄金进出口的监督管理。在人民币尚未实现完全可自由兑换、金融市场尚未全面对外开放的情况下，为避免用黄金套汇而产生的不良影响，根据《中国人民银行法》、《金银管理条例》和《对金银进出国境的管理办法》、《关于对进口黄金及其制品加强管理的通知》等法律、法规和其他规范性文件的规定，人民银行有权对黄金进出口进行适当管理并根据情况采取逐步放开的政策。中国人民银行负责审批"黄金及其制品进出口业务"、许可"个人携带限额以上黄金进出境"和"保税区内生产加工的黄金制品内销"等事项，国家进口黄金由中国人民银行总行统一办理，各部门、单位进口黄金一律

---

① 1999 年 11 月 26 日对外经济贸易合作部发布的《白银出口管理暂行办法》。

② 2003 年 3 月 31 日，中国人民银行，根据国务院取消第二批行政审批项目的要求，宣布取消对白银进口审批制度。这体现出金银管理的市场化改革趋势，意味着计划手段在金银管理中的逐步退出。但这并未否认白银在我国的角色转换和政府对白银"宽进"政策的改变。

须经中国人民银行总行批准。

2003 年 4 月 21 日，中华人民共和国海关总署《关于对进口黄金和黄金矿砂免征进口环节增值税有关问题的公告》规定：自 2003 年 1 月 1 日起，对进口黄金(含标准黄金)和黄金矿砂(含伴生矿)免征进口环节增值税。《关于黄金税收政策问题的通知》规定：黄金出口不退税；出口黄金饰品，对黄金原料部分不予退税，只对加工增值部分退税。2003 年 12 月 22 日，中国人民银行、海关发布的《变更黄金及其制品的加工贸易进出口监管条件的公告》规定：自 2004 年 1 月 1 日起，黄金及其制品的加工贸易进出口，中国人民银行不再审批，海关不再凭中国人民银行的批件验放，但其中不能复出口的黄金及其制品经批准内销的，按一般贸易进口管理，仍由中国人民银行审批，海关凭人民银行的批件并按内销有关规定办理核销手续。以上规定体现出我国对黄金进出国境管制的逐步放松，但由于黄金在国家经济发展中的特殊作用，黄金依然是战略性商品，国家从总体上对黄金仍然实行宽进严出的政策，这也表现在税收政策上，国家通过税收，鼓励黄金进口，减少黄金出口。

(三) 上海黄金交易所

规范化、系统化的黄金市场的建立是中国金银管理体制改革的必然产物。2002 年 10 月，中国人民银行经国务院批准正式组建了上海黄金交易所①，标志着“统购统配、统一管理”的黄金计划管理体制的结束。上海黄金交易所是履行《黄金交易所管理办法》规定职能，遵循公开、公平、公正和诚实信用的原则组织黄金交易，不以营利为目的，实行自律性管理的法人。上海黄金交易所的建立，使我国的黄金市场与货币市场、证券市场、外汇市场一起构筑成我国完整的金融市场体系。上海黄金交易所的成立也为我国黄金从计划走向市场提供了规范运行的平台，是中国人民银行继黄金收售周报价制，取消黄金制品零售许可证管理制度后，在黄金体制改革方面的又一个进步。

根据《中国人民银行法》和《中国人民银行关于设立上海黄金交易所有关问题的通知》的规定，中国人民银行是黄金市场的监管主体，中国人民银行比照中国证券监督管理委员会对证券交易所、期货交易所的管理模式对上海黄金交易所实行日常业务监管。其主要监管职责包括：负责关于黄金交易所的规章制度建设，审核交易所章程、交易规则、操作程序等；依法对负责人进行任免；监测交易所交易运行情况；对运行中出现的重大问题进行协调或提出建议报国务院。

上海黄金交易所的基本职能是：(1) 提供黄金、白银、铂等贵金属交易的场所、设施及相关服务；(2) 制定并实施黄金交易所的业务规则，规范交易行为；

① 上海黄金交易所于 2001 年 11 月 28 日试运行，于 2002 年 10 正式开始营业。

(3) 组织、监督黄金、白银、铂等贵金属交易、结算、交割和配送;(4) 制定并实施风险管理制度,控制市场风险;(5) 生成合理价格,发布市场信息;(6) 监管会员黄金业务正常进行和交易合约按时履约,查处会员违反交易所有关规定的行为;(7) 监管指定交割仓库的黄金业务;(8) 沟通国际国内黄金市场、加强与国际黄金行业的交流;(9) 中国人民银行规定的其他职能。

黄金交易所实行会员制组织形式,会员由在中华人民共和国境内注册登记,并经中国人民银行核准从事黄金业务的金融机构,从事黄金、白银、铂等金属及其制品的生产、冶炼、加工、批发、进出口贸易的企业法人,以及具有良好资信的单位组成。① 现有会员 108 家,其中商业银行 13 家、产金单位 24 家、用金单位 61 家、冶炼单位 8 家、造币单位 2 家,会员分散在全国 26 个省。交易所会员依其业务范围分为金融类会员、综合类会员和自营会员。金融类会员可进行自营和代理业务及批准的其他业务,综合类会员可进行自营和代理业务,自营会员可进行自营业务。目前会员中金融类 14 家、综合类 77 家、单项类 17 家。据初步统计,会员单位中年产金量约占全国的 75%;用金量占全国的 80%;冶炼能力占全国的 90%。

上海黄金交易所成立初期,黄金交易都采取现货交易、现金结算的方式,交易双方会员按照“价格优先、时间优先”的原则,采取自由报价、撮合成交、集中清算、统一配送的交易方式,会员可自行选择通过现场或远程方式进行交易。上海黄金交易所最初指定中国工商银行、中国银行、中国建设银行和中国农业银行四大国有商业银行作为清算银行,实行集中、直接、净额的资金清算原则。上海黄金交易所实行标准化交易,交易黄金必须符合交易所规定的标准②。2005 年 7 月 18 日,上海黄金交易所的黄金交易正式向个人开放。2007 年 6 月,中国人民银行正式批准了上海黄金交易所吸收外资银行成为会员的申请,汇丰银行、渣打银行、加拿大丰业银行、UBS 瑞士银行以及法国兴业银行等五大外资银行将获得交易所发放的首批外资会员牌照。同年 9 月 11 日,中国证监会于 2007 批准上海期货交易所上市黄金期货。2008 年 1 月 9 日,黄金期货合约将正式在上海期货交易所挂牌交易。

总之,我国黄金市场正在逐步实现“三个转变”:第一,实现我国黄金市场从商品交易为主向金融交易为主的转变;第二,实现我国黄金市场由现货交易为主向衍生品交易为主的转变;第三,实现我国黄金市场由国内市场向国际市场的转变。

---

① 目前尚不允许个人和非会员单位在黄金交易所“炒金”。

② 目前交易的品种为标准牌号 Au99.99、Au99.95、Au99.9、Au99.5 四种金币,标准重量为 50 克、100 克、1 千克、3 千克、12.5 千克的金条、金锭和法定金币。

思考题

1. 什么是货币管理法？货币管理法的体系包括哪些方面的内容？
2. 人民币发行的三原则是什么？如何在人民币发行过程中贯彻此三原则？
3. 试述我国外汇管理法律制度的改革。
4. 试述我国金银制品经营和出入境管理体制改革。

第五章　票据法律制度

第一节　票据与票据法概述

一、票据概述

（一）票据的概念

票据是指出票人依票据法签发的，由本人或者委托他人在见票时或者在票载日期无条件支付确定的金额给收款人或持票人的一种有价证券。①

这一定义包含三层含义：

1. 票据是一种有价证券

《瑞士民法典》第五编第965条规定："有价证券是一切与权利结合在一起的文书，离开文书即不能主张该项权利，也不能将之移转于他人。"②有价证券是代表一定财产性民事权利的凭证，如提单、仓单、票据、股票、债券等。它具有以下两个基本特征：第一，有价证券的权利内容是一定的财产性民事权利，如物权、债权或股权；第二，有价证券是权利与证券的结合。有价证券本身即代表权利，证券上权利的发生、移转和行使，都全部或部分地与证券紧密联系在一起。

依据不同的标准，可以对有价证券作不同的分类：

第一，依据有价证券所代表的民事权利的法律性质，可以把有价证券分为物权证券、债权证券和股权证券。③

物权证券是以物权为权利内容的有价证券，如抵押证券。债权证券是以债权为权利内容的有价证券，包括金钱债权证券（如票据、债券）和物品债权证券（如提单、仓单）。股权证券是以股权为权利内容的有价证券，如股票。

第二，依据有价证券上权利的独立性程度，可以把有价证券分为完全有价证

---

① 王小能：《票据法教程》，北京大学出版社2001年版，第14页。

② 谢怀緖：《票据法概论》，法律出版社1990年版，第8页。

③ "股权证券所表示的权利，是一定的股东权。股东权既不是债权，也不是物权，而是一种能够以股东身份取得收益，并参加公司经营管理的权利。"赵新华：《票据法》，吉林人民出版社1996年版，第7页。对股权的法律性质，学术界存在诸多分歧，包括"所有权说"、"债权说"、"共有权说"、"社员权说"、"所有权债权化说"等。漆多俊：《论股权》，载《现代法学》1993年第4期。

券和不完全有价证券。

完全有价证券，是指证券上权利的发生、移转和行使三者全部与证券紧密结合，如票据。不完全有价证券，是指证券上权利的移转和行使与证券紧密结合，但是权利的发生不以作成证券为必要，如股票、提单等。

第三，依据有价证券上权利人的记载不同，可以把有价证券分为记名证券、指示证券和不记名证券。

记名证券是指在证券上明确记载权利人名称的有价证券。指示证券是指在证券上记载权利人名称之后，还附加记载“或其指定之人”的有价证券。不记名证券是指在证券上不记载权利人名称或抽象地记载“来人”的有价证券。

第四，依据有价证券上权利与其存在原因之间的关系，可以把有价证券分为有因证券（要因证券）和无因证券（不要因证券）。

有因证券是指证券上权利受其存在原因影响的证券。大部分证券是有因证券。无因证券是指证券上权利与原因关系分离的证券，票据为典型的无因证券。

第五，依据有价证券上权利的经济性质或有价证券的功能的不同，可以把有价证券分为商品证券、货币证券和资本证券。

商品证券是代表一定的商品所有权的有价证券，如提单、仓单。货币证券是代表一定数额的货币支付请求权的有价证券，如票据。资本证券是代表一定资本收益权及相关权利的有价证券，如股票。

2．票据是以无条件支付或无条件委托支付确定的金额为内容的有价证券

此处的“无条件”，不是指签发票据无条件，而是指出票后，出票人就为自己设定了无条件支付或担保承兑、担保付款的义务，该义务无对价利益可言，而且不得附加任何条件或限制。票据这一特性有利于流通。

3．票据是出票人依据票据法的规定而签发的

票据法实行严格的法定主义，票据的强度流通性需由票据法的众多强行性规定予以保障。对于票据的种类，票据签发的记载事项，票据的背书转让，票据权利的行使、保全以及票据的丧失与补救，票据法都作出了严格的规定。

（二）票据的历史沿革

票据是商品经济的产物，并随着商品经济的发展而发展。

学者们认为，我国古代的“帖子”、“飞钱”、“交子”等皆为具有票据性质的文书。明清时期，票据的使用更加广泛，发展较快。清朝末年，西方的银行制度与票据制度进入我国并取代了我国固有的票据制度。民国时期，国民政府制定票据法，完全采用西方票据制度，确定了“汇票”、“本票”、“支票”三种票据形式。

至于西方的票据，一般认为起源于12世纪意大利商人间流行的一种兑换证书。当时地中海沿岸商业发达，而在封建割据下各国币制不同，商人异地送款不

易，专营货币兑换的商人发行一种兑换证书供异地取款，成为本票和汇票的前身。随着商品经济与国际贸易的发达，到16世纪，票据制度已逐渐完备，逐渐有了背书、承兑、交换各种制度，到银行出现后又出现了专门由银行付款的支票。[①]

（三）票据的特征

1. 票据为流通证券

从票据的发展史可以看出，票据与商品经济的快捷、便利结合在一起，票据持有人可以依照票据法的规定转让票据，从而转移票据权利。各国票据法都以促进票据的流通为票据立法的宗旨，英美国家以"流通证券"总称票据。

2. 票据为金钱债权证券

票据所代表的财产权利为债权，而且是金钱给付请求权。依法占有票据的持票人享有向特定的票据债务人请求支付票据上记载的确定的金额的权利，而票据债务人负有无条件支付票载金额的义务。

3. 票据是完全有价证券

票据上的权利不能脱离票据而独立存在，票据权利的发生、移转和行使都与票据紧密结合，即票据权利的发生必须作成票据；票据权利的移转必须交付票据；票据权利的行使必须提示票据。票据也是有价证券，其有价证券性派生出提示证券的特征。

4. 票据是设权证券

设权证券是与证权证券相对而言的，这一特征是从完全有价证券与不完全有价证券的区别导出的，设权证券是指票据权利的发生必须作成票据，作成票据之前票据权利不存在，即票据不是证明已经存在的权利，而是由票据行为——出票行为创设票据权利。出票人签发并交付票据于收款人后，对收款人而言，这张票据也是其享有票据权利的证明。

5. 票据是无因证券

票据权利与作成票据的原因相分离。票据权利人行使票据权利，以持有票据为必要的前提条件，只要票据符合法定形式要件，即生效力，而不受取得票据的原因所影响。持票人在行使票据权利时，不需证明取得票据的原因；票据债务人也没有对票据取得原因的审查义务。

但是，票据的无因只是"相对无因"。在票据的原因关系当事人与票据关系当事人重合时，票据关系受票据的原因关系影响，以方便解决当事人间的权利纠纷。另外，当持票人以欺诈、偷盗或者胁迫等手段取得票据，或者明知有前列情形，出于恶意取得票据时，如果强调票据为绝对无因，将使票据成为保护不法行为人的工具。

---

① 谢怀栻：《票据法概论》，法律出版社1990年版，第20页。

6. 票据是要式证券

票据必须符合法定形式要件,才生效力。这些法定形式要件包括:票据用纸、票据的种类、票据的记载事项以及不符合这些要件的效力等问题,对此票据法都作出了严格规定。

7. 票据是文义证券

票据的无因性使票据关系抽象地脱离于作成票据的原因,而票据的文义性使票据的无因性具体化。票据上的权利义务必须以票据上的文字表述为准,文义之外的任何理由、事项均没有确认、变更或补充票据上权利义务的效力。

(四) 票据的分类

1. 法律上的分类

票据法对票据种类采取法定主义,不允许当事人发行法定票据种类之外的其他票据。我国票据法所指的票据,是指汇票、本票和支票。我国的具体票据种类如下图所示:

- 票据
  - 汇票
    - 银行汇票
      - 银行现金汇票
      - 银行转账汇票
    - 商业汇票
      - 商业承兑汇票
      - 银行承兑汇票
  - 本票—银行本票
    - 定额银行本票
    - 不定额银行本票
  - 支票
    - 普通支票
    - 现金支票
    - 转账支票

汇票是出票人签发的,委托付款人在见票时或者在指定日期无条件支付确定的金额给收款人或者持票人的票据。

按照出票人的不同,汇票可分为银行汇票和商业汇票。银行汇票是出票银行签发的,由其在见票时按照实际结算金额无条件支付给收款人或者持票人的票据。银行汇票的出票银行为银行汇票的付款人,银行汇票无需承兑。商业汇票是银行以外的法人或其他经济组织签发的,委托付款人在指定日期无条件支付确定的金额给收款人或者持票人的票据。

银行汇票按照银行汇票的用途不同,可分为银行现金汇票和银行转账汇票。汇票上由出票银行记载有“现金”字样的为银行现金汇票。汇票上未记载“现金”字样或记载有“转账”字样的为银行转账汇票。银行现金汇票既可以用于转账,也可以用于支取现金;银行转账汇票只能用于转账。

商业汇票按照承兑人的不同,可分为商业承兑汇票和银行承兑汇票。商业承兑汇票由银行以外的付款人承兑。银行承兑汇票由银行承兑。

本票是出票人签发的,承诺自己在见票时无条件支付确定的金额给收款人或者持票人的票据。银行本票分为定额本票和不定额本票两种。定额银行本票的金额已印制在本票正面，签发时不得再另行填写，我国定额本票的面额为1000元、5000元、1万元和5万元。不定额本票的金额由出票银行签发时填写。银行本票可以用于转账，注明“现金”字样的银行本票可以用于支取现金。

支票是出票人签发的，委托办理支票存款业务的银行或者其他金融机构在见票时无条件支付确定的金额给收款人或者持票人的票据。支票上印有“现金”字样的为现金支票，现金支票只能用于支取现金。支票上印有“转账”字样的为转账支票，转账支票只能用于转账。支票上未印有“现金”或“转账”字样的为普通支票，普通支票可以用于支取现金，也可以用于转账。在普通支票左上角划两条平行线的，为划线支票，划线支票只能用于转账，不得支取现金。

2. 学理上的分类

(1) 依据出票人是否直接对票据进行付款，可以把票据分为自付票据和委付票据。

自付票据是指出票人本人直接对持票人承担无条件付款的义务的票据，如本票。委付票据是指出票人本人不直接承担无条件付款义务，而是委托他人承担无条件付款义务的票据，如汇票和支票。

自付票据和委付票据的区别体现在：第一，票据上的基本当事人不同。基本当事人是随出票行为出现的票据当事人。自付票据的基本当事人有两个：出票人和收款人。委付票据的基本当事人有三个：出票人、付款人和收款人。第二，出票人的责任不同。自付票据的出票人直接对持票人承担无条件付款义务。而委付票据中，出票人本人不直接承担无条件付款义务，而是委托他人承担无条件付款义务。

(2) 依据票据上记载的付款日期，可以把票据分为即期票据和远期票据。

即期票据是以出票日为付款到期日，由付款人见票即付的票据。我国的本票、支票、银行汇票均为即期票据。远期票据是以出票日后的某个日期为付款到期日，付款人在到期后才付款的票据，如我国的商业汇票。

汇票依据其到期日的记载方式不同，可分为出票后定日付款的汇票、出票后定期付款的汇票和见票后定期付款的汇票。出票后定日付款的汇票，又称为定日汇票、定期汇票或板期汇票，是指出票人签发汇票时，记载了某个具体的日期作为到期日的汇票，如将到期日记载为“2005年3月15日”。出票后定期付款的汇票，又称为计期汇票，是指出票人没有记载一个固定的日期为到期日，而是记载在出票日后经过一定的期间为到期日的汇票，如记载为“出票日后2个月付款”。见票后定期付款的汇票，又称为注期汇票，是指出票人记载见票日后一定期间付款的汇票，如记载为“见票日后3个月付款”。

即期票据和远期票据的区别体现在：第一，作用不同。即期票据的付款人见票即付，主要作用是作为支付工具；而远期票据的主要作用是对出票人或付款人从出票日起到付款到期日的期间提供期间信用。第二，付款是否需以事先承兑为前提不同。承兑是指付款人承诺在票据到期日支付票载金额的票据行为。根据我国目前的票据法规定，即期票据，即见票即付的票据，无需承兑；远期票据必须承兑。

（3）依据对票据权利人的记载方式，可以把票据分为记名票据、指示票据和不记名票据。

记名票据是指在票据上明确记载权利人名称的票据。指示票据是指在票据上记载权利人名称之后，还附加记载“或其指定之人”的票据。不记名票据是指在票据上不记载权利人名称，或抽象地把权利人记载为“持票人”或“来人”的票据。

记名票据、指示票据和不记名票据的区别如下：第一，法律要求的转让方式不同。记名票据和指示票据，必须依背书[①]转让。不记名票据，依直接交付转让。在我国，汇票和本票都是记名票据，必须依背书转让。《票据法》（第八届全国人民代表大会常务委员会第十三次会议于 1995 年 5 月 10 日通过，自 1996 年 1 月 1 日起施行，并于 2004 年 8 月 28 日修改）规定，支票上的金额可以由出票人授权补记，未补记前的支票，不得使用。中国人民银行 1997 年 9 月 19 日发布的《支付结算办法》（于 1997 年 12 月 1 日起施行）规定，支票的金额、收款人名称，可以由出票人授权补记，未补记前不得背书转让和提示付款。这说明在我国支票也是记名票据。我国不承认指示票据和不记名票据。第二，法律对出票人的要求不同。记名票据的出票人可以在票据上记载“不得转让”字样，以达到限制票据流通的目的；而指示票据的出票人则不得做此记载，否则会与出票人对票据权利人的记载方式相矛盾；无记名票据的出票人也不应做此记载。[②]

（五）票据当事人

票据当事人，是指享有票据权利、承担票据义务以及与票据权利义务有密切关系的法律主体。[③]

出票人，是指签发并交付票据，从而创设票据权利的人。

收款人，是指出票人在票据上明确记载的权利主体。

付款人，是指委付票据中由出票人记载的，可能对持票人承担付款义务的人。

背书人，是指在票据背面或者粘单上记载有关事项并签章，从而将票据权利

---

① 背书，是指在票据背面或者粘单上记载有关事项并签章的票据行为，持票人可以此方式将汇票权利转让给他人或者将一定的汇票权利授予他人行使。背书行为将在第二节详述。

② 董翠香：《票据法》，上海人民出版社 2001 年版，第 11 页。

③ 王小能：《票据法教程》，北京大学出版社 2001 年版，第 23 页。

转让给他人或者将一定的票据权利授予他人行使的人。

被背书人,是指经背书人的背书交付而取得票据的人。

承兑人,是指承诺在汇票到期日支付汇票金额的汇票付款人。

保证人,是指在票据上记载一定事项,对某一票据债务人的票据义务承担保证责任的人。

被保证人,是指保证人所担保的人。

对于票据上的当事人,依据不同的标准,可以进行不同的分类:

(1) 依据当事人在票据上的相互的位置,可以分为前手和后手。

前手是指在票据签章人或者持票人之前签章的其他票据债务人。

(2) 依据当事人在票据关系中的地位,可以分为票据权利人、票据义务人和票据关系人。

票据权利人,通常称为持票人,包括最初的收款人,最后的被背书人以及偿还了追索义务的背书人。但是并非所有的持票人都是票据权利人,我国《票据法》第 12 条规定:"以欺诈、偷盗或者胁迫等手段取得票据的,或者明知有前列情形,出于恶意取得票据的,不得享有票据权利。持票人因重大过失取得不符合本法规定的票据的,也不得享有票据权利。"

票据义务人,是指在票据上真实签章的当事人。依据所负义务及权利人向其行使权利所依据的法律次序,可以分为第一债务人(主债务人)和第二债务人(次债务人)。第一债务人是指在见票时或票据到期日承担无条件支付票载金额义务的人,即票据权利人首先主张权利的对象,包括汇票承兑人、本票出票人、支票保付人[①]。第二债务人是指第一债务人之外在票据上签章的当事人。

票据关系人,是指票据上记载的既不享有票据权利也不承担票据义务,但是与票据权利义务有密切关系的当事人,如汇票上未为承兑行为的付款人、支票的付款人。

(3) 依据票据当事人是否随出票行为(基本票据行为)而产生,可以分为基本当事人和非基本当事人。

基本当事人是随出票行为而产生的当事人,如汇票和支票中的出票人、收款人和付款人,本票中的出票人和收款人。非基本当事人是指不随出票行为而是随其他票据行为而产生的当事人,如背书人、承兑人、保证人。

① 我国《票据法》未规定保付支票,我国没有支票保付人,因此在支票上没有主债务人。保付支票,是经付款人在支票上为保付行为后,由付款人负担绝对的付款义务的支票。

(六) 票据的作用

1. 支付作用

代表定额货币、代替现金支付是票据最原始的作用。汇票、本票和支票都可以作为支付工具。票据支付,既简便又安全。对当事人而言,可以节省点数货币的麻烦和时间,而且避免了大额交易中携带大量货币的不安全性;对国家而言,可以减少货币的发行量。

2. 汇兑作用

运用票据异地输送资金,使异地交易输送现金的不便得以解决。这一作用最为明显地体现在汇票上。

3. 结算作用

结算作用,也称为债务抵消作用。票据作为结算工具,体现在互有债务的双方当事人各签发一张本票给对方即可抵消债务;或债权人签发汇票,指定自己的债务人向自己的债权人担当付款人,由此消灭相互之间的债权债务;等等。现代各国都广泛实行票据交换制度,国际间也通过票据交换中心和票据买卖市场进行国际间的结算。

4. 信用作用

在现代商业社会,信用又常常以英语 credit 为其对应词,被解释为"企业或个人及时借款或获得商品的能力,是特定出借人等债权人或其他权利人一方对于对方有关偿债力和可靠性所持肯定性意见的结果"。① 简言之,即把将来可取得的货币作为现在的货币使用,解决了现金支付在时间上的障碍。信用作用主要体现在远期票据上。

5. 融资作用

融资,即融通资金。票据的融资作用主要通过票据贴现、转贴现、再贴现实现。票据贴现是贷款人以购买借款人未到期商业票据的方式发放的贷款,是指商业汇票的持票人在汇票到期日前,为了取得资金,贴付一定利息将票据权利转让给金融机构的票据行为,是金融机构向持票人融通资金的一种方式。商业银行经营票据贴现和转贴现,中央银行经营再贴现。如果需用资金而专门发行远期票据向银行贴现,那么这种票据就成了单纯的融资工具了。现代票据市场通过买卖未到期和到期票据,加速了资金周转,提高了资金使用效率。

二、票据法概述

(一) 票据法的概念

票据法是指调整票据关系以及与票据关系有关的其他社会关系的法律规范

---

① Black's Law Dictionary (5th ed.), West Publishing Co., 1979, p. 331.

的总称。票据关系是指票据当事人之间因票据行为(出票、背书、承兑等)而产生的票据上的权利义务关系。与票据关系有关的其他社会关系,是指不是基于票据行为直接产生的,而是由票据法直接规定的、与票据关系有密切联系的权利义务关系,又称为票据法上的非票据关系。

票据法有广义和狭义之分。广义的票据法,也称实质意义上的票据法,包括一切有关票据的法律规范,即除了专门的票据法规范之外,还包括其他法律规范中有关票据的规定,如《民法》中关于民事主体、法律行为、期间、代理等的规定;《民事诉讼法》中关于公示催告、除权判决的规定;《刑法》中关于伪造、变造票据、签发空头支票、冒用他人票据等行为的规定;等等。狭义的票据法,也称形式意义上的票据法,仅指规范票据和票据关系的专门立法。通常所说的票据法,仅指狭义的票据法。

我国规范票据关系的专门立法,主要有:《票据法》、《票据管理实施办法》(1997年6月23日国务院批准,1997年8月21日中国人民银行发布,并于1997年10月1日起施行)、《最高人民法院关于审理票据纠纷案件若干问题的规定》(最高人民法院审判委员会第1102次会议于2000年2月24日通过,自2000年11月21日起施行)、《支付结算办法》、《支付结算会计核算手续》(中国人民银行于1997年9月19日发布,自1997年12月1日起施行)等。

(二)票据法的特征

1. 私法兼具公法性

票据法作为商事领域中重要的部门法,调整的是平等主体之间的票据关系以及与票据关系有关的其他社会关系,属于私法范畴。但是为了促进票据的流通与维护票据交易的安全,票据法中规定有相当数量的公法性规范。例如,规定禁止签发空头支票,禁止票据伪造、变造;规定票据违法行为的法律责任等。

2. 强行性而非任意性

私法规范一般以任意性规范居多,但是由于现代票据法的宗旨仅在于保障票据上权利的确定和助长票据的流通,票据法中规定了很多强行性规范。例如,票据种类法定,不允许当事人发行法定票据种类之外的其他票据;对票据适用外观显示主义,规定票据的无因性、要式性和文义性,规定票据的效力;对票据当事人的权利义务采用强行性规则,规定付款请求权和追索权的具体行使规则、票据债务人的抗辩及限制等。

3. 技术性而非伦理性

法律与社会伦理道德具有一定的联系,法律中的某些规范体现了一些道德的价值取向,传统的民法与刑法体现尤甚。而随着商品交易发展起来的票据及票据法律规范,基本上很少受到历史文化传统及道德伦理的影响,更多地体现了繁荣市场、提高效率的价值追求。为了便于当事人对票据的正确认识和使用,票据法规定了许多操作性很强的技术性规范。例如,规定票据的无因性、要式性、文义性;规定各种票据行为的规则;规定票据权利的取得、行使、保全规则;规定票据义务的承担、票据债务人的抗辩与限制规则;等等。

4. 国内法兼具国际统一性

票据法虽属于国内法,但从立法内容和发展趋势看,票据法又具有较强的国际统一性。日内瓦统一票据法会议召开之后,世界上逐渐形成了两大票据法系——日内瓦统一票据法系和英美票据法系,而两大法系之间也正在逐渐消除根本性差异。

(三) 票据法的法系和国际统一运动

1. 票据法统一运动之前票据法的法系

在20世纪30年代日内瓦统一票据法会议之前,世界各国的票据法可分为法国法系、德国法系和英美法系。

(1) 法国法系

法国是世界上最早制定成文票据法的国家。1673年,法国国王路易十四颁布《陆上商事条例》,以专章规定了票据规则。1807年,法国颁布《法国商法典》,系统规定了汇票和本票规则。1865年,法国又专门制定了《支票法》。仿效法国票据立法的国家被称为法国法系。

法国法系的票据法有三个基本特点:(1) 立法体例上采分别立法主义,即票据仅包括汇票和本票,支票另法规定;(2) 票据的作用上采"输金主义",即票据仅为输送金钱的工具,偏重于票据的汇兑作用;(3) 基本制度上采"旧票据主义",即强调票据关系的有因性,认为票据关系与票据基础关系不可分,不利于票据的流通。

(2) 德国法系

自17世纪起,德意志各邦相继颁布了票据法,但是很不统一。1847年,德国以普鲁士邦法为基础,制定了统一的《普通票据条例》,几经修订,于1871年公布施行,即为《票据法》。该法仅指汇票和本票。1908年,德国又另行制定了《支票法》。

德国法系的票据法有以下特点:(1) 立法体例上同于法国法系,采分别立法主义;(2) 票据的作用上不仅注重汇兑作用,而且强调票据的信用作用和融资作用;(3) 基本制度上采"新票据主义",强调票据关系的无因性,认为票据关系与票据基础关系相分离,助长了票据的流通。

(3) 英美法系

英国于1882年颁布了《票据法》,规定的内容包括汇票、本票和支票(支票是作为汇票的一种规定的)。1957年,英国又颁布了《支票法》(共8条)作为补充。①

美国于1896年由非官方组织制定了《统一流通证券法》,对汇票、本票和支票作了规定。1952年,美国法律协会和统一州法委员会合作编纂了《美国统一商法典》,第三编为“商业证券”,规定了汇票、本票、支票、存款单。

英美法系的票据法有以下特点:(1) 立法体例上采包括主义,将票据的各种形式规定于一部法律或文件中;(2) 票据的作用上强调票据的信用作用和融资作用;(3) 基本制度上强调票据关系的无因性,注重保障票据权利的确定性和助长票据的流通;(4) 对票据的形式和票据行为的规则,规定得更加灵活,例如,承认存款单作为票据种类之一;确认附利息的票据和分期付款的票据的效力;规定简便的票据行为规则;规定拒绝证书的免除;等等。

2. 票据法的国际统一运动

国际贸易的发展,客观上要求票据立法趋向国际统一。20世纪以来,票据法的国际统一运动主要有三次:

(1) 海牙统一票据法会议

1910年和1912年,荷兰政府在海牙主持召开了两次统一票据法会议,制定了统一票据规则和统一支票规则。海牙统一票据法会议所提出的票据法规则比较适合欧陆国家的实际,为大多数与会国所承认。尽管这些规则因为第一次世界大战的爆发而未获得各国政府批准,但是对欧洲一些国家的票据立法或修订产生了重要的示范作用。

(2) 日内瓦统一票据法会议

1930年和1931年,国际联盟在日内瓦组织召开了统一票据法会议,议定了《统一汇票本票法》和《统一支票法》。这一会议所签署的《统一汇票本票法公约》和《统一支票法公约》已经生效,但英美两国并未参加这两个公约。

公约的签约国,包括法国、德国、瑞士、日本等,相继根据日内瓦统一票据法公约修订了本国的票据法,使法国法系和德国法系的区别逐渐消失,大陆法系各国票据法与统一法基本一致而形成日内瓦统一票据法系。

由于英美两国未参加公约,以致在世界上至今仍存在着日内瓦统一票据法系和英美票据法系两大票据法系。

(3) 联合国统一票据法活动

日内瓦统一票据法会议并没有解决世界性的票据法统一问题。为了进一步促进国际票据法的统一,推动国际贸易的发展,联合国国际贸易法委员会从20世纪70年代起,开展了统一票据法活动。1988年12月,联合国大会审查通过了《国际汇票和本票公约》,该公约是在考虑到日内瓦统一票据法系与英美票据

① 王小能:《票据法教程》,北京大学出版社2001年版,第4页。

法系之间的差异的基础上制定的,兼顾了两大法系国家的不同利益要求。但是该公约因为签字国未达到公约要求的数量,至今尚未生效。

三、票据关系与非票据关系

(一)票据关系

票据关系是指票据当事人之间因票据行为(出票、背书、承兑等)而直接产生的票据上的权利义务关系。由于票据是一种金钱债权证券,因此票据关系是一种特殊的民事法律关系,实质上是票据债权人和票据债务人之间的债权债务关系。票据关系具有以下特征:

1. 票据关系基于票据行为直接产生

票据法采用严格要式主义,只有法定票据行为,才能引起票据关系发生。例如,因出票行为而产生的出票人与收款人之间的关系(汇票出票人对收款人担保承兑和担保付款,本票出票人对收款人承担付款义务,支票出票人对收款人担保付款)和收款人与付款人之间的关系(汇票收款人向付款人请求承兑或付款,支票收款人向付款人请求付款);因背书行为而产生的背书人与被背书人之间的关系、被背书人与付款人或出票人之间的关系、背书的前手与后手之间的关系;因承兑行为而产生的持票人与承兑人之间的关系(承兑人作为汇票主债务人,对持票人承担无条件付款义务);因保证行为而产生的保证人与被保证人之间的关系、保证人与持票人之间的关系;因付款行为而使票据权利消灭、所有票据债务人的义务解除。

2. 票据关系主体的多方性和相对性

由于票据签发之后,可以多次背书转让,加上承兑、保证等票据行为,会产生多个票据当事人,即票据关系主体的多方性。

而在一系列票据行为中,票据关系主体又具有相对性。如在背书关系中,背书人相对于其前手是债权人,而相对于其后手是债务人。

3. 票据关系的客体是一定金额的货币

票据关系的客体是票据上所载明的一定金额的货币。票据关系的客体具有单一性,即只能是货币。

4. 票据关系的内容是票据权利和票据义务

票据当事人因票据行为而享有票据权利和承担票据义务,由于票据关系实质上是一种债权债务关系,票据关系内容也可表述为票据债权债务。票据债权即持票人享有的付款请求权和追索权,相对应的是票据债务人负有的付款义务和偿付义务。

5. 票据关系具有无因性和独立性

为了保障形式合法票据的效力的确定和促进票据的流通,票据法一般赋予票据关系无因性和独立性。票据关系的无因性，又称为票据关系的抽象性，指票据关系与票据基础关系相分离。票据关系的独立性，是指数个票据关系可以在同一票据上各自独立存在并发生效力，互不影响。

（二）非票据关系

非票据关系是指不是基于票据行为直接产生的、但与票据关系有密切联系的权利义务关系，包括票据法上的非票据关系和民法上的非票据关系。

1. 票据法上的非票据关系

票据法上的非票据关系是基于票据法的规定而产生的。根据各国票据法的规定，票据法上的非票据关系包括：汇票回单签发关系，票据返还关系，票据复本、誊本的发行与返还关系，票据法上的利益偿还关系①。

2. 民法上的非票据关系

民法上的非票据关系，又称为票据的基础关系，是指票据关系所赖以产生的民事基础法律关系。它属于民法上的法律关系，是独立于票据关系的另一类法律关系，包括票据原因关系、票据资金关系、票据预约关系。票据原因关系是指票据当事人之间授受票据的事由而产生的法律关系。票据资金关系是指汇票和支票中出票人与付款人之间的委托付款合同关系。票据预约关系是指授受票据的当事人之间在签发票据之前就票据的签发或转让的基本事项所达成的合同关系。

（三）票据关系的无因性

票据关系的无因性，又称为票据关系的抽象性，指票据关系与票据基础关系相分离。这种分离表现在：

1. 票据关系与票据原因关系的分离

（1）票据行为一经完成，即与其产生的票据原因关系相分离。即使票据原因关系不存在、无效、被撤销，票据关系的效力也不受影响。

（2）票据背书转让时，受让人无须了解转让人取得票据的原因。

（3）持票人行使票据权利时，以持有票据为必要的前提条件，不负取得票据原因关系的举证责任。只要票据符合法定形式要件，即生效力，而不受取得票据的原因所影响。

（4）票据债务人在履行债务时，无须实质审查持票人取得票据的原因。

2. 票据关系与票据资金关系的分离

（1）基于票据关系产生的票据权利不受资金关系的影响，是独立的票据权利——付款请求权和追索权。

（2）汇票付款人的承兑行为与票据资金关系并无当然联系。付款人即使从

① 票据法上的利益偿还关系将在本章第五节的“票据时效与利益偿还请求权”中专门阐述。

出票人处得到资金，也不因此成为当然的票据债务人，因为付款人可以拒绝承兑；而付款人一经承兑，即使没有从出票人处获得资金，也必须承担付款责任。

(3) 出票人不得以票据资金关系存在为由拒绝其后手的追索权。

支票不同于汇票，支票的付款人仅为关系人，非债务人。支票付款人因出票人存款不足退票，符合法律规定。

3. 票据关系与票据预约关系的分离

(1) 票据关系效力独立，不受票据预约关系的影响。即使票据上的文义与票据预约合同中规定的不一致，该票据仍依票载文义发生法律效力。

(2) 对于票据当事人违反票据预约，并不影响其票据债权债务，只能要求其承担民法上的违约责任。

但是，票据的无因性不是绝对的，票据的无因只是“相对无因”。在票据的基础关系当事人与票据关系当事人重合时，票据关系受票据的基础关系影响。如果让没有给付对价的当事人取得不受限制的票据权利，这有悖于公平交易的原则。正是因为票据无因性的相对性，所以票据关系与票据基础关系产生了一定的牵连，票据债务人基于这种牵连可以行使相应的抗辩权。

(四) 我国《票据法》关于基础关系的条文是否与票据无因性相冲突

我国《票据法》规定：“票据的签发、取得和转让，应当遵循诚实信用的原则，具有真实的交易关系和债权债务关系”，“汇票的出票人必须与付款人具有真实的委托付款关系，并且具有支付汇票金额的可靠资金来源”，“本票的出票人必须具有支付本票金额的可靠资金来源，并保证支付”，“开立支票存款账户和领用支票，应当有可靠的资信，并存入一定的资金”。

《票据法》中对票据基础关系真实性的要求，确实容易使人对我国《票据法》中的票据关系与票据基础关系分离的原则产生怀疑，但《票据法》中仅仅要求票据基础关系具有真实性，并未对不具备真实性的票据基础关系对票据关系效力的影响作出明确规定。[①] 依据法理学可知：从逻辑上，每一法律规范均由行为模式和法律后果两部分构成，法律后果包括肯定性法律后果和否定性法律后果。而上述四条规定都是“……应当……”模式，并未规定不这样做对整个流转过程中的票据关系有何影响。而《票据法》中关于票据无效的规定都是很明确的。即使票据基础关系不真实或者欠缺，只要票据符合法定形式要件，票据关系仍然有效。2000 年 11 月最高人民法院发布的《关于审理票据纠纷案件若干问题的规定》第 14 条明确解释：“票据债务人以《票据法》第 10 条、第 21 条的规定为理由，对业经背书转让票据的持票人进行抗辩的，人民法院不予支持。”这说明我国《票据法》仍然是坚持票据无因性原则的。

① 董安生主编：《票据法》，中国人民大学出版社 2000 年版，第 30 页。

通过以上分析可以看出,我国《票据法》关于票据基础关系的条文并不与票据的无因性相冲突。我国立法工作坚持原则性与灵活性相结合,是保证立法正确、有效和切实可行的重要原则。我国《票据法》对基础关系的规定,只是出于我国现阶段信用体制尚未建立、银行业的风险控制机制尚待加强的考虑,在票据法中对票据基础关系稍加强调。但是不可否认的是,我国《票据法》主要致力于规范票据关系,而基础关系则由民法上的债权债务之一般制度规范。我国《票据法》原则上肯定票据的无因性,对用票据基础关系抗辩票据关系的规定,是票据相对无因性的体现,追求的是一种法益的平衡,而且这些规定都是有严格条件限制的,目的是为了促进效率、兼顾公平。

第二节 票据行为

一、票据行为概述

(一)票据行为的概念和性质

一般将《票据法》中有专门规定的票据行为称为狭义的票据行为,包括出票、背书、保证、承兑、参加承兑、保付六种。我国《票据法》只规定了前四种。凡是符合民事法律行为要件,又可产生、变更或消灭票据上的权利义务关系的行为,可称为广义的票据行为,除了上述六种票据行为外,还包括付款、参加付款、见票、划线、涂销、更改等。

根据票据行为的性质,将狭义的票据行为分为基本票据行为和附属票据行为。基本票据行为是指出票行为,即创设票据的行为;附属票据行为是指出票行为以外的其他票据行为,包括背书、保证、承兑等,这些票据行为以出票行为为前提。一般情况下,基本票据行为无效,附属票据行为也无效。但是附属票据行为无效,不会影响到基本票据行为及其他票据行为的效力。

关于票据行为的性质,学术界有两种观点:契约说和单方法律行为说。[①] 契约说认为:票据债务人之所以承担票据上的义务,是因为他与票据债权人订立了契约,票据是一种特殊的契约,英美票据法系多采用这种观点。单方法律行为说认为:票据行为由行为人单方行为而成立,无须合意,票据债务仅因债务人的单方行为而成立,日内瓦票据法系国家多采用这种观点。我国票据法关于票据行为的性质,采单方法律行为说。

① 刘心稳:《票据法》,中国政法大学出版社 1999 年版,第 57 页。

（二）票据行为的特征

1．票据行为具有要式性

票据行为是要式法律行为，行为人必须严格依照法定格式和记载事项的规定，作出书面记载，并由行为人签章。如果欠缺法定要式，就会影响票据的法律效力。

2．票据行为具有文义性

票据行为的内容以票据上的文字记载为准。即使票据上的文字记载与实际情况不一致，仍以票据上的文字记载为准，不得用票据上文字记载以外的书面记载或其他资料对票据上的文义作出确认、变更或补充。即使有证据能证明票据的实际出票日与票据上记载的出票日不一致，法律上仍以票据上所记载的出票日为准。根据我国《票据法》，在票据上签章的票据债务人，按照票据所记载的事项承担票据义务。

3．票据行为具有抽象性（无因性）

票据行为的成立通常以某种基础关系为前提，如因买卖、借贷或其他原因而签发或转让票据，但票据行为成立后其内容和效力即与基础关系相分离而独立存在。票据行为只需具备抽象的法定要式，就可产生法律效力，而不问其实质如何。

4．票据行为具有独立性

已经具备法定要式的同一票据上存在多个票据行为时，每个行为各依其票载文义分别独立发生效力，其中某一票据行为的无效，不影响其他票据行为的效力。如我国《票据法》规定："无民事行为能力人或者限制民事行为能力人在票据上签章的，其签章无效，但是不影响其他签章的效力"，"票据上有伪造、变造的签章的，不影响票据上其他真实签章的效力"。

但是，每一票据行为的效力独立的前提是该票据已具备法定形式要件。如果票据的绝对应记载事项欠缺，即出票行为欠缺形式要件，票据因而无效，其他票据行为（背书、承兑、保证等）均不能发生效力。

5．票据行为具有连带性（牵连性）

票据上的行为人即签章人，一般都是票据的债务人[①]，都对持票人承担连带责任，即票据行为具有牵连性。我国《票据法》规定，汇票的出票人、背书人、承兑人和保证人对持票人承担连带责任，持票人可以不按照汇票债务人的先后顺序，对其中任何一人、数人或者全体行使追索权。

（三）票据行为的构成要件

票据行为是一种法定要式行为，不仅应具备民法上规定的一般法律行为的

---

① 票据行为代理中，由代理人签章，但在授权范围内的责任由被代理人承担。票据伪造中，伪造人和被伪造人由于都不是真实的签章人，也都不承担票据责任。

要件，还应具备票据法上规定的要件：

1. 实质要件

(1) 票据权利能力和票据行为能力。票据行为的主体应具有票据权利能力和票据行为能力。票据权利能力和票据行为能力原则上适用于民法的一般规定，但是民法上的无民事行为能力和限制行为能力都是无票据行为能力。

(2) 意思表示。票据行为的意思表示适用民法的一般原则，如我国《票据法》规定，以欺诈、偷盗或者胁迫等手段取得票据的，或者明知有前列情形，出于恶意取得票据的，不得享有票据权利；持票人因重大过失取得不符合本法规定的票据的，也不得享有票据权利。但是如果票据行为人的意思表示不真实，比如对于一方欺诈、胁迫或乘人之危，使对方在违背真实意思的情况下所为的票据行为，只要该票据行为具备法定要式，票据行为人必须按照票据文义对善意持票人及其他合法持票人承担票据义务。

(3) 行为的合法性。票据行为具有抽象性，所以基础关系的合法与否，都不影响善意持票人的票据权利。但是，如果票据行为不符合法定形式要件，则票据行为无效。

2. 形式要件

(1) 作成书面。作为完全有价证券、要式证券、文义证券，票据必须作成书面才能有效。票据用纸、格式以及印制都由法律严格规定。我国《票据法》规定，汇票、本票、支票的格式应当统一。票据凭证的格式和印制管理办法，由中国人民银行规定。我国中国人民银行发布的《票据管理实施办法》规定，票据当事人应当使用中国人民银行规定的统一格式的票据；票据的格式、联次、颜色、规格及防伪技术要求和印制，由中国人民银行规定；中国人民银行在确定票据格式时，可以根据少数民族地区和外国驻华使领馆的实际需要，在票据格式中增加少数民族文字或者外国文字。我国《支付结算办法》规定，票据和结算凭证是办理支付结算的工具。单位、个人和银行办理支付结算，必须使用按中国人民银行统一规定印制的票据凭证和统一规定的结算凭证。未使用按中国人民银行统一规定印制的票据，票据无效；未使用中国人民银行统一规定格式的结算凭证，银行不予受理。签发支票应使用碳素墨水或墨汁填写，中国人民银行另有规定的除外。

(2) 记载事项。票据行为人必须按票据法规定的法定要式在票据上作出记载，以免影响票据效力。根据记载后的效力不同，票据上的记载事项分为绝对应记载事项、相对应记载事项、任意记载事项、记载后不发生票据上效力的事项、记载本身无效的事项、记载后使票据无效的事项(有害记载事项)。

第一，绝对应记载事项，是指票据法明文规定票据上必须记载的事项，如果欠缺该记载事项，则票据无效。绝对应记载事项通常包括：表明票据种类的文字；行为人签章；确定的金额；出票日期；无条件支付的委托或承诺。

第二，相对应记载事项，是指票据上也应记载，但是如果当事人不记载，票据法另有特别规定可作依据，而票据仍然有效的事项，包括汇票的付款日期、付款地、出票地，本票和支票的付款地、出票地。

第三，任意记载事项，又称为有益记载事项，是指票据的当事人可以自行决定记载与否，不记载并不影响票据的效力，但一旦记载，即产生票据上的效力的事项。如我国《票据法》规定，出票人在汇票上记载“不得转让”字样的，汇票不得转让。背书人在汇票上记载“不得转让”字样，其后手再背书转让的，原背书人对后手的被背书人不承担保证责任。

第四，记载后不发生票据上效力的事项，是指票据当事人自行在票据上作了记载，但记载后不发生票据上效力的事项。如汇票上可以记载《票据法》规定事项以外的其他出票事项，但是该记载事项不具有汇票上的效力。该记载内容如果符合民法规定，可以产生民法上的法律效力。背书不得附有条件；背书时附有条件的，所附条件不具有汇票上的效力。保证不得附有条件；附有条件的，不影响对汇票的保证责任。

第五，记载本身无效的事项，是指虽经票据当事人记载，但不发生任何法律效力的事项，因而又称为无益记载事项。如支票限于见票即付，不得另行记载付款日期。另行记载付款日期的，该记载无效。

第六，记载后使票据无效的事项，是指一经记载，票据即无效的事项，因而又称为有害记载事项。如票据必须记载无条件支付的委托或承诺，如果记载了附条件付款的委托或承诺，则所附条件导致票据无效。

(3) 签章。票据行为是以承担票据债务为目的的，只有在票据上签章的行为人才是票据债务人，没有在票据上为真实签章的，不承担票据义务。

(4) 交付。票据行为人依法记载并签章后，必须将票据交付给收款人或被背书人，票据行为才得以完成，因而，交付是票据行为有效成立的构成要件之一。

(四) 票据行为的代理

票据行为的代理，是指根据被代理人(本人)的授权，代理人代理被代理人实施票据行为，并在票据上表明其代理关系的法律行为。

票据行为的代理，实行票据法理论上的“严格显名主义”。具体而言，票据行为代理的构成要件包括：

(1) 必须明示本人的名义，即必须在票据上记载被代理人名称，这样虽然本人不是亲自签章，但是本人作为被代理人，承担票据义务。

(2) 必须明示代理关系，即代理人必须在票据上明确表示本人与代理人的代理关系。

(3) 必须由代理人在票据上签章，票据行为具有要式性，行为人签章为票据绝对应记载事项，在票据行为的代理中，行为人为代理人，必须在票据上签章。

（4）代理行为必须经被代理人授权。这是票据行为的代理成立的实质要件。没有被代理人授权而代为票据行为的，构成无权代理。

符合上述构成要件的票据行为的代理才发生法律效力，由被代理人承担票据义务。没有代理权而以被代理人名义在票据上签章的，应当由签章人承担票据义务；代理人超越代理权限的，应当就其超越权限的部分承担票据义务。

二、出票

（一）出票的概念和特征

出票是指出票人签发票据并将其交付给收款人的票据行为。与其他票据行为相比，出票行为具有以下特征：

（1）出票行为是基本票据行为，创设了票据权利，票据的设权性特征即体现在出票上。原则上出票行为无效，附属票据行为也无效。但是，《最高人民法院关于审理票据纠纷案件若干问题的规定》规定，具有下列情形之一的票据，未经背书转让的，票据债务人不承担票据责任；已经背书转让的，票据无效不影响其他真实签章的效力：出票人签章不真实的；出票人为无民事行为能力人的；出票人为限制民事行为能力人的。

（2）从形式上看，出票行为包括作成票据和交付票据两部分。票据行为的性质是单方法律行为，但以交付为生效要件。

（3）从内容上看，出票行为表现为无条件支付的委托或承诺。汇票和支票的出票为无条件支付的委托，本票的出票为无条件支付的承诺。

（二）出票的格式

出票的格式，是指出票人根据《票据法》的规定在票据上所为的记载事项。

1．汇票上的应记载事项

我国《票据法》规定了汇票的绝对应记载事项。汇票必须记载下列事项：（1）表明“汇票”的字样；（2）无条件支付的委托；（3）确定的金额；（4）付款人名称；（5）收款人名称；（6）出票日期；（7）出票人签章。汇票上未记载前款规定事项之一的，汇票无效。银行汇票的出票人，为经中国人民银行批准办理银行汇票业务的银行。商业汇票的出票人，为银行以外的企业和其他组织。商业汇票上的出票人的签章，为该法人或者该单位的财务专用章或者公章加其法定代表人、单位负责人或者其授权的代理人的签名或者盖章；银行汇票上的出票人的签章，为该银行汇票专用章加其法定代表人或者其授权的代理人的签名或者盖章。

汇票的相对应记载事项为付款日期、付款地和出票地。汇票上的付款日期[①]可以按照下列形式之一记载：(1) 见票即付；(2) 定日付款；(3) 出票后定期付款；(4) 见票后定期付款。汇票上记载付款日期、付款地、出票地等事项的，应当清楚、明确。汇票上未记载付款日期的，为见票即付。汇票上未记载付款地的，付款人的营业场所、住所或者经常居住地为付款地。汇票上未记载出票地的，出票人的营业场所、住所或者经常居住地为出票地。

2. 本票上的应记载事项

本票的绝对应记载事项包括：(1) 表明"本票"的字样；(2) 无条件支付的承诺；(3) 确定的金额；(4) 收款人名称；(5) 出票日期；(6) 出票人签章。本票上未记载绝对应记载事项之一的，本票无效。银行本票的出票人，为经中国人民银行批准办理银行本票业务的银行。银行本票上的出票人的签章，为该银行的本票专用章加其法定代表人或者其授权的代理人的签名或者盖章。

本票的相对应记载事项为付款地、出票地。本票上记载付款地、出票地等事项的，应当清楚、明确。本票上未记载付款地的，出票人的营业场所为付款地。本票上未记载出票地的，出票人的营业场所为出票地。

3. 支票上的应记载事项

支票的绝对应记载事项包括：(1) 表明"支票"的字样；(2) 无条件支付的委托；(3) 确定的金额；(4) 付款人名称；(5) 出票日期；(6) 出票人签章。支票上未记载前款规定事项之一的，支票无效。支票的出票人，为在经中国人民银行批准办理支票存款业务的银行、城市信用合作社和农村信用合作社开立支票存款账户的企业、其他组织和个人。支票上的出票人的签章，出票人为单位的，为与该单位在银行预留签章一致的财务专用章或者公章加其法定代表人或者其授权的代理人的签名或者盖章；出票人为个人的，为与该个人在银行预留签章一致的签名或者盖章。支票的出票人所签发的支票金额不得超过其付款时在付款人处实有的存款金额；出票人签发的支票金额超过其付款时在付款人处实有的存款金额的，为空头支票。空头支票既损害了持票人的合法权益，使其票据权利得不到实现，又扰乱了正常的金融秩序和社会经济交往。我国《票据法》第 88 条第 2 款规定，禁止签发空头支票。支票的出票人不得签发与其预留本名的签名式样或者印鉴不符的支票。因出票人签发空头支票、与其预留本名的签名式样或者印鉴不符的支票给他人造成损失的，支票的出票人和背书人应当依法承担民事责任。

支票的相对应记载事项为付款地和出票地。支票上未记载付款地的，付款人的营业场所为付款地。支票上未记载出票地的，出票人的营业场所、住所或者

① 付款日期为汇票到期日。

经常居住地为出票地。

4. 空白票据

空白票据，又称为空白授权票据、未完成票据，是指票据行为人依法仅须在票据上签章，而将其他应记载事项全部或部分授权他人完成的票据。空白票据是一种合法有效的票据，它不同于不完全票据。不完全票据，是指票据上欠缺绝对必要记载事项的票据，而且出票人并无授权他人补充使之生效的意思，因而是一种无效票据。

空白票据的构成要件包括：空白票据行为人必须在票据上签章；票据上必须有法律上所容许的必要记载事项欠缺；空白票据行为人必须有对他人代为补充完成票据的授权；行为人必须交付空白票据于持票人。

我国《票据法》仅规定了空白支票。根据《票据法》，支票上的金额可以由出票人授权补记，未补记前的支票，不得使用。支票上未记载收款人名称的，经出票人授权，可以补记。《支付结算办法》规定，支票的金额、收款人名称，可以由出票人授权补记。未补记前不得背书转让和提示付款。空白授权票据的持票人行使票据权利时未对票据必须记载事项补充完全，付款人或者代理付款人可以拒绝付款。对票据未记载事项或者未完全记载事项作补充记载，补充事项超出授权范围的，出票人对补充后的票据应当承担票据责任。给他人造成损失的，出票人还应当承担相应的民事责任。

（三）出票的效力

出票人签发汇票后，即承担保证该汇票承兑和付款的责任。本票的出票人在持票人提示见票时，必须承担付款的责任。出票人必须按照签发的支票金额承担保证向该持票人付款的责任。

出票人在票据上记载“不得转让”字样，票据持有人背书转让的，背书行为无效，背书转让后的受让人不得享有票据权利，票据的出票人、承兑人对受让人不承担票据义务；出票人在票据上记载“不得转让”字样，其后手以此票据进行贴现、质押的，通过贴现、质押取得票据的持票人主张票据权利的，票据债务人可以进行抗辩。

出票人在票据上的签章不符合《票据法》相关规定的，票据无效。由于出票人制作票据未按照法定条件在票据上签章，给他人造成损失的，除应当按照所记载事项承担票据责任外，还应当承担相应的民事责任。持票人明知或者应当知道前款情形而接受的，可以适当减轻出票人或者票据债务人的责任。

三、背书

（一）背书的概念和分类

背书是指持票人为转让票据权利或授予他人行使一定票据权利，在票据背

面或者粘单上记载有关事项并签章,交付于持票人的票据行为。按照不同的标准,背书可以作不同的分类:

(1) 按照背书目的的不同,可以分为转让背书和非转让背书。以转让票据权利为目的的背书是转让背书,又称固有背书、正式背书;转让票据权利以外目的的背书是非转让背书。

(2) 转让背书按照权利转移和担保效力的不同,可以分为一般转让背书与特殊转让背书。具有完全的权利转移与担保效力的背书是一般转让背书;权利转移与担保受到一定限制,甚至互相排斥的背书是特殊转让背书。

(3) 一般转让背书按照记载事项完全与否,可以分为完全背书与空白背书。背书人在票据背面记载被背书人并签章的是完全背书,又称为正式背书、记名背书。背书人仅在票据背面签章,不记载被背书人的是空白背书,又称不完全背书、略式背书、无记名背书。

(4) 特殊转让背书按照性质的不同,可以分为无担保背书、禁止背书的背书、回头背书和期后背书。在背书中记载无担保文句而免除背书人担保责任的是无担保背书。背书时附记不得转让文句的是禁止背书的背书,又称禁转背书。禁转背书,其后手再背书转让的,原背书人对后手的被背书人不承担保证责任。以背书人本人之前的票据债务人为被背书人的是回头背书,又称还原背书、逆背书、回还背书。汇票到期日后作成的背书是期后背书。

(5) 非转让背书按照目的的不同,可以分为委任背书和设质背书。授予被背书人代理行使一定票据权利的是委任背书,如委托收款。背书记载"委托收款"字样的,被背书人有权代背书人行使被委托的票据权利。但是,被背书人不得再以背书转让票据权利。以票据上权利为被背书人设定质押的是设质背书。设质背书的被背书人依法实现其质权时,可以行使票据权利。票据质权人以质押票据再行背书质押或者背书转让的,背书行为无效。

(二) 背书的记载事项和格式

(1) 背书应记载在票据背面,当票据凭证不能满足背书人记载事项的需要,可以加附粘单,粘附于票据凭证上。粘单上的第一记载人,应当在汇票和粘单的粘接处签章。

(2) 背书由背书人签章并记载背书日期。背书未记载日期的,视为在票据到期日前背书。汇票以背书转让或者以背书将一定的票据权利授予他人行使时,必须记载被背书人名称。背书人未记载被背书人名称即将票据交付他人的,持票人在票据被背书人栏内记载自己的名称与背书人记载具有同等法律效力。

(3) 以背书转让的票据,背书应当连续。持票人以背书的连续,证明其票据权利。背书连续,是指在票据转让中,转让票据的背书人与受让票据的被背书人在票据上的签章依次前后衔接。连续背书的第一背书人应当是在票据上记载的收款人,最后的票据持有人应当是最后一次的被背书人。以背书转让的票据,后手应当对其直接前手背书的真实性负责。

(4) 背书不得附有条件。背书时附有条件的,所附条件不具有票据上的效力。

(5) 将票据金额的一部分转让的背书或者将票据金额分别转让给二人以上的背书无效。

(三) 背书的法律效力

1. 一般转让背书的法律效力

(1) 权利转移的效力。背书后,票据上的一切权利由背书人转移给被背书人,被背书人因此而取得所有票据权利。

(2) 权利证明的效力,又称背书的资格授予效力。即最后的被背书人只要持有背书连续的票据,就被推定为合法权利人,不必证明实际权利转移过程就可以行使票据权利。

(3) 担保的效力。背书人在无特殊记载时,对于被背书人及其后手依法负有担保承兑与付款的义务。当被背书人及其后手不获承兑或不获付款时,可以向背书人行使追索权。

2. 其他背书的法律效力

背书人在票据上记载"不得转让"、"委托收款"、"质押"字样,其后手再背书转让、委托收款或者质押的,原背书人对后手的被背书人不承担票据责任,但不影响出票人、承兑人以及原背书人之前手的票据责任。

票据被拒绝承兑、被拒绝付款或者超过提示付款期限,票据持有人背书转让的,背书人应当承担票据责任。

四、承兑

(一) 承兑的概念、特征和原则

承兑是指汇票付款人承诺在汇票到期日支付汇票金额的票据行为。

1. 承兑的特征

(1) 承兑是一种附属票据行为。承兑行为以出票行为为前提,受出票行为效力的影响,所以是附属票据行为。

(2) 承兑是汇票所特有的制度,是远期汇票付款人在汇票上所为的票据行为。

(3) 承兑以付款人承诺在汇票到期日支付汇票金额为内容。

2. 承兑的原则

我国《票据法》规定了承兑的原则,即自由承兑、完全承兑和单纯承兑。

(1) 自由承兑原则是指汇票付款人有权决定是否对汇票进行承兑。

（2）完全承兑原则是指汇票付款人只能对汇票全额承兑，不得部分承兑。

（3）单纯承兑原则是指汇票付款人在为承兑时，必须完全按照汇票上所记载的文义进行，不得附有条件；承兑附有条件的，视为拒绝承兑。

（二）提示承兑规则

提示承兑是指持票人向付款人出示汇票，并要求付款人承诺付款的行为。

见票即付的汇票无需提示承兑。定日付款或者出票后定期付款的汇票，持票人应当在汇票到期日前向付款人提示承兑。见票后定期付款的汇票，持票人应当自出票日起 1 个月内向付款人提示承兑。汇票未按照规定期限提示承兑的，持票人丧失对其前手（出票人除外）的追索权。

付款人对向其提示承兑的汇票，应当自收到提示承兑的汇票之日起 3 日内承兑或者拒绝承兑。付款人收到持票人提示承兑的汇票时，应当向持票人签发收到汇票的回单。回单上应当记明汇票提示承兑日期并签章。

（三）承兑的记载事项和格式

付款人承兑汇票的，应当在汇票正面记载"承兑"字样和承兑日期并签章；见票后定期付款的汇票，应当在承兑时记载付款日期。汇票上未记载承兑日期的，以付款人收到提示承兑的汇票之日起的第三日为承兑日期。

（四）承兑的法律效力

付款人承兑汇票后，由关系人变成第一债务人，应当承担到期付款的责任。持票人必须先向其行使付款请求权，遭到拒绝后才可向出票人和背书人行使追索权。

五、保证

（一）票据保证的概念和特征

1. 票据保证和保证人的范围

票据保证是指票据债务人之外的第三人，为担保特定票据债务人履行票据债务而在票据上所为的票据行为。"保证人"，是指具有代为清偿票据债务能力的法人、其他组织或者个人。国家机关、以公益为目的的事业单位、社会团体、企业法人的分支机构和职能部门作为票据保证人的，票据保证无效，但经国务院批准为使用外国政府或者国际经济组织贷款进行转贷，国家机关提供票据保证的以及企业法人的分支机构在法人书面授权范围内提供票据保证的除外。

2. 票据保证的法律特征

（1）票据保证是保证人的单方法律行为，而且其保证的效力及于被保证人的全体后手。

（2）票据保证具有独立性。票据保证虽然基于票据债务的存在而发生，具有从属性，但一经成立，即独立发生效力，除非被保证人的债务因票据记载事项欠缺而无效，这时票据保证也无效。

(3) 票据保证具有同一性。票据保证人与被保证人处于同一地位，持票人既可以先向被保证人行使票据权利，也可以先向保证人行使票据权利，保证人无先诉抗辩权。

(4) 票据保证人如果是二人以上的，保证人之间承担连带责任。

(5) 保证人清偿票据债务后，可以行使持票人对被保证人及其前手的追索权，被保证人及其前手不得以对原持票人的抗辩权对抗保证人。

(二) 票据保证的记载事项和格式

(1) 保证人应当依照《票据法》的规定，在票据或者其粘单上记载保证事项。保证人为出票人、付款人、承兑人保证的，应当在票据的正面记载保证事项；保证人为背书人保证的，应当在票据的背面或者其粘单上记载保证事项。保证人未在票据或者粘单上记载"保证"字样而另行签订保证合同或者保证条款的，不属于票据保证。

(2) 保证人必须在票据或者粘单上记载下列事项：表明"保证"的字样；保证人名称和住所；被保证人的名称；保证日期；保证人签章。保证人在汇票或者粘单上未记载被保证人名称的，已承兑的汇票，承兑人为被保证人；未承兑的汇票，出票人为被保证人。保证人在票据或者粘单上未记载保证日期的，出票日期为保证日期。

(3) 保证不得附有条件；附有条件的，不影响对票据的保证责任。

(三) 票据保证的法律效力

保证人对合法取得票据的持票人所享有的票据权利承担保证责任。但是，被保证人的债务因票据记载事项欠缺而无效的除外。保证人为二人以上的，保证人之间承担连带责任。被保证的票据，保证人应当与被保证人对持票人承担连带责任。票据到期后得不到付款的，持票人有权向保证人请求付款，保证人应当足额付款。保证人清偿票据债务后，可以行使持票人对被保证人及其前手的追索权。

票据保证无效的，票据的保证人应当承担与其过错相应的民事责任。

六、付款

(一) 付款的概念和特征

付款是汇票的承兑人(或付款人)、本票的出票人或支票的付款人及代理付款人(以下简称付款人和代理付款人)向持票人支付票据金额的行为。付款的特征如下：

(1) 付款是付款人或代理付款人所为的票据行为。

(2) 付款是向持票人支付票据金额的行为。

(3) 付款是消灭票据上权利义务关系的行为。

(二) 提示付款的规则和效力

持票人应当按照下列期限提示付款:(1) 见票即付的汇票,自出票日起 1 个月内向付款人提示付款;(2) 定日付款、出票后定期付款或者见票后定期付款的汇票,自到期日起 10 日内向承兑人提示付款;(3) 银行本票自出票日起 2 个月内向出票人提示付款[①];(4) 支票的持票人应当自出票日起 10 日内提示付款;异地使用的支票,其提示付款的期限由中国人民银行另行规定。通过委托收款银行或者通过票据交换系统向付款人提示付款的,视同持票人提示付款,持票人向银行提交票据日为提示付款日。代理付款人是指根据付款人的委托,代其支付票据金额的银行、城市信用合作社和农村信用合作社。

汇票持票人在规定期限内提示付款的,付款人必须在当日足额付款。本票的出票人在持票人提示见票时,必须承担付款的责任;本票的持票人未按照规定期限提示见票的,丧失对出票人以外的前手的追索权。支票的出票人在付款人处的存款足以支付支票金额时,付款人应当在当日足额付款。

(三) 付款规则

持票人委托的收款银行的责任,限于按照票据上记载事项将票据金额转入持票人账户。付款人委托的付款银行的责任,限于按照票据上记载事项从付款人账户支付票据金额。

付款人及其代理付款人付款时,应当审查票据背书的连续,并审查提示付款人的合法身份证明或者有效证件。票据金额为外币的,按照付款日的市场汇价,以人民币支付;票据当事人对票据支付的货币种类另有约定的,从其约定。

持票人获得付款的,应当在票据上签收,并将票据交给付款人。持票人委托银行收款的,受委托的银行将代收的票据金额转账收入持票人账户,视同签收。签收是指持票人在票据的正面签章,表明持票人已经获得付款。

(四) 付款的法律效力及付款人的责任

付款义务人依法足额付款后,全体票据债务人的责任解除。但是,付款人以恶意或者有重大过失付款的除外。

对定日付款、出票后定期付款或者见票后定期付款的汇票,付款人在到期日前付款的,由付款人自行承担所产生的责任。付款人及其代理付款人以恶意或者有重大过失付款的,应当自行承担责任。具体而言,付款人及其代理付款人有下列情形之一的,应当自行承担责任:(1) 未对提示付款人的合法身份证明或者有效证件以及汇票背书的连续性履行审查义务而错误付款的;(2) 公示催告期

① 远期本票中,为确定见票后定期付款本票的到期日,规定见票制度。我国的本票都为见票即付,所以无见票制度。

间对公示催告的票据付款的;(3) 收到人民法院的止付通知后付款的;(4) 其他以恶意或者重大过失付款的。

票据的付款人对见票即付或者到期的票据,故意压票、拖延支付的,由中国人民银行处以压票、拖延支付期间内每日票据金额0.7‰的罚款;对直接负责的主管人员和其他直接责任人员给予警告、记过、撤职或者开除的处分。

第三节 票据权利

一、票据权利义务概述

(一) 票据权利概述

1. 票据权利的概念和特征

票据权利,又称为票据上的权利。我国《票据法》规定:"本法所称票据权利,是指持票人向票据债务人请求支付票据金额的权利,包括付款请求权和追索权。"票据权利具有以下特征:

(1) 票据权利是票据金额给付请求权

票据是金钱债权证券,票据权利是以取得票载金额为目的的请求权。且票据权利是单纯的金钱给付请求权,即只能请求支付一定的金额,不得为任何金钱之外的物品或劳务所替代。

(2) 票据权利是持票人向票据债务人行使的一种权利

票据是债权证券,债权人为持票人,债务人为票据上的真实签章人。票据权利是持票人向票据债务人提示票据请求给付的权利,不同于一般债权。

(3) 票据权利是凭票据才能行使的权利

票据权利是完全有价证券,票据上的权利与票据本身紧密结合。票据权利的行使,必须提示票据。

(4) 票据权利是双重请求权

票据权利包括付款请求权和追索权,是双重请求权。付款请求权与追索权在相对应的义务主体、产生时间、行使次数和请求支付的金额、权利的消灭时效等方面有一定的区别。

学理上,也把票据权利分为主票据权利、副票据权利和辅助性票据权利。主票据权利即付款请求权;副票据权利即追索权;辅助性票据权利,是指与支付票面金额的目的直接相关但起辅助作用的权利,如持票人对参加承兑人、参加付款人的付款请求权。①

---

① 刘心稳:《票据法》,中国政法大学出版社1999年版,第87页。

2. 付款请求权

付款请求权,又称为票据上的第一次请求权,是指持票人向票据主债务人或其他付款义务人(关系人或主债务人及关系人的保证人)请求支付票据金额的权利。

与付款请求权相对应的是票据债务人的付款义务,付款行为在本章第二节中已详述,因而此处对付款请求权不加赘述。

3. 追索权

追索权,又称为票据上的第二次请求权,是指票据到期被拒绝付款或票据到期日前发生其他法定原因时,持票人在保全票据权利的基础上,向其前手请求偿还票据金额及其他法定款项的权利。根据我国《票据法》的有关规定,汇票到期被拒绝付款的,持票人可以对背书人、出票人以及汇票的其他债务人行使追索权;汇票到期日前,有下列情形之一的,持票人也可以行使追索权:(1) 汇票被拒绝承兑的;(2) 承兑人或者付款人死亡、逃匿的;(3) 承兑人或者付款人被依法宣告破产的或者因违法被责令终止业务活动的。

持票人行使追索权时,应当提供被拒绝承兑或者被拒绝付款的有关证明。持票人提示承兑或者提示付款被拒绝的,承兑人或者付款人必须出具拒绝证明,或者出具退票理由书。未出具拒绝证明或者退票理由书的,应当承担由此产生的民事责任。持票人因承兑人或者付款人死亡、逃匿或者其他原因,不能取得拒绝证明的,可以依法取得其他有关证明。承兑人或者付款人被人民法院依法宣告破产的,人民法院的有关司法文书具有拒绝证明的效力。承兑人或者付款人因违法被责令终止业务活动的,有关行政主管部门的处罚决定具有拒绝证明的效力。

持票人不能出示拒绝证明、退票理由书或者未按照规定期限提供其他合法证明的,丧失对其前手的追索权。但是,承兑人或者付款人仍应当对持票人承担责任。

持票人应当自收到被拒绝承兑或者被拒绝付款的有关证明之日起 3 日内,将被拒绝事由书面通知其前手;其前手应当自收到通知之日起 3 日内书面通知其再前手。持票人也可以同时向各票据债务人发出书面通知。书面通知应当记明票据的主要记载事项,并说明该票据已被退票。在规定期限内将通知按照法定地址或者约定的地址邮寄的,视为已经发出通知。未按照前款规定期限通知的,持票人仍可以行使追索权。因延期通知给其前手或者出票人造成损失的,由没有按照规定期限通知的票据当事人承担对该损失的赔偿责任,但是所赔偿的金额以票据金额为限。

出票人、背书人、承兑人和保证人对持票人承担连带责任。持票人可以不按照票据债务人的先后顺序,对其中任何一人、数人或者全体行使追索权。持票人对票据债务人中的一人或者数人已经进行追索的，对其他票据债务人仍可以行使追索权。持票人为出票人的，对其前手无追索权；持票人为背书人的，对其后手无追索权。被追索人清偿债务后，与持票人享有同一权利。

持票人行使追索权，可以请求被追索人支付下列金额和费用：(1) 被拒绝付款的票据金额；(2) 票据金额自到期日或者提示付款日起至清偿日止，按照中国人民银行规定的利率计算的利息；(3) 取得有关拒绝证明和发出通知书的费用。被追索人清偿债务时，持票人应当交出票据和有关拒绝证明，并出具所收到利息和费用的收据。被追索人清偿后，可以向其他票据债务人行使再追索权，请求其他票据债务人支付下列金额和费用：(1) 已清偿的全部金额；(2) 前项金额自清偿日起至再追索清偿日止，按照中国人民银行规定的利率计算的利息；(3) 发出通知书的费用。行使再追索权的被追索人获得清偿时，应当交出票据和有关拒绝证明，并出具所收到利息和费用的收据。被追索人依法清偿债务后，其责任解除。

（二）票据义务概述

票据义务与票据权利相对应，我国票据法上规定的“责任”要严格区分是义务还是责任。根据我国《票据法》的规定，本法所称票据责任，是指票据债务人向持票人支付票据金额的义务。

由于票据权利分为付款请求权和追索权，相应地，票据义务也分为付款义务和偿还义务。

二、票据权利的取得

（一）票据权利的取得原则

票据权利，以合法持有票据为前提。票据权利的取得应遵循以下原则：

1. 通过连续背书而取得票据的，合法地取得票据权利

我国《票据法》规定，以背书转让的汇票，背书应当连续。持票人以背书的连续，证明其汇票权利；非经背书转让，而以其他合法方式取得汇票的，依法举证，证明其汇票权利。

2. 善意且给付对价取得票据的，合法地取得票据权利

第一，持票人恶意或因重大过失取得票据，不得享有票据权利。我国《票据法》规定，以欺诈、偷盗或者胁迫等手段取得票据的，或者明知有前列情形，出于恶意取得票据的，不得享有票据权利。持票人因重大过失取得不符合本法规定的票据的，也不得享有票据权利。

第二，没有给付对价或以不相当的代价取得票据的，不得享有优于其前手的权利。我国《票据法》规定，票据的取得，必须给付对价，即应当给付票据双方当事人认可的相对应的代价。因税收、继承、赠与可以依法无偿取得票据的，不受给付对价的限制。但是，所享有的票据权利不得优于其前手的权利。

（二）票据权利的取得方式

1. 原始取得

原始取得，是指收款人因出票人的出票并交付而原始取得票据权利。票据是设权证券，票据权利的取得必须作成票据。

2. 继受取得

继受取得，是指受让人从票据权利人手中以法定方式取得票据，从而取得票据权利。

(1) 依转让而取得

票据是流通证券，可以依《票据法》的规定转让。持票人依据票据背书或直接交付的方式而取得票据权利。我国仅有背书这一种转让方式。被背书人依据连续的背书而证明自己是合法持票人，取得票据权利。

(2) 依法律规定而取得

第一，持票人根据《票据法》的规定而取得票据权利。被追索人因偿还了被追索金额后而取得对前手的再追索权；保证人清偿票据债务后，可以行使持票人对被保证人及其前手的追索权；等等。

第二，持票人依据其他法律的规定而取得票据权利。如持票人依据税收、继承、赠与、法人或非法人单位的合并或分立、法院的裁决或行政部门的行政决定等而取得票据，依法举证，而证明其为合法持票人，从而取得票据权利。

3. 善意取得

善意取得，是指票据受让人依据《票据法》规定的转让方式，善意地从无处分权人手中取得票据，从而取得票据权利的一种法律制度。

(1) 票据权利善意取得与民法上物的善意取得的比较

票据权利的善意取得制度源于民法上物的善意取得制度。但是票据权利的善意取得与民法上物的善意取得存在以下区别：

第一，从法律规定上看。我国《票据法》规定，以欺诈、偷盗或者胁迫等手段取得票据的，或者明知有前列情形，出于恶意取得票据的，不得享有票据权利；持票人因重大过失取得不符合本法规定的票据的，也不得享有票据权利。也就是说，票据权利的善意取得是通过否定恶意或重大过失取得票据的持票人取得票据权利，从而肯定持票人如为善意，则取得票据权利的方式确立的，即票据权利的善意取得是从反面推论出来的。而法律对于物的善意取得采取的是正面规定的方式。

第二，从对善意取得的主体要求看。在物的善意取得中，让与人须为动产之占有人并且无转让动产所有权的权利，受让人须基于法律行为受让动产之占有并且为善意。但是由于票据具有高度的流通性，在票据权利善意取得的场合，要求善意受让人依背书连续或依法举证证明自己为合法持票人，才能获得票据法对合法持票人的特别保护。

第三,从客体上看。物的善意取得的客体是物权,属于一般民事权利。票据权利的善意取得则不同,善意受让人虽然也取得票据的所有权,但因票据的价值在于其所表征的权利,而不在于票据的形态本身,故该权利意义不大。票据权利的善意取得的实质意义在于受让人成为票据权利人,取得了票据所表征的金钱债权。

票据债权与一般债权不同,是二次性权利,善意受让人不但可以要求付款人付款,还可以在被拒绝承兑或拒绝付款时行使追索的权利,包括向蒙受损失的真实权利人追索。

第四,从取得的条件上看。物的善意取得制度中,对于善意取得的标的物是有着严格的类别规定的。物被无权处分人占有的原因可能会成为阻却物的善意取得成立的理由。物的善意取得要求无权处分人必须合法占有该物,无权处分人取得物的占有是基于真实权利人的意思;而对无权处分人非法占有之物,原则上不发生善意取得,盗赃物、遗失物在我国即不适用善意取得。而对于票据,不论无权处分人取得票据是否基于真实权利人的意思,都不妨碍票据权利善意取得的成立。无权处分人取得票据,是基于背书转让,或是盗窃、拾得等,都在所不问,这充分体现了票据的无因性和流通性。

第五,从善意取得发生后,原权利人的地位看。在物的善意取得中,原权利人在善意第三人取得权利的范围内,其权利完全丧失,也不对标的物负有任何义务,即不再因为该物而与善意第三人发生任何民事关系,对于其遭受的损失,只能依不当得利或侵权制度追究无权处分人的责任。而票据权利的善意取得中,原权利人(即真实权利人)虽然丧失了票据权利,但仍然可能是票据的当事人,并不当然退出票据关系。如 A 出票给 B,B 背书转让给 C,C 的票据被 D 盗取,伪造 C 的签章转让给 E。E 善意取得票据权利,当他提示承兑或提示付款被拒绝而向原权利人 C 行使追索权时,C 仍然是票据义务人,当 C 付款给 E 后,仍然可以作为票据权利人取得再追索的权利。

(2) 票据权利善意取得的构成要件(即善意持票人的构成要件)

第一,持票人必须是从无处分权人手中取得票据。这里的无处分权人,仅以持票人的直接前手为限。基于票据行为的独立性,其间接前手有无权利在所不问。无处分权人包括恶意或重大过失取得票据而不享有票据权利者、欠缺票据行为能力而为票据行为者等。但对于明确哪些人属于无处分权人,理论界有不同观点[1],此不赘述。

---

① 吕来明:《票据权利善意取得的适用》,载《法学研究》1998 年第 5 期;汪世虎:《票据法律制度比较研究》,法律出版社 2003 年版,第 205 页。

第二,必须是依票据法上的转让方式(即背书)而取得票据。

第三,必须是基于善意而取得票据。

第四,必须给付对价。

(3) 票据权利善意取得的效力

第一,善意取得人取得票据权利。

第二,原权利人并不当然退出票据关系。

三、票据权利的行使和保全

(一) 票据权利的行使的概念和方式

票据权利的行使是指票据权利人向票据义务人提示票据,请求其履行票据义务的行为,包括行使付款请求权以请求付款,行使追索权以请求清偿。

根据票据的有价证券性,推出票据权利的行使方式为票据权利人向票据义务人合法地"提示"票据。见票即付的汇票无需提示承兑;定日付款或者出票后定期付款的汇票,持票人应当在汇票到期日前向付款人提示承兑;见票后定期付款的汇票,持票人应当自出票日起 1 个月内向付款人提示承兑。见票即付的汇票,自出票日起 1 个月内向付款人提示付款;定日付款、出票后定期付款或者见票后定期付款的汇票,自到期日起 10 日内向承兑人提示付款。银行本票的出票人应当自出票日起 2 个月内提示付款。支票的持票人应当自出票日起 10 日内提示付款;异地使用的支票,其提示付款的期限由中国人民银行另行规定。

(二) 票据权利的保全的概念和方法

票据权利的保全是指票据权利人现实的或可能遭到拒绝承兑或拒绝付款时,为防止票据权利的丧失而为的行为。

票据权利的保全方法是通过依法取证以中断时效。

持票人提示承兑或者提示付款被拒绝的,承兑人或者付款人必须出具拒绝证明,或者出具退票理由书。"拒绝证明"应当包括下列事项:被拒绝承兑、付款的票据的种类及其主要记载事项;拒绝承兑、付款的事实依据和法律依据;拒绝承兑、付款的时间;拒绝承兑人、拒绝付款人的签章。"退票理由书"应当包括下列事项:所退票据的种类;退票的事实依据和法律依据;退票时间;退票人签章。

持票人因承兑人或者付款人死亡、逃匿或者其他原因,不能取得拒绝证明的,可以依法取得其他有关证明,如人民法院出具的宣告承兑人、付款人失踪、死亡或者宣告破产的证明、法律文书;公安机关出具的承兑人、付款人逃匿或者下落不明的证明;医院或者有关单位出具的承兑人、付款人死亡的证明;公证机构出具的具有拒绝证明效力的文书;承兑人或者付款人因违法被责令终止业务活动的,有关行政主管部门出具的处罚决定等。

（三）票据权利行使和保全的时间和地点

持票人对票据债务人行使票据权利，或者保全票据权利，应当在票据当事人的营业场所和营业时间内进行；票据当事人无营业场所的，应当在其住所进行。

第四节 票据的伪造、变造、更改与涂销

一、票据伪造

（一）票据伪造的概念和构成要件

票据伪造是指无权限人假冒他人或虚构人名义签章的行为，签章的变造属于伪造。

票据伪造的构成要件包括：票据伪造者假冒他人或虚构人名义在票据上签章；票据伪造者所为的行为在形式上符合票据行为的要件；票据伪造者以行使票据权利为目的。

（二）票据伪造的法律后果

根据我国《票据法》的有关规定，票据上的记载事项应当真实，不得伪造、变造。伪造、变造票据上的签章和其他记载事项的，应当承担法律责任。票据上有伪造、变造的签章的，不影响票据上其他真实签章的效力。

票据上的签章人为票据债务人。票据被伪造，票载被伪造人不是票据上的真实签章人，其签章为伪造人伪造，因此票据被伪造人不是票据债务人，不需承担票据义务。票据伪造人虽在票据上为了票据行为，但是并没有作真实签章，因此也不为票据债务人，不承担票据义务，但是伪造票据者除应当依法承担刑事、行政责任外，给他人造成损失的，还应当承担民事赔偿责任。另外，票据行为具有独立性，票据上有伪造、变造的签章的，不影响票据上其他真实签章的效力，即票据上的真实签章人仍要依票载文义承担票据义务。

付款人或者代理付款人未能识别出伪造的票据而错误付款，属于《票据法》规定的“重大过失”，给持票人造成损失的，应当依法承担民事责任。付款人或者代理付款人承担责任后有权向伪造人依法追偿。持票人有过错的，也应当承担相应的民事责任。

二、票据变造

（一）票据变造的概念和构成要件

票据变造是指无权更改票据内容的人对票据上签章以外的记载事项加以改变的行为。

票据变造的构成要件包括:票据变造的主体必须是无权更改票据内容的人;票据变造者必须是对票据上签章以外的记载事项的改变。

(二) 票据变造的法律后果

根据我国《票据法》的有关规定,票据上其他记载事项被变造的,在变造之前签章的人,对原记载事项负责;在变造之后签章的人,对变造之后的记载事项负责;不能辨别是在票据被变造之前或者之后签章的,视同在变造之前签章。

变造票据者除应当依法承担刑事、行政责任外,给他人造成损失的,还应当承担民事赔偿责任。

付款人或者代理付款人未能识别出变造的票据而错误付款,属于"重大过失",给持票人造成损失的,应当依法承担民事责任。付款人或者代理付款人承担责任后有权向变造者依法追偿。持票人有过错的,也应当承担相应的民事责任。

三、票据更改

(一) 票据更改的概念和构成要件

票据更改是指有变更权的人对票据上可更改的记载事项按法定方式改变的行为。

根据我国《票据法》的有关规定,票据上的记载事项必须符合《票据法》的规定。票据金额、日期、收款人名称不得更改,更改的票据无效;对票据上的其他记载事项,原记载人可以更改,更改时应当由原记载人签章证明。可见,票据更改的构成要件包括:票据更改的主体为原记载人;票据更改须依法定方式进行,由原记载人签章证明;票据更改只能对《票据法》允许更改的记载事项进行改变;有变更权人如果在票据交付之后更改,应征得相关当事人的同意。

(二) 票据更改的效力

票据更改之后,原记载事项无效,更改后的记载事项代替原记载事项而产生效力。

四、票据涂销

(一) 票据涂销的概念和构成要件

票据涂销是指有涂销权的人故意采用某些方法,涂抹或消除票据上的签章或其他记载事项的行为。

票据涂销的构成要件包括:票据涂销的主体为有涂销权的人,主要是票据权利人或持票人;票据涂销是合法行为,是有涂销权的人故意所为的行为;票据涂销的目的是消除被涂销部分的票据权利。

（二）票据涂销的效力

票据涂销是一种合法行为。票据涂销之后，被涂销部分的票据权利无效，票据债务人只以涂销后的记载事项对持票人承担义务。

第五节 票据权利丧失与票据丧失及其补救

一、票据时效与利益偿还请求权

（一）票据时效

我国票据法上规定的票据时效为消灭时效，即权利人在法定的期间内不主张权利，票据权利便因时效期间届满而消灭。

我国《票据法》规定，票据权利在下列期限内不行使而消灭：(1) 持票人对票据的出票人和承兑人的权利，自票据到期日起 2 年。见票即付的汇票、本票，自出票日起 2 年。(2) 持票人对支票出票人的权利，自出票日起 6 个月。(3) 持票人对前手的追索权，自被拒绝承兑或者被拒绝付款之日起 6 个月。(4) 持票人对前手的再追索权，自清偿日或者被提起诉讼之日起 3 个月。票据的出票日、到期日由票据当事人依法确定。这里须注意的是：不能简单地把(1)、(2)项理解为付款请求权的消灭时效，把(3)、(4)项理解为追索权的消灭时效。因为在汇票中，持票人行使付款请求权只能向汇票承兑人行使，而向汇票出票人行使的是追索权。

（二）利益偿还请求权

利益偿还请求权，又称为利益返还请求权，是指当持票人的票据权利因时效届满或者一定手续欠缺（包括未遵期提示、未依法取证）而消灭时，该持票人依据《票据法》的规定而享有的、请求票据的出票人或承兑人在其所受的利益限度内予以返还的权利。

我国《票据法》第 18 条规定："持票人因超过票据权利时效或者因票据记载事项欠缺而丧失票据权利的，仍享有民事权利，可以请求出票人或者承兑人返还其与未支付的票据金额相当的利益。"该条中的"票据记载事项欠缺"应为"法定手续欠缺"，如果票据的绝对记载事项欠缺，则票据无效；相对记载事项或其他记载事项欠缺，票据有效，持票人的票据权利不受影响。

1. 利益偿还请求权的性质

根据我国《票据法》第 18 条的规定，丧失了票据权利的持票人对该票据的出票人或者承兑人仍享有"民事权利"。而按照民法的基本原理，存在民事关系的当事人之间才有可能产生民事权利义务。[①] 在民事关系与票据关系的当事人重合时，由于这时票据权利已经消灭，当事人依据民事基础关系主张自己的民事权利更方便。但是如果民事关系与票据关系的当事人不重合，即票据关系的当事人不为民事关系的当事人，那么他们之间不可能产生民事权利义务。

关于利益偿还请求权的性质，学者们概括为四种观点：票据上的权利说；不当得利请求权说；损害赔偿请求权说；票据法上的特别请求权说。票据上的权利说认为，利益偿还请求权是基于票据关系而产生的票据上的权利；不当得利请求权说认为，利益偿还请求权属于民法上的不当得利，德国采用此观点；损害赔偿请求权说认为，利益偿还请求权与损害赔偿请求权的性质相同；票据法上的特别请求权说认为，利益偿还请求权属于《票据法》规定的一种特别请求权，但不是票据上的权利。分析各种学说，学者们多采第四种观点。[②]

2. 利益偿还请求权的当事人

利益偿还请求权的权利人是持票人，包括因清偿票据债务而取得票据的背书人和保证人。义务人是基于票据的基础关系而现实地取得了利益的出票人或承兑人，而且义务人仅以其实际所受利益为限承担偿还义务。

3. 利益偿还请求权的成立要件[③]

（1）票据上的权利曾经有效存在过；

（2）票据权利因时效届满或手续欠缺而消灭；

（3）出票人或承兑人因持票人票据权利的消灭而受有额外利益。

二、票据丧失及其补救

（一）票据丧失

票据丧失，又称为失票，是指持票人并非出于本人的意愿而失去对票据的占有，包括票据的绝对丧失和相对丧失，前者是指票据的灭失，后者是指票据并非在物质形态上发生变化，只是脱离了原持票人的占有。

丧失票据占有的人为失票人。失票人所丧失的票据必须是未获付款的有效票据，否则不构成票据丧失。

（二）对票据丧失的补救

由于票据是一种有价证券，票据权利的行使必须提示票据，票据的丧失必然影响到票据权利人行使票据权利。各国票据法都规定有票据丧失的补救方法：

---

① 王小能：《票据法教程》，北京大学出版社 2001 年版，第 74 页。

② 梁宇贤：《票据法理论与实用》（上），我国台湾地区五南图书出版公司 1980 年版，第 379—381 页；汪世虎：《票据法律制度比较研究》，法律出版社 2003 年版，第 298—299 页；董安生主编：《票据法》，中国人民大学出版社 2000 年版，第 46 页。

③ 王小能：《票据法教程》，北京大学出版社 2001 年版，第 72—73 页。

美国规定了提起诉讼和发出止付通知;德国规定了公示催告制度;英国采用失票人提起诉讼或申请出票人另行补发票据。日内瓦统一票据法对该问题未作规定。我国票据丧失的补救方法包括:挂失止付、公示催告、提起诉讼。

1. 挂失止付

票据丧失,失票人可以及时通知票据的付款人挂失止付,但是未记载付款人或者无法确定付款人及其代理付款人的票据除外。收到挂失止付通知的付款人,应当暂停支付。

(1) 挂失止付的适用范围

根据《支付结算办法》,已承兑的商业汇票、支票、填明"现金"字样和代理付款人的银行汇票以及填明"现金"字样的银行本票丧失,可以由失票人通知付款人或者代理付款人挂失止付。未填明"现金"字样和代理付款人的银行汇票以及未填明"现金"字样的银行本票丧失,不得挂失止付。

(2) 挂失止付的程序

中国人民银行发布的《票据管理实施办法》、《支付结算办法》和《支付结算会计核算手续》对挂失止付的程序作出了详细规定。

允许挂失止付的票据丧失,失票人通知票据的付款人或者代理付款人挂失止付时,应当填写挂失止付通知书并签章。挂失止付通知书应当记载下列事项:票据丧失的时间、地点、原因;票据的种类、号码、金额、出票日期、付款日期、付款人名称、收款人名称;挂失止付人的姓名、营业场所或者住所以及联系方法。欠缺上述记载事项之一的,银行不予受理。

付款人或者代理付款人收到挂失止付通知书后,查明挂失票据确未付款时,应立即暂停支付。付款人或者代理付款人自收到挂失止付通知书之日起 12 日内没有收到法院的止付通知书的,自第 13 日起,持票人提示付款并依法向持票人付款的,不再承担责任。付款人或者代理付款人在收到挂失止付通知书之前,已经向持票人付款的,不再接受挂失止付,也不再承担责任。但付款人或者代理付款人以恶意或者重大过失付款的除外。

但是,挂失止付仅为票据丧失后暂时防止票据金额被人领取的保存票据权利的方法,而不是票据权利的复权方法,这是挂失止付与公示催告和票据确权诉讼的根本区别。因此,适用挂失止付有其局限性:挂失止付仅能防止冒领票据金额,不能发生禁止票据转让的效力,也就不能阻止票据的善意取得;挂失止付方法也不能使票据权利人真正恢复行使票据权利。①

2. 公示催告

根据《票据法》,失票人应当在通知挂失止付后 3 日内,也可以在票据丧失

① 董安生主编:《票据法》,中国人民大学出版社 2000 年版,第 97—98 页。

后,依法向法院申请公示催告。《最高人民法院关于审理票据纠纷案件若干问题的规定》规定,票据丧失后,失票人直接向人民法院申请公示催告或者提起诉讼的,人民法院应当依法受理。可见,挂失止付不是公示催告的必经程序。

我国《民事诉讼法》和《最高人民法院关于审理票据纠纷案件若干问题的规定》中详细规定了公示催告程序:

(1) 公示催告的申请人

可以申请公示催告的失票人,是指按照规定可以背书转让的票据在丧失票据占有以前的最后的合法持票人。

(2) 公示催告的适用范围

出票人已经签章的授权补记的支票、出票人已经签章但未记载代理付款人的银行汇票、超过付款提示期限的票据等丧失后,失票人依法向人民法院申请公示催告的,人民法院应当依法受理。

(3) 公示催告的书面申请和受理

失票人通知票据付款人挂失止付后 3 日内向法院申请公示催告的,公示催告申请书应当载明下列内容:票面金额;出票人、持票人、背书人;申请的理由、事实;通知票据付款人或者代理付款人挂失止付的时间;付款人或者代理付款人的名称、通信地址、电话号码等。

法院决定受理公示催告申请的,应当同时通知付款人及代理付款人停止支付,并自立案之日起 3 日内发出公告。付款人或者代理付款人收到法院发出的止付通知,应当立即停止支付,直至公示催告程序终结。非经发出止付通知的法院许可擅自解付的,不得免除票据责任。人民法院决定受理公示催告申请后发布的公告应当在全国性的报刊上登载。公示催告的期间,国内票据自公告发布之日起 60 日,涉外票据可根据具体情况适当延长,但最长不得超过 90 日。

在公示催告期间,以公示催告的票据质押、贴现,因质押、贴现而接受该票据的持票人主张票据权利的,票据债务人可以以此进行抗辩,但公示催告期间届满以后法院作出除权判决以前取得该票据的除外。

(4) 除权判决

公示催告期间届满无人申报权利,人民法院应当根据申请人的申请,作出除权判决,宣告票据无效。判决应当公告,并通知支付人。自判决公告之日起,申请人有权向支付人请求支付。

3. 提起诉讼

票据丧失后,失票人在票据权利时效届满以前请求出票人补发票据,或者请求债务人付款,在提供相应担保的情况下因债务人拒绝付款或者出票人拒绝补发票据提起诉讼的,由被告住所地或者票据支付地人民法院管辖,被告为与失票人具有票据债权债务关系的出票人、拒绝付款的票据付款人或者承兑人。失票人为行使票据所有权，向非法持有票据人请求返还票据的，人民法院应当依法受理。

失票人向人民法院提起诉讼的，除向人民法院说明曾经持有票据及丧失票据的情形外，还应当提供担保。担保的数额相当于票据载明的金额。

对于伪报票据丧失的当事人，人民法院在查明事实、裁定终结公示催告或者诉讼程序后，可以参照《民事诉讼法》第102条①的规定，追究伪报人的法律责任。

第六节 票据抗辩

一、票据抗辩概述

（一）票据抗辩的概念

我国《票据法》规定，本法所称抗辩，是指票据债务人根据本法规定对票据债权人拒绝履行义务的行为。更确切地说，票据抗辩是指票据债务人或被请求履行票据债务的人对票据债权人或主张票据债权的人拒绝履行义务的行为。票据抗辩属于广义抗辩，既包括事实抗辩，也包括权利抗辩。票据抗辩的根据称为抗辩事由或抗辩原因，票据债务人提出抗辩以拒绝向债权人履行义务的权利称为抗辩权，它是一种票据债务人所享有的权利。

（二）票据抗辩与民法上的抗辩的区别

根据民法抗辩的原理，在债权民事法律关系的主体发生变更时，债权人必须将债权转让的事实告知债务人，债权让与才对债务人生效；债务人所有能对原债权人行使的抗辩，都能对新债权人行使。这样，每一次债权让与，债务人均取得所有前债务人的抗辩，使得新债权人受抗辩的可能性越来越大，受抗辩的事由越来越多，其债权的风险随着债权转让次数的增多而不断增大。

票据的抗辩与民法上的抗辩有所不同，由于票据具有较强的流通性，其转让比民法上普通债权的转让要频繁得多，如果债务人的抗辩权随着票据债权的转让而转移，对票据新债权人来讲极为不利，势必破坏票据的流通功能。为此，《票据法》规定票据转让应注重保护债权人的利益，使票据的抗辩具有区别于民法上的抗辩的特殊性，这种特殊性主要体现在票据抗辩的限制上，比如票据权利转让时，不必通知债务人即可生效；票据行为独立，对票据债务人享有的票据抗

① 《民事诉讼法》第102条规定："诉讼参与人或者其他人有下列行为之一的，人民法院可以根据情节轻重予以罚款、拘留；构成犯罪的，依法追究刑事责任：（一）伪造、毁灭重要证据，妨碍人民法院审理案件的；……人民法院对有前款规定的行为之一的单位，可以对其主要负责人或者直接责任人员予以罚款、拘留；构成犯罪的，依法追究刑事责任。"

辩权进行一定的限制;票据的抗辩通常是对票据金额的全额抗辩;票据保证人不享有先诉抗辩权。

二、票据抗辩的原因

我国《票据法》规定了票据的可抗辩事由。《最高人民法院关于审理票据纠纷案件若干问题的规定》具体列举了票据抗辩的原因,包括:(1) 欠缺法定必要记载事项或者不符合法定格式的;(2) 超过票据权利时效的;(3) 人民法院作出的除权判决已经发生法律效力的;(4) 以背书方式取得但背书不连续的;(5) 与票据债务人有直接债权债务关系并且不履行约定义务的;(6) 以欺诈、偷盗或者胁迫等非法手段取得票据,或者明知有前列情形,出于恶意取得票据的;(7) 明知票据债务人与出票人或者与持票人的前手之间存在抗辩事由而取得票据的;(8) 因重大过失取得票据的;(9) 其他依法不得享有票据权利的。

理论界将票据抗辩的原因分为物的抗辩和人的抗辩。

(一) 物的抗辩

物的抗辩,又称为绝对抗辩、客观抗辩,是基于票据本身或债务人自身原因而产生的抗辩,票据债务人可以此抗辩事由对抗一切票据债权人。根据抗辩权人范围的不同,物的抗辩可分为:一切票据债务人对抗一切票据债权人的抗辩,特定票据债务人对抗一切票据债权人的抗辩。

1. 一切票据债务人对抗一切票据债权人的抗辩

这种抗辩包括下列情形:

第一,票据欠缺法定形式要件而无效的抗辩。票据是要式证券,如果票据上欠缺绝对应记载事项,如欠缺出票人签章、欠缺无条件支付的委托或无条件支付的承诺、欠缺确定的金额等,则票据无效;如果票据上记载了不得记载事项,如付款附条件,则票据也无效。

第二,票据权利已消灭或已失效的抗辩。票据权利有效存在,持票人得以向票据债务人主张票据权利,否则票据债务人得以此为抗辩。票据权利已消灭或失效包括下列情形:

(1) 票据已全部付款。付款人或出票人依法足额付款后,全体票据债务人的责任解除,票据权利全部消灭。

(2) 票据上载明已抵消或已免除,票据权利消灭。但是如果不是在票据上载明"抵消"或"免除"字样,而是在合同中约定,则因为票据是文义证券,票据权利不消灭。

(3) 人民法院所作除权判决生效,而使票据失效。除权判决生效之后,票据权利失效,票据债务人可以对抗任何向其主张票据权利的持票人。

(4) 票据超过付款请求权消灭时效。持票人对汇票的承兑人和本票的出票人的权利,自票据到期日起2年;见票即付的汇票、本票,自出票日起2年;持票人对支票出票人的权利,自出票日起6个月。消灭时效期间经过,票据权利消灭。

(5) 票据金额依法提存,票据权利消灭。虽然票据债权为债务人被动偿付,但为保护票据债务人的利益,使其免于承担保存票款的风险,日内瓦统一票据法,日本、德国和我国台湾地区均规定了票据提存,票据债务人依法将票据金额提存后,票据权利消灭。我国《票据法》未规定票据的提存。

第三,票载到期日未至的抗辩。票据是文义证券,票据权利义务只能依票载文义而确定。持票人必须依照票据上载明的到期日和票据法规定的期限行使票据权利。如果票载到期日未至,持票人即向票据债务人主张票据权利,则债务人可以以此行使抗辩权。一般情况下,只有远期票据债务人可为此抗辩。但是,在即期票据中,如果票载出票日与实际出票日不符,而法律规定以票载出票日为准,即持票人不得在票载出票日前主张权利,这时如果持票人于票载出票日前提示付款,则票据债务人可以此主张抗辩。

第四,持票人请求付款的地点与票载付款地或票据法规定的付款地不符的抗辩。票据付款地为相对应记载事项,如果持票人请求付款的地点与票载付款地或票据法规定的付款地不符,债务人可以行使抗辩权。

2. 特定票据债务人对抗一切票据债权人的抗辩

这种抗辩包括下列情形:

第一,因为票据债务人的原因,特定票据债务人可以主张以下抗辩:

(1) 票据上记载的债务人欠缺票据行为能力的抗辩。无民事行为能力人或者限制民事行为能力人在票据上签章的,其签章无效,但是不影响其他签章的效力。此时该票据行为无效,但是基于票据行为的独立性,该行为不影响其他票据行为的效力。所以只有该欠缺票据行为能力的票据债务人可以此主张抗辩。票据行为能力,以行为时判定。

(2) 票据债务人被宣告破产或被吊销营业执照的抗辩。票据债务人被法院宣告破产或被行政部门吊销营业执照,有人将此时的债务人称为限制行为能力人,这时债务人实际上已丧失承担票据义务的能力,可以此为由进行抗辩。

(3) 票据上存在伪造情况,被请求履行票据债务的人是被伪造人或伪造人的抗辩。票据上的签章人为票据债务人。票据被伪造,票载被伪造人不是票据上的真实签章人,其签章为伪造人伪造,因此票据被伪造人不是票据债务人,不需承担票据义务。票据伪造人虽在票据上为了票据行为,但是并没有作真实签章,因此也不为票据债务人,不承担票据义务,但是其需依票据法或其他法律承担民事赔偿责任、刑事责任和行政责任。

(4) 票据债务人被无权代理或越权代理的抗辩。票据当事人可以委托其代理人在票据上签章,并应当在票据上表明其代理关系。没有代理权而以代理人名义在票据上签章的,应当由签章人承担票据责任;代理人超越代理权限的,应当就其超越权限的部分承担票据责任。也就是说,被无权代理的票据债务人不承担票据义务,被越权代理的票据债务人对代理人越权部分也不承担票据义务,即被无权代理或越权代理的人可以对持票人进行抗辩。

(5) 承兑人撤销承兑或记载承兑附条件的抗辩。汇票的承兑人在将票据交还持票人之前,涂销承兑或记载附条件承兑的,视为拒绝承兑,承兑人可以对请求其付款的一切持票人进行抗辩。

第二,追索权时效经过的抗辩。持票人对前手的追索权,自被拒绝承兑或者被拒绝付款之日起6个月;持票人对前手的再追索权,自清偿日或者被提起诉讼之日起3个月。追索权时效期间经过,持票人丧失了对前手的追索权,即持票人的前手(出票人或承兑人及其保证人除外)可以以此为由行使抗辩权。

第三,持票人未遵期提示或未依法取证,其前手可以主张的抗辩。持票人欠缺权利行使和保全手续,丧失对其前手的追索权,即持票人的前手(出票人或承兑人及其保证人除外)可以以此为由行使抗辩权。

(二) 人的抗辩

人的抗辩,又称为相对抗辩、主观抗辩,是基于持票人自身的原因或票据债务人与特定票据债权人之间的关系而产生的抗辩,票据债务人可以此抗辩事由对抗特定票据债权人。根据抗辩权人范围的不同,人的抗辩可分为:一切票据债务人对抗特定票据债权人的抗辩,特定票据债务人对抗特定票据债权人的抗辩。

1. 一切票据债务人对抗特定票据债权人的抗辩

一切票据债务人对抗特定票据债权人的抗辩,即基于持票人自身的原因而产生的抗辩,包括下列情形:

(1) 任何票据债务人对欠缺或丧失票据行为能力的持票人的抗辩。特定持票人欠缺或丧失票据行为能力,实际上就丧失了受领票据金额的资格,如果其向票据债务人主张权利,则一切票据债务人都可以进行抗辩。

(2) 任何票据债务人对欠缺背书连续性的持票人的抗辩。以背书转让的票据,背书应当连续。所谓背书连续,是指在票据转让中,转让票据的背书人与受让票据的被背书人在票据上的签章依次前后衔接。持票人以背书的连续,证明其票据权利;非经背书转让,而以其他合法方式取得票据的,依法举证,证明其票据权利。任何票据债务人对欠缺背书连续性的或不能依法举证证明其票据权利的持票人,可以进行抗辩。

(3) 任何债务人对取得票据时不符合法定条件的持票人的抗辩。根据票据法的规定，持票人取得票据须符合以下条件：手段合法、主观善意、给付对价[①]。如果持票人不符合这些条件，任何债务人都可以对其进行抗辩。如持票人以欺诈、偷盗或者胁迫等手段取得票据的，或者明知有前列情形，出于恶意取得票据的，不得享有票据权利。持票人因重大过失取得不符合票据法规定的票据的，也不得享有票据权利。票据债务人不得以自己与出票人或者与持票人的前手之间的抗辩事由，对抗持票人。但是，持票人明知存在抗辩事由而取得票据的，票据债务人可以对其行使抗辩权。票据的取得，必须给付对价，即应当给付票据双方当事人认可的相对应的代价。除法律规定可以依法无偿取得对价的情形之外，持票人未给付对价的，票据债务人也可以对其进行抗辩。

（4）因税收、继承、赠与可以依法无偿取得票据的，持票人所享有的票据权利不得优于其前手的权利。因税收、继承、赠与可以依法无偿取得票据的，不受给付对价的限制；但是，所享有的票据权利不得优于其前手的权利。任何票据债务人可以对前手票据权利有瑕疵的、依法无偿取得票据的持票人主张抗辩。

（5）出票禁转，任何票据债务人对收款人之外的票据权利人主张的抗辩。根据《最高人民法院关于审理票据纠纷案件若干问题的规定》，票据的出票人在票据上记载“不得转让”字样，票据持有人背书转让的，背书行为无效，背书转让后的受让人不得享有票据权利，票据的出票人、承兑人对受让人不承担票据责任；出票人在票据上记载“不得转让”字样，其后手以此票据进行贴现、质押的，通过贴现、质押取得票据的持票人主张票据权利的，票据债务人可以进行抗辩。

2．特定票据债务人对抗特定票据债权人的抗辩

这种抗辩包括下列情形：

（1）直接当事人间，票据债务人基于票据原因关系而主张的抗辩。票据的无因只是“相对无因”。在票据的原因关系当事人与票据关系当事人重合时，票据关系受票据的原因关系影响，票据债务人基于票据原因关系欠缺、无效、被撤销、非法或有瑕疵，对直接原因关系的当事人即该特定持票人进行抗辩。

（2）基于当事人间特别约定而产生的抗辩。授受票据的直接当事人间可以特别约定某些事项，如约定融通资金的目的、分期付款、对空白票据的补记或约定付款宽限期等，该特定持票人违反特别约定事项，而要求该特定票据债务人付款时，该票据债务人可以进行抗辩。

（3）票据上发生变造，变造前签章的票据债务人对任何变造后的持票人主张的抗辩。票据上出票人签章之外的记载事项被变造的，在变造之前签章的人，对原记载事项负责；在变造之后签章的人，对变造之后的记载事项负责；不能辨

---

① 因税收、继承、赠与可以依法无偿取得票据的，不受给付对价的限制；但是，所享有的票据权利不得优于其前手的权利。

别是在票据被变造之前或者之后签章的,视同在变造之前签章。即变造前签章的票据债务人对任何变造后的持票人可以进行抗辩。

(4)背书禁转、委托背书、质押背书中,原背书人对后手的被背书人主张的抗辩。背书人在票据上记载“不得转让”、“委托收款”、“质押”字样,其后手再背书转让、委托收款或者质押的,原背书人对后手的被背书人不承担票据义务,但不影响出票人、承兑人以及原背书人之前手的票据义务。背书人在票据上记载“不得转让”字样,其后手以此票据进行贴现、质押的,原背书人对后手的被背书人不承担票据义务。

三、对票据抗辩的限制与反限制

(一)对票据抗辩的限制

1. 对票据抗辩的限制的理论依据

为保障票据的流通性,票据抗辩中人的抗辩受到一定限制。票据抗辩的限制,又称为票据抗辩的切断。关于票据抗辩的限制的理论依据,有三种观点:所有权取得说、政策说、票据债权的无因性和文义性理论。所有权取得说认为:票据行为是对不特定多数人的单独行为,各持票人分别独立原始取得票据权利,所以持票人不必承受前手人的抗辩。政策说认为:票据上权利虽与原因债权各自独立发生,然而与指名债权一样由受让人承受权利上的瑕疵,即受让人应承受前手人的抗辩,也就是说,原则上票据债务人所能对抗让与人的事由,皆能对抗受让人,票据法所以规定对票据抗辩的限制,只能是基于政策上的原因。票据债权的无因性和文义性理论认为:对票据抗辩的限制是基于票据的无因性和文义性理论,以保障票据的流通性。①

2. 对票据抗辩的立法例

对票据抗辩的立法例包括积极限制的立法例和消极限制的立法例。所谓积极限制,是指票据法规定可以抗辩的情形,除此之外都不能抗辩,如《英国票据法》和《美国票据法》。所谓消极限制,是指票据法规定不得抗辩的情形,除此之外都可以抗辩,如日内瓦统一票据法系国家。

3. 对票据抗辩限制的内容

我国《票据法》规定,票据债务人不得以自己与出票人或者与持票人的前手之间的抗辩事由,对抗持票人。即票据债务人不得以自己与出票人之间的抗辩事由对抗持票人,也不得以自己与持票人的前手之间的抗辩事由对抗持票人。

4. 对票据抗辩的限制与票据善意取得制度的不同

虽然对票据抗辩的限制的制度与票据善意取得制度都是为了保护善意的持

---

① 赵威:《票据权利研究》,法律出版社 1997 年版,第 179 页。

票人,但是对票据抗辩的限制与票据善意取得制度存在一定的区别:两者的主观构成要件不同,对票据抗辩的限制只要持票人不知存在抗辩事由即可,而票据善意取得须持票人不知其直接前手无转让票据的权利;两种制度下的利益受损人也不同,对票据抗辩限制制度中的利益受损人是抗辩被限制的债务人,而善意取得制度中,受到利益损失的人是原票据权利人。

（二）对票据抗辩的反限制(票据抗辩限制的切断)

对票据抗辩的限制侧重于保护持票人不受票据债务人票据抗辩权滥用的侵害,但票据法考虑法益的平衡,又规定了对票据抗辩限制的反限制,保护票据债务人。对票据抗辩的反限制包括下列情形:

(1) 不法抗辩。以欺诈、偷盗或者胁迫等手段取得票据的,或者明知有前列情形,出于恶意取得票据的,不得享有票据权利。持票人因重大过失取得不符合票据法规定的票据的,也不得享有票据权利。对于以不法手段取得票据的或者因重大过失取得以不法手段取得票据的,票据债务人可以抗辩。

(2) 恶意抗辩。持票人明知存在抗辩事由而取得票据的,即持票人恶意,票据债务人可以对其抗辩。

(3) 对价抗辩。因税收、继承、赠与可以依法无偿取得票据的,不受给付对价的限制,但是,所享有的票据权利不得优于其前手的权利。

(4) 原因关系抗辩。票据债务人可以对不履行约定义务的与自己有直接债权债务关系的持票人,进行抗辩。

(5) 委托收款、回头背书或持票人与其中之一前手为同一主体,债务人对持票人的抗辩不被切断。如委托收款背书之中,债务人对委托收款背书中的背书人的抗辩,也得对委托收款背书中的被背书人行使。回头背书之中,A 出票给 B(收款人),B 背书给 C,C 背书给 D,D 又背书给 B,此时,A 对收款人 B 的抗辩,也对最后的持票人 B 行使。或者 A 出票给 X,X 背书给 B,B 背书给 Y,X 为 Y 的分公司,那么 A 对 X 的抗辩事由也可以对 Y 行使。

思考题

1. 简述票据的要式性和文义性。
2. 简述票据法的特征。
3. 简述票据行为代理的构成要件。
4. 如何理解票据的无因性?
5. 比较票据权利善意取得与民法上物的善意取得制度。

第六章　证券法律制度

第一节　证券和证券法概述

一、证券概述

（一）证券的概念和种类

证券是筹资者为了筹集长期资金而发放的由投资者认购的资本凭证。

各国立法对于证券种类和范围的规定有很大不同，主要取决于各国不同的证券市场发展水平、证券法律规范的健全程度以及证券法律监管的完善程度。在证券市场发达的国家，证券种类往往比较广泛，一般包括股票、债券、股权认购证书、期权证券等，有的还包括票据（期限在9个月以上的）、表决权信托证书、证券信托证书、资产担保证券、存托凭证等。

我国现行《证券法》中的证券指股票、债券、证券投资基金以及国务院依法认定的其他证券种类。随着我国证券市场的发展，证券立法、司法和证券监管水平的逐步提高，证券市场中可交易的证券品种的增加，可以改善市场投资的多样性和交易的互补性，拓展市场发展的空间，提升市场活跃程度和市场投资者的积极性，从而更好地促进证券市场的繁荣和发展。现行《证券法》特别规定，证券衍生品种发行、交易的管理办法，由国务院依照证券法的原则规定，明确了证券衍生品种的法律地位，在加强监管，维护市场秩序与安全的基础上，为我国证券市场的金融创新保驾护航。

（二）股票

股票是股份有限公司签发的证明股东所持股份并享受股东权益的凭证。股票是现代股份制组织形式下衍生的一种特殊权益凭证，是投资者在被投资公司中享有权益的法律依据。股份有限公司公开发行股份后，一定份额的股份就代表了一定比例的公司权益。投资者购买股份后，被投资公司就将代表其股份份额的股票交付给投资者，投资者借此享有股权并获取股利。因此，股份是股票的实质内容，股票是股份的证券形式。根据不同的标准，股票可作如下分类：

（1）根据是否表明持票人的姓名，可以将股票分为记名股和不记名股。这种分类的意义在于两者的法定适用范围和转让方式不同。向社会公众发行的可以是记名股,也可以是不记名股,向发起人、国家授权投资的机构、法人发行的股票,应当是记名股。记名股的转让除交付外,还须经背书并办理过户登记手续。

(2)根据持股人享有的权利的内容以及先后顺序的不同,分为普通股、优先股。普通股的持股人在股份公司事务上具有平等的权利和地位,在公司收益分配和风险承担上也具有相同的权利义务。优先股持股人可以优先于普通持股人获得公司收益的分配权,当公司解散清算时有优先分配公司剩余资产的权利;但与此特权相对应,优先股的持股人在公司事务的表决权上往往受到限制。

(3)根据股份持有者身份不同,我国内地证券市场发展之初,存在国家股、法人股和社会公众股的区分。国家股、法人股是国家或国家授权的投资主体、法人以非公开发行的方式认购的股份,被限制流通,又称非流通股;社会公众股是发行人在取得国家有关主管部门核准后,向社会公众公开募集的股份,允许自由流通,又称流通股。

(4)根据投资资金来源地的不同,又将我国的流通股股票分为内资股和外资股。内资股是我国内地投资者以人民币购买的股份,又称A股;外资股是由外国和我国香港、澳门、台湾地区投资者以购买人民币特种股票形式向公司投资形成的股份。对于外资股,依照该股票上市地的不同,可分为境内上市外资股和境外上市外资股。前者是指以人民币标明面值并以外币认购买卖、在境内证券交易所上市的股份,即B股;后者是指向境外投资人募集并在境外(通常是境外的证券交易所)上市的股份。目前,境外上市外资股主要有三类,又称H股、N股、S股,分别指在香港(Hong Kong)、纽约(New York)、新加坡(Singapore)上市的外资股。

此外,股票还可以根据股票票面是否记载具体金额为标准,分为有额面股和无额面股;根据股票所反映的股份是否附带表决权,分为有表决权股和无表决权股。

(三)债券

债券是证明债券持有人有权按照债券约定要求还本付息的债权凭证。债券和股票同为有价证券,都是筹集资金的方式,但前者关注发行者的偿债能力,后者关注发行者的盈利能力。因此,在不具备股份发行条件或是要保持对公司经营管理的控制权时,公司就倾向于选择发行债券,以借入生产、建设、周转所需的资金,并在借款期届满后向债券投资人还本付息。根据不同的标准,债券可作如下分类:

(1)根据募集发行方式的不同,分为私募发行债券和公募发行债券。划分的意义在于二者的发行方式以及适用的发行规则不同。私募发行是针对特定对象、采取特定方式、接受特定规范的债券发行方式;而公募发行是针对不特定的社会公众发行债券的方式。私募发行针对的是特定人,通常他们对发行人比较了解,因此私募发行的核心是注册豁免,发行手续比较简便;公募发行针对的是不了解公司情况的广大投资者,因此法律要求发行人进行严格的注册登记和详细的信息披露,手续比较复杂。

（2）根据发行主体的不同,分为政府债券、公司债券、金融债券、其他法人(其他企业事业社会团体)债券、国际债券。政府债券又分为国家债券(即国库券)和地方政府债券,通常是为弥补财政或支援国家基础建设需要,不以营利为目的。公司债券、金融债券及其他法人债券则是以营利为目的的募资行为。国际债券是一国政府、金融机构、工商企业或国际组织为筹措和融通资金,在国外金融市场上发行的,以外国货币标明面值的债券,目前有代表性的主要是美国的扬基债券①、欧洲债券②以及日本的武士债券③。划分的意义在于不同债券适用不同的发行交易审核制度。一般而言,各国对于政府债券的发行上市交易采取豁免审核制度,因此政府债券又称豁免债券。但其他债券在获准发行和上市前,必须依照法定的条件和程序进行审查。

（3）根据到期收益方式的不同,还可以将公司债券分为普通公司债券和可转换公司债券。普通公司债券的持有人在债券到期后,只能向发行人请求还本付息;而可转换公司债券是指发行公司依法发行、在一定期间内依据约定的条件可以转换成股份的公司债券,其持有人在债券到期后,可以选择收回本息或转换为股票继续投资。我国现行《证券法》第 16 条规定,上市公司发行可转换为股票的公司债券,不仅应当符合公开发行公司债券的条件,还应当符合公开发行股票的条件,并报国务院主管机构核准。

债券与股票的区别主要表现在:(1) 发行主体不同。债券的发行主体可以是公司、金融机构及其他类型企业,还可以是中央或地方政府;股票的发行主体只能是股份有限公司。(2) 所代表的权利性质不同。债券是债权凭证,债权人仅能要求债券发行人到期偿还本金并支付一定的利息;股票是股东权凭证,股东权包括取得红利收益的权利和对公司经营业务的管理权,如投票表决、发表意见、进行监督等等。(3) 偿还期限不同。债券是有期限的投资证券,在发行之初就规定了一定的偿还期限,到期后公司将向债券持有人支付本息并收回债券;股票是无期限的投资证券,一般情况下投资者从公司认购股票后,可以将股票转让

---

① 扬基债券是在美国债券市场上发行的外国债券,即美国以外的政府、金融机构、工商企业和国际组织在美国国内市场发行的、以美元为计值货币的债券。“扬基”一词英文为“Yankee”,意为“美国佬”。由于在美国发行和交易的外国债券都是同“美国佬”打交道,故名扬基债券。

② 欧洲债券是一国政府、金融机构、工商企业或国际组织在国外债券市场上以第三国货币为面值发行的债券。例如,法国一家机构在英国债券市场上发行的以美元为面值的债券即是欧洲债券。欧洲债券的发行人、发行地以及面值货币分别属于三个不同的国家。

③ 武士债券是在日本债券市场上发行的外国债券,是日本以外的政府、金融机构、工商企业和国际组织在日本国内市场发行的以日元为计值货币的债券。

给其他投资者,但不能在中途要求公司退股,抽回投资。(4)收益及风险大小不同。债券到期的收益通常是预先约定的,收益相对稳定,一般不存在投资风险;股票的收益则要根据公司的经营业绩而定,经营业绩好,其收益可能高于债券的收益,反之则可能低于债券的收益甚至亏本。因此,股票投资的风险往往要大于债券投资的风险。

二、证券市场

(一)证券市场概述

证券市场是证券发行和交易的市场,是金融市场的重要组成部分。理论上说,金融市场包括货币市场和资本市场两个方面。货币市场是以银行和非银行金融机构为主体的企业间接融资市场,资本市场则是企业通过发行证券的方式向投资者募集资金的直接融资市场。间接融资市场因为有银行信用的支撑,一直以来在企业的融资活动中都发挥着重要作用。但也正因为有了银行等金融机构的介入以及维护信用、降低风险的需要,间接融资的规模较小,期限较短,而且须经过银行严格复杂的审查。间接融资的不足,恰恰是直接融资的优势。企业在符合证券发行的条件下,可以筹集到生产经营所需且长期使用的巨额资金;对于股票的发行,企业只要持续存在,即可永久占有所募资金而无须向资金供应者还本付息。

证券市场有广义和狭义之分。广义上的证券市场是主体、客体、法律制度、场所等各要素的综合。狭义上的证券市场就是通俗意义上的证券市场场所,在此我们对证券市场作狭义上的理解。根据不同的标准,证券市场可作以下几种不同的分类:

(1)根据市场所处的阶段与任务的不同,可以将证券市场分为发行市场和交易市场,也称为一级市场和二级市场。发行市场是由证券发行人通过证券经营机构向证券投资者发行证券,以募集社会闲散资金,满足社会资本之需的市场。发行市场的主体是证券发行人、证券投资人和作为承销机构的证券经营机构。交易市场是使从发行市场认购证券的投资者得以转让其所持有的证券,以实现证券的流动性和收益性的市场。这既可以使证券发行人在占有发行市场所筹集的资金基础上通过发行新股和配股等方式进一步扩大筹资数量,又可以使投资者能通过交易市场分享到社会经济发展的成果,达到社会、企业、投资者三赢的局面。交易市场的买卖发生在证券投资者之间,证券经营机构则作为证券买卖的委托人,帮助投资者买卖证券。但证券经营机构自身也可以作为投资者参与证券买卖,此时证券经营机构与公众投资者之间就产生交易关系。

(2)根据证券交易是否在证券交易所内进行,可以将交易市场分为场内市场(证券交易所市场)和场外市场。由于证券交易所市场集中了一个国家或地区有一定实力的企业和证券中介机构,拥有先进的交易设备,并制定了完善的交易规则,因此场内市场往往是一国证券交易的主要市场。但场内市场毕竟容量有限,而且在证券交易所挂牌上市往往对企业有较严格的最低资本、企业资质、盈利等方面的要求,因此大量的不符合上述严格要求的证券不得不谋求场外市场进行证券交易。场外市场表现为多种形式,包括柜台市场(又称店头市场)、第三市场、第四市场等。柜台市场的交易比较广泛,它是在证券公司专设的证券柜台进行的交易,且往往是证券公司和投资人"一对一"的直接交易,没有竞价的问题。第三市场和第四市场的交易均是指已在证券交易所挂牌上市的证券仍然在柜台市场进行的交易。二者的区别在于,第三市场交易中投资者与筹资者通过证券经营机构作为中介,而第四市场交易没有中介。

场外市场在市场准入条件、买卖价格形成、证券交易方式、交易证券种类等方面与场内市场有较大不同,对场内市场具有重要的补充作用。因此,各国的证券市场,特别是发达国家的证券市场,都很重视发展场外市场。在美国,由于美国证券交易委员会对证券在交易所挂牌上市的要求非常高,一般的中小企业就寻求场外市场进行证券买卖,这使得美国场外交易市场异常发达,比较有代表性的如全美证券业协会建立的场外行情自动报价系统(即美国的 NASTAQ)。我国也曾经有过建立和发展场外市场的法律规定,并于 1990 年和 1993 年分别成立了全国证券自动报价系统(简称 STAQ)和中国证券交易系统有限公司(简称 NET)。但这两个场外市场,在我国证券交易所建立和发展后逐渐淡出了历史舞台。目前,我国的证券法律并没有明确场外市场的法律地位,但现实中存在某些证券在证券交易所以外进行转让流通的情况。

(3) 根据市场功能的不同,可以将我国的证券市场分为主板市场、创业板市场、股份代办市场,也称一板市场、二板市场、三板市场。主板市场主要是指我国的证券交易所市场,其定位是为我国的规模大、信誉高、业绩好的大中型企业筹集资金,目前在主板市场上市的主要是国有企业。创业板市场主要是指为扶持具有高成长性的中小企业和高科技企业的发展,而专门设立的中小企业直接融资市场。股份代办市场是指具有股份代办资格的证券公司依法为非上市股份公司提供股份转让服务的场所,其设立的主要目的是解决历史遗留问题股的流通和承接主板退市企业。

(二) 证券市场的主体

筹资人和投资人是证券市场最基本的两类主体,早期的证券发行主要是由筹资人直接向投资人进行募集而为的,但现代社会的证券发行具有拟发行规模大、发行环节繁杂、潜在投资者分布广等特点,证券发行的成本和风险相当高。由此出现了协助证券承销和买卖的证券商以及为证券发行投资提供专业咨询、评估、登记、托管或结算服务的证券中介机构。作为市场主体,证券发行人、投资人、证券中介机构都必须在一定的市场规则下进行证券募集、发行、交易等一系列活动。在规范证券市场秩序和维护证券市场安全的目的下，这些市场规则渐渐上升为国家的法律法规，形成了一国的证券法律制度和执行这些制度的证券监管机构。证券监管机构，除了政府证券主管机构以外，通常还有证券市场的自律组织，包括证券交易所和证券业协会，它们共同监督和保障市场规则得到遵守，并且对违反市场规则的违法行为给予惩罚。

证券市场的主体包括以下四类：

(1) 证券发行人。证券发行人包括发行国库券和地方政府债券的政府、发行金融债券的金融机构、发行股票的股份有限公司、发行公司债券的股份有限公司和有限责任公司以及发行企业债券的其他企业组织。

(2) 证券投资人。根据投资者身份，证券投资者可以分为个人投资者和机构投资者；根据投资者的国籍或注册地，证券投资者可以分为境内投资者和境外投资者。境内投资者可以购买境内上市的人民币普通股即 A 股，自 2001 年 6 月 1 日开始，境内投资者可以用自有外汇购买 B 股；境外投资者可以购买境内外上市外资股，即 B 股以及 H 股、N 股、S 股；根据中国证监会、财政部、国家经贸委 2002 年 11 月 4 日发布的《关于向外商转让上市公司国有股和法人股有关问题的通知》，有条件的允许向外商转让上市公司国有股和法人股。

(3) 证券中介机构。证券中介机构包括证券经营机构、证券服务机构、证券登记结算机构等。

证券经营机构是证券市场最主要的中介机构，是连接证券发行人与证券投资者、证券投资者与证券投资者之间关系的桥梁，在证券市场发挥重要的作用。

证券服务机构包括证券投资咨询机构、证券资信评估机构以及其他证券交易服务机构。证券投资咨询机构是指依法设立的为证券投资者、交易者和发行者的投资交易和融资活动提供投资分析、预测或者建议等咨询服务的机构。证券资信评估机构，也称证券资信评级机构，是指为评价已发行或拟发行证券的质量、信用和风险，判断该证券如期履行的可靠性及其投资价值而依法设立的专门机构。其他证券交易服务机构包括为证券的发行、上市或交易活动出具审计报告、资产评估报告或者法律意见书等文件的审计师事务所、会计师事务所、律师事务所等专门机构。

证券登记结算机构是为证券交易提供集中的登记、托管与结算服务的非营利性法人。证券的集中登记、托管和统一结算，为投资者省去了清点保管的麻烦，并减少了证券失窃、灭失和假冒的风险；使证券公司和证券交易所从繁重的实物交易交收处理中解脱出来，提高了证券交易的效率；也方便了证券发行人进行股东确认，特别是便利了对不记名股东的管理工作。

(4) 证券市场监管机构。证券市场监管机构包括政府监管机构和市场自律机构。不论是政府监管机构,还是市场自律机构,都是为了保障证券市场的规则制度得到遵守,维护市场的秩序和安全。政府监管机构由于有国家强制力作为后盾,在法律的执行和秩序的维护上具有更大的刚性,在投资者和其他市场主体之间更容易保持裁判者的角色,体现出更大的权威,但政府监管机构的职能发挥一般具有滞后性。而市场自律机构的管理职能更易于随着市场的变化而变化,而且还可以比证券监管机构有更广的规范范畴,甚至约束证券主体的道德行为。在我国,证券市场的政府监管机构就是我国的证券监督管理委员会,市场自律机构包括上海和深圳两个证券交易所以及我国的证券业协会。

三、证券法概述

(一) 证券法的概念、特征和基本原则

1. 证券法的概念

证券法是调整证券的发行、交易、管理、监督及其他与证券相关的活动而产生的社会关系的法律规范的总称。证券法有狭义和广义之分。狭义上的证券法专指国家立法机关依照法定程序制定的、专门调整证券关系及证券行为并以证券法或证券交易法命名的证券法典或证券单行法,如我国现行的《证券法》。广义上的证券法包括调整证券关系或证券行为的一切法律规范,即除了包括专门的证券法规范之外,还包括其他法律规范中有关证券的规定,如公司法中关于证券发行的规定、刑法中关于证券犯罪行为的规定等。

2. 证券法的特征

(1) 证券法是金融法的特别法。证券市场的核心是融资行为,即为国家建设和企业发展募集社会闲散资金,这就决定了证券市场法律规范属于金融法律规范的范畴。

(2) 证券法兼具私法和公法双重属性。证券市场的基本主体是证券发行人和证券投资人,他们的筹资或投资行为原则上属于意思自治的范畴,要遵循自愿、有偿、诚实信用的原则,受到证券法的保护。但证券市场上有国家巨额资金的流动,证券行业又是投机性、风险性很强的行业,如果放任市场主体的活动,极易发生欺诈、市场操纵、内幕交易等损害投资者利益、破坏交易秩序的违法行为,因此证券法规定了证券审核、信息强制公开等制度,并由中国证监会对市场主体的行为进行监管。

(3) 证券法既是实体法,又是程序法。证券法律制度既有详细的实体规范,如证券发行人资格、证券投资人资格、债券持有人的本息请求权、证券发行人的信息公开义务等,又有专门的程序规范,如证券发行程序、证券上市程序、证券公司和证券交易所的设立程序等。

3．证券法的基本原则

证券法的基本原则是指证券法规定的在证券发行和证券交易活动中必须遵守的准则。我国证券法的基本原则是：

（1）“三公”原则，即公开、公平、公正原则。公开原则是指在证券发行和交易活动中，依照法律、行政法规的规定，负有信息披露义务的证券发行人、证券持有人以及其他机构及其相关人员，应当按照有关规定确定的内容、程序和时间履行信息公开义务。公平原则是指在证券发行和交易活动中，证券市场主体的法律地位平等，平等地享受权利和承担义务。公正原则是指在证券市场中，应当制定公正的市场规则，司法人员和证券市场的管理者应按照规则的内容公正地执行法律，公正对待一切被监管者。

（2）证券业和银行业、信托业、保险业分业经营、分业管理的原则。原则上，证券业、银行业、信托业、保险业分别由证券公司、商业银行、信托公司、保险公司分开经营，禁止任何一类金融机构从事混业经营。但随着金融市场的发展，分业经营渐渐显露出了其束缚金融创新和金融进步的一面，因此各国都在谋求修正原有的分业经营立法，或者转变为混业经营体制，或者是在分业体制的框架下通过组建金融控股公司的模式实现集团公司下的混业经营。目前，我国的金融业也在探索金融经营体制的改革，我国现行《证券法》第 6 条规定，证券业和银行业、信托业、保险业实行分业经营、分业管理，证券公司与银行、信托、保险业务机构分别设立，但国家另有规定的除外。

（3）证券市场实行证券集中统一监管和行业自律性管理相结合的原则。国务院证券监督管理机构对证券市场实行集中统一监管，证券交易所在法律法规的授权下也可以对上市证券、从事证券交易的机构和人员实施一定的监管权；此外，依法设立证券业协会，对证券经营机构实行自律性管理。

（二）国外证券法的产生和发展

证券市场在国外的产生和发展要比我国早得多。早期的证券市场，其监督和管理主要依赖于自律机构及其自律规则。尽管为了抑制证券投资和证券操纵现象，也出现了早期的证券市场立法，如英国国会于 1697 年颁布了《抑制不正当证券买卖防范投资风潮》法案。[①] 但总体而言，证券立法在证券市场发展初期并不受到重视，政府更倾向于由证券市场的自律机构通过制定自律规则的方式规范证券的发行和交易等行为，并维护证券市场的秩序和发展。因此早期证券市场的法律制度并不发达。

证券法律制度的发展和完善主要是从 20 世纪 30 年代开始的。发生于 1929 年的股市大崩溃，给世界各国的证券市场造成了沉重的破坏，美国、英国等

① 转引自邵挺杰主编：《证券法》，法律出版社 1999 年版，第 19 页。

发达资本主义国家的金融市场更是遭受了前所未有的冲击,整个金融秩序甚至面临崩溃的危险。此后,各国政府意识到,单纯依靠自律机构的自律规则监管证券市场是不够的,必须运用国家强制力维护证券市场的交易秩序和交易安全,并对违反市场规则的行为进行惩罚。

基于证券市场监管传统和基本国情的不同,不同国家的证券立法模式表现出不同的倾向:一些国家如美国、加拿大、日本等,选择制定专门的证券法或证券交易法,形成了统一的证券法律制度和立法监管体系;另一些国家如英国、新加坡、澳大利亚等,没有制定专门的证券法,而是在修改现有的公司法、投资法或其他法律法规的基础上,增加证券调整对象、证券发行和证券交易等规范内容,政府也没有形成集中的立法监管体系,证券监管仍然以自律管理为主、政府监管为辅。

(三) 我国证券法的产生和发展

我国证券立法可以追溯到20世纪初,1914年北洋政府颁布的《证券交易所法》是我国历史上第一部关于证券市场管理的法律。后来在国民政府时期,证券市场管理法律规范又得到一定的发展。新中国成立初期,基于国民经济恢复和发展的需要,设立了证券交易所,并颁布了《管理证券交易暂行办法》等一系列证券市场管理法律规范。但上述的证券立法实践,在我国1956年开始实行社会主义计划经济制度后就中断了。我国目前的证券法律制度体系,主要是从党的十一届三中全会以后开始形成的。1981年出台的《国库券条例》,恢复了我国国债的发行,1993年《股票发行与交易管理暂行条例》、《企业债券管理条例》、1996年《证券交易所管理办法》等行政法规陆续出台。及至1998年12月,第九届全国人大常委会第六次会议上最终通过了《证券法》(2004年8月28日第十届全国人大常委会第十一次会议修订),标志着我国监管证券市场的法律体系初步形成。

我国现行的证券法律制度,以《证券法》为核心,还包括《公司法》中相关的规定、国务院关于证券市场管理的行政法规、中国证监会关于证券监管的部门规章等。从内容和功能上划分,我国证券立法主要由证券市场监管制度、证券发行制度、证券交易制度、信息披露制度、证券机构管理制度等组成。《证券法》是我国证券法律制度的主要代表,它以法律的形式明确规定了我国证券法的调整范围、证券的发行和交易规则、证券交易所和证券公司等市场主体的设立条件和运作规则、证券监管机构的职权和职责等内容,使我国对证券市场的法制化规范有了更高层次的立法依据,并使"规范证券发行和交易行为,保护投资者的合法权益,维护社会经济秩序和社会公共利益,促进社会主义市场经济的发展"的立法目标有了更高层次的法律保障。从1995年至今的近十年间,是我国金融立法最为活跃、最为迅速的时期,针对金融市场开放和金融业务创新的趋势,为激励证券行业的发展和加强对证券行业的监督,国务院以及证券监督管理部门适时出台了一系列法规规章,如为放宽证券公司融资渠道,中国证监会于1999年颁布《证券公司进入银行间同业市场管理规定》、2000年颁布《证券公司股票质押贷款管理办法》;为加强对客户交易结算资金的管理,防止和惩罚证券公司的私自挪用行为,中国证监会2001年颁布《客户交易结算资金管理办法》;为增强上市公司收购的可操作性,中国证监会2002年颁布《上市公司收购管理办法》;为完善企业的退市制度,中国证监会2003年发布《关于执行〈亏损上市公司暂停上市和终止上市实施办法(修订)〉的补充规定》。

尽管如此,我国目前的证券法律制度仍然不够完善,欠缺许多必要的法律制度,如证券融资融券交易(也称信用交易)、场外交易地位、证券违法行为的民事责任等。还有一些历史遗留问题,亟待制定合理可行的法律规范,如国有股和法人股的流通、A股和B股的并轨等。我国已经加入世贸组织,根据我国入世时的承诺,我国将于2006年后全面开放我国的金融市场,届时我国的证券市场机构将面临外国同行的激烈竞争,我国的证券法律规范也要面临与世贸组织规则的接轨问题。为顺应我国证券市场改革和发展的大局,改善国内证券市场的经营环境和监管环境,提高我国证券市场机构的市场竞争力,尽快完善我国现行的证券法律制度已迫在眉睫。2004年8月28日第十届全国人大常委会第11次会议对《证券法》某些条款进行了修改。[①] 2005年10月27日,第十届全国人民代表大会常务委员会第十八次会议通过了新修订的《证券法》,自2006年1月1日起施行。此次《证券法》的修订,是以党的十六届三中全会《关于完善社会主义市场经济体制若干问题的决定》中"大力发展资本市场和其他要素市场。积极推进资本市场的改革开放和稳定发展,扩大直接融资。建立多层次资本市场体系,完善资本市场结构,丰富资本市场产品"的精神为指导思想,体现了这样几个方面的新思路:为推进资本市场的发展和创新提供必要的法律空间;提高上市公司质量,进一步规范股票发行上市行为;推动证券公司综合治理,防范和化解证券市场风险;加强对投资者合法权益的保护力度,提升投资者信心;完善证券发行、证券交易和证券登记结算制度,进一步规范市场秩序;完善证券监管制度,增强市场监管力度;强化法律责任,纠正违规,打击违法。新修订的《证券法》共240条,与214条的原法相比,新增53条,删除27条,还有一些条款作了文字修改。修改的内容包括证券品种的增加、分业经营分业监管原则的突破、证券现货交易规定的突破、发行方式的改革、鼓励合规资金的入市、上市权下放交易所、证监会准司法权的增加、法律责任规定的增加、投资者保护基金的设立等。2007年8

① 为配合我国《行政许可法》的公布和实施,此次修改删去了《证券法》原条文中关于股票溢价发行须经国务院证券监管机构批准的规定,并将对公司债券上市交易申请的核准权交给了证券交易所。

月，国务院批准了《创业板发行上市管理办法（草案）》；2009 年 3 月 31 日，中国证券监督管理委员会发布了《首次公开发行股票并在创业板上市管理暂行办法》，自 2009 年 5 月 1 日起实施，该办法是规范我国创业板市场首次公开发行股票最重要的行政法规。

第二节　证券市场监管法律制度

一、证券市场监管概述

证券市场监管是指证券市场监管机构根据证券立法规范和证券自律规则等证券法律制度，对证券发行、交易以及证券经营机构等市场主体及其行为进行的规范性监督管理活动。证券市场监管主要有三个要素：一是证券市场监管机构，包括政府证券监管机关和证券自律机构；二是证券法律制度，相应地，也包括国家机关的证券立法规范和证券自律机构制定的自律规则；三是证券监管方式，包括政府证券监管机关的监管和市场自律机构的自律管理。

证券市场监管的产生和发展源于证券市场具有的特殊性。主要表现在：(1) 证券市场具有明显的投机性。“证券市场与投机、风险是一对孪生姐妹”①，如果没有有效的监管机制必然会产生过度投机现象，并容易引发欺诈、市场操纵等行为，有碍证券市场的安全。(2) 证券市场具有较大的波动性，影响到证券市场吸纳资金职能的发挥。股市的剧烈波动，使证券市场的供求关系处于明显的不确定状态，造成货币市场的资金要么过度流向证券市场，要么流入资金不足。(3) 证券市场存在明显的信息不对称。上市公司和证券公司等在信息的收集能力、收集信息的数量和质量上所具有的优势，是普通的公众投资者远不能比的。众所周知，信息收集的及时与否和全面与否对于市场主体的收益具有明显的影响。因此如果不通过强制信息公开等监管手段对这种不对称予以平衡，则公众投资者的利益极易受到侵害。

为此，各国都建立了各自的证券监管体制，以确保证券市场的良性运作。综合世界各国目前的监管模式，比较有代表性的证券监管体制主要有三种：(1) 集中型监管体制，是指通过制定专门的证券市场管理法规，并设立专门性的证券监管机构实现对全国市场的集中统一管理。采用这种体制的国家和地区，主要有美国、加拿大以及借鉴美国监管体制的日本、韩国、我国台湾地区等。(2) 自律型监管体制，是指没有专门的政府证券监管机构和专门的证券立法，主要通过自律组织进行管理的模式。实行这种体制的国家有英国以及原英联邦的国家和地

① 顾功耘：《证券法》，人民法院出版社 1999 年版，第 80 页。

区，如澳大利亚、新加坡和我国香港地区。（3）中间型监管体制，是指没有专门的证券监管机构，而是由其他政府部门如财政部或中央银行兼职监管证券市场的模式；主要是一些欧陆国家如德国、法国采用这种体制。

二、不同国家市场监管体制的比较

（一）美国的集中型管理体制

美国的证券法律体系主要由三个层级组成，分别是联邦一级的全国性立法、州一级的地方性立法、自律机构一级的自律性规则。全国性立法主要有1933年《证券法》、1934年《证券交易法》、1940年《投资公司法》等。美国各州也有地方性证券立法，并根据各州的特点和需要对联邦的法律进行增删和补充。美国的证券自律机构包括美国的全国证券业协会和各地的证券交易所，他们在证券交易委员会的监管下，依法可以制定对会员具有约束力的规则，从而形成了规范证券公司的自律性法规。

根据1934年的《证券交易法》，美国成立了联邦证券交易委员会（Securities and Exchange Commission，SEC），作为证券市场监管的专门机构。美国联邦证券交易委员会拥有广泛的职权，包括执行权、准立法权和准司法权。[①] 它是个独立机构，直接对国会负责，不受总统和其他政府部门的干涉。它的主要职责是执行联邦证券法律、指导市场主体的行为以及制定必要的管理规则。除了联邦一级的证券交易委员会外，各州在不违反联邦法律的前提下，也有权设立地方的证券交易委员会，对本州的证券市场进行监管。

（二）英国的自律型管理体制

英国没有制定专门的证券基本法律，关于证券监管的立法主要规定在其他部门法中，如1948年颁布《公司法》、1958年修订《防止诈欺（投资）法》，通过修改这些法律，加强对诈欺、内幕交易、市场操纵等证券市场违法行为的规制。相比而言，英国的证券交易所等自律组织比较发达，由这些组织制定的自律规则一直是证券市场的主要行为规范。同时，英国也没有专门的政府证券监管机构，对证券市场的监督管理主要由自律组织负责。这些自律组织包括英国证券业理事会、证券交易所协会以及收购与合并问题专门小组等，另外证券交易所也承担一定的自我管理的职责。

但在20世纪80年代后，英国的监管体制发生了一些变化，出现了一些专门立法，如1984年《股票上市交易管理法》、1986年《金融服务法案》。特别是《金融服务法案》的颁布，取代了英国政府以前制定的一些单行法规，并通过成立证券和投资委员会（SIB），一定程度上改善了英国证券市场自律管理的松散状态，

---

① 高如星、王敏祥：《美国证券法》，法律出版社2000年版，第9页。

确立了法律监管下的自律管理模式。2000 年 6 月，英国又发布了统一的《金融服务和市场法》，取代了原有的包括《金融服务法案》、《保险公司法》、《银行法》在内的各金融行业的分别立法，同时合并了原有的九个金融监管机构，设立了金融服务监管局，对证券、银行、保险各行业实行统一的混业监管。

（三）德国的中间型管理体制

德国也没有制定全国统一的证券法，但与自律监管体制不同的是，德国证券市场的监管还是以政府立法监管为主，只是这些监管法散见于各种相关法律法规中，主要包括：规范证券发行交易的法律法规，如 1957 年颁布的《投资公司法》、1965 年颁布的《股份法》、1994 年通过的《有价证券交易法》等；规范证券市场主体的法律法规，如 1896 年通过的《证券交易所法》；规定信息公开的法律法规，如 1969 年《财务报表公布法》。德国证券监管法也是借助于政府机构执行的，但与集中型监管体制不同的是，德国并没有建立专门的政府监管机构，而是由中央银行兼任。同时，德国也重视发挥自律组织的管理作用，通过《证券交易所法》赋予证券交易所对证券市场一定的监督和管理职能。

（四）不同监管体制的比较

应该说，不同的证券监管体制的形成，不仅与各国证券市场的发展水平有关，也与各国证券市场管理的传统、文化等因素有关。美、英、德等国证券市场的监管体制是市场在长期的相对独立的发展过程中形成的，各有自身的合理性和优势。

集中型监管体制的优点表现在：(1) 注重立法管理，使其管理手段具有严肃性和公正性；(2) 设立全国性监管机构，协调、指导证券市场的发展，具有权威性；(3) 兼顾证券市场主体各方利益，特别注重对于处于弱势的公众投资者的保护。

自律型监管体制的优点表现在：(1) 为充分的投资保护与竞争、创新的市场相结合提供了最大的可能性；(2) 让证券交易商参与证券市场管理条例的制定，无疑会提高市场管理条例的执行效率；(3) 能够自行制定和执行管理条例的自律机构，与靠议会变更管理条例的机构相比，在经营上具有更大的灵活性；(4) 证券交易商对现场发生的违法行为有充分准备，并且能够对此作出迅速而有效的反应。①而作为中间类型的德国式监管体制，则结合了上述两种监管的体制的某些长处，比如由政府机构负责证券监管事务、重视自律机构的管理作用等。

一般而言，集中型的优势就是自律型的不足，反之亦然。比较理想的模式就是二者结合。但这并不是说，中间型的监管体制就是最理想的。中间型监管体

---

① 符启林主编：《中国证券交易法律制度研究》，法律出版社 2000 年版，第 415 页。

制在综合了其他两种体制的某些长处的同时,也结合了其他两种体制的某些不足,比如德国由中央银行兼职证券市场的管理就颇受非议,因为中央银行在监管中要面临货币管理和资本市场管理的冲突。在全球化的趋势下,各国证券市场的交往越来越紧密,并越来越呈现趋同化,特别在计算机和互联网的应用和普及后,国际证券市场的国界线已经变得越来越模糊。比如一个投资者可以同时在不同国家完成多个证券交易,这无疑增加了各国证券市场监管的难度。在此背景下,不同监管体制的长处更加显现,而缺陷也更加暴露,并成为了制约各国证券市场发展的障碍,因此改革成了唯一的选择。总体而言,各国的改革主要是在保持原有监管体制的优势的前提下,吸收其他体制的长处,弥补自身的缺陷,比如英国就先后成立了证券和投资委员会、金融服务监管局加强政府对证券市场的监管控制,美国则更加重视发挥自律组织的作用,德国也开始摸索集中统一的证券立法。

三、我国证券市场监管法律制度

(一)我国证券市场监管体制的演变

我国今天的证券市场是随着20世纪80年代初的改革开放起步,因此证券市场的形成与发展主要依靠政府的设计和推动,证券市场的监管体制也是政府在借鉴各国先进监管经验的基础上酝酿形成的,而不是自发产生的。非市场自发形成的监管体制的建立,很大程度上取决于一国政府的认识能力、决策水平以及应变效率,高效的政府可以在短时间内移植一套比较完善的监管法律制度。但是,要使这套监管体制适合本国的市场环境,要在原有的国家机关系统中组建出有效的政府证券监管机构,要培育证券市场的公开、公正、公平理念,培育投资者的风险认识和抗风险能力,则需要一个长期的过程,不可能一蹴而就。更何况政府的认识、决策本身也需要一个过程,且政府也不能保证自身的认识、决策准确有效。

正因为这样,从20世纪80年代初至今的二十余年间,我国证券市场监管体制就处在不断变化和完善之中,随着市场的逐步发展,监管体制也不断成熟,新的证券法律制度也不断制定出来。以证券监管机构的不同划分,这期间的监管体制经历了四个阶段:第一阶段(20世纪80年代初至1986年),我国证券市场刚刚起步,尚未出现专门的证券监管机构。第二阶段(1986年起至1992年),1986年1月7日,国务院颁布了《银行管理暂行条例》,规定中国人民银行作为证券主管机关,并由中国人民银行发布了一系列证券监管办法。由于这阶段财政部、国家计委、国家体改委等政府机构对债券或股票的发行也有一定的管理职权,因此该阶段事实上是形成了中国人民银行为主、多政府机关共同管理的监管体制。第三阶段(1992年起至1998年《证券法》颁布前),1992年10月,我国成立了国务院证券委员会和中国证券监督管理委员会(简称“中国证监会”),并在次年发布的《股份发行和交易管理暂行条例》中规定国务院证券委员会为全国证券市场的主管机构,中国证监会作为证券委的监督管理执行机构。第四阶段(1998 年起至今),1998 年,国务院明确中国证监会统一集中对我国的证券市场实行监管,同年颁布的《证券法》进一步明确了中国证监会的性质以及职权职责等,从而确立了证监会作为证券市场主管机构的地位。

(二) 我国现行证券监管体制和机构设置

根据《证券法》,我国目前实行的是中国证监会集中监管和自律机构自律管理相结合的证券监管体制。《证券法》第 7 条规定:“国务院证券监督管理机构依法对全国证券市场实行集中统一监督管理。国务院证券监督管理机构根据需要可以设立派出机构,按照授权履行监督管理职责。”第 8 条规定:“在国家对证券发行、交易活动实行集中统一监督管理的前提下,依法设立证券业协会,实行自律型管理。”也就是说,中国证监会作为专门的政府证券监管机构,对全国的证券市场实行集中统一监管;地方证券监管机构不隶属地方政府,而直接对中国证监会负责,并在其授权范围内活动;在国家对证券集中统一监督管理的前提下,依法成立证券业协会,对会员证券公司实行自律性管理。此外,根据 2001 年《证券交易所管理办法》,证券交易所对参与证券交易的会员和其他市场主体也具有一定的管理职能,因此一般也视为证券市场自律机构。

中国证监会是直属于国务院的正部级事业单位。根据 1998 年 9 月批准的《中国证券业监督管理委员会职能配置、内设机构和人员编制规定》,中国证监会有 13 个内设部门:办公厅、发行监管部、市场监管部、机构监管部、上市公司监管部、基金监管部、期货监管部、稽查局、法律部、会计部、政策研究室、国际合作部、人事教育部;3 个直属事业机构:信息中心、培训中心和机关服务中心。地方派出机构,有上海、深圳、沈阳、天津、济南、武汉、广州、西安、成都 9 个证券监管办公室,在 25 个重要城市设立特派员办事处,另外还有北京和重庆两个办事处。

中国证监会作为集中统一监管证券市场的专门机构,《证券法》赋予其广泛的职权,主要包括以下四个方面:(1) 规则制定权,即制定有关证券市场监督管理的规章、规则,制定从事证券业务人员的资格标准和行为准则等;(2) 审批核准权,即审批核准股票、公司债券的公开发行,批准境内企业到境外上市,批准证券交易所规则的制定,批准证券公司、证券登记结算机构的设立等;(3) 监督权,即依法对证券的发行、交易、登记、托管、结算,对证券发行和交易的信息公开,对证券市场主体的业务活动,进行监督管理;(4) 查处权,即对证券市场主体违反证券监管法律法规的行为,进行查处。(5) 准司法权,是 2005 年《证券法》赋予证监会必要的执法权利和执法措施,包括现场检查权、银行账户查询权、冻结和查封权、限制证券交易权等。

（三）我国证券监管制度的组成

我国证券监管部门对证券市场的监管主要体现在这样几个制度：证券公开发行审核制度、上市证券的信息公开制度以及证券市场禁入制度。

证券公开发行审核制度，是证券监管机构对证券能否公开发行而适用的审查或批准制度。由于公开发行，主要是向社会公众发行，涉及公众利益，因而国家要作出相应监管。我国《证券法》第 10 条规定，证券监管机构或国务院授权的部门要对公开发行证券依法进行核准。公开发行包括向不特定对象发行证券的、向特定对象发行证券累计超过二百人的、法律或行政法规规定的其他发行行为。

信息披露制度是指在证券市场上借助各种金融工具向公众筹集资金的公司及其相关的个人依照法律规定以完整、及时、准确的方式向所有投资者和整个证券市场公开、公平、公正地披露与该筹资行为及其持续性身份相关的信息。[①] 信息披露制度最初发源于英国，但在美国的证券市场得到发展完善，并成为美国证券法的核心和基石。证券信息的强制披露制度，在防止内幕信息被滥用、保护公众的投资判断、防止证券市场的不当竞争、监督规范上市公司的经营管理、促进市场资本的优化配置等方面具有显著的意义，因此该制度在绝大多数国家的证券法律中得到了确立。证券信息披露制度，主要包括两个方面：证券发行时的信息披露，又称为发行公开或初次公开；证券上市后的信息披露，又称为持续公开或继续公开。根据我国的证券法，信息披露制度的内容包括：预披露，初次公开时的发行说明书，证券上市时的上市公告书，以及证券上市后的定期报告书、临时报告书、上市公司收购公告制度。信息公开的法律标准一般包括：信息的全面性、资料的真实性、时间的实效性、空间的易得性、内容的易解性、形式的适法性。[②]

证券市场禁入制度，是指证券市场相关人员因进行证券欺诈活动或者有其他严重违反证券市场法律法规或其他规章的行为，被主管机构认定为市场禁入者，在一定时期内或者永久性不得担任上市公司高级管理人员或者不得从事证券业务的制度，旨在建立一个证券市场的过滤筛检和清污排浊制度。中国证监会 2006 年 3 月 7 日公布，2006 年 7 月 10 日起施行的《证券市场禁入规定》，在以事实为依据，遵循公开、公平、公正原则的基础上，坚决清除证券市场的违法违规人员，更好地维护证券市场秩序，切实保护投资者合法权益和社会公众利益，促进证券市场健康稳定发展。

证券市场禁入人员范围包括：(1) 发行人、上市公司的董事、监事、高级管理

---

① 齐斌：《证券市场信息披露法律监管》，法律出版社 2000 年版，第 1 页。

② 杨志华：《证券法律制度研究》，中国政法大学出版社 1995 年版，第 93 页。

人员，其他信息披露义务人或者其他信息披露义务人的董事、监事、高级管理人员；(2) 发行人、上市公司的控股股东、实际控制人或者发行人、上市公司控股股东、实际控制人的董事、监事、高级管理人员；(3) 证券公司的董事、监事、高级管理人员及其内设业务部门负责人、分支机构负责人或者其他证券从业人员；(4) 证券公司的控股股东、实际控制人或者证券公司控股股东、实际控制人的董事、监事、高级管理人员；(5) 证券服务机构的董事、监事、高级管理人员等从事证券服务业务的人员和证券服务机构的实际控制人或者证券服务机构实际控制人的董事、监事、高级管理人员；(6) 证券投资基金管理人、证券投资基金托管人的董事、监事、高级管理人员及其内设业务部门、分支机构负责人或者其他证券投资基金从业人员；(7) 中国证监会认定的其他违反法律、行政法规或者中国证监会有关规定的有关责任人员。

被中国证监会采取证券市场禁入措施的人员，在禁入期间内，除不得继续在原机构从事证券业务或者担任原上市公司董事、监事、高级管理人员职务外，也不得在其他任何机构中从事证券业务或者担任其他上市公司董事、监事、高级管理人员职务。被采取证券市场禁入措施的人员，应当在收到中国证监会作出的证券市场禁入决定后立即停止从事证券业务或者停止履行上市公司董事、监事、高级管理人员职务，并由其所在机构按规定的程序解除其被禁止担任的职务。

证监会根据相关人员违法违规行为的严重程度，作出了不同的市场禁入期限的规定：违反法律、行政法规或者中国证监会有关规定，情节严重的，可以对有关责任人员采取3至5年的证券市场禁入措施；行为恶劣、严重扰乱证券市场秩序、严重损害投资者利益或者在重大违法活动中起主要作用等情节较为严重的，可以对有关责任人员采取5至10年的证券市场禁入措施；有下列情形之一的，可以对有关责任人员采取终身的证券市场禁入措施：(1) 严重违反法律、行政法规或者中国证监会有关规定，构成犯罪的；(2) 违反法律、行政法规或者中国证监会有关规定，行为特别恶劣，严重扰乱证券市场秩序并造成严重社会影响，或者致使投资者利益遭受特别严重损害的；(3) 组织、策划、领导或者实施重大违反法律、行政法规或者中国证监会有关规定的活动的；(4) 其他违反法律、行政法规或者中国证监会有关规定，情节特别严重的。

违反法律、行政法规或者中国证监会有关规定，情节严重的，可以单独对有关责任人员采取证券市场禁入措施，或者一并依法进行行政处罚；涉嫌犯罪的，依法移送公安机关、人民检察院，并可同时采取证券市场禁入措施。被中国证监会采取证券市场禁入措施的人员，中国证监会将通过中国证监会网站或指定媒体向社会公布，并记入被认定为证券市场禁入者的诚信档案。

(四) 我国证券监管制度的完善

以中国证监会为统一监管机构的证券监管制度，在诸多方面还存在问题，比较突出地表现在：

一是对证监会监管权的制约问题。在我国目前的监管体制下，中国证监会拥有广泛集中的权力，这种权力如果不受到限制很容易滋生腐败，并侵害到监管职权的实际运用以及监管制度的实施效果，因此对中国证监会的监管权同样要进行制约。证监会的工作人员，是实际掌握和运用监管权的主体，监管制度的运作效果主要取决于这些工作人员的素质和对他们职权行为的制约。

二是证监会监管和自律组织自我管理如何结合的问题。对于证券市场来说，自律组织的自我管理具有政府监管无可替代的优越性。不可否认，政府的集中统一监管对于我国证券市场的培育、全国统一市场的建立、投资者利益的保护等方面发挥了关键的作用，但政府监管的刚性也造成了投资者的过度依赖和自律机构的管理职能发挥不佳，因此在政府监管不及之处，就特别容易产生欺诈和市场操纵的现象。这种情况下，发挥市场自律机构的作用就显得非常必要。根据证券法和相关法规规章的规定，我国证券自律机构的职权非常有限。证券业协会的职能仅限于对协会成员证券公司的教育、服务、业务交流、纠纷调解等，并没有实质的处罚权。证券交易所对自身章程的制定和修改也没有自主权，必须经国务院证券监管机构批准；交易所总经理则要由国务院证券监管机构任免。随着我国证券市场的发展，我国应该进一步减少对自律机构权力的限制，增强自律机构的作用，共同维护证券市场的秩序和安全。

第三节 证券发行法律制度

一、证券发行的概念和分类

证券发行是指证券发行主体以筹集资金为目的向社会公众或机构投资者销售证券的法律行为。证券发行是证券市场的起点，其管理的好坏直接影响到进入交易市场的证券的质量。因此，对于证券发行市场的管理，通常同时运用法律手段、经济手段、行政手段，其中法律手段居主要地位，经济和行政手段的实施也要依照法律的规定进行。

证券发行市场的健康和发展，很大程度上依赖于一国证券发行法律制度的完备与否。我国现行证券法建立了适用于证券发行的若干基本制度，包括证券发行审核制度、信息披露制度、证券承销制度等。

我国的证券发行，根据不同标准可以有多种分类：

(1) 根据发行的证券种类的不同，分为股票发行和债券发行。证券法律对不同的证券种类规定了不同的条件和程序。其中股票的发行比较复杂，股票的发行可以采用上网定价、全额预缴款、与储蓄存款挂钩的方式或采用对一般投资者上网发行和对法人配售相结合的方式进行。股票的发行可以平价发行或溢价发行,但不能减价发行;采取溢价发行的,其发行价格由发行人与承销的证券公司协商确定。

(2) 根据证券发行对象的不同,分为公募发行和私募发行。公募发行是面向不特定的公众投资者的发行,可以筹集到较巨额的资金,但因此要承担严格的信息披露义务;私募发行面向少数特定投资者的发行,可以豁免信息披露义务,且对特定投资者直接私下磋商的方式可以达成比较有利的销售价格,但对私募发行发行人的资质、规模、信誉要求比较高。我国《证券法》第 10 条规定,非公开发行证券,不得采用广告、公开劝诱和变相公开方式。上市公司非公开发行新股,由证券监管机构依法核准。

(3) 根据发行是否借助证券承销机构的参与,分为直接发行和间接发行。直接发行是发行人自行组织证券发行事务并承担发行风险的发行方式。间接发行是发行人通过证券承销机构作为中介人,利用中介机构的信息、人员、营业网络等优势帮助其销售的发行方式,因而也称承销发行。根据我国现行法律规定,证券的公开发行应当聘请证券公司参加,即只能选择承销发行方式发行证券。

(4) 根据发行目的的不同,分为设立发行和新股发行。设立发行是指股份的发行在股份公司设立的过程中同时进行,股份发行成功后,依照法定程序成立股份有限公司。依照公司法,公司设立分为发起设立和募集设立。发起设立是指由发起人认购公司应发行的全部股份的设立方式;募集设立是指发起人认购公司应发行股份的一部分,其余部分向社会公开募集的设立方式。新股发行,是指已成立的股份有限公司因生产经营需要,追加资本而发行股份的行为。设立发行和新股发行,由于发行主体(未成立公司和已成立公司)、发行目的(公司设立和公司资本追加)的不同,法律规定的发行条件和程序也不相同。

(5) 依发行地点的不同,分为国内发行和国外发行。国内发行是指发行人在本国境内发行有价证券的方式,如我国的国库券、人民币普通股票的发行(即 A 股)、公司债券的发行。国外发行是指一国政府、法人在本国境外发行有价证券的方式,如我国的人民币特种股票 B 股、H 股、S 股、N 股的发行。

二、证券发行基本规则

(一) 证券发行审核制度

证券发行审核是法定的证券监管机构对证券发行是否符合法律规定而事先进行的审查或批准制度。国家通过证券发行审核,对证券的发行作出是否准许的安排,以达到对企业的证券发行行为进行监管和规范的目的。

综合各国的证券发行审核制度,主要有注册制和核准制两类。注册制实行公开管理原则，只要求公司、金融机构等发行机构充分履行公开义务，包括公开证券发行人的经营状况、财务报告、董事以及主要管理人员的履历及资信情况、发行所得款项的使用、发行价格的拟订、发行数额分配计划等，而不论发行人的资质、规模、是否具有盈利预期等，该证券发行的申请即能够得到通过。在注册制下，对发行人信息公开的真实、完整的要求非常高，如果发行人提供的资料中包含了任何不真实的陈述和事项，证券发行人将受到法律的严惩。核准制实行实质管理原则，发行人在发行股票时，不仅要以真实状况的充分公开为条件，而且必须符合法定的必备条件，如最低注册资金或净资产、具备证券从业资格的人员组成、开业年限或连续盈利的年份数等。核准制旨在通过证券管理机构的审查，把不符合法定条件的低质量的发行人及其发行的证券事先排除在证券市场之外。此外，还存在审批制的审核方式。审批制和核准制比较接近，也要求符合法定的发行条件，且条件的设置比核准制更加严格。但在审批制下，审核机构的批准与否具有更大的不确定性和不透明性，即使具备了法定的发行条件，也可能不获批准。

我国现行的证券公开发行实行主管机构核准制，未经依法核准，任何单位和个人不得公开发行证券。在 1998 年《证券法》之前，我国证券发行实行审批制，而且是严格的额度控制审批制，但在此之前，股票发行实行的也是审批制，而且是严格的额度控制的审批制，即国家事先确定一个年度的证券发行总额，然后将发行总额层层分配给省市地方政府和国务院各部委，再由地方政府和各部委根据分得的额度再分配给辖区内的企业。发行人要获准发行证券，就需要经过地方各级政府、国务院各部委、中央政府的层层审批。这种发行审核制度在加强国家对证券市场的宏观调控，实现不同企业、不同区域的资源配置方面发挥了重要作用；但审批制赋予了国务院各部委、各级地方政府以审批权，增加了审批环节，影响了审批效率，并容易导致权力腐败现象；同时，由于地方保护主义的存在，获得发行权的企业可能不是资质优秀的企业，这对证券市场的健康与安全产生负面作用。我国 1998 年《证券法》施行起，对股票发行实行核准制，对债券发行实行审批制。2005 年《证券法》则确立了证券发行的核准制。

（二）证券发行信息公开制度

证券发行的信息公开，是证券市场信息披露制度的一个组成部分。根据我国《证券法》第 21 条的规定，发行人申请首次公开发行股票的，在提交申请文件后，应当预先披露有关申请文件。并在证券公开发行前，发行人应当公告公开发行募集文件。募集文件是指证券发行人发行证券时依法向社会公开的有关书面性的材料，主要包括招股说明书、配股说明书、公司债券募集办法等。募集文件必须公告或置备于指定的场所供公众查阅。

证券发行信息必须依法公开，并遵循如下规则和要求：(1) 公开的募集文件必须经过国务院证券监督管理机构或者国务院授权的部门核准;(2) 发行证券的信息依法公开前,任何知情人不得公开或者泄露该信息;(3) 发行人不得在公告公开发行募集文件之前发行证券。发行人若违反这些规则,将承担相应的法律责任。

(三) 证券承销制度

证券承销是指证券经营机构依照承销协议接受证券发行人的委托代为销售股票、债券或其他投资证券的行为。

承销协议是证券发行人与证券经营机构就证券承销的有关内容所达成的明确双方权利义务的书面合意,具有合同性质,有时也称做承销合同。证券发行人有权依法自主选择承销的证券经营机构。证券经营机构经发行人选定为承销机构后,必须与发行人签订承销协议,承销协议应当载明以下内容:(1) 当事人的名称、住所及法定代表人姓名;(2) 代销、包销证券的种类、数量、金额及发行价格;(3) 代销、包销的期限及起止日期;(4) 代销、包销的付款方式及日期;(5) 代销、包销的费用和结算办法;(6) 违约责任;(7) 国务院证券监督管理机构规定的其他事项。

证券承销的方式主要有两种:代销和包销。证券代销是指证券公司代发行人发售证券,在承销期结束时,将未售出的证券全部退还给发行人的承销方式。证券包销是指证券公司将发行人的证券按照协议全部购入或者在承销期结束时将售后剩余证券全部自行购入的承销方式,其中售前按照协议购入全部证券的方式称做全额包销,而售后购入剩余证券的方式称做余额包销。不同承销方式下承销者的风险不同,因此承销者所获得的承销报酬也不同。一般而言,风险越大,报酬越高。

另外,根据参加承销的证券经营机构的数量,还可以将承销方式分为承销团承销和单一证券经营机构的承销。承销团承销,也称做联合承销,是指两个以上的证券承销商共同接受发行人的委托而销售发行证券的承销方式。当承销发行的证券票面总值较大时,一般采取承销团承销的方式。我国《证券法》规定,向不特定对象公开发行的证券票面总值超过人民币 5000 万元的,应当由承销团承销。承销团承销有利于确保巨额证券发行的成功率,大大分散证券发行的市场风险。承销团内的多个证券经营机构根据分工以及承担责任的不同,分为主承销商和分销商。主承销商是承销团的发起人,在承销过程中,主承销商起组织协调作用,承担着主要的风险。分销商参与承销,与主承销商的关系通过合同确定。

证券经营机构从事证券承销业务,应当遵守以下规则:(1) 核查发行募集文件。证券经营机构在承销证券之前和承销证券过程中,应当对公开发行募集文件的真实性、准确性、完整性进行核查,发现虚假记载、误导性陈述或重大遗漏的,不得进行销售活动。(2) 禁止不正当竞争。证券经营机构不得以不当许诺、诋毁同行、借助行政干预等不正当竞争手段招揽承销业务。(3) 禁止申购自己承销的股份。证券公司在代销、包销期内,对所代销、包销的证券应当保证先行出售给认购人,证券公司不得为本公司事先预留所代销的证券和预先购入并留存所包销的证券。(4) 不得从事虚假承销。(5) 不得透露非公开信息。在从事承销业务中,不得透露未依法披露的招股说明书、公告前的发行方案以及承销过程中有关认购数量、预计中签率等非公开信息。(6) 禁止私下交易或为之提供便利。在承销过程中及股票上市前,不得以任何身份参与所承销股票及其认购中的私下交易,并不得为这些交易提供任何便利。(7) 在法定期限内承销。证券经营机构承销证券的期限按照承销协议执行,但最长不得超过 90 日的法定期限。(8) 备案。公开发行股票,代销、包销期限届满,发行人应当在规定的期限内将股票发行情况报证券监管机构备案。

三、证券公开发行的核准程序

(一) 股票公开发行的核准程序

我国股票发行采核准制,即规定由拟公开发行股票的公司按照法定的程序,直接向法定的核准机构报送法定的文件,对于符合法定条件的,核准机构予以准许。

1. 核准机构

《证券法》第 10 条规定,公开发行证券,必须符合法律、行政法规规定的条件,并依法报经国务院证券监督管理机构或者国务院授权的部门核准。

2. 审核程序

依照《证券法》和中国证监会 2009 年 6 月 14 日起施行的修订的《发行审核委员会办法》规定,主板市场发审委、创业板市场发审委(以下简称"发审委")依法对发行人的股票发行申请文件和证监会有关职能部门的初审报告进行审核。发审委通过召开发审委工作会议履行职责,以投票方式对股票发行申请进行表决,提出审核意见。由中国证监会或国务院授权的部门自受理证券发行申请文件 3 个月内,依法作出予以核准或者不予核准股票发行申请的决定,发行人根据要求补充、修改发行申请文件的时间不计算在内;不予核准的,应当说明理由。

3. 报送文件

公司公开发行新股,应当向证监会报送募股申请和下列文件:(1) 公司营业执照;(2) 公司章程;(3) 股东大会决议;(4) 招股说明书;(5) 财务会计报告;(6) 代收股款银行的名称及地址;(7) 承销机构名称及有关的协议。依法聘请保荐人的,还应当报送保荐人出具的发行保荐书。设立股份有限公司公开发行股票,应当依法向证监会报送募股申请和下列文件:(1) 公司章程;(2) 发起人协议；(3) 发起人姓名或者名称，发起人认购的股份数、出资种类及验资证明；(4) 招股说明书；(5) 代收股款银行的名称及地址；(6) 承销机构名称及有关的协议。依法聘请保荐人的，还应当报送保荐人出具的发行保荐书。

同时，为了便于发行人的申请提交或审核机构的审查，所报请文件应当符合证监会于 1996 年 12 月 26 日发布的《申请公开发行股票公司报送材料的标准格式》。

（二）公司债券公开发行的核准程序

1. 核准机构

我国公开发行公司债券，必须依法报经国务院证券监督管理机构或者国务院授权的部门核准。

2. 审核程序

申请发行普通公司债券的，首先应向省级人民政府或者国务院主管部门提出推荐申请，并报送有关文件，经过上述政府机关作出推荐决定后，再向国务院授权的部门或者国务院证券监督管理机构报请核准。

3. 报送文件

我国《证券法》第 17 条规定，申请公开发行公司债券，应当向国务院授权的部门或者国务院证券监督管理机构报送下列文件：(1) 公司营业执照；(2) 公司章程；(3) 公司债券募集办法；(4) 资产评估报告和验资报告；(5) 国务院授权的部门或者国务院证券监督管理机构规定的其他文件。依法聘请保荐人的，还应当报送保荐人出具的发行保荐书。

可转换公司债券的发行申请同股票发行申请。

四、证券公开发行条件

发行证券，可以分为公开发行和非公开发行两种方式。公开发行主要是向社会公众发行，由于公开发行具有公众性、广泛性，涉及广大投资者的利益，国家对公开发行严格监管。非公开发行主要是向一定数量的特定对象发行证券，涉及的人数比较少，投资者对发行人的情况比较了解，因而对社会的影响比较小，国家对非公开发行的干预比较少。

我国《证券法》第 10 条规定的公开发行为有下列情形之一的发行：(1) 向不特定对象发行证券；(2) 向累计超过 200 人的特定对象发行证券；(3) 法律、行政法规规定的其他发行行为。非公开发行证券，不得采用广告、公开劝诱和变相公开方式，否则即属于公开发行。

我国对公开发行证券的监管，主要体现在以下三个方面：

1. 公开发行证券，必须符合法律、行政法规规定的条件。这主要指《证券法》和《公司法》的相关规定以及有关行政法的规定。

（1）主板市场股票发行

设立股份有限公司公开发行股票应当具备的条件，指《公司法》规定的条件和经国务院批准的证券监管机构规定的其他条件。设立股份有限公司公开发行股票，是指《公司法》规定的募集设立公司的方式，即由发起人认购公司应发行股份的一部分，其余部分向社会公开募集而设立公司。《公司法》规定的条件主要为发起人应当在2人以上200人以下，其中须有半数以上的发起人在中国境内有住所；有符合法定要求的公司章程；除法律、行政法规另有规定外，发起人认购的股份不得少于公司股份总数的35%；应当由依法设立的证券公司承销证券，签订承销协议；应当与银行签订代收股款协议等。

公司成立后发行新股应当具备的条件包括：具备健全且运行良好的组织机构；具有持续盈利能力，财务状况良好；最近3年财务会计文件无虚假记录，无其他重大违法行为；经国务院批准的证券监管机构规定的其他条件。

（2）创业板市场股票发行

发行人申请首次公开发行股票应当符合下列条件：[①]① 发行人是依法设立且持续经营三年以上的股份有限公司；有限责任公司按原账面净资产值折股整体变更为股份有限公司的，持续经营时间可以从有限责任公司成立之日起计算；② 最近两年连续盈利，最近两年净利润累计不少于1000万元，且持续增长；或者最近一年盈利，且净利润不少于500万元，最近一年营业收入不少于5000万元，最近两年营业收入增长率均不低于30%；净利润以扣除非经常性损益前后孰低者为计算依据；③ 最近一期末净资产不少于2000万元，且不存在未弥补亏损；④ 发行后股本总额不少于3000万元。

发行人应当具备持续盈利能力，[②]不存在下列情形：① 发行人的经营模式、产品或服务的品种结构已经或者将发生重大变化，并对发行人的持续盈利能力构成重大不利影响；② 发行人的行业地位或发行人所处行业的经营环境已经或者将发生重大变化，并对发行人的持续盈利能力构成重大不利影响；③ 发行人在用的商标、专利、专有技术、特许经营权等重要资产或者技术的取得或者使用存在重大不利变化的风险；④ 发行人最近一年的营业收入或净利润对关联方或者有重大不确定性的客户存在重大依赖；⑤ 发行人最近一年的净利润主要来自合并财务报表范围以外的投资收益；⑥ 其他可能对发行人持续盈利能力构成重大不利影响的情形。

另外，发行人注册资本的缴纳、股权是否清晰、主营业务的限制、资产完整程度，是否具有完善的公司治理结构，内部控制制度以及资金管理制度和规范的会

---

① 《首次公开发行股票并在创业板上市管理暂行办法》第10条。

② 《首次公开发行股票并在创业板上市管理暂行办法》第14条。

计工作，人员（董事、高级管理人员、实际控制人等）的变化，是否存在影响经营的担保、诉讼以及仲裁等重大事项等，都必须符合《首次公开发行股票并在创业板上市管理暂行办法》的规定。

（3）公开发行公司债券应当具备的条件包括：股份有限公司的净资产不低于人民币3000万元，有限责任公司的净资产不低于人民币6000万元；累计债券余额不超过公司净资产的40%；最近3年平均可分配利润足以支付公司债券1年的利息；筹集的资金投向符合国家产业政策；债券的利率不超过国务院限定的利率水平；国务院规定的其他条件。有下列情形之一的，不得再次公开发行公司债券：① 前一次公开发行的公司债券尚未募足；② 对已经公开发行的公司债券或者其他债务有违约或者延迟支付本息的事实，仍处于继续状态；③ 违反《证券法》规定，改变公开发行公司债券所募资金的用途。

2. 公开发行证券，必须报经国务院证券监管机构或者国务院授权的部门核准。公开发行股票必须报经证监会核准，公开发行其他证券，必须报经国务院授权的部门核准，如目前由国家发展改革委员会负责对公司债券的公开发行进行核准。

3. 未经核准，任何单位和个人不得公开发行证券，否则，要承担相应的法律责任。这是对公开发行证券实行核准制度的进一步强调。

第四节　证券上市和交易法律制度

一、证券上市法律制度概述

（一）证券上市的概念和种类

证券上市是指发行人发行的有价证券，依法定条件和程序，在证券交易场所公开挂牌交易的法律行为。①

证券上市行为是联结发行市场和交易市场的桥梁。证券上市对上市公司和投资者都具有重要意义，一方面使证券具有市场流通性，另一方面扩大了上市公司的资金来源。证券发行成功后，证券必须以适当形式进行流通，以实现投资的流通性。对投资者而言，有了流通性就有了投资变现的可能，从而实现投资回报，这样必将激发投资者购买证券的热情；对发行人而言，有了公众的投资热情就可以提高证券发行的效率，从而得以筹措更多资金。此外，证券上市还有利于分散上市公司的股权结构、实现经营权和所有权的分离，有利于增加企业的透明度、开拓市场、完善企业的经营管理，促进企业进一步发展。

---

① 杨志华：《证券法律制度研究》，中国政法大学出版社1995年版，第122页。

证券上市的分类主要有两种：(1) 根据上市审核程序的不同，可以分为授权上市与认可上市。授权上市也称核准上市，是指证券交易所根据证券发行人的申请，依照规定的程序核准的证券上市。此类证券主要是公司证券，如股票和公司债券。认可上市，又称豁免证券，是指证券经证券交易所认可后，即可进入证券交易所上市交易的上市方式。“认可”只是对证券类型的确认，而不是审查证券发行人的适格条件，事实上证券交易所也无权拒绝此类证券的上市。认可证券主要是各种政府证券，如国库券、地方政府债券等。(2) 根据证券种类，可以将授权上市分为股票上市与公司债券上市。法律对股票和公司债券的上市申请，规定了不同的条件和程序。

证券上市制度一般包括证券上市审核制度、证券上市条件、证券上市审核程序、证券上市的暂停和终止等。

(二) 证券上市审核制度

证券上市审核制度，是指证券监管机构或证券交易所对于已发行的证券能否进入证券交易场所公开挂牌交易而适用的审查或批准制度。与证券发行审核制度的传统相似，各国对于证券上市也有注册制与核准制的区分。实行注册制的，只要满足充分准确信息披露的要求，即可以获准上市交易。实行核准制的国家，在要求上市证券申请人履行信息公开义务的同时，还要求其符合法律事先作出的上市条件和上市程序的规定。我国采用证券上市核准制度。”我国 2005 年《证券法》第 48 条规定申请证券上市交易，应当向证券交易所提出申请，即明确证券上市交易的核准权在证券交易所。这主要是充分考虑到了证券上市交易是一个市场行为，而证券交易所又是国务院决定设立的实行会员制管理的独立法人，由证券交易所审核决定证券上市交易，更加符合市场机制。证券交易所还可以通过制定新的上市规则，提出更新的要求。证券交易所依法审核同意证券上市交易申请的，应当由申请人和证券交易所双方签订上市协议。

(三) 证券上市条件

证券上市条件是主管机构审核已发行证券是否符合挂牌交易资格的法定标准。各国由于经济发展水平、历史进程及社会经济环境的不同，证券上市条件的规定可能不同，但一般均包括：(1) 申请上市公司及其发行证券的一般情况；(2) 申请上市证券的市场反响、股权分散情况、公司地位及其展望；(3) 上市公司承诺履行上市管理规则、上市契约准则，承担持续性法律责任。[①] 我国股票和公司债券的上市条件如下：

① 杨志华：《证券法律制度研究》，中国政法大学出版社 1995 年版，第 128—129 页。

1. 股票的上市条件

我国股份有限公司申请其股票上市应当符合以下条件:(1) 股票经国务院证券监管机构核准已经公开发行;(2) 公司股本总额不少于人民币3000万元;(3) 公开发行的股份达到公司股份总数的25%以上,公司股本总额超过人民币4亿元的,公开发行股份的比例为10%以上;(4) 公司最近3年无重大违法行为,财务会计报告无虚假记载。此外,证券交易所可以规定较高的上市条件,并报国务院证券监管机构批准。

2. 公司债券的上市条件

公司申请其发行的公司债券上市交易,由证券交易所依照法定条件和法定程序核准。公司债券上市交易应当符合以下条件:(1) 公司债券的期限为1年以上;(2) 公司债券实际发行额不少于人民币5000万元;(3) 公司申请其债券上市时仍符合法定的公司债券发行条件,包括:股份有限公司的净资产额不低于人民币3000万元,有限责任公司的净资产额不低于人民币6000万元;累计债券总额不超过公司净资产额的40%;最近3年平均可分配利润足以支付公司债券1年的利息;筹集的资金投向符合国家产业政策,必须用于核准的用途,不得用于弥补亏损和非生产性支出;债券的利率不超过国务院限定的利率水平;国务院规定的其他条件。如有下列情形之一的,不得再次公开发行或上市公司债券:① 前一次公开发行的公司债券尚未募足;② 对已经公开发行的公司债券或者其他债务有违约或者延迟支付本息的事实,仍处于继续状态;③ 违反《证券法》规定,改变公开发行公司债券所募资金的用途。

(四) 证券上市审核程序

证券上市的审核是指证券上市审核机构在发行人提出证券上市申请后,依法对拟上市证券是否具备条件及提交的申请文件是否合法进行审查,并作出是否核准的决定。目前,我国申请股票、可转换为股票的公司债券或法律、行政法规规定的其他证券的发行上市实行保荐制度。由保荐机构依法对公开发行募集文件进行核查,向证监会出具保荐意见。

1. 证券上市审核机构

证券上市审核机构,主要有两类:一是证券交易所,目前大多数发达国家和地区由证券交易所履行上市核准职能;二是政府专门机构直接负责核准。在我国,证券上市交易由证券交易所依法审核。对政府债券,则由证券交易所根据国务院授权的部门的决定安排上市交易。

2. 证券上市申请及核准

不论是股票还是公司债券的上市申请,都要依法向法定核准机构提出申请,并报送相关文件。

股票申请上市交易,应当向证券交易所报送下列文件:(1) 上市报告书;

(2) 申请股票上市的股东大会决议;(3) 公司章程;(4) 公司营业执照;(5) 依法经会计师事务所审计的公司最近 3 年的财务会计报告;(6) 法律意见书和上市保荐书;(7) 最后一次的招股说明书;(8) 证券交易所上市规则规定的其他文件。规定这些重要条件,有利于证券交易所充分了解该上市公司的情况,并根据规定进行审核,以决定是否同意该公司股票上市交易。

申请公司债券上市交易,应当向证券交易所报送下列文件:(1) 上市报告书;(2) 申请公司债券上市的董事会决议;(3) 公司章程;(4) 公司营业执照;(5) 公司债券募集办法;(6) 公司债券的实际发行数额;(7) 证券交易所上市规则规定的其他文件。申请可转换为股票的公司债券上市交易,还应当报送保荐人出具的上市保荐书。要求申请人向证券交易所报送这些重要文件,是为了使证券交易所充分了解该上市公司所发行的债券情况,并根据规定进行审核,以决定是否同意该公司债券上市交易。

3. 上市协议

在证券交易所作出同意证券上市申请并签发上市通知后,证券正式上市交易前,上市申请人要与证券交易所签订一份契约,以明确双方在证券上市期间的权利义务,该契约称做上市协议。上市协议是证券交易所作为自律机构对上市公司和上市证券实施管理的表现。依照上市协议,上市公司要承诺接受证券交易所的管理,承担上市契约准则或交易所自律规章之义务,同时上市公司证券也成为证券交易所的规制对象。

上市协议的内容主要有:(1) 上市费用的项目和数额;(2) 双方的权利与义务;(3) 要求公司指定专人负责证券事务;(4) 上市公司定期报告、临时报告的报告程序及回复交易所质询的具体规定;(5) 股票停牌事宜;(6) 协议双方违反上市协议的处理;(7) 仲裁条款;(8) 证券交易所认为需要在上市协议中明确的其他内容。

4. 上市公告

在获得证券上市核准和同意后,依照公司法和证券法的规定,上市申请人还负有公告有关文件的义务,以达到向社会公众告知的目的,这就是上市公告程序。上市公告包括两种方式:一是以报刊刊登方式公告,但须是证监会指定的全国性公开报刊,二是置备于指定场所供公众查阅,这些指定场所一般指证券交易所、有关证券经营机构及其营业网点。

对于应公开的文件,即证券上市申请应报送的文件,包括上市公告书及其文件等。上市公告书的内容与格式,由证监会规定。此外,对股票的上市申请,还要就下列事项进行公告:(1) 股票获准在证券交易所交易的日期;(2) 持有公司股份最多的前十名股东的名单和持股数额;(3) 公司的实际控制人;(4) 董事、监事、高级管理人员的姓名及其持有本公司股票和债券的情况。

（五）证券上市的暂停和终止

证券上市后，即获得在证券交易所挂牌交易的权利。正常情况下，上市证券的交易将伴随着交易所的营业时间而开始和结束。但当出现法定原因时，上市证券的挂牌交易将被暂停甚至终止。

证券上市的暂停有三种形式：法定暂停、申请暂停、自动暂停。法定暂停是指法律明确规定证券应暂停交易的几种情形，当这些情形出现时，由证券交易所决定暂停该证券交易。申请暂停是由证券上市人向证券交易所请求暂停上市交易的情形，如在上市公司计划重组、换发新票券、供股集资、计划派发股息、将上市证券拆细或合并等场合。自动暂停上市是指上市证券出现法定原因时，其上市交易自动暂停。如在证券交易价格实行涨停板制度下，当某一上市证券当日涨幅或跌幅超出某一规定比例时，该证券的当日挂牌交易自动暂停。自动暂停上市与法定暂停上市虽然都是因法定情形而引起，但前者免除了申请批准、公告及恢复上市等程序，当法定情形消失后，将自动恢复上市。在现代无纸化交易时代，主要就是将法定情形设置成计算机程序，由计算机自动控制，自动暂停交易并自动恢复上市。

上市终止包括法定终止和自动终止。法定终止是指当出现法定情形时，由证券交易所决定该证券终止挂牌交易。自动终止是指当法定情形出现时，无须证券交易所的决定程序，该证券自动在证券交易所终止交易。自动终止一般出现在债券本息兑付日前的一定期间。

1．股票交易的法定暂停与法定终止

《证券法》规定，上市公司出现法定情形而丧失上市条件的，由证券交易所决定暂停或终止其股票上市。对证券交易所作出的不予上市、暂停上市、终止上市决定不服的，可以向证券交易所设立的复核机构申请复核，以维护当事人的合法权益。

股票的交易在上市公司出现下列法定情形时应予暂停：(1) 公司股本总额、股权分布等发生变化不再具备上市条件；(2) 公司不按规定公开其财务状况，或者对财务会计报告作虚假记载，可能误导投资者；(3) 公司有重大违法行为；(4) 公司最近 3 年连续亏损；(5) 证券交易所上市规则规定的其他情形。

股票的交易在上市公司出现下列情形时应予终止：(1) 公司股本总额、股权分布等发生变化不再具备上市条件，在证券交易所规定的期限内仍不能达到上市条件；(2) 公司不按照规定公开其财务状况，或者对财务会计报告作虚假记载，且拒绝纠正；(3) 公司最近 3 年连续亏损，在其后一个年度内未能恢复赢利；(4) 公司解散或者被宣告破产；(5) 证券交易所上市规则规定的其他情形。

2．公司债券交易的法定暂停与法定终止

公司债券交易的法定暂停情形包括：(1) 公司有重大违法行为；(2) 公司情

况发生重大变化不符合公司债券上市条件;(3) 发行公司债券所募集的资金不按照核准的用途使用;(4) 未按照公司债券募集办法履行义务;(5) 公司最近2年连续亏损。

公司债券交易的法定终止情形主要有三类:(1) 公司有重大违法行为,或者未按照公司债券募集办法履行义务,经查实后果严重的;(2) 公司情况发生重大变化不符合公司债券上市条件,或者发行公司债券所募集的资金不按照核准的用途使用,或者公司最近2年连续亏损,在限期内未能消除的;(3) 公司解散或者被宣告破产的。

3. 恢复上市

证券暂停上市后,一般有两种后果:一是终止上市,二是恢复上市。恢复上市是指被暂停上市的证券经审查符合法定条件的,由证券交易所批准其重新挂牌交易的情形。我国《证券法》并没有证券"恢复上市"的内容,但中国证监会2001年11月30日发布的《亏损上市公司暂停上市和终止上市实施办法(修订)》第三章专门规定了股票"恢复上市"的条件和程序。根据该办法,股票恢复上市应同时符合以下条件:(1) 在法定期限内披露暂停上市后的第一个半年度报告;(2) 半年度财务报告显示公司已经盈利的,暂停上市的股票可以申请恢复上市。同时须经过以下程序:提出恢复上市申请;保荐人推荐;证券交易所受理及核准;公司进行股票恢复上市公告。但公司在其股票恢复上市后,一般要先经历一段考察期,由证券交易所对其股票交易实行特殊处理(special treat),此类股票也就称做ST股。

4. 代办股份转让市场

证券被终止上市后,大量的证券依然为投资者持有。只要股票、公司债券的发行人尚未被宣告破产,投资者手中持有的证券就依然可以表彰相应的股权或债权,可以为投资者带来经济收益。但由于被终止上市的证券丧失了在证券交易所挂牌交易的流通性,因此如何实现这部分权利和价值就是广大投资者关心的问题。

理论上,证券被终止上市后还可以进入场外市场进行交易,以保证证券的流通性,实现证券的投资权益。但我国尚不存在法律明确认可的场外交易市场。因此,实践中发展形成了代办股份转让系统,俗称三板市场,它为退市股票提供了一个继续流通转让的机会。但三板市场在我国的发展,还远不成熟,定位尚不明朗,很多规定也在尝试摸索阶段。从长远发展看,我国应该以三板市场为基础,发展我国的场外交易市场,为退市股份和未能上市的小企业股份提供流通渠道,并与交易所市场、创业板市场一道,形成我国多层次的股份流通体系,为不同类型的企业的发展提供服务。为此,我国新《证券法》允许依法公开发行的股票、公司债券及其他证券在依法设立的证券交易所上市交易或者在国务院批准的其他证券交易场所转让,为我国场外交易市场的发展排除了法律障碍。

二、证券交易法律制度概述

(一) 证券交易的概念和特征

证券交易是指证券持有人依照一定的证券交易规则将证券转让给其他投资者的法律行为。证券交易不同于证券转让,证券转让是指证券持有人依转让意思及法定程序将证券所有权转移于他人的法律行为。证券转让可以分为有偿转让和无偿转让。有偿转让是指证券的受让行为需要支付一定的对价,如债券、股票的买卖;无偿转让是指不以偿付对价为条件的证券所有人的变更,如证券的赠与和继承。证券交易是证券的有偿转让,根据《证券法》规定,证券交易主要指证券买卖。

证券交易不同于一般商品交易,具有以下特征:(1) 证券交易以证券为交易对象。商品交易的最终目的是要实现商品的使用价值,但证券本身并无使用价值,投资者进行证券交易的目的不在于证券的使用性,而是要取得证券所证明或表彰的民事权利或取得买卖证券的差价收益。(2) 证券交易是为了保障证券的流通性。流通性是确保证券作为基本融资工具的基础。只有当证券被赋予了自由流通和自由变现能力时,投资者才可能最大限度地实现投资收益,证券才能为市场所接受并使证券的功能得以充分发挥。(3) 证券交易须借助法定的证券交易场所进行。一般商品交易可以在法律不禁止的任意场合下进行,而证券交易只能在依法设立的场所进行,包括进行集中交易的有形的证券交易所市场和通过协议转让等方式进行交易的无形交易市场。(4) 证券交易须遵守严格的交易规则。证券交易具有交易金额巨大、交易价格易受操纵的特点,假若放任交易,极易对证券流通的安全和效率、投资者的合法利益造成损害,因此一套严格的交易规则对证券市场非常必要。

(二) 证券交易的种类

证券交易依不同的标准可作不同的分类。根据交易场所的不同,可分为集中交易市场和分散交易市场;根据交易价格形成的不同,可分为议价交易和竞价交易;根据交易方式的不同,可分为直接交易和间接交易(委托交易);根据交割期限和投资方式,可分为现货交易、期货交易、期权交易、信用交易和回购交易。

证券现货交易,又称即期交易,是指买卖双方以持有足额的现金或证券为前提买卖证券,在成交后很短的时间内进行交割,卖方交付证券,买方交付现金的一种交易方式。证券期货交易,也称期货合约交易,是指交易双方成交后,交割和清算要按协议中规定的价格在未来某一时间进行。证券期权交易,又称选择权交易,是指证券交易当事人为保障或获得证券价格波动利益,由买方向卖方支付一定数额的权利金,而买方取得在一定的时间内以特定价格买进或卖出指定证券,或者放弃买进或卖出指定的证券的权利。简言之,证券期权交易是交易双方约定在未来期间内从事证券买进或不买进,卖出或不卖出的选择权交易。证券信用交易,又称保证金交易、垫头交易,是指证券交易者在买进证券时只向经纪人交付预交易总量的一定比例的现金或证券(称为保证金),不足部分由经纪人或是通过银行贷款提供而进行的交易。信用交易主要有买空、卖空两种形式。证券回购是指在卖出或买入证券的同时,事先约定到一定时间后按规定的价格买回或卖出这笔证券,实际上就是附有购回或卖出条件的证券交易。

为了适应市场发展的需要,我国新《证券法》第 42 条规定,证券交易以现货和国务院规定的其他方式进行交易,而不再将证券交易局限于现货交易。

(三) 证券交易的规则

1. 持股 5% 应当报告

股份有限公司的股东持股达到一定的比例应当进行报告。《证券法》规定,通过证券交易所的证券交易,投资者持有或者通过协议、其他安排与他人共同持有一个上市公司已发行的股份达到 5% 时,应当在该事实发生之日起 3 日内,向国务院证券监管机构、证券交易所作出书面报告,通知该上市公司,并予公告。建立持股报告制度,一是为了便于国务院证券监管机构、证券交易所和上市公司及时了解该上市公司的股权变动情况,及时发现问题,并提出对策;二是为了确保证券市场的信息公开,防止操纵证券市场,保护中小股东的利益。

2. 非依法发行的证券不得买卖

《证券法》第 37 条规定:“证券交易当事人依法买卖的证券,必须是依法发行并交付的证券;非依法发行的证券不得买卖。”这是现行法律中对交易证券合法性规则的规定。如果允许非依法发行的证券买卖,整个证券市场将无秩序可言。按照法律,合法证券必须满足以下两个要件:(1) 证券依照法律法规规定的发行条件和程序而发行;(2) 该证券必须已经依法交付给投资者,这里的交付是从法律意义上讲的,是指证券的所有权的转移和归属,并非仅指实物的转移。目前在证券交易无纸化的情况下,证券交付通常是簿记式的。

3. 转让期限有限制性规定的证券,在限定期内不得买卖

《证券法》第 38 条规定:“依法发行的股票、公司债券及其他证券,法律对其转让期限有限制性规定的,在限定期限内不得买卖。”这主要是指股份转让限制,包括:(1) 发起人持有的本公司股份,自公司成立之日起 1 年内不得转让;公司公开发行股份前已发行的股份,自公司股票在证券交易所上市交易之日起 1 年内不得转让;(2) 公司董事、监事、高级管理人员应当向公司申报所持有的本公司的股份及其变动情况,在任职期间每年转让的股份不得超过其所持有本公司股份总数的 25%;所持本公司股份自公司股票上市交易之日起 1 年内不得转让。公司董事、监事、高级管理人员离职后半年内,不得转让其所持有的本公司

股份。(3) 上市公司董事、监事、高级管理人员、持有上市公司股份5%以上的股东,不得将其持有的该公司的股票在买入后6个月内卖出,或者在卖出后6个月内又买入。否则所得收益归该公司所有,公司董事会应当收回其所得收益。

4. 限制证券从业人员买卖股票

《证券法》对证券从业人员买卖股票作出了限制性规定。证券从业人员是指证券交易所、证券公司、证券登记结算机构从业人员,证券监督管理机构工作人员和法律、行政法规禁止参与股票交易的其他人员,为股票发行出具审计报告、资产评估报告或者法律意见书等文件的证券服务机构和人员以及为上市公司出具审计报告、资产评估报告或者法律意见书等文件的证券服务机构和人员。

应当注意的是,上述的证券从业机构和人员的股票买卖限制都是在法定期限内的,超过法定期限,上述机构和人员买卖股票将不再受限制。这是因为在一定期限内,上述机构和人员属于内幕信息知情人员,有必要在信息未公开的一定期限内,防止其利用内幕信息进行证券交易从而损害投资者利益。

5. 为客户账户保密

证券交易所、证券公司、证券登记结算机构必须依法为客户所开立的账户保密。客户为证券交易所开立的账户是投资者进行证券交易的记录,也是投资者权益的证明。保密的义务人包括证券交易所、证券公司和证券登记结算机构,上述机构都是和投资者开立账户的相对人,要求其为客户保密是为了防止他人非法利用和损害客户利益。当然,如果投资者利用证券账户或资金账户从事违法行为,在相关机构依法行使职权时,上述机构不得以履行保密义务为借口推卸协助义务。

6. 证券交易应当合理收费

《证券法》第46条规定:"证券交易的收费必须合理,并公开收费项目、收费标准和收费办法。证券交易的收费项目、收费标准和管理办法由国务院有关管理部门统一规定。"证券交易费用一般是指证券交易当事人应当缴纳的除税收之外的各项费用。我国目前,证券交易费用主要包括以下三项:(1) 发行公司需支付的上市费用;(2) 投资者需支付的佣金、开户费、委托手续费等;(3) 证券商需支付的入场费,即进入证券交易所从事自营或者代理买卖证券业务应向证券交易所支付的有关费用。由于证券交易的收费直接影响到证券交易人的投资成本,交易费用过高或者过低,都不利于促进证券市场的发展,因此证券交易所、证券公司不得在法律规定以外收取任何费用。

(四) 证券交易的程序

证券交易,可以在证券交易所进行,主要针对上市证券;也可以在其他法定的证券交易场所进行,主要是非上市证券。我国现行《证券法》主要规定了上市证券的买卖。上市证券的买卖在证券交易所进行,实行公开的集中竞价交易方式,遵循价格优先原则和时间优先原则。各证券交易所对证券交易程序都制定了详细的规则,一般来说,集中竞价交易须经过开户、委托、成交、清算与交割、过户等步骤。

1. 证券交易账户的开立

证券交易账户的开立简称“开户”,是证券投资者在从事证券买卖之前,在规定的代理机构开设证券账户和资金账户的行为。开户手续是进行证券交易的前提步骤。根据我国现行的证券交易制度,证券投资者开立的账户分为证券账户和资金账户。在证券交易完成时,只在两个账户中划拨,即增减证券或者资金数额,而不必实际提取证券和现金。

2. 委托

由于进入证券交易所进行集中竞价交易的必须是具有证券交易所会员资格的证券公司,因此一般投资者买卖证券均需通过委托其开户的证券公司。所谓委托,是指委托人向其开户的证券公司发出的表明委托人以某种价格买进或卖出一定数量的某种证券的意思表示,又称委托指令。

3. 成交

成交是指证券公司(包括证券经纪商和证券自营商)相互间通过集中竞价,就买卖证券的价格、数量达成一致,成立证券买卖合同的过程。

投资者作出有效的委托指令后,证券公司必须即刻通知其场内的交易员,交易员以一定的喊价方式进行意思表示,喊价在法律性质上属要约,其中买方喊价为进价,卖方喊价为出价,进价和出价一致时即可成交,这就是竞价成交。目前,大多数国家的证券交易所都采取了无纸化交易模式,因此竞价成交的实现是由电脑系统将各方的买卖申报按规定的顺序和原则自动撮合而成。双方均接受的买卖价格为成交价,一个交易日中某种股票的最初的成交价为该股票的开盘价,最后的价格为收盘价。

4. 清算与交割

证券买卖成交后,买卖双方均需通过交易清算系统进行交易资金和证券的所有权的转移。这涉及两个阶段:一级清算,是指各证券公司通过证券交易所的清算机构对同一证券的买卖数量和金额进行结算和抵消,仅就其差额进行交收;二级交割,是指投资者与证券公司之间证券和现金交收。如果是实物证券买卖,一般是投资者在成交后、交割日期之前,将所售证券或购券现金提交证券公司,证券公司办理清算后,再由证券公司在交割日向投资者交付售券现金或所购证券。实行无纸化交易和采用簿记式证券并集中托管,使清算交割时间大大缩短。

5. 过户

过户是证券交易的最后一个环节,是指证券由证券转让人向证券受让人转移所有权的过程。我国证券交易实行结账保管和无纸化交易,证券过户采用记账方式。每个投资者都有证券账户,电脑交易和过户一体化,所有的证券过户手续全部由证券交易所的电脑过户系统一次完成。对买入的证券在交易完成之后,立即在其证券账户内增加该证券数量,同时在卖出方证券账户上减少相应的数量。同样,对卖出证券的交易也成立,即在其证券账户上减去某个证券的数量,相应地在买入方证券账户内增加证券的数量。

T+1 规则指在证券买卖成交后的下一个营业日,证券登记公司为其办理完毕过户登记手续,并应提供交割单。如逢法定节假日,则过户应顺延至节假日后的第一个营业日。依此,T+0 规则,则指在证券买卖成交的当日,证券登记公司即完成过户登记。

6. 证券自营商自营交易程序的特殊问题

前述五个步骤主要是介绍投资者买卖上市证券的交易程序,自营交易的程序略有不同。自营交易程序是指证券公司以自己的名义和账户在交易市场买卖证券所遵循的程序。既从事证券经纪业务,也作为独立的投资者从事证券自营业务的证券公司具有投资者和经纪公司的双重身份,应当建立健全内部控制制度,采取有效隔离措施,防范公司与客户之间的利益冲突。证券公司必须分开办理证券经纪业务和证券自营业务,不得混合操作。同时,证券公司的自营业务必须以自己的名义进行,不得假借他人名义或者以个人名义进行。证券公司的自营业务必须使用自有资金和依法筹集的资金,不得将其自营账户借给他人使用。

(五) 持续信息公开

持续信息公开是信息披露制度在交易市场的反映,保证了交易市场的投资者在进行证券投资交易时有公开的信息作为判断依据。

持续信息公开的内容,包括上市公告书、中期报告、年度报告和临时报告:(1) 上市公告书,是发行人将已在境内公开发行的证券申请在证券交易所挂牌交易,而依法在上市前须进行公告的法律文件。(2) 中期报告,是依法编制的反映公司上半年生产经营状况及其他各方面基本情况的法律文件。中期报告书由上市公司和公司债券上市交易的公司负责编制,并应当在每一会计年度的上半年结束之日起 2 个月内向国务院证券监督管理机构和证券交易所提交,并予公告。(3) 年度报告,是依法编制的反映公司整个会计年度生产经营状况及其他各方面基本情况的法律文件。股票或公司债券已上市交易的公司应当在每一会计年度结束之日起 4 个月内编制年度报告书,向国务院证券监督管理机构和证券交易所提交,并予公告。(4) 临时报告,是反映公司发生重大事件的公告文件。所谓重大事件,是指可能对上市公司股票交易价格产生较大影响,而投资者尚未得知的重大事件。在发生重大事件时,上市公司应当立即将有关该重大事件的情况向国务院监督管理部门和证券交易所提交临时报告,并予公告。

持续信息的公开,应当遵守的规则和要求有:(1) 公司公开的信息,必须真实、准确、完整，不得有虚假记载、误导性陈述或重大遗漏。如果公开的信息，存在虚假记载、误导性陈述或者有重大遗漏，致使投资者在证券交易中遭受损失的，发行人、上市公司应当承担赔偿责任；发行人、上市公司的董事、监事、高级管理人员和其他直接责任人员以及保荐人、承销的证券公司，应当与发行人、上市公司承担连带赔偿责任，除非能够证明自己没有过错；发行人、上市公司的控股股东、实际控制人有过错的，应当与发行人、上市公司承担连带赔偿责任。(2) 信息的公开，应当同时采取公告和置备的方式。即公开的文件，应当在国家有关部门规定的报刊上或者在专项出版的公报上刊登，并同时置备于公司住所、证券交易所，供社会公众查阅。

(六) 证券交易禁止行为

《证券法》规定的证券交易禁止行为主要包括四类：内幕交易行为、操纵证券市场行为、虚假信息编造传播行为以及欺诈客户行为。

1. 禁止内幕交易

内幕交易是指内幕人员利用内幕信息进行证券交易活动的行为。

内幕人员是指知悉证券交易内幕信息的知情人员，包括：(1) 发行人的董事、监事、高级管理人员；(2) 持有公司5%以上股份的股东及其董事、监事、高级管理人员，公司的实际控制人及其董事、监事、高级管理人员；(3) 发行人控股的公司及其董事、监事、高级管理人员；(4) 由于所任公司职务可以获取公司有关内幕信息的人员；(5) 证券监管机构工作人员以及由于法定职责对证券的发行、交易进行管理的其他人员；(6) 保荐人、承销的证券公司、证券交易所、证券登记结算机构、证券服务机构的有关人员；(7) 国务院证券监管机构规定的其他人。

内幕信息是指证券交易活动中，涉及公司的经营、财务或者对该公司证券的市场价格有重大影响的尚未公开的信息。具体包括：(1) 发生可能对上市公司股票交易价格产生较大影响，而投资者尚未得知的重大事件，例如，公司的经营方针和经营范围的重大变化；公司的重大投资行为和重大的购置财产的决定；公司订立重要合同，可能对公司的资产、负债、权益和经营成果产生重要影响；公司发生重大债务和未能清偿到期重大债务的违约情况；公司发生重大亏损或者重大损失；公司生产经营的外部条件发生的重大变化；公司的董事、1/3以上监事或者经理发生变动；持有公司5%以上股份的股东或者实际控制人，其持有股份或者控制公司的情况发生较大变化；公司减资、合并、分立、解散及申请破产的决定；涉及公司的重大诉讼，股东大会、董事会决议被依法撤销或者宣告无效；公司涉嫌犯罪被司法机关立案调查，公司董事、监事、高级管理人员涉嫌犯罪被司法机关采取强制措施；国务院证券监管机构规定的其他事项。(2) 公司分配股利或者增资的计划。(3) 公司股权结构的重大变化。(4) 公司债务担保的重大变更。(5) 公司营业用主要资产的抵押、出售或者报废一次超过该资产的30%。(6) 公司的董事、监事、高级管理人员的行为可能依法承担重大损害赔偿责任。(7) 上市公司收购的有关方案。(8) 国务院证券监督管理机构认定的对证券交易价格有显著影响的其他重要信息。

证券交易内幕信息的知情人和非法获取内幕信息的人,在内幕信息公开前,不得买卖该公司的证券,或者泄露该信息,或者建议他人买卖该证券。否则责令依法处理非法持有的证券,没收违法所得,并处以违法所得1倍以上5倍以下的罚款;没有违法所得或者违法所得不足3万元的,处以3万元以上60万元以下的罚款。单位从事内幕交易的,还应当对直接负责的主管人员和其他直接责任人员给予警告,并处以3万元以上30万元以下的罚款。证券监管机构工作人员进行内幕交易的,从重处罚。内幕交易行为给投资者造成损失的,行为人应当依法承担赔偿责任。

2. 禁止操纵证券市场

操纵证券市场是指利用资金优势、信息优势或滥用职权影响证券市场价格,诱使投资者买卖证券,获取不正当利益或者转嫁风险,扰乱证券市场秩序的行为。操纵证券市场的行为包括:(1) 通过单独或者合谋,集中资金优势、持股优势或者利用信息优势联合或者连续买卖,操纵证券交易价格或者证券交易量;(2) 与他人串通,以事先约定的时间、价格和方式相互进行证券交易,影响证券交易价格或者证券交易量;(3) 在自己实际控制的账户之间进行证券交易,影响证券交易价格或者证券交易量;(4) 以其他手段操纵证券市场。

操纵证券市场的,责令依法处理非法持有的证券,没收违法所得,并处以违法所得1倍以上5倍以下的罚款;没有违法所得或者违法所得不足30万元的,处以30万元以上300万元以下的罚款。单位操纵证券市场的,还应当对直接负责的主管人员和其他直接责任人员给予警告,并处以10万元以上60万元以下的罚款。

3. 禁止虚假信息编造传播

虚假信息编造传播,是指证券信息披露义务人违反信息披露义务,在提交或公布的信息披露文件中作出违背真相的陈述、记载或传播。虚假信息编造传播与信息披露原则相悖,容易干扰或误导投资者的投资判断,因此必须予以禁止。

《证券法》第78条规定:(1) 禁止国家工作人员、传播媒介从业人员和有关人员编造、传播虚假信息,扰乱证券市场。否则,由证券监管机构责令改正,没收违法所得,并处以违法所得1倍以上5倍以下的罚款;没有违法所得或者违法所得不足3万元的,处以3万元以上20万元以下的罚款。(2) 禁止证券交易所、证券公司、证券登记结算机构、证券服务机构及其从业人员,证券业协会、证券监管机构及其工作人员,在证券交易活动中作出虚假陈述或者信息误导。否则,责令改正,处以 3 万元以上 20 万元以下的罚款;属于国家工作人员的,还应当依法给予行政处分。

实施虚假信息编造传播行为的,处以 3 万元以上 20 万元以下的罚款;因该行为遭受损失的投资人,还可以依法提出民事赔偿要求。构成犯罪的,依法追究刑事责任。

4. 禁止欺诈客户

欺诈客户是指证券公司及其从业人员在证券交易活动中,诱骗投资者买卖证券以及其他违背投资者真实意愿、损害其利益的行为。[①] 欺诈客户的行为包括:(1) 违背客户的委托为其买卖证券;(2) 不在规定时间内向客户提供交易的书面确认文件;(3) 挪用客户所委托买卖的证券或者客户账户上的资金;(4) 未经客户的委托,擅自为客户买卖证券,或者假借客户的名义买卖证券;(5) 为牟取佣金收入,诱使客户进行不必要的证券买卖;(6) 利用传播媒介或者通过其他方式提供、传播虚假或者误导投资者的信息;(7) 其他违背客户真实意思表示,损害客户利益的行为。

证券公司违背客户的委托买卖证券、办理交易事宜,或者违背客户真实意思表示,办理交易以外的其他事项的,责令改正,处以 1 万元以上 10 万元以下的罚款。给客户造成损失的,依法承担赔偿责任。证券公司、证券登记结算机构挪用客户的资金或者证券,或者未经客户的委托,擅自为客户买卖证券的,责令改正,没收违法所得,并处以违法所得 1 倍以上 5 倍以下的罚款;没有违法所得或者违法所得不足 10 万元的,处以 10 万元以上 60 万元以下的罚款;情节严重的,责令关闭或者撤销相关业务许可。对直接负责的主管人员和其他直接责任人员给予警告,撤销任职资格或者证券从业资格,并处以 3 万元以上 30 万元以下的罚款。

综合运用民事责任、行政责任、刑事责任三种方式对证券交易禁止行为予以惩治防范,是国际通行做法。建立健全证券市场的民事责任制度,既有利于制止证券交易禁止行为的发生,也有利于救济投资者遭受的利益损失。我国现行《证券法》对证券交易禁止行为的规制,主要通过追究行为人的行政责任或刑事责任,对民事责任的规定,则有待加强和完善。2003 年 1 月 9 日,最高人民法院发布了《关于审理证券市场因虚假陈述引发的民事赔偿案件的若干规定》,允许投资者以信息披露义务人违反法律规定、进行虚假陈述并致使其遭受损失为由,向人民法院提起民事赔偿诉讼。该规定的出台,使投资者因证券市场虚假陈述遭受的损失有了司法保障,也为进一步建立内幕交易的民事责任、操纵市场的民事责任、欺诈客户的民事责任等制度,从而完善规制证券交易禁止行为的民事责任制度打下了良好的基础。

---

① 顾功耘主编:《商法教程》,上海人民出版社 2001 年版,第 223 页。

三、上市公司收购法律制度

（一）上市公司收购的概念

上市公司收购是指以取得上市公司控制权和管理权为目的，而购买上市公司股份的法律行为。因此，上市公司收购主要涉及两类主体：一是被收购上市公司，又称目标公司；二是收购人，可以是法人和自然人。

上市公司收购作为公司资产重组方式的一种，实践中容易与其他资产重组方式相混淆。公司资产重组方式，除了上市公司收购外，还有合并、资产转让等方式。合并包括新设合并和吸收合并，后者通常称做兼并。新设合并是指两家公司重组成一家新公司，原来的两家公司的法人主体都消灭的情形；兼并是指一家公司吞并另一家公司，仅被吞并公司法人主体消灭的情形。概言之，合并就是两家公司合为一家公司的行为。资产转让是以资产为对象的购买行为，因购买了对方公司的全部或大部分资产而实际取得对方公司经营管理权；而上市公司收购则是以股份为购买对象，是借有效持股之手段达到控制、管理目标公司的目的。

（二）上市公司收购方式

上市公司收购是针对目标公司的股份收购行为，收购上市公司的方式可以有多种。根据我国法律的规定，上市公司收购有协议收购、要约收购和证券交易所集中竞价收购（以下简称“场内竞价收购”）三种。协议收购是指收购方依照法律、行政法规的规定通过同被收购方的特定股东签订协议的方式实施的收购。要约收购是指收购方通过向被收购方的股东发出收购要约的方式所实施的收购。场内竞价收购是通过证券交易所的集中竞价交易方式购买足以达到管理或控制目标公司之股份的行为。

协议收购、要约收购、场内竞价收购都以取得目标公司的管理控制权为目的，但在具体操作上仍有较大区别，主要表现在：

（1）收购的客体不同。场内竞价收购的客体是能在场内挂牌交易的社会公众股（流通股），要约收购、协议收购原则上可以针对公司发行的全部股份。但实践中非流通股主要以协议收购方式进行转让。

（2）场所不同。场内竞价收购发生在证券交易所内；协议收购在证券交易所外进行，其股份转让价格的形成系出于双方的协商，不遵循场内集中竞价的交易规则；要约收购需要借助证券交易所的交易设备进行，因此一般认为要约收购的场所也在场内，但要约收购的条件和价格是在要约中明确的，而不是由集中竞价产生的，因此不是纯粹的场内交易。

（3）适用情形不同。根据证券法的规定，公司通过证券交易所集中竞价系统购买的股份，超过5%但未达到全部发行股份的30%的，适用证券法关于场内竞价收购的规定。公司以协议方式购买的股份,超过5%但未达到全部发行股份的30%的,适用协议收购的规定。而适用要约收购规定的有三种情形:一是持股30%后继续增持的,适用强制要约收购规则,但豁免要约[①]的除外(即豁免要约后,协议收购、场内竞价收购的比例不再受到30%比例的限制);二是持股低于30%而继续增持的,如果其预定收购完成后持股比例不超过30%,则收购人可以自愿选择要约收购,一旦选择则其预定增持的股份不得低于5%;如果其预定收购完成后持股比例超过30%,则适用强制要约收购规则,但豁免要约的除外;三是收购人拟向同一上市公司的股东连续公开求购其所持有的该上市公司股份,导致其在收购完成后持股比例达到或者超过5%的,构成要约收购行为,适用要约收购规则。

(4) 价格的确定不同。场内竞价收购的价格形成与一般证券交易的价格形成一样,由集中竞价方式产生;协议收购方式的价格由双方共同协商确定;要约收购方式的价格主要由收购人在要约中事先约定,但报价不能低于法律规定的最低限制要求。

(三) 上市公司收购规则

收购本身是个重要的证券市场信息,对上市公司股票的价格影响很大。因此,收购手段很可能为一些人所利用,从事股市操纵、内幕交易、欺诈等违法行为,从而对证券市场的秩序和安全造成破坏,并且将损害投资者的利益。因此,为了加强对证券市场的收购行为的监管,证券法对上市公司收购行为规定了一系列的活动规则:

(1) 强制信息披露规则。此规则主要有两方面:一方面是强制持股披露规则,即持有目标公司的已发行股份达到5%的,应当向目标公司、证监会、证券交易所报告,并在之后每增持或减持5%股份的,都应当报告;另一方面是其他收购信息的披露规则,如《证券法》规定,收购人在收购上市公司的行为结束后,应当在15日内将收购情况报告国务院证券监督管理机构和证券交易所,并予以公告。

(2) 慢走规则。此规则是指通过证券交易所的证券交易,投资者在前述的持股以及增减股份5%的报告期间以及报告后的2日内,不得再行买卖该上市公司的股票。目的在于适当控制收购人买卖股票的节奏,使市场有充分时间消化收购行为对目标公司股价引起的巨大波动,以免对股市造成巨大冲击;同时防止大股东(收购方)滥用特殊优势与地位操纵证券市场,从而保护公众投资者的利益。

---

① 豁免要约是指因存在法定事由,收购人申请免除其向被收购公司股东发出全面要约的义务的情形。

（3）强制要约收购规则。此规则是指通过证券交易所的证券交易，投资者持有或者通过协议、其他安排与他人共同持有一个上市公司已发行股份的30%时，继续进行收购的，应该依法向该上市公司的所有股东发出收购上市公司全部或者部分股份的要约。收购人应当向国务院证券监督管理机构报送上市公司收购报告书，并向证券交易所提交。在报送上市公司收购报告书之日起15日后，公告其收购要约，收购要约的期限不得少于30日，不得超过60日，在此期限内，收购人不得撤回其收购要约。在收购要约期限之内需要变更收购要约中的事项的，必须事先向国务院证券监督管理机构及证券交易所提出报告，经获准后，予以公告。强制要约收购规则要求对所有股东发出收购要约，其目的在于平等保护所有股东的权益，防止广大中小股东因丧失出售股份的机会而遭受损失，从而保障证券市场的公平交易。

收购人或相关当事人在某些情形下，可以在持股30%并继续增持时，向中国证监会申请免除其强制要约义务，这就是要约收购的豁免制度。根据2002年中国证监会的《上市公司收购管理办法》第四章的规定，"要约义务豁免"包含如下内容：一是申请要约收购豁免主体包括收购人和相关当事人；二是申请要约收购豁免的法定事项；三是申请要约收购豁免的法定程序；四是申请要约收购豁免的可豁免事项，包括免于以要约收购方式增持股份，免于向被收购公司的所有股东发出收购要约，免于要约收购被收购公司的全部股份。

（4）被收购公司的股东待遇公平原则。该原则包括两个方面：一是全部要约原则，即收购方在收购要约中提出的各项收购条件，适用于被收购方的所有股东；二是按比例购买原则，即如果收购方要约收购股票的总数低于受要约的总数时，收购方应当按照比例从所有受要约人手中购买股票。采取要约收购方式的，收购人在要约期限内不得采用要约规定以外的形式和超出要约的条件买卖被收购方的股票。

（5）限制流转原则。《证券法》规定，收购人对所持有的被收购的上市公司的股票，在收购行为完成后的12个月内不得转让。

（四）上市公司收购的法律后果

收购上市公司的行为结束后，收购人应当在15日内将收购情况报告国务院证券监督管理机构和证券交易所，并予以公告。收购期限届满，被收购公司股权分布不符合上市条件的，该上市公司的股票应当由证券交易所依法终止上市交易；其余仍持有被收购公司股票的股东，有权向收购人以收购要约的同等条件出售其股票，收购人应当收购。收购行为完成后，被收购公司不再具备股份有限公司条件的，应当依法变更企业形式。采取协议收购方式的，收购人可以依照法律、行政法规的规定同被收购公司的股东以协议的方式进行股份转让。

四、证券上市与交易法律制度的发展与完善

(一) 发行上市保荐制度

保荐制度是指证券发行人申请其证券发行上市交易,必须聘请依法取得保荐资格的保荐人为其出具保荐意见,确认其证券符合发行或上市交易条件的制度。实行保荐人制度,目的在于通过保荐人对上市公司进行质量控制,督导其规范运作,保护投资者的利益。我国《证券法》第 11 条规定,发行人申请公开发行股票、可转换公司债,依法采取承销方式的,或者公开发行法律、行政法规规定实行保荐制度的其他证券的,应当聘请具有保荐资格的机构担任保荐人。根据中国证监会 2009 年 5 月最新修订的《证券发行上市保荐业务管理办法》,公司要发行上市股票、可转换公司债券、中国证监会认定的其他情形应当聘请具有保荐资格的保荐机构作为保荐人,由保荐人对发行人进行辅导,在符合法定要求后向中国证监会推荐,并在股票(或可转债)发行上市后的一定期间内负责对发行人的持续督导工作。

1. 保荐机构和保荐代表人的资格

保荐机构和保荐代表人是指经中国证监会注册登记并列入保荐机构、保荐代表人名单的证券经营公司、个人。保荐机构应该是证券公司,并且须符合《证券发行上市保荐业务管理办法》规定的资格条件。保荐代表人应当具有证券从业资格、取得执业证书,此外还要符合如下要求:(1) 具备 3 年以上保荐相关业务经历;(2) 最近 3 年内在本办法第 2 条规定的境内证券发行项目中担任过项目协办人;(3) 参加中国证监会认可的保荐代表人胜任能力考试且成绩合格有效;(4) 诚实守信,品行良好,无不良诚信记录,最近 3 年未受到中国证监会的行政处罚;(5) 未负有数额较大到期未清偿的债务;(6) 中国证监会规定的其他条件。保荐机构和保荐代表人的注册名单公布后,中国证监会只受理保荐机构提交的证券发行上市推荐文件。

2. 保荐机构的职责

保荐人应当遵守业务规则和行业规范,诚实守信,勤勉尽责,对发行人的申请文件和信息披露资料进行审慎核查,督导发行人规范运作。根据办法规定的保荐流程,保荐机构的工作主要有以下三项:

(1) 上市辅导。保荐机构在推荐发行人首次公开发行股票并上市前,应当对发行人进行辅导,对发行人的董事、监事和高级管理人员、持有 5% 以上股份的股东和实际控制人(或者其法定代表人)进行系统的法规知识、证券市场知识培训,使其全面掌握发行上市、规范运作等方面的有关法律法规和规则,知悉信息披露和履行承诺等方面的责任和义务,树立进入证券市场的诚信意识、自律意识和法制意识。

（2）调查核查。保荐机构对发行人申请文件、证券发行募集文件中有证券服务机构及其签字人员出具专业意见的内容，应当结合尽职调查过程中获得的信息对其进行审慎核查，对发行人提供的资料和披露的内容进行独立判断。对发行人申请文件、证券发行募集文件中无证券服务机构及其签字人员专业意见支持的内容，保荐机构应当获得充分的尽职调查证据，在对各种证据进行综合分析的基础上对发行人提供的资料和披露的内容进行独立判断，并有充分理由确信所作的判断与发行人申请文件、证券发行募集文件的内容不存在实质性差异。保荐机构推荐发行人证券上市，应当向证券交易所提交上市保荐书以及证券交易所要求的其他与保荐业务有关的文件，并报中国证监会备案。

（3）持续督导。在股票（或可转债）获准发行上市后，保荐机构还要在规定期间内对发行人就下列事项进行持续督导：督导发行人有效执行并完善防止控股股东、实际控制人、其他关联方违规占用发行人资源的制度；督导发行人有效执行并完善防止其董事、监事、高级管理人员利用职务之便损害发行人利益的内控制度；督导发行人有效执行并完善保障关联交易公允性和合规性的制度，并对关联交易发表意见；持续关注发行人募集资金的专户存储、投资项目的实施等承诺事项；持续关注发行人为他人提供担保等事项，并发表意见；中国证监会、证券交易所规定及保荐协议约定的其他工作。

3. 保荐机构和保荐代表的责任

我国的保荐制度特别明确了保荐机构和保荐代表人的责任制度。保荐机构出现下列情形之一的，中国证监会自确认之日起暂停其保荐机构资格3个月；情节严重的，暂停其保荐机构资格6个月，并可以责令保荐机构更换保荐业务负责人、内核负责人；情节特别严重的，撤销其保荐机构资格：（1）向中国证监会、证券交易所提交的与保荐工作相关的文件存在虚假记载、误导性陈述或者重大遗漏；（2）内部控制制度未有效执行；（3）尽职调查制度、内部核查制度、持续督导制度、保荐工作底稿制度未有效执行；（4）保荐工作底稿存在虚假记载、误导性陈述或者重大遗漏；（5）唆使、协助或者参与发行人及证券服务机构提供存在虚假记载、误导性陈述或者重大遗漏的文件；（6）唆使、协助或者参与发行人干扰中国证监会及其发行审核委员会的审核工作；（7）通过从事保荐业务谋取不正当利益；（8）严重违反诚实守信、勤勉尽责义务的其他情形。

保荐代表人出现下列情形之一的，中国证监会可根据情节轻重，自确认之日起3个月到12个月内不受理相关保荐代表人具体负责的推荐；情节特别严重的，撤销其保荐代表人资格：（1）尽职调查工作日志缺失或者遗漏、隐瞒重要问题；（2）未完成或者未参加辅导工作；（3）未参加持续督导工作，或者持续督导工作未勤勉尽责；（4）因保荐业务或其具体负责保荐工作的发行人在保荐期间内受到证券交易所、中国证券业协会公开谴责；（5）唆使、协助或者参与发行人干扰中国证监会及其发行审核委员会的审核工作;(6) 严重违反诚实守信、勤勉尽责义务的其他情形。

保荐制度是一些国家或地区应用于本地创业板市场、帮助中小企业证券发行上市的制度,我国将保荐制度同时应用到了主板市场、创业板市场。保荐制度的引进,有利于提高上市公司质量和证券经营机构执业水平,保护投资者的合法权益,促进证券市场的健康发展。

(二) 国有股的减持与流通

我国上市公司的股份存在国有股、法人股、个人股(也称社会公众股)的划分,这种划分是我国国有企业进行股份制公司改造的过程中形成的。根据现行的证券流通办法,能够在我国的证券交易所进行流通的只有个人股,国有股、法人股虽然也可以根据《公司法》、《证券法》依协议进行一定的转让,但协议转让一般要经过严格的审批,且转让价格要比证券交易所流通方式低得多。因此,实践中习惯把个人股称为流通股,而把国家股和法人股称为非流通股。

我国国有股和法人股不能自由流通,违背了股份的自由转让原则。股份只有被允许流通才能实现股份收益,从而实现财产的投资价值,这是人们投资并持有股份的原动力。流通是股份制存在的生命。

国有股、法人股被限制流通情况的存在具有多方面的原因:第一,历史政治原因。我国实行社会主义制度,为维护社会主义公有制的主体地位,一直都是由国有经济在各类企业中占据主体地位。在国有企业进行股份制改制后,为保持这种主体地位,国家在股份制公司中的持股一般都在50%以上,并为保持这种绝对控股地位而发布了一系列限制国有股流通的规定。第二,传统观念原因。传统认为,企业中国有资产的所有权属于国家,国家持有国有股就是要维护这些国有资产,一旦国有股被转让了,国家也就失去了对公司的控股地位,于是国有资产也就流失了,因此就认为国有股不能转让。但该传统观念忽视了国有股的转让所得也是国有资产的表现形态。同时,限制国有股转让,国有资产的增值就不能通过转让得以实现,结果同样会造成国有资产的流失。第三,经济和技术障碍的存在。首先,在国企的股份制改造中,国有股以评估价折股(一般是一元一股),而个人股则以高溢价发行(价格是评估价的数倍),同股不同价是造成日后股份不能平等流通的起因。其次,即使是高溢价发行,个人股的发行价格仍远低于股份上市后的交易价格。因为在发行市场,证券发行价格是根据国有股、法人股都流通的假定确定市盈率而定价的;而在交易市场却是根据国有股、法人股不流通的假定形成股票的供求价格。因此,经过二级市场购买的股票更是价格极高,一旦占上市公司总股本30%多的国有股入市,必将打破目前二级市场的供求局面,极大地稀释投资者手中所持股票的价格,造成股价暴跌,严重影响他们的投资收益,进而打击他们的投资信心。因此,二级市场对国有股、法人股的全流通存在恐慌和抵制情绪,这也是我国迟迟未开放非流通股的自由转让的原因。

当然,证券市场的内在要求不可能允许这种划分流通股、非流通股的现象无限期地存在下去,而从市场经济体制的改革目标看,允许国有股、法人股自由转让却是大势所趋。因此,实现股份的全流通只是个时间问题。由于我国国有股比重过高,因此要实现国有股流通,事实上就是要减持国有股。目前,我国已经具备了一些国有股减持与流通的条件。在观念上,我们已经认识到,国家对国民经济的控制力并非是要在每一家上市公司中占主体地位,而是主要体现在宏观调控层面。国家也已经提出要把国有资产从一般性竞争行业中退出来,而转向对国计民生有重要影响的关键性行业。在公司理论上,我们也认识到,国家的股东权不同于公司的财产权,国家出资后对公司只享有股东权,该出资资产即归入公司法人财产;但国家可以股东身份参与公司的管理和利益分配,并可以将股份转让而实现投资收益。换言之,允许国有股自由流通,才是实现国有股保值增值的有效途径。在实践上,学者们也积极论证,为国有股减持和流通提出了各种改革方案。比较统一的观点是,改革分两步走:第一步,是对于新发行的股份不再区分国有股、法人股和个人股,一律开放流通,杜绝非流通股的增生机制;第二步,对于历史遗留的非流通国有股,则通过股票回购、股票配售、设立国家投资基金等办法,逐步减持国有股,逐步实现股份的全流通。为了积极稳妥解决股份分置问题,2005 年 4 月 29 日中国证监会发布并实施了《关于上市公司股权分置改革试点有关问题的通知》,股权分置改革试点工作正式启动,这意味着国家开始着手解决困扰我国股市十多年的股份不能全流通问题。试点工作将遵循尊重市场规律,有利于市场的稳定和发展。切实保护投资者特别是公众投资者的合法权益的总体要求,按照市场稳定发展、规则公平统一、方案协商选择、流通股东表决、实施分步有序的操作原则进行。2008 年 4 月 20 日,证监会出台《上市公司解除限售存量股份转让指导意见》,规定大小非减持超过总股本 1% 的,须通过大宗交易系统转让。此后证监会又表示,将通过引入二次发售、开发可转债等方式完善大宗交易机制。6 月起,大小非减持情况在中登公司网站定期披露。2009 年 6 月 19 日,国务院决定,在境内证券市场实施国有股转持,即新老划断后,凡在境内证券市场首次公开发行股票并上市的含国有股的股份公司,除国务院另有规定的,均须按首次公开发行时股份数量的 10%,将股份公司部分国有股转由全国社保基金理事会持有,全国社保基金理事会对转持股份承继原国有股东的禁售期义务。

第五节　证券经营机构法律制度

一、证券经营机构概述

证券经营机构,是指依法设立并从事证券经营业务的法人机构。个别国家和地区,如美国、香港,也允许自然人从事证券经营业务;但大多数国家出于经营安全的考虑,禁止自然人以证券商身份从事证券业务。证券经营业务,泛指证券承销、证券自营买卖、证券代客买卖(行纪业务)、证券投资信托、证券登记、证券交易的清算和过户、证券集中托管、证券投资咨询以及其他法律许可从事的证券行为,但最基本的业务是承销业务、行纪业务、自营业务。不同国家对证券经营机构有不同的称谓,美国根据具体证券经营业务的不同,称证券经营机构为交易商(broker-dealer)、经纪商(broker)、自营商(dealers)和代理人(agent)等;日本、韩国称之为证券公司,我国香港地区和台湾地区则称之为证券商。我国《证券法》谓之证券公司,实践中也称为证券商。

证券商是证券市场构成的主体要素之一,有多重身份:在证券发行市场中,证券公司充当证券发行人的承销商;在证券交易市场中,证券公司既可根据客户委托代为进行证券买卖,也可从事证券自营买卖;证券公司须为证券交易所会员并取得证券交易席位,否则无法代理客户从事证券交易;在我国,证券公司还必须参加证券业协会,作为协会会员履行协会章程规定的各项义务。在证券市场,证券商以其中介地位,为投资者投资和企业募资架起了一个重要的桥梁,发挥促进证券流通的枢纽作用。证券经营机构在现代社会资本市场所发挥的作用,恰如银行在货币市场的作用一样,已经无可替代。根据我国证券法律的规定,股票、公司债券及其他企业债券的发行、上市、交易、恢复上市、退市等,都必须有证券公司的参与。

证券公司也受到公司法的规范,有自己的经营业务范围,依照公司法规定的条件和程序设立,并在经营过程中遵守法律法规规定的经营规则。但证券业务往往伴随巨额资金的流动,具有高风险性;一旦监管不力,就会损害到企业和广大投资者的权益,威胁到证券市场的秩序和安全,甚至对整个国家经济的发展造成破坏。因此,各国对证券经营机构的管理,除了公司法的规定外,还制定了专门的证券法律、法规,规定特殊的经营管理制度,以规范证券公司的市场准入。证券公司具有不同于一般公司的特点:(1) 设立条件和程序的特殊性;(2) 业务范围的特殊性;(3) 管理制度的特殊性。

二、证券公司的设立

各国证券经营机构的设立体制主要有注册制和特许审批制两种。注册制下，只要满足法律规定的登记公开义务就可以合法设立证券经营机构，采用注册制的主要有美国和我国的香港地区。特许审批制是指证券主管机关根据法律规定的设立条件和程序，并考虑市场需要及其他因素，而决定是否批准设立证券经营机构的制度，实行特许审批制的国家有日本、东亚、东南亚及欧陆国家。

我国对于证券公司的设立也是采取特许审批制。对于证券公司的市场准入，必须符合我国证券法规定的设立条件，并依照法定程序申请并报送有关文件，中国证监会再综合考虑我国证券市场的发展情况、市场容量、有序竞争等因素，决定是否予以批准。证券公司设立、收购或者撤销分支机构，变更业务范围或者注册资本，变更持有5%以上股权的股东、实际控制人，变更公司章程中的重要条款，合并、分立、变更公司形式、停业、解散、破产，证券公司在境外设立、收购或者参股证券经营机构，都必须经国务院证券监管机构批准。

我国设立证券公司，应当具备下列条件：(1) 有符合法律、行政法规规定的公司章程。(2) 主要股东具有持续盈利能力，信誉良好，最近3年无重大违法违规记录，净资产不低于人民币2亿元。(3) 有合法的注册资本。证券公司经营证券经纪，证券投资咨询，与证券交易、证券投资活动有关的财务顾问这三项业务中的一项或者多项的，注册资本不低于人民币5000万元。经营证券承销与保荐、证券自营、证券资产管理、其他证券业务之一的，注册资本不得低于人民币1亿元；经营其中两项以上的，注册资本不得低于人民币5亿元。不论是经营何种证券业务的证券公司，其注册资本都应当是实缴资本。(4) 董事、监事、高级管理人员具备任职资格，从业人员具有证券从业资格。(5) 有完善的风险管理与内部控制制度。(6) 有合格的经营场所和业务设施。(7) 法律、行政法规规定的和经国务院批准的国务院证券监管机构规定的其他条件。

我国对证券公司设立审批、登记和申领经营许可证的程序作了规定：(1) 证券公司设立审批时限。国务院证券监管机构应当自受理证券公司设立申请之日起6个月内审查完毕，作出批准或者不予批准的决定，并通知申请人。对设立申请不予批准的，证券监管机构还应当向申请人说明理由，以保障申请人的知情权。(2) 证券公司设立审批依据。证券监管机构在审批证券公司设立申请时，除应当依据新《证券法》和有关法律法规规定的条件和程序外，还应当依据审慎监管原则。审慎监管原则，是指证券监管机构对证券公司提出的旨在防范和控制其经营风险，确保经营业务的稳健运行和客户资产安全所必需的监管要求和标准，包括风险管理、内部控制、资本充足率、资产质量、资产流动性等方面的要求和标准。(3) 证券公司的设立登记。证券公司设立的申请获得批准的，申请人应当在规定的期限内，提交设立登记申请书、公司章程、验资证明、证券监管机构的批准文件以及法律法规规定的其他文件，向公司登记机关申请设立登记，领取营业执照。(4) 申领经营证券业务许可证。证券公司应当自领取营业执照之日起15日内,向证券监管机构申请经营证券业务许可证。未取得经营证券业务许可证,证券公司不得经营证券业务。

三、证券公司的业务范围

证券公司的业务范围就是法律允许证券公司从事的经营活动,它是认定证券公司行为合法性的依据,是证券监管机构对证券公司实施监管的基础。证券公司的业务范围很广泛,其中证券承销、证券经纪、证券自营是证券公司的三项比较传统的业务。证券承销业务发生在证券发行市场,而经纪业务和自营业务发生在证券交易市场。随着证券市场的不断成熟和金融创新工具的不断涌现,证券公司的业务范围也有很大的扩展。根据我国新证券法,证券公司可以经营的业务包括:(1) 证券经纪;(2) 证券投资咨询;(3) 与证券交易、证券投资活动有关的财务顾问;(4) 证券承销与保荐;(5) 证券自营;(6) 证券资产管理;(7) 其他证券业务。

证券承销是指证券公司以承销商的身份,承担证券发行人的证券销售任务,并收取承销费的业务活动。借助证券经营机构的专业承销人员、分布广泛的承销网点、丰富的承销经验,可以大大提升证券发行的成功率。保荐业务是指证券公司对发行人的发行、上市文件进行实质性核查,保证其真实、准确、完整,推荐发行人证券发行、上市的业务活动。证券公司的保荐业务分为发行保荐和上市保荐。对于作为上市保荐人的证券公司,还应当在发行人的证券上市后的一定期限内持续督导发行人规范运作和按照规定履行信息披露等义务。我国的证券法律法规更是对证券公司的职能发挥寄予了厚望,从股票的发行到公司债券以及其他企业债券的发行,从证券发行前的公司辅导到具体的销售活动,都要求有证券公司的参与。

证券经纪是指证券公司接受投资者的证券买卖的委托,在证券交易市场进行证券买卖和其他证券投资的业务活动。根据证券交易所的交易规则,投资者是不能直接进入证券交易所进行投资的,只有作为证券交易所会员的证券公司才能进场交易。因此,投资者的证券投资行为,必须借助证券公司代客买卖的经纪业务才能得到实现。

证券自营是指证券公司以合法资金为自己买卖证券、通过赚取证券买卖的差价而盈利的业务活动。证券公司既是证券市场的交易中介,又是以营利为目的的公司法人,因此除了从事代客买卖证券的业务外,也可以从事为自己买卖证券的业务,从而凭借自身的资金、信息、人才优势实现本公司的利益最大化。

证券投资咨询业务是指为投资人或者客户提供证券投资分析、预测或者建议等直接或者间接有偿咨询服务的活动,包括接受客户委托,提供证券投资咨询服务;举办有关证券投资咨询的讲座、报告会、分析会等;在报刊上发表证券投资咨询的文章、评论、报告，通过电台、电视台等传播媒体提供证券投资咨询服务；通过电话、传真、电脑网络等电信设备系统，提供证券投资咨询服务等。

与证券交易、证券投资活动有关的财务顾问业务，是指证券公司根据客户需求，为客户的证券投融资、资本运作、证券资产管理等活动提供咨询、分析、方案设计等服务，比如担任证券投融资顾问，改制、并购、资产重组顾问，债券发行顾问，证券资产管理顾问，企业常年财务顾问等。

证券资产管理是指证券公司依照与客户签订的资产管理合同，根据合同约定的方式、条件及要求，运用客户资产进行证券投资的业务活动。证券资产管理业务分为一般资产管理业务和集合资产管理业务。一般资产管理业务是指证券公司为单一客户运用该客户资产进行证券投资的业务。集合资产管理业务是指证券公司将多个客户的资产集中起来，根据集合资产管理计划，以组合投资方式进行证券投资的业务活动。

其他证券业务，是除了上述业务以外，证券公司还可以经营证券监管机构核定的其他证券业务，如接受委托代付代收股息红利业务，代销政府债券、证券投资基金份额业务等。

四、证券经营机构的管理制度

证券法对证券公司的经营业务采用特殊的管理制度，确立了严格的交易规则和资本维持规则，以维护证券资本市场的秩序和安全，保护广大投资者的利益。证券公司经营管理制度有内部控制制度、风险管理制度、交易风险准备金制度、证券公司从业人员任职资格管理制度及其他监督管理制度组成。

（一）内部控制制度

内部控制制度旨在通过健全公司的内部治理结构，以达到证券公司的内部激励和内部约束的目标。证券公司落实内部控制制度，除了按照公司法的规定健全公司“三会四权”——股东大会、董事会、监事会、经理层分别行使最终控制权、经营决策权、监督权和经营指挥权——的制衡机制外，还要符合：(1) 独立董事的最低人数规定。当证券公司董事长和总经理由同一人担任，或者内部董事占董事人数 1/5 以上时，独立董事人数不得少于董事人数的 1/4。(2) 证券公司应当建立防火墙制度，做到投资银行业务、经纪业务、自营业务、受托投资管理业务、证券研究和证券投资咨询业务等在人员、信息、账户上严格分开管理，以防止利益冲突。(3) 建立合规审查制度，负责对公司经营的合法合规性进行检查监督。(4) 内部稽核审查制度。由内部稽核部门对公司内部控制进行定期评审并聘请会计师事务所对公司内部控制进行年度评审。(5) 限制投资制度，规定不得兴办实业，不得购置非自用不动产。

（二）风险管理制度

风险管理制度，也称偿债能力保障制度，主要是指财务风险的管理，旨在通过立法对证券公司的资产流动性、负债比例等财务指标作出规定，确保证券公司处于稳定经营的状态，以维持证券公司的债务偿还能力。根据《证券法》第 133 条的规定，证券监管机构应当对证券公司的净资本，净资本与负债的比例，净资本与净资产的比例，净资本与自营、承销、资产管理等业务规模的比例，负债与净资产的比例，以及流动资产与流动负债的比例等风险控制指标作出规定。证券公司的净资本或者其他风险控制指标不符合规定的，证券监管机构应当责令其限期改正；逾期未改正，或者其行为严重危及该证券公司的稳健运行、损害客户合法权益的，证券监管机构可以区别情形，对其采取下列措施：(1) 限制业务活动，责令暂停部分业务，停止批准新业务；(2) 停止批准增设、收购营业性分支机构；(3) 限制分配红利，限制向董事、监事、高级管理人员支付报酬、提供福利；(4) 限制转让财产或者在财产上设定其他权利；(5) 责令更换董事、监事、高级管理人员或者限制其权利；(6) 责令控股股东转让股权或者限制有关股东行使股东权利；(7) 撤销有关业务许可。证券公司整改后，应当向证券监管机构提交报告。证券监管机构经验收，符合有关风险控制指标的，应当自验收完毕之日起 3 日内解除对其采取的上述措施。如果证券公司的股东有虚假出资、抽逃出资行为的，证券监管机构应当责令其限期改正，并可责令其转让所持证券公司的股权。在该股东按照要求改正违法行为、转让所持证券公司的股权前，证券监管机构可以限制其股东权利。

（三）交易风险准备金制度

从广义上说，财务风险管理制度也包括交易风险准备金制度，但准备金的提取直接以应对交易风险损失为目标，保障证券公司的风险偿债能力。我国《证券法》规定的交易风险准备金制度，要求证券公司从每年的税后利润中提取交易风险准备金，用于弥补证券交易的损失。

（四）证券公司从业人员任职资格管理制度

证券公司从业人员是证券公司经营管理的真正参与者，证券公司从业人员的素质、操守及其管理对证券公司经营管理的高效、安全具有举足轻重的影响。证券公司从业人员包括证券公司高级管理人员和一般从业人员。根据我国《证券法》第 131 条规定，证券公司的董事、监事、高级管理人员，应当正直诚实，品行良好，熟悉证券法律、行政法规，具有履行职责所需的经营管理能力，并在任职前取得证券监管机构核准的任职资格。有下列情形之一的，不得担任证券公司的董事、监事、高级管理人员：(1) 无民事行为能力或者限制民事行为能力；(2) 因贪污、贿赂、侵占财产、挪用财产或者破坏社会主义市场经济秩序，被判处刑罚，执行期满未逾 5 年，或者因犯罪被剥夺政治权利，执行期满未逾 5 年；

(3) 担任破产清算的公司、企业的董事或者厂长、经理,对该公司、企业的破产负有个人责任的,自该公司、企业破产清算完结之日起未逾 3 年;(4) 担任因违法被吊销营业执照、责令关闭的公司、企业的法定代表人,并负有个人责任的,自该公司、企业被吊销营业执照之日起未逾 3 年;(5) 个人所负数额较大的债务到期未清偿;(6) 因违法行为或者违纪行为被解除职务的证券交易所、证券登记结算机构的负责人或者证券公司的董事、监事、高级管理人员,自被解除职务之日起未逾 5 年;(7) 因违法行为或者违纪行为被撤销资格的律师、注册会计师或者投资咨询机构、财务顾问机构、资信评级机构、资产评估机构、验证机构的专业人员,自被撤销资格之日起未逾 5 年。此外,因违法行为或者违纪行为被开除的证券交易所、证券登记结算机构、证券服务机构、证券公司的从业人员和被开除的国家机关工作人员,不得招聘为证券公司的从业人员。如果证券公司的董事、监事、高级管理人员未能勤勉尽责,致使证券公司存在重大违法违规行为或者重大风险的,证券监管机构可以撤销其任职资格,并责令公司予以更换。

(五) 其他监督管理制度

我国 2005 年《证券法》加强了对证券公司的监管力度,更好地体现了规范证券市场,切实保护投资者合法权益的立法理念。

(1) 禁止擅自进行融资融券交易,证券公司为客户买卖证券提供融资融券服务,应当按照规定并经证券监管机构批准;禁止全权委托,即在办理经纪业务中,证券公司不得接受客户的全权委托而决定证券买卖、选择证券种类、决定买卖数量或者买卖价格;禁止收益承诺,即证券公司不得以任何方式对客户证券买卖的收益或者赔偿证券买卖的损失作出承诺;禁止私下接受委托,即证券公司及其从业人员不得未经过其依法设立的营业场所私下接受客户委托买卖证券。

(2) 国家设立证券投资者保护基金。证券投资者保护基金由证券公司缴纳的资金及其他依法筹集的资金组成,其筹集、管理和使用的具体办法由国务院规定。

(3) 证券公司应当妥善保存客户开户资料、委托记录、交易记录和与内部管理、业务经营有关的各项资料,任何人不得隐匿、伪造、篡改或者毁损。上述资料的保存期限不得少于 20 年。

(4) 证券公司应当按照规定向证券监管机构报送业务、财务等经营管理信息和资料。证券监管机构有权要求证券公司及其股东、实际控制人在指定的期限内提供有关信息、资料。证券公司及其股东、实际控制人向证券监管机构报送或者提供的信息、资料,必须真实、准确、完整。

(5) 证券监管机构认为有必要时,可以委托会计师事务所、资产评估机构对证券公司的财务状况、内部控制状况、资产价值进行审计或者评估。

(6) 证券公司违法经营或者出现重大风险,严重危害证券市场秩序、损害投资者利益的，证券监管机构可以对该证券公司采取责令停业整顿、指定其他机构托管、接管或者撤销等监管措施。在证券公司被责令停业整顿、被依法指定托管、接管或者清算期间，或者出现重大风险时，经证券监管机构批准，可以对该证券公司直接负责的董事、监事、高级管理人员和其他直接责任人员，采取通知出境管理机关依法阻止其出境，或者申请司法机关禁止其转移、转让或者以其他方式处分财产，或者在财产上设定其他权利等措施。

思考题

1. 试比较美国、英国、德国与我国的证券市场监管法律制度的异同。
2. 简述我国证券市场的信息披露制度。
3. 试述我国《证券法》规定的证券交易规则。
4. 比较证券承销、证券经纪、证券自营的区别。
5. 简述上市公司收购规则。

第七章　金融衍生品法律制度

第一节　金融衍生品及其法律制度概述

一、金融衍生品概述

（一）金融衍生品的概念

金融衍生品（financial derivative product），也称为“金融衍生工具”（financial derivative instrument 或 derivative financial instrument）、“衍生证券”（derivative securities）、“衍生物”（derivatives）等。

衍生产品是一种金融合约，其价值取决于一种或多种基础资产或指数，合约的基本种类包括远期、期货、期权和互换。衍生产品还包括具有远期、期货、期权和互换中一种或多种特征的结构化金融工具。巴塞尔银行监管委员会在其1994年发表的《衍生产品风险管理准则》中指出：“广义而言，衍生产品是一种金融协议，其价值取决于一种或多种基础资产或指数的价值。”

金融衍生品有广义和狭义之分。狭义的“金融衍生品”是指利率、汇率、权益、信用等传统基础性金融工具的衍生品，与商品衍生品相对；广义的“金融衍生品”则涵盖商品衍生工具在内，因为尽管其基础资产是实物商品，但该交易本身已经具备一个完整金融协议的所有要素，符合巴塞尔委员会关于衍生工具的定义。① 本章所指的金融衍生品采广义说。

（二）金融衍生品的分类

（1）根据金融衍生品交易形态的不同，金融衍生品可以大致分为远期、期货、期权和互换四大类。

远期（forwards），是指交易双方根据协议，约定在未来某一特定时间，以特定价格买卖某一特定数量和质量的金融资产或实物资产的交易。

期货（futures），是指交易双方在交易所通过公开竞价达成标准化合约，承诺在未来某一特定时间内、按照约定的价格买卖某种特定数量的金融资产或实物资产的交易。

---

①　宁敏：《国际金融衍生交易法律问题研究》，中国政法大学出版社2002年版，第25页。

期权(options),是指交易双方订立合约并约定,由买方向卖方支付一定数额的权利金,而买方取得在一定的时期内以双方事先约定的价格购买或者出售某种特定金融资产之权利的交易。

互换(swaps),又称"掉期"或"套购",是交易各方依据预先约定的规则,在未来一段时间内,互相交换一系列现货流通物或价格的交易,即以互换参与者在特定的金融市场上拥有的优势,进行以套汇、套利为目的的债权或债务的互相交换。

(2)每一种金融衍生品都有其具体的基础性工具,即金融衍生品原生资产,根据基础工具性质、类型的不同,金融衍生品可以被分为利率衍生品、汇率衍生品、权益衍生品、商品衍生品等,如下表所示:

对象	原生资产	金融衍生品
利率	短期存款 长期存款	利率期货、利率远期、利率期权、利率互换等 债券期货、债券期权等
货币	各类现汇	汇率远期、汇率期权、汇率期货、汇率互换等
股票	股份企业股票 股票指数	股票期货、股票期权等 股票指数期货、股票指数期权等
商品	各类实物商品	商品远期、商品期货、商品期权、商品互换等

利率衍生品是指以利率或利率的载体为基础工具的金融衍生品;汇率衍生品是指以各种货币为基础工具的金融衍生品;权益衍生品是指以股票或者股票指数为基础工具的衍生品;商品类衍生品是指以各种实物商品为基础工具的衍生品。

(3)按金融衍生品进行交易场所的不同,可以将其分为场内交易(正式场所交易)金融衍生品和场外交易(柜台交易)金融衍生品(over the counter derivatives, OTC derivatives)。

场内交易金融衍生品,是指供求双方在有组织的交易所内以公开竞价的方式进行集中交易的金融衍生品,所以又被称为交易所交易金融衍生品。由交易所负责标准化合约的设计,交易者会员资格的审批,保证金的收取,并同时承担清算和担保履约责任,主要包括利率期货、外汇期货、股票价格指数期货、股票与债券期货、利率期权、外汇期权、股票期权、股票价格指数期权等品种。

场外交易金融衍生品,是指在正式的交易场所以外进行的,在众多交易的金融机构、中间商和广大客户之间,通过个别磋商而达成的交易,所以又被称为柜台交易。其主要的交易对象是未在交易所上市的股票、债券以及不在期货期权交易所规定的数量、日期、品种范围之内的金融资产。这类金融衍生品完全是按照客户的需求,度身定制。金融机构通过选择不同的时间、金额、杠杆比例、风险等级等参数，组合不同的基金金融衍生品，向客户提供具有独特避险功能或投机价值的衍生产品。由于场外交易的清算由交易双方互相负责进行，因此交易的参与者仅限于信用较高的客户。

（三）金融衍生品的演化历史和发展原因

1. 金融衍生品的演化历史

金融衍生品最早产生于商品市场。早在公元前的希腊和罗马就已经出现了具备期货贸易性质的交易活动。13 世纪的比利时商人已广泛运用类似交易方式，并于 14、15 世纪发展为有组织的市场。1848 年由 82 位商人发起并组建了美国第一家中心交易所——美国芝加哥期货交易所，并于 1865 年推出了标准化合约，包括了商品品质、数量、交货时间、交货地点和支付条件等标准化条款。同年，芝加哥期货交易所又实行了保证金制度。1891 年，美国明尼亚波里谷物交易所首先成立了结算所。标准化合约、保证金制度以及现代结算所的成立，标志着现代金融衍生品交易的产生。

（1）远期的发展

远期合约很早就产生了，人们一般把 1848 年美国芝加哥交易所的成立作为现代远期市场的开端。20 世纪 70 年代初，布雷顿森林体系崩溃。为了转移因汇率或利率变动所带来的风险，20 世纪 80 年代初，兴起了一批远期合约新品种，主要分为货币远期合约和利率远期合约两类。远期合约市场属于无形市场，主要在场外成交。目前远期合约最大的交易市场在伦敦，其交易量约占全球交易量的 40%；其次是纽约，交易量约占全球的 1/4。①

（2）金融期货的发展

1972 年 5 月，在美国芝加哥商品交易所内设立了从事金融期货业务的部门，即国际货币市场（简称 IMM），并率先推出了英镑、加拿大元、德国马克、日元、瑞士法郎、意大利里拉、墨西哥比索 7 种外汇期货。后来又增加了欧洲美元和欧洲货币单位的期货交易。自 IMM 成立以来，外汇期货业务在世界范围内迅速发展。

1975 年，芝加哥期货交易所又率先推出了第一个利率期货品种，即政府国民抵押款协会债券期货交易。1976 年 1 月，美国芝加哥商品交易所在 IMM 推出国债期货，即 90 天美国短期国库券期货。1977 年 8 月，芝加哥谷物交易所也开始推出美国长期公债期货。美国利率期货开办成功以后，其他各国纷纷效仿，陆续开办了利率期货交易，如伦敦国际金融期货交易所的欧洲美元、英镑利率期货，东京股票交易所的政府公债期货等。到 1992 年约有 90 种利率期货在世界 15 个国家和地区的期货交易所交易。当前利率期货交易量在整个衍生品市场

① 陈小平：《国际金融衍生市场》，中国金融出版社 1997 年版，第 320 页。

中也占有重要份额。2003 年世界上成交量增长最快的 10 种衍生品中，有 6 种是基于利率，只有 3 种是基于期权，1 种是基于农产品。[①]

1982 年 2 月，美国堪萨斯市交易所首次推出股价指数期货，即价值或平均股票指数期货交易。1982 年 4 月，芝加哥商品交易所推出了标准普尔 500 股票指数期货，5 月，纽约证券交易所推出了纽约证券交易综合指数期货。随后，伦敦国际金融期货交易所、香港期货交易所、新加坡国际货币交易所也开始推出股指期货品种。自产生以后，股指期货的交易量一直超过其他类型期货的增长，已成为目前世界金融市场上重要的金融工具之一。

（3）期权的发展

现代期权制度的产生始于 1973 年 4 月成立的芝加哥期权交易所。在其首先推出标准化的期权合约之后，期权交易迅速在世界范围内蔓延。英国伦敦国际金融期货交易所和伦敦证券交易所、澳大利亚悉尼期货交易所、加拿大多伦多期货交易所、荷兰阿姆斯特丹欧洲期权交易所也推出了各自的期权交易品种。20 世纪 80 年代后期，期权的场外交易又得到迅速发展。目前已经形成了一个门类齐全、结构完善的市场体系。

（4）互换的发展

第一个现代意义上的互换交易是 1981 年 8 月世界银行和国际商用机器公司之间的货币互换协议。从此互换成为资产负债管理的一种基本手段。互换在 20 世纪 80 年代中期得到了迅速的发展，1982 年全球掉期市场交易额仅有 30 亿美元，到 1985 年则猛增到 2000 亿美元。[②] 根据国际互换交易商协会的统计，20 世纪 90 年代初已成交的货币互换交易总金额已超过了 5000 亿美元，其中交易量最大的是美元，占总金额的 37%，其次是日元、瑞士法郎、澳元、德国马克和加拿大元。[③]

当今，国际金融衍生品市场仍保持良好的发展势头。来自美国期货业协会的统计数据显示，在 2003 年上半年，全球各大交易所衍生品交易量达到了 38.251 亿张，与 2002 年同期相比增幅达到了 38.3%。同期美国国内期货期权的交易量达到了 10.31 亿张，增长了 17.7%，其中债券指数期货成交量为 1.433 亿张，同比增幅 71.7%；利率期货成交 2.396 亿张，同比增幅 18.3%。国际利率期货成交增幅 41.4%，总量为 5.543 亿张。[④]

---

① 李磊：《国际期货市场风生水起，欧美巨头逐鹿金融衍生品》，载《投资与证券》2004 年第 6 期。

② 宁敏：《国际金融衍生交易法律问题研究》，中国政法大学出版社 2002 年版，第 39 页。

③ 王文灵、于瑾：《衍生工具定价理论》，经济科学出版社 1998 年版，第 5 页。

④ 刘日：《国际期货市场成交增势迅猛》，http://www.qhrb.com.cn/p/h/2003/09/qhar00185/view?searchterm=国际期货市场成交增势迅猛，2005 年 1 月 13 日访问。

2. 金融衍生品的发展原因分析

早期金融衍生品产生于商品市场是因为商品价格受供求关系等多种因素的影响波动较大,市场主体迫切需要一种能回避风险的机制。20 世纪 70 年代以来金融衍生品的迅猛发展则是多种因素综合作用的产物。

(1) 国际经济环境和金融要素市场的波动性是金融衍生品出现和发展的根本原因。

二战后直到 20 世纪 60 年代中期,美国利率在联邦政府的控制下一直呈现稳定状态。到 70 年代,随着美元的逐步贬值,布雷顿森林体系崩溃,国际货币制度由固定汇率制走向由《牙买加协议》所确立的浮动汇率制。在市场供求关系的影响下,币值一直处于频繁变动状态之下。

另外,20 世纪 70 年代以后西方主要资本主义国家陷入"滞胀"状态。为了调整经济,抑制衰退和通胀,各国中央银行放松对利率的严格管制,开始利用利率杠杆控制货币供应量,实行或宽松或紧缩的货币政策,导致金融市场利率的波动也逐渐加剧,风险不断加大。为了应对汇率、利率剧烈波动所带来的市场风险,确保资产价值不受利率、汇率变动的影响,市场迫切需要新的可以规避市场风险、能起套期保值作用的金融工具。

(2) 世界金融自由化浪潮为金融衍生品的发展提供了良好的外部环境。

自 20 世纪 70 年代以来,西方主要国家纷纷通过法律等措施放松金融管制。这些自由化措施放宽甚至取消了对利率的管制,放松了对金融机构及其业务的限制,放宽了对资本流动的限制,模糊了各金融机构之间的界限,加剧了银行和非银行金融机构间的竞争,进一步营造了宽松的金融竞争环境,促进了金融创新,推动了金融衍生市场的形成和发展。①

(3) 科学技术的进步和信息革命为衍生品交易的顺利发展奠定了物质基础。

计算机和信息处理技术在金融界的广泛运用大大提高了金融信息的传播速度,增强了市场主体信息处理能力,拓展了金融市场范围,降低了金融交易的成本,提高了交易的效率。同时也只有借助于高端技术,交易程度极端复杂的"金融工程"才能得以开展交易,从而使得新产品、新市场、新主体、新方法不断涌现。金融科学技术的迅猛发展为金融衍生品的孕育和成熟提供了坚实的技术保障。

此外,由于金融衍生品交易属于表外业务,开展此类交易不仅不会影响资产负债表状况,还能获取手续费等收入,扩大利润来源,所以各银行和国际金融性公司为了逃避金融管制,增强自身的市场竞争力,也积极投入到金融衍生品交易

① 宁敏:《国际金融衍生交易法律问题研究》,中国政法大学出版社 2002 年版,第 32 页。

市场当中,成为金融衍生品发展过程中一股不可或缺的动力。正是在多种因素的综合作用下,金融衍生品从诞生的第一天起,就显示出蓬勃的生命力。

(四)金融衍生品的特点与功能

1. 金融衍生品的特点

(1)具有杠杆效应。杠杆效应在金融领域是指通过较小的资金成本获得较多的投资,从而提高投资收益与资金效率。该效应来源于金融衍生品交易中的保证金制度,投资者以原生资产的价格为基础,缴纳一定比例的保证金或押金,便可获得相应合约所对应的资产的管理权。可以用较少的成本获取现货市场上需要较多资金才能完成的结果,取得以小搏大的效果。

(2)具有虚拟性。金融衍生品独立于现实资本运动之外,却能给持有者带来收益,是一种收益获取权的凭证,但其本身却没有价值。

(3)具有一定的未来性。金融衍生品是在现时对基础工具的未来可能产生的结果进行交易,交易的结果要到未来才能确定,而且按照权责发生制的会计制度,在交易结果发生之前,交易双方的资产负债表并不反映该类交易的结果,潜在的盈亏也无法在财务报表中得到体现。

(4)具有高风险性。由于金融衍生品交易是建立在对未来基础资产价值的预测之上,损益结果具有很大的不确定性,传统的会计报表无法加以披露。此外保证金等制度的实施导致的杠杆作用也起到了损益"放大镜"的作用,所以具有极高的风险性。

2. 金融衍生品的功能

(1)转移、回避风险功能。金融衍生品出现的一个重要原因就是在经济活动不确定性加剧导致市场主体规避风险的内在需求也随之提高。衍生品市场可以将市场中的风险集中,并进行冲抵或重新分配,从而满足现货市场的需求。通过金融衍生品避险主要是通过套期保值手段实现的。套期保值(hedging)是指为回避在基础资产市场上所面临的风险,交易者利用金融衍生品合约,进行一个与现有交易或资产相对立的冲抵性交易,其数量、到期日大致相同,买卖方向相反。如果基础交易出现损失,就通过衍生交易所获得的相应收益弥补,实现对冲保值的目的。[①] 这是金融衍生品的首要功能,也是金融衍生市场得以存在和发

---

① 以期货为例:某食品加工商需在6月买入1000吨小麦作为原料。为了防止6月份小麦价格上涨所带来的损失,该食品加工商在期货市场上买入1000吨6月份小麦合约,价格为60美元/吨,建立一个多头。如果期货合约在6月份到期时,小麦价格上涨到了65美元/吨,则该加工商在现货市场上买到这批小麦的费用是6.5万美元,而其在期货市场上卖出期货合约赚到了5000美元,两项抵消,其购买小麦的实际成本为6万美元;如果当期货合约到期时,小麦价格下跌到56美元/吨,则该加工商在现货市场上购买小麦的费用是5.6万美元,在期货市场上出售期货合约的亏损是4000美元,两项抵消,他的实际成本也是6万美元。所以不论小麦价格如何变化,该加工商已经在最初买入期货合约时,锁定了生产成本,即60美元/吨,从而消除了其所面临的原材料价格风险。

展的基础。

（2）价格发现功能。指在一个公开、公平、公正、高效、竞争的金融衍生品市场中，通过市场交易能形成具有真实性、预期性、连续性和权威性的价格，较真实地反映未来基础资产价格变动的趋势，有利于提高整个市场的效率，对生产经营者有较强的指导作用。首先，交易受到法律法规和相关交易制度的严格限制，需遵循"三公"原则，使金融衍生品市场具有较高的透明度。其次，金融衍生品市场集中了各方面的参加者，他们参与竞争不仅增强了合约的市场流动性，还带来了成千上万关于金融衍生品基础资产的供求信息和市场预测。这样通过公开竞价形成的价格实际上反映了大多数人的预测，具有较高的权威性和真实性，能够比较真实的反映供求关系变动的趋势。最后，金融衍生品合约的买卖转手相当频繁，连续形成的合约价格可以连续不断地持续反映市场供求及变动状况。

（3）投机获利功能。在衍生品市场中除了套期保值者外还有大量的投机者。其交易目的不是为了冲抵在商业交易中已经存在的市场风险，规避由于市场波动造成的损失，而是在于追求利润的最大化。由于具有巨大的杠杆效应，金融衍生品的投机能量远大于其原生工具的投机能量，即在相等的投资金额下，通过金融衍生品所控制的基础资产量要远远多于直接运用没有衍生品的基础资产。市场投机者甘于通过主动承担高风险以获得高利润。投机者在衍生品交易市场中同样扮演了重要角色。如果在市场上大量存在的是套期保值者，而缺乏足够的投机者，那么套期保值者所转移的价格风险就缺乏了承担者，从而导致衍生品市场不能顺利运作。可见套期保值功能的实现必然会引申出投机获利功能，而衍生品市场中的投机功能对发展市场经济也是有利的。

二、金融衍生品法律制度概述

金融衍生品法是调整金融衍生品交易关系和监管关系的法律规范的总称，主要包括金融衍生品交易法和金融衍生品交易监管法等。

（一）金融衍生品的法律特征

（1）金融衍生品交易的契约性。金融衍生品交易是以交易双方当事人之间签订合同的方式进行的，该份规定双方权利和义务的契约所反映的法律关系是建立在社会信用高度发展基础上的经济合同关系。由于是在现时对金融基础资产未来可能发生的结果进行交易，在双方当事人意思表示达成一致时契约即告成立，但合约结果却要到未来某一时刻才能确定，而且根据契约双方互享权利、互付义务，所以是诺成性的双务合同。

（2）金融衍生品交易体现了当事人意思自治。无论是场内交易还是场外交易都在不同程度上体现了当事人的意思自治。在场内交易中，虽然当事人买卖的是由交易组织者制定的高度标准化的合约，主要条款内容已由交易所事先制定,但是其中的价格条款仍然由交易双方通过公开竞价方式协商,在一定程度上体现了当事人的意思自治;而场外交易则更充分地体现了意思自治,它的交易标的、数量、价格等重要条款完全是由交易双方自行协商确定。

(3) 合约的交易对象具有虚拟性。金融衍生品合约的交易对象并不是基础资产或者金融工具,也不是具体的“物”,而是对这些基础资产在未来各种条件下处置的权利和义务。这些权利和义务以契约的方式存在,构成了所谓的“产品”或“工具”。

(4) 金融衍生品交易目的的双重性。衍生品交易市场上的交易者大致可以被分为套期保值者和投机者。他们进行交易的主要目的并不在于转移合约所涉及的基础性资产的所有权,而在于套期保值或投机获利,即转移与该基础性资产有关的价格变化风险或以主动承担高风险为代价获得利润。

(5) 金融衍生品具有一定的融资和信用性质。利用金融衍生品进行交易只需要缴纳一定比例的保证金(如场内交易的各品种)或者以信用为担保(如场外交易品种),就可以实现原来需要大量现金才能达到的目的,是一种现金运作的替代品,具有一定的融资和信用功能。①

(6) 金融衍生品交易具有射幸性,即金融衍生品交易契约具备射幸合同属性。射幸合同是指合同的法律效果于订立合同时尚未确定的合同。② 大陆法系射幸合同理论仅关注合约法律效果的不确定性,而不关注合约经济后果的不确定性。

总体而言,由于金融衍生品的价值是由汇率、利率、股票价格指数等无法预知的因素决定的,当事人进行交易活动完全建立在对各种因素加以综合分析和预先判断的基础上。同时在交易后,汇率、利率和股票市场的走势变化完全不受当事人的控制和影响,使得衍生品契约的法律后果或经济后果具有空前的不确定性。如果将金融衍生品交易视为一个整体,并考虑其交易品种的复杂程度和相互渗透转变的特点,可以将金融衍生品合约的这个特征描述为射幸性。

但是具体到各类不同的交易中,又存在两种情况:一是合同中至少有一方当事人的权利或义务取决于契约订立以后不确定事件的发生与否,如期权交易等。这种合同符合我们对射幸合同的认识。另一类契约中,交易双方的权利义务在合约签订时已经确定,即合约对当事人的法律后果是肯定的。但是这种权利义务带给当事人的经济价值却是不确定的,即当事人在经济利益上的损益及程度需要依靠不确定事件的发生与否,如期货交易。这与射幸合同性质不符。所以合同是否具备射幸性质要视具体衍生交易是在法律后果还是经济后果上具有不

---

① 徐冬根主编:《国际金融法律与实务研究》,上海财经大学出版社 2000 年版,第 392—393 页。

② 孔祥俊:《合同法教程》,中国人民公安大学出版社 1999 年版,第 48 页。

确定性才能作出判断。[1]

（二）类似合约的比较

1. 金融衍生品合约与赌博合约的比较

赌博游戏也带有射幸性，即游戏参与者以赌注财物的得失为唯一利益，其得失依赖于或然性事件的发生与否。有观点将金融衍生品交易视为“零和游戏”，或等同于赌博。其依据是两者都是建立在对未来不确定事件的预测的基础之上，都具有高度的杠杆效应，交易双方的总收益为零。但是两者间是存在本质区别的：

（1）产生原因不同。市场对金融资产的风险暴露进行套期保值的需求是金融衍生品产生的最主要原因；而赌博游戏的起因在于人为地制造风险，为那些追求暴利而甘冒风险的赌徒提供了一个投机场所。

（2）风险性质不同。金融衍生品交易中所产生的风险是由经济活动中的不确定因素造成的，是固有的，不可避免的；而赌博游戏中的风险则是人为的，即赌博组织者人为地将并无内在联系的风险和收益联系起来，赌徒承受该种风险并无任何客观基础。

（3）市场机制运行过程不同。作为市场经济的组成部分之一，金融衍生品市场也遵循价值规律，即金融资产的价格以其价值为基础并受市场供求关系变化的影响而上下波动；但赌博只是一种娱乐性的游戏活动，其运行过程按照事先人为设立的规则进行，与社会经济活动没有关系，更不能体现社会经济发展的阶段性水平。

（4）效果上不同。金融衍生品市场具有多种经济功能。通过公开竞争形成的价格体现了衍生品市场的价格发现机制，同时其所具备的风险规避功能虽然不能从根本上消除风险，但有利于市场的稳定，可以起到促进经济发展的作用；而赌博游戏对社会则没有任何的贡献，人们沉湎其中不会创造出任何社会财富。相反由于赌博是人为制造的高风险游戏，极有可能给人们带来巨额损失，从而对社会的进步和稳定产生不良后果。[2]

正是由于金融衍生品交易和赌博游戏在本质上存在诸多不同，导致各国立法对此两者持截然不同的态度：由于违反公序良俗，带有消极作用，各国多对赌博合同加以禁止或不赋予法律上的效力，对赌博利益申请强制执行的请求不予支持，当事人自愿支付的也不得据此请求返还。对于金融衍生品交易合约，则持肯定态度，并通过构建相关法律制度框架予以规制，以保护投资者的合法权益顺利实现。

① 宁敏：《国际金融衍生交易法律问题研究》，中国政法大学出版社 2002 年版，第 111—115 页。

② 钱小安：《金融期货的理论与实践》，商务印书馆 1997 年版，第 38—41 页。

2. 金融衍生品合约与保险合约的比较

保险是指投保人根据合同约定，向保险人支付保险费，保险人对于合同约定的可能发生的事故因其发生所造成的财产损失承担赔偿保险金责任，或者当被保险人死亡、伤残、疾病或者达到合同约定的年龄、期限时承担给付保险金责任的商业保险行为。保险合同则是双方当事人约定保险权利义务的协议。[①] 保险合约与金融衍生品合约具有许多相似的地方。

首先，两者都具有射幸性。保险合约(除人寿保险合同外)所约定的，保险人据以支付保险金的保险事故发生与否具有偶然性，即被保险财产是否灭失或者被保险人人身、健康是否受到损害在当事人签订保险合同时是不确定的。而基于经济活动中的不确定因素，金融衍生品合约也带有很大的或然性。

其次，两者都具有避险功能。保险是一种风险管理制度，该制度并不能从根本上杜绝事故的发生，但是其所具有的经济补偿功能可以起到分散风险，把由危险事故造成的经济损失降低到最低限度的作用，实质上是亡羊补牢之举。同样，对于套期保值者而言，金融衍生品交易也是一种有效的风险管理手段。

但两类合约的区别也很明显。作为保险法的一项基本原则，损害赔偿原则是由保险的经济补偿功能决定的。保险人赔付保险金的依据是被保险财产的实际损失或被保险人的实际损害。按照赔付和损失等量原则，被保险人不能获得多于损失的赔偿，其赔付的最高限额是保险金额。[②] 换句话说，就是没有人可以通过保险合同获得比其遭受损失前更多的经济利益。与保险合约仅限于弥补当事人损失不同，金融衍生品交易在为套期保值者规避市场风险的同时还可以为投机者带来获利。这是由该种交易活动具有规避市场风险和投机获利的双重效用特点决定的。前面我们在论述金融衍生品功能时已经谈到，在金融衍生品交易过程中避险保值功能的实现必然要求有投机功能与它相呼应。市场投机者在没有一个相反的风险需要冲抵的情况下，其在市场上承受的风险是单向的：若市场波动与其预测相一致，则该笔投机交易可以为其带来丰厚的收益；相反，如果市场波动与其预测相反，那么他将要承担巨额损失。

(三) 主要金融衍生品合约的法律特征

1. 远期合约

远期合约是指交易双方签订的在未来某一特定时间、以特定价格买卖某一特定数量和质量的金融资产或实物资产的协议。其中买方处于多方地位，卖方处于空方地位。

与现货交易相比，远期交易在某些方面更加适合于现代经济活动的需要。

---

① 顾功耘主编：《商法教程》，上海人民出版社 2001 年版，第 443 页。

② 同上书，第 440—441 页。

其最大的特点就是同时锁定了当事人的收益和风险。通过签订远期合约,双方确定了未来交易的实际价格。买方以放弃未来现货市场价格下跌其所能获得的利益为代价,锁定了其购买资产的成本;卖方以放弃未来现货市场价格上涨其所能获得的额外利润为代价,提前锁定了收益。远期合约可以包括远期利率协议、远期外汇协议、远期股票合约等。

远期合约的主要法律特征表现为以下几点:

(1) 与期货在指定的交易场所集中进行,采用高度标准化的合约不同,远期合约交易属于场外交易。远期合约的金额、数量、交割日期和方式等合同要件没有统一的标准和规格,均由当事人自行协商确定,无需监管机构批准或认可。

(2) 由于属于场外交易,双方当事人是确定相知的,以便于双方直接磋商达成协议。

(3) 缺少了交易所和结算机构提供的担保,使得远期合约交易所面临的信用风险陡增。为保证交易的安全,要求双方对彼此的信用、财务状况比较了解。在实务中通常采用信用交易方式,至于是否采用担保方式以及采用何种担保方式,如抵押、保证金等完全由当事人自己决定。

(4) 远期合约交易结算可以通过结算机构进行,也可以由当事人自行进行结算。

(5) 当事人一般对远期合约的标的物,无论是农产品等货物,还是有价证券等金融资产,有真实的需要,交易以得到标的物的所有权为目的。当事人通常采取实际交割的方式履行合同,到期进行交货或付款。

2. 期货合约

期货合约是指由交易双方在交易所内以公开竞价的方式达成的,在未来某一特定时间内按照约定的价格买卖某种特定数量的金融资产或实物资产的书面协议,是远期合约的进化物或标准形态。期货合约的法律特征主要是:

(1) 期货合约是高度标准化的合约。期货合同中关于商品品质,交易单位,最小最大变动单位,每日价格最大波动限额,交割时间、地点、方式等内容的条款都已由交易所事先确定,除了价格条款外交易双方不必再进行协商。

(2) 与一般的标准化合约是由参加交易的一方当事人设计不同,由于期货上市品种的选择,合约内容的规定不仅会影响当事人的经济利益,还会影响一国的国民经济,所以期货合约由期货交易所设计,经期货主管部门批准后方可交易。

(3) 期货合约是场内交易。为保证期货交易基本经济功能的发挥和保护期货投资者合法权益,期货合约必须在期货主管部门许可的地点,以许可的方式签订。

(4) 特殊的保证金制度和结算制度的建立。由于期货交易是一个高度流动性的市场，且交易双方并不了解对方，为了增强期货市场的稳定性、确保期货合约的可靠性和兑现性，从而提高市场效率，各国期货交易法都建立起一整套完整的保证金制度和结算制度。按照规定，期货合约交易者必须缴纳一定比例的保证金，所有期货交易必须由期货结算所和清算所进行结算。

（5）期货合约具有双向性，可以很方便地对冲，即对以前买入或卖出的合约，进行交割月份和数量相同，买卖方向相反的交易行为，从而免除合约当事人的实际履约义务。

（6）期货合约的目的一般不在于实物或者金融证券的交割，而在于通过期货市场上特有的对冲操作避免现货市场上的价格风险或赚取风险利润。

3. 期权合约

期权合约是指交易双方所订立的，由买方向卖方支付一定数额的权利金，而买方取得在一定的时期内以双方事先约定的价格购买或出售某种特定金融资产之权利的协议。

（1）期权的分类

根据期权内容的不同，期权可以分为买入期权、卖出期权。买入期权，又称看涨期权，是指期权购买者可在约定的未来某日期以事先约定的价格向期权出售者买进一定数量的某种金融商品的权利。卖出期权，又称看跌期权，则是指期权购买者可在约定的未来某日期以协定的价格向期权出售者卖出一定数量的某种金融商品的权利。[①] 根据履约时间的不同，期权可以分为“欧式期权”和“美式期权”。“欧式期权”是指期权购买者只能在期权到期日这一天行使其选择的权利，不能提前也不能推迟。“美式期权”是指期权购买者既可以在期权到期日这一天行使其权利，也可以在到期日前的任何一个营业日行使其权利。

（2）期权合约的主要内容

期权购买者，即在支付一笔较小的费用后，获得在合约所规定的某一特定时间，或者这一特定时间之前的时间内，以事先确定的价格向期权出售者买进或者

---

① 举例说明：例一，看涨期权：1 月 1 日，铜期货的期权执行价格为 1850 美元/吨。A 预测合约到期后铜期货价格将会上涨，遂以 5 美元的价格向 B 买入期权，约定合约到期后 A 以 1850 美元/吨的价格向 B 买入铜期货。设合约到期后，铜期货价格上涨到 1905 美元/吨。则 A 有权按照 1850 美元/吨的价格从 B 手中买入铜期货；B 则必须满足 A 行使该权利的要求，即使他手中没有铜期货，也只能以 1905 美元/吨的价格从期货市场上买入而以 1850 美元/吨的价格卖给 A。在该笔交易中 A 获利 50(1905 - 1850 - 5)美元，B 则损失 50(1850 - 1905 + 5)美元。若铜期货市场价格低于履约价格 1850 美元/吨，A 也可以放弃该权利，则 A 损失 5 美元的期权费，B 获利 5 美元。

例二，看跌期权：1 月 1 日，铜期货的期权执行价格为 1750 美元/吨。A 预测合约到期后铜期货价格将会下跌，遂以 5 美元的价格向 B 买入期权，约定合约到期后 A 以 1750 美元/吨的价格向 B 卖出铜期货。设合约到期后，铜期货价格下跌到 1695 美元/吨。则 A 有权以 1750 美元/吨的价格向 B 卖出铜期货；B 则必须接受。在该笔交易中 A 获利 50(1750 - 1695 - 5)美元，B 则损失 50(1695 - 1750 + 5)美元。若铜期货市场价格上涨，A 也可以放弃该权利，则 A 损失 5 美元的期权费，B 获利 5 美元。

卖出一定数量的金融商品的权利的一方当事人。

期权出售者,即在收取期权购买者所支付的期权费后,必须承担在规定时间内应期权购买者的要求履行该期权合约所规定的义务的一方当事人。

标的,即期权购买者购买的,在合约有效期内,要求出售者履约的权利。

权利金,即期权购买者为了获得该种权利而向期权出售者支付的一笔费用。

履约价格,指看涨期权购买者得以依据期权合约的规定买入一定数量的金融商品,或者看跌期权的购买者得以依据期权合约的规定卖出一定数量的金融商品的价格。

到期日,指一份期权合约的最终有效日期,超过该日期,期权合约就自行终止,购买者的期权也同时作废。

(3) 期权合约的法律特征

第一,合约交易标的物的非实物性。期权合约交易的客体是对合约指定的某种金融工具的买入或者卖出选择的权利。购买期权后并没有获得基础资产的实物所有权,只是购得了一种权利,而且该项权利属于不必承担对合约指定的金融工具必买或必卖义务的绝对权利。

第二,双方权利义务的不对等性。在合约有效期内,期权购买者可以选择买(卖)某种金融工具,也可以放弃该项权利。而期权出售者应期权购买者的要求则必须履行合约义务,同时他还不享有要求期权购买方必须买(卖)某种金融工具的权利。当然这只是表面上的不平等。从实质上而言,期权购买者享有该权利是以向期权出售者支付期权费为代价的,而期权出售者承担该种义务也是以收取期权费为补偿的。

第三,当事人间风险收益的不对称性。当期权交易标的价格向不利于期权购买者的方向变动时,他可能受损,但其损失以支付的期权费为最高限额,但若标的价格向有利于期权购买者的方向变动时,他的获利是无限的;当期权交易标的价格向不利于期权出售者的方向变动时,他可能受损,而且损失是无限的,但当标的价格向有利于期权出售者的方向变动时,他可能收益,但获利以期权费为最高限额。

第四,担保的单边性。由于当事人之间风险收益存在不对等性,因此在期权交易中期权购买方承担了更多的信用风险。为了保证期权出售方能够按照合约如实履行义务,通常合约中会要求期权出售方提供相应的履约担保。而期权购买者则不需要提供担保。

4. 互换合约

互换合约是指一种由多个远期合同所组成的协议,是两个或两个以上交易主体之间,依据预先约定的规则,在未来一段时间内,互相交换一系列现货流通物或价格的协议,是远期合约的一种延伸。作为目前市场上最为成功的场外交易衍生工具,互换是从平行贷款[①]和背对背贷款[②]基础上发展起来的。按照基础资产的不同,互换合约可以分为利率互换、货币互换、商品互换和股权互换。[③]

(1) 互换合约主要内容

互换交易属于场外交易,合约内容由当事人协商确定,一般包括以下内容:① 交易参与者;② 互换合约的金额;③ 互换交易的对象,货币互换的交易对象是货币(可自由兑换),利率互换的交易对象有固定利率、伦敦银行同业拆借利率、国库券利率等;④ 互换合约的到期日;⑤ 互换价格,利率互换的价格通常由固定利率和浮动利率等因素决定,货币互换的价格通常受两国货币利率水平等因素影响;⑥ 各方当事人的权利义务,包括各方在合约到期时与对方互相交换并收取货币和利息的权利义务;⑦ 差价和其他费用。

(2) 互换合约的法律特征

第一,由于互换交易属于场外交易,因此合约内容由各方当事人协商确定,是非标准化的合约,较场内交易品种,更具风险性和灵活性。

第二,互换合约属于诺成性合同,双方互付权利义务,并且于将来取得或履行。

第三,互换合约的实质是一种债务转让,是与货币、利率相关的债务的交换。如利率互换合约中交换的债务是双方将来要偿还给他人的,按各自利率支付的借款利息。

第四,互换合约的目的在于利用双方的比较优势套汇或套利,降低长期资本

---

① 所谓"平行贷款"(parallel loan)即指两笔很相似的同时存在的贷款形式,最早产生于英国。20世纪70年代英国中央银行为了控制资本外流,采取了向对外投资进行扣税的方法,以减少外汇流失。为了避税,许多对外投资需要外汇的英国公司与有类似需要的投资东道国的公司合作,各自在国内向对方在本国境内的子公司提供等值的本币资本。例如美国A公司向在美国境内的C公司(英国B公司的子公司)提供美元贷款;而英国B公司向在英国境内的D公司(美国A公司的子公司)提供等值的英镑贷款。

② "背对背贷款"(back-to-back loan)是两个国家的公司相互直接贷款,贷款的币种不同但是币值相等,贷款到期日相同,双方按期支付利息,到期各偿还原借款金额。例如美国公司直接将美元贷款贷给英国公司,英国公司向美国公司定期支付美元利息并到期偿还美元本金;而英国公司直接将英镑贷款贷给美国公司,美国公司向英国公司定期支付英镑利息并到期偿还英镑本金。

③ 互换运作过程(利率互换为例):A公司在固定利率资金市场上借款需支付的年利率为10.00%,在浮动利率资金市场上需支付的年利率为6个月LIBOR+0.30%(伦敦同业银行拆借利率),B公司在固定利率资金市场上借款需支付的年利率为11.40%,在浮动利率资金市场上需支付的年利率为6个月LIBOR+1.10%。

假设他们都希望得到一笔5年期的100万美元的贷款,A公司需要的是浮动利率贷款,B公司需要的是固定利率贷款,为此签订了一份利率互换协议。即A、B公司分别进行固定利率贷款和浮动利率贷款,然后交换一下各自的利息负担。为此A公司有三笔利息货币流量,年利率分别为:(1) 支付给外界贷款人10.00%;(2) 从B公司收入10.00%;(3) 支付给B公司LIBOR,其利息净成本为LIBOR,比他自己从浮动利率资金市场上贷款要低0.30%。B公司也有三笔利息货币流量,年利率分别为:(1) 支付给外界贷款人LIBOR+1.10%;(2) 从A公司收入LIBOR;(3) 支付给A公司10.00%,其利息净成本为年利率11.10%,他得到了需要的固定利率贷款,同时比自己直接从固定利率市场上借款节省了0.30%的利息负担。所以该利率互换协议使得A、B公司都在利率上得到了0.30%的好处。

的筹集成本以及在资产负债管理中防范利率或汇率风险。

第五，互换交易属于表外业务，不会引起资产负债表内业务的变化，却可以为商业银行带来业务收入或减少风险。

第二节　金融衍生品风险监管法律制度

一、金融衍生品的风险

1994年，国际证券事务委员会及巴塞尔委员会将金融衍生品涉及的风险分为六类，即信用风险、市场风险、流动性风险、操作风险、结算风险和法律风险。本书根据风险的性质及其相互间的联系，着重介绍以下风险类型：信用风险、市场风险、流动性风险、营运风险和法律风险。

1. 信用风险

信用风险又被称为交易对手风险，是指金融衍生品交易的一方不履行合约而给另一方造成损失的风险。

信用风险可以被分为结算前风险和结算风险。结算前风险是指交易对手在交易有效期内未能履行合约而引起的亏损风险，等于头寸的重置成本加上因市场变化对产品未来风险的估计值；结算风险是指在结算日交易对手未能根据合约履行责任而引起亏损的风险。

各类金融衍生品交易都存在信用风险。场内交易衍生品由于有交易所作为担保，再加上一系列信用风险控制制度的实施，信用风险一般较小。场外交易品种是一对一的交易，既没有保证金的强制要求，也没有集中的清算制度，所以履约与否完全取决于交易对手的履约能力和意愿，信用风险较大。

2. 市场风险

市场风险是指由于基础资产市场价格的不利变化或急剧波动而导致金融衍生品价格或价值变动的风险。

由于金融衍生品交易是建立在对各类基础资产价格变化的预测基础上的，如果基础资产价格的实际变化方向或波动幅度与交易者的预期相背离，就会给交易者带来损失，所以市场风险在各类风险中最为普遍和经常。①

① 巴林银行事件就是市场风险的典型代表。巴林银行是英国一家历史悠久的银行，在1995年初按照投资额可以排在英国商业银行第三位。1995年1月底，该银行新加坡分行的经纪人尼克·里森做日经股指期货多头。到2月26日，日经指数由1.9万日元降至1.75万日元，买进的每张股指期货合约损失1.2亿万英镑；买进的数万张合约使巴林银行亏损达到3.7亿—4.5亿英镑之间。由于巴林银行只有2万亿英镑的资产，不得不于27日宣布破产。

3．流动性风险

流动性风险是指由于缺乏合约对手或者交易者因流动资本不足而无法履行合约所造成的风险。流动性风险的大小取决于合约的标准化程度、市场交易规模和市场环境的变化。

流动性风险又可分为市场流动性风险和资金流动性风险。市场流动性风险是指由于缺乏合约对手而无法变现或平仓的风险；资金流动性风险是指交易方因为流动资金不足，合约到期日无法履行支付义务，被迫申请破产，或者无法按合约要求追加保证金，从而被迫平仓，遭受巨额损失的风险。

4．营运风险

营运风险是指在进行金融衍生品交易过程中，由于公司或企业内部管理不善、人为错误等原因而带来的损失。

营运风险可分为两类，第一类风险是在日常经营过程中，由于各种自然灾害和意外事故，如火灾、抢劫、盗窃、通讯线路故障、计算机系统故障、高级管理人员人身意外事故、职员的日常工作差错等造成的，属于一种纯粹的风险，可以通过保险等方式进行转嫁；第二类风险是由于经营管理上的漏洞，交易员交易决策出现故意或过失的错误造成的，属于一种投机风险，不能通过保险方式转嫁，往往给交易者带来巨大的风险。

5．法律风险

法律风险是指由于法规不明确或交易不受法律保障，从而使合约无法履行而为交易商带来损失的风险。由于金融衍生品属于新型的金融工具，各方面的法律、法规都还不健全，无法可依或者无先例可循的情况常常发生。

法律风险一般有两种情形：有关商品合法性的风险，即由于各国立法机关或监管机构对衍生品作出了不同的法律规定，从而导致某些衍生品交易在某国成为违法行为的风险；有关交易对手合法性的风险，交易对手在其本国是否具有从事金融衍生品交易的资格将直接影响到合约的有效性，且各国对此规定各不相同，导致衍生品交易商面临合约无效的风险。①

以上各种风险的侧重点有所不同：市场风险主要关注合约价值由于基础资产市场价格波动所导致的变动；信用风险主要考察风险暴露以及交易对手违约的可能性和概率；流动性风险主要关注由于流动资金以及市场深度不足所导致的风险；操作性风险则侧重于当事人在交易过程中由于操作等主观因素导致的风险；法律风险则关注合约是否具有法律上的效力。金融衍生品所带来的风险是以上多种因素共同作用的结果，其中市场风险在整个风险体系中又具有基础性地位，可以引发其他多种风险的发生。同时，其他风险的加剧又会使市场风险

① 杨迈军主编：《金融衍生品市场的监管》，中国物价出版社2001年版，第4—5页。

进一步恶化。

二、金融衍生品风险监管概述

监管是由监管主体为了实现监管目标利用各种监管手段对监管对象所采取的一种有意识的主动的干预和控制活动。

对金融衍生品的监管可按照两种标准分类：一种是机构监管，即对涉足于金融市场和中介市场的各类市场主体进行监管；另一种是功能性监管，即按照原生产品的经济功能对金融工具和市场进行监管。较之于传统的金融监管，功能性监管能够有效解决混业经营条件下金融创新产品的监管归属问题，避免监管“真空”和多重监管现象的出现，有利于实施跨产品、跨机构、跨市场的协调，并更具连续性和一致性，能更好地适应金融业在今后发展中可能出现的各种情况。①

（一）监管的目标和原则

金融衍生品市场的监管目标是市场管理者的追求结果，也是指导管理者管理行为的基本准则。其监管目标大致包括三个方面：保护投资者，确保市场公平；确保市场高效、透明；降低市场的系统风险，确保市场安全。

为了有效实现监管目标，各国立法机关和监管机构都根据自身特点提出了监管原则。具有代表性的是国际证监会组织（IOSCO）根据监管理论和各国监管实践提出的证券市场和衍生品市场监管的30条原则，其中适用于金融衍生品市场的监管原则有23条。

1．涉及监管当局的原则

监管机构的责任必须明确具体；在行使其功能和权力时，监管机构必须具有独立性并承担责任；监管机构必须具有充分的权力、资源以及能力实施其功能和权力；监管机构必须采用明确连贯的监管程序；监管人员必须遵守最高的职业道德，包括遵守机要守密规则。

2．涉及自律组织的原则

监管体系必须合理利用自律组织行使某些直接监管职能；自律组织在行使其权力时必须接受监管当局的监督，并应赋予相应的职责。

3．监管实施原则

监管当局应当拥有全面的监察、调查和监督能力；监管当局应当拥有综合的实施监管的能力；监管体系应当确保监察、调查、监督和实施等权力的有效运用。

4．监管合作的原则

监管当局应当有权与国际其他监管机构分享公共和非公共信息；所有监管

---

① 杨迈军主编：《金融衍生品市场的监管》，中国物价出版社2001年版，第6页。

者应当建立一套信息共享机制，明确何时及如何与国内外其他监管者分享公共和非公共信息；监管体系应当有一套协助制度，协助外国监管当局在行使其功能和职权时所必需的质询。

5. 市场中介机构应遵循的原则

应当向市场中介机构提出最低准入标准；市场中介机构应当根据其业务所承担的风险而具有相应规模的初始和营运资本金以及其他审慎措施；市场中介机构应当遵守内部管理和运作行为准则，旨在保护客户利益，确保恰当的风险管理；监管体系中应当有一套处理市场中介机构破产的程序，以尽可能地减少由此对投资者造成的损失和所包含的系统风险。

6. 交易市场监管原则

交易系统的建立(包括交易所的建立)应当由监管当局授权并受到监督；对交易所和交易系统的监督应旨在维护交易的公正性和平等性，在不同的市场参与者的众多利益中寻求合理平衡；对市场的监管应当促进和提高交易的透明度；监管当局还应当及时发现和阻止操纵市场的行为以及其他不公正的交易行为；监管当局应当确保金融机构对大型风险暴露、违约风险以及市场干扰等风险因素的恰当管理；衍生产品交易的清算结算系统也应受到监督，确保其公正、高效和安全运行，减少系统风险。①

(二) 监管主体

一般说来，监管者可以分为两类：一类是政府职能部门，其权力由国家赋予，负责制定监管的各种规章制度以及这种规章制度的实施；另一类主体是实施自治管理的民间非官方机构或者私人机构，其权力来源于成员对自身权利的让渡以及对其决策效力的认可。由于对成员的影响力并非依靠政府的授权，因此该类组织实施的是不带行政管理色彩的自我约束和制裁。

三、不同国家监管模式的比较

有效的监管是衍生品市场有序运行、健康发展的保证。由于各国的政治、经济、文化、历史传统各有特点，金融衍生品市场的发展历程和发育程度也不尽相同，所以各国形成了不同的金融衍生品监管模式，基本可以分为三种类型：集中型监管模式，即政府通过制定专门的法规，设立全国性的监管机构统一管理全国的金融衍生品市场，其中政府监管机构占主导地位，各类自律性组织起协助作用，美国是集中型监管模式的典型代表；自律型监管模式，即政府除了一些必要的国家立法之外，很少干预市场，对市场的监管主要由交易所、行业协会等自律性组织完成，英国曾是自律型监管模式的代表；中间型监管模式，即是集中型监

① 郑振龙、张雯：《各国衍生金融市场监管比较研究》，中国金融出版社2003年版，第51—55页。

管模式和自律型监管模式互相结合渗透的产物，在强调集中立法管理的基础上也强调自律管理的重要作用。

（一）美国的监管模式

长期的衍生品交易历史，使美国在市场监管体制和交易法规方面都积累了许多成功经验，并逐渐形成了对场内衍生品交易的“三级监管体制”，即由政府监管、行业协会的自律管理和交易所的自我管理有机组成的管理体制。

1. 政府监管

美国政府对场内交易的衍生品实行专职分离型的多头职能监管模式，即设立专门的商品期货交易委员会和证券交易委员会，分别管理期货市场和证券市场，同时分工管理期权市场。

商品期货交易委员会是美国期货交易的监管机构，不受总统和各行政部门的监督，完全独立于一般政府部门之外，享有独立的行政权、准立法权和准司法权。

商品期货交易委员会的前身是根据1936年的《商品交易法案》成立的商品交易管理局，隶属于农业部管辖。到了20世纪70年代，随着非农产品期货交易的兴起，原有的监管模式已不能适应发展需求。美国国会于1974年通过了《商品期货交易管理法》，成立了商品期货交易委员，取代原来的商品交易管理局，并脱离农业部成为一个独立的监管机构。在经历了1929年的股灾之后，美国证券交易委员会于1934年成立，其目的是为了执行证券交易法，保持市场稳定，恢复证券投资者的市场信心，并保护其合法权益。

专职分离型的多头职能监管模式的缺陷之一就是各管理机构间分工不明，容易导致重复管理或管理真空。在没有指数衍生品和证券衍生品之前，证监会和期监会的职权并没有什么冲突。但是随着衍生品交易的发展，品种的增加，他们在一些衍生品的监管领域产生了冲突。为了争夺管理权限，美国商品期货交易委员会和证券交易委员会之间曾经出现过旷日持久的夺权斗争。《2000年商品期货现代化法》对这两个部门在金融衍生品方面的监管职责进行了划分。证券交易委员会监管所有在全国性证券交易所交易的证券，同时一些交易所交易的衍生工具也被划归为“证券”而受证券交易委员会的监管，包括货币期权、股票期权、股票指数期权。除了证券交易委员会监管以外的其他期货期权交易均由商品期货交易委员会监管。

这两个委员会除了在监管的衍生品品种方面有所区别外，基本职能和手段大致相同。其基本职能是：(1) 负责管理、监督和指导各经营金融衍生业务的交易所及行业组织的活动；(2) 制定与场内金融衍生品交易有关的各项法规；(3) 管理场内金融衍生市场的各种商业组织、金融机构和个人投资者的交易活动；(4) 审批各种交易机构提出的申请；(5) 协助发展衍生品交易的教育，使衍生品的交易知识和信息普及于生产者、市场交易者和一般大众；(6) 对违反交易法规和国家有关法律的机构和个人进行行政处罚或追究民事、刑事责任。

商品期货交易委员会和证券交易委员会的基本职能主要是通过以下措施实现的：(1) 审批可以进入金融衍生品市场的交易品种，决定交易所可以经营的衍生品交易合约的种类；(2) 批准交易所的开办以及会员、经纪人资格，批准和确认各交易所的章程和业务行为规范标准细则，并对交易所和经纪人进行严格的监督；(3) 分析、检查市场交易秩序，防止垄断、操纵行为，以避免因价格的暴涨暴跌致使市场交易秩序混乱的现象产生。为此委员会有权随时查阅有关交易的账目、文件及资料，被检查者必须配合，并接受委员会的相关处罚决定。

2. 行业组织的自律管理

美国行业协调组织主要以“联合体”或者“协会”的形式出现，并以“行业自治，协调和自我管理”为宗旨，具有自治性、广泛性和行业性特点。作为期货行业的自律组织，全国期货业协会于 1974 年在《商品期货交易委员会法》的授权下成立，1981 年 9 月经商品期货交易委员会正式批准后注册登记，并于 1982 年 10 月开始独立行使自律管理职能。相对应，全国证券商协会则是美国证券市场上的民间自律组织。其主要职能包括：(1) 宣传、传达政府监管机构的有关政策法规，为政府监管机构提供各交易所的运行和市场交易情况；(2) 强化会员标准，统一职业道德和行为规范，实施客户保护条例；(3) 定期审查专业人员的执业资格；(4) 审查会员资格；(5) 对会员进行财务监察，审计监督其资金账户、财务状况和执行交易法规的情况；(6) 对衍生品交易过程中出现的客户与会员、会员与会员之间的问题和纠纷进行调解和仲裁，对不按照仲裁决定行事的会员或会员的雇员给予纪律处罚；(7) 普及客户和会员有关衍生品交易的知识、宣传该协会的职能和作用，进行遵纪守法教育。

3. 交易所的自我监管

在金融衍生品交易活动中，交易所一方面是被监管者，另一方面也是自律监管组织，是监管者。其监管对象主要是在交易所从事交易的机构和个人。交易所的自我管理主要是通过制定各种规章制度实现的。交易所的自我管理是整个衍生品市场监管的核心内容，对保护市场公开、公平、公正，保持交易的高效性和流动性有极为重要的作用。

交易所的监管职能主要包括：(1) 审核批准进行金融衍生品交易的会员资格，包括对会员资格的审核、对会员名额的确定、对会员资格转让的管理等方面，监督会员的经营活动是否依法进行，是否存在超范围经营或违法经营现象；(2) 监督管理各类金融衍生品合约；(3) 制定交易所的章程和业务惯例及实施细则；(4) 监督交易法律法规的遵守和执行情况；(5) 公开披露金融衍生品市场的价格信息，维护衍生品交易的公开性和公平竞争；(6) 对会员与客户之间，会员与会员之间的纠纷进行调解和仲裁,对违反法律法规、条例和交易所交易规则的行为进行处罚。

以美国为代表的集中型监管模式具有专门的监管法规和监管者,有利于统一管理尺度,确保交易活动有法可依,加强了管理的权威性,更好地维护了市场的公开、公平和公正,使投资者的利益得到有效保护。但是,该种模式容易导致行政权力过多干预市场交易活动,政府监管机构和自律组织之间配合协调困难。

（二）英国的监管模式

英国是较早建立期货市场的国家之一。其对金融衍生品交易监管的特点是以自律管理为主,主要依赖于行业自律组织、交易所、清算所以及衍生品交易参与者的自我监管。这种自我监管的核心过去是证券与投资委员会、证券期货管理局等非政府机构,目前则集中到了金融管理局。同时各交易所也建立了一套比较完整的自我约束机制。近年来,英国加强了政府监管的力度,倾向于建立更加集中有效的监管体系。

金融管理局(全称是金融服务局有限公司)是非政府有限公司。其主席和董事会成员由财政大臣任命,其雇员不是政府公务员。它的前身是于 1986 年成立的证券与投资委员会。作为英国证券和期货业的统一监管机构,证券与投资委员会并不是政府的职能部门,不属于政府机构序列,是自负盈亏的有限公司,其董事会成员都来自期货行业本身,具有较高的专业知识。财政部根据《金融服务法案》的授权将该委员会指定为法律代理,并将内务大臣的权力移交给该委员会。在 1986 年《金融服务法案》的授权下,证券与投资委员会具有准法律地位,它通过对结算公司、交易所、行业自律组织的资格审查以及对从事衍生品交易活动的企业和个人的资格审查实现对衍生品市场的监管。

1997 年 10 月,英国政府将证券与投资委员会改组为金融管理局。金融服务局成立后,根据《金融服务法案》吸收了许多原来的行业自律组织和其他监管组织及其监管职能,包括住房协会、互助协会、投资管理监管机构、个人投资局、互助协会注册局、证券期货局。此外它还接收了英格兰银行的银行监管职能、保险监管职能、证券交易所的上市审查职能等。金融服务局身兼对银行、证券期货和保险的监管职能,是英国唯一的金融监管部门。目前,金融服务局监管着 550 家银行、70 家住房协会、650 家信贷机构、750 家保险和互助协会、1100 家基金经理、4100 家财务顾问、1300 家经纪商、8 家市场和交易所。[①] 金融服务局的职能和模式在 2000 年《金融服务和市场法》通过后进一步得到了加强。

除了金融服务局的监管以外,交易所和清算所的自我监管也占有重要地位。2000 年《金融服务和市场法》保留了 1986 年《金融服务法》中对认可投资交易所

① 杨迈军主编:《金融衍生品市场的监管》,中国物价出版社 2001 年版,第 11—12 页。

和清算所的架构设计。交易所和清算所的规则成为影响场内交易的重要规定。以1982年成立的伦敦金融期货交易所(LME)为例,1988年以前该交易所受英格兰银行管辖,自1988年起由证券与投资委员会管理。交易所通过每日的市场监视、交易监视和财务监视进行管理。市场监视是指根据交易所会员每天早上提供的他们前一日交易及目前选择头寸的报告,对实际交付与结算进行监督和检查;交易监视是指监视部门审查会员交易时是否遵守交易所的各项规章制度,并调查客户申诉案例及赔偿;财务监视是指市场监视部门要求会员按照季度提交财务报告,并对会员进行现场检查,确保其财务状况的真实性和合规性。

英国曾经是典型的自律型监管模式。在该种监管模式下,行业协会拥有更大的自主权,可以根据实际情况制定相应的规章制度,从而使得该规章制度具备较大的灵活性和针对性,促使监管活动更加切合实际。但是该种模式的缺点也是显而易见的,主要表现在:(1)自律组织往往将监管重点放在市场的有效运作和保护会员利益之上,对投资者的保护往往不够充分;(2)作为监管者,自律组织并非处于超脱的地位,各种利益关系使得其监管的公正性受到怀疑;(3)由于缺少强制力作为保障,因此监管的效力有时可能会受到影响;(4)若缺少全局性的自律组织加以协调,各区域市场之间很可能产生冲突。

(三)香港的监管模式

我国香港地区是中间型监管模式的典型代表。在市场监管方面,香港主要采用政府宏观管理与证券期货市场的自律管理相结合的做法。其中政府监管机构通过颁布法律法规从总体上对市场发展方向加以控制,交易所则通过制定内部规章条例,加强对各自会员的监督管理。香港证券及期货事务监察委员会与联合交易所、期货交易所虽然存在名义上的隶属关系,但是具体实施管理的依旧是作为自律组织的联交所、期交所。

香港特别行政区政府专设的监管机构是香港证券及期货事务监察委员会(简称"证监会")和金融管理局。其中证监会负责对交易所、结算所、交易所会员、结算所会员和投资者进行监管,金融管理局负责对结算银行进行监管。香港证监会是在1987年10月股市大风暴之后,根据证券业检讨委员会报告书关于对证券及期货市场监管架构进行改革的建议而组建的新型监管组织,它于1989年正式成立并开始运转。证监会是非营利性的独立法人团体,不隶属于政府部门,是负责整个证券及期货市场监管的最高机关。它执行《证券及期货事务监察委员会条例》赋予的权力,其职能主要是监察和规制香港地区的证券和期货市场,保障投资者的合法权益,打击金融犯罪活动及市场失当行为,与其他证券及期货监管机构合作,加强香港作为世界金融中心的竞争力,以及在紧急状态下向政府提供专业支援。证监会共包括四个部门:市场监察部、企业融资部、中介团体及投资产品部和法规执行部。

香港金融管理局于1993年4月依据《外汇基金(修订)条例》(1992年12月10日立法局通过),在外汇基金管理局和银行业监理处合并的基础上组建而成。根据该条例,财政司任命一位金融管理专员,担任该局总裁职务,协助财政司执行《外汇基金条例》所规定的职能。金融管理局是政府的一个组成部门,所有员工均属于政府雇员。但同时金融管理局拥有较大的自主管理权。金融管理局下辖6个职能部门,分别是储备管理部、外事经研部、银行监理部、银行政策部、货币政策及市场部和新成立的市场发展处。根据《金融管理条例》的规定,其基本职能和目标是:(1) 在联系汇率制度的架构下,通过健全的外汇基金管理、金融政策的运作以及采取其他适当的措施,维持货币的稳定;(2) 通过监管银行业务和接受存款业务,以及对认可机构的监管,确保银行体系的安全和稳定;(3) 促进金融体系的效率、健全性和发展,尤其是支付和结算的安排。换句话说就是在联系汇率制度下,维持货币的稳定,保持银行体系的安全和稳定,促进支付体系的效率、安全性和稳定性。① 美国是国际金融衍生品交易的先行者,最早建立了一套科学的金融衍生品交易管理体系和健全的法规体系。英国、日本、新加坡以及我国香港地区等国家和地区衍生品交易的监管活动中,或多或少地借鉴了美国的成功经验,并结合了本国本地区的实际情况建立了各自的监管体系。所以这些国家和地区的金融衍生品监管制度既有共性,也各具特点。

四、场外金融衍生品交易的监管

(一) 场外金融衍生品的风险特点

(1) 风险集中。由于场外金融衍生品交易需要复杂的信息和风险管理系统,交易者不愿与高度关联的主要机构之外的其他对手进行交易。交易的高度集中带来了风险的高度集中。

(2) 透明度差。场外衍生品交易属于金融机构的表外业务项目,不能通过资产负债表得到衍生品交易活动的信息,从而降低了参与场外交易的金融机构财务状况和风险暴露的透明度。

(3) 流动性差。由于场外交易的衍生品具有个性化特征,参与者较少,市场深度不够,若遇到行情的剧烈波动,往往找不到交易的对手,蕴含较大的风险。

(二) 场外金融衍生品交易的监管

国际上对场外衍生品的监管弱于场内交易,还未形成一套有效的监管体系。这也为场外交易的迅速发展提供了一个相对宽松的环境。

在美国,场外交易的监管权归属取决于两方面的因素,即金融衍生品的类型

① 杨迈军主编:《金融衍生品市场的监管》,中国物价出版社2001年版,第112页。

和交易机构的性质。如果是证券公司或期货交易商或进行的是与期货、证券相关的场外金融衍生品交易,则由证券交易委员会或商品期货交易委员会进行监管;如果是从事外汇和利率方面的场外衍生品交易的商业银行,则由财政部货币管理署或者联邦储备委员会或州银行监管机构监管。由于银行的特殊性,其在各类场外交易商中受到的监管最为严格,必须遵守资本要求、"杠杆工具"使用限制以及各种信息披露和反欺诈要求。联邦储备委员会有一套单独的监管规则,州"蓝天法"也可以对其加以监管。对于从事金融衍生品交易的保险公司及其分支机构,美国联邦一级没有相关的监管法规,交由各州的保险委员会监管。各州的保险法规对此类机构使用投资工具的范围和投资策略上有严格的控制,但是对保险公司从事金融衍生品交易的分支机构既不作监察也没有资本要求。①

英国没有对于场外衍生品交易的单独的监管制度。其监管是根据投资产品的类型进行分类的。按照1986年《金融服务法》规定,所有从事"投资业务"的人必须获得金融服务局的授权,而金融衍生品是"投资"的一种。英国将投资的范围定义为10类,其中第九类是"差额合约",包括了大部分的场外交易衍生品,如远期利率协议、互换等。英国对投资的分类是按照交易工具而不是交易地点进行的,所以期权交易以及其他的项目也都包含场外交易。由于所有的投资工具均在金融服务局的监管范围内,因此场外金融衍生品也属于金融服务局监管。1999年,金融服务局在1986年《金融服务法》第43条的基础上制定并发布了《现货市场与场外衍生市场规则》,适用于以货币、利率、金银、债券为基础的衍生品。如果一个公司要开发一个新的金融衍生产品,该公司必须事先与金融服务局沟通,并且能够提出足够的证据表明公司有足够的能力和系统管理该产品的风险,包括一个模型。一般情况下,只要该公司能够在财务上满足金融服务局的要求,其产品的头寸并不受其他限制。这种财务上的要求,体现在资本充足率方面的持续性监管,即要求从事投资业务的机构的财务资源在任何时候都不能低于法定的财务资源要求。为此金融服务局要求该类机构定期报送财务状况报告,以便主管当局确定机构是否符合资本充足率的要求。

鉴于场外衍生品交易对国际金融市场的巨大影响,一些国际组织也对加强该类交易活动的监管作出了有益的探索。其中国际互换与衍生工具协会(ISDA)及其发布的一系列文件较具代表性。

国际互换与衍生工具协会于1993年成立。迄今为止,其发布的一系列关于衍生品交易的文件和标准协议,内容涵盖了包括互换在内的绝大部分的衍生交易品种。在对场外交易缺乏相关法律直接监管的情况下,这些标准协议得到了

① 徐冬根主编:《国际金融法律与实务研究》,上海财经大学出版社2000年版,第418页。

相当普遍的使用，构成了衍生品交易制度的重要组成部分。国际互换与衍生工具协会及其主协议所体现的观点和意见极大地影响了国际金融衍生品交易的发展，并在一定程度上影响了各国衍生品交易立法和监管实践。

国际互换与衍生工具协会从成立至今已经制定了一系列文件，按照内容的不同可以分为三类：

(1) 交易主协议。包括其于1987年3月发布的《利率和货币交换协议》和《利率互换协议》(统称为“1987年ISDA主协议”)，1992年6月发布的《ISDA多货币跨境主协议》和《ISDA当地货币单一管辖地主协议》(统称为“1992年ISDA主协议”)。现在使用较多的是1992年ISDA主协议。在这一伞形主协议下，可以包括诸多不同衍生工具及其交易，对每一笔交易只需要在主协议的基础上进一步简要地规定一些特定条款。按照该协议，交易各方可以进行净冲平仓结算。

(2) 交易定义文件。定义文件主要以交易种类为基本标准，对不同种类的交易及其相应的交易证实书的格式进行规定。其中较为重要的是《1991年定义》，规定了支付的计算、20种货币的浮动利率以及对利率上限、下限、上下限、互换期权、远期利率协议的定义。

(3) 信用支持文件。它类似于一般意义上的担保文件。1994年，ISDA发布了衍生品交易双边担保协议的标准样式，即“信用支持附录”，作为主协议的补充。ISDA共发布了4份不同的担保文件，以供当事人按照各国不同的法律制度选择使用。

五、监管的国际化趋势

一方面经济全球化和金融全球化客观上要求实现金融立法的全球化；另一方面由于金融衍生品具有超政府性和超国界性，对国际金融体系的稳定构成了很大的威胁，几乎每次国际性金融风波和危机中都能发现它的影子。为此国际社会不断加强对衍生品交易的监管合作交流，包括国际清算银行、巴塞尔委员会[①]、证监会国际组织等在内的众多国际组织发布的有关衍生品监管的文件在此方面进行了有益的探索。虽然这些文件不具备法律效力，但是这些文件制定的监管标准和指导原则，提供的最佳监管方法对促进各国金融衍生品交易监管的完善还是具有积极意义的。

---

① 1975年2月，根据英格兰银行总裁理查森的建议，在国际清算银行的主持下，比利时、加拿大、法国、德国、意大利、日本、卢森堡、荷兰、瑞典、英国、美国和瑞士12个国家的银行监管机构的高级官员在巴塞尔正式成立了“银行规章与监管实践委员会”(Committee on Banking Regulation and Supervisory Practices)，后更名为“巴塞尔银行监督和管理委员会”，简称“巴塞尔委员会”。巴塞尔委员会秘书处设在国际清算银行内，每年召开3—4次例会，在国际清算银行的主持下工作。其设立的宗旨是促进国际合作，为银行业的监管提供一个正式的活动场所，努力改善对国际银行的监管工作。

(一) 国际清算银行

其成立的研究小组对金融衍生品交易的各方面都进行了深入细致的研究,发表了一系列研究报告,如1986年4月的《国际银行业近来之创新》,1992年10月的《国际银行间关系的近期发展》,1994年9月的《关于金融中介机构对市场和信用风险之公开披露的讨论文件》,1994年12月《因金融衍生市场之发展而产生的宏观经济和货币政策问题》,1995年11月的《银行和证券公司交易及衍生产品业务的公开信息披露的报告》,1996年11月的《关于银行和证券公司交易及衍生产品业务信息披露情况的调查报告》,代表了国际社会对于金融衍生品所能够达到的认识高度,为各国加强对金融衍生品的监管,以及国际社会就此问题的监管协调奠定了坚实的基础。

(二) 巴塞尔委员会

1. 1988年《巴塞尔报告》

巴塞尔委员会于1988年发布的《巴塞尔报告》中将部分衍生品的风险加以加权衡量。在巴塞尔委员会看来,资本充足性是银行稳健经营的基础,资本充足性要求成为控制金融机构免于丧失偿付能力风险、保证金融体系健康运转的重要监管工具。金融衍生品交易虽然不在资产负债表内反映,是表外项目交易,但是可能导致银行承受额外的风险,所以要求银行提供额外资本去防止其中可能使银行遭受损失的因素。1988年的《巴塞尔报告》以资本/风险资产作为指标衡量资本充足性问题。在风险资产的计算中,已将部分金融衍生品考虑进去。所列的衍生工具项目主要有两类:一是利率合约,包括单一货币的利率互换、远期利率协议、利率期货期权;另一类是汇率合约。

但是《巴塞尔报告》也有不足之处:首先,《巴塞尔报告》没有包括除利率、汇率类外的其他金融衍生品;其次,仅强调信用风险,范围过于狭小;最后,在轧差[①]问题上过于严格,只有替换轧差才被考虑进资本充足性要求之内。

2. 1993年《巴塞尔建议书》

为了弥补《巴塞尔报告》的不足,巴塞尔委员会于1993年4月公布了一套三份咨询文件,其中包括对1988年《巴塞尔报告》条义进行修止的建议书。这些文件涉及与信用风险所需资本量要求相关的轧差认定;市场风险和外汇风险的报告和资本量要求;利率风险的度量和报告。对于债券的一般市场风险,股权证券的特殊风险和一般市场风险、外汇风险以及轧差等方面,《巴塞尔建议书》也作出了相应的修正。

① 轧差(netting),指交易当事人之间定期计算并相互抵消交易所产生的债权债务仅支付其差额的约定。

3. 1994 年《衍生品风险管理指南》

1994 年 7 月 27 日，巴塞尔委员会会同证监会国际组织颁发了《衍生品风险管理指南》（以下简称《指南》），对 1988 年《巴塞尔报告》和 1993 年《巴塞尔建议书》中有关衍生品监管条文的不足作出修正。鉴于目前银行 8% 的资本充足性比率已经无法适应当今金融衍生品的运用，为了提高银行机构抵抗风险的能力，巴塞尔委员会认为有必要提高资本充足性比率。《指南》旨在强化被监管机构（包括银行和证券商）的内部控制机制，要求成立由实际操作部门、高层管理部门和董事会组成的自律组织。《指南》建议各国金融管理部门都应该视本国国情劝告、监督当地金融机构，在内部建立起一套完善的衍生品风险管理制度，该制度应包括以下五方面内容：(1) 对金融衍生品所包含风险的识别和衡量；(2) 董事会和高层管理人员适当的监察；(3) 具体从事衍生业务的基础管理人员经常检查和控制有关风险；(4) 统一、可靠的管理信息系统；(5) 全面的内部稽核和审计系统。

4. 1996 年《巴塞尔资本协议修正案》

巴塞尔委员会于 1996 年 1 月颁发了《巴塞尔资本协议修正案》，同时提出了相关的时间表，即各国最迟于 1997 年底加以实施，1998 年底进行模型检测。

该修正案坚持了资本充足性比率的要求，既为银行提供了衡量市场风险模型，分别给出衡量利率、证券、外汇、商品期货和期权风险的标次模型，加总得出资本金要求。同时，还针对一些国际性大银行已建立内部市场风险模型的现实情况，设计出了检测这些内部模型是否可靠的“返回测试”。

（三）证监会国际组织（IOSCO）

成立于 1983 年的证监会国际组织是各国证券及期货管理机构组成的国际合作组织。

1994 年 2 月，证监会国际组织发布了《场外衍生产品交易运行风险及金融风险控制机制》，要求全球从事金融衍生品活动的交易所和各国的监管机构须对信贷风险、市场风险、流动性风险、清算风险、运行风险以及法律风险建立有效的内部控制机制。1994 年 7 月，证监会国际组织发表了《参与衍生品场外交易的受监管证券公司的运作和财务风险管理机制》一文，目的在于向各国监管机构提出关于衍生品风险防范问题的建议，促使各监管机构推动和鼓励注册证券商在衍生品场外交易过程中运用这些机制。鉴于各国在管理模式和权限方面的差异，不同的国家应该根据自己的特点，找到一条适合自己国情的风险防范机制，同时促使监管的各家银行、金融机构、公司制定出符合该文件提出的经营目标、风险防范策略和程序。

（四）《温德索宣言》（Windsor Declaration）

1995 年 5 月 16 日至 17 日，负责世界主要期货和期权市场监管的 16 个国家的监管机构代表在英国的温德索召开会议，研究对金融衍生品交易实施监管的国际合作问题，并于6月2日发表了《温德索宣言》，标志着金融衍生品的国际监察与合作又取得了重大进展。

《温德索宣言》建议相关国际组织进一步作出以下努力：

（1）加强市场监管机构之间的合作。建立各国监管组织和市场在双边或多边基础上信息共享的机制，对国际化运作的金融集团及其重大交易活动进行有效监管。

（2）加强保护客户的投资持有、资金和资产。目前不同国家和地区对客户资金、资产采取不同类型和不同层次的保护措施。因此，应该寻找最佳途径协助各国和地区采取更有效、更一致的措施，特别是要有效地提供持续性保护措施。

（3）加大清算违约的惩罚力度。在金融机构面临破产危机时，监管机构应当能够采取最佳的操作方式，迅速将问题锁定在一定范围内而不波及市场。

（4）加强对于突发性事件下的国际监管合作，提高对突发性事件的防范应变能力。要求各国监管机构积极寻求在金融中介、会员机构和市场出现重大混乱时的最佳控制和管理方式。

第三节　我国金融衍生品市场及其立法现状与发展趋势

一、我国金融衍生品市场及其立法现状

（一）商品期货市场

1．期货试点阶段（1990年至1993年）

1990年10月12日，我国第一家引入期货交易机制的全国性批发市场——郑州粮食批发市场开业，迈出了我国期货市场建设的第一步。1991年6月10日，深圳有色金属交易所成立。1992年5月，上海金属交易所成立，并首先启用计算机自动撮合系统，实行公开竞价买卖。1992年8月，我国首家期货经纪公司广东万通期货经纪公司宣告成立。1993年5月，郑州粮食批发市场更名为郑州商品交易所，完成由远期合同和现货批发交易向电子化集中式交易的过渡，并推出了5个农产品的标准合约。

2．治理整顿阶段（1993年底至2000年）

1993年至1994年间，由于对期货市场的经济功能和风险还缺乏认识，期货市场缺乏统一的监管部门和系统的法律法规，各地、各部门受利益的驱使争相发展期货交易，导致一系列问题的出现：期货交易所数量过多，目前全世界商品交易所共有四十多家，而我国期货市场刚刚起步，在不到两年的时间里，就相继成

立了四十多家交易所;交易品种严重重复,仅铜、铝等有色金属品种就在9家交易所上市交易,一些不符合期货特点的商品也被列入期货交易所范畴;部分交易所和经纪公司运作不规范,管理混乱;盲目发展境外期货交易,地下交易盛行,欺诈等违法犯罪活动较为猖獗。[①] 这些问题引起了政府的高度重视,从而开始了对期货市场的长期清理整顿。

1993年11月4日,国务院下发了《国务院关于坚决制止期货市场盲目发展的通知》,明确在期货市场试点工作中,必须坚持"规范起步,加强立法,一切经过试验和严格控制"的原则,加强宏观管理,实行统一指导和监管,不得各行其是。1994年5月,国务院办公厅下发了《国务院办公厅转发国务院证券委员会关于坚决制止期货市场盲目发展若干意见请示的通知》,从审核已经成立的期货交易所、严格限定期货交易的范围、严格审批各类期货经纪公司、从严控制国有企事业单位参与期货交易、查处非法期货经纪活动、加强监管六个方面对整顿期货市场提出了意见。

第一,建立统一的期货监管机构,对期货市场试点工作的指导、规划和协调、监管工作由国务院证券委员会负责,具体工作由中国证券监督管理委员会执行。未经证券委员会批准,不得设立期货交易所。

第二,停止了新办期货交易所的审批,并确定试点交易所。1994年10月,经国务院同意,中国证监会批准郑州商品交易所、上海金属交易所等11家作为中国第一批试点期货交易所。同时对试点交易所的章程和交易规则提出基本要求,并按此进行检查。

第三,继续对期货经纪公司的整顿,一律暂停审批注册新的期货经纪机构,已经成立的各种期货经纪机构,由证监会审核后,按照《期货经纪公司登记暂行条例》在国家工商总局重新登记注册;中外合资期货经纪公司暂不重新登记;经重新审核不予登记注册的各种期货经纪机构,一律停办期货经纪业务;对期货经纪业务的经营资格重新确定,实行经营许可证制度。同时禁止各期货经纪公司的境外期货交易业务,确有境外保值需要的全国性进出口公司,经中国证监会重新审核批准,可为本系统在境外期货市场进行套期保值业务,但必须在中国证监会制定的境外期货交易所进行交易,交易品种和境外交易商必须经证监会认可。

第四,稳定市场秩序。一方面压缩期货交易品种,暂停关系国计民生的大宗品种上市资格。同时严格审定期货上市品种,限定交易范围,各交易所一律不得自行决定上市新的期货品种。新品种上市在经过充分的论证后,报中国证券监

---

① 1994年6月28日《中国证券监督管理委员会关于印发刘鸿儒主席、童赠银副主席在期货市场监管工作座谈会上的讲话的通知》(证监发字[1994]88号)。

督管理委员会审批。另一方面取缔非法期货经纪活动,对那些以各种名义从事非法期货经纪业务的机构和个人严肃查处,坚决取缔。对国有企、事业单位参与期货交易,从严控制,执法部门及其所属单位不得参与期货交易,严禁用银行贷款从事期货交易。

1995年到1996年在"先试点,后推广,宁肯慢,务求好"的监管方针下,期货市场进一步向规范化道路发展。

在规范期货交易主体方面,1995年9月,中国证监会颁布《关于期货交易所进行会员制改造的意见》,要求各交易所不以营利为目的,实行会员制,进行自律管理。1995年11月,中国证监会和国家工商行政管理总局联合发布《关于审核期货经纪公司设立期货营业部的通知》和《关于审核非期货经纪公司会员从事期货经纪业务的通知》,再次对期货经纪公司及其业务管理进行了较为全面的整顿和规范。

在控制市场风险,稳定市场秩序方面,中国证监会先后发布了《关于对大户持仓及风险管理情况进行一次全面检查的通知》、《关于严格控制风险,从严查处违规行为的紧急通知》、《关于进一步控制期货市场风险、严厉打击操纵市场行为的通知》,要求建立持仓限额制度,取消"T+0"结算,禁止用仓单抵押作投机交易,禁止未经证监会批准的机构从事二级代理业务。

中国证监会还发布了《关于对操纵期货市场行为认定和处罚的规定的通知》,规定了对操纵市场行为的认定和处罚标准。

1998年8月,国务院下达了《关于进一步整顿和规范期货市场的通知》,确定了"继续试点,加强监管,依法规范,防范风险"的方针,对中国期货市场实施第二次大的制度结构调整,其主要内容是:对14家期货交易所进行整顿和撤并,只在上海、郑州和大连保留三家期货交易所,期货交易的品种由35个压缩到12个,各交易所品种不再重复设置。除铜、铝、大豆等三个品种最低交易保证金比例提高到10%。另外对期货经纪机构进行清理整顿,注册资本金标准提高到3000万元,促进期货公司合并重组,严格控制境外期货交易,加快法制建设,进一步加强对期货市场的监管。

1999年6月2日,国务院第267号令发布了《期货交易管理暂行条例》,并于1999年9月1日起施行。[①] 此后不久,《期货交易所管理办法》、《期货经纪公司管理办法》、《期货经纪公司高级管理人员任职资格管理办法》、《期货从业人

① 2007年3月国务院发布了《期货交易管理条例》,199年6月2日发布的《期货交易管理暂行条例》同时废止。

员管理办法》也于1999年9月1日正式实施。[①]《期货交易管理暂行条例》和四个管理办法的实施,确立了我国期货市场试点的基本法规体系,标志着我国期货市场试点进入了法制的阶段,标志着期货市场的工作重心从过去的制止期货市场盲目发展转变为如何规范市场,标志着为市场监督管理和交易所依法自律提供了相应的要求和依据。[②]

2000年12月29日,中国期货业协会成立,作为"政府—协会—交易所"三级管理体系的重要组成部分,标志着我国期货市场的自律管理取得重要进展。

3. 规范发展阶段(2001年至今)

经过7年的整顿,我国期货市场逐渐走向成熟。2001年期货市场开始复苏,2002年保持稳步增长的势头,2003年出现加速发展的态势,至2010年进入全面快速发展阶段。2003年1月至10月,全国期货交易总量达到了8.12万亿,同比增长200%以上;2010年,全国期货交易总量达到了308.6万亿,同比增长136.51%。

市场规范化发展也表现在期货市场法律法规制度的不断完善上。2007年3月6日,国务院第489号令发布了《期货交易管理条例》,并于2007年4月15日起施行。《期货交易管理条例》是对原《期货交易管理暂行条例》的全面修订,在适用范围、风险控制、监管体制、国有企业参与期货交易规定、变相期货交易的认定等问题上有了新的变化。期货公司[③]监管方面,中国证监会于2001年9月5日发布了《证监会关于期货经纪公司营业部监管工作有关问题的通知》,此后又在2002年2月和5月先后修订了《期货经纪公司管理办法》、《期货经纪公司高级管理人员任职资格管理办法》。2003年1月颁布了新的《关于期货经纪公司接受出资有关问题的通知》,允许非银行金融机构和外商投资企业参股期货经纪公司,有利于期货经纪公司建立健全法人治理结构,扩大公司规模,壮大实力。[④] 2004年3月24日颁布了《期货经纪公司治理准则》,从设立、治理结构、经纪业务规则、日常监管等多方面对期货经纪公司提出了更高的要求。2007年4月9日颁布了《期货公司管理办法》,对原《期货经纪公司管理办法》作了全面修

---

① 2002年,中国证监会先后修订了《期货交易所管理办法》、《期货经纪公司管理办法》、《期货经纪公司高级管理人员任职资格管理办法》、《期货从业人员管理办法》,1999年颁布的四个办法同时废止。2007年4月和7月,中国证监会先后修订了《期货交易所管理办法》、《期货公司管理办法》、《期货公司董事、监事和高级管理人员任职资格管理办法》、《期货从业人员管理办法》,2002年修订的四个办法同时废止。

② 吴庆宝、江向阳主编:《期货交易民事责任——期货司法解释评述与展开》,中国法制出版社2003年版,第125—138页。

③ 对比1999年6月2日的《期货交易管理暂行条例》相关规定,可以看出2007年《期货交易管理条例》将"期货经纪公司"改称为"期货公司"。

④ 2005年4月,中国证监会发布《关于废止部分证券期货规章的通知(第五批)》,明令废止《关于期货经纪公司接受出资有关问题的通知》。

改,对金融期货经纪业务资格的申请条件、申请材料及其程序都作出了明确规定。2007年4月19日,中国证监会颁布了《期货公司金融期货结算业务试行办法、《期货公司风险监管指标管理试行办法》,6月发布了《关于印发〈期货公司财务监管报备表〉的通知》,要求期货经纪公司应按照新的会计准则进行账务处理。此后又于7月颁布了最新修订的《期货公司董事、监事和高级管理人员任职资格管理办法》。2009年8月17日,证监会正式发布《期货公司分类监管规定(试行)》,2009年9月1日起施行。该规定以期货公司风险管理能力为基础,结合公司市场影响力和持续合规状况,将期货公司分为AAA、AA、A、BBB、BB、B、CCC、CC、C、D、E等5类11个级别,进行分类监管。

在从业人员监管方面,中国证监会于2002年修订了《期货从业人员管理办法》,中国期货协会也于2003年5月23日发布了《期货从业人员执业行为准则》,对期货从业人员的职业品德、执业纪律、专业胜任能力及职业责任等方面提出了基本要求。2007年7月4日,中国证监会颁布了最新修订的《期货从业人员管理办法》并自公布之日起施行,此后中国期货协会于2008年4月30日发布了新修订的《期货从业人员执业行为准则》,对部分制度作了创新性设计。

在交易活动监管方面,为了提高交易效率,保证交易安全,中国证监会于2000年12月发布了《期货交易所、期货经营机构信息技术管理规范》,对期货交易所、期货经营机构的信息技术管理体系、硬件设施、软件环境、数据管理和技术事故的防范与处理等方面提出了明确要求。为了规范国有企业境外期货套期保值业务,有效防范和化解风险,中国证券监督管理委员会、国家经济贸易委员会、对外经济贸易合作部、国家工商行政管理总局和国家外汇管理局在2001年5月发布了《国有企业境外期货套期保值业务管理办法》,允许国有企业在符合特定条件的情况下经批准利用境外期货市场为其生产经营活动进行套期保值。中国证监会将根据企业的进出口商品种类和实际贸易量,确定其交易品种和最大期货交易量,由证监会核准其境外期货经纪机构和境外期货交易所。同年10月,中国证监会又发布了《国有企业境外期货套期保值业务管理制度指导意见》以具体实施该管理办法。2007年3月,国务院发布《期货交易管理条例》,规定国有企业及国有资产控股的企业进行境内外期货交易,仍然应当遵循套期保值的原则,但具体应当按照国务院国有资产监督管理机构关于企业国有资产进入期货市场的有关规定执行。

在交易纠纷处理方面,最高人民法院已先后于1995年和1997年发布了《印发〈关于审理期货纠纷案件座谈会纪要〉的通知》和《关于冻结、划拨证券或期货交易所证券登记结算机构、证券经营或期货经纪机构清算账户资金等问题的通知》。但是随着市场的深入发展,原有的规定已不能适应形势发展的需要。2003年6月18日,最高人民法院发布了《关于审理期货纠纷案件若干问题的规定》,从管辖、承担责任的主体、无效合同责任、交易行为责任、透支交易责任、强行平仓责任、实物交割责任、保证合约履行责任、侵权行为责任、举证责任、保全和执行等多个方面对期货市场的参与主体的民事责任作出了较为具体、明确的规定,具有较强的可操作性。2011 年 1 月 16 日,最高人民法院发布了《关于审理期货纠纷案件若干问题的规定(二)》,增加对期货交易所因履行职责引起的相关案件进行指定管辖的规定,对结算担保金等新兴交易结算财产的诉讼保全和执行,强化期货交易所、期货公司等期货市场主体司法义务等方面作了新的规定,进一步完善与期货市场相适应的司法配套环境。

(二) 金融期货市场

1. 外汇期货

1992 年,上海外汇调剂中心建立了我国第一个合法的外汇期货市场,进行人民币兑美元、日元、德国马克的汇率期货交易。但是交易一直不十分活跃,从开业到 1992 年底,共交易标准合约 10813 张,交易金额 21626 万美元。由于过度投机等违反外汇管理办法的现象屡禁不止,严重扰乱了我国外汇市场的正常秩序,上海外汇调剂中心于 1993 年停止了人民币汇率期货交易。由于各种原因的制约,我国外汇期货试点一年多就受到了比较严格的管制,基本上禁止了外汇投机交易。国家外汇管理局于 1993 年 4 月 21 日,发布了《关于加强外汇(期货)交易管理的通知》,规定:(1) 各地外汇管理分局要继续严肃查处辖内的非法交易、机构和非法交易行为,没收非法交易机构的非法经营收入,没收其从事非法交易活动的交易设备。(2) 外汇(期货)交易机构只能由中国人民银行设立,经营外汇(期货)业务必须经国家外汇管理局批准,并据批件到工商管理部门注册登记,其他任何部门均无权批准设立。非金融机构和未经国家外汇管理局批准经营外汇业务的金融机构不得擅自代客办理外汇(期货)交易、充当外汇(期货)交易的中介人(经纪人或经纪公司)。目前条件下,外汇(期货)交易只能由经中国人民银行批准设立,并经国家外汇管理局批准办理代客外汇买卖业务的金融机构办理。(3) 以前各地设立的外汇(期货)交易机构要立即停止办理外汇(期货)交易并限期进行登记和资格审查。对符合本通知要求,可以进行外汇(期货)交易的机构,要通过分局审查后报国家外汇管理局审批。对不符合本通知要求的外汇(期货)交易机构要限期进行清理。目前情况下,对私办理外汇(期货)交易仅限于在广州市、深圳市金融机构进行试点,其他地区的任何机构一律不得办理。(4) 金融机构办理外汇(期货)交易必须按照《金融机构代客户办理即期和远期外汇买卖管理规定》和《关于适当放开金融机构代客户办理外汇买卖业务的通知》及其他有关规定办理,并在业务发展和经营中强化服务意识,要以企业的进出口贸易支付和外汇保值为目的,不得引导企业和个人进行外汇投机交易,企业和个人的外汇(期货)交易必须是现汇交易,严禁以人民币资金为抵押办理外汇(期货)交易,严禁买空卖空的投机行为。1993 年 6 月 4 日,中国人民银行发布了《外汇期货业务管理试行办法》,对外汇期货经营机构的经营资格、管理、交易等方面作了详细的规定。1993 年 11 月国务院发布的《关于坚决制止期货市场盲目发展的通知》规定:“未经中国人民银行和国家外汇管理部门批准,一律不得从事金融期货业务和进行外汇期货交易。”1994 年 5 月国务院办公厅转发的国务院证券委员会《关于坚决制止期货市场盲目发展若干意见请示的通知》中也指出:“各交易所要以商品期货交易为主。对开办金融期货业务要严格控制;一律不得开展国内股票指数和其他各类指数的期货业务;从事人民币对外币的汇率期货业务的管理办法,由国家外汇管理局商证监会另行规定,规定下发前,任何机构不得开办该项业务。”“外汇指定银行和国家外汇管理局批准经营外汇业务的非银行金融机构,经国家外汇管理局和证监会审核批准,可利用境外外汇期货业务进行套期保值,但要接受国家外汇管理局和证监会的监督管理。”

然而,一些单位未经中国证监会和国家外汇管理局批准,也未在国家工商行政管理局登记注册,擅自从事外汇期货和外汇按金交易;有的境内单位和个人与境外不法分子相勾结,以期货咨询及培训为名,私自在境内非法经营外汇期货和外汇按金交易;有的以误导下单、私下对冲、对赌、吃点等欺诈手段,骗取客户资金;有的大量进行逃汇套汇活动,甚至卷走客户保证金潜逃,扰乱了金融管理秩序,造成了外汇流失,引起了大量经济纠纷。为此,1994 年 10 月,中国证监会、国家工商行政管理局、国家外汇管理局、公安部联合发布了《关于严厉查处非法外汇期货和外汇按金交易活动的通知》,规定:“凡未经中国证监会和国家外汇管理局批准,且未在国家工商行政管理局登记注册的金融机构、期货经纪公司及其他机构擅自开展外汇期货和外汇按金交易,属于违法行为;客户(单位和个人)委托未经批准登记的机构进行外汇期货和外汇按金交易,无论以外币或人民币作保证金也属违法行为。未经批准,擅自从事外汇期货和外汇按金交易的双方不受法律保护”,“未经批准,任何单位一律不得经营外汇期货和外汇按金交易”。1995 年 6 月,中国人民银行针对上海中信、中国石化联合公司等国有企业参与国际外汇期货交易遭受损失的教训,发出通知明令禁止国内金融机构随意开展境外衍生工具交易活动,并规定今后国内金融机构只有在符合外汇管理部门的规定并经国家外汇管理局批准的前提下,才能根据实际需要,适当开展境外避险性衍生工具交易。1996 年 3 月 27 日,中国人民银行和国家外汇管理局联合宣布《外汇期货业务管理试行办法》废止。

2. 国债期货

国债期货于 1992 年 12 月 28 日在上海证券交易所首次推出,包括 12 个品种的期货合约。[①] 由于受到国债现货市场及整个资本市场发展的限制，初期交易十分清淡。经过试点阶段后，1993 年 10 月 25 日上海证券交易所重新设计了国债期货合约品种、交易机制，此后市场得到逐步发展，到年底日成交额高达 800 亿元。随着参与期货交易的机构和个人投资者逐渐增加，交易规模逐步扩大，相继有北京、沈阳、武汉、广州、天津、大连、深圳等 13 个证券交易场所先后开办了国债期货交易，并形成了上海、深圳和武汉三足鼎立的格局。[②] 当时国债期货以现货品种为基础，因而国债期货的发展提高了国债的流动性，普及了国债知识，活跃了整个金融市场，有力地推动了国债的发行。但是由于期货交易法律法规还不健全，监管体制还没有理顺，国债期货的超前发展引发了过度投机、大户操纵、恶性炒作等严重的问题。

1995 年 2 月 23 日，国债期货出现了"327"事件[③]，对市场造成了巨大的冲击。中国证监会和财政部于当天颁布了《国债期货交易管理暂行办法》。至此，中国证监会才正式作为期货市场的监管机构开始对国债期货市场实施监管。此后中国证监会和财政部又接连发布《关于加强国债期货交易风险控制的紧急通知》、《关于落实国债期货交易保证金规定的紧急通知》、《关于要求各国债期货交易所进一步加强风险管理的通知》。但是这些措施并未起到有效防范风险的作用，不久之后，国债期货市场又遭遇了"319"事件[④]。1995 年 5 月 17 日，中国证监会发布了《关于暂停国债期货交易试点的紧急通知》，决定在全国范围内暂停国债期货交易的试点，曾经火爆一时的国债期货市场暂时画上了一个句号。

3. 股票指数期货

1993 年 3 月，海南证券交易中心推出了深圳股票指数期货。开市之后，由于投资者不了解这一新型的衍生工具，成交清淡。到当年 9 月，深圳平安保险公司福田证券部在开通了两天海南深圳股票指数期货后，出现了大户联手交易，打压股价指数的行为，宣布暂停交易。证监会认为海南证券交易中未经有关监管部门批准，擅自开展指数期货交易，违反了有关规定，且当时市场发展程度并不

① 即 1991 年 3 年期、1992 年 3 年期、1992 年 5 年期三个国债品种按照 3、6、9、12 月设置的 12 个合约。

② 杨玉川主编：《金融期货期权市场研究与策划》，经济管理出版社 2000 年版，第 238—239 页。

③ "327"事件：由于受新债发行消息和国债保值贴息传闻的影响，1995 年 2 月 23 日上海证券交易所国债期货市场价格直线上升。万国证券公司作为上海国债期货市场空方主力，其持有的国债 327 合约（1992 年 3 年期国债 1995 年 6 月交割）在 148.5 元的价位上封盘失控，行情大幅攀升，损失惨重。该公司主要负责人为了扭转巨额亏损，蓄意违规，大量抛出空单以打压价格，造成市场的极度混乱。从 23 日 16 时 22 分开始，万国公司在 327 合约上违规抛出上千万口的巨额空盘，将价格打压到 147.5 元收盘。7 分钟内 327 合约暴跌 3.8 元，致使多头全线爆仓，给市场带来巨大震荡。收市后，上交所认定尾市存在蓄意违规操作，宣布取消 16 时 22 分后 327 合约的成交部分。

④ "319"事件：1995 年 3 月 21 日，在国库券保值贴补率上升的情况下，319 合约（1992 年 5 年期国债 1995 年 12 月交割）出现连续三天的涨停板，少数单位仍然违规卖空。1995 年 5 月 11 日，辽宁国发集团违规联合 9 家空方打压 319 合约的价格，严重扰乱了市场秩序。

适合开展股指期货交易,遂于当年9月底全部平仓停止交易。

我国加入世界贸易组织后,金融市场将逐步开放。为了有效规避股市的系统性风险,缓解国内券商的经营压力,提高竞争力,同时也为保险资金、社保基金和企业年金等机构投资者提供有效的避险手段,我国有必要重新审视股票指数期货的积极作用,并在适当时机重启股票指数期货市场。我国股票市场经过十多年的发展,目前已经初具规模,市场化程度不断加深,为我国重新推出规范化的股票指数期货交易奠定了基础。

上海期货交易所和上海证券交易所都对股票指数期货的开发方案进行了研究。上海期货交易所副理事长武小强在出席瑞士期货与期权协会第25届年会时表示,上海期货交易所正在拓展交易产品的范围,并打算在近期内推出金融期货交易,将交易品种扩大至国债期货及股指期货。[①] 上海期货交易所在2000年年初成立股指期货的课题组,并于2002年6月底基本完成对股指期货的研究开发。上海期交所在方案设计、合约开发、规则制订、交易系统和人才准备等方面做了大量前期工作,《关于开展股指期货交易的申请》也已上报中国证监会。[②] 上海证券交易所也于1999年推出了股指期货研究报告,在认真分析股指期货推出的政策环境、法律环境、技术环境以及市场环境之后,提出了优先推出指数期货的发展目标,并设计了具体的合约、交易方式、运作模式。2004年11月,上海证券交易所宣布重新启动股票指数期货的开发,并成立由专家组成的项目小组。2005年4月8日,沪深300指数正式发布。2006年9月8日,经国务院同意证监会批准中国金融期货交易所(CFFE)在上海成立,此为我国成立的首家金融衍生品交易所。筹备沪深300指数期货的合约设计、规则制定以及股指期货挂牌交易的各项技术系统建设。2007年4月15日,《期货交易管理条例》正式施行,金融期货终获"准生证",至此,股指期货上市的法律障碍彻底清除。2007年8月13日,股票期现跨市场监管协作制度建立。当日,在中国证监会统一部署和协调下,上海证券交易所、深圳证券交易所、中国金融期货交易所、中国证券登记结算公司和中国期货保证金监控中心公司(下称"五方")在上海签署了股票市场和股指期货市场跨市场监管协作系列协议,标志着证券、期货监管系统内关于股票和股指期货市场跨市场监管协作制度的正式建立。为了促进我国资本市场的稳定健康发展,丰富证券交易方式,国务院于2010年初同意推出股指期货品种,以实现股指期货市场功能,发挥股指期货风险管理和价格发现的作用,而在中国证监会于2010年1月12日正式批复同意中国金融期货交易所开展股指期

---

① 陈里:《银行资金入市催生股指期货上市》,载《投资与证券》2004年第12期。

② 《金融衍生品市场有望在上海起步》,http://www.qhrb.com.cn/p/h/2002/08/qhar01254/view?searchterm=金融衍生品市场有望在上海起步,2004年12月10日访问。

货交易后，证监会便统筹股指期货上市前的各项准备工作，包括发布股指期货投资者适当性制度、明确金融机构的准入政策、审批股指期货合约以及培训证券公司中间介绍业务和中国金融期货交易所接受投资者开户等工作，以确保股指期货平稳推出。[①] 2010 年 4 月 16 日，首批四个沪深 300 股指期货合约在中国金融期货交易所正式挂牌交易。

（三）场外金融衍生品交易

1988 年 2 月，国家外汇管理局发布了《金融机构代客户办理即期和远期外汇买卖管理规定》，指出："经国家外汇管理局或者其分局批准，客户可以委托中国银行或者经国家外汇管理局批准的其他金融机构代理买卖即期和远期外汇。"[②]1993 年 2 月 1 日，国家外汇管理局又颁布了《关于适当放开金融机构代客户办理外汇买卖业务的通知》，规定经国家外汇管理局及其分局批准，企事业单位自有的外汇现汇，可委托有权经营外汇买卖业务的金融机构，办理即期或远期外汇买卖，以达到外汇保值的目的。1993 年 4 月 15 日，国家外汇局再次发布《关于金融机构办理自营外汇买卖业务的管理规定》，允许获准经营外汇业务的银行和其他金融机构均可以进行自营远期外汇买卖。1995 年 3 月 29 日，中国人民银行发布《关于禁止金融机构随意开展境外衍生工具交易业务的通知》，规定国内金融机构一律不得开展投机性境外衍生工具交易业务，国内金融机构在符合外汇管理部门有关规定并经国家外汇管理局核准的前提下，可根据实际需要适当进行避险性境外衍生工具交易。[③]

此外，我国还开展了"人民币远期结售汇"业务。所谓"远期结售汇业务"，是指外汇指定银行与境内机构协商签订远期结售汇合同，约定将来办理结汇或售汇的外汇币种、金额、汇率和期权；到期外汇收入或支出发生时，即按照该远期结售汇合同订明的币种、金额、汇率办理结汇或售汇，是一类外汇远期合约。远期结售汇业务不仅可以为企业提供保值手段，有效降低风险，还丰富了外汇交易品种，为中央银行调控汇率又提供了一个途径。根据中国人民银行发布的《结汇、售汇及付汇管理规定》（1996 年 6 月 20 日）、《外资银行结汇、售汇及付汇业务实施细则》（已于 1996 年 6 月 18 日修正）、《外汇指定银行办理结汇、售汇业务管理暂行办法》（2002 年 11 月 16 日）的规定，远期支付合同或者偿债协议的法人用汇单位为避免汇率风险，可以委托经批准的外汇指定银行办理人民币与

---

① 强力、王志诚：《中国金融法》，中国政法大学出版社 2010 年版，第 408 页。

② 下列两种情况除外：（一）获准经营外汇业务的专业银行和金融机构以及外商投资企业，对其自有和自筹的外汇资金，可以自行在国际金融市场上买卖即期或者远期外汇，也可以委托指定的金融机构代理买卖。（二）前项规定以外的其他客户向中国境内外筹借的现汇和获准接受的捐赠外汇，经批准在中国境内金融机构开户存储现汇的，可凭其对外签订的贸易合同或者其他经济协议径行委托指定的金融机构代理买卖即期或者远期外汇。

③ 宁敏：《国际金融衍生交易法律问题研究》，中国政法大学出版社 2002 年版，第 394—397 页。

外汇的远期买卖及其他保值业务。1997年,中国人民银行首先授权中国银行开办该业务。2003年4月中国建设银行、中国工商银行和中国农业银行经过充分准备之后开始经营远期结售汇业务。2003年12月修改的《商业银行法》中规定经中国人民银行批准,商业银行可以经营结售汇业务。2005年8月2日,中国人民银行下达了《关于扩大外汇指定银行对客户远期结售汇业务和开办人民币与外币掉期业务有关问题的通知》,以更好地促进并规范远期结售汇业务和掉期业务。

在正式成为世界贸易组织成员以后,我国金融开放和金融深化的程度不断提高。随着外资银行的进入,中、外资银行在开拓市场、争夺客户方面的竞争日趋激烈,以银行为主的金融机构越来越多地通过衍生品交易规避风险和增加收入。目前,我国境内的外资银行大都开办了衍生产品业务,部分中资商业银行也已经涉足衍生产品交易业务。由于金融机构开办衍生产品交易业务所受的约束大多散见于中国人民银行、国家外汇管理局发布的各类外汇管理规定中,不利于金融机构对衍生产品交易业务实行有效的风险管理,也不利于监管部门实施审慎监管。为此,中国银行业监督管理委员会于2004年2月4日发布了《金融机构衍生产品交易业务管理暂行办法》(以下简称《办法》),以切实有效控制金融机构从事衍生产品交易的风险。《办法》从衍生产品定义和金融机构衍生产品交易业务分类、市场准入管理、风险管理和监管、对违规行为的处罚等几个方面对金融机构从事衍生产品交易作出了规定。由于我国金融业还处于分业经营、分业监管的格局之下,尚未实现资本项目可兑换、本外币之间的衍生交易仅限于国有商业银行试办的远期结售汇业务,《办法》规定:“中国银行业监督管理委员会是金融机构从事衍生产品交易业务的监管机构”,“非金融机构不得向客户提供衍生产品交易服务”,“金融机构从事与外汇、股票和商品有关的衍生产品交易以及场内衍生产品交易,应遵守国家外汇管理及其他相关规定”。① 为控制交易风险,确保金融安全,《办法》规定了以下两点监管要求:一是严格限定金融机构衍生产品交易业务的市场准入资格和报批程序;二是要求金融机构建立完善的内控机制,提高风险管理能力。②《办法》是我国第一部针对衍生产品交易的系统监管法规,对银行业金融机构规范开展衍生品交易,控制风险有重要意义。中国银行业监督管理委员会于2007年7月3日发布了《中国银行业监督管理委员会关于修改〈金融机构衍生产品交易业务管理暂行办法〉的决定》,对原《办法》进行了修订。此后又于2011年1月5日颁布了《银行业金融机构衍生产品交易业务管理办法》(以下简称新《办法》),以推动银行业金融机构衍生产品业

① 《规范业务管理,控制金融风险——解读金融机构衍生产品交易业务管理暂行办法》,载《中国金融》2004年5月,第42—44页。

② 《中国银行业监督管理委员会有关部门负责人就发布实施〈金融机构衍生产品交易业务管理暂行办法〉答记者问》,http://www.cbrc.gov.cn/,2004年4月15日访问。

务的创新与发展，提高银行业金融机构衍生产品业务的风险管理水平。新《办法》对以下六方面内容进行了修订：第一，初步建立衍生产品交易业务的分层次市场准入机制；第二，完善原有的事前准入、事中持续监督、事后补偿资本的全流程监管体系，以及账户划分、资本计提等审慎资本监管制度；第三，建立衍生品交易风险暴露指导性上限；第四，禁止银行业金融机构从事无限风险的产品以及再衍生产品等高杠杆业务；第五，明确客户业务中的“简单、透明、实需”原则；第六，进一步完善衍生产品交易业务的法律风险、操作风险、交易对手信用风险等方面的管理制度。[①]

二、我国金融衍生品市场的发展趋势

20 世纪 90 年代以来，金融衍生品市场在世界范围内得到大力发展。全球经济、金融一体化的发展趋势也必然会将我国融入这一潮流之中。90 年代初，我国开展了商品期货交易以及外汇期货、国债期货、股指期货等金融衍生品交易的试点。虽然商品期货发展历经坎坷，金融期货试点最终宣告失败，但是这一经历留给了我们宝贵的经验和教训。在我国正式加入世界贸易组织以后，国门将进一步打开，我国经济必须遵守国际市场的游戏规则，这一方面会加速我国经济融入国际社会，另一方面也意味着我国经济必须做好应对潜在风险的准备，以迎接国际市场的挑战。此外，随着市场经济体制的确立和逐渐完善，金融改革的进一步深化，银行商业化、资金商品化、利率市场化、资产证券化将不可逆转，市场风险、利率风险、汇率风险等风险因素将不可避免地摆在我国市场经济参与者和管理者面前。为了积极推进我国金融期货及其衍生品的开发和交易，我国计划设立金融期货交易所。至 2006 年 7 月，金融期货交易所筹备小组的工作已经基本完成，有关金融机构参与股指期货的交易规则、风险管理、结算和清算制度、合约设计方案等都已基本成型，金融期货交易所的正式挂牌指日可待。目前的国际经济大环境以及我国自身的发展需求等各种因素都要求我国加快发展和完善金融衍生品市场，努力把我国的金融衍生产品市场建成一个国际市场，成为一个新的定价中心，争取掌握定价发言权。2006 年 1 月以来，中国人民银行推出了一系列的金融衍生品交易试点及规定，包括开展人民币、美元货币掉期业务和人民币利率互换交易试点，并积极筹建金融期货交易所，体现了央行对发展我国金融衍生品市场的高度重视。我国金融衍生品市场的发展趋势有：

首先，法规和政策环境在今后一段时期内将随着我国经济体制改革的深化得到进一步改善。2003 年 10 月，党的第十六届三中全会通过了《中共中央关于

---

① 《中国银行业监督管理委员会有关部门负责人就发布实施〈银行业金融机构衍生产品交易业务管理办法〉答记者问》，http://www.cbrc.gov.cn/，2011 年 2 月 12 日访问。

完善社会主义市场经济体制若干问题的决定》,明确指出要“大力发展资本和其他要素市场”,“稳步发展期货市场”,将期货市场的发展纳入到“建设统一开放竞争有序的现代市场体系”之中。[①] 这表明我国对期货等金融衍生品市场的重要意义有了更深层次的认识。以党中央的指导意见为基础,我国期货和金融衍生品市场的法律法规建设取得了重大突破,2003 年至 2011 年 2 月间,最高人民法院出台了《关于审理期货纠纷案件若干问题的规定》、《关于审理期货纠纷案件若干问题的规定(二)》,中国证监会出台、修订了《关于期货经纪公司接受出资有关问题的通知》、《期货经纪公司治理准则》、《期货交易管理条例》、《期货公司管理办法》等规章制度,中国银行业监督管理委员会先后出台了《金融机构衍生产品交易业务管理暂行办法》、《银行业金融机构衍生产品交易业务管理办法》等有关金融衍生品交易的规章制度,对相关问题作出了规定,在一定程度上完善了我国金融衍生品交易法制体系,适应了我国金融衍生品市场的发展。可以预见,随着金融改革的有序推进,我国金融衍生品法律法规将逐步完善。

其次,产品创新不断加速。随着我国经济的发展,市场化程度的提高以及金融行业对外开放规模的扩大,我国市场经济主体对风险管理的需求将大大增加,但是由于我国金融市场规模较小,结构比较单一,企业选择和运用金融衍生品的选择余地很小,这与我国经济的国际化趋势是不相吻合的。目前我国经济市场化改革已经取得阶段性成果,金融深化程度不断提高,宏观经济调控和金融监管体系日趋健全和完善,已经初步具备了发展金融衍生品的宏观经济基础。目前,经中国证券业监督管理委员会批准可以在期货市场上交易的种类除了部分农产品和生产数据外,还有以各类指数为标的的股指期货以及股指期权产品。[②] 随着金融市场发展的逐渐平衡,容量的不断扩大,利率、汇率市场化的实现,以及市场规范化水平的提高,我国金融衍生品将得到逐步开发,逐渐形成一个完整的衍生产品体系。

最后,国际合作,尤其在监管方面将得到加强。在世界经济一体化的潮流下,借助先进的科学技术,金融衍生品交易早已突破了一国的界限,实现全球范围内的运作。我国期货行业、银行业等将进一步加强与外国同行的交流,引进先进理念,探索合作途径,促进市场开放,提高市场的国际化程度,以吸引外国投资者。对于金融监管机构而言,为了克服一国规制的种种弊端和缺陷,将会进一步开展国际合作,如与外国相关机构签署信息资源共享协议,与外国政府开展合作监管,积极参与相关国际组织,并参照其标准制定我国的金融衍生品交易业务的相关规则,从而提高监管效率,实现监管目标。

---

① 陈晗:《中国期货市场 2003 年发展特点与 2004 年展望》,载《上海投资》2004 年 3 月。

② 强力、王志诚:《中国金融法》,中国政法大学出版社 2010 年版,第 414 页。

第四节　我国期货法律制度

一、期货交易与期货法律制度概述

1. 期货交易的概念

期货交易是一种集中交易标准化远期合约的交易形式，即参加期货买卖的交易各方依法缴纳保证金后，委托经纪人，在期货交易所内买卖期货合约[①]，并根据合约规定的条款，约定在未来某一特定的时间和地点，以某一特定价格买卖某一特定数量和质量的商品的交易行为。

2. 期货交易的特征

（1）交易的集中化。期货交易各方买卖期货合约的地点是有限制的，一般不允许直接交易或场外交易，必须在期货交易所内以集中公开竞价的方式，按照时间优先、价格优先的原则进行。

（2）合约标准化。期货交易是通过买卖期货合约进行的。为了便于转手，期货合约中除了价格条款以外的其他条款都是标准化合约条款，即商品的数量、规格、交割时间、地点和方式、最小价格变动幅度等都已经事先在合约中规定，买卖双方只需要对价格进行商议，无需对其他条款另行商定。期货合同条款标准化，可以大大节省交易成本，提高交易效率。这是期货合同之所以能够多次转手的重要条件之一，也是期货合同与远期合约相区别的重要标准。

（3）双向交易和对冲机制。与现货交易只能先买后卖不同，期货买卖实行双向交易，即期货交易可以"买空卖空"[②]。对冲机制也是期货市场的一种重要交易方式，对冲又称为平仓[③]，是指通过买入或者卖出期货合约取得一个与交易者最初建仓时所持有的交易头寸数量相同，方向相反的交易部位，从而达到免除交易者在合约到期时进行实物交割的履约责任。通俗地说就是建仓时买入合约的，就通过卖出合约来平仓；建仓时卖出合约的，就通过买入合约平仓。例如，期货交易者在6月买入两张约定在12月交割的棉花期货合约，10月他又在同一市场上卖出两张内容相同的棉花期货合约，则他在该期货市场上的净仓位为零。

---

① 我国《期货交易管理条例》第85条第1项将期货合约定义为"由期货所统一制定的、规定在将来某一特定的时间和地点交割一定数量标的物的标准化合约。根据合约标的物的不同，期货合约分为商品期货合约和金融期货合约。商品期货合约的标的物包括农产品、工业品、能源和其他商品及其相关指数产品；金融期货合约的标的物包括有价证券、利率、汇率等金融产品及其相关指数产品。"

② "买空"又称作"多头交易"，是指期货交易者可以买入期货合约开始期货交易，业内也叫做买入建仓。"卖空"也称作"空头交易"，是指期货交易者可以卖出期货合约开始进行期货交易，业内称为卖出建仓。

③ 我国《期货交易管理条例》第85条第6项将平仓定义为"期货交易者买入或者卖出与其所持合约的品种数量和交割月份相同但交易方向相反的合约，了结期货交易的行为。"

期货市场中绝大多数期货合约都是以这种方式平仓了结的,只有不到10%的期货合约最终是通过合约到期时进行实物交割来履约的。

(4) 期货商品具有特殊性。由于期货合约是标准化合同,其中对商品的规格进行了明确的划分,加之从合约的成交起到实物交割完成要经过相当长一段时期,所以进入期货市场交易的商品具有特殊性。首先必须是交易量大、价格容易波动的商品;其次必须是标准化的种类物,易于分级;最后必须是可以耐久储存,不易变质的商品。

(5) 杠杆作用较强。期货交易实行保证金制度,交易者只需要缴纳少量保证金,通常是成交合约价值的5%—10%左右,即可进场交易。交易者用较小的资金成本便可进行较多的投资。杠杆作用使期货交易具有以小搏大的特点,从而使得期货交易高收益与高风险并存。

(6) 实物交割率低。交易者从事期货交易的最终目的并不是希望获得商品所有权,而是希望借助于期货市场来套期保值或者投机获利。加上期货交易的对冲机制,所以期货交易中待合约到期后以实物交割方式履约只占很小比例。

二、期货市场组织结构

(一) 期货交易所

期货交易所是为期货交易提供场所、设施和其他相关服务的非营利性法人。《期货交易所管理办法》[①]第3条规定:“期货交易所是指依照《期货交易管理条例》和本办法规定设立,不以营利为目的,履行《期货交易管理条例》和本办法规定的职责,按照章程和交易规则实行自律管理的法人。”

《期货交易管理条例》第7条规定:“期货交易所不以营利为目的,按照其章程的规定实行自律管理。期货交易所以其全部财产承担民事责任。期货交易所的负责人由国务院期货监督管理机构任免。”

期货交易所在组织形式上有公司制和会员制两种模式。公司制交易所是以股份有限公司或者有限责任公司的形式设立的企业法人,其特点为投资者是交易所的股东,而交易所会员只是交易商。会员制交易所是由会员共同出资成立的非营利性经济组织,其特点是交易所的建设和营运资本由会员以缴纳会费的形式筹集,交易所收入有节余时,会员不享有回报的权利,而当交易所出现亏空时,会员必须以增加会费的形式承担,会员互相之间享有同等的权利和义务。[②]目前世界上绝大多数交易所采用会员制。

---

① 2007年3月28日中国证券监督委员会发布了修订的《期货交易所管理办法》,自2007年4月15日生效,2002年修订的《期货交易所管理办法》同时废止。

② 李明良:《期货法》,人民法院出版社1999年版,第51—52页。

我国现有的上海、郑州和大连三家期货交易所都实行会员制，而中国金融期货交易所实行的是公司制，这是中国期货交易所组织结构的创新。为此，《期货交易管理条例》相应作出调整，于第 7 条规定期货交易所不以营利为目的，承认中国金融期货交易所“公司制”下会员结构的合法性。[①]《期货交易所管理办法》第 4 条规定：“经中国证券监督管理委员会（以下简称中国证监会）批准，期货交易所可以采取会员制或者公司制的组织形式。会员制期货交易所的注册资本划分为均等份额，由会员出资认缴。公司制期货交易所采用股份有限公司的组织形式。”

根据《期货交易管理条例》第 8 条规定，期货交易所会员应当是在中华人民共和国境内登记注册的企业法人或者其他经济组织。期货交易所可以实行会员分级结算制度。实行会员分级结算制度的期货交易所会员由结算会员和非结算会员组成。结算会员的结算业务资格由国务院期货监督管理机构批准。国务院期货监督管理机构应当在受理结算业务资格申请之日起 3 个月内做出批准或者不批准的决定。取得期货交易所会员资格，应当经期货交易所批准，期货交易所批准、取消会员的会员资格，应当向中国证监会报告。

1. 期货交易所的职责

根据《期货交易管理条例》的规定，期货交易所履行下列职能：（1）提供期货交易的场所、设施和服务；（2）设计合约、安排合约上市；（3）组织并监督交易、结算和交割；（4）保证合约的履行；（5）按照章程和交易规则对会员进行监督管理；（6）国务院期货监督管理机构规定的其他职责。同时，期货交易所不得直接或间接参与期货交易。未经国务院期货监督管理机构审核并报国务院批准，期货交易所不得从事信托投资、股票投资、非自用不动产投资等与其职责无关的业务。《期货交易所管理办法》还规定，期货交易所除履行《期货交易管理条例》规定的职责外，还应当履行下列职责，包括：（1）制定并实施期货交易所的交易规则及其实施细则；（2）发布市场信息；（3）监管会员及其客户、指定交割仓库、期货保证金存管银行及期货市场其他参与者的期货业务；（4）查处会员违规行为。除此以外，在期货交易过程中，出现地震、水灾、火灾等不可抗力或者计算机系统故障等不可归责于期货交易所的原因导致交易无法正常进行；或者会员出现结算、交割危机，对市场正在产生或者即将产生重大影响；或者出现期货价格同方向连续涨跌停板时，期货交易所采用调整涨跌停板幅度、提高交易保证金标准及按一定原则减仓等措施后仍未化解风险；或者期货交易所交易规则及其实施细则中规定的其他情形，期货交易所可以宣布进入异常情况，采取紧急措施化解风险。期货交易所宣布进入异常情况并决定采取紧急措施前应当报告

① 强力、王志诚：《中国金融法》，中国政法大学出版社 2010 年版，第 418 页。

中国证监会。

2. 期货交易所的设立、变更和解散

(1) 期货交易所的设立

期货交易所的设立须经过国务院期货监督管理机构的审查批准。《期货交易管理条例》规定,设立期货交易所,由国务院期货监督管理机构批准。未经国务院期货监督管理机构批准,任何单位或者个人不得设立期货交易所或者以任何形式组织期货交易及其相关活动。

设立期货交易所应遵循相应的程序。

首先,发起人代表或理事会应当向国务院期货监督管理机构提出申请。根据《期货交易所管理办法》,申请设立期货交易所,应当向中国证监会提交下列文件和材料:申请书;章程和交易规则草案;期货交易所的经营计划;拟加入会员或股东名单;理事会成员候选人或者董事会和监事会成员名单及简历;拟任用高级管理人员的名单及简历;场地、设备、资金证明文件及情况说明;中国证监会要求的其他文件、材料。其中,期货交易所章程应当载明设立目的和职能;名称、住所和营业场所;注册资本及其构成;营业期限;组织机构的组成、职责、任期和议事规则;管理人员的产生、任免及其职责;基本业务制度;风险准备金管理制度;财务会计、内部控制制度;变更、终止的条件、程序及清算办法;章程修改程序;需要在章程中规定的其他事项。会员制期货交易所章程还应当载明下列事项:会员资格及其管理办法;会员的权利和义务;对会员的纪律处分。期货交易所交易规则应当载明期货交易、结算和交割制度;风险管理制度和交易异常情况的处理程序;保证金的管理和使用制度;期货交易信息的发布办法;违规、违约行为及其处理办法;交易纠纷的处理方式;需要在交易规则中载明的其他事项。公司制期货交易所还应当在交易规则中载明会员资格及其管理办法;会员的权利和义务;对会员的纪律处分。

其次,国务院期货监督管理机构应当自收到期货交易所设立申请文件之日起在法定期限内做出是否批准的决定,并书面通知申请人。对不予批准的应书面说明理由。

最后,经选举产生的理事会或董事会持国务院期货监督管理机构的批准文件和其他文件向登记机关申请设立登记。登记机关在申请后的法定期限内做出准予或不予登记的决定。法人登记执照签发之日即为期货交易所成立之日。

(2) 期货交易所的变更和解散

期货交易所成立以后就一些重大事项的变更,应事先经过国务院期货监督管理机构的批准。根据《期货交易管理条例》和《期货交易所管理办法》,期货交易所办理下列事项,应当经国务院期货监督管理机构批准:制定或者修改章程、业务规则;上市、中止、取消或者恢复交易品种;上市、修改或者终止合约;变更名称、注册资本、住所或者营业场所；合并、分立或者解散；国务院期货监督管理机构规定的其他事项。国务院期货监督管理机构批准期货交易所上市新的交易品种，应当征求国务院有关部门的意见。

期货交易所的合并可采取两种形式：一是吸收合并，即两个以上的交易所合并时，其中一个交易所继续存在，其余交易所消灭的合并；二是新设合并，指两个以上的交易所合并时，设立一个新的期货交易所，原各期货交易所均宣告终止。期货交易所的合并、分立或者联网交易等，由中国证监会审批。期货交易所可以采取吸收合并和新设合并两种方式，合并前各方的债权、债务，由合并后存续或者新设的期货交易所承继。期货交易所分立的，其债权、债务由分立后的期货交易所承继。

期货交易所的解散是使期货交易所丧失法人资格的法定原因已经产生，而应逐渐终止交易所的权利和义务的行为。《期货交易所管理办法》规定，期货交易所因下列情形之一解散：① 章程规定的营业期限届满；② 会员大会或股东大会决定解散；③ 中国证监会决定关闭。期货交易所因前述第①项、第②项情形解散的，由中国证监会批准。期货交易所因合并、分立或者解散而终止的，由中国证监会予以公告。期货交易所终止的，应当成立清算组进行清算。清算组制定的清算方案，应当报中国证监会批准。

3. 会员制期货交易所的组织机构

(1) 会员大会

会员大会是由全体会员组成的，决定期货交易所一切重大事项的最高权力机构。会员通过会员大会表达自己的意愿，决定交易所的重大事项，实现全体会员的自治自律。根据《期货交易所管理办法》，会员大会行使下列职权：① 审定期货交易所章程、交易规则及其修改草案；② 选举和更换会员理事；③ 审议批准理事会和总经理的工作报告；④ 审议批准期货交易所的财务预算方案、决算报告；⑤ 审议期货交易所风险准备金使用情况；⑥ 决定增加或者减少期货交易所注册资本；⑦ 决定期货交易所的合并、分立、解散和清算事项；⑧ 决定期货交易所理事会提交的其他重大事项；⑨ 期货交易所章程规定的其他职权。

会员大会由理事会召集，一般情况下每年召开一次。有下列情形之一的，应当召开临时会员大会：① 会员理事不足期货交易所章程所规定人数的 2/3 时；② 1/3 以上会员联名提议时；③ 理事会认为必要时。会员大会由理事长主持。理事长因特殊原因不能履行职权时，由理事长指定的副理事长或者理事代其履行职权。召开会员大会，应当将会议审议的事项于会议召开 10 日以前通知会员。临时会员大会不得对通知中未列明的事项作出决议。会员大会必须有 2/3 以上会员参加方为有效。会员大会应当对表决事项制作会议纪要，由出席会议的理事签名。会员大会结束之日起 10 日内，期货交易所应当将大会全部文件报中国证监会。

（2）理事会

理事会是会员大会的常设管理执行机构，对会员大会负责。根据《期货交易所管理办法》的规定，理事会行使下列职权：召集会员大会，并向会员大会报告工作；拟定期货交易所章程、交易规则及其修改草案，提交会员大会审定；审议总经理提出的财务预算方案、决算报告，提交会员大会通过；审议期货交易所合并、分立、解散和清算的方案，提交会员大会通过；决定专门委员会的设置；决定会员的接纳和退出；决定对违规行为的纪律处分；决定期货交易所的变更名称、住所或者营业场所；审议批准根据章程和交易规则制定的细则和办法；审议结算担保金的使用情况；审议批准风险准备金的使用方案；审议批准总经理提出的期货交易所发展规划和年度工作计划；审议批准期货交易所对外投资计划；监督总经理组织实施会员大会和理事会决议的情况；监督期货交易所高级管理人员和其他工作人员遵守国家有关法律、行政法规、规章、政策和期货交易所章程、业务规则及其实施细则的情况；组织期货交易所年度财务会计报告的审计工作，决定会计师事务所的聘用和变更事项；期货交易所章程规定和会员大会授予的其他职权。

理事会由会员理事和非会员理事组成，其中会员理事由会员大会选举产生，非会员理事由中国证监会委派。理事会设理事长 1 人、副理事长 1 至 2 人。理事长、副理事长由中国证监会提名，理事会通过。理事长不得兼任总经理。理事长行使下列职权：主持会员大会、理事会会议和理事会日常工作；组织协调专门委员会的工作；检查理事会决议的实施情况并向理事会报告。副理事长协助理事长工作，理事长因故临时不能履行职权时，由理事长指定的副理事长或者理事代其履行职权。理事会可以根据需要设立监察、交易、结算、交割、会员资格审查、调解、财务、技术等专门委员会，其职责、任期和人员组成等事项由理事会规定，各专门委员会对理事会负责。

理事会会议至少每半年召开 1 次。每次会议应当于会议召开 10 日前通知全体理事。有下列情形之一的，应当召开理事会临时会议：中国证监会提议；1/3 以上理事联名提议；期货交易所章程规定的情形。理事会召开临时会议，可以另定召集理事会临时会议的通知方式和通知时限。理事会会议须有 2/3 以上理事出席方为有效，其决议须经全体理事 1/2 以上表决通过。理事会会议结束之日起 10 日内，理事会应当将会议决议及其他会议文件报中国证监会。理事会会议，应当由理事本人出席。理事因故不能出席的，应当以书面形式委托其他理事代为出席；委托书中应当载明授权范围。每位理事只能接受一位理事的委托。理事会应当对会议表决事项作成会议记录，由出席会议的理事和记录员在会议记录上签名。

（3）总经理

期货交易所设总经理1人，副总经理若干人。总经理、副总经理由中国证监会任免。总经理每届任期3年，连任不得超过两届。总经理是期货交易所的法定代表人，总经理是当然理事。总经理行使下列职权：组织实施会员大会、理事会通过的制度和决议；主持期货交易所的日常工作；根据章程和交易规则拟定有关细则和办法；决定结算担保金的使用；拟订风险准备金的使用方案；拟定并实施经批准的期货交易所发展规划、年度工作计划；拟订并实施经批准的期货交易所对外投资计划；拟定期货交易所财务预算方案、决算报告；拟定期货交易所合并、分立、解散和清算的方案；拟定变更名称、住所或者营业场所的方案；决定期货交易所机构设置方案，聘任和解聘工作人员；决定期货交易所员工的工资和奖惩；期货交易所章程规定的或者理事会授予的其他职权。总经理因故临时不能履行职责时，由总经理指定的副总经理代其履行职责。

为保证期货交易所的理事、总经理和其他高级管理人员、财务会计人员能够遵纪守法，忠诚履行其职责，有关法规对上述人员的任职资格做出了规定。根据《期货交易管理条例》第9条的规定，有《公司法》第147条规定的情形或者下列情形之一的，不得担任期货交易所的负责人、财务会计人员：（1）因违法行为或者违纪行为被解除职务的期货交易所、证券交易所、证券登记结算机构的负责人，或者期货公司、证券公司的董事、监事、高级管理人员，以及国务院期货监督管理机构规定的其他人员，自被解除职务之日起未逾5年；（2）因违法行为或者违纪行为被撤销资格的律师、注册会计师或者投资咨询机构、财务顾问机构、资信评级机构、资产评估机构、验证机构的专业人员，自被撤销之日起未逾5年。

期货交易所任免中层管理人员，应当在决定之日起10日内向中国证监会报告。

4．公司制期货交易所的组织机构

（1）股东大会

股东大会是期货交易所的权力机构，由全体股东组成。根据《期货交易所管理办法》第37条的规定，股东大会行使下列职权：① 审定期货交易所章程、交易规则及其修改草案；② 审议批准期货交易所的财务预算方案、决算报告；③ 决定期货交易所的合并、分立、解散和清算事项；④ 选举和更换非由职工代表担任的董事、监事；⑤ 审议批准董事会、监事会和总经理的工作报告；⑥ 决定期货交易所董事会提交的其他重大事项；⑦ 期货交易所章程规定的其他职权。股东大会会议的召开及议事规则应当符合期货交易所章程的规定。会议结束之日起10日内，期货交易所应当将会议全部文件报告中国证监会。

（2）董事会

期货交易所设董事会，每届任期3年。董事会对股东大会负责，根据《期货交易所管理办法》行使下列职权：召集股东大会会议，并向股东大会报告工作；拟订期货交易所章程、交易规则及其修改草案，提交股东大会审定；审议总经理提出的财务预算方案、决算报告，提交股东大会通过；审议期货交易所合并、分立、解散和清算的方案，提交股东大会通过；监督总经理组织实施股东大会和董事会决议的情况；决定专门委员会的设置；决定会员的接纳和退出；决定对违规行为的纪律处分；决定期货交易所变更名称、住所或者营业场所；审议批准根据章程和交易规则制定的细则和办法；审议结算担保金的使用情况；审议批准风险准备金的使用方案；审议批准总经理提出的期货交易所发展规划和年度工作计划；审议批准期货交易所对外投资计划；监督期货交易所高级管理人员和其他工作人员遵守国家有关法律、行政法规、规章、政策和期货交易所章程、交易规则及其实施细则的情况；组织期货交易所年度财务会计报告的审计工作，决定会计师事务所的聘用和变更事项；期货交易所章程规定和股东大会授予的其他职权。

期货交易所设董事长1人，副董事长1至2人。董事长、副董事长的任免，由中国证监会提名，董事会通过。董事长不得兼任总经理。董事长行使下列职权：主持股东大会、董事会会议和董事会日常工作；组织协调专门委员会的工作；检查董事会决议的实施情况并向董事会报告。副董事长协助董事长工作。董事长因故临时不能履行职权的，由董事长指定的副董事长或者董事代其履行职权。董事会可以根据需要设立监察、交易、结算、交割、会员资格审查、纪律处分、调解、财务和技术等专门委员会。各专门委员会对董事会负责，其职责、任期和人员组成等事项由董事会规定。

董事会会议的召开和议事规则应当符合期货交易所章程的规定。董事会会议结束之日起10日内，董事会应当将会议决议及其他会议文件报告中国证监会。期货交易所应当设独立董事。独立董事由中国证监会提名，股东大会通过。期货交易所可以设董事会秘书。董事会秘书由中国证监会提名，董事会通过。董事会秘书负责期货交易所股东大会和董事会会议的筹备、文件保管以及期货交易所股东资料的管理等事宜。

（3）总经理

期货交易所设总经理1人，副总经理若干人。总经理、副总经理由中国证监会任免。总经理每届任期3年，连任不得超过两届。总经理是期货交易所的法定代表人，应当由董事担任。总经理行使下列职权：组织实施股东大会、董事会通过的制度和决议；主持期货交易所的日常工作；根据章程和交易规则拟订有关细则和办法；决定结算担保金的使用；拟订风险准备金的使用方案；拟订并实施经批准的期货交易所发展规划、年度工作计划；拟订并实施经批准的期货交易所对外投资计划；拟订期货交易所财务预算方案、决算报告；拟订期货交易所合并、分立、解散和清算的方案；拟订期货交易所变更名称、住所或者营业场所的方案；

决定期货交易所机构设置方案,聘任和解聘工作人员;决定期货交易所员工的工资和奖惩;期货交易所章程规定或者董事会授予的其他职权。总经理因故临时不能履行职权的,由总经理指定的副总经理代其履行职权。

(4) 监事会

期货交易所设监事会,每届任期3年。监事会成员不得少于3人。监事会设主席1人,副主席1至2人。监事会主席、副主席的任免,由中国证监会提名,监事会通过。监事会行使下列职权:检查期货交易所财务;监督期货交易所董事、高级管理人员执行职务行为;向股东大会会议提出提案;期货交易所章程规定的其他职权。

监事会会议的召开和议事规则应当符合期货交易所章程的规定。监事会会议结束之日起10日内,监事会应当将会议决议及其他会议文件报告中国证监会。

期货交易所任免中层管理人员,应当在决定之日起10日内向中国证监会报告。

(二) 期货结算机构

期货交易的结算是指结算机构根据期货交易所公布的结算价格对交易双方的交易盈亏状况进行的资金清算和划转。① 期货结算机构则是为期货交易进行资金结算、实物交割、期货合约的履约担保以及对期货保证金、报告交易数据、风险基金的管理部门。②

目前期货市场上的结算机构有两种类型:独立型的结算机构,即独立于期货交易所之外而成立的专门的结算公司;非独立型结算机构,即由期货交易所在内部设立的一个职能部门,如以结算部、结算中心等形式存在。我国目前期货交易采用的都是后一种类型。

结算机构也采用会员制,即期货结算机构是由结算会员组成。结算会员又是在期货交易所的会员中产生,所以结算机构的会员一定是交易所的会员。结算会员可以分为两类,一类是全权结算会员,其既可以为自己所从事的期货交易进行结算,也可以代理其他无结算会员资格的交易所会员进行结算;另一类是普通结算会员,只能为自己所从事的期货交易进行结算,不能代理其他会员进行结算。我国《期货交易所管理办法》第66条规定:"结算会员由交易结算会员、全面结算会员和特别结算会员组成。全面结算会员、特别结算会员可以为与其签订结算协议的非结算会员办理结算业务。交易结算会员不得为非结算会员办理

① 《期货交易管理条例》第85条第4款。

② 徐家力、李京生、吴运浩主编:《期货交易法律理论与实务》,中国政法大学出版社2000年版,第58页。

结算业务。”结算会员的结算业务资格由国务院期货监督管理机构批准。国务院期货监督管理机构应当在受理结算业务资格申请之日起3个月内做出批准或者不批准的决定。不论是全权结算会员还是普通结算会员,由于期货交易都是通过他们进行结算的,所以其在期货市场的组织体系中处于十分重要的地位。一般而言结算会员应该具备下列条件:是资金实力雄厚、信誉良好的期货交易所会员;有能力缴纳巨额结算保证金;会员在结算机构附近设有办事处。

根据《期货交易管理条例》和《期货交易所管理办法》的规定,经中国证监会批准,期货交易所可以实行全员结算制度或者会员分级结算制度。实行全员结算制度的期货交易所会员均具有与期货交易所进行结算的资格。实行全员结算制度的期货交易所会员由期货公司会员和非期货公司会员组成。期货公司会员按照中国证监会批准的业务范围开展相关业务;非期货公司会员不得从事《期货交易管理条例》规定的期货公司业务。实行全员结算制度的期货交易所对会员结算,会员对其受托的客户结算。实行会员分级结算制度的期货交易所会员由结算会员和非结算会员组成。结算会员具有与期货交易所进行结算的资格,非结算会员不具有与期货交易所进行结算的资格。期货交易所对结算会员结算,结算会员对非结算会员结算,非结算会员对其受托的客户结算。实行会员分级结算制度的期货交易所可以根据结算会员资信和业务开展情况,限制结算会员的结算业务范围,但应当于3日内报告中国证监会。

期货市场实行分级结算制度。首先是结算机构对其结算会员进行结算,然后是结算会员对非结算会员及其客户进行结算。根据《期货交易管理条例》第37条的规定,期货交易的结算,由期货交易所统一组织进行期货交易所实行当日无负债结算制度。期货交易所应当在当日及时将结算结果通知会员。期货公司根据期货交易所的结算结果对客户进行结算,并应当将结算结果按照与客户约定的方式及时通知客户。客户应当及时查询并妥善处理自己的交易持仓。

1. 结算机构的地位和作用

结算机构的首要职能是计算期货交易盈亏。期货交易所内的交易由结算机构的会员处理,结算机构对从各结算会员提交的数据资料核对无误后,结算交易,从而根据交易的盈亏调整结算会员的账户。结算机构是期货交易买卖的第三方,在期货合约的结算过程中充当买卖各方的对方。所以期货交易的买卖双方并不直接发生关系,无需知道与自己交易的真正相对方是谁,他们只需要在期货结算机构进行结算就可以了,因为无论如何交易结算机构都要为每一笔交易承担责任。通过这种制度设计,任何交易者都可以随时通过其经纪商冲销合约以解除其到期的履约责任,而不必征求其真正的交易对方同意与否,从而简化了结算手续,提高了交易效率。

由于结算机构在期货交易中以买卖的第三方地位存在,所以对期货合约的履行负有担保的法律责任。结算机构通过对会员保证金的管理和控制,使期货市场的风险限定在一定的范围之内。一旦合约的一方陷于破产或由于其他原因而无法履约时,结算机构就负有履行合约的责任,以保障期货合约持有者的合法利益,从而维护期货交易的正常秩序,保证期货交易的顺利进行。

结算机构的存在还大大简化了期货交易的实物交割。期货合约在到期后未平仓的就必须进行实物交割。合约在到期前,可能已经经过了多次转手,但所有转让过程中的双方都已经通过结算机构抵消了其履约义务,所以最后只剩下最初的卖方和最终的买方来履行合约所规定的义务。此时最初的卖方和最终的买方只需通过结算机构将货物和货款交给对方,并在结算机构的监督下完成最终的实物交割即可。

2. 期货结算机构制度

(1) 登记结算制度

在期货交易所内成交的每一份期货合约都必须在期货结算机构内进行结算,严格禁止结算会员将其所代理结算客户的合约进行私下对冲。《期货交易管理条例》规定期货交易的结算,由期货交易所统一组织进行。

(2) 结算保证金制度

期货结算机构规定每一结算会员都必须在结算机构内存入一笔结算保证金,用以作为结算会员为自己或其他非结算会员代为结算提供担保。每种期货合约的保证金数额由结算机构决定,一般情况下,结算保证金是根据结算会员手中的买入持仓和卖出持仓冲抵后的净持仓来计算的。根据《期货交易管理条例》第 11 条第 2 款的规定,实行会员分级结算制度的期货交易所,还应当建立、健全结算担保金制度。第 41 条规定:“实行会员分级结算制度的期货交易所,应当向结算会员收取结算担保金。期货交易所只对结算会员结算,收取和追收保证金,以结算担保金、风险准备金、自有资金代为承担违约责任,以及采取其他相关措施;对非结算会员的结算、收取和追收保证金、代为承担违约责任,以及采取其他相关措施,由结算会员执行。”

(3) 逐日盯市、当日无负债结算制度

期货结算机构在每日交易结束后根据当日结算价格计算出每位结算会员当日的持仓盈亏,并调整各结算会员的保证金账户。如果结算会员保证金账户上的保证金金额仍高于最低保证金水平则仍可以进行交易。如果结算会员存在持仓亏损,则该持仓亏损额必须在第二天交易开市前予以补足,否则第二天开市后结算机构有权对该结算会员的在手合约实施强制平仓。同样道理,结算会员对非结算会员、期货公司对客户都实行逐日盯市、当日无负债结算制度,从而保证了客户对期货公司、非结算会员对结算会员、结算会员对期货结算机构在每天交易结束后都不存在负债,使得期货结算机构能够作为买卖双方的第三方,对一切经过其结算后的期货合约的买卖提供担保。《期货交易管理条例》第11条第1款第2项规定,期货交易所应当按照国家有关规定建立、健全当日无负债结算制度;第37条第2款规定:"期货交易所实行当日无负债结算制度。期货交易所应当在当日及时将结算结果通知会员。"

(4)交易结算报告的通知和确认制度

根据《期货交易管理条例》第37条第3款的规定,期货公司根据期货交易所的结算结果对客户进行结算,并应当将结算结果按照与客户约定的方式及时通知客户。客户应当及时查询并妥善处理自己的交易持仓。

(5)持仓限额和大户持仓报告制度

持仓限额,根据《期货交易管理条例》第85条的规定,是指期货交易所对期货交易者的持仓量规定的最高数额。持仓限额制度是指期货交易所为防范操纵市场价格的行为,防止期货市场风险过度集中于少数投资者,对会员及客户的持仓数量进行限制的制度。[①] 超过限额者,交易所可按规定强行平仓或提高保证金比例。

大户持仓报告制度是指当投资者的持仓量达到交易所规定的持仓限额时,应通过结算会员或交易会员向交易所或国务院期货监督管理机构报告其资金和持仓情况。

《期货交易所管理办法》规定,期货交易所应当实行限仓制度和套期保值审批制度。实行套期保值头寸审批制度和投机头寸限仓制度。期货交易所对会员和投资者在非交割月份和交割月份持有的投机头寸,分别制定最大持仓限制标准。期货交易实行大户持仓报告制度。会员或者客户持仓达到期货交易所规定的持仓报告标准的,会员或者客户应当向期货交易所报告。客户未报告的,会员应当向期货交易所报告。期货交易所可以根据市场风险状况制定并调整持仓报告标准。

(6)风险处理制度

风险处理制度是指期货交易所制定的,当结算会员破产或无法履约时,结算机构可以采取一些保护性措施,以防止事态的进一步恶化。这些措施通常包括:立即将该结算会员的所有持仓予以平仓或者转让;如果采取上述处理措施后,结算会员仍出现亏损,则动用该结算会员的结算保证金进行抵补;如果动用了该结算会员的结算保证金仍不足以弥补亏损,则动用该结算会员存放在结算机构的担保基金进行抵补;如果仍出现亏损,则动用期货结算机构的自有资金。在必要情况下,期货结算机构可以要求全体结算会员增交结算保证金,以增强整体风险抵抗能力。

---

① 强力、王志诚:《中国金融法》,中国政法大学出版社2010年版,第426页。

（三）期货公司

期货公司是指接受期货投资者的委托，以自己名义为期货投资者的利益进行期货交易的经济组织。依照经营业务的专门化程度不同，期货公司可以分为专业期货公司和兼营期货公司；依照是否为期货交易所会员，期货公司可分为会员期货公司和非会员期货公司；依照期货公司能否在期货交易所独立进行结算，会员期货公司可分为结算会员和非结算会员。

期货公司在期货市场上处于承上启下的地位，起到了重要的作用。首先扩大了市场参与者的范围和市场规模，提高了交易效率，节约了交易成本，促进了期货交易的发展；其次加速了期货市场信息的传播，有助于提高投资者的交易决策效率；最后通过其实行的客户风险控制制度，有效分散了整个市场的交易风险，保证了期货交易的正常、有序进行。

按照《期货交易管理条例》第15条的规定，期货公司是依照《中华人民共和国公司法》和本《条例》规定设立的经营期货业务的金融机构。设立期货公司，应当经国务院期货监督管理机构批准，并在公司登记机关登记注册。未经国务院期货监督管理机构批准，任何单位或者个人不得设立或者变相设立期货公司，经营期货业务。期货公司从事经纪业务，接受客户委托，以自己的名义为客户进行期货交易，交易结果由客户承担。《期货交易管理条例》开放了期货公司关于境外经纪、期货投资咨询等各项业务，并对期货公司业务实行许可制度，使得期货公司大大扩展了盈利渠道，增强了期货行业的竞争力。

设立期货公司必须符合法定条件。《期货交易管理条例》规定，设立期货公司，应当符合公司法的规定，并具备下列条件：(1) 注册资本最低限额为人民币3000万元；(2) 董事、监事、高级管理人员具备任职资格，从业人员具有期货从业资格；(3) 有符合法律、行政法规规定的公司章程；(4) 主要股东以及实际控制人具有持续盈利能力，信誉良好，最近三年无重大违法违规记录；(5) 有合格的经营场所和业务设施；(6) 有健全的风险管理和内部控制制度；(7) 国务院期货监督管理机构规定的其他条件。另外，国务院期货监督管理机构根据审慎监管原则和各项业务的风险程度，可以提高注册资本最低限额。注册资本应当是实缴资本。股东应当以货币或者期货公司经营必需的非货币财产出资，货币出资比例不得低于85%。国务院期货监督管理机构应当在受理期货公司设立申请之日起6个月内，根据审慎监管原则进行审查，做出批准或者不批准的决定。未经国务院监督管理机构批准，任何单位和个人不得委托或者接受他人委托持有或者管理期货公司的股权。《期货公司管理办法》规定，设立期货公司，除应当符合《期货交易管理条例》规定的条件外，还应当符合以下要求：(1) 具有期货从业人员资格的人员不少于15人；(2) 具备任职资格的高级管理人员不少于3人。

申请期货公司董事、监事、高级管理人员的任职资格,应当具有诚实守信的品质、良好的职业道德和履行职责所必需的经营管理能力。申请董事长和监事会主席的任职资格,应当具备下列条件:(1) 具有从事期货业务 3 年以上经验,或者其他金融业务 4 年以上经验,或者法律、会计业务 5 年以上经验;(2) 具有大学本科以上学历或者取得学士以上学位;(3) 通过中国证监会认可的资质测试。申请除董事长、监事会主席、独立董事以外的董事、监事的任职资格,应当具备下列条件:(1) 具有从事期货、证券等金融业务或者法律、会计业务 3 年以上经验,或者经济管理工作 5 年以上经验;(2) 具有大学专科以上学历。

申请独立董事的任职资格,应当具备下列条件:(1) 具有从事期货、证券等金融业务或者法律、会计业务 5 年以上经验,或者具有相关学科教学、研究的高级职称;(2) 具有大学本科以上学历,并且取得学士以上学位;(3) 通过中国证监会认可的资质测试;(4) 有履行职责所必需的时间和精力。下列人员不得担任期货公司独立董事:(1) 在期货公司或者其关联方任职的人员及其近亲属和主要社会关系人员;(2) 在下列机构任职的人员及其近亲属和主要社会关系人员:持有或者控制期货公司 5% 以上股权的单位、期货公司前 5 名股东单位、与期货公司存在业务联系或者利益关系的机构;(3) 为期货公司及其关联方提供财务、法律、咨询等服务的人员及其近亲属;(4) 最近 1 年内曾经具有前三项所列举情形之一的人员;(5) 在其他期货公司担任除独立董事以外职务的人员;(6) 中国证监会认定的其他人员。

申请经理层人员的任职资格,应当具备下列条件:(1) 具有期货从业人员资格;(2) 具有大学本科以上学历或者取得学士以上学位;(3) 通过中国证监会认可的资质测试。申请总经理、副总经理的任职资格,除具备经理层人员必需的条件,还应当具备下列条件:(1) 具有从事期货业务 3 年以上经验,或者其他金融业务 4 年以上经验,或者法律、会计业务 5 年以上经验;(2) 担任期货公司、证券公司等金融机构部门负责人以上职务不少于 2 年,或者具有相当职位管理工作经历。

有下列情形之一的,不得申请期货公司董事、监事和高级管理人员的任职资格:

(1)《公司法》第 147 条规定的情形;(2) 因违法行为或者违纪行为被解除职务的期货交易所、证券交易所、证券登记结算机构的负责人,或者期货公司、证券公司的董事、监事、高级管理人员,自被解除职务之日起未逾 5 年;(3) 因违法行为或者违纪行为被撤销资格的律师、注册会计师或者投资咨询机构、财务顾问机构、资信评级机构、资产评估机构、验证机构的专业人员,自被撤销资格之日起未逾 5 年;(4) 因违法行为或者违纪行为被开除的期货交易所、证券交易所、证券登记结算机构、证券服务机构、期货公司、证券公司的从业人员和被开除的国家机关工作人员，自被开除之日起未逾5年；(5) 国家机关工作人员和法律、行政法规规定的禁止在公司中兼职的其他人员；(6) 因违法违规行为受到金融监管部门的行政处罚，执行期满未逾3年；(7) 自被中国证监会或者其派出机构认定为不适当人选之日起未逾2年；(8) 因违法违规行为或者出现重大风险被监管部门责令停业整顿、托管、接管或者撤销的金融机构及分支机构，其负有责任的主管人员和其他直接责任人员，自该金融机构及分支机构被停业整顿、托管、接管或者撤销之日起未逾3年；(9) 中国证监会认定的其他情形。

1. 期货公司的设立、变更和终止

(1) 期货公司的设立

期货公司业务实行许可制度，由国务院监督管理机构按照其商品期货、金融期货业务种类颁发许可证。期货公司除申请经营境内期货经纪业务外，还可以申请经营境外期货经纪、期货投资咨询以及国务院期货监督管理机构规定的其他期货业务。期货公司不得从事与期货业务无关的活动，法律、行政法规或者国务院期货监督管理机构另有规定的除外。期货公司不得从事或者变相从事期货自营业务。期货公司不得为其股东、实际控制人或者其他关联人提供融资，不得对外担保。

申请设立期货公司，股东应当具有中国法人资格，持有5%以上股权的股东应当具备下列条件：① 实收资本和净资产均不低于人民币3000万元，持续经营2个以上完整的会计年度，在最近2个会计年度内至少1个会计年度盈利；或者实收资本和净资产均不低于人民币2亿元；② 净资产不低于实收资本的50%，或有负债低于净资产的50%，不存在对财务状况产生重大不确定影响的其他风险；③ 包括对期货公司的出资在内的累计对外长期股权投资不超过自身净资产；④ 没有较大数额的到期未清偿债务；⑤ 近3年内未因违法违规经营受到行政处罚或者刑事处罚；⑥ 未因涉嫌违法违规经营正在被有权机关立案调查或者采取强制措施；⑦ 在近3年内作为金融机构的股东或者实际控制人，或者作为上市公司的控股股东或者实际控制人，没有滥用股东权利、逃避股东义务等不诚信行为；⑧ 其自然人股东、法定代表人或者高级管理人员没有被采取证券、期货市场禁入措施，或者禁入期限届满已逾2年；没有被撤销证券、期货高级管理人员任职资格或者从业人员资格，或者自被撤销之日起已逾2年；不存在《公司法》第147条第1款所列情形；⑨ 不存在中国证监会根据审慎监管原则认定的其他不适合参股期货公司的情形。

根据《期货公司管理办法》的规定，申请设立期货公司，应当向中国证监会提交下列申请材料：设立期货公司申请书；公司章程草案；经营计划；发起人名单及其审计报告；拟任用高级管理人员和从业人员名单、简历和相关资格证明；拟订的期货业务制度、内部控制制度和风险管理制度文本；场地、设备、资金证明文件;律师事务所出具的法律意见书;中国证监会规定的其他申请材料。期货公司可以从事商品期货经纪业务;申请从事金融期货经纪业务资格,应当具备下列条件:申请日前2个月的风险监管指标持续符合规定的标准;具有健全的公司治理、风险管理制度和内部控制制度,并有效执行;符合中国证监会期货保证金安全存管监控的规定;具有从事金融期货经纪业务的详细计划;业务设施和技术系统符合相关技术规范且运行状况良好;高级管理人员近2年内未受过刑事处罚,未因违法违规经营受过行政处罚,无不良信用记录,且不存在因涉嫌违法违规经营正在被有权机关调查的情形;不存在被中国证监会及其派出机构采取《期货交易管理条例》第59条第2款、第60条规定的监管措施的情形;不存在因涉嫌违法违规经营正在被行政、司法机关立案调查的情形;近2年内未因违法违规经营受过刑事处罚或者行政处罚,但期货公司控股股东或者实际控制人变更,高级管理人员变更比例超过50%,对出现上述情形负有责任的高级管理人员和业务负责人已不在公司任职,且已整改完成并经期货公司住所地的中国证监会派出机构验收合格的,可不受此限制;控股股东净资产不低于人民币3000万元;控股股东和实际控制人近2年内未受过刑事处罚,未因违法违规经营受过行政处罚,且不存在因涉嫌违法违规经营正在被有权机关立案调查的情形;中国证监会根据审慎监管原则规定的其他条件。

期货公司申请金融期货经纪业务资格,应当向中国证监会提交下列申请材料:金融期货经纪业务资格申请书;加盖公司公章的营业执照和业务许可证复印件;股东会或者董事会关于期货公司申请金融期货经纪业务资格的决议文件;申请日前2个月月末的期货公司风险监管报表,及申请日前2个月的风险监管指标持续符合规定标准的书面保证;公司治理、风险管理制度和内部控制制度文本及执行情况报告;从事金融期货经纪业务的计划书;业务设施和技术系统运行情况报告;《高级管理人员情况表》、《主要部门负责人情况表》和《从业人员情况表》;经具有证券、期货相关业务资格的会计师事务所审计的前1年度财务报告;申请日在下半年的,还应提供经审计的半年度财务报告;控股股东的经具有证券、期货相关业务资格的会计师事务所审计的最近 期的财务报告;律师事务所就期货公司是否符合本《办法》第12条第6项、第8项、第9项和第11项规定的条件,以及股东会或者董事会决议是否合法出具的法律意见书;若存在本办法第12条第9项规定的情形的,还应提供期货公司住所地的中国证监会派出机构出具的整改验收合格的专项意见书;中国证监会规定的其他申请材料。

期货公司根据业务需要可以申请设立营业部、分公司以及中国证监会许可的其他分支机构。设立营业部应当符合中国证监会规定的条件,经中国证监会批准,取得中国证监会颁发的经营许可证,并在国家工商行政管理局登记注册。营业部在期货经纪公司授权范围内依法开展业务,其民事责任由期货经纪公司承担。期货经纪公司申请设立营业部，应当具备下列条件：未因涉嫌违法违规经营正在被有权机关调查，近1年内未因违法违规经营受到行政处罚或者刑事处罚；申请日前3个月符合期货公司风险监管指标标准；符合有关客户资产保护和期货保证金安全存管监控的规定；公司治理和内部控制制度符合有关规定并有效执行；拟任负责人具备任职资格条件，业务岗位工作人员具备期货从业人员资格；业务岗位职责明确、分工合理，与营业部的经营计划相适应；具有符合期货业务需要的营业场所和设施；中国证监会根据审慎监管原则规定的其他条件。

从事期货投资咨询以及为期货公司提供中间介绍等业务的其他期货经营机构，应当取得国务院期货监督管理机构批准的业务资格，具体管理办法由国务院期货监督管理机构制定。

（2）期货公司的变更和终止

期货公司的变更是指期货公司在存续期间内所发生的法律人格、组织、活动范围等方面的重大变化以及其他登记事项的变化。《期货交易管理条例》规定，期货公司办理下列事项，应当经国务院期货监督管理机构批准：① 合并、分立、停业、解散或者破产；② 变更公司形式；③ 变更业务范围；④ 变更注册资本；⑤ 变更5%以上的股权；⑥ 设立、收购、参股或者终止境外期货类经营机构；⑦ 国务院期货监督管理机构规定的其他事项。以上第④、⑦项所列事项，国务院期货监督管理机构应当自受理申请之日起20日内做出批准或者不批准的决定；前款所列其他事项，国务院期货监督管理机构应当自受理申请之日起2个月内做出批准或者不批准的决定。期货公司办理下列事项，应当经国务院期货监督管理机构派出机构批准：① 变更法定代表人；② 变更住所或者营业场所；③ 设立或者终止境内分支机构；④ 变更境内分支机构的营业场所、负责人或者经营范围；⑤ 国务院期货监督管理机构规定的其他事项。

根据《期货公司管理办法》的规定，期货公司变更股权有下列情形之一的，应当经中国证监会批准：① 单个股东的持股比例增加到5%以上，或者有关联关系的股东合计持股比例增加到5%以上；② 持有5%以上股权的股东受让股权，或者有关联关系且合计持有5%以上股权的股东受让股权。期货公司变更注册资本，应当经中国证监会审核，向中国证监会提交下列申请材料：变更注册资本申请书；股东会关于变更注册资本的决议文件；股东变更出资的合同，以及其他股东放弃优先购买权的承诺书；变更注册资本的详细方案；模拟计算的变更注册资本后的资产负债表、风险监管报表；变更后期货公司股东股权背景情况图；间接持有期货公司5%及以上股权的自然人情况申报表；期货公司关于变更后股东之间是否存在关联关系、期货公司是否为股权受让方提供任何形式财务支持的情况说明；拟增加出资额的股东的股东会或者董事会做出的相关决议；拟增加出资额的股东以及符合本《办法》第9条规定的股东的基本情况报告；拟增加出资额的股东以及符合本《办法》第 9 条规定的股东的审计报告;拟增加出资额的股东以及符合本《办法》第 9 条规定的股东关于投资期货公司的可行性报告和计划;律师事务所出具的法律意见书;中国证监会规定的其他材料。

期货公司的终止是指期货公司丧失民事主体资格,不再具有民事权利能力和行为能力的状态。依据《期货交易管理条例》规定,期货公司或者其分支机构有《中华人民共和国行政许可法》第 70 条规定的情形或者下列情形之一的,国务院期货监督管理机构应当依法办理期货业务许可证注销手续:营业执照被公司登记机关依法注销;成立后无正当理由超过 3 个月未开始营业,或者开业后无正当理由停业连续 3 个月以上;主动提出注销申请;国务院期货监督管理机构规定的其他情形。期货公司在注销期货业务许可证前,应当结清相关期货业务,并依法返还客户的保证金和其他资产。期货公司分支机构在注销经营许可证前,应当终止经营活动,妥善处理客户资产。期货公司解散、破产的,应当先行妥善处理客户的保证金和其他资产,结清期货业务。期货公司被撤销所有期货业务许可的,应当妥善处理客户的保证金和其他资产,结清期货业务;公司继续存续的,应当依法办理名称、营业范围和公司章程等工商变更登记,存续公司不得继续以期货公司名义从事期货业务,其名称中不得有“期货”或者近似字样。

期货公司设立、变更、解散、破产、被撤销期货业务许可或者其营业部设立、变更、终止的,期货公司应当在中国证监会指定的报刊或者媒体上公告。

2. 期货公司的权利义务

期货公司享有的权利主要包括:

(1) 佣金请求权。期货公司的佣金请求权与经纪业务的履行之间有直接或间接的联系。期货公司在经纪行为完成并已经交付或转移经纪行为结果,就取得向委托人请求佣金给付的权利。

(2) 费用补偿请求权。期货公司为委托人的利益,基于期货经纪行为而产生的费用或其他开支享有费用补偿权。

(3) 冲抵权。在期货交易中,客户有义务向期货公司支付佣金或其他费用。当客户拖欠上述费用时,期货公司有权动用客户账户内的基础保证金或存款来抵消客户所欠的债务。

(4) 强制平仓权。当客户保证金不足时,期货公司应当及时通知客户追加保证金。当客户拒绝或者拖延缴纳保证金时,期货公司有权停止该客户的交易或对其保证金不足的头寸强制平仓,产生的后果由客户承担。

期货经纪公司承担的义务主要包括:

(1) 遵从客户指令。投资者可以通过书面、电话、计算机、网上委托等方式下达交易指令。期货公司根据客户的交易指令,为其进行期货交易。期货公司不得未经客户委托或者不按照客户委托范围,擅自进行期货交易。交易结果不符合投资者交易指令，或者强行平仓不符合法定或者约定条件，期货公司有过错的，应当在期货经纪合同约定的时间内重新执行投资者交易指令或者恢复被强行平仓的头寸，并赔偿由此产生的直接损失。

（2）向客户报告的义务。期货公司应当向客户提供有关市场信息、行情信息、行情分析以供客户参考，及时向客户报告其所委托的事项的进展情况，成交后应当及时将成交结果报告给客户。期货公司向客户提供的期货市场行情应当真实、准确，不得隐瞒重要事项或者使用其他不正当手段诱骗客户发出交易指令。期货公司在每日交易闭市后应当为客户提供交易结算报告。客户有权按照期货经纪合同约定的时间和方式知悉交易结算报告的内容。

（3）风险揭示义务。期货公司接受客户委托为其进行期货交易，应当向投资者说明期货交易的风险，即事先向客户出示风险说明书，经客户签字确认后，与客户签订书面合同。

（4）分离账户与保管财产的义务。分离账户是为了保护客户资金及其利益。期货公司应当在期货交易所指定的结算银行开立投资者保证金账户专门存放投资者保证金，与自有资金分户存放。期货公司还应将自营业务与受托业务分账处理。期货公司保管客户的财产包括保证金和实物交割的财产。

（5）交付和转移义务。期货公司应当将代理客户买卖期货合约所取得的盈利或实物转交给客户。期货公司不得向客户作获利保证或者与客户约定分享利益或者共担风险。如果客户在履行其自身义务之后，期货公司拒不履行或延迟履行该义务，则客户有权请求损害赔偿或支付延期履行的利息。

（6）诚实信用义务。期货经纪公司应当遵循诚实信用原则，以适当的技能、小心谨慎和勤勉尽责的态度执行投资者的委托，维护投资者合法权益。期货公司应当自觉避免与投资者的利益冲突，当无法避免时，应当确保投资者得到公平对待。

（7）保密义务。期货公司应当建立投资者开户资料档案，除依法接受检查外，应当保密，不得泄漏客户的名称或姓名、买卖单、盈亏以及其他需要保密的资料。

此外根据有关法规的规定，期货公司还应该承担其他一些义务。如应当建立、健全投资者投诉处理制度，并将投资者的投诉及处理结果存档；应当建立交易、结算、财务数据的备份制度；有关开户、变更、销户的客户资料档案应当自期货经纪合同终止之日起至少保存 20 年；交易指令记录、交易结算记录、错单记录、客户投诉档案以及其他业务记录应当至少保存 20 年。期货公司以电子数据方式保存或者备份相关资料的，应当确保电子数据的真实、可靠，采取有效措施防止电子数据被篡改、损毁，保存的电子数据资料应当能随时转化为纸质形式。

三、期货市场的监管与自律

（一）我国期货主管机构法律制度

目前，我国已经基本形成了政府期货主管部门、期货行业协会和各交易所相结合的三级管理模式。关于交易所的自我管理在前文已有介绍，所以这里主要介绍政府期货主管部门和期货行业协会。

《期货交易管理条例》第 50 条规定，国务院期货监督管理机构对期货市场实施监督管理，依法履行下列职责：(1) 制定有关期货市场监督管理的规章、规则，并依法行使审批权；(2) 对品种的上市、交易、结算、交割等期货交易及其相关活动，进行监督管理；(3) 对期货交易所、期货公司及其他期货经营机构、非期货公司结算会员、期货保证金安全存管监控机构、期货保证金存管银行、交割仓库等市场相关参与者的期货业务活动，进行监督管理；(4) 制定期货从业人员的资格标准和管理办法，并监督实施；(5) 监督检查期货交易的信息公开情况；(6) 对期货业协会的活动进行指导和监督；(7) 对违反期货市场监督管理法律、行政法规的行为进行查处；(8) 开展与期货市场监督管理有关的国际交流、合作活动；(9) 法律、行政法规规定的其他职责。

根据《期货交易管理条例》第 51 条的规定，国务院期货监督管理机构依法履行职责，可以采取下列措施：(1) 对期货交易所、期货公司及其他期货经营机构、非期货公司结算会员、期货保证金安全存管监控机构和交割仓库进行现场检查；(2) 进入涉嫌违法行为发生场所调查取证；(3) 询问当事人和与被调查事件有关的单位和个人，要求其对与被调查事件有关的事项做出说明；(4) 查阅、复制与被调查事件有关的财产权登记等资料；(5) 查阅、复制当事人和与被调查事件有关的单位和个人的期货交易记录、财务会计资料以及其他相关文件和资料；对可能被转移、隐匿或者毁损的文件和资料，可以予以封存；(6) 查询与被调查事件有关的单位的保证金账户和银行账户；(7) 在调查操纵期货交易价格、内幕交易等重大期货违法行为时，经国务院期货监督管理机构主要负责人批准，可以限制被调查事件当事人的期货交易，但限制的时间不得超过 15 个交易日；案情复杂的，可以延长至 30 个交易日；(8) 法律、行政法规规定的其他措施。

1. 期货主管机构的功能

(1) 市场创造功能。在期货市场发育不完全、期货投资者不成熟的国家，政府有义务创造和维护有利的投资环境，促进期货市场的健康发展。

(2) 利益协调功能。在期货市场中，政府是公共利益、投资者权益的代表，负有协调国家、企业以及各地方、各部门之间利益关系的责任。政府在缓和期货市场中不同利益主体之间冲突的过程中，应当兼顾各方利益，尤其应该以保护投资者利益为基本出发点。

(3) 裁决纠纷功能。在市场经济中，政府处于超然地位，不直接参与经济活动。一旦期货市场出现重大事件，政府主管部门应当以裁判者的身份从公平、公正的角度出发解决矛盾，处理纠纷，提高市场的运作效率。

(4) 维护投资者利益和稳定市场的功能。期货市场的稳定与否和投资者的利益保护有密切联系，直接关系到市场信心的建立。为此，政府主管部门应当依据有关法律规定，加强市场监督，维护期货市场的公平、公正，防止欺诈、价格操纵或者滥用信息等不正当行为的出现，促进期货市场健康发展。

2. 期货主管机构的职权

我国期货主管部门的职能主要包括：草拟监管期货市场的规则、实施细则；审核期货交易所的设立、章程、业务规则、上市期货合约并监管其业务活动；审核期货经营机构、期货清算机构、期货投资咨询机构的设立及从事期货业务的资格并监管其业务活动；审核期货经营机构、期货清算机构、期货投资咨询机构高级管理人员的任职资格并监管其业务活动；分析境内期货交易行情，研究境内外期货市场；审核境内机构从事境外期货业务的资格并监督其境外期货业务活动。[①]

(二) 期货行业协会法律制度

中国期货行业协会(也称期货业协会)是根据《社会团体登记管理条例》设立的全国期货行业自律性组织，是非营利性的社会团体法人。协会接受中国证监会和国家社会团体登记管理机关的业务指导和管理。

1995 年，中国证监会向国家民政部申请注册了中国期货业协会，并得到了主管部门批准，顺利完成了注册登记、征集会员等筹备工作。2000 年 12 月 29 日中国期货业协会正式挂牌。

根据《中国期货业协会章程》，协会的宗旨是：贯彻执行国家法律法规和国家有关期货市场的方针政策，发挥政府与行业之间的桥梁和纽带作用，实行行业自律管理，维护会员的合法权益，维护期货市场的公开、公平、公正原则，开展对期货从业人员的职业道德教育、专业技术培训和严格管理，促进中国期货市场规范、健康、稳定地发展。

1. 中国期货业协会的职能

(1) 根据期货法律法规和规章，制定期货业行为准则、业务规范及其他自律性规则，参与拟订与期货相关的行业和技术标准。

(2) 为会员服务，依法维护会员的合法权益，积极向中国证监会及国家有关部门反映会员在经营活动中的问题、建议和要求。

(3) 开展行业资信评级和信用体系建设，表彰、奖励行业内有突出贡献的会

---

① http://www.csrc.gov.cn/cn/departmentjsp(中国证券监督管理委员会)2004 年 4 月 10 日访问。

员和个人。

(4) 监督、检查会员的执业行为,受理对会员的举报、投诉并进行调查处理,对违反本章程及自律规则的会员给予纪律处分;向中国证监会反映和报告会员执业状况,为期货监管工作提供自律组织意见和建议。

(5) 对会员之间、会员与客户之间、从业人员与客户之间发生的期货业务纠纷进行调解。

(6) 收集、整理期货信息,编辑出版期货业务书籍报刊;开展会员间的业务交流,组织开展期货研究,推动业务创新,为会员创造更大市场空间和发展机会。

(7) 组织期货从业人员资格考试,负责期货从业人员资格注册及自律管理工作。

(8) 对期货从业人员进行持续教育和业务培训,提高从业人员的业务技能和执业水平。

(9) 负责行业信息安全保障工作的自律性组织协调,提高行业信息安全保障和信息技术水平。

(10) 广泛开展期货市场宣传和投资者教育,为行业发展创造良好的环境。

(11) 开展期货业的国际交流与合作。

(12) 法律、法规规定,以及中国证监会或会员大会赋予的其他职责。

2. 期货行业协会的组织机构

会员大会是协会的最高权力机构,每 3 年举行一次。理事会是会员大会闭会期间的协会常设权力机构,对会员大会负责,理事会每年至少召开一次会议。理事会设 25 至 30 名理事,包括会员理事和特别会员理事。理事任期 3 年,可连选连任。理事会下设研究发展委员会、从业人员行为监察委员会、法律委员会三个专业委员会。协会设会长 1 名,副会长 2 至 3 名,任期 3 年,会长连选连任不超过两届。协会实行会长办公会制度和理事会领导下的秘书长负责制。办公会成员由会长、副会长、秘书长组成,在理事会闭会期间行使理事会授权的职责,会长办公会至少每季度召开一次。协会秘书长由会长提名,中国证监会核准、理事会聘任,秘书长为协会的当然副会长,专职主持协会的日常工作。协会经费来源由会员入会费、年会费、特别会员费、社会捐赠、在核准的业务范围内开展活动或服务的收入等其他合法收入构成。

3. 期货行业协会的会员制度

依据《中国期货业协会章程》,经中国证监会审核批准设立的期货交易所、期货公司等从事期货业务的机构应当加入协会;其他与期货市场有关的法人机构经协会批准可以加入协会。协会由会员、特别会员和联系会员组成。[①] 会员的权利包括：享有协会的选举权，被选举权和表决权；请求协会维护其合法权益不受侵犯的权利；通过协会向有关部门反映意见和建议的权利；参加协会举办的活动和获得协会服务的权利；对协会工作的批评建议和监督的权利；对协会给予的纪律处分有听证、申诉的权利；会员大会决议增补的其他权利。

会员的义务包括：遵守协会制定的章程及其他自律性规则；执行协会的决议；按规定缴纳会费；支持协会工作，维护行业利益；参加协会组织的各项活动；向协会反映情况，按协会规定提供与期货业务相关的数据信息及其他资料；接受协会的监督与检查；根据协会的规定履行公告义务；会员大会决议增补的其他义务。

当发生下列情形时，会员的资格终止：(1) 两个或两个以上会员单位合并，会员资格由存续单位或新设单位继承，原有会员资格自动丧失；(2) 会员被依法注销；(3) 会员被依法撤销或吊销期货企业许可证的；(4) 被协会取消会员资格的；(5) 会员退会的；(6) 其他导致会员资格终止的情形。[②]

四、期货市场交易制度

(一) 期货交易会员制度

期货交易所实行交易会员制度，只有交易所会员可以在交易所内进行期货交易，非会员单位或个人必须通过交易所会员代理才能进行期货交易。所谓会员是指根据期货交易的有关法规和交易所章程规定，经期货交易所审查批准，在期货交易所进行期货交易活动的企业法人。会员依其业务范围可以分为期货公司会员和非期货公司会员，期货公司会员是指专门从事期货经纪业务的会员，期货公司会员不得从事自营业务；非期货公司会员是指专门从事自营业务的会员，非期货公司会员不得从事经纪业务。根据《期货交易管理暂行办法》的规定，在期货交易所内进行期货交易的，应当是期货交易所会员。期货公司会员只能接受客户委托从事期货经纪业务，非期货公司会员只能从事期货自营业务。

(二) 保证金制度

保证金制度是指根据期货交易所的规定，期货投资者在交易时必须存入一定数额的保证金，以作为双方履约的担保。保证金制度是期货市场风险管理的有力措施，也是期货投资者参与期货交易的法定条件之一。

由于期货交易所实行会员制，所以期货交易保证金的收取是分层次进行的。期货交易所向期货交易会员收取会员保证金，期货交易会员再向投资者收取客

① 根据 2010 年 12 月 22 日修订的《中国期货业协会会员管理办法》第 3 条规定，会员是指经中国证监会审核批准设立的期货公司、从事期货业务或相关活动的机构；特别会员是指经中国证监会审核批准设立的期货交易所；联系会员是指经各地方民政部门审核批准设立的地方期货业社会团体法人。

② http://www.cfachina.org/news.php? id = 47993 中国期货业协会，2011 年 2 月 14 日访问。

户保证金。保证金可以分为基础保证金和交易保证金。交易保证金又可分为初始保证金和追加保证金。基础保证金是会员开展交易的信用保证,一般按规定的数额一次性存入交易所专用账户。当会员违规、违约造成债务,用交易保证金、结算准备金仍不足以弥补时,从基础保证金中支付。交易保证金是期货交易者再买卖成交后,为确保其持仓合约履约的财力担保。交易保证金由交易所确定,一般是成交合约总额的5%—10%左右。为确保风险控制,交易保证金按照持仓合约总数支付,并且在合约平仓后,或实物交割后,由交易所退还原缴纳方。初始保证金是期货交易者在成交的当日按当日交易保证金的比例缴纳的第一笔交易保证金。追加保证金是交易所为确保成交合约履约,根据市场价格的变动情况要求交易者追加的保证金。

期货交易应当严格执行保证金制度。期货交易所向会员、期货公司向客户收取的保证金,不得低于国务院期货监督管理机构、期货交易所规定的标准,并应当与自有资金分开,专户存放。期货交易所向会员收取的保证金,属于会员所有;期货交易所除用于会员的交易结算外,严禁挪做他用。期货公司向客户收取的保证金,属于客户所有;期货公司向客户收取的保证金,属于客户所有,除下列可划转的情形外,严禁挪作他用:① 依据客户的要求支付可用资金;② 为客户交存保证金,支付手续费、税款;③ 国务院期货监督管理机构规定的其他情形。

(三)涨跌停板制度

根据《期货交易管理条例》第11条规定,期货交易所应当按照国家有关规定建立、健全涨跌停板制度。所谓涨跌停板,依据《期货交易管理条例》第85条第10项规定,是指合约在1个交易日中的交易价格不得高于或者低于规定的涨跌幅度,超出该涨跌幅度的报价将被视为无效,不能成交。涨跌停板制度主要是用来限制期货合约每日价格波动的最大幅度。涨跌停板是以某一合约上一交易日的结算价为基准的,合约上一交易日的结算价加上允许的最大涨幅即构成当日价格上涨的上限,称为涨停板;合约上一交易日的结算价减去允许的最大跌幅即构成当日价格下跌的下限,称为跌停板。交易所可根据市场风险状况调整涨跌幅度。涨跌停板制度可以有效缓解或抑制由于突发事件或过度投机引发的暴涨暴跌。

(四)交割制度

交割制度是指期货合约到期时,交易双方将合约所载的商品所有权或权利进行转移,以了结未平仓合约的制度。[①] 期货交易的交割,由期货交易所统一组

① 我国《期货交易管理条例》第85条第5项将交割定义为"合约到期时,按照期货交易所的规则和程序,交易双方通过该合约所载标的物所有权的转移,或者按照规定结算价格进行现金差价结算,了结到期未平仓合约的过程。"

织进行。期货交易所不得限制实物交割总量。交割仓库由期货交易所指定。期货交易所应当与交割仓库签订协议,明确双方的权利和义务。交割仓库不得有下列行为:出具虚假仓单;违反期货交易所业务规则,限制交割商品的入库、出库;泄露与期货交易有关的商业秘密;违反国家有关规定参与期货交易;国务院期货监督管理机构规定的其他行为。

（五）强行平仓制度

强行平仓是指期货交易过程中,在期货交易者期货持仓所需的保证金不足,其又未按期货交易所或期货公司的通知及时追加不足保证金时,期货交易所或期货公司有权对期货交易者的期货持仓进行反向交易,将所得资金补足期货交易者所需保证金的法律行为。当交易所会员或投资者的结算准备金余额小于零,并未能在规定时间内补足,交易所或会员有权对其持仓进行强制平仓。此外,如果会员或客户的持仓量超过限仓规定,或根据交易所的紧急措施应当强行平仓的,交易所或者会员有权强行平仓。

根据《期货交易管理条例》的规定,期货交易所会员的保证金不足时,应当及时追加保证金或自行平仓。会员未在期货交易所规定的时间内追加保证金或者自行平仓的,期货交易所应当将该会员的合约强行平仓,强行平仓的有关费用和发生的损失由该会员承担。期货经纪公司在客户保证金不足而客户又未能在期货经纪公司统一规定的时间内及时追加时,应当将该客户的期货合约强行平仓,强行平仓的有关费用和发生的损失由该客户承担。

（六）风险准备金制度

交易所应当从已收取的会员交易手续费中提取一定比例的资金,作为确保交易所担保履约的备付金。风险准备金为期货交易提供担保,用于弥补交易所因不可预见的损失造成的亏损,对于维护期货市场的正常运转具有重要作用。根据《期货交易管理条例》的规定,期货交易所应当按照国家有关规定建立、健全风险准备金制度。期货交易所、期货公司、非期货公司结算会员应当按照国务院期货监督管理机构、财政部门的规定提取、管理和使用风险准备金,不得挪用。会员在期货交易中违约的,先以该会员的保证金承担违约责任;保证金不足的,期货交易所应当以风险准备金和自有资金代为承担违约责任,并由此取得对该会员的相应追偿权。客户在期货交易中违约的,期货公司先以该客户的保证金承担违约责任;保证金不足的,期货公司应当以风险准备金和自有资金代为承担违约责任,并由此取得对该客户的相应追偿权。

（七）境外期货交易制度

根据《期货交易管理条例》第 46 条的规定,国务院商务主管部门对境内单位或者个人从事境外商品期货交易的品种进行核准。境外期货项下购汇、结汇以及外汇收支,应当符合国家外汇管理有关规定。境内单位或者个人从事境外期货交易的办法,由国务院期货监督管理机构会同国务院商务主管部门、国有资产监督管理机构、银行业监督管理机构、外汇管理部门等有关部门制订,报国务院批准后施行。

（八）禁止变相期货交易

《期货交易管理条例》第 4 条第 2 款规定"禁止变相期货交易"。变相期货交易,是指任何机构或者市场,未经国务院期货监督管理机构批准,采用集中交易方式进行标准化合约交易,同时采用以下交易机制或者具备以下交易机制特征之一的,为变相期货交易:(1) 为参与集中交易的所有买方和卖方提供履约担保的;(2) 实行当日无负债结算制度和保证金制度,同时保证金收取比例低于合约(或者合同)标的额 20% 的。

思考题

1. 简述金融衍生品的概念及种类。
2. 试论述金融衍生品合约的法律特征。
3. 简述金融衍生品交易的风险。
4. 试比较金融衍生品市场的不同监管模式。
5. 简述期货市场的主要交易制度。
6. 论述公司制期货交易所的组织机构。

第八章　信托法律制度

第一节　信托制度概述

一、信托制度概述

（一）信托的概念和特征

信托，简单地说，即基于信任而委托，是一种“受人之托，代人理财”的财产转移与管理制度。虽然信托在许多国家有了极大的发展，但各国信托的定义却各不相同。一般来说，信托是指委托人基于对受托人的信任，将其财产转移给受托人，由受托人按委托人的意愿，以自己的名义为受益人的利益或特定目的进行管理或处分的行为。

信托主要有以下特征：

（1）信托有三方当事人。大多数法律关系（如买卖、借贷等）是由两方当事人构成的，而在信托中有三方当事人，即委托人、受托人和受益人。虽然在自益信托（委托人同为受益人）、宣言信托（委托人同为受托人）中，会出现一人兼有两种信托当事人身份，但这并不意味着信托当事人减少为两方，这只是当事人资格的兼任，其仍需以不同的身份分别享有权利和承担义务。

（2）所有权与利益相分离。信托财产由委托人转移给受托人后，一方面，受托人享有信托财产法律上、形式上的所有权，可以管理和处分信托财产；但另一方面，受托人的这种所有权又是不完整的，受托人不享有受益权，即受托人必须将信托财产的收益交给受益人。所有权与利益相分离、信托财产的权利主体与利益主体相分离，正是信托区别于类似财产管理制度的根本特质。①

（3）信托财产的独立性。信托一旦有效设立，信托财产即从委托人、受托人以及受益人的自有财产中分离出来，成为一种独立运作的财产，仅服从于信托目的。有学者形象地将之称为信托的“闭锁效应”，即“信托一旦设立，信托财产即自行封闭与外界隔绝”。②

---

① 周小明：《信托制度比较法研究》，法律出版社 1996 年版，第 12 页。

② 方嘉麟：《信托法之理论与实务》，台湾月旦出版社股份有限公司 1994 年版，第 20 页。

(4) 责任的有限性。信托责任的有限性根源于信托财产的独立性。在信托中,只要受托人在处理信托事务过程中没有违背信托目的和管理职责,即使未能取得信托利益或造成了信托财产的损失,受托人也不以自有财产负个人责任。受托人因处理信托事务所支出的费用以及对第三人所负的债务,都只以信托财产为限负有限清偿责任。法律上之所以作出这些安排,是为了防止受托人因其履行职责而受到无谓损害,从而使信托的社会机能得到彻底发挥。

(5) 信托管理的连续性。信托是一种具有长期性和稳定性的财产管理制度。信托不因受托人的欠缺而影响其成立。已成立的信托也不因受托人的更迭而影响其存续,即信托设立后,受托人因死亡、丧失行为能力、解散、破产等不得已事由而终止其职务时,信托关系也不因此而当然消灭。在公益信托中还适用"类似原则",即当公益信托所指定公益目的不能实现或实现已无意义时,公益信托并不终止,有关机关将使信托财产运用于与初始信托"尽可能类似"的其他一些公益目的上,从而使公益信托继续存在下去。

(二) 信托的分类

信托具有广泛的适用性,根据不同的标准,可将信托分为不同的种类。

(1) 以信托成立的原因为标准,分为法定信托与意定信托。法定信托是依照法律的明文规定而成立的信托。意定信托是依当事人的意思表示(如合同或遗嘱等)而成立的信托。信托的设立原则上由当事人意思自治,法律一般不作强行规定,但在某些场合下也有例外。

(2) 以信托利益是否归属委托人本人为标准,分为自益信托与他益信托。自益信托是委托人以自己为受益人的信托。他益信托是委托人以他人为受益人的信托。两者在信托法的适用上存在一定差异。

(3) 以受托人的身份为标准,分为商事信托与民事信托。商事信托,又称营业信托,其受托人一般为从事信托营业的具有法人资格的机构,商事信托以营利为目的。民事信托,又称非营业信托,其受托人没有严格限制,由商事受托人以外的主体担任,民事信托不以营利为目的。

(4) 以信托产生的方式为标准,分为明示信托与默示信托。明示信托是指由当事人通过明确的意思表示而设立的信托,如通过合同、遗嘱等设立的信托。默示信托是指委托人虽未明确表示,但可因其行为推定其具有信托的意图,由此而成立的信托。默示信托只存在于英美法中。

(5) 以设立信托的目的为标准,分为私益信托与公益信托。私益信托是指委托人为了自己或其他特定人的利益而设定的信托。公益信托是委托人为实现社会公共利益而设定的信托。各国信托法对公益信托都作了一些特殊规定,如公益信托的设立、变更和终止都需经过有关主管机关的批准并受其监管,公益信托在税制上一般享受优惠待遇等。在英美法上还有一种"目的信托",这种信托不以人类为受益人，而以人之外的动物或无生命物为受益人。

(6) 以信托是否集合社会公众的财产以及对信托财产的不同管理方式为标准，分为个别信托与集合信托。个别信托是指受托人根据不同的信托合同，分别管理各个委托人的信托财产，即对信托财产予以个别管理。集合信托是指受托人根据定型化的条款，与多数委托人订立信托合同，集合社会大众的资金，依特定目的，对信托财产概括地加以运用。

(三) 信托与其他制度的比较

1. 信托与代理

代理是指代理人在代理权限内，以被代理人的名义与第三人实施法律行为，其法律后果由被代理人承担的民事法律制度。信托与代理都是基于信任而产生，都是为了他人的利益而从事活动，都可能涉及为他人管理财产。两者的不同主要体现在：

(1) 当事人不同。信托有委托人、受托人和受益人三方；代理只有代理人和被代理人两方。

(2) 受托财产的权属不同。信托财产的所有权与受益权分离，受托人取得法律上、形式上的所有权，受益人取得信托财产的利益；但在代理中，代理人并不因代理而取得被代理人的财产所有权，代理所涉及的财产的所有权与利益不发生分离，均归属于被代理人。

(3) 对外使用的名义和法律后果的承担主体不同。在信托中，受托人以自己的名义对外从事活动，由此产生的法律后果由受托人自行承担；在代理中，代理人以被代理人的名义在代理权限内对外活动，由此产生的法律后果由被代理人承担。

(4) 行使的权限不同。在信托中，除了信托文件和法律另有限制外，受托人具有为实施信托事务所必须或所适宜的一切权限，委托人或受益人不得随意干涉受托人的活动；在代理中，代理人只能在被代理人授权的范围内活动，不得逾越代理权限，而且其行为受到被代理人的严格监督。

(5) 存续不同。信托一经成立，除委托人在信托文件中明确保留了撤销权外，委托人不得废止或撤销信托，而且委托人或受托人的死亡并不影响信托的存续；而代理可因一方当事人的意思而终止，代理人或被代理人死亡使代理当然终止。

(6) 适用范围不同。信托业务以财产管理为中心；而代理则适用于被代理人自愿委托的各种事务，如立约、诉讼、表决等。

2. 信托与行纪

行纪是大陆法系国家民商法上的一种代客买卖的法律制度，指一方(行纪人)接受他方(委托人)委托，以自己的名义为委托人从事贸易活动，并收取报酬的营业活动。行纪与信托有许多相似之处,以往人们常常将其混为一谈。两者都是以信任为基础,都是为了他人利益而对一定财产进行管理或处分,而且受托人与行纪人都是以自己的名义对外活动。两者的不同主要体现在:

(1) 当事人不同。行纪只有委托人和行纪人两方;而信托有委托人、受托人和受益人三方。

(2) 财产范围不同。行纪一般限于动产;而信托财产包括动产、不动产、有价证券、知识产权及其他财产、财产权利等。

(3) 财产的归属不同。在行纪中,行纪人为委托人购入或出售的物品的所有权与利益皆归属于委托人;而信托财产上的所有权与利益分离。

(4) 业务性质不同。行纪主要从事的是贸易,即代客买卖,其实质是一种特殊的财产交易制度;而信托涉及财产的管理、处分、投资以及利益分配等诸多事务,实质是一种财产管理制度。

(5) 处理事务权限不同。行纪人实施委托事务时,应服从委托人的指示,其权利具有更多的依附性、约束性;而受托人实施信托事务时,拥有广泛的自由决定权。

(6) 是否享有介入权不同。在无相反约定又不损害委托人利益时,行纪人具有介入权,即行纪人可以一方当事人的身份与委托人为交易行为;在信托关系中,受托人原则上没有这种介入权,即不得为自己的利益而买进信托财产或以信托财产购买自己的财产。

(7) 是否有偿不同。行纪是有偿的营业;而信托可以是有偿的,也可以是无偿的。

3. 信托与遗产管理

当事人在遗嘱中规定把遗产交付设立信托,即构成遗嘱信托。遗嘱信托是一种按照立遗嘱人的意愿管理遗产的法律手段,英美法上还设有遗嘱执行人制度和遗产管理人制度来进行遗产管理。遗嘱执行人是被继承人于遗嘱中指定的管理遗产的人,遗产管理人则是于无遗嘱继承场合由遗嘱验证法院指派的管理遗产的人。[①] 在英美法上,这两种人的地位与受托人的地位非常接近,都处于受信任者的地位,都为了他人利益而管理财产,并取得对管理财产的所有权。它们与信托的不同主要在于:

(1) 目的不同。遗产管理制度的主要功能是管理遗产,即清理死者遗产、偿还死者生前债务并分配遗产;而信托主要是受托人依信托文件设定的目的为受益人的利益而持有并管理信托财产,其目的要宽泛得多,而且存续期间也更长。

(2) 财产权不同。遗嘱执行人或遗产管理人在遗产管理期间对死者遗产具

① 周小明:《财产权的革新——信托法论》,贵州人民出版社 1995 年版,第 20 页。

有完整的所有权,受益人只有权敦促他们合理管理遗产,而对任何具体的遗产则没有可享用的利益,即受益人对遗产的权利在遗产管理期间只是一种期待权;而在信托中,受托人享有信托财产的所有权,受益人享有信托财产的利益。

(3) 权力不同。遗嘱执行人与遗产管理人在行使权力时须接受法院的指示与监督,他们常被解释为是遗嘱验证法院的职员;而在信托中,受托人依照信托文件行使权力,有广泛的自由决定权。

4. 信托与第三人利益契约

第三人利益契约是一方当事人不为自己而是为第三人设定权利,并约定由他方当事人向第三人履行义务从而使第三人受益的契约。由于第三人利益契约涉及三方当事人,因此与信托颇为相似。虽然两大法系对第三人利益契约中的第三人的法律地位规定的完全不同,但还是都承认信托与第三人利益契约是两种不同的制度,两者的差异主要为:

(1) 信托受益人权利兼具债权和物权,对受托人有债权请求权,对信托财产又有物权请求权。而第三人利益契约的第三人仅对债务人有债权请求权。

(2) 信托的受益人与受托人之间有信任关系存在。而第三人利益契约的第三人与契约任何一方当事人都不存在信任关系。

(3) 第三人利益契约的第三人如对契约当事人一方表示不接受契约利益,则视为自始未取得权利,并且在第三人没有表示接受利益之前,契约当事人可以变更和撤销契约。与此不同,信托受益人如果不接受信托利益,只是放弃其权利,并不视为自始未取得权利。而且,信托受益人即使没有表示要接受利益,委托人和受托人也不得因此而撤销信托。

(4) 第三人利益契约只能通过生前的合同行为设定,而信托还可以通过死因行为(遗嘱)设定。①

(四) 信托的历史沿革

信托作为一种观念、行为源远流长,自私有制出现就开始产生。据记载,公元前2548年的古埃及就已有人立遗嘱将财产托付给继承人或将部分财产交给非继承人子女的原始信托。在古罗马法时代,又出现了信托遗赠。依据当时罗马的市民法,并非所有的人都有接受遗赠的资格,比如外国人、俘虏、异教徒等就被排除在受遗赠人范围之外。但有时遗嘱人希望为不能接受遗产的人留下些财产。于是,作为一种迂回方式,遗嘱人先将遗产归属于法律上有资格承受遗产之人,同时指示该人将部分或全部财产交予第三人。很多人认为该“信托遗赠”是信托的起源。但也有学者认为此方式仅仅是继承人将被继承人的有关遗产移交第三人所有,并不是继承人在取得所有权的前提下管理、运用和支配该项遗产,

① 周小明:《信托制度比较法研究》,法律出版社1996年版,第24页。

并将由此产生的利益交付给该第三人，所以并不具备信托性质。①

现代信托制度源于英国封建时代的用益权（uses）制度是不争的事实。11世纪的英国，人们普遍信奉宗教，有死后把土地捐赠给教会等宗教团体的习惯。这对封建诸侯大为不利：其一，依当时法制，教会土地永久免税，由此阻塞封建诸侯征收租税之途；其二，教会无所谓死亡而可永久占有土地，封建诸侯因之又丧失臣民死后无继承人时取得土地的机会；其三，当时教会拥有广大土地，势力与日俱增，大有与封建诸侯分庭抗礼之势。② 因此在13世纪末叶，亨利一世与爱德华三世乃颁行《死手法》（Statute of Mortmain，又称《没收法》），规定禁止教徒将土地捐赠给教会，未经国王特许而捐赠土地者，一律予以没收并归国王所有。《死手法》的实施，阻碍了教徒向教会捐赠土地行为的进行。为了打破这种限制，教徒们想出了各种各样的办法，其中之一便是创造出了信托的方法，即教徒们不再像原来那样将土地直接捐赠给教会，而是先将土地让与他人，而由该受让人为教会的利益而管理土地，最后将土地上的收益交予教会。这种做法，既实现了使教会享有土地收益的目的，又未违背国家的法律，所以被教徒们广为采用。信托制度很快流行起来，不仅应用于逃避对土地的征用与没收，也应用于摆脱长子继承制的法律限制（使长子之外的其他子女也得到土地利益）。以后，捐赠的物品又从土地扩大到其他动产和不动产。③

尽管信托制度一开始就受到保守者的激烈批评与反对，但由于信托反映了资本主义市场经济形成发展过程中人们在处分财产方面的客观需要，所以深受民间欢迎，从而发展起来，且受到衡平法的庇护。信托从宗教目的、家族财产管理，走向社会公益，并于18世纪中叶工业革命后，逐渐进入商业领域。19世纪，美国创造性地将信托作为一种营业来发展，以高效率的公司组织形式推广了信托事业，由此使信托从传统步入了现代。

二、金融信托制度

（一）金融信托的概念

金融信托是信托之一种，根据信托财产的不同，可以将信托分为金融信托与一般信托。金融信托是指以货币资金、有价证券等金融资产为信托财产的信托。一般信托是指以动产、不动产以及知识产权等财产、财产权为信托财产的信托。

现代信托在英国诞生之初主要是以土地等不动产为信托财产的民事信托，美国最早完成了民事信托向营业信托的转变以及由一般信托向金融信托的过

---

① 张淳：《信托法原论》，南京大学出版社1994年版，第2页。

② 周小明：《信托制度比较法研究》，法律出版社1996年版，第77页。

③ 吴弘、贾希凌、程胜：《信托法论——中国信托市场发育发展的法律调整》，立信会计出版社2003年版，第4页。

渡,为现代金融信托制度奠定了基础。中国在继受信托制度时,即以营业信托的形式出现,并且所进行的主要是金融信托业务。

(二) 金融信托的特征

金融信托与一般信托相比,主要有以下几个特征:

(1) 信托财产的特殊化。金融信托是以货币资金、有价证券等金融资产为信托财产。这是与一般信托最大的不同。

(2) 目的的增值性。传统的以土地等为信托财产的民事信托,其主要目的在于为家族传继财产,即主要在于保值。而现代的金融信托在运行中有较高的风险,委托人仍选择进行金融信托,可见委托人在本质上更侧重于获取利润的增值功能。

(3) 功能的双重性。金融信托从一般民事信托的单纯管理和运用财产发展到融通资金,因此具有融通资金和财产管理的双重性。任何强调其中一项功能而忽视另一项功能的做法都有失偏颇,不符合金融信托的本质。①

(4) 受托人的特定性。信托财产的金融性,蕴含着该行为的专业性和高度技术性,因而经营金融信托财产的受托人必须符合特定要求,才能保证金融信托财产的正确、高效运营。大多数国家规定金融信托的受托人必须是有资格经营金融信托业务的金融机构。

(5) 经营的高风险性。金融信托主要是经营货币资金、有价证券等金融资产,受国家政策、经济形势及市场波动等因素的影响较大,存在较高的风险性。

(三) 金融信托的职能

金融信托的职能是金融信托业务应有的职责和独具的功能,主要有以下几个方面:

(1) 财产管理职能。这是由信托的受人之托、代人理财的本质决定的,是金融信托最基本的职能。它是指金融信托机构接受财产所有者的委托,管理、处分财产或代办经济事务等。

(2) 融通资金职能。这是金融信托独具的职能。一般信托单纯地注重财产的管理和运用,而金融信托由于其信托财产的独特性,可以进行资金融通,为建设项目筹措资金或对其他机构给予资金融通和调剂等。这主要表现在三个方面:一是货币资金的融通,金融信托机构将货币资金无论用于贷款、投资或购买、出售有价证券,都能发挥融资的职能;二是通过融资租赁,实现物资上的融通与货币资金的融通;三是通过受益权的流通转让而进行的货币资金融通。②

另外,金融信托还能够沟通和协调经济关系。金融信托机构通过开展信托

① 郭德香:《金融信托法律制度研究》,郑州大学出版社2003年版,第31页。

② 朱大旗:《金融法》,中国人民大学出版社2000年版,第299页。

业务,提供信息与咨询服务等。

(四) 金融信托的种类

金融信托按信托财产是否为货币资金可分为资金信托和非资金信托。

1. 资金信托

资金信托是委托人将其合法拥有的货币资金交付给受托人,受托人按照委托人的意愿,为了受益人的利益,管理、运用和处分信托财产的信托。简言之,资金信托就是以货币资金作为初始信托财产的信托。资金信托在财产交付给受托人之时,信托财产是资金形态,但信托财产随着其管理运用,形态会发生变化。信托公司可将资金投资于银行存款、国债、上市公司债券和股票、投资基金、贷款、购买不动产等,形态的变化相当便捷。资金信托的基本分类是单一资金信托和集合资金信托。单一资金信托是指受托人接受单个委托人委托,单独管理和运用信托资金的信托业务。集合资金信托是指受托人接受两个以上(含两个)委托人委托,共同管理和运用信托资金的信托业务。

资金信托业务是信托公司最重要的业务,也是最基本的信托业务。信托公司在信托法生效后重新办理登记,取得信托机构法人许可证。在登记的经营范围中,资金信托业务是我国目前各个信托公司重新登记后的首要业务。各个信托公司在对外宣传和推介信托业务品种时都首推资金信托。2002 年 7 月 18 日,爱建信托推出了国内第一个集合资金信托产品——上海外环隧道项目资金信托计划,此后各地信托公司纷纷推出各种集合资金信托产品。现阶段,集合类信托产品成为信托市场中的主导力量,产品数量占据整个信托市场产品的 94%。[①] 集合资金信托计划的主要运用方向涉及贷款、股权投资、证券市场投资、房地产等。

集合资金信托主要从信托管理和运用方式上将本来属于单个资金信托的信托财产通过合同的方式约定合并、集合运用。集合资金信托能降低信托公司的营运成本,而且能提高信托资金的使用效率,对受益人更有利。按照接受委托的方式,集合资金信托业务可分为两种:第一种是社会公众或者社会不特定人群作为委托人,以购买标准的、可流通的、证券化合同作为委托方式,由受托人统一集合管理信托资金的业务;第二种是有风险识别能力、能自我保护并有一定的风险承受能力的特定人群或机构为委托人,以签订信托合同的方式作为委托方式,由受托人集合管理信托资金的业务。由于第二种业务的委托人要有资金实力,能自担风险,信息公开披露的要求不高,因而对委托人的准入门槛要高。如英国规定,拥有 10 万英镑的年收入或拥有 25 万英镑净资产的个人有资格参加此类业务。美国规定,拥有 500 万美元资产的个人或机构有资格参加,且人数不超过

① 季红、于泳:《中国信托业的新生》,载《经济导刊》2004 年 2 月号。

100 人。这样规定的目的,是避免把风险识别能力和损失承受能力较弱的普通投资者引入此类业务。我国《信托公司集合资金信托计划管理办法》第 6 条规定了三类能够识别、判断和承担信托计划相关风险的“合格投资者”:投资一个信托计划的最低金额不少于 100 万元人民币的自然人、法人或者依法成立的其他组织;个人或家庭金融资产总计在其认购时超过 100 万元人民币,且能提供相关财产证明的自然人;个人收入在最近三年内每年收入超过 20 万元人民币或者夫妻双方合计收入在最近三年内每年收入超过 30 万元人民币,且能提供相关收入证明的自然人。

2. 非资金信托

广义的非资金信托是指以货币资金以外的其他财产为信托财产的信托,包括动产信托、不动产信托以及有价证券信托等。在这里非资金信托是指在金融信托中除资金信托以外的以有价证券等为信托财产的信托,主要是有价证券信托。

有价证券信托,又称专项有价证券信托,是指以有价证券为信托财产,由受托人进行管理和有效运用,并将管理或运用该有价证券的收益交付给受益人的信托品种。作为有价证券信托的信托财产的有价证券,通常是指狭义的有价证券,即资本证券,包括股票、债券及其衍生品种如基金证券、期货合约等。

有价证券信托分为管理有价证券信托与运用有价证券信托。管理有价证券信托以管理为目的,委托人将有价证券交付给受托人(通常为信托机构),按程序填写信托目的登记表,表示管理信托的目的。管理有价证券信托虽然表面上类似于证券的代为保管,但有其独特之处。在日本,管理有价证券信托办理了“代管保护收藏”手续后,则该部分证券即受信托法保护,可免受查封、没收或拍卖等处置,体现了信托财产的独立性。而且双方若有约定,受托人可以以证券持有人的身份,向发行人索取该证券收益或代收股息红利,代缴增资发行的配股资金,甚至行使股东大会上的表决权等。运用有价证券信托以运用为目的,受托人不仅负管理证券之责,还需负运用受托证券生利之责;委托人将证券交付受托人,不仅可确保证券安全,方便获取股息红利或其他权利,还可要求获得证券运用的收益。从国外的经验看,运用有价证券信托的委托人多为法人,个人很少。运用有价证券信托的证券种类,仅限于国债、地方债券、金融债券及规模大、经营好的企业的债券,股票一般不作为信托对象。[①]

① 吴弘、贾希凌、程胜:《信托法论——中国信托市场发育发展的法律调整》,立信会计出版社 2003 年版,第 305—306 页。

第二节 信托基本法律制度

一、信托法概述

（一）信托法

信托法是调整信托关系的法律规范的总称。信托法有广义和狭义之分。狭义的信托法是指调整信托基本关系的法律，其内容主要包括：信托当事人、信托财产以及信托的设立、变更、终止等。广义的信托法除包括狭义的信托法外，还包括信托业法。信托业法是规范信托机构的法律，其内容主要包括：信托机构的设立、变更、终止、信托机构的业务范围、经营规则及监督管理等。

各国信托立法进展状况不尽相同。英国是世界上最早进行信托立法的国家，其立法侧重于信托基本法，如《受托人条例》(1893 年)、《司法受托人法》(1896 年)、《公共受托人法》(1906 年)、《受托人法》(1925 年)、《慈善信托确认法》(1954 年)、《公共受托人报酬法》(1957 年)、《信托变更法》(1958 年)、《信托承认法》(1987 年)、《受托人法》(2000 年)等。美国信托法的主要渊源是各种判例，美国法律协会汇编整理的《信托法重述》就是各州判例法的汇总。美国还颁布一些单行法，如《信托公司准备法》(1906 年)、《信托契约法》(1939 年)、《投资公司法》(1940 年)。[①] 日本在 1922 年制定了《信托法》和《信托业法》，并在 1943 年通过了《普通银行兼营信托业务法》。

（二）中国信托法

1979 年成立新中国第一家信托公司——中国国际信托公司以来，我国信托业得到了重新发展，但我国的信托法制建设却十分滞后。在 2001 年《中华人民共和国信托法》通过之前，我国调整信托基本关系的法律一直处于空白状态。而对信托业的调整也只有一些分散的、不成体系的行政法规，如 1986 年 1 月 7 日国务院发布的《银行管理暂行条例》中的第四章“其他金融机构”，1986 年 4 月 26 日中国人民银行颁布的《金融信托投资机构管理暂行规定》。而且这些不同主体制定的行政法规、规章之间还存在着矛盾和冲突。落后的信托法制建设远远无法满足调整信托行为和规范信托业的需要。

2001 年 4 月 28 日第九届全国人大常委会第二十一次会议通过了《中华人民共和国信托法》(简称《信托法》)，并自 2001 年 10 月 1 日起开始施行。这是我国第一部调整信托基本关系的法律；它使我国信托关系的确立和信托行为的进行第一次有了明确的法律标准，这有利于建立规范的信托制度，有利于保护信

① 强力：《金融法》，法律出版社 1999 年版，第 588 页。

托当事人的权益,有利于促进信托业的健康发展;它也为制定其他相关的法律法规提供了法律依据。

我国《信托法》既借鉴了外国信托立法的经验,又结合本国的国情,做出了一些值得肯定的独特性规定,主要有:(1) 突出了信托财产的独立性。信托财产的独立性是信托最具有特色的法律设计,也是多数学者的共识。我国《信托法》用4个条文(第15条、第16条、第17条和第18条)突出了信托财产的独立性。目前,就世界各国而言,用4个条文集中规定信托财产独立性特征的《信托法》还较为鲜见。[①] (2) 将信托合同规定为诺成合同。信托的成立以信托财产交付完成为要件(除遗嘱信托外),在外国信托法上已成惯例,例如美国《信托法重述》第31条规定:"财产所有权人在生存期间,为了自己的利益而表示将财产转移于另一人占有,但他却没有将财产转移于该人,信托不成立。"信托合同作为设立信托的一种最为常用的方式,在日本通常被视为要物合同。而我国《信托法》将信托合同规定为诺成合同。这一规定意味着信托合同自签订时起便具有强制执行力,从而无论是委托人还是受托人在信托财产交付完成前对该合同均已不能反悔而不予履行,故它的施行将为信托业领域内的合同秩序的稳定起到极大的促进作用,并因此而极大地促进信托业的健康发展,这符合中国的国情和需要。[②] (3) 增加了委托人的权利。"委托人地位迥异"是英美法系信托法与大陆法系信托法的根本区别之一。英美法下,委托人除非在信托文件中对某些权利作了保留,否则信托设立后其不再介入信托的运作,即并不认为委托人是信托的利害关系人之一。而大陆法系的日本、韩国信托法则赋予委托人信托关系人的法律地位,并在此基础上确认其享有若干权利。如日本信托法规定了四项委托人请求法院干预信托的权利:请求法院变更信托财产管理方法、请求法院将受托人解任、请求法院选任新受托人和请求法院检查信托事务处理情况。我国《信托法》授予委托人要求受托人变更信托财产管理方法、将受托人解任和选任新受托人的权利,而且这三项权利是委托人以自己的行为干预信托的权利,不需通过法院,从而在程序上简便易行,委托人也能够及时进行监控。我国《信托法》还规定委托人因受益人的重大侵权行为有权变更受益人或者解除信托。授予委托人一定权利使委托人能够对信托的运作进行监控,这有利于信托目的的实现。(4) 为受托人增设对信托的保密义务。由于我国关于商业秘密和隐私权的立法还很不健全,在这种情形下,我国《信托法》规定受托人负有保密义务成为必要。

我国《信托法》虽然有其值得肯定的独特性规定,但不可否认,也还存在一

① 黄来纪:《试论我国〈信托法〉的特点》,载《金融法制》2002年第1期。

② 张淳:《〈中华人民共和国信托法〉中的创造性规定及其评析》,载《法律科学》2002年第2期。

些不足,对一些定义和制度规范还有进一步推敲和完善的必要。其存在的问题主要有:

(1) 信托财产权属问题。在英美法中存在着双重所有权的观念,即受托人享有信托财产的名义所有权,受益人享有实质的所有权。大陆法系由于主张绝对所有权而排斥双重所有。日本、韩国在信托立法中对信托财产所有权的归属均未作明确的规定,但规定了委托人要向受托人转移财产,而且从具体规定看,财产所有人的权利主要是由受益人行使的。英美法和大陆法的共同点是认为信托中的财产权是随着委托而转移的,即随着财产的转移,委托人不再拥有所有权。而我国《信托法》过于顾虑法律传统和习惯的表述方法,采取了既非英美法又非大陆法的信托定义,简单回避财产权属问题,甚至回避财产转移问题,仅仅是委托人"将其财产权委托给受托人",这实际上是委托人保留信托财产所有权。① 这一规定存在着明显的缺陷:第一,这一规定没有并且也不可能为遗嘱信托情形下信托财产所有权归属提供法律依据。第二,这一规定没有并且也不可能为受托人处理信托财产提供处分权依据。② 这一规定实际上违背信托本质,也使得信托与其他近似概念相混淆。

(2) 信托财产登记的效力问题。英美信托法制与大陆法系的日本、韩国信托法有一个重要差异,即前者并未规定信托公示制度,后者则要求有关财产的信托必须予以公示。但日本信托法并未将信托公示规定为信托的生效要件,信托公示仅产生对抗第三人的效力。我国《信托法》将有关信托财产的登记确定为信托的生效要件。这是与我国民法中的不动产登记制度相一致的,也有利于促进当事人办理登记、避免不必要的纠纷。但另一方面这使信托的成立要件更严格,不利于促进信托的成立。从实践看,不登记不得对抗第三人更合理。

(3) 信托监察人适用范围问题。信托监察人是指根据委托人或者有关国家机关的指定承担起维护受益人利益之职责的人。其职责是站在受益人的立场上对信托的运作进行监控。受益人的利益,应当由其自行维护,这是信托法的一般规则。所以在英美信托法下,除公益信托外,并无信托监察人的特殊设计。对公益信托,英美信托法也只例外地允许由第三人代受益人为诉讼上或诉讼外的行为。该第三人在英国是检察总长,在美国为各州检察长。大陆法系信托法则就任何类型的信托建立了统一的信托监察人制度。③ 如日本、韩国和我国台湾地

① 吴弘、贾希凌、程胜:《信托法论——中国信托市场发育发展的法律调整》,立信会计出版社 2003 年版,第 8 页。

② 张淳:《〈中华人民共和国信托法〉中的创造性规定及其评析》,载《法律科学》2002 年第 2 期。

③ 余能斌、文杰:《我国〈信托法〉内容缺陷管窥与补正思考》,载《法学》2002 年第 9 期。

区的信托法[①]都规定：当受益人不特定、尚不存在或其他为保护受益人之利益认为有必要时，如信托属于公益信托，主管机关可以因利害关系人的请求或者依职权而选任信托监察人；如属于其他类型的信托，法院可根据利害关系人的请求或依其职权选任信托监察人，但信托行为另有指定的信托监察人时，不在此限。我国《信托法》规定的信托监察人制度只适用于公益信托，这存在不足。因为在英美信托法中，受益人享有衡平法上的所有权，受益人能按物权的方式予以救济，受益人可以运用许多救济措施来保障自身的权益。而我国《信托法》中受益人的权利比英美法上受益人的权利要小得多。因此对我国这样一个刚继受信托制度的大陆法系国家来说，建立统一的信托监察人制度以全面保护受益人的利益，有其必要性。

（4）法律责任问题。一般部门法都规定有"法律责任"或"罚则"篇，这是对当事人权利进行救济的一种有效法律措施。我国《信托法》只是笼统地规定了遭受侵害的当事人的一些权利，对于违约当事人所应承担的具体法律责任以及为预防当事人违约而采取的事前救济措施并未规定。[②]

（5）配套性法规的完善问题。除信托基本法、信托业法外，信托活动的顺利开展还需要一套完善的配套性法规。它们包括：第一，建立信托财产登记制度。我国《信托法》要求有关财产设立信托要进行登记，但对信托登记的范围、登记的主体、信托登记的程序和内容等方面没有规定。第二，建立信托税收制度。信托关系涉及多方当事人，关系复杂，种类繁多，国外立法多为之设立一套独特的税收规则。但我国在信托税收方面还没有专门的规则，信托业的税种、税率、纳税义务人、纳税办法等均没有明确的规定。信托公司在开展信托业务后，对于税收问题无法可依，这已经引起了监管部门的重视。据悉，中国银监会已经正式对国家税务总局提出了信托"税改"的建议，国家税务总局的政策法规司也开始进行相关研究。第三，建立信托财务会计制度。过去我国信托业务的相关会计问题一直参考银行的有关规定，信托公司没有专门用于信托业务的会计核算办法和会计表格，也没有分别记账的强制要求。虽然财政部 2002 年 1 月 1 日颁布实施的《金融企业会计制度》对信托业的会计核算也作了相应规定，但还存在一些问题。信托业应根据相关法规的要求，制定适合信托公司自身的会计制度，设置和使用适合信托公司业务需要的会计科目，进行自己的会计核算。第四，完善信托监管制度。我国《信托法》未提到信托监管问题，根据有关规定，现由银监会对信托公司进行监管。但由于信托业与银行、证券、保险、基金的关系极其密切，

---

① 见日本《信托法》第 8 条第 1 款和第 72 条，韩国《信托法》第 18 条第 1 款和第 71 条，我国台湾地区"信托法"第 52 条和第 75 条。在日本和韩国信托法中信托监察人称为信托管理人。

② 郭德香：《金融信托法律制度研究》，郑州大学出版社 2003 年版，第 191 页。

所以对信托业的监管,应强调各监管部门之间加强协调,既要避免片面监管使监管留有漏洞,也要避免多头重复监管使信托公司无所适从。

二、信托当事人

(一) 委托人

1. 委托人的资格

委托人是指将财产转移给他人进行管理和处分,并创设信托法律关系的人。委托人应当是具有完全民事行为能力的自然人、法人或者依法成立的其他组织。而且委托人应对移转作为信托财产的财产享有完全的、合法的所有权。

2. 委托人的权利

由于法律传统的不同,两大法系的信托法制在委托人的权利这一问题上呈现出较大的差异。英美信托法中,委托人除非在信托文件中对某些权利作了保留,否则于信托设立后不得再介入信托的运作,即对受托人执行信托事务不再有干预权利。而大陆法系的日本、韩国信托法则不仅视委托人为信托的设立人,于信托成立后还赋予其以信托关系人的法律地位,从而委托人就信托事务的执行仍然享有许多监控权。[①]

(1) 知情权。委托人有权了解信托财产的管理、运用、处分及收支情况,并有权要求受托人作出说明。委托人有权查阅、抄录或者复制与信托财产有关的信托账目以及处理信托事务的其他文件。了解信托财产的运作情况是委托人掌握信托事务经营状况、监督受托人妥善处理信托事务的大前提,是委托人最基本的权利。

(2) 调整信托财产管理方法权。因设立信托时未能预见的特别事由,致使信托财产的管理方法不利于实现信托目的或者不符合受益人的利益时,委托人有权要求受托人调整该信托财产的管理方法。在英美法系,除非在信托文件中就该权利作了保留,否则委托人不得干预受托人对信托财产的管理。在大陆法系国家,信托法授予委托人请求法院变更信托财产管理方法的权利。而我国信托法允许委托人自己直接要求受托人进行变更,无需经过司法程序,使得委托人的该项权利更简便易行。

(3) 对受托人违反信托的救济权。受托人违反信托目的处分信托财产或者因违背管理职责、处理信托事务不当致使信托财产受到损失的,委托人有权申请人民法院撤销该处分行为,并有权要求受托人恢复信托财产的原状或者予以赔偿;该信托财产的受让人明知是违反信托目的而接受该财产的,应当予以返还或者予以赔偿。

---

① 周小明:《信托制度比较法研究》,法律出版社 1996 年版,第 148 页。

（4）解任权。受托人违反信托目的处分信托财产或者管理运用、处分信托财产有重大过失的，委托人有权依照信托文件的规定解任受托人，或者申请人民法院解任受托人。解任权是委托人维护自己权益的最后一道屏障。

（5）新受托人的选任权。受托人职责终止时，首先按照信托文件的规定选任新受托人。在信托文件未作规定时，一般都规定由利害关系人指定或申请法院任命。我国《信托法》规定，信托文件未规定的，由委托人选任；委托人不指定或者无能力指定的，由受益人选任。

（6）变更受益人或处分信托受益权以及解除信托的权利。该项权利在其他国家的信托法中并不多见，是我国信托法独特而又大胆的规定。信托有效成立后，受益人所享有的受益权是法律上的一种权利，虽然这种权利是由委托人将自己的财产设立信托而创立的，但是信托一经有效成立，委托人便不能随意解除信托。根据我国《信托法》，在以下几种情形下委托人可以变更受益人或者处分受益人的信托受益权：① 受益人对委托人有重大侵权行为；② 受益人对其他共同受益人有重大侵权行为；③ 经受益人同意；④ 信托文件规定的其他情形。我国《信托法》还规定：在自益信托中，如果委托人是唯一受益人的，委托人或者其继承人可以解除信托。在他益信托中，如果有上述①、③、④所列情形之一的，委托人可以解除信托。

（7）就信托财产的强制执行向法院主张异议的权利。信托财产具有独立性，当法院违法强制执行或拍卖财产时，委托人、受托人或受益人都有权向人民法院提出异议。

3．委托人的义务

（1）将信托财产转移给受托人的义务。信托关系一旦有效成立，委托人便应完全、及时地履行转移信托财产的义务。这是委托人最基本、最主要的义务。

（2）向受托人支付报酬的义务。委托人应按照法律、信托文件的规定履行向受托人支付报酬的义务。

很显然，在信托法律关系中委托人的权利多于义务。这种“权大于责”的规定从静态上说是为了保护委托人的利益，保障其设立信托时的预期可以顺利地实现。从动态上说，是为了鼓励人们创设信托，繁荣整个社会的信托市场。[①]

（二）受托人

1．受托人的资格

受托人是按照委托人的意愿，以自己的名义，为受益人的利益或特定的目的，对信托财产进行管理或者处分的人。因此和委托人一样，受托人必须具有权

① 吴弘、贾希凌、程胜：《信托法论——中国信托市场发育发展的法律调整》，立信会计出版社 2003 年版，第 81 页。

利能力和行为能力。受托人可以是一人,也可以是数人;可以是自然人,也可以是法人。受托人作为自然人,必须具有完全民事行为能力;作为营业信托的受托人,各国信托法对其资格均有特殊要求。一般由信托主管部门对其组织形式和组织机构、注册资本、经营管理能力等进行严格审查,合格后发给许可证书,方能取得从事营业信托业务的资格。法人以外的其他组织作为受托人的现象较少。我国立法考虑到其他组织作为民事主体在法律上很难有明确的界定,实践中会产生许多问题,规定受托人只能是具有完全民事行为能力的自然人、法人。

在信托法律关系中,受托人的出任方式主要有以下几种:(1) 因信托合同而出任;(2) 因遗嘱而出任;(3) 因选任而出任;(4) 因法院的指定而出任。而在下列几种情况下,受托人可以退出信托法律关系:(1) 被解任而退出;(2) 因辞任而退出;(3) 自然人受托人死亡或被依法宣告死亡、被依法宣告为无民事行为能力人或者限制民事行为能力人;(4) 法人受托人被依法撤销或者被宣告破产、依法解散或者法定资格丧失。

2. 受托人的权利

(1) 获取报酬权。受托人处理信托事务,有权依照信托文件的约定取得报酬。信托文件未作事先约定的,经信托当事人协商同意,可以作出补充约定;未作事先约定和补充约定的,不得收取报酬。约定的报酬经信托当事人协商同意,可以增减其数额。为了保护委托人和受益人的利益,实现信托目的,各国信托法对受托人取得报酬权均给予了限制,即受托人违反信托目的处分信托财产或者因违背管理职责、处理信托事务不当致使信托财产受到损失的,在未恢复信托财产的原状或者未予赔偿前,不得请求给付报酬。

(2) 费用和损失补偿权。受托人对因信托事务处理而先行以自己的固有财产正当支出的所有费用享有补偿权。所有费用既包括一般性的管理费用,比如信托财产的保险费、维修费、租税等,也包括因处理信托事务而对第三人负债所造成的损失。而所谓"正当支出",是指确实因处理信托事务而发生,并且受托人无过错。保障受托人费用和损失补偿权的实现主要有以下三种方法:一是允许受托人直接从信托财产中支取;二是允许受托人出售信托财产并优先受偿;三是向受益人提出补偿申请或令其提供担保。

(3) 辞任权。信托设立后,受托人接受或者承诺信托并因此受到信托文件的约束,从有利于信托目的顺利实现的角度出发,受托人不能随意辞任。但若发生以下情形,应该准许受托人辞任:受托人认为自己不再具备管理该信托财产的能力,并提出辞任要求的;出现一些特殊事由,使受托人无力或者不能再履行职责的,如受托人重病或者出国等。出现这两种情形,经委托人和受益人同意,受托人可以辞任,但在新受托人选出前仍应履行管理信托事务的职责。对公益信托的受托人的辞任则更加严格,必须经公益事业管理机构批准。

（4）财产管理方法变更请求权。信托财产的管理方法一经确定，一般不能变更。但在信托关系存续期间，有时为了有利于受益人或者有利于信托目的实现，的确需要对这一管理方法进行变更。因此，各国信托法均规定可以由法院来进行这一变更，大陆法系国家与英美法系国家的信托法均授予受托人请求法院变更信托财产管理方法的权利。而目前我国信托法仅承认委托人、受益人有信托财产管理办法的变更权，尚未规定受托人具有该权利。

3. 受托人的义务

从国际通行的规则看，法律主要通过加重受托人的法定义务来实现保护委托人、受益人的合法权益的目的。

（1）忠实义务。受托人应忠实于受托目的，为受益人的最大利益处理信托事务，不得为了自己利益或第三人利益而损害受益人的利益。具体有以下三个要求：第一，不得为自己谋取利益，即受托人除依照规定取得报酬外，不得利用信托财产为自己谋取利益。若受托人利用信托财产为自己谋取利益，委托人、受益人、其他受托人可请求将其所得的利益归于信托财产，并且在受托人存在恶意时，还应附加利息一起归入。第二，不得将信托财产转为自己财产，即受托人不得将信托财产转为其固有财产，受托人将信托财产转为其固有财产的，必须恢复该信托财产的原状，造成信托财产损失的，应当承担赔偿责任。第三，不得进行自己信托和双方信托，即受托人不得将其固有财产与信托财产进行交易或者将不同委托人的信托财产进行相互交易，除非是信托文件另有规定或者经委托人或者受益人同意，并以公平的市场价格进行的交易。

（2）善良管理人义务。委托人将财产交付信托，是基于对受托人的双重信赖，即不仅信赖其人格，而且信赖其能力。正是基于此双重信赖，大陆法系的日本、韩国信托法对受托人课以善良管理人的注意义务。[①] 我国《信托法》也规定："受托人管理信托财产，必须恪尽职守，履行诚实、信用、谨慎、有效管理的义务。"善良管理人的注意比"处理自己事务应有的注意"还要高，即必须达到受托人所从事的职业或阶层应该普遍要求达到的注意程度。而英美法系只要求受托人尽到一个普通的谨慎的人在处理自己相同或类似事务时应有的谨慎的义务，其对受托人注意义务的要求低于大陆法系。

（3）信托财产分别管理的义务。由于信托财产具有独立性，因此受托人应将其自己的固有财产与信托财产分别管理、分别记账。同时，受托人管理数个信托财产时，各个信托财产也是相互独立的，也应当分别管理、分别记账。这样，受托人管理信托财产的行为更加透明化，有利于防止受托人欺诈委托人和受益人的事件发生，也有利于信托法律关系终止时对信托财产进行资产评估。如信托

① 周玉华主编：《信托法学》，中国政法大学出版社 2001 年版，第 179 页。

财产为资金的，仅要求通过分别记账进行管理。

（4）亲自处理信托事务的义务。受托人应当亲自处理信托事务，因为信托法律关系的设立基础是委托人和受托人之间的信任，因此受托人亲自实施信托事务，才合于委托人的愿望。但这一义务并不是绝对的，若信托文件另有规定或者有不得已事由的，可以委托他人代为处理。其他国家的信托法一般只要求受托人就第三人的选任与监督其职务的执行负责任。而我国信托法对受托人的责任规定的更为严格：委托人依法将信托事务委托他人代理的，应当对他人处理信托事务的行为承担责任。

（5）记录保存及报告义务。委托人、受益人对信托事务有知情权，因此委托人应当将信托事务的处理情况做出完整记录并妥善保存，以备委托人和受益人随时调阅、检查。同时，应每年定期将信托财产及其收支情况报告受益人。

（6）保密义务。根据我国《信托法》的规定，受托人对委托人、受益人以及处理信托事务的情况和资料负有依法保密的义务。信托事务很可能涉及委托人或受益人的个人隐私或者商业秘密。当这些信息存在时，受托人有义务为委托人或受益人的利益承担保密义务。

（7）向受益人交付信托利益的义务。委托人向受益人支付信托利益，是受托人的基本义务之一。受托人管理、运用和处分信托财产获取的收益，按规定应当由受益人享有。受托人履行支付信托利益的义务，是以信托财产为限承担有限责任的。信托财产消耗完毕的，受托人没有义务以固有财产支付信托利益，除非受托人违反信托或者管理信托事务不当。

（8）赔偿损失、恢复信托财产原状的义务。受托人违反信托目的处分信托财产，或者因违背管理职责、处理信托事务不当，结果致使信托财产受到损失的，必须以固有资产恢复信托财产的原状或者予以赔偿。

（9）制作清算报告的义务。受托人职责终止或信托终止的，受托人应当做出处理信托事务的清算报告。

（10）共同受托人的义务。同一信托的受托人有两个以上的，为共同受托人。共同受托人应当共同处理信托事务，但信托文件规定对某些具体事务由受托人分别处理的，应当按照信托文件的规定。共同受托人共同处理信托事务，意见不一致时，按信托文件规定处理；信托文件未规定的，由委托人、受益人或者其利害关系人决定。共同受托人因处理信托事务对第三人所负债务，应当承担连带赔偿责任。第三人对共同受托人之一所作的意思表示，对其他受托人同样有效。共同受托人之一违反信托目的处分信托财产或者因违背管理职责、处理信托事务不当致使信托财产受到损失的，其他受托人应当承担连带赔偿责任。共同受托人之一职责终止的，信托财产由其他受托人管理和处分。

（三）受益人

1. 受益人的资格

受益人是依据信托文件享受信托利益的人。在信托设计下，由于受益人是纯享利益之人，不负任何管理之责，因此，只要具有权利能力的人都可以作为受益人。受益人可以是一人，也可以是数人；可以是自然人，也可以是法人，还可以是非法人团体。委托人可以是受益人，且可以是同一信托的唯一受益人。受托人可以是受益人，但不得是同一信托的唯一受益人。这样规定的目的是为了防止受托人滥用受托权利，妨碍信托目的的实现。

受益人必须能够予以确定，至于设立信托时受益人是否实际存在，则无关紧要。比如可以为胎儿的利益设立信托，也可以为某一类现在尚不存在的人（如将来结婚后所生的子女）设立信托。但是，信托法也例外地承认两类不需要确定的受益人的信托。一类是公益信托，公益信托的目的是公益事业，受益人实质上是不特定的社会大众。为了推进公益事业，信托法视公益目的本身为受益人，并赋予公益信托主管机关以强制执行信托请求权。另一类是"目的信托"或称"不完全义务信托"。这类信托没有受益人，信托财产被指定用于一些非公益的特殊目的。

2. 受益人的权利

信托受益权是受益人享有的最重要的一项权利，正是因为有了信托受益权，受益人在信托法律关系中才有存在的价值和必要。狭义的信托受益权是指信托利益享有权，而广义的信托受益权还包括附随着狭义的受益权以保护受益人利益的各项权利。

（1）信托利益享有权。这是受益权中最主要的权利，受益权的其他层面都是为配合这一权利的实现而展开的。受益人可以依法或依信托文件向受托人主张并取得信托收益。根据我国信托法，信托受益权的起算日期分为两种情况：一种是在信托文件没有规定的情况下，受益人自信托生效之日起享有信托受益权；另一种情况是信托文件规定的具体日期为受益权的起算日期。如果一项信托有多个受益人，若信托文件对信托利益的分配比例或者分配方法有约定的，则按照约定进行分配；信托文件对此没有约定的，根据信托法的规定，各受益人按照均等的比例享受信托利益。

（2）信托受益权的处分权。受益权是受益人享有的一种民事权利，受益人可以自由处分，包括放弃、转让、继承。受益人可以放弃信托受益权，若全部受益人都放弃的，信托终止。部分受益人放弃信托受益权的，被放弃的信托受益权按下列顺序确定归属：信托文件规定的人；其他受益人；委托人或者其继承人。如果信托文件没有限制性规定，受益人的信托受益权还可以依法转让和继承。如果法律、行政法规以及信托文件没有限制性规定，若受益人不能清偿到期债务的，其信托受益权可以用于清偿债务。

(3) 受益人的监控权。信托一经成立，原则上委托人和受益人都无权介入信托事务的执行，这被认为是受托人应有的权利。但信托事务的处理与受益人的利益密切相关，因此两大法系信托法都赋予受益人一定程度的监控权。我国信托法中也将委托人享有的一些权利赋予了受益人，以此加强对受托人的监督，如受益人享有知情权、调整信托财产管理方法权、对受托人违反信托的解任权。受益人行使上述权利与委托人意见不一致时，可以申请法院作出裁定。

(4) 违反信托的救济权。对受托人违反信托后受益人的救济权，大陆法系按债权模式即赋予受益人以撤销权来塑造受益人的救济权；而英美法系按物权的模式赋予受益人以追索权，即可直接自受让人处追回信托财产(善意购买人除外)。根据我国《信托法》的规定，受托人违反信托目的处分信托财产或者因违背管理职责、处理信托事务不当致使信托财产受到损失的，受益人同委托人一样有权申请法院撤销该处分行为，并有权要求受托人恢复信托财产的原状或者予以赔偿。受益人行使该权利时，如与委托人意见不一致，可以申请法院作出裁定。

3. 受益人的义务

信托关系中，受益人的受益权因委托人的指定或法律的规定而产生，并不需要受益人为此而履行特定义务。法律为受益人考虑的更多的是围绕着"受益权"而形成的权利体系。当然，如果在信托文件中规定了受益人应当履行一定义务的，而受益人没有提出异议的，受益人应当履行。

三、信托财产

(一) 信托财产的概念、范围

信托财产是指由委托人转移给受托人并由受托人加以管理和处分的财产。信托财产既包括信托成立时由委托人转移给受托人的财产，也包括信托存续期间受托人因信托财产的管理、运用、处分或者其他情形而取得的财产。

信托作为 种财产转移和管理制度，信托财产无疑处于信托关系的核心地位，没有独立的可辨识的信托财产，便无信托。信托财产是信托设立的前提条件，是信托赖以存在的物质基础，是信托得以正常运行的重要依托和保证。

信托财产的范围非常广泛。一般来说，凡是具有金钱价值的东西，都可以作为信托财产，包括动产、不动产、物权、债权、股票和债券等有价证券、专利权、商标权、著作权等知识产权以及其他财产权都可以作为信托财产。但是通常所说的人身权如名誉权、姓名权、身份权等，因不具有财产价值，故不得作为信托财产。需要注意的是：一些法律有所限制的财产不得作为信托财产，如法律、行政法规禁止流通的财产、未经主管部门批准的限制流通的财产、被依法采取强制措施的财产等。

(二) 信托财产的特点

1. 信托财产所有权的分割性

普通财产的所有权是完整和单一的,即所有人不仅自己控制和管理财产,而且自己享受财产的利益。与此不同,英美法系国家下信托财产所有权则一分为二:受托人取得普通法上的所有权,受益人则享有衡平法上的所有权。这种"二元所有权"观念,是在英美普通法与衡平法相对峙、信托法孕育于衡平法的特殊历史环境下产生的,它极大地冲击了大陆法系国家的财产所有权观念。大陆法系国家奉行古代罗马法学家提出的财产所有权观念,认为财产所有权包括占有权、使用权、收益权和处分权四项权能,财产所有权人为自己的利益而享有权利。大陆法系国家继受信托制度时,没有沿袭"普通法所有权"和"衡平法所有权"的提法,而将信托财产所有权赋予受托人,受益人享受信托财产利益的权利则称为"受益权"。但是由于信托法的特别规定,受托人所有权无论如何不能与民法上的所有权相提并论(前者管理与利益相分离,后者管理与利益相统一),受益权也不能简单地等同于受益人对受托人的债权请求权。[①] 事实上,受托人仅对信托财产享有名义上的所有权,受益人才是信托财产的受益权人。在信托财产上,权利主体与受益主体发生了分离。

2. 信托财产的独立性

信托财产的独立性是指信托财产区别于委托人、受托人和受益人的自有财产,仅服从于信托目的而独立运作。信托财产的独立性是信托财产最具有特色的法律设计。信托财产的独立性包括下列原则:

(1) 与委托人的其他财产相区别。委托人一旦将其财产交付信托,即丧失其对该财产的权利,从而此项财产作为信托财产不再属于委托人的自有财产。根据我国《信托法》的规定,信托财产与委托人未设立信托的其他财产相区别。设立信托后,委托人死亡或者依法解散、被依法撤销、被宣告破产时,委托人是唯一受益人的,信托终止,信托财产作为其遗产或者清算财产;委托人不是唯一受益人的,信托存续,信托财产不作为其遗产或者清算财产;但作为共同受益人的委托人死亡或者依法解散、被依法撤销、被宣告破产时,其信托受益权作为其遗产或者清算财产。

(2) 与受托人的固有财产相区别。受托人虽因信托而取得信托财产的权利,但只是信托财产名义上的权利人,不能享有受益权,因此信托财产实际上也不属于受托人的固有财产。受托人死亡或者被依法解散、被依法撤销、被宣告破产而终止的,信托财产不属于其遗产或清算财产的范围。

---

① 周玉华主编:《信托法学》,中国政法大学出版社 2001 年版,第 137 页。

（3）抵消的禁止。在信托关系存续期间，受托人管理、运用、处分信托财产所产生的债权，不得与和信托无关的受托人的个人债务相抵消。而且受托人管理、运用、处分不同委托人的信托财产所产生的债权债务也不得相互抵消。

（4）强制执行的禁止及其例外。由于信托财产是独立于信托当事人的自有财产，因此信托当事人的一般债权人原则上不得申请法院强制执行信托财产。只有在某些特殊情况下可以例外，如我国《信托法》规定的以下情况：设立信托前债权人已对该信托财产享有优先受偿的权利，并依法行使该权利的；受托人因处理信托事务而产生的债务，债权人要求清偿该债务的；信托财产本身应担负的税款。

（5）混同的排除。依大陆法系民法观念，当某人就他人财产享有某种所有权以外的权利，然后又取得了该财产的所有权时，则原先的权利因混同而消灭。为保持信托财产的独立性，日本、韩国信托法特别排除民法混同规则的适用，规定信托财产为所有权以外的权利时，即使受托人取得了作为该权利标的物的财产时，该权利也不因混同而消灭。

3. 信托财产的同一性

信托财产的同一性是指信托财产的范围不仅仅限于委托人当初交付信托的财产，凡信托管理中所取得的一切财产都构成信托财产，须继续保持其独立性。因信托管理所取得的财产一般包括两部分：一是原信托财产（即委托人最初交付信托的财产）的收益，如出租信托财产所收取的租金等；二是原信托财产的代位物，如处分（出卖）信托财产取得的价金或其他财产，因信托财产灭失毁损而取得的赔偿金或保险金等。可见，同一性使信托财产基于信托目的而在内部结合为一个整体，不因其形态变化而丧失信托财产的性质，由此受托人就信托财产的收益和变化了的形态，应继续保持其独立性，并为受益人利益继续进行管理处分。①

（三）信托财产的公示

由于信托财产具有独立性，一旦成立即区别于委托人、受托人、受益人的自有财产，仅服从于信托目的。因此，某项财产上是否已成立了信托，对第三人利益影响极大，若不以一定方法公开信托事实，第三人则无由知悉某项财产已成为信托财产的真相，从而可能遭受无端之损害。② 由此，大陆法系的日本、韩国信托法特别建立了信托公示制度，即要求一些特定财产的信托必须予以公示，否则不生对抗第三人的效力，可见日本、韩国信托法倾向于对第三人的保护。英美法系没有公示制度，认为信托对抗第三人的效力并不需要公示，倾向于对受益人利

① 周小明：《信托制度比较法研究》，法律出版社 1996 年版，第 148 页。

② 同上书，第 150 页。

益的保护。

我国《信托法》规定了信托财产登记制度，规定将有关法律、行政法规规定应当办理登记手续的财产进行信托时，应当办理信托登记，否则该信托不产生效力。我国信托法将信托财产的登记作为信托成立的生效要件，而不同于日本、韩国的对抗要件，过于严格。而且信托登记制度在实践中也欠缺规定，应该完善相关的法律、法规对信托财产登记的权利人、义务人、登记机关及具体程序等方面进行规范并加以明确的规定。

四、信托的设立、变更、终止

（一）信托的设立

1. 信托设立的方式

信托的设立是指通过一定的方式在当事人之间建立信托关系。信托设立的方式有多种：依据法律的规定直接设立的法定信托；根据法院的推定而设立的推定信托；依据委托人的默示行为推定其具有信托意图而设立的默示信托。但绝大多数信托是通过委托人的意思表示行为而设立的明示信托。明示信托又主要表现为契约、遗嘱和宣言三种方式。

信托契约是由委托人和受托人订立的、以设立信托关系为目的的一种协议。信托契约是否有效，除符合合同法的一般规则外，还需符合信托法对契约的记载事项、契约的形式等事项的特殊规定。

信托遗嘱是委托人以立遗嘱方式就自己的遗产设立信托的行为，是委托人将遗产作为信托财产转移给委托人管理或处理，并要求受托人将信托利益交付指定的受益人的单方法律行为。

信托宣言是委托人为了他人利益，向社会公开宣布自己为受托人，从而设立信托的声明。即委托人将其拥有的一定财产列为信托财产，自任受托人，并为受益人利益进行管理或处分的特殊宣言。信托宣言是英美法的一项制度，大陆法系国家则并不承认其效力。

2. 信托设立的有效要件

（1）当事人合格。信托是一种涉及委托人、受托人和受益人三方当事人的复杂财产关系，因此各国法律对信托当事人的资格都有所要求，主体资格不合法，不能设立有效的信托。

（2）信托目的合法。信托目的是指委托人通过设立信托所要达到的目的。信托的设立原则上采意思自治原则，委托人可以为各种目的设立信托。但是各国信托法对此都强加一项一般性的限制，即信托目的不得违法或违背社会公共政策。

（3）信托财产的确定、合法。委托人用于设立信托的财产必须是确定的并且是委托人合法所有的,如果财产属于委托人非法所有,则该信托当然无效。

(4) 设立方式合法。一般而言,信托具备上述三个要件即可成立,但我国信托法还强调信托设立的要式性。首先,规定信托设立应当采取书面形式,排除了口头形式。而其他国家的信托法一般规定,除非法律另有规定,当事人设立信托既可采书面形式,也可采口头形式。其次,对信托文件记载事项做出了规定,列出了五项强制性条款。最后,规定了信托财产的登记制度。以一些特定的财产设立信托必须进行登记,否则该信托不产生效力。

3. 信托的无效

信托的设立必须符合法定的条件,否则因违法而无效。能够引起信托无效的原因主要有:(1) 信托目的违反法律、行政法规或者损害社会公共利益;(2) 信托财产不能确定或不合法;(3) 受益人或者受益人范围不能确定,公益信托和目的信托除外;(4) 专以诉讼或者讨债为目的的设立的信托。因为代理他人诉讼或者处理其他非诉讼法律事务,主要属于律师的职业。为防止滥行诉讼并确保诉讼由律师代理的原则,各国信托法对于以诉讼为主要目的的信托,都予以禁止。

4. 信托的撤销

信托成立后,信托财产由委托人转移给受托人并独立存在,除非委托人是信托的唯一受益人,否则委托人不能收回信托财产。一些债务人往往利用信托欺诈债权人,将可供清偿债务的财产设立信托,结果损害了债权人的利益。为防止委托人利用信托转移财产、逃避债务,保护债权人的合法权益,各国信托法一般都赋予债权人以撤销权,即委托人设立信托损害其债权人利益的,债权人有权申请法院撤销该信托。但对善意受益人已经取得的信托利益,则不受该信托撤销的影响。

(二) 信托的变更

信托关系一经设定,即对信托当事人发生法律约束力,一般不得随意变更。但为保护委托人和受益人的利益,在特定情况下可以对受托人、受益人或信托内容进行变更。

1. 受托人的变更

信托成立后,受托人在处理信托事务的过程中,不履行职责或者有影响其履行职责的其他重大事由,不利于实现信托目的或者给委托人或受益人造成损害的,委托人或受益人可以变更受托人。

根据我国《信托法》,受托人出现以下情形的,受托人职责终止:(1) 死亡或者被依法宣告死亡;(2) 被依法宣告为无民事行为能力人或者限制民事行为能力人;(3) 被依法撤销或者被宣告破产;(4) 依法解散或者法定资格丧失;(5) 辞任或者被解任;(6) 法律、行政法规规定的其他情形。此时,可以依照信托文件规定选任新受托人;信托文件未规定的,由委托人选任;委托人不指定或者无能力指定的,由受益人选任;受益人为无民事行为能力人或者限制民事行为能力人的,依法由其监护人代行选任。

2. 受益人的变更

受益人所享有的受益权是法律设定的权利,信托有效成立后,委托人便不能随意变更受益人或处分受益人的信托受益权。但在受益人对委托人或其他共同受益人有重大侵权行为时,或经受益人同意时,或在信托文件中另有规定时,委托人可以变更受益人或者处分受益人的信托受益权。

3. 信托内容的变更

信托内容包括信托期限、信托财产管理方法等诸多事项,信托生效后,信托当事人在特定情形下可以对有关事项做出修改或补充,其中运用最多的是对信托财产管理方法的变更。信托财产管理方法一般在信托关系设立时就已经确定,一般来说不能进行变更。但由于社会生活的复杂性,发生设立信托时未能预见的特别事由,致使信托财产的管理方法不利于实现信托目的或者不符合受益人的利益时,可对其进行变更。

(三) 信托的终止

1. 信托终止的原因

信托终止是指信托关系的消灭。除法律规定或信托文件特别约定外,信托不因委托人或受托人的死亡、丧失民事行为能力、解散、破产或被撤销而终止,也不因受托人的辞任而终止。信托终止的原因主要有以下几种:

(1) 信托文件中所规定的终止事由发生。信托法基于意思自治原则,允许当事人在信托文件中规定终止信托的事由。一旦规定的事由出现,信托关系即归于终止。

(2) 信托期限届满。信托当事人往往在信托文件中明确规定了信托的存续期限。一旦该期限届满,信托就自动终止。

(3) 信托目的已经实现或者不能实现或信托的存续违反信托目的。信托是围绕着信托目的而进行的。如果信托目的已经实现,该信托自无继续存在的必要。与此相反,如果信托目的由于种种原因而在客观上已经不可能实现,该信托也无法继续存在。而且如果发生一定的事由,使得信托的继续存在足以破坏或者在实质上损害信托目的的,信托也应当终止。

(4) 信托被撤销。信托在一定条件下可以被撤销,如委托人设立信托损害其债权人利益的,债权人有权申请法院撤销该信托。

(5) 信托被解除。信托关系一经依法成立,原则上不能解除。但在以下几种情形下,委托人有权解除信托:一是委托人在信托文件中规定了其解除信托的权利,则委托人可以根据信托文件的规定解除信托;二是在自益信托中,委托人是唯一受益人的，且信托文件没有相反规定，则委托人或者其继承人可以解除信托；三是在他益信托中，受益人对委托人有重大侵权行为或经受益人同意，委托人可以解除信托。(6) 信托当事人协商同意。信托的终止也贯彻意思自治原则，充分尊重当事人的意愿。委托人、受托人和受益人经协商达成一致的，可以解除信托。

2. 信托终止的法律后果

信托终止使信托关系由存在变为消灭。信托终止只对将来产生法律效力，不具有溯及既往的效力。而信托无效则是自始无效。

信托终止所带来的最大的法律后果是对信托财产的处置。各国信托法对信托终止时信托财产归属的权利人的规定并不一致。根据我国《信托法》的规定，信托终止时，信托财产归属于信托文件规定的人；信托文件未规定的，信托财产的归属第一顺序为受益人或者其继承人，第二顺序为委托人或者其继承人。信托财产的归属确定后，在该信托财产转移给权利归属人之前，信托视为继续存在，权利归属人视为受益人，受托人仍继续处理有关信托事务。

信托终止后，受托人应当对信托财产的管理、运用、处分及收支等情况制作清算报告。受益人或者信托财产的权利归属人在审核清算报告后，如果对清算报告没有异议的，受托人就清算报告所列事项就解除了责任。但是，如果受托人在清算报告中采用了弄虚作假、故意隐瞒等不正当手段的，受托人仍需承担责任。

第三节 信托业法律制度

一、信托业概述

(一) 信托业的概念和特点

在实践中对信托业有三种理解：第一，认为信托业是指信托业务，即信托公司以收取报酬为目的，以受托人身份接受信托和处理信托事务的经营行为；第二，认为信托业是指信托行业，在我国，信托业是金融业的子部门，与证券业、银行业和保险业并称为金融业的“四驾马车”；第三，认为信托业是指以营利为目的而常业经营信托业务的组织机构，如英国和美国的银行信托部、日本的信托银行、我国的信托公司等，在这种理解中信托业不是一种理财手段或金融业务，而是一个使用该种理财手段或金融业务的组织体。实际上在大多数情况下，我们是在第三种意义上使用“信托业”这个词语的。

信托业具有以下特点：

(1) 从事信托的机构属一种营利组织，其经营活动以营利为目的，故称为营业信托(商事信托)。这区别于具有私益性质、由商业受托人以外的主体担任受托人的非营业信托(民事信托)。

(2) 从事信托的机构以收受、管理和处分信托财产为主要的营业活动。这使信托业区别于以自身财产为基础开展营业活动的其他营业组织。

(3) 信托业中的受托人必须是经过特别许可的特定信托营业机构,即是以一定的组织机构充当受托人。这与以自然人为受托人的信托不同,后者是以个人充当受托人的。

从信托的历史发展进程看,最早出现的是以个人为受托人的非营业信托,营业信托的兴起则要晚得多。但是,恰恰是信托业的兴起和发展,更新和拓展了信托的传统机能,如现代信托所具有的金融机能,应完全归功于信托业的发展。正是信托业,使信托从传统步入现代,从民族的精华发展为世界性的财富。①

(二) 信托业的历史沿革

英国是现代信托制度的发源地。英国的信托是以宗教为目的诞生的,其后信托的目的扩大到为家族转移传继财产以及教育、慈善等。由于受传统观念影响,英国的信托主要是以个人充当受托人并以无偿为原则的非营业的民事信托。以营利为目的的信托公司即营业信托早期一直未被承认,虽然后来也有所发展,但英国营业信托的发展比不上后来居上的美国。目前,英国信托业仍偏重于传统业务——民事信托和公益信托。

美国的信托源于英国但又不囿于英国的观念。美国一方面继受了英国的非营业民事信托,另一方面又创造性地将信托作为一种营业来发展,以高效率的公司组织形式推广信托事业。在美国,不仅商业信托与民事信托并举,而且商业信托随着时间的推移取得了长足的发展,美国的商业信托主要是有价证券信托。

作为大陆法系国家,日本并无信托的固有观念。日本的信托制度是20世纪初从美国引进的,而且一开始就把信托作为一种营业来发展。日本引进信托的动因是希望利用信托解决重工业发展所需的庞大资金问题,是将信托作为筹资的方法发展起来的。与美国不同的是,在日本几乎只存在商业信托与公益信托,以个人为受托人的无偿的民事信托极为罕见。而且在商业信托中又以金钱信托为主,有价证券信托在其中所占比例极小。

进入20世纪90年代后,发达国家的信托业也发生了很大的变化,出现了一些新的动向,主要表现为:(1) 强化信托职能、拓展信托品种。在强化信托财产管理职能的同时又强调了信托的融资职能、投资职能、金融职能等。信托的品种不断创新,如投资基金、年金信托、养老金信托等;(2) 金融机构兼营信托业务成为趋势;(3) 信托投资业务的国际化;(4) 高科技手段的应用;(5) 信托财产日

---

① 周小明:《信托制度比较法研究》,法律出版社1996年版,第210页。

益集中，并购重组频繁；(6) 商业信托成为主流，公益信托日益受到重视。[①]

(三) 中国信托业的发展

中国古代不存在信托制度。虽然在汉代有过专门以自己的名义替他人销售物品并收取佣金的“牙行”或“牙栈”，但实际上其从事的是行纪业务。一般认为，现代信托是20世纪初才从西方传到我国的。1919年聚兴诚银行上海分行设立信托部从事信托业务，这是中国历史上的第一个信托部，可以说是中国现代信托业的发端。此后，一些私营银行纷纷开设信托部。1921年8月21日，上海通易信托公司成立，从此信托公司开始登上历史舞台，并得到很快发展。到20世纪30年代，一些官办银行也开始设立信托部门，1935年国民政府还设立了中央信托局。1949年中华人民共和国成立后，人民政府对旧信托业进行整顿，对官营信托业予以没收和接管，对私营信托业进行社会主义改造与赎买，使之经公私合营而逐步实现国有化并最终并入国家银行。1949年11月，新中国成立了自己的信托机构——中国人民银行上海分行信托部，其业务包括房地产、运输、仓库、保管及其他代理业务，但1957年9月以后便陆续停办各项业务。此后直至改革开放前，中国信托业几乎是一片空白。

党的十一届三中全会后，随着改革开放的全面展开，沉寂多时的信托业也得以重新恢复和发展。中国信托业起步的标志是1979年10月在北京成立的中国国际信托公司，这是新时期出现在我国的第一家信托公司。为了充分利用各种渠道的闲置资金，以弥补银行信贷之不足，1980年7月10日，国务院批示：银行要试办各种信托业务。据此，信托公司在极短的时间内，如雨后春笋般地在各地出现。改革开放至今，信托业经历了五次连续不断、力度不同的整顿，可以说，在中国的金融行业中，信托业遭受的整顿最多，经历也最为坎坷。

1982年，信托机构迅速膨胀，由于其业务范围缺乏科学界定，与银行抢资金、争业务，在一定程度上造成了资金分散与金融业务混乱的局面。1982年4月10日，国务院发出《关于整顿国内信托投资业务和加强更新改造资金管理的通知》，对信托业进行了第一次整顿。这次整顿的重点是机构整顿，旨在清理非金融机构设立的信托公司，以改变信托机构过多、过乱的局面。

1984年，我国出现了经济过热、固定资产投资膨胀和消费基金增长过猛的现象，导致货币投放过大和信贷失控。于是1985年8月，国务院和中国人民银行相继发出紧急通知，要求银行停止办理信托贷款和信托业务，已办理的业务应加以清理，对信托业进行了第二次整顿，重点是业务整顿。并于1986年由中国人民银行颁布了《金融信托投资机构管理暂行规定》。

1988年10月，各地再次经济过热，信托业也随之发展迅速，恶性膨胀。中

① 霍玉芬：《信托法要论》，中国政法大学出版社2003年版，第151—154页。

国人民银行根据国务院关于清理整顿公司的8号文件精神，开始对信托公司进行第三次整顿，重点是业务清理和行业整顿。

1993年，在国家收紧银根、整顿金融秩序的过程中，对信托业进行了第四次整顿，重点是信托业和银行业分业经营。1995年5月，国务院批准了《中国人民银行关于中国工商银行等四家银行与所属信托公司脱钩的意见》，并随着1995年我国《商业银行法》和1999年《证券法》的施行，明确规定了信托、银行、证券的分业经营。

我国信托业自1979年恢复到1999年的二十年间，得到了极大的发展，已成为金融体系中的重要组成部分。虽然信托业已经历了四次整顿，但每次整顿都明显地带有暂时解决过渡性问题的痕迹，都是对已出现的问题做“工匠式的修补”，而对产生这些问题的深层症结性问题——信托业的定位，始终没有根本解决。所以我国信托业一直在“拾遗补缺”的夹缝中发展，每次整顿之后仍然问题重重，主要表现在以下几个方面：

（1）市场定位不明确。信托的主要功能是“受人之托，代人理财”，是一种财产转移与管理制度。虽然到了现代，信托又具有了融资功能，但其财产管理功能与资金融通功能是相辅相成、不可分离的。而我国在1979年恢复信托业时，将其作为充分利用各种渠道的社会闲散资金，以弥补银行信贷之不足，并且配合和推进经济体制改革的一种手段，所以我国信托业一开始就没有明确的地位，只是被视为银行业的补充，以“小银行”的地位附属、依赖于银行业，并未被作为一种重要的财产管理机构来对待。可以说，信托本业并没有真正的发展。

（2）业务不规范。信托机构开办的各项业务中，主要是非信托业务，空有信托之名而无信托之实。事实上，中国信托公司常被说成是经营信托存贷款、委托存贷款、证券经纪、信托投资、委托投资业务的金融百货公司，是一种混业经营的金融机构，其业务覆盖了银行业务、证券业务、实业投资业务等。真正的受人之托、代人理财的业务却做得并不多。

（3）经营管理混乱。我国信托机构自有资本金普遍不足，一些公司违规经营严重，资产质量差，存在较大的经营风险。大多数信托公司尚未建立起科学完善的内部控制制度，缺乏自我约束、自我监控和自我防范金融风险的能力。

（4）监管力度不够。当时作为金融监管当局的中国人民银行在监管思想上存在重银行机构轻非银行金融机构的偏差。信托公司业务实际上是由中国人民银行非银行金融机构司下属的信托处管理。与同为金融支柱的银行、保险和证券相比，对信托的管理层次是最低的，而且中国人民银行在监管中存在着监管定位的偏差、行政处罚力度不足、日常监管不够等问题。

（5）法制建设落后。在2001年前，我国没有一部专门规范信托基本关系的法律。监管部门对信托业的管理十几年来一直沿用1986年4月出台的《金融信托投资机构管理暂行规定》和1986年12月出台的《金融信托投资机构资金管理暂行办法》，这些立法的立法结构不合理，主要集中于对信托机构的行政管理；立法层次低，缺乏权威性；立法质量差。

正是由于信托公司存在诸多问题，再加上1997年东南亚金融危机和1998年广东国际信托公司的倒闭，国务院在1999年决定对信托业进行第五次全国性的清理整顿。对于这一次整顿，中国人民银行时任行长戴相龙2002年1月27日在国务院新闻办公室举办的记者招待会上作了诠释："对我国目前239家（不包括广信）信托公司进行整顿，是按'受人之托，代人理财'的总要求对其业务进行规范，实行投资与证券分业经营，并通过重组、联合，实现规模经营，这有利于信托公司更好地发展。"国务院在这一次整顿中采取了一系列大的动作。国家也积极制定各种法律法规，以配合整顿的深入、保障整顿的绩效。1999年4月27日，为规范信托公司整顿过程中的清产核资、资产评估和损失充销工作，维护所有者、经营者和债权人各方的合法权益，财政部、中国人民银行联合发布实施《信托公司清产核资、资产评估和损失充销的规定》。2001年1月12日，为了加强对信托公司的监督管理，规范信托公司的经营行为，促进信托公司的健康发展，中国人民银行颁布了《信托公司管理办法》。而且第五次整顿非同以往，可以说是彻底进行了一次大手术，所有的机构都面临重新登记，大多数机构又将被淘汰出局，从数量上大大削减，留下来的机构也将改制，被整合归并。机构重新登记提高了进入门槛，增加注册资本，以提高抗风险能力。经过伤筋动骨的整合，信托机构数量大大削减，原本239家信托公司中，被摘去信托牌照的公司约160家，截至2010年12月全国已经完成重新登记的信托公司有62家。

2001年10月1日，中国第一部《信托法》开始施行。2002年6月5日，中国人民银行颁布了新修订的《信托公司管理办法》。2002年7月18日，《信托公司资金信托管理暂行办法》开始施行。同日，爱建信托推出了国内第一个集合资金信托产品——上海外环隧道项目资金信托计划。10天后，国内第一个房地产信托产品——新上海国际大厦项目资金信托计划出炉。信托业进入了一个新的发展时期。2007年1月23日，中国银行业监督管理委员会正式颁布修订后的两个重要法规《信托公司管理办法》和《信托公司集合资金信托计划管理办法》，并规定"新办法"从2007年3月1日起正式实施。至此，由《信托法》、《信托公司管理办法》和《信托公司集合资金信托计划管理办法》等法律规范构建起来的信托公司规范开展业务的政策平台趋于完善。但与一些发达国家相比，我国信托立法仍显滞后，需进一步完善。

我国信托业经过第六次整顿后，信托法制环境开始趋于成熟、信托机构整合较为合理、信托投资领域愈加宽阔、市场对信托需求不断增长，呈现出良好的发展态势。但同时也应看到，信托业仍有许多需进一步完善的地方。银行业、保险业、证券业、信托业是现代金融业的四大支柱,但信托与银行、保险、证券相比,无论从注册资本、融资总量、产品数量、公众对产品的认同度上,还是从其他实力方面,信托市场的规模明显偏低,信托业的整体力量比较弱。

为了促进信托业的进一步发展,必须进一步加强信用建设,重塑信托业形象;努力营造信托业发展环境,注重信托品牌效应;积极开展信托品种创新,构筑高效的业务支持系统;加强与银行、证券及保险的合作,促进信托业的健康发展;积极推行国际化发展战略,不断增强我国信托业的国际竞争力。①

二、信托业的法律调整

(一) 信托业法概述

信托机构是指从事信托活动的组织。我国信托法使用了"信托机构"这一概念,而未使用"信托公司"等概念,主要是基于以下考虑:信托法调整民事信托、营业信托、公益信托等各类信托,虽然目前我国信托机构主要是指信托公司,但从长远来看信托机构不限于信托公司,还应包括公益信托的受托人、证券投资基金公司和一些特殊目的机构等。

信托公司是指依照《公司法》和《信托公司管理办法》设立的主要经营信托业务的金融机构。目前信托公司主要依照《信托法》、《信托公司管理办法》和《信托公司集合资金信托计划管理办法》开展业务活动。

(二) 信托公司的设立、变更与终止

1. 信托公司的设立

我国对信托公司的设立实行严格的核准制,设立信托公司必须经监管机关批准并领取金融许可证。未经监管机关批准,任何单位和个人不得经营信托业务,任何经营单位不得在其名称中使用"信托公司"字样。

信托公司的设立应当具备以下条件:(1) 有符合规定的公司章程;(2) 有符合规定的入股资格的股东;(3) 有符合最低限额的注册资本,监管机关根据信托公司行业发展的需要可以调整信托公司注册资本最低限额;(4) 有具备任职资格的高级管理人员和与其业务相适应的信托从业人员;(5) 有健全的组织机构、信托业务操作规则和风险控制制度;(6) 有符合要求的营业场所、安全防范措施和与业务有关的其他设施;(7) 监管机关规定的其他条件。

信托公司的设立包括筹建和开业两个阶段。筹建信托公司,发起人应向信托监督管理部门提出申请。申请文件应包括筹建申请书、筹建方案及可行性研究报告、筹建人员名单及其简历等。信托监管部门应在接到筹建申请后一定时期内作出是否批准的决定。经筹建符合开业条件的,发起人可以向信托监管部

---

① 徐孟洲主编:《信托法学》,中国金融出版社 2004 年版,第 54—55 页。

门申请开业。申请文件包括开业申请书、公司章程、股东名册及股份或出资人及其出资额,发起人的资信证明和有关材料、验资证明、拟任职的高级管理人员名单、简历,公司经营方针、计划和业务管理制度、营业场所、设施资料等。信托监管部门自收到开业申请一定时期内应作出批准与否的决定。决定批准的应颁发经营信托业务许可证,决定不批准的应书面说明理由。

发起人领取经营信托业务许可证后,即可向企业登记主管部门办理注册登记,领取营业执照并刊登公告。6个月内未办理公司注册登记的,其许可证自动失效。领取营业执照后,信托公司即告成立,可以开始营业活动。

2. 信托公司的变更

信托公司设立后变更以下事项的,应当经监管机关批准:(1) 变更名称;(2) 变更注册资本金;(3) 变更公司住所;(4) 改变组织形式;(5) 调整业务范围;(6) 更换董事或高级管理人员;(7) 变更股东或者调整股权结构,但持有上市股份公司流通股份未达到公司总股份5%的除外;(8) 修改公司章程;(9) 合并或者分立;(10) 监管机关规定的其他情形。

3. 信托公司的终止

信托公司可因解散、被撤销和破产而终止。信托公司因分立、合并或者公司章程规定的解散的事由出现,申请解散的,经监管机关批准后解散,并依法组织清算组进行清算。信托公司因违法经营、经营管理不善等情形,不予撤销将严重危害金融秩序、损害公众利益的,由监管机关根据《金融机构撤销条例》予以撤销。信托公司不能清偿到期债务,经监管机关同意,可向人民法院提出破产申请。

应注意的是,信托财产不属于清算财产或破产财产,信托财产仍应归属于受益人、委托人或其继承人,这是由信托财产的独立性决定的。非法侵占信托财产的,将承担侵权责任。

(三) 信托公司的业务经营规则

1. 信托公司的业务范围

(1) 主营业务——信托业务

信托业务是指信托公司以营业和收取报酬为目的,以受托人身份承诺信托和处理信托事务的经营业务。信托业务是信托公司的基础业务和主营业务,是信托公司生存和发展的根本所在。信托公司的信托业务主要有以下几种:

① 资金信托业务,即委托人将自己合法拥有的资金,交付给信托公司,由其按照约定的条件和目的进行管理、运用和处分。由于信托财产多以货币资金形式存在,信托公司最主要的业务是资金信托业务。

② 动产、不动产及其他财产、财产权的信托业务,即以动产、不动产以及知识产权等财产、财产权为信托财产的信托业务。动产信托是以机器设备、交通运

输工具等财产为信托财产的信托业务；不动产信托是以房屋、土地使用权等财产为信托财产的信托业务；其他财产信托是指以有价证券、知识产权等为信托财产的信托业务。信托还可以是所有权以外的其他财产权利的信托，包括抵押权、承租权、受益权等。由此派生出表决权信托、股权信托、资产经营权信托、带抵押公司债信托等一系列信托品种。

③ 公益信托业务。信托公司可以依照信托法的有关规定，接受为救济贫困、救助灾民、扶助残疾人、发展医疗卫生事业等公益目的而设立的公益信托。

④ 投资基金业务。投资基金是一种利益共享、风险共担的集合投资方式，是指基金管理公司通过发售基金份额，募集资金，形成独立的基金财产，由基金管理人管理、托管人托管，以资产组合方式进行证券或其他投资项目的投资，基金份额持有人按其所持份额享受收益和承担风险的一种投资方式。投资基金的运作基础是现代信托制度，投资基金关系的法律性质为信托关系。基金业务是一种典型的信托业务，其实质是一种集合运作的资金信托。信托公司可以受托经营法律、行政法规允许从事的投资基金业务，作为投资基金或基金管理公司的发起人从事投资基金业务。

(2) 兼营业务

为了充分发挥信托公司的专业特长和扩大信托公司的经济职能和社会职能，各国信托法一般都允许信托公司兼营一些与信托作用相类似的其他业务。兼营业务主要有以下几种：

① 投资银行业务。信托公司可以经营企业资产的重组、购并及项目融资、公司理财、财务顾问等业务，也可以受托经营有关部门批准的国债、政策性银行债券、企业债券等债券的承销业务。

② 中间业务。信托公司可以代理财产的管理、运用和处分，经营代保管业务和进行信用见证、资信调查及经济咨询业务。

③ 自有资金的投资、贷款、担保等业务。信托公司可以用固有资产为他人提供担保，并且可依照规定将可以运用的资金在法律允许的范围内用于同业拆借、贷款、融资租赁和投资。

2. 信托公司的经营规则

为了保障委托人和受益人的利益，信托公司开展业务时应遵守一定的经营规则。信托公司作为营业受托人，首先必须履行作为受托人的基本义务，即信托公司负有忠实义务、善良管理人义务、信托财产分别管理义务、亲自处理信托事务的义务、记录保存及报告义务、保密义务和向受益人交付信托利益的义务等。同时，我国《信托公司管理办法》又对信托公司的经营作了一些特殊的规定。主要有：

(1) 信托公司违反信托目的处分信托财产，或者因违背管理职责处理信托事务不当致使信托财产受到损失时,应对委托人或受益人负赔偿责任。为了防止信托公司届时无法赔偿,日本、韩国的信托法都建立了赔偿准备金制度,我国《信托公司管理办法》第49条规定:信托公司每年应当从税后利润中提取5%,作为信托赔偿准备金,但该赔偿准备金累计总额达到公司注册资本的20%时,可不再提取。信托公司的赔偿准备金应存放于经营稳健、具有一定实力的境内商业银行或者购买国债等低风险高流动性证券品种。信托赔偿准备金在性质上属于保证金的范畴,委托人或受益人对之有优先于信托公司的其他债权人受偿的权利。

(2) 信托公司不得以卖出回购方式管理运用信托财产,不得以固有财产进行实业投资,但监管机关另有规定的除外。

(3) 信托公司经营信托业务,不得利用受托人地位谋取不当利益,不得将信托财产挪用于非信托目的的用途,不得承诺信托财产不受损失或者保证最低收益,不得以信托财产提供担保。

(4) 信托公司开展固有业务,不得有下列行为:向关联方融出资金或转移财产;为关联方提供担保;以股东持有的本公司股权作为质押进行融资。

(5) 信托公司不得开展除同业拆入业务以外的其他负债业务,且同业拆入余额不得超过其净资产的20%。中国银行业监督管理委员会另有规定的除外。

(6) 信托公司可以开展对外担保业务,但对外担保余额不得超过其净资产的50%。

(四) 信托公司的监督管理和自律

信托公司既是财产管理机构又是金融机构,如果对其缺乏必要的监管,不仅会影响委托人、受益人的利益,而且会产生金融风险,危及金融安全。因此加强信托监管成为当今各国信托立法的一个重要内容。只有实现外部的监管与内部的自律,才能真正防范并控制信托业的潜在风险。

1. 政府监管

政府监管是由专门的政府部门对信托公司实施的监管。如日本《信托业法》授权大藏省、韩国《信托业法》授权财务部对信托业进行监管。我国《信托公司管理办法》规定由监管机关依照法律、行政法规对信托公司及其业务实施监督和管理。2003年4月,中国银行业监督管理委员会成立后,由其对信托公司进行监督和管理。

根据我国《信托公司管理办法》和《银行业监督管理法》的规定,监管机关对信托公司主要在以下几个方面进行监管:

(1) 机构的准入与退出监管。设立信托公司必须经监管机关批准,并领取金融许可证;信托公司的变更、解散也必须经监管机关的批准;而且若信托公司违反审慎经营规则的,中国银行业监督管理委员会责令限期改正;逾期未改正的,或者其行为严重危及信托公司的稳健运行、损害受益人合法权益的,监管机关可以区别情形,依法采取暂停业务、限制股东权利等监管措施。信托公司已经或者可能发生信用危机,严重影响受益人合法权益的,监管机关可以依法对该信托公司实行接管或者督促机构重组。信托公司有违法经营、经营管理不善等情形,不予撤销将严重危害金融秩序、损害公众利益的,由监管机关依法予以撤销。

(2) 业务运作监管。监管机关可以定期或者不定期对信托公司的经营活动进行检查。监管机关认为必要时,可以要求信托公司提供由具有良好资质的中介机构出具的相关审计报告。信托公司应当按照监管机关的要求提供有关业务、财务等报表和资料,并如实介绍有关业务情况。

(3) 对人员的监管。监管机关对信托公司的董事、高级管理人员实行任职资格审查制度。未经监管机关任职资格审查或考核不合格的,不得任职。信托公司对拟离任的董事、高级管理人员,应当进行离任审计,并将审计结果报监管机关备案。信托公司的法定代表人变更时,在新的法定代表人经监管机关核准任职资格前,原法定代表人不得离任。监管机关对信托公司的信托从业人员实行信托业务资格管理制度。符合条件的,颁发信托从业人员资格证书;未取得信托从业人员资格证书的,不得经办信托业务。信托公司的董事、高级管理人员和信托从业人员违反法律、行政法规或有关规定的,监管机关有权取消其任职资格或者从业资格。

2. 自律管理

信托公司的自律包括两个方面:一是自我约束,又称个体自律;二是行业自律。信托业是技术性、专业性很强的行业,经营中有很多的问题,仅靠国家主管机关的管理是不够的,还需要通过各个信托机构建立健全内部运作机制和整个信托业形成自我协调、自我平衡的制约机制,作为政府监管的必要补充。①

(1) 个体自律,即信托公司通过建立内部控制制度,完善业务操作规程,进行自我约束、自我控制、自我管理。我国《信托公司管理办法》规定:① 信托公司应当建立以股东(大)会、董事会、监事会、高级管理层等为主体的组织架构,明确各自的职责划分,保证相互之间独立运行、有效制衡,形成科学高效的决策、激励与约束机制。② 信托公司应当按照职责分离的原则设立相应的工作岗位,保证公司对风险能够进行事前防范、事中控制、事后监督和纠正,形成健全的内部约束机制和监督机制。③ 信托公司应当按规定制订本公司的信托业务及其他业务规则,建立、健全本公司的各项业务管理制度和内部控制制度,并报监管机关备案。④ 信托公司应当按照国家有关规定建立、健全本公司的财务会计制度,真实记录并全面反映其业务活动和财务状况。公司年度财务会计报表应当

---

① 徐孟洲主编:《信托法学》,中国金融出版社 2004 年版,第 238 页。

经具有良好资质的中介机构审计。信托公司应当按照监管机关的要求提供有关业务、财务等报表和资料，并如实介绍有关业务情况。

（2）行业自律，即由信托公司组成行业自律组织，进行自我约束和管理。行业自律组织具有自律管理、沟通协调成员间利益、培育专业市场、团体互助、促进对外交流、集体抵御不法经营等职能。对于一个完善的监管制度而言，行业自律不可或缺，它可以通过合理分担监管责任，提高整个信托业的监管力度，促进行业整体的规范发展。《信托公司管理办法》规定信托公司可以加入中国信托业协会，实行行业自律。信托业协会开展活动，应当接受监管机关的指导和监督。

2003 年 3 月经中国人民银行出面组织，确定了 5 家信托公司（中煤信托投资有限公司、北京国际信托公司、上海国际信托公司、深圳国际信托公司、金新信托公司）作为信托业协会筹备工作小组成员。经过紧张的筹备，2004 年 11 月 22 日中国信托业协会首届会员大会暨中国信托业协会创立大会正式召开。大会通过了《中国信托业协会章程》、《经营性信托业行业公约》、《中国信托业协会会费管理办法》和《中国信托协会理事会选举产生办法》，大会同时选举产生了首届理事会成员。在当天召开的首届理事会上，选举出了中国信托业协会会长、副会长及秘书长。从此，中国信托业协会开始崭露头角，担当重任。

思考题

1. 简述信托财产的特性。
2. 简述信托与代理、行纪和第三人契约的异同。
3. 简述金融信托的种类。
4. 简述信托受托人的义务。
5. 简述我国《信托法》的不足。

第九章　投资基金法律制度

第一节　投资基金概述

一、投资基金的概念

投资基金是舶来品。基金一词在英文中来源于“fund”,意为“为特定用途设立的资金或流动资产”。[①] 投资基金是一种间接投资,有别于一般的直接投资工具,如股票、外汇或期货等。每一种投资基金预先设定好投资方向,然后吸收市场资金,基金经理将筹集的资金按既定的投资方向进行投资,如投入直接投资工具。

投资基金经过一百多年的发展,已成为当今国际上十分流行的大众投资工具,但它在各国及地区间并无统一的称谓。美国称之为“共同基金”或“互惠基金”(mutual fund);英国和我国香港地区称之为“单位信托基金”(unit trust);日本、韩国和我国台湾地区称之为“证券投资信托基金”;[②]我国称之为“投资基金”。各国对投资基金的法律定义差异较大,学理定义亦众说纷纭。[③] 目前,比较常用的定义是,投资基金是指一种利益共享、风险共担的集合投资方式,是基金管理公司通过发售基金份额,募集资金,形成独立的基金财产,由基金管理人管理、托管人托管,以资产组合方式进行证券或其他投资项目的投资,基金份额持有人按其所持份额享受收益和承担风险的一种投资方式。

---

① Black's Law Dictionary (7th ed.), West Group, 1999, p. 682.

② 顾功耘主编:《商法教程》,上海人民出版社2001年版,第233页。

③ 我国1997年11月14日发布的《证券投资基金管理暂行办法》第2条规定:证券投资基金“是指一种利益共享、风险共担的集合证券投资方式,即通过发行基金单位,集中投资者的资金,由基金托管人托管,由基金管理人管理和运用资金,从事股票、债券等金融工具投资”。而《中华人民共和国证券投资基金法(草案)》中曾规定:证券投资基金“是指通过出售基金份额募集资金形成独立的基金资产,由基金管理人管理,基金托管人托管,以资产组合方式进行证券投资,基金份额持有人按其所持份额享受收益和承担风险的投资组织”。由此出现了争论,即能否将投资基金作为一种独立的投资组织形式来对待。投资基金从不同的侧面分析,具有不同的性质,既可以是一种投资方式、投资制度,又可以是一种基金管理公司“生产”的产品,还可以是一种投资资产。2003年10月28日第十届全国人大常委会第五次会议通过的《中华人民共和国证券投资基金法》没有明确的相关定义。

二、投资基金的历史沿革

(一) 投资基金的产生和发展

投资基金作为一种资金运作方式,最早可追溯至19世纪初的荷兰。但现代意义的投资基金始于英国,兴盛于美国,二战后传入日本、德国、我国香港地区及东南亚国家和地区。从19世纪60年代至今,基金取得了长足的发展,在世界金融市场上占据了举足轻重的地位。特别是近二十年,基金获得了快速发展,成为当代国际金融市场变化最突出的特征之一。基金已经成为广大投资者特别是中小投资者优先的投资选择。据摩根士坦利投资管理董事总经理及国际负责人Navtej Nandra判断,2010年底,全球基金规模约为50万亿美元。[①]

投资基金可分为以下三个发展阶段:

1. 欧洲时期(1822—1921年)

荷兰国王威廉一世于1822年创立了第一家私人基金,委托专人投资于市场上的有价证券,并从事欧洲和美洲之间的商品和货币投资,但其尝试并未在荷兰得到推广。19世纪中后叶的英国,人们因国债投资等回报太低而急于寻找更有利的投资机会,恰逢美国正处于开拓时期,需要大量资金,且回报较高,于是就有人募集了投资基金向美国铁路债券等证券投资。1868年英国政府特许设立了以进行海外投资为目的、名为"国外和殖民地政府信托"(Foreign and Colonial Government Trust)的世界上最早的投资基金。由此,在开拓殖民地疆域和开发殖民地资源的过程中,投资基金在英国得到较大发展。由于当时有限责任被投机行为利用,人们对公司形式存在误解,这一阶段的证券投资基金基本上都运用信托的原理而不采公司形式。[②] 直至1879年英国颁布《股份有限公司法》,将公司型基金纳入了法律调整的范畴。至1890年,英国的投资机构已达一百多家。

2. 美国时期(1921—1950年)

20世纪20年代初,投资基金扩展到了美国。由于一战后美国经济的空前繁荣,投资基金获得迅速发展,不仅封闭型基金活跃,而且以1924年1月创立的"马萨诸塞投资信托基金"为标志的开放式基金也开始出现。当时存在着基金利用信贷资金营利的情况,受1929年经济危机的影响,投资基金与整个金融市场一起在30年代跌入低谷,投资者损失惨重。在1933年《证券法》、1934年《证券交易法》、1939年《信托契约法》的基础上,美国于1940年颁布《投资公司法》(Investment Company Act of 1940)和1940年《投资顾问法》(Investment Advisers

---

① 搜狐财经网:《全球基金业发展及监管的新趋势论坛实录》,http://finance.qq.com/a/20101202/006475.htm,2011年1月20日访问。

② 张藿:《证券投资基金法律制度》,学苑出版社2004年版,第142页。

Act of 1940),开创了投资基金专门立法的时代。随着二战后美国经济的飞跃,投资基金再次快速成长,开放式基金逐步取代了封闭式基金的地位,投资公司也进一步做了类型划分。美国到2010年共同基金资产达到10万亿美元,已超过了商业银行存款总额,是金融市场中资产规模仅次于商业银行的机构。

3. 全球时期(1950年至今)

20世纪50年代后,西方经济进入稳定发展的黄金时代,70年代起,发展中国家也步入了经济快速发展阶段。国际投资迅猛增长,贸易自由化浪潮席卷全球,促进了投资基金在全球扩散。1951年,日本在总结以前的经验、借鉴英国单位信托制度的基础上,颁布了《证券投资信托法》。1959年和1960年,新加坡和我国香港地区的第一家"单位信托基金"分别创立。70年代末80年代初,韩国、印度尼西亚、马来西亚、菲律宾、我国台湾地区以及智利、巴西等南美国家,纷纷创设投资基金,形成了世界规模的金融力量。

(二) 我国投资基金的历史及现状

我国基金市场是依附于证券市场的发展而发展起来的,最早可以追溯到1987年在我国香港地区成立的怡富中国公司,中国银行和中国国际信托公司均开始涉足中国投资基金业务。中国投资基金之所以依附于证券市场的发展,是因为它被看做是稳定证券市场价格,减少股市波动的市场力量。[①]

受海外中国基金设立的影响,1989年5月,香港新鸿基信托基金管理有限公司推出了第一个中国概念基金——新鸿基中华基金。[②]1991年8月,中国新技术创业投资公司与汇丰、渣打银行在中国香港联合设立中国置业基金,集资数亿美元投资于珠江三角洲地区企业,基金证券在香港联交所上市。真正意义上中国内地市场上出现的基金是1991年10月宣告成立的"武汉证券投资基金"和"深圳南山风险投资基金",这标志着我国基金业的正式起步。但此后几年时间里,基金发展历经坎坷。1992年前后,伴随着邓小平同志"南方谈话",各地经济发展的积极性得到极大的调动,各地经济建设对资金的需求缺口也加大,与此同时,沪深两地证券交易所的发展和股票交易持续活跃,为内地第一批投资基金的产生起到了"催生"的作用。1992年和1993年间,不少投资机构为了参与证券市场投资获利,同时为当地经济建设筹集资金,发起设立了一批基金,致使这一时期基金发展过快过猛,难免良莠不齐,出现一些问题,如利用基金形式乱集资,乱发基金受益券,越权审批基金管理公司等。[③] 为此,1993年5月19日,当时的基金主管机关中国人民银行发出《关于立即制止不规范发行投资基金和信

① 贺绍奇:《证券投资基金的法律透视》,人民法院出版社2000年版,第11页。
② 周玉华:《投资信托基金法律应用》,人民法院出版社2000年版,第1页。
③ 朱少平主编:《〈证券投资基金法〉解读》,中国金融出版社2004年版,第8页。

托受益债券做法的紧急通知》,要求省级分行立即制止不规范发行投资基金和信托受益债券的做法。之后相当长的时间里,国内基金的发行处于停滞状态。截至1996年底,全国范围内共有"老基金"(1997年之前的基金俗称为"老基金",中国人民银行为其主管机关)78只,另有基金类受益券47只。

1997年国务院证券委员会发布《证券投资基金管理暂行办法》,基金管理的主管机关由中国人民银行转变为中国证监会(此后发行的基金被俗称为"新基金")。自此以后,我国基金业进入了一个新的发展时期。(1)基金管理公司的发展。1998年2月24日第一家证券投资基金托管银行——中国工商银行的基金托管部成立;1998年3月3日《证券投资基金管理暂行办法》公布后的第一批基金管理公司国泰、南方基金公司分别在上海、深圳成立;1999年8月27日中国证监会转发人民银行《基金管理公司进入银行同业市场管理规定》后,10家基金管理公司被允许参加银行同业市场。(2)基金品种的增加。1998年3月23日第一批证券投资基金——基金金泰、基金开元分别在沪、深证券交易所上网发行、挂牌交易。2000年9月11日华安发行国内首只开放式基金。(3)"老基金"的清理。1998年12月2日"老基金""海南银通"和"广证受益"撤牌、清算,对"老基金"的清理工作从此正式拉开了帷幕。至2000年4月17日,沈阳兴沈、沈阳久盛和富岛基金摘牌退市,这标志着原有投资基金全面退出历史舞台。(4)法律环境的逐步完善。1999年12月30日《证券投资基金行业公约》公布,2000年8月28日中国证券业协会基金公会成立,2002年6月1日中国证监会发布《外资参股基金管理公司设立规则》(自7月1日起实施)。2002年8月23日起草工作历时3年之久的《证券投资基金法(草案)》首次提交全国人大常委会审议,2003年10月28日《证券投资基金法》由第十届全国人大常委会第五次会议通过,于2004年6月1日起正式实施。

我国基金业成长很快,经过二十余年发展,基金已经成为证券市场重要的机构投资力量和广大投资者的重要投资工具。从基金的产品结构看,我国的基金从最初的清一色混合型基金,到如今的指数基金、债券基金、伞形基金、多样化的平衡型基金,我国基金已经完成了现有政策法律框架下的产品线的构筑。[①]

但我国的证券投资基金仍处于起步阶段,还存在一些问题,如基金总体规模偏小,其机构投资者的作用发挥不够;基金管理公司的治理结构、内控机制尚待完善;投资运作水平难以满足公众投资者的需求,也不适应日趋激烈的市场竞争需要。

---

① 张旭东:《我国基金业发展历程》,http://www.people.com.cn/GB/14576/28320/30179/30180/2157186.html,2004年10月28日访问。

三、投资基金的特征

1. 集体投资,规模经营,费用低廉,收益较高

基金是由众多投资者出资形成的。对中小投资者而言,它解决了投资者入市难、入市成本高、承担风险能力弱的问题。基金单位有大有小,投资者可以根据自己的财力购买,中小投资者以小额资金购买基金份额成为基金持有人。此外,基金的管理费、认购费用较低。基金相对直接的证券投资,收益也较高。①

2. 专家经营,专业管理

基金的运作是通过专业的投资管理机构进行的。一般而言,每个基金都有发起人、托管人和管理人,自然人不得进行基金经营。基金的运用都由专业人士来操作,他们具有丰富的专业知识和经验。基金的保管由指定的专门金融机构来负责,这些金融机构必须是信誉卓著的大银行或非银行的金融机构,且基金管理机构和保管机构是相互独立的。基金财产在保管机构中单独开设账户,与基金管理机构和保管机构的自有资本是分开的,独立核算。基金投资者将资金委托给专业机构,由专业人士管理运作,克服了普通投资者知识和经验不足、投资成本高、风险大的缺陷,能够使投资者取得较好的收益。

3. 组合投资,分散风险

投资基金的基本原则是组合投资、分散风险,即把一定数额的资金按不同比例分别投资于不同期限、不同种类的有价证券或行业,把风险降低到最低限度。一般说来,要在投资中保证分散风险,至少要购买超过 10 种行业的 20 种以上的股票。而要做到这一点,在美国最少需要 10 万美金,在中国一般需要 5 至 10 万元左右的人民币。②

4. 流动性强,变现性高

基金单位或股份一般都可上市进行交易,可以自由流通转让。其流动性高,变现性强,可以满足投资者变现、转投资、规避风险的要求。投资者可在二级市场上及时转让所持有的封闭式基金份额,也可以要求基金公司购回所持有的开放式基金份额。

5. 运作透明度高,外部监管力度强

法律要求投资基金实行严格的信息披露制度,定期、充分披露与基金运作有关的情况,以充分发挥各方面的监督作用。

① 据中国基金网 2004 年度开放式基金年度回报率排行榜,前五名的年度回报率依次为 16.30%,13.56%,8.49%,7.48%,6.89%,http://finance.sina.com.cn/nz/fundco/jjsj/20050104/23071270242.shtml,2005 年 1 月 10 日访问。

② 贺绍奇:《证券投资基金的法律透视》,人民法院出版社 2000 年版,第 3 页。

四、投资基金的种类

投资基金经过一百多年的演进，已出现诸多的种类与形态。根据基金投资的对象或性质不同，投资基金可分为股权式基金和有价证券基金两大类。

（一）股权式基金

股权式基金是为获得投资收益而以参股或合资的方式，向某一产业或某类企业尚未公开发行或尚未上市的股份或股票进行投资，一般参与企业经营，但不以控制支配企业为目的的一种基金。股权式基金包括产业投资基金和风险投资基金两类：

1. 产业投资基金

产业投资基金是以个别产业为投资对象，以追求长期收益为目的的成长及收益型基金。它不同于国外的创业基金、风险投资基金、国家基金，而是借鉴市场经济发达国家“创业投资基金”的运作经验、结合我国具体的投融资制度而形成的一种中国特色化的基金，其覆盖范围比上述基金广，包括但不限于上述基金。不过，产业投资基金的产生往往出于对某个行业的扶持，因此我国的产业投资基金在某种程度上可以理解为“行业投资基金”，即投向特定行业，主要是相对成熟的基础产业和基础设施领域以及需要进行存量资产重组创业的支柱产业，比如节能环保产业投资基金、交通运输产业投资基金。

2. 风险投资基金

风险投资基金是主要投资于处于创建期或风险期的、具有发展潜力的中小型企业或高新技术产业的基金。其投资的不确定性大、风险高。实质上，产业投资基金的范畴已经包含风险投资基金，后者是前者的一种特殊形式，二者的差别主要在于所投资项目的成熟程度，但在市场的实际运作中，一般很难做出严格的划分。

为促进创业投资企业发展，规范其投资运作，鼓励其投资中小企业特别是中小高新技术企业，国家发展与改革委员会等十个部委联合发布《创业投资企业管理暂行办法》，自 2006 年 3 月 1 日起施行。根据该《办法》，创业投资企业，指在中华人民共和国境内注册设立的主要从事创业投资的企业组织。创业投资，指向创业企业进行股权投资，以期所投资创业企业发育成熟或相对成熟后主要通过股权转让获得资本增值收益的投资方式。创业企业是指在中华人民共和国境内注册设立的处于创建或重建过程中的成长性企业，但不含已经在公开市场上市的企业。外商投资创业投资企业适用《外商投资创业投资企业管理规定》，该规定系为鼓励外国公司、企业和其他经济组织或个人来华从事创业投资，建立和完善中国的创业投资机制，而由原对外贸易经济合作部于 2002 年 10 月审议通过，自 2003 年 3 月 1 日起施行。

（二）有价证券基金

有价证券基金是以投资于公开发行和上市的股票和债券为主，即主要参与二级市场中的证券买卖的基金，即我们通常所说的证券投资基金。

（三）股权式基金和有价证券基金的联系与区别

股权式基金和有价证券基金都具备集合投资、专家理财、分散风险的特点，采取了投资人、管理人和托管人分离的形式，各负其责、相互监督，具有一脉相承的共性。但是二者还存在以下区别：

(1) 股权式基金直接投入实业，着眼于企业股权或股票的未来公开转让和上市；有价证券基金则着眼于二级市场证券买卖差价和红利收益，通过购买上市证券间接投资企业。

(2) 股权式基金侧重于投资分红和资本增值，投机成分少；有价证券基金既重视投资分红，更注重证券交易的资本利得收益，有一定的投机成分。

(3) 股权式基金对二级市场的依赖性较小，但对股份制企业的数量、质量和组织形式要求较高；而有价证券基金以发达的二级市场为前提。

(4) 股权式基金由于投资周期长、转让性能差，流动性和变现能力弱，多采封闭型，以求稳定运作；而有价证券基金因流动性较好，清偿、结算也方便，故其类型可以是开放式、追加型、短期限或无期限。

(5) 股权式基金一般只能通过关系型投资解决信息不对称问题，[①]其投资期限多在3—8年；而有价证券基金可以通过上市公司严格的信息披露及时掌握公司发展动态，注重股权的流动性和组合多样性，持股期限较短。

(6) 股权式基金因其所投资企业的股东人数较少，不涉及公众利益，没有明显的利益冲突问题，法律对其监管的力度主要侧重于“保护、鼓励和扶持”。而国家法律一般不鼓励设置禁止有价证券基金增加持有其投资的上市公司的股份比例，相反鼓励其分散投资，且规定持股的最高比例限制，以防止内幕交易、操纵市场、关联交易等损害其他中小股东权益行为的发生，在公司治理结构中发挥积极作用。

第二节 投资基金法概述

投资基金法是调整投资基金发行、交易与监管关系的法律规范的总称。主要内容包括投资基金的设立、募集、交易、运作以及监管等方面的规定。

---

① 关系型投资(relationship investing)，就是进行长期投资，并监督企业的经营管理，在公司治理结构中发挥积极的作用，以获取长远的投资回报。王信：《创业基金的关系型投资及其在公司治理机构中的作用》，载《经济社会体制比较》1999年第2期。

一、不同国家和地区投资基金立法例比较

世界各国和地区的基金立法体例主要有以下三种模式：

（一）投资基金法与基金管理公司法相分离的美国模式

美国虽不是世界投资基金的鼻祖，然而伴随着美国国力在一战后的腾飞，自20世纪20年代开始，投资公司成长极为迅速，尤其是二战以后，至20世纪90年代美国已经具有全球最大的投资基金产业。单就开放式基金而言，美国投资公司所经理的资产约5倍于法国所经理的资产，比英国高出15倍。①

美国于1940年同时颁布了《投资公司法》和《投资顾问法》，分别规范投资基金和基金管理公司。《投资公司法》不仅对投资公司的创设、结构及经营等加以规范，还列明了组成董事会的基准，并对制定投资公司的管理契约、主承销契约等也作了相关规定。1970年该法修正案又为管理费用、销售佣金等制定了新的标准。美国的基金属于公司型，投资顾问是一个独立的提供投资建议的外部营利性服务组织，投资公司的经营和管理主要依赖投资顾问来完成（此时相当于基金管理公司）或提供咨询建议。美国基金投资标的相当广泛，除有价证券之外，还包括其他金融工具。

（二）基金和管理公司法统一于基金法的英日韩模式

该模式的特点是将对管理公司的规范融合于对投资基金的规范之中，以投资基金的发起设立、运作管理、清盘为主线，将与投资基金活动有关的各方当事人的权责一一予以界定。不过，该模式又可细分为两种子类型：一是英国和我国香港地区为代表的以自律为主的模式；二是日本、韩国和我国台湾地区以法律、行政监管为主的模式。

1. 英国和我国香港地区为代表的以自律为主的模式

该模式的特点是强调自我管理、自我约束、自我规范。虽有成文法，如英国1986年的《金融服务法》，但基金的大部分监管活动仍由自律组织来完成，自律组织在法律原则指导下制定了各种特定的投资业务规则。如我国香港地区对投资基金的监管主要有两个行规：证券及期货事务监察委员会制定的《单位信托基金及互惠基金守则》和基金公会制定的《投资基金业执业守则》。因只有行规而无法律，故若违反行规，一般只受到行业的谴责，最高处罚也只是取消其注册资格，不会受到法律的起诉，除非有证据证明其基金管理公司或执业人员犯有商业罪。由于自律组织作为监管者，其成员是从被监管投资公司或者基金中选举产生，使得监管人员独立性差，其监管也因此导致公众的不信任，一旦基金或基金管理公司出现违法行为，监管人员能否客观公正地执行职责令人怀疑。依据

---

① 周玉华：《投资信托基金法律应用》，人民法院出版社2000年版，第119页。

英国《金融服务法》,对投资领域的监管由证券投资委员会主持,但它是一家民间机构,资金来源于它所监管的投资公司和基金管理人;委员会的董事由基金管理公司的高层人士及某些代表投资人利益的人士组成。英国的投资基金监管者实质上是一个半官方的民间机构,充当着沟通基金市场和政府(财政大臣)的桥梁,其监管工作离不开自律组织的协助。因此,英国模式是自我管理和专家管理的典范,虽有基金法律,但其主要通过自律行规得以贯彻执行。实践证明这种监管模式是行之有效的。英国、我国香港地区和美国的基金在投资标的上相似,都对其不作严格的限制。

2. 日本、韩国和我国台湾地区以法律、行政监管为主的模式

该模式的突出特点是以基金法律、行政监管为主,以自律行规管理为辅。且日本的《证券投资信托法》规定基金只能投资于《证券交易法》中的证券,所以其基金品种只有证券投资信托,称之为单一式。

(三) 基金法统一于基金管理公司法的德国模式

该模式的特点是将对投资基金的规制融合于对基金管理公司的规制之中,因为基金结构的主体是基金管理公司,管理公司的发展带动了投资基金的发展,对基金的监管主要体现在对管理公司的业务活动的监管。该模式的优点在于监管,只要实现了对基金管理公司的有效监管,就等于控制了整个基金业的发展进程。不足之处是管理人和托管人之间缺乏强有力的相互监督机制,要保证基金业的稳定、规范运作,必须借助于较为系统的监督制度和强有力的监管部门。德国的投资公司法规定了两种基金品种:证券投资信托和不动产投资信托,其基金投资标的既包括有价证券也包括不动产。①

二、我国的证券投资基金法

我国基金业的发展历程是一个法制化不断加强的过程:1992 年 6 月,中国人民银行深圳经济特区分行颁布《深圳市投资信托基金管理暂行规定》,这是我国第一个有关基金监管的地方性规章;以 1997 年 11 月《证券投资基金管理暂行办法》为新的起点,中国证监会发布了一系列规范证券投资基金的部门规章。

《证券投资基金法(草案)》的起草始于 1999 年 4 月,经三次审议,于 2003 年 10 月 28 日第十届全国人大常委会第五次会议表决通过,2004 年 6 月 1 日起正式实施。我国《证券投资基金法》借鉴的是日韩模式。

《证券投资基金法》在对证券投资基金活动进行规范的同时,体现了保护投资人及相关当事人的合法权益,促进证券投资基金和证券市场健康发展的立法

① 周玉华:《投资信托基金法律应用》,人民法院出版社 2000 年版,第 559 页。

宗旨。[①] 尤其值得关注的是,《证券投资基金法》为基金业今后的发展预留了空间,具有一定的前瞻性。《证券投资基金法》以法律形式确认了基金业在资本市场以及市场经济中的地位和作用,构建了基金业发展的制度框架,为基金业的发展创造了广阔的空间,对资本市场的健康发展和市场经济的完善产生深远的影响。作为继《证券法》之后规范我国证券市场的又一部重要法律,《证券投资基金法》的颁布实施具有重要的意义。近几年来,我国证券投资基金业取得了快速发展,在推动证券市场和金融体系的发展和完善方面发挥了积极作用。

但是,《证券投资基金法》的实施也影响了对证券市场的一些历史遗留问题的看法:

一是私募基金的问题。《证券投资基金法》中对如何解决私募基金的问题没有作出规定,也没有对私募基金的前途予以大方向上的指引,从而对当前仍然活跃在证券市场上的私募基金有些打击。

二是开放式基金短期融资问题。一度被业内寄予厚望的开放式基金短期融资没有被写进《证券投资基金法》。虽然有业内人士解释,法无禁止就可以视为可行,但《证券投资基金法》同时又规定银行资金不得进入股票市场,目的是为防止基金公司利用融资进行非审慎经营行为引发银行资金风险。

三是基金财产能否买卖其他基金份额的问题。有的部门和专家提出,在国外有些基金专门购买其他基金的基金份额,中国也准备设立这种基金。另一种意见则认为,为防止基金管理人利用不同基金之间的买卖进行利益输送,一般应当禁止基金之间相互投资。为此,法律规定了基金财产不得买卖其他基金份额,但是国务院另有规定的除外。

四是公司型基金的问题。公司型基金和信托型基金是当今世界证券投资基金的主要形式。从发展的角度看,有从信托型基金向公司型基金转变的趋势。我国《证券投资基金法》在肯定公司型基金是一种基金的组织形式的同时,又在第 102 条中规定:“通过公开发行股份募集资金,设立证券投资公司,从事证券投资等活动的管理办法,由国务院另行规定”。这实际上仅对信托型基金作出调整,未对公司型基金作出规定,显得调整范围过窄,也不利于今后公司型基金的发展。

在数年的运行后,《证券投资基金法》的弊端和局限性日益显露。2010 年 12 月,修改《证券投资基金法》列入 2011 年全国人大常委会的立法计划。

---

① 人民日报评论员:《促进证券市场健康发展的重要举措》,《人民日报》2003 年 11 月 4 日第 15 版。

第三节 证券投资基金法概述

一、证券投资基金的概念和特征

（一）证券投资基金的概念

证券投资基金是一种集合证券投资方式。它通过发行基金单位，汇集投资者的资金，由基金管理人管理和运用这笔资金，从事股票、债券等投资，投资者与基金利益共享、风险共担。

（二）证券投资基金的特征

(1) 集合分散资金用于投资。其集资的方式主要是向投资者发行"基金券"，也称股票或受益凭证，从而将分散的小额资金汇集为一个较大的基金加以投资运用。

(2) 利用信托原理组织证券投资。信托是指将本人的财产转移给可以信赖的第三者，让其按照本人的要求加以管理和运用的行为。将分散的投资汇集起来委托专业机构操作，是基于对专业机构的完全信任。专业机构通常是指依法设立的保管机构和基金管理公司。

(3) 证券投资基金只能投资于股票或债券等有价证券。投资基金有多种，可以投资于房地产、黄金等产业。而证券投资基金是专为投资证券而设立的，不能投资于证券以外的项目。

(4) 投资收益须依法分配给投资人。专业的投资机构采取组合投资，投资收益通常会高于普通投资，其所得收益也必须按出资者的出资份额进行分配。

（三）证券投资基金与股票、债券的关系

证券投资基金的证券形式通常是基金券或基金单位，它和股票、债券一样都是金融投资工具，但又区别于股票与债券。其区别在于：(1) 所反映的关系不同。股票反映的是股权关系，债券反映的是债权关系，而基金反映的则是信托关系。(2) 资金投向不同。股票和债券是融资工具，其集资主要是投向实业或不动产；而基金券是信托工具，主要投资于股票或债券等有价证券。(3) 收益不同。股票的收益取决于公司的经营效益，投资股票有较大的风险。债券的收益一般是事前确定的，其投资风险较小。基金券主要投资于有价证券，投资选择可以灵活多样，从而使得基金券的收益有可能高于债券，其投资风险又可能小于股票。

二、证券投资基金的分类

证券投资基金是一种间接的证券投资方式。按照不同的标准，可以将证券投资基金分为不同的种类：

（一）开放式证券投资基金与封闭式证券投资基金

根据基金规模是否固定(即基金受益凭证是否可增加或赎回)，可分为开放式证券投资基金和封闭式证券投资基金。受益凭证是为募集投资基金而发行、表明基金单位的证券。受益凭证记载投资人所认购的基金单位份额，由投资人持有，它不是投资人对信托资产所有权的证明，也不是保障收益的凭证，而只是表明投资人依持有的基金单位份额按比例分享基金权益并分担基金风险的资格。开放式证券投资基金和封闭式证券投资基金共同构成了基金的两种基本运作方式。

开放式证券投资基金发行的基金单位的总数是不固定的，在设立后处于变动状态，可根据基金发展需要追加发行，投资者也可根据自己的实际情况增加持有或要求基金回购而减少持有。而受益凭证的后续发售与赎回的价格均以基金的净资产值计算。为了应付投资者中途的变现，开放式基金应当保持足够的现金或者政府债券，以备支付基金份额持有人的赎回款项。基金财产中应当保持的现金或者政府债券的具体比例，由国务院证券监督管理机构规定。开放式基金不上市交易，一般通过银行申购和赎回。

封闭式证券投资基金发行的基金单位的总数是固定的。完成发行计划后，不再追加发行，投资者也不得要求回购。封闭式基金有固定的存续期，期间基金规模固定，一般在证券交易场所上市交易，投资者通过二级市场买卖基金单位。《证券投资基金法》规定封闭式基金的存续期必须为 5 年以上，基金募集金额不得低于 2 亿元人民币。

开放式证券投资基金与封闭式证券投资基金存在以下区别：(1) 开放式证券投资基金的发行规模是变化的，便于业务扩展，适应发达的金融市场。在美国大约超过 95% 的投资基金是开放式的。而封闭式的证券投资基金的发行规模是固定的，多为不发达市场所采用，我国早期的证券投资基金就只有封闭式的。(2) 开放式证券投资基金的定价是依据基金的净资产值，而封闭式的证券投资基金的价格取决于市场供求。(3) 开放式证券投资基金的投资者可将其投资赎回；封闭式证券投资基金则不可要求回购。(4) 由于开放式基金随时要准备投资者要求赎回的可能，其运作成本较高，封闭式证券投资基金则相对较低。

（二）公司型证券投资基金与契约型证券投资基金

根据组织形态的不同，可分为公司型证券投资基金和契约型证券投资基金。

公司型证券投资基金是通过发行基金股份成立投资基金公司的形式设立，基金的投资者是股东，基金是法人。公司通过发行股票或受益凭证筹集资金，并运用于证券投资，公司以向股东支付股利的方式分配公司的投资收益，基金资产本身即公司资本。在公司型证券投资基金的关系中，投资信托公司(狭义的投资公司）本身就是基金资产的经理人，托管人受托保管资产，而管理公司只是投资顾问并只提供咨询和代理服务，基金受益人也是公司的股东，另外聘请承销公司担任基金证券的销售、赎回及红利发放等工作。公司型证券投资基金也有封闭式投资公司（限额投资公司）和开放式投资公司（互惠基金）之分。公司型证券投资基金在英美较为盛行，公司设立董事会，董事会对基金资产负有安全增值的责任。

契约型证券投资基金是基于一定的信托契约，发行受益凭证，从投资人处募集资金组成的由信托机构代理证券投资的基金。一般由基金管理人、基金托管人和投资人三方通过基金契约设立，通常称为契约型基金。契约型证券投资基金又可分为单位型和追加型两种，单位型是由管理人预先购得一定证券，交给受托人形成一定单位，然后受托人将代表这些证券的受益权再分割为若干小单位发售给投资人，并设定一定期限，期限终止时解除信托契约；追加型则在设立基金后，还可随时从投资者处筹集资金追加到基金资产中去。目前我国的证券投资基金均为契约型证券投资基金。①

公司型证券投资基金与契约型证券投资基金的区别主要在于：(1) 前者是一个法人，后者不是法人；(2) 前者的投资者可以参加股东大会，对公司运作发表意见，后者的投资者是契约关系的当事人，对资金的运作没有发言权；(3) 前者可以通过多种渠道融资，除发行普通股外，还可发行优先股、公司债，也可向银行贷款，但后者只能发行受益凭证（又称基金单位）；(4) 前者活动的依据是公司章程，后者是信托契约。

（三）股票基金、债券基金、货币基金、衍生市场基金

根据投资对象的不同，证券投资基金可分为股票基金、债券基金、货币基金、衍生市场基金等。

股票基金主要投资于股票，其中优先股基金以股利为主要收益分配形式。普通股基金的投资者则可能获得较大的资本利得，当然所承担的风险也较大。有些普通股基金还以特定行业股票为投资对象。债券基金主要投资于政府、市政及大公司的债券，包括长、中、短期债券，国内、国外债券，一般可定期分红派息，收益虽较低但风险也低。货币基金主要投资于短期货币工具如短期国库券、银行大额可转让存单、商业票据、企业短期融资债券等。其特点是投资本金不受损失，资本安全性高、流动性强、收益稳定（无销售佣金、有些收入可免税），在美国较为流行。衍生市场基金主要以期货、期权、认股权证等金融衍生证券作为投资对象，其中有些具有较大的投机性，风险与收益均较高，也有些风险低、收益

---

① 张旭东：《我国基金业发展历程》，http://news.xinhuanet.com/newscenter/2003-10/28/content-1147521.htm，2005年2月19日访问。

稳定。

此外,根据投资风险与收益的不同,可将证券投资基金分为成长型基金、收入型基金和平衡型基金;根据证券投资基金的资金来源及运用地域不同,可将证券投资基金分为海外基金、国家基金、国际基金、离岸基金;根据投资目标不同,可将证券投资基金分为固定型基金、半固定型基金和融通型基金等。

三、证券投资基金的作用

证券投资基金在我国的发展,可以推动证券市场规模的扩大,改善证券市场的投资者结构,促进我国证券市场的不断完善和健康发展;可以为投资人提供理财服务和投资管理,解决资金的有效利用问题;可以吸引外资,做到既利用外资,降低投资风险,又不被外资所控制。

四、证券投资基金当事人

契约基金当事人的范围有争议,主要有三种观点:第一种观点认为基金有四个当事人,即投资人(又称持有人)、管理人、托管人和发起人,这是我国的传统观点;第二种观点认为基金当事人只有三方,即投资人、管理人和托管人,而不应包括基金发起人;第三种观点认为基金当事人是基金发起人、管理人和托管人三方,投资人不应包括在内,此种观点在我国曾一度被采纳,如1997年11月《证券投资基金管理暂行办法》中采用此观点。鉴于我国基金发起人最终全部成为成立后的基金管理人,《证券投资基金法》中只规定了基金管理人、基金托管人和基金份额持有人(或称基金持有人)三方当事人。

(一) 基金管理人

1. 基金管理公司的设立

我国基金管理人须由依法设立的基金管理公司担任。设立基金管理公司,应当具备以下条件,并经国务院证券监督管理机构批准:有符合《证券投资基金法》和《公司法》规定的章程;注册资本不低于1亿元人民币,且必须为实缴货币资本;主要股东具有从事证券经营、证券投资咨询、信托资产管理或者其他金融资产管理的较好的经营业绩和良好的社会信誉,最近3年没有违法记录,注册资本不低于3亿元人民币;取得基金从业资格的人员达到法定人数;有符合要求的营业场所、安全防范设施和与基金管理业务有关的其他设施;有完善的内部稽核监控制度和风险控制制度;法律、行政法规规定的和经国务院批准的国务院证券监督管理机构规定的其他条件。

2. 基金管理公司的职责

根据《证券投资基金法》,基金管理公司应当履行的职责主要有:(1) 依法募集基金,办理或者委托国务院证券监督管理机构认定的其他机构代为办理基金份额的发售、申购、赎回和登记事宜；(2) 办理基金备案手续；(3) 对所管理的不同基金财产分别管理、分别记账，进行证券投资；(4) 按照基金合同的约定确定基金收益分配方案，及时向基金份额持有人分配收益；(5) 进行基金会计核算并编制基金财务会计报告；(6) 编制中期和年度基金报告；(7) 计算并公告基金资产净值，确定基金份额申购、赎回价格；(8) 办理与基金财产管理业务活动有关的信息披露事项；(9) 召集基金份额持有人大会；(10) 保存基金财产管理业务活动的记录、账册、报表和其他相关资料；(11) 以基金管理人名义，代表基金份额持有人利益行使诉讼权利或者实施其他法律行为；(12) 国务院证券监督管理机构规定的其他职责。

基金管理人不得有下列行为：(1) 将其固有财产或者他人财产混同于基金财产从事证券投资；(2) 不公平地对待其管理的不同基金财产；(3) 利用基金财产为基金份额持有人以外的第三人牟取利益；(4) 向基金份额持有人违规承诺收益或者承担损失；(5) 依照法律、行政法规有关规定，由国务院证券监督管理机构规定禁止的其他行为。

3. 基金管理人的退任

基金管理人由于主客观原因不能继续履行职责的，应当退任。这些主客观原因主要有：(1) 有重大违法违规行为；(2) 不再具备基金管理公司的设立条件；(3) 被依法取消基金管理资格；(4) 被基金份额持有人大会解任；(5) 依法解散、被依法撤销或者被依法宣告破产；(6) 基金合同约定的其他情形；(7) 法律、行政法规规定的其他情形。

基金管理人职责终止的，基金份额持有人大会应当在 6 个月内选任新基金管理人；新基金管理人产生前，由国务院证券监督管理机构指定临时基金管理人。基金管理人职责终止的，应当妥善保管基金管理业务资料，及时办理基金管理业务的移交手续，新基金管理人或者临时基金管理人应当及时接收。基金管理人职责终止的，应当按照规定聘请会计师事务所对基金财产进行审计，并将审计结果予以公告，同时报国务院证券监督管理机构备案。

(二) 基金托管人

1. 基金托管人的资格

基金托管人由依法设立并取得基金托管资格的商业银行担任。

申请取得基金托管资格，应当具备以下条件，并经国务院证券监督管理机构和国务院银行业监督管理机构核准：净资产和资本充足率符合有关规定；设有专门的基金托管部门；取得基金从业资格的专职人员达到法定人数；有安全保管基金财产的条件；有安全高效的清算、交割系统；有符合要求的营业场所、安全防范设施和与基金托管业务有关的其他设施；有完善的内部稽核监控制度和风险控制制度；法律、行政法规规定的和经国务院批准的国务院证券监督管理机构、国务院银行业监督管理机构规定的其他条件。

2. 基金托管人的职责

基金托管人应当履行下列职责：安全保管基金财产；按照规定开设基金财产的资金账户和证券账户；对所托管的不同基金财产分别设置账户，确保基金财产的完整与独立；保存基金托管业务活动的记录、账册、报表和其他相关资料；按照基金合同的约定，根据基金管理人的投资指令，及时办理清算、交割事宜；办理与基金托管业务活动有关的信息披露事项；对基金财务会计报告、中期和年度基金报告出具意见；复核、审查基金管理人计算的基金资产净值和基金份额申购、赎回价格；按照规定召集基金份额持有人大会；按照规定监督基金管理人的投资运作；国务院证券监督管理机构规定的其他职责。

基金托管人不得有以下行为：(1) 将其固有财产或者他人财产混同于基金财产从事证券投资；(2) 不公平地对待其管理的不同基金财产；(3) 利用基金财产为基金份额持有人以外的第三人牟取利益；(4) 向基金份额持有人违规承诺收益或者承担损失；(5) 依照法律、行政法规有关规定，由国务院证券监督管理机构规定禁止的其他行为。

基金托管人发现基金管理人的投资指令违反法律、行政法规和其他有关规定，或者违反基金合同约定的，应当拒绝执行，立即通知基金管理人，并及时向国务院证券监督管理机构报告。基金托管人发现基金管理人依据交易程序已经生效的投资指令违反法律、行政法规和其他有关规定，或者违反基金合同约定的，应当立即通知基金管理人，并及时向国务院证券监督管理机构报告。

3. 基金托管人的退任

基金托管人由于主客观原因不能继续履行基金托管职责的，应当退任。这些主客观原因有：(1) 有重大违法违规行为；(2) 不再具备《证券投资基金法》基金托管人的条件；(3) 法律、行政法规规定的其他情形；(4) 被依法取消基金托管资格；(5) 被基金份额持有人大会解任；(6) 依法解散、被依法撤销或者被依法宣告破产；(7) 基金合同约定的其他情形。

基金托管人职责终止的，基金份额持有人大会应当在6个月内选任新基金托管人；新基金托管人产生前，由国务院证券监督管理机构指定临时基金托管人。基金托管人职责终止的，应当妥善保管基金财产和基金托管业务资料，及时办理基金财产和基金托管业务的移交手续，新基金托管人或者临时基金托管人应当及时接收。基金托管人职责终止的，应当按照规定聘请会计师事务所对基金财产进行审计，并将审计结果予以公告，同时报国务院证券监督管理机构备案。

（三）基金份额持有人及基金份额持有人大会

1．基金份额持有人的权利

基金份额持有人享有以下权利：分享基金财产收益；参与分配清算后的剩余基金财产；依法转让或者申请赎回其持有的基金份额；按照规定要求召开基金份额持有人大会；对基金份额持有人大会审议事项行使表决权；查阅或者复制公开披露的基金信息资料；对基金管理人、基金托管人、基金份额发售机构损害其合法权益的行为依法提起诉讼；基金合同约定的其他权利。

2．基金份额持有人的义务

基金份额持有人应履行的义务包括：遵守基金契约；交纳基金认购款项及规定的费用；承担基金亏损或终止的有限责任；不从事任何有损基金及其他基金持有人利益的活动。

3．基金份额持有人大会

基金份额持有人大会是基金持有人行使权利的组织形式，是基金的最高权力机构。下列事项应当通过召开基金份额持有人大会审议决定：(1) 提前终止基金合同；(2) 基金扩募或者延长基金合同期限；(3) 转换基金运作方式；(4) 提高基金管理人、基金托管人的报酬标准；(5) 更换基金管理人、基金托管人；(6) 基金合同约定的其他事项。

基金份额持有人大会由基金管理人召集；基金管理人未按规定召集或者不能召集时，由基金托管人召集。代表基金份额10%以上的基金份额持有人就同一事项要求召开基金份额持有人大会，而基金管理人、基金托管人都不召集的，代表基金份额10%以上的基金份额持有人有权自行召集，并报国务院证券监督管理机构备案。

基金份额持有人大会可以采取现场方式召开，也可以采取通讯等方式召开。每一基金份额具有一票表决权，基金份额持有人可以委托代理人出席基金份额持有人大会并行使表决权。基金份额持有人大会应当有代表50%以上基金份额的持有人参加，方可召开；大会就审议事项作出决定，应当经参加大会的基金份额持有人所持表决权的50%以上通过；但是，转换基金运作方式、更换基金管理人或者基金托管人、提前终止基金合同，应当经参加大会的基金份额持有人所持表决权的2/3以上通过。基金份额持有人大会决定的事项，应当依法报国务院证券监督管理机构核准或者备案，并予以公告。

五、证券投资基金法律结构

投资基金的原理应只有一个，但投资基金的制度却有无数种，立法者可以设立两个关系人，也可以有三个、四个，在关系人中可以用公司章程、委任、信托或无名契约加以联结,从而使投资基金的法律结构呈多元化态势。① 但纵观世界各国投资基金的法律结构,包括公司型投资基金(代表者美国)和契约型投资基金(代表者日本和韩国),其中契约型投资基金中又有德国的二元论(分离论)与日韩一元论(非分离论)之别。

(一) 公司型投资基金的法律结构

美国是公司型投资基金的代表。其公司型投资基金在结构上由投资公司、投资顾问、保管人组成。对于美国一般投资公司而言,基金管理人即投资顾问,基金受托人即投资公司董事,基金持有人即投资公司股东。典型的投资公司一般由投资顾问创立并管理,因此投资顾问在公司型基金组织机构中的地位与契约型基金的基金管理人相同。但有两点例外:其一,虽然投资公司一般都有投资顾问,但理论上不排除投资公司不聘请投资顾问而自行管理的情况;其二,有的投资公司可能有不止一个投资顾问,其中有的投资顾问可能并不享有契约型基金的基金管理人的自由裁量权。但是美国《投资公司法》的实践表明,这两种情况极为少见,不具代表性。从传统公司法角度看,投资公司采取一种外部管理结构,投资顾问似应为基金的外部人而非内部当事人。然而从《投资公司法》实质看,无论是基金的发起设立还是基金的经营管理,投资顾问始终是基金的内部当事人。在基金内部关系中,投资公司董事职能类似于基金受托人。美国投资公司据以设立的文件为公司章程,但据以运营的文件主要是投资顾问合同,实际上真正确定公司型基金法律关系,即投资顾问、董事、股东之间权利义务的是投资顾问合同。②

1. 投资公司股东大会与董事会之间的法律关系

股东大会与董事会同为投资公司的机关,其中,股东大会是比董事会高一级的公司机构,董事会成员即董事由股东大会以多数票选举产生(1940 年美国《投资公司法》第 16 条),董事会是股东大会的执行机关。但在实务中,董事会更是公司的决策机关。对于已在章程中规定业务(即"投资")组合比例的公司型投资基金而言,在章程被制定后,除非通过修改章程方式,股东大会绝不参与投资基金的业务决策。所以,在公司型投资基金中,除了董事会成员由股东大会选举产生或选举更换之外,董事会不直接对股东大会承担义务,而是对公司承担美国法律上所谓的"信义义务"(fiduciary duty)。另一方面,公司型投资基金董事会的权利、责任由章程规定。

可见,除了董事会成员由股东大会选举或者更换之外,公司型投资基金的董事会与股东大会之间并无直接的法律关系。董事会是直接对"公司"负责,由此

① 陈春山:《证券投资信托契约论》,台湾五南图书出版公司 1996 年版,第 77—78 页。

② 王苏生:《证券投资基金管理人的责任》,北京大学出版社 2001 年版,第 8 页。

与作为“公司”的表意机关的股东大会产生关系。公司型投资基金的董事会是根据公司章程和法律行使权利、承担义务，而非通过这种义务的承担和权利的行使对公司型投资基金负责，或是对全体股东负责。

2. 投资公司股东大会与保管人之间的法律关系

尽管美国证券交易委员会（SEC）在其对《公司投资法》制定的“规则和管理细则”中规定，经注册的投资公司如欲将其资产交由《证券交易法》定义的全国性证券交易所的会员公司保管，须签订一个书面契约，并且，该书面契约需经该投资公司的董事会多数表决通过。但在投资公司成立之前的设立过程中，公司董事会尚未产生，其书面的保管契约因此不可能由董事会以多数表决通过，而只能由股东大会的前身——全体投资者以投资行为进行认可。即使是在公司成立之后，公司董事会多数表决通过，书面保管契约中的保管人，也是公司的意思表示行为，公司的成员即股东大会的成员由此获得对保管人的请求权。此外，公司型投资基金与符合《投资公司法》规定条件的银行成立保管关系，也须签订保管协议。可见，公司型投资基金股东大会与保管人之间的法律关系，是基于保管契约或者保管协议而产生的权利义务关系。

3. 董事会与保管人之间的法律关系

虽然公司型投资基金董事会有权聘用该投资基金的资产保管人，但其聘用行为是代理公司型投资基金所为，是公司行为，因此董事会与保管人之间并不存在法律关系。保管契约的主体为公司型投资基金和保管人，而非公司型基金的董事会和保管人。由于董事会行使公司型投资基金投资业务的决策权力，而保管人则行使公司型投资基金资产的监督性保管权力，他们之间是基于同一主体和同一目的联结而产生的事实关系。

4. 投资顾问与董事会之间的法律关系

虽然美国《投资公司法》并未规定公司型投资基金必须聘请投资顾问，但在实践中，几乎每一家公司型投资基金都聘用投资顾问。虽然依照美国各州的公司法，公司型投资基金的董事会一般拥有对投资业务的决策权，但在实务中，董事会的这一决策权往往被投资顾问所取代。

根据美国《投资公司法》第 15 条第 1 款规定，公司型投资基金的董事会有权续延投资顾问契约的效力，也有权依照一定程序更换投资顾问。但董事会极少运用这一权力，因为董事们并不会仅仅因为投资顾问在投资基金中居于统治地位而终止投资顾问契约。

投资顾问是给公司型投资基金董事会提供投资建议的，但就实际作用而言，选择投资、操作业务的是投资顾问。不仅如此，投资顾问还给公司型投资基金提供专业技术、专业人员，甚至办公场所。因此，对于很多公司型投资基金而言，操作人实际上是投资顾问，董事们主要是为股东利益对投资顾问进行监督。当然，公司型投资基金的董事们也并不总是能有效地监督投资顾问,因为投资顾问往往是公司型投资基金的设立人,不仅提供公司型投资基金的原始资本,而且还任命公司型投资基金的首批董事。这就使得这些董事与投资顾问之间的关系成为非独立主体之间的关系,此种情况在极少数聘请一个以上投资顾问的投资基金中更加突出。但是,无论投资顾问与董事会的关系如何,对于公司型投资基金而言,投资顾问的权力或权限仅限于"投资决策"。

5. 投资顾问与股东大会之间的法律关系

公司型投资基金与投资顾问之间签订的投资顾问契约,是由该公司型投资基金的股东大会以多数表决通过认可的,并且,其中的"多数"是具有表决权股份的多数。简言之,公司型投资基金的投资顾问是由持有表决权股份的股东组成的股东大会聘任的。由于股东大会为公司的表意机关,其行为即为公司行为。所以,股东大会与投资顾问之间无直接法律关系。

6. 投资顾问与保管人之间的法律关系

投资顾问与公司型投资基金保管人的法律关系,适用公司型投资基金与保管人之间的法律关系的解释。

(二)契约型投资基金的法律结构

契约型投资基金的当事人之间的关系是以一个契约予以统一规定,还是根据当事人之间的关系以不同契约分别规定,各国做法不一。但具有代表性的是德国的分离模式(二元结构)和日本的非分离模式(一元结构)。

1. 德国的分离模式

德国的投资信托基金法令由《银行法》和《投资公司法》两部分组成,其中主要集中在《投资公司法》中的"保管银行"一章。根据德国《投资公司法》的规定,投资公司将从投资者那里募集而来的资金,遵从投资风险分散的原则加以经营。基金用从投资者处募集来的资金购得的财产是信托财产。基金的管理必须遵从投资公司的固定资产、负债与信托财产相互独立的原则。投资信托基金必须由与投资公司独立的托管银行保管。托管银行必须是资本金在1000万马克以上的银行。

德国证券投资基金的法律关系由两个契约关系组成。一是基金持有人和投资公司订立的信托契约。投资者购买受益凭证时,取得信托契约的委托人兼受益人的地位;投资公司为基金管理人,处于受托人的地位,是基金财产的名义持有人,负责基金财产的管理、投资。投资公司有权根据该契约请求合理的管理费用。二是投资公司与保管银行订立的保管契约。保管银行对投资公司所享有的权利除保管契约所设定的权利之外,还对投资公司享有监督权和其他权利,如作为基金持有人的代表对投资公司特定违法行为提起诉讼,以保障基金和基金持有人的权益,甚至有权停止投资公司权利的行使。保管银行和基金持有人之间并无直接的法律关系。基金持有人对保管银行只能以保管契约受益人的身份向其主张权利。其法律结构如下图所示：

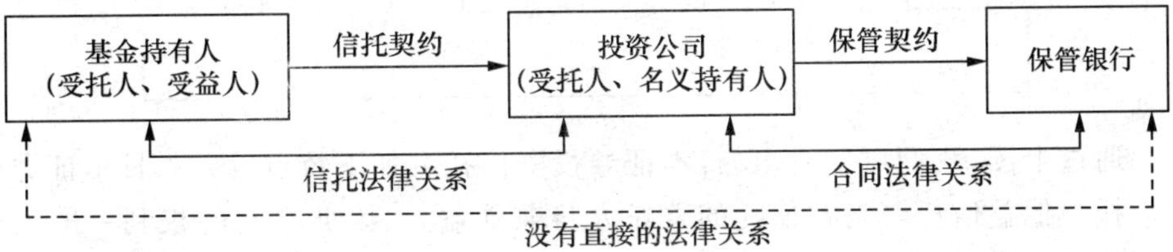

2．日本的非分离模式

日本证券投资基金的法律结构是较有代表性的。根据日本《证券投资信托法》及其相关法规，投资基金运作程序大致如下：证券投资信托发起人将"基金受益凭证"出售给投资者，然后先将筹集的资金存放到投资信托公司（在日本称其为"委托公司"），再转移到信托银行，至此，基金方告成立。根据日本证券投资信托立法，委托公司必须忠实地为证券投资信托的受益人作出有关运用信托财产的指示。而信托银行则担当起了托管人的职责，根据委托公司的指令来运营信托财产。投资人即为证券投资信托的受益人，享有证券投资信托带来的收益，并于其希望变现时可要求委托公司赎回。

日本证券投资基金法律结构，整体上是以证券投资契约为中心，以此契约联结受益人（投资人）、委托人（基金管理人）及受托人（信托会社），从而形成三位一体的关系。即从形式上看，证券投资委托公司（即基金管理人）为委托人，信托公司（即基金托管人）为受托人，投资人（即基金持有人）为受益人。[①] 投资人因信赖委托人的证券投资能力而为资金交付，委托人依此信赖原则而为信托财产运用指示，因此，证券投资信托公司实质上居于信托契约的受托人的地位。基于此，证券投资委托公司与信托公司便居于协同一体的地位，共同实现实质信托契约受托人的机能。而信托契约的受益人，也兼为实质信托契约的委托人。具体而言，由基金经理人于发行受益凭证募集证券投资信托基金之后，以委托人的身份与作为受托人的基金保管人（信托公司）订立以投资者为受益人的证券投资信托契约。其中，受托人取得基金资产的名义所有权，以自己的名义负责保管和监督，并依委托人的指示运用信托财产；委托人则保留了基金资产投资和运用的指示权；受益人由委托人的转让而取得依受益凭证记载所分享的投资利益。这种三位一体的基金法律结构就是著名的"非分离论"。目前，该理论影响较大，为韩国、我国台湾地区及其他国家所效仿。我国的《证券投资基金法》法理也是如此。该模式如下图所示：

① 〔日〕铃木竹熊：《证券投资信托约款四法的性质》，经济法四号（昭和36年），第15页。转引自程胜：《契约型基金中的基本法律问题研究》，华东政法学院2003年法学硕士学位论文。

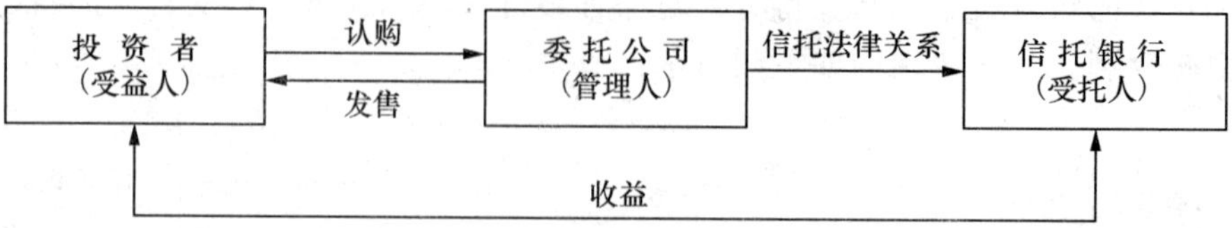

通过上图,我们可以看出,日本证券投资信托有如下特点:第一,日本证券投资信托为他益信托。自益信托的委托人身兼受益人,因此享有的权利一般大于他益信托的受益人。从上分析来看,日本的证券投资信托属于他益信托。第二,结合信托法理,日本证券投资信托中,委托公司是基金"实质上的所有人",而信托银行是基金"形式上的所有人"。因此在日本应当是由信托银行对外代表基金行使权利,如委托公司购买某一公司的股票,记录在股东名册上的持股人应当是信托银行的名称。虽然信托银行应当按照委托公司的指令行事,但代表基金参加公司股东大会并行使投票的应是具有"名义所有权"人资格的信托银行,而非委托公司。

3. 基金信托契约与为第三人利益而订立的契约的关系

目前,国内许多学者认为契约型投资基金的信托契约是为第三人利益而代理的契约。但事实并非如此。为第三人利益而订立的契约是一方当事人不为自己而为第三人设定权利,并约定使他方当事人向第三人履行义务的契约。基金信托契约与为第三人利益订立的契约具有相似性,但二者存在着显著的区别:(1)信托受益人的权利兼具有债权和物权特性,对受托人有债权请求权,对信托财产有物权请求权;而为第三人利益订立的契约的第三人仅对债务人有债权请求权。(2)信托的受托人与受益人之间有信任关系存在,而为第三人利益订立的契约的第三人与契约的任何一方当事人皆不存在信任关系。(3)信托受益人如果不接受信托利益,只是放弃其权利,并不视为自始未取得权利,而且,信托受益人即使没有表示要接受利益,信托人和受托人也不得因此而撤销信托。而为第三人利益订立的契约的第三人,如对契约当事人一方表示不接受契约利益,则视为自始未取得权利,且在第三人没有表示接受之前,契约当事人可以变更或撤销契约。(4)信托受益人是契约当事人,既享有契约的权利,又必须履行契约义务,而为第三人利益订立的契约中的第三人,不是契约的当事人,一般仅享有权利而不负担义务。

(三)公司型投资基金与契约型投资基金法律结构的比较

公司型投资基金与契约型投资基金两者各有优势和不足。如从投资信托大众化或经营、募集、销售证券的角度来说,契约型投资基金较好;若从保持国民经济稳定和运用信托资产的难易程度来看,公司型投资基金较佳;就保护投资者而言,公司型基金投资者的股东权要比契约型投资基金受益人的利益请求权完整得多,更有保障。因此,各国的证券投资基金一般都是两种形式并存,立法并不加以限制,而由基金发起人根据实际情况而定,以发挥各自的积极作用。究竟要采取何种基金形态,要视各国法律体系、市场运作机制、各国政府对投资基金的监管方式、国家经济的发展阶段、社会资本的供求对比关系、当时的金融政策而定。从发展趋势看,公司型投资基金除多了一个基金公司组织外,两者在其他各个方面出现了趋同化倾向。

第四节　证券投资基金的募集与交易

一、证券投资基金的组织形式

根据《证券投资基金法》,我国证券投资基金的组织形式是契约型证券投资基金,既可以是开放式基金,也可以是封闭式基金。设立基金必须经中国证券监督管理委员会审查批准。未经批准擅自设立的,属于非法设立,须依规定予以取缔和处罚。

二、证券投资基金的募集

(一) 证券投资基金的募集方式

1. 私募基金

私募基金是指以非公开方式向特定机构或个人投资者募集资金而设立的投资基金。①

我国早在 1993 年就已经产生私募基金,1996 年我国的私募基金初具规模,达到 950 亿—1110 亿元,1997 年至 2001 年私募基金每年净增加 1000 多亿元,2001 年达到 7600 亿—8800 亿元。② 有不完全统计表明,截止到 2010 年底,我国私募基金管理规模已经超过 1 万亿元。私募基金短期内迅速发展,是有其原因的:一是社会资产快速增加并寻求增值,已不满足于低利率存款,需要市场提供更灵活的低成本、高回报的投资方式,而私募基金向投资者承诺不菲的“保底收益”,吸引了这部分游资;二是目前的资本市场不成熟,存在规模资金的投资放大效应,资金通过私募基金进入证券市场的频繁活动,确有获取高利的可能,私募基金成为证券市场上的主流“机构投资者”;三是规避监管,银行资金等禁入资金借私募基金的途径进入了证券市场,证券业和信托业在分业经营的制度框架下通过私募基金实现了混业经营,而一些非专业机构通过募集、管理私募基金

---

① 李惠:《走近私募基金》,经济科学出版社 2001 年版,第 8 页。

② 中央财经大学课题组:《私募基金合法化是市场发展的大趋势——中国证券市场私募基金规模及影响的调查与测估》,载《证券时报》2004 年 7 月 29 日第 19 版。

介入了基金管理业，绕开了政府发牌、独占经营的现行管理体制。

私募基金在国外是一种合法的“私下”（不公开）募集、规范运作的基金，在我国却变成了缺乏法律上的明确界定和保障，私自募集、隐蔽于地下、逃避必要监管的投资方式，成为市场潜伏的危机和不稳定因素。①

但私募基金也有一定的积极意义。首先是其多渠道引入股市资金。其次是其运作有合理之处，一些私募基金聘请经济学家和股市高手设计方案，甚至选择了市场化程度较高的美国式基金架构；私募基金管理者往往持有基金10%以上的份额，亏损也根据协议先以基金管理者的资金予以补偿；而投资人参与分红方式设计，又使得私募基金从某种程度上解决了内部人控制的问题。最后是良好的人才储备，私募基金最初的发起者大多是从券商发展而来的有经验的人，后又有很多证券精英进入这个领域，他们对市场的感觉、在客户中建立的信誉和对金融衍生工具的开发与使用往往处于领先地位。

因此，让私募基金“地上化”，剔除其非法部分，依法规范、监管、控制其运行，是基金立法与管理的理智选择。私募基金规范化，是顺应市场发展的需要，也是市场公开、公平竞争的需要。

2. 公募基金

公募基金是指以公开方式向社会公众募集资金而设立的投资基金。

从发达国家的情况看，证券投资基金一般是公募的，而产业投资基金、创业投资基金则绝大多数是私募的。② 我国的立法者早在2000年就曾设想将证券投资基金与产业投资基金及风险投资基金共同立一部投资基金法，从而使我国三大基金合法化。但2004年6月1日起正式实施的《证券投资基金法》，使得我国目前只赋予公募的证券投资基金以合法地位，而产业投资基金和创业（风险）投资基金仍然以私募的形式存在。私募基金无论是私募的证券投资基金还是产业基金或是风险基金在我国现阶段都没有合法地位。

（二）证券投资基金的募集程序

基金管理人发售基金份额，募集基金，应当向国务院证券监督管理机构提交以下文件，并经国务院证券监督管埋机构核准：申请报告；基金合同草案；基金托管协议草案；招募说明书草案；基金管理人和基金托管人的资格证明文件；经会计师事务所审计的基金管理人和基金托管人最近三年或者成立以来的财务会计报告；律师事务所出具的法律意见书；国务院证券监督管理机构规定提交的其他文件。

基金合同，是基金管理公司按照法律法规的要求与基金托管人就基金的设

① 吴弘、贾希凌、程胜：《信托法论》，立信会计出版社2003年版，第162页。

② 厉以宁：《走进私募基金》序，载《人民日报》2001年8月25日第6版。

立与运作问题订立的并要求基金投资人也要遵守的书面协议。基金合同的内容一般包括:募集基金的目的和基金名称;基金管理人、基金托管人的名称和住所;基金运作方式;封闭式基金的基金份额总额和基金合同期限,或者开放式基金的最低募集份额总额;确定基金份额发售日期、价格和费用的原则;基金份额持有人、基金管理人和基金托管人的权利、义务;基金份额持有人大会召集、议事及表决的程序和规则;基金份额发售、交易、申购、赎回的程序、时间、地点、费用计算方式以及给付赎回款项的时间和方式;基金收益分配原则、执行方式;作为基金管理人、基金托管人报酬的管理费、托管费的提取、支付方式与比例;与基金财产管理、运用有关的其他费用的提取、支付方式;基金财产的投资方向和投资限制;基金资产净值的计算方法和公告方式;基金募集未达到法定要求的处理方式;基金合同解除和终止的事由、程序以及基金财产清算方式;争议解决方式;当事人约定的其他事项。

基金招募说明书是募集证券投资基金的基金管理公司依据法律法规的要求就有关基金及其募集事项而编制的详细说明。基金招募说明书的内容包括:基金募集申请的核准文件名称和核准日期;基金管理人、基金托管人的基本情况;基金合同和基金托管协议的内容摘要;基金份额的发售日期、价格、费用和期限;基金份额的发售方式、发售机构及登记机构名称;出具法律意见书的律师事务所和审计基金财产的会计师事务所的名称和住所;基金管理人、基金托管人报酬及其他有关费用的提取、支付方式与比例;风险警示内容;国务院证券监督管理机构规定的其他内容。

国务院证券监督管理机构应当自受理基金募集申请之日起 6 个月内依照法律、行政法规及国务院证券监督管理机构的规定和审慎监管原则进行审查,作出核准或者不予核准的决定,并通知申请人;不予核准的,应当说明理由。

基金募集申请经核准后,方可发售基金份额。基金份额的发售,由基金管理人负责办理;基金管理人可以委托经国务院证券监督管理机构认定的其他机构代为办理。基金管理人应当在基金份额发售的 3 日前公布真实、准确、完整的招募说明书、基金合同及其他有关文件。对基金募集所进行的宣传推介活动,应当符合有关法律、行政法规的规定。

基金管理人应当自收到核准文件之日起 6 个月内进行基金募集。超过 6 个月开始募集,原核准的事项未发生实质性变化的,应当报国务院证券监督管理机构备案;发生实质性变化的,应当向国务院证券监督管理机构重新提交申请。基金募集不得超过国务院证券监督管理机构核准的基金募集期限。基金募集期限自基金份额发售之日起计算。

基金募集期限届满,封闭式基金募集的基金份额总额达到核准规模的 80% 以上,开放式基金募集的基金份额总额超过核准的最低募集份额总额,并且基金份额持有人人数符合国务院证券监督管理机构规定的，基金管理人应当自募集期限届满之日起10日内聘请法定验资机构验资，自收到验资报告之日起10日内，向国务院证券监督管理机构提交验资报告，办理基金备案手续，并予以公告。基金募集期间募集的资金应当存入专门账户，在基金募集行为结束前，任何人不得动用。投资人缴纳认购的基金份额的款项时，基金合同成立；基金管理人依照规定向国务院证券监督管理机构办理基金备案手续，基金合同生效。

基金募集期限届满，未达到规定的募集标准的，基金管理人应当承担下列责任：(1) 以其固有财产承担因募集行为而产生的债务和费用；(2) 在基金募集期限届满后30日内返还投资人已缴纳的款项，并加计银行同期存款利息。

三、证券投资基金的交易

(一) 封闭式证券投资基金的交易

封闭式基金的基金份额，经基金管理人申请，并经国务院证券监督管理机构核准，可以在证券交易所上市交易。国务院证券监督管理机构可以授权证券交易所依照法定条件和程序核准基金份额上市交易。基金份额上市交易规则由证券交易所制定，报国务院证券监督管理机构核准。

基金份额上市交易，应当符合下列条件：(1) 基金的募集符合证券投资基金法规定；(2) 基金合同期限为5年以上；(3) 基金募集金额不低于2亿元人民币；(4) 基金份额持有人不少于1000人；(5) 基金份额上市交易规则规定的其他条件。基金份额上市交易后，有下列情形之一的，由证券交易所终止其上市交易，并报国务院证券监督管理机构备案：(1) 不再具备证券投资基金法规定的上市交易条件；(2) 基金合同期限届满；(3) 基金份额持有人大会决定提前终止上市交易；(4) 基金合同约定的或者基金份额上市交易规则规定的终止上市交易的其他情形。

(二) 开放式证券投资基金的申购与赎回

开放式基金应当保持足够的现金或者政府债券，以备支付基金份额持有人的赎回款项。基金财产中应当保持的现金或者政府债券的具体比例，由国务院证券监督管理机构规定。开放式基金的基金份额的申购、赎回和登记，由基金管理人负责办理；基金管理人可以委托经国务院证券监督管理机构认定的其他机构代为办理。

基金管理人应当在每个工作日办理基金份额的申购、赎回业务；基金合同另有约定的，按照其约定。基金份额的申购、赎回价格，依据申购、赎回日基金份额净值加、减有关费用计算。基金份额净值计价出现错误时，基金管理人应当立即纠正，并采取合理的措施防止损失进一步扩大。计价错误达到基金份额净值0.5%时，基金管理人应当公告，并报国务院证券监督管理机构备案。因基金份额净值计价错误造成基金份额持有人损失的，基金份额持有人有权要求基金管理人、基金托管人予以赔偿。

基金管理人应当按时支付赎回款项，但是下列情形除外：(1) 因不可抗力导致基金管理人不能支付赎回款项；(2) 证券交易场所依法决定临时停市，导致基金管理人无法计算当日基金资产净值；(3) 基金合同约定的其他特殊情形。发生上述情形之一的，基金管理人应当在当日报国务院证券监督管理机构备案。第(1)种规定的情形消失后，基金管理人应当及时支付赎回款项。

第五节　证券投资基金的运作与监管

一、证券投资基金的投资组合运作

基金投资能否给基金的投资者带来较为丰厚的回报，关键在于基金管理人是否能系统地对国内外的经济形势以及各行业、各公司的资信进行分析研究，讲究投资策略，并进行安全、富有弹性的投资组合选择。所谓投资组合是指投资者根据本身的偏好及对风险的态度，将资金分散投向多种证券或资产，使之形成合理的组合，其目的是要将投资风险降至最低限度，使收益最大化。各国投资基金普遍实行投资组合，从而使投资多样化。投资的多样化主要包括投资品种的多样化、证券品种的多样化、所投行业的多样化、企业的多样化以及投资期限多样化。

为了保护投资者的利益，基金市场的管理当局均有对基金投资组合的明文规定。我国《证券投资基金法》第57条规定："基金管理人运用基金财产进行证券投资，应当采用资产组合的方式。资产组合的具体方式和投资比例，依照本法和国务院证券监督管理机构的规定在基金合同中约定。"根据《证券投资基金法》，基金财产应当用于上市交易的股票、债券及国务院证券监督管理机构规定的其他证券品种的投资。

投资组合受到各国政府的鼓励，立法也相应作出了要求，这种要求通常包括基金对证券投资的最低比例（以保证基金资产的盈利性和流动性）和对一个企业投资的最高比例（以防止过多承担企业经营风险）等限制。如韩国《证券投资信托业法》规定，不得超过整个信托财产10%而投资于同一种证券，或向同一公司股份投资超过该公司发行股份总数的20%。美国1940年《投资公司法》规定，投资公司总资产的75%以上须投资于证券，对于一种证券的投资不可超过总资产的5%。我国对投资组合的规定是：(1) 一个基金投资于股票、债券的比例，不得低于该基金的资产总值的80%；(2) 一个基金持有一家上市公司的股票，不得超过该基金资产净值的10%；(3) 同一基金管理人管理的全部基金持有一家公司发行的证券,不得超过该证券的10%;(4)一个基金投资于国家债券的比例,不得低于该基金资产净值的20%;(5)主管部门规定的其他比例限制。

二、证券投资基金的监管

(一)我国证券投资基金存在的问题

一是制度设计不完备。在我国投资基金中,投资者难以参与决策,易造成基金运作的内部人控制。基金管理人以自身利益为最大目标,或实际控制巨量资金的经理人利用其地位牟取不正当个人利益,都会损害投资者利益。基金托管人也未真正发挥监督作用。

二是基金持有人与管理人利益分配与风险分担不公。按目前法律法规规定,管理人的报酬与基金资产值挂钩而与持有人的利益脱钩,基金管理人每日报酬为上日基金资产值的一定比例,这就直接导致部分基金管理人希望在短时间内抬高资产净值以获益,而快到年底面临分红时又迅速做低净值。由于基金管理人作为发起人在整个基金中所占份额并不多,管理人投资失误所致损失时,其自身承受的损失是微不足道的,如此则不足以提高管理人的责任心,也难以避免管理人的道德风险。

三是监管不到位。基金管理人的操纵市场、虚假信息披露等问题不能及时被发现和制止,对违法违规者的处罚不力,难以发挥威慑作用。

四是基金管理人的自律约束极为弱化。既缺乏外部对基金运营评级制度,又缺乏有效的内部治理、制衡机制,加上投资对象的证券市场投机盛行的影响,基金管理公司的行为就难以约束了。

因此加强执法和基金监管对基金健康发展至关重要。

(二)对证券投资基金的监管

1. 基金从业人员的资格

基金通过价值投资将理性投资理念演绎得淋漓尽致,初步展现专业化投资的巨大威力,代表了先进理财文化。基金以其专业理财优势、理性投资行为和规模经济效应,对我国资本市场全面发展承担着重要的历史使命。而基金作用的发挥及其使命的实现均需由基金从业人员来承担。这就要求基金从业人员特别是高级管理人员,自觉树立诚信观念,推动整个基金行业形成诚信文化,促进诚信为本这一核心职业操守在行业内的全面普及。因此必须对基金从业人员加强管理。基金从业人员只有恪尽职守,履行诚实、信用、谨慎、勤勉和尽职的义务,为投资人带来好的回报,才能得到投资人的信任。

基金的从业人员包括基金管理人和基金托管人的从业人员。《证券投资基金法》严格规定了基金从业人员特别是基金管理人、基金托管人的高级管理人员的资格条件:(1) 基金管理人及托管人的经理和其他高级管理人员,应当熟悉证券投资方面的法律、行政法规,具有基金从业资格和3年以上与其所任职务相关的工作经历;(2) 基金管理人及托管人的经理和其他高级管理人员的选任或者改任,应当报经国务院证券监督管理机构依照本法和其他有关法律、行政法规规定的任职条件进行审核;(3) 基金管理人的董事、监事、经理和其他从业人员,不得担任基金托管人或者其他基金管理人的任何职务,不得从事损害基金财产和基金份额持有人利益的证券交易及其他活动;(4) 基金托管人的董事、监事、经理和其他从业人员,不得担任基金管理人或者其他基金托管人的任何职务。

下列人员不得担任基金管理人和托管人的基金从业人员:(1) 因犯有贪污贿赂、渎职、侵犯财产罪或者破坏社会主义市场经济秩序罪,被判处刑罚的;(2) 对所任职的公司、企业因经营不善破产清算或者因违法被吊销营业执照负有个人责任的董事、监事、厂长、经理及其他高级管理人员,自该公司、企业破产清算终结或者被吊销营业执照之日起未逾5年的;(3) 个人所负债务数额较大,到期未清偿的;(4) 因违法行为被开除的基金管理人、基金托管人、证券交易所、证券公司、证券登记结算机构、期货交易所、期货经纪公司及其他机构的从业人员和国家机关工作人员;(5) 因违法行为被吊销执业证书或者被取消资格的律师、注册会计师和资产评估机构、验证机构的从业人员、投资咨询从业人员;(6) 法律、行政法规规定不得从事基金业务的其他人员。

2. 基金管理人和托管人的忠实义务①

基金管理人和托管人均应忠于基金持有人(受益人)的利益,在运用和保管基金财产时,一切应以受益人利益为出发点,不得为自己或第三人利益损害受益人利益。这种忠实义务反映在立法中,并要求基金管理人、托管人及其高级管理人员、从业人员遵守。如1970年美国《投资公司法修订案》要求投资公司的职员和董事以及顾问负信用责任,即以忠诚和慎重态度来保证股东利益。

基金管理人的忠实义务体现在各国立法中的具体规则有:基金之间不得相互投资,基金管理人不得以基金名义使用不属于基金名下的资金买卖证券;基金管理人未经批准不得从事证券(承销、自营、经纪)、资金拆借及其他业务(在我

---

① 我国学者在吸收、移植英美被信任者法时,在学理上习惯于将信赖义务分为忠实义务和注意义务两类。注意义务是要求基金管理人在作出经营决策时,其行为标准必须为了基金持有人的利益,以适当的方式并尽合理的注意履行职责。忠实义务则要求基金管理人在经营时,其自身利益与基金的利益一旦存在冲突,基金管理人则必须以基金持有人的最佳利益为重,不得将自身利益置于基金利益之上。注意义务是对基金管理人"称职"的要求,忠实义务则是对基金管理人"道德"要求。学界对于上述两分法意见并不一致,其分歧表现在两方面:其一,忠实义务与善良管理人注意义务是否同质?如果答案是肯定的,那么,英美法上的信赖义务即大陆法上的善良管理人注意义务。这一分歧存在于大陆法学者之间。其二,信赖义务是否包括注意义务?如果答案是否定的,那么信赖义务即忠实义务,无论英美法还是大陆法都存在这一分歧。王苏生:《证券投资基金管理人的责任》,北京大学出版社2001年版,第33页。

国,国债自营业务除外),不得将基金资产用于抵押、担保、资金拆借或贷款(在我国,还不允许将基金资产用于证券信用交易或房地产投资);不得以基金名义负担或以基金资产偿还自己的债务,不得将自身的请求权与属于基金资产的请求权相抵消;不可拒绝或推迟投资人赎回受益凭证的要求;不得从事可能使基金资产承担无限责任的投资;不得将基金资产投资于与基金管理人或托管人有利害关系的公司发行的证券;管理人的高级职员不得擅自兼职;管理人的任何职员不得以任何人名义将自己资金加入所管理的信托资金,或进行有关基金资产的买卖等。

基金托管人的忠实义务在各国立法中的具体规则有:基金托管人不得从事基金投资,不得为自己财产而利用基金资产,在执行管理人指令时,不得以其他基金资产或自身财产代替之,不可将基金资产与自身财产或其他信托财产混合保管等。

基金管理人、托管人违背忠实义务所从事的行为是法律法规所禁止的行为,不仅严重损害了投资人利益,还严重侵害了经济秩序。我国《证券投资基金法》规定了对违背忠实义务的有关行为人应承担相应的民事责任和行政责任,构成犯罪的还要追究刑事责任。

3. 基金财产的管理

基金财产应保持其独立性和完整性。我国《证券投资基金法》规定:(1) 基金财产独立于基金管理人、基金托管人的固有财产;(2) 基金管理人、基金托管人不得将基金财产归入其固有财产;(3) 基金管理人、基金托管人因基金财产的管理、运用或者其他情形而取得的财产和收益,归入基金财产;(4) 基金管理人、基金托管人因依法解散、被依法撤销或者被依法宣告破产等原因进行清算的,基金财产不属于其清算财产;(5) 基金财产的债权,不得与基金管理人、基金托管人固有财产的债务相抵消;不同基金财产的债权债务,不得相互抵消;(6) 非因基金财产本身承担的债务,不得对基金财产强制执行;(7) 基金管理人、基金托管人管理、运用基金财产,应当恪尽职守,履行诚实信用、谨慎勤勉的义务。

基金财产应当投资于上市交易的股票、债券以及国务院证券监督管理机构规定的其他证券品种。而不得用于下列投资或者活动:(1) 承销证券;(2) 向他人贷款或者提供担保;(3) 从事承担无限责任的投资;(4) 买卖其他基金份额,但是国务院另有规定的除外;(5) 向其基金管理人、基金托管人出资或者买卖其基金管理人、基金托管人发行的股票或者债券;(6) 买卖与其基金管理人、基金托管人有控股关系的股东或者与其基金管理人、基金托管人有其他重大利害关系的公司发行的证券或者承销期内承销的证券;(7) 从事内幕交易、操纵证券交易价格及其他不正当的证券交易活动;(8) 依照法律、行政法规有关规定,由国务院证券监督管理机构规定禁止的其他活动。

4．严格基金信息披露制度

基金管理人、托管人有披露其自身及基金的经营、财务状况的义务，在向主管部门提交报告的同时，应向社会公众公布，接受监督。基金信息披露有利于合理的流通价格的形成，还有利于管理人改善自身经营管理。根据《证券投资基金法》，投资基金在其设立、募集、运作和交易过程中，依法应披露的信息有：(1) 基金招募说明书、基金合同、基金托管协议；(2) 基金募集情况；(3) 基金份额上市交易公告书；(4) 基金资产净值、基金份额净值；(5) 基金份额申购、赎回价格；(6) 基金财产的资产组合季度报告、财务会计报告及中期和年度基金报告；(7) 临时报告；(8) 基金份额持有人大会决议；(9) 基金管理人、基金托管人的专门基金托管部门的重大人事变动；(10) 涉及基金管理人、基金财产、基金托管业务的诉讼；(11) 依照法律、行政法规有关规定，由国务院证券监督管理机构规定应予披露的其他信息。

公开披露基金信息，不得有下列行为：(1) 虚假记载、误导性陈述或者重大遗漏；(2) 对证券投资业绩进行预测；(3) 违规承诺收益或者承担损失；(4) 诋毁其他基金管理人、基金托管人或者基金份额发售机构；(5) 依照法律、行政法规有关规定，由国务院证券监督管理机构规定禁止的其他行为。

信息披露的基本要求是：真实性、准确性、完整性。主管部门依据其职权，可以随时对投资基金的募集、交易、投资运作以及相关的业务活动和财务会计资料进行检查、稽核。基金管理人、托管人以及有关机构和人员应当及时提供情况和资料，不得拒绝和拖延。

根据《证券投资基金法》的有关规定，国务院证券监督管理机构依法履行职责时，被调查、检查的单位和个人应当配合，如实提供有关文件和资料，不得拒绝、阻碍和隐瞒。基金信息披露义务人不依法披露基金信息或者披露的信息有虚假记载、误导性陈述或者重大遗漏的，责令改正，没收违法所得，并处 10 万元以上 100 万元以下罚款；给基金份额持有人造成损害的，依法承担赔偿责任；对直接负责的主管人员和其他直接责任人员给予警告，暂停或者取消基金从业资格，并处 3 万元以上 30 万元以下罚款；构成犯罪的，依法追究刑事责任。

为投资基金及基金管理人、托管人提供资产评估、验资、验证、会计、审计、法律服务的资产评估机构、会计师事务所、审计事务所、律师事务所等中介组织，亦应依法承担相应职责，对信息的真实、全面、及时负连带责任。《证券投资基金法》规定，为基金信息披露义务人公开披露的基金信息出具审计报告、法律意见书等文件的专业机构就其所应负责的内容弄虚作假的，责令改正，没收违法所得，并处违法所得 1 倍以上 5 倍以下罚款；情节严重的，责令停业，暂停或者取消直接责任人员的相关资格；给基金份额持有人造成损害的，依法承担赔偿责任；构成犯罪的，依法追究刑事责任。

思考题

1. 我国《证券投资基金法》借鉴的是哪国立法模式,为何?

2. 如何确保基金份额持有人大会作为基金最高权力机构的权力得以实现(即如何确保基金份额持有人的合法权利不受侵害)?

3. 封闭式基金转为开放式基金是否具有可行性?

4. 如何加强对证券投资基金管理人和托管人的监管?

第十章　保险法律制度

第一节　保险与保险法概述

一、保险概述

（一）保险的起源与发展

“天有不测风云，人有旦夕祸福”，现实中无法预知的危险给人类造成的损害不仅在于危险本身，还在于它使人们感到恐惧和担忧。自古以来，人类在生产和生活中，与各种危险展开了长期的斗争，不断总结经验，积累了一套对付危险的办法，保险就是其中一种较为科学而先进的方法，成为当今世界各国危险管理的重要手段。

保险的发展与商品经济特别是海上贸易的发展，有着极为紧密的关系。商品经济中的各种风险促使了保险业的产生和完善，而保险业的发展又提高并增强了商品经营者的信心和胆略，极大地促进了商品经济和海上贸易的发展。从历史发展看，保险市场的中心是随着商品经济中心的转移而转移的。

保险起源于巴比伦时代就已经存在的海上借贷制度。海上借贷制度是由船东从出借人处借得资金，如果遭遇海难，按损失程度，出借人可以免除主债务的一部分或全部；如果船舶安全抵达目的地，借款人则应偿还本金和利息。这种借贷的利息高于普通贷款，其高出部分相当于今天的保险费。到中世纪，海上借贷在意大利发展变化成了“冒险借贷”，这种借贷规定船东如果在航海时遭受损失，其所借的本金可以不还，但利息则必须支付。这样，冒险借贷的利息更类似于当今的保险费，而冒险借贷本身也更倾向于具有转嫁危险的功能。随着历史的发展，意大利成了近代海上保险的发祥地。1347 年 10 月 23 日，意大利第一张船舶保险单的出现，标志着现代保险制度的诞生。随着英国对外贸易的迅速发展，国际贸易中心从地中海逐渐转移到了伦敦，现代保险市场的中心也随之北移。至今，在海上保险中，伦敦保险市场依然保持着显赫的地位，起着举足轻重的作用。

（二）保险的概念

保险有广义和狭义之分。广义的保险，是指多数单位和个人根据合理的计算，共同建立基金，对因危险所造成的经济损失给以补偿或对人身约定事件的出现实行给付的一种经济保障制度。狭义的保险，又称为商业保险。《中华人民共和国保险法》(1995 年 6 月 30 日第八届全国人民代表大会常务委员会第十四次会议通过，2002 年 10 月 28 日第九届全国人民代表大会常务委员会第三十次会议进行修改，2009 年 2 月 28 日第十一届全国人民代表大会常务委员会第七次会议再次修改)(以下简称《保险法》)第 2 条规定："本法所称保险，是指投保人根据合同约定，向保险人支付保险费，保险人对于合同约定的可能发生的事故因其发生所造成的财产损失承担赔偿保险金责任，或者当被保险人死亡、伤残、疾病或者达到合同约定的年龄、期限等条件时承担给付保险金责任的商业保险行为。"

保险是人们管理危险的重要对策，它既是一种经济制度，也是一种法律关系。保险首先是一种经济制度，保险是为了确保经济生活的稳定，对危险发生后所导致的损失实行补偿或给付。由于保险制度关系到人们生活的安定和经济的稳定发展，所以世界各国均将调整保险经济关系的准则上升为法律规范，从而使保险这一经济补偿制度法律化。从法律角度分析，保险是根据法律规定或当事人双方签订的合同，一方承担支付保险费的义务，换取另一方对其因危险的出现所导致的损失负责经济补偿或给付的权利。这种法律关系有别于一般损害赔偿的民事法律关系。

(三) 保险的构成要件

保险的构成，包括下列三项要件：

(1) 须以特定的危险为对象。所谓危险是指自然灾害和意外事故等特定事故所造成损失的不确定性。保险的对象是危险，建立保险制度的目的是对付特定危险事故的发生。如果不存在危险也就没有保险的必要，所谓"无危险则无保险"。但并非所有的危险均是保险的对象，保险法上的危险应具备以下条件：

第一，危险的发生必须具有不确定性。只有特定事故发生与否不肯定，保险才能成立。在人身保险中，虽然人的死亡是肯定的，但何时发生，仍具有不确定性。

第二，危险发生后必然引起异常的损失，并且该损失能从经济上计算价值。保险的功能是以货币补偿由意外事故所造成的异常经济损失。没有损失也就无所谓补偿；有损失但无法从经济上计算的，如精神痛苦，也不能用保险来补偿。在人身保险中，作为保险标的的人身，其价值也是无法计算的。但是人的劳动创造价值，而人的死亡、伤残或疾病不是带来经济上的损失，就是增加经济上的负担，通过保险的货币给付方式，可以从经济上弥补一定的损失或减轻一定的负担。

第三，危险具有普遍性。危险必须是多数人可能遭遇的同一种类，正因为可能遭遇的危险相同,利害关系一致,才由多数人或单位组成保险团体,共同建立保险基金,解决所发生的经济补偿问题。

(2) 要有为数众多的人参加。保险是按互助合作原则将个体损失分摊给众多成员负担,参加保险者越多,分摊额越少;积累的保险金越雄厚,损失补偿的能力就越强。

(3) 须在合理计算的基础上建立保险基金,以对危险造成的损失进行补偿为目的。危险的种类不同,危险造成的损失程度也不尽相同,如果要求支付相同的保险费,就会导致危险程度较小的主体退出保险,而剩下危险程度较大的主体,结果导致保险成员减少,分摊额增大,保险难以维持。所以,保险必须是在合理的计算各投保人所要支付的保险费的基础上来建立保险基金。保险业通例是以概率论为计算损失率的依据,而以损失率确定保险费。

(四) 保险的特征

通过保险与其他类似概念的比较,才能更好地理解保险的特征。

1. 救济与保险

当人们遭遇意外灾难时,国家政府机关、群众团体或公民个人会采用救济的方法进行不同程度的援助。救济与保险不同,体现在:

(1) 救济是一种单方法律行为。救济方没有义务一定要对受灾者实施救济,即使实施救济,数量和形式也是随意的,救济受益方没有给付的请求权。保险则是双方约定的法律行为,事故发生后,保险方的经济补偿或给付行为是受到法律约束的。

(2) 救济所用的资金来自外援,是依靠救济方的支付,不需要受益者的分摊。保险则是依靠参加保险的成员本身,通过支付保险费,建立保险基金来补偿损失。

(3) 救济的对象不受限制。国内外任何受灾单位或个人都可以接受救济。保险则只向参加保险的人提供,保险保障的对象是特定的。

2. 储蓄与保险

储蓄也可以用来补救因意外事故所带来的经济负担,它与保险不同,体现在:

(1) 储蓄是单独、个别进行,是一种自助行为。保险则是依靠多数单位或个人的互助共济才能实现,是一种互助合作行为。

(2) 储蓄可以由存款人任意处分,随时存取。保险则必须在保险合同条款规定的事故发生或期限届满时,保险人才按保险合同的规定支付保险金。

(3) 存款人可以获得的储蓄的本金和利息是确定的。被保险人是否可以得到保险金以及得到的保险金的具体数额都是不确定的。

3. 保证与保险

对被保险人和债权人来讲,保险和保证都是对偶然事件的保障,但保险不同于保证,体现在:

(1) 保险为独立的合同关系。保证则是借款合同、买卖合同等主合同的从合同。

(2) 保险人承担赔偿责任,以投保人支付保险费为必要条件。保证则不一定具有对价。

(3) 在保证关系中,保证人代替债务人履行债务后,享有债的代位求偿权,可以向债务人追偿。保险人赔偿损失则是履行自己的义务,除非保险事故的发生是由于第三人的行为所导致,否则保险人无追偿权。

4. 赌博与保险

赌博的输赢与保险金的给付都取决于某种不确定的事件是否发生,因而在没有确定保险利益原则和损失补偿原则以前,保险与赌博难以区分,但现代保险已经与赌博有本质区别:

(1) 保险只是对损失的补偿,被保险人不得因此而获取额外利益。赌博则是利用人的贪图额外利益的心理,以小博大。

(2) 保险的社会目的是变不定因素为确定因素,使被保险人在遭受不幸事件或一定期限届满得到保险补偿,以安定社会。而赌博企图以小的赌注博取大的利益,容易助长人的侥幸心理,因而其投机性潜伏着破坏社会安定的不利因素。

可见,保险具有以下特征:保险是双方约定的法律行为;保险依靠参加保险的成员支付保险费,建立保险基金来补偿损失,是一种互助合作行为;保险的保障程度、保障期限和保障的危险事故都是约定的;保险的基本形式是缴纳保险费和赔付损失。

(五) 保险的分类

随着社会经济的发展,现代保险业也得到了迅速的发展,保险的业务范围日益扩大。对于保险的分类标准,目前尚无固定的原则和严格的标准。一般按以下几个方法进行分类:

(1) 根据保险实施的形式不同,保险可分为强制保险和自愿保险。

强制保险,又称为法定保险,是国家对一定对象用法律规范规定其必须投保的险种。这种保险关系依据法律效力产生,特征如下:保险范围的全面性,凡在法律规定的范围内都必须投保;保险责任的自动性,即保险责任根据法律规定自动产生、中止和终止;保险条款的统一性,即保险的内容由法律统一规定,保险当事人不能自行变更。

自愿保险是投保人与保险人双方平等协商,自愿签订保险合同的一种保险。

投保人有投保的自由,保险人则可决定是否承保。目前,大多数保险业务都采取自愿保险的方式。[①]

(2) 根据保险是否基于国家的社会政策而设立,保险可分为社会保险和商业保险。

社会保险是国家基于社会政策而举办的一种福利制度。它以靠工资收入的劳动者为保险对象,当劳动者失业、疾病、伤害、老年或死亡时给予一定的经济补偿。社会保险为法定保险,其费用主要来源于国家财政资金或企事业单位资金和经费,个人根据规定也需要交纳一部分保险费。

商业保险是社会保险以外的普通保险。[②]

(3) 根据保险标的的不同,保险可分为财产保险和人身保险。

财产保险是以财产及其有关利益为保险标的的保险,包括普通财产保险、农业保险、保证保险、责任保险和信用保险等。普通财产保险是指对放在固定地点或处于静止状态的有形财产的保险。农业保险是指承保因自然灾害或意外事故造成农作物歉收、损毁或牲畜死亡等损失的保险。责任保险是指以被保险人对第三人的民事赔偿责任为标的的保险。保证保险是指由于被保证人的作为或不作为而使权利人受到损失时,由保险人赔偿权利人的损失的保险。信用保险即由保险人向被保险人担保债务人的信用,如果债务人到时不能清偿,由保险人负责补偿,以保证权利人即被保险人的权益不受损失。

人身保险是以被保险人的身体作为保险标的的保险,分为人身意外伤害保险、健康保险和人寿保险等。人身意外伤害保险是以被保险人遭受意外伤害及其致残、致死为保险事故的保险。健康保险又称疾病保险,是指被保险人因疾病而花费的医疗费用、减少的收益等所受的损失由保险人补偿的保险。人寿保险是以人的生存或死亡为保险事故的保险,当被保险人死亡或生存到一定年龄(如满 70 岁)时,由保险人支付保险金。以死亡为保险事故的为死亡保险;以生存到一定年龄为保险事故的为生存保险;被保险人在保险期内死亡,或生存到保险期满时,均给付保险金的为生死两全保险。

(4) 根据保险人是否转移保险责任,保险可分为原保险和再保险。

原保险,是保险人在保险责任范围内直接由自己对被保险人负赔偿责任的保险。

再保险,又称分保,是原保险人(再保险分出人)为减轻或避免所负风险,将其承担的保险业务以分保形式,部分转移给其他保险人(再保险接受人)的保

---

① 我国《保险法》第 11 条第 2 款规定:除法律、行政法规规定必须保险的外,保险合同自愿订立。由此可见,在我国,保险合同的订立以自愿为原则,以强制为例外。

② 根据我国《保险法》第 2 条的规定,我国《保险法》规定的保险为商业保险。

险。由于一家保险企业不可能也不能集中所有的危险，因此，需要保险企业之间的合作。一家保险企业将自己承担的危险再向其他保险企业投保，既可以扩大自身的承保能力，又可以稳定经营。再保险的国际化是保险发展的一个重要趋势。再保险关系一般由保险公司自行确定，也有通过法律形式确定的。如根据我国《保险法》第103条的规定，保险公司对每一危险单位，即对一次保险事故可能造成的最大损失范围所承担的责任，不得超过其实有资本金加公积金总和的10%；超过的部分，应当办理再保险。保险公司应当按照保险监督管理机构的有关规定办理再保险。

再保险是与原保险相对而言的。再保险与原保险既相互独立又相互依存。没有原保险就没有再保险；没有再保险，设立原保险的名称也毫无意义。原保险是再保险的前提，再保险合同中的保险期间、保险责任等与原保险合同一致，应再保险接受人的要求，再保险分出人应当将其自负责任及原保险的有关情况告知再保险接受人。但是，原保险与再保险又是两个独立的法律关系：第一，再保险合同中的保险人只能向原保险合同中的保险人请求支付保险费，原保险合同中的投保人没有向再保险接受人支付保险费的义务；第二，保险事故发生后，原保险合同中的被保险人或受益人，只对原保险合同的保险人享有请求权，不得向再保险接受人提出赔偿或者给付保险金的请求；第三，原保险的保险人不得以再保险接受人未履行再保险责任为由，拒绝履行或者迟延履行其对被保险人或受益人给付保险金的义务。

二、保险法概述

（一）保险法的概念和调整对象

保险法是以保险关系为调整对象的法律规范的总称。国外保险法，有保险公法与保险私法之分。保险公法是有关保险的公法性质的法律，即调整社会公共保险关系的行为规范，主要指保险业法和社会保险法。保险私法是有关保险的私法性质的法律，即调整自然人、法人或其他经济组织之间保险关系的行为规范，主要指保险合同法和保险特别法。①

保险法的调整对象是保险关系，即当事人之间依据保险合同所发生的权利义务关系和国家对保险业进行监督管理过程中所发生的各种关系。具体表现为：

（1）当事人通过保险合同的订立而建立的保险合同关系；

（2）国家对保险业的计划、组织、管理、监督而发生的保险监督管理关系；

（3）国家通过立法实施强制保险而发生的国家与保险组织之间的保险

① 李玉泉：《保险法（第二版）》，法律出版社2003年版，第15页。

关系；

（4）保险人组织（包括保险公司、互助保险合作社等）之间的保险关系；

（5）与保险有关的其他关系，包括因保险评估、保险代理、保险经纪活动等而产生的当事人之间的关系。

我国调整保险关系的法律规范包括：《民法通则》、《合同法》（第九届全国人民代表大会第二次会议于 1999 年 3 月 15 日通过，自 1999 年 10 月 1 日起施行）、《保险法》（1995 年 6 月 30 日第八届全国人民代表大会常务委员会第十四次会议通过、2009 年 2 月 28 日第十一届全国人民代表大会常务委员会第七次会议修订并于 2009 年 10 月 1 日起施行）、《海商法》（1992 年 11 月 7 日第七届全国人民代表大会常务委员会第二十八次会议通过，自 1993 年 7 月 1 日起施行）以及中国保险监督管理委员会发布的《保险公司管理规定》（2009 年 9 月 18 日中国保险监督管理委员会主席办公会审议通过，自 2009 年 10 月 1 日起施行）、《再保险公司设立规定》（中国保险监督管理委员会 2002 年 9 月 17 日发布并施行）等一系列规范。

（二）保险法的体系

根据保险法所调整的内容来划分，保险法可分为保险合同法、保险业法和保险特别法。

（1）保险合同法，是调整保险合同当事人及关系人的权利义务关系的法律规范。保险人和投保人、被保险人、受益人的权利义务是通过保险合同确定的。严格保护保险合同双方当事人的利益，是保险制度得以存在和发展的条件，保险合同法的目的即是明确保险合同双方各自的权利和义务。凡有关保险合同的签订、变更、终止以及当事人、关系人的权利义务的法律规范，均是广义的保险合同法的组成部分。

（2）保险业法，是对保险业进行监督管理的法律规范。各国从事保险业的机构为数众多，组织形式各异，而且保险业的经营状况涉及参加保险的众多的组织和个人的利益，所以国家通过保险立法对保险业进行管理和监督。凡规范保险公司和保险中介的设立、经营、业务管理和解散等的有关法律均属于保险业法。

（3）保险特别法，是专门规范特定的保险种类的保险关系的法律规范。对某些有特别要求或对国计民生具有特别意义的保险，国家一般都制定专门的法律予以规范，如英国的海上保险法、日本的人身保险法、我国的海商法。在这种保险特别法中，往往既调整该险种的保险合同关系，也调整国家对该险种的管理监督关系。

第二节 保险合同法律制度

一、保险合同法概述

（一）保险合同的概念和特征

保险合同是投保人与保险人约定保险权利义务关系的协议。投保人是指与保险人订立保险合同，并按照保险合同负有支付保险费义务的人。保险人是指与投保人订立保险合同，并承担赔偿或者给付保险金责任的保险公司。投保人和保险人订立保险合同，应当遵循公平互利、协商一致、自愿订立的原则，不得损害社会公共利益。除法律、行政法规规定必须保险的外，保险合同自愿订立。

与一般民事合同相比较，保险合同的主要特征如下：

（1）保险合同是要式合同。我国保险合同应采用书面形式。《保险法》规定，投保人提出保险要求，经保险人同意承保，并就合同的条款达成协议，保险合同成立。保险人应当及时向投保人签发保险单或者其他保险凭证，并在保险单或者其他保险凭证中载明当事人双方约定的合同内容。经投保人和保险人协商同意，也可以采取前款规定以外的其他书面协议形式订立保险合同。

（2）保险合同是附和合同。随着保险事业的发展和各国保险业务的交流和协作，保险合同逐渐出现了技术化、定型化、标准化的趋势。保险合同的内容即主要条款由保险人根据相关规定决定。保险人根据本身承保能力，确定承保的基本条件，规定双方权利义务。投保人一般只有依据保险公司设立的不同险种的条款进行投保与否的选择，而没有草拟合同文本或选择、变更、增减合同条款的自由，所以保险合同是附和合同。

（3）保险合同是射幸合同。在保险有效期间，如果发生保险事故，被保险人从保险人那里得到的保险金可能远远超过其所支出的保险费；反之，如果没有发生保险事故，则被保险人付出保费而无任何保险金可得。保险人的情况则与此相反，当保险事故发生时，其所赔付的金额可能大于其所收取的保费；如果没有发生保险事故，则其虽然收取了保费却并不需要赔付。这种或赔或不赔以及赔款与保险费的不等额就是所谓的射幸性。保险合同的射幸性质是由危险发生的偶然性造成的。

当然，这种射幸性质只是就各个保险合同而言的，如就全部承保的保险合同总体来看，由于保险费与赔偿金额的关系是依据概率计算出来的，所以保险人收取的保费总额原则上与所赔付金额相等，并不存在偶然性。

（4）保险合同是对价的双务合同。由于保险合同是射幸合同，赔款与否具有偶然性，投保人参加保险并非肯定能换取保险赔款，但却获得了对保险标的的利益保障。如果保险事故未发生,保险标的的利益并没有受到损失;如果保险事故发生,投保人(被保险人)可以从保险人那里得到补偿。因此,投保人参加保险后不管危险是否发生,都无需担心其保险利益的损失。保险人将损失的偶然性转化为经济保障的确定性,这就是保险人收取保险费后所提供的对价。因此保险合同是对价的双务合同。不能片面地认为:只有发生保险事故时保险人才承担义务,否则就只有投保人一方承担支付保险费义务。

(5) 保险合同是补偿性合同。保险是危险的对策,但保险并不保证危险的不发生,也不可能恢复已损失的保险标的,只是通过货币给付补偿投保人(被保险人)的经济利益。因此,如果经济利益没有受损失,则无所谓补偿;如果经济利益受损失,则也以实际损失为最高补偿的限额,保险立法禁止谋取超过实际损失的额外经济利益。人身保险也是一种货币救济,但因为人身无价,所以人身保险中没有最高限额。

(二) 保险合同的种类

保险合同可以从不同的标准进行分类,以保险的种类作为分类标准是最为常用的方法之一,由此可将保险合同分为财产保险合同、人身保险合同。除此之外,主要有以下几种分类:

1. 定值保险合同与不定值保险合同

根据保险价值在保险合同中是否先予确定,可以把保险合同划分为定值保险合同与不定值保险合同。当事人事先确定保险标的价值并将其记载在保险合同中的称为定值保险合同。如将保险标的的约定价值作为保险金额,发生损失时按约定价值作为计算标准。当事人不在保险合同中载明保险标的的价值的,称为不定值保险合同。不定值保险合同,在发生保险事故时,按保险标的的当时实际价值为计算赔偿的标准。不论定值保险合同或不定值保险合同,赔偿额均不得超过保险金额。

2. 定额保险合同与补偿保险合同

根据保险人是否按保险金额承担责任,可以把保险合同划分为定额保险合同与补偿保险合同。定额保险合同是在人身保险中采用的。定额保险合同即在保险事故或约定事件出现时,按合同中约定的保险金额支付,不得增减,也不用再行计算。补偿保险合同,是指保险人的责任以补偿被保险人的实际损失为限,并不得超过保险金额。各种财产保险均属于补偿保险合同。

3. 足额保险合同、不足额保险合同与超额保险合同

根据保险金额与财产价值的关系来划分,可以把保险合同划分为足额保险合同、不足额保险合同与超额保险合同。足额保险合同,又称全额保险合同,是指保险金额等于财产价值的保险合同。不足额保险合同,又称低额保险合同,是指保险金额小于财产价值的保险合同。超额保险合同是指保险金额大于财产价

值的保险合同。出现这种超额保险合同的情况有两种：一是出于善意，如被保险人过高估计了财产的价值或不了解市场行情；二是出于恶意，被保险人希望在保险事故发生后获得多于实际损失的补偿。

4．特定危险保险合同与一切危险保险合同

根据保险人所承担的危险状况的不同，可以把保险合同划分为特定危险保险合同与一切危险保险合同。特定危险保险合同，是指保险人承担保险标的的一种或几种危险的保险合同。大多数保险合同是承担保险标的的几种危险；但承保火灾保险、盗窃保险、地震保险等，保险人则仅承担保险标的的一种危险。一切危险保险，通常简称为"一切险"。所谓"一切险"，并不是指保险人对任何危险都予承保，而是除去列明的不保危险外，承保其他任何不列明的危险。由于一切险合同给被保险人提供了较为广泛的保险保障，而且在理赔时易于判明责任，可以减少被保险人与保险人之间的争议，所以，一切险合同在当前发展迅速。

（三）保险合同法的原则

1．最大诚信原则

任何合同的订立，双方当事人都应本着善意和诚信的原则，但由于保险合同具有射幸性，因此要求保险关系双方以最大善意和诚信来订立合同，否则保险与赌博无异。

根据最大诚信原则，保险法对保险双方当事人规定了告知或说明义务以及不履行该义务的法律后果。

（1）投保人的如实告知义务

根据我国《保险法》第16条第1款的规定，订立保险合同，保险人就保险标的或者被保险人的有关情况提出询问的，投保人应当如实告知。可见，我国如实告知的范围采用"询问回答主义"，即投保人只要如实回答保险人的询问事项即可，不需要投保人无限提供保险标的的所有情况。此外，投保人故意或者因重大过失未履行前款规定的如实告知义务，足以影响保险人决定是否同意承保或者提高保险费率的，保险人有权解除合同。保险人享有的合同解除权，自保险人知道有解除事由之日起，超过30日不行使而消灭。自合同成立之日起超过2年的，保险人不得解除合同；发生保险事故的，保险人应当承担赔偿或者给付保险金的责任。另外，投保人故意不履行如实告知义务的，保险人对于合同解除前发生的保险事故，不承担赔偿或者给付保险金的责任，并不退还保险费。投保人因重大过失未履行如实告知义务，对保险事故的发生有严重影响的，保险人对于合同解除前发生的保险事故，不承担赔偿或者给付保险金的责任，但应当退还保险费。但是应当指出的是，保险人在合同订立时已经知道投保人未如实告知的情况的，保险人不得解除合同；发生保险事故的，保险人应当承担赔偿或者给付保险金的责任。

（2）保险人的说明义务

根据我国《保险法》第 17 条的规定，订立保险合同，采用保险人提供的格式条款的，保险人向投保人提供的投保单应当附格式条款，保险人应当向投保人说明合同的内容。对保险合同中免除保险人责任的条款，保险人在订立合同时应当在投保单、保险单或者其他保险凭证上作出足以引起投保人注意的提示，并对该条款的内容以书面或者口头形式向投保人作出明确说明；未作提示或者明确说明的，该条款不产生效力。由此可见，保险人对于保险合同的一般条款，应当履行说明义务。对于责任免除条款，保险人应当履行明确说明义务。

（3）投保人（被保险人）的保证义务

投保人（被保险人）的保证义务，是指投保人（被保险人）对保险人的特定担保事项作出承诺，保证在保险期间遵守对某种事项的作为或不作为或保证某种事项的真实性。

保险法上的保证，通常分为明示保证和默示保证两种。

明示保证以保险合同条款的形式出现，是保险合同的内容之一，故为明示。如财产保险中被保险人应当遵守国家有关消防、安全、生产操作、劳动保护等方面的规定，维护保险标的的安全；机动车辆保险中有遵守交通规则、安全驾驶、做好车辆维修和保养工作等条款；仓储保险中有不堆放危险品的条款；人身保险中有被保险人在一定期限内不出国的条款等。保险合同一旦生效，即构成投保人对保险人的保证，对投保人具有作为或不作为的约束力。[①]

默示保证是指投保人或被保险人对于某一特定事项虽未在保险合同条款中明确作出担保，但该事项的存在是保险人决定承保的依据，也构成保险合同的内容之一。默示保证通常以社会上普遍存在或认可的某些行为规范为准则。默示保证的原则，来源于海上保险，通常包括以下三项：保证有适航能力、保证不改变航道、保证船货的合法性。

投保人或被保险人如果违反保证义务，保险人可以解除保险合同或拒绝赔付。

（4）保险人的弃权与禁止抗辩

保险人如果放弃法律或保险合同规定的某项权利，如放弃拒绝承保、解除合同、要求投保人增加保费的权利等，就不得再向投保人或被保险人主张抗辩。根据我国《保险法》第 32 条的规定，投保人申报的被保险人年龄不真实，并且其真实年龄不符合合同约定的年龄限制的，保险人可以解除合同，并按照合同约定退还保险单的现金价值。但保险人行使合同解除权时，应适用《保险法》第 16 条第 3 款、第 6 款的规定，即保险人知道有解除事由之日起，超过 30 日不行使而消

---

① 方乐华：《保险法》，立信会计出版社 2002 年版，第 33 页。

灭,自合同成立之日起超过2年的,保险人不得解除合同;在发生保险事故时,保险人应当承担给付保险金的责任。此外,如果保险人在合同订立时已经知道投保人未如实告知的情况的,保险人不得解除合同;发生保险事故的,保险人应当承担给付保险金的责任。

2. 保险利益原则

保险利益是指投保人或被保险人对保险标的具有的法律上承认的利益。确立保险利益原则的目的在于禁止投保人借保险的形式而达到赌博的目的,限制保险责任的数额,抑制道德危险的发生,使投保人不能利用保险活动取得额外利益。根据保险利益原则,人身保险的投保人在保险合同订立时,对被保险人应当具有保险利益,财产保险的被保险人在保险事故发生时,对保险标的应当具有保险利益。在人身保险中,合同订立时,投保人对被保险人不具有保险利益的,合同无效。在财产保险中,保险事故发生时,被保险人对保险标的不具有保险利益的,不得向保险人请求赔偿保险金。①

3. 损失补偿原则

损失补偿原则是财产保险合同中所特有的。财产保险合同是补偿性合同,参加保险不是为了盈利,而是为了保障经济利益。损失补偿原则体现在以下几个方面:

(1) 补偿实际损失。当保险财产遭受保险事故时,实际损失多少,保险人就赔付多少,没有损失的不赔付。

(2) 限制最高赔偿限额。保险人的赔付以投保时约定的保险金额为限,且保险金额不得超过保险标的的实际价值,超过保险金额的损失保险人不予赔付。

(3) 超额保险或重复保险中的超额部分无效。超出保险标的的实际价值投保的称为超额保险。超额保险中超过保险价值的部分无效。重复保险是指投保人对同一保险标的、同一保险利益、同一保险事故分别向两个以上保险人订立保险合同的保险。重复保险的保险金额总和超过保险价值的,各保险人的赔偿金额的总和不得超过保险价值。除合同另有约定外,各保险人按照其保险金额与保险金额总和的比例承担赔偿责任。

(4) 代位求偿制度。代位求偿制度是指财产保险中,保险标的的损失是由第三人的行为造成的,被保险人从保险人处取得赔付后,应将向肇事者追偿的权利转让给保险人,保险人有权向肇事的第三者追偿损失。代位求偿制度设立的主要目的在于防止被保险人因同一保险事故获得重复赔偿并从而获得大于保险

---

① 旧《保险法》只是笼统规定,投保人对保险标的应当具有保险利益;投保人对保险标的不具有保险利益的,保险合同无效。而2009年新修订的《保险法》区分了人身保险与财产保险的不同情形,分别针对投保人和被保险人在不同的时间节点提出了保险利益的要求,其规定更加科学完善。

标的实际价值的额外利益,进而防范因重复获偿可能引发的道德风险。根据我国《保险法》第60条的规定,因第三者对保险标的的损害而造成保险事故的,保险人自向被保险人赔偿保险金之日起,在赔偿金额范围内代位行使被保险人对第三者请求赔偿的权利。前述保险事故发生后,被保险人已经从第三者取得损害赔偿的,保险人赔偿保险金时,可以相应扣减被保险人从第三者已取得的赔偿金额。保险人依照上述规定行使代位请求赔偿的权利,不影响被保险人就未取得赔偿的部分向第三者请求赔偿的权利。保险事故发生后,保险人未赔偿保险金之前,被保险人放弃对第三者请求赔偿的权利的,保险人不承担赔偿保险金的责任。保险人向被保险人赔偿保险金后,被保险人未经保险人同意放弃对第三者请求赔偿的权利的,该行为无效。由于被保险人的故意或者因重大过失致使保险人不能行使代位请求赔偿的权利的,保险人可以扣减或者要求返还相应的保险金。除被保险人的家庭成员或者其组成人员故意造成保险事故外,保险人不得对被保险人的家庭成员或者其组成人员行使代位请求赔偿的权利。

（四）保险合同的主体

保险合同的当事人是保险人和投保人。一般民事合同多为当事人自己的利益而订立,保险合同既可为自己的利益也可为他人的利益而订立,为了他人利益订立的保险合同称为涉他合同。因此,保险合同主体还有被保险人,人身保险合同中还有受益人。被保险人和受益人作为保险合同的关系人,也称为第三方当事人。

1. 保险合同的当事人

（1）保险人。又称承保人,即为收取保险费而在保险事故发生时对被保险人承担补偿或给付保险金义务的人。保险人经营保险业务除必须取得国家有关管理部门授予的资格外,还必须在规定的业务范围内开展经营活动。

（2）投保人。又称要保人、保单持有人,即为对保险标的具有保险利益,向保险人申请订立保险合同,并负有交付保险费义务的人。投保人应具备以下三个要件:

第一,投保人具有权利能力和完全行为能力。保险合同也要求当事人具有权利能力和行为能力,无行为能力和限制行为能力人不能成为保险合同的当事人。

第二,人身保险中,在订立合同时,投保人对被保险人不具有保险利益的,合同无效。此外,根据《保险法》第34条第1款的规定,投保人在购买包含死亡赔付责任的人身保险产品时,必须经被保险人同意并认可保险金额,未经被保险人同意并认可保险金额的,合同无效。

第三,投保人负有交付保险费的义务。不论保险合同是为自己的利益而订立还是为他人的利益而订立,投保人均需承担交付保险费的义务。在为他人利益而订立保险合同的情况下，如投保人未按时履行交付保险费的义务，保险合同关系人可以代投保人交付，但这只是代付性质，并非保险合同关系人负有交付保险费的义务。保险人对关系人的代付保费不得以须由投保人交付而拒收，从而影响保险合同的效力。

2. 保险合同的关系人

（1）被保险人。被保险人是指其财产或者人身受保险合同保障，享有保险金请求权的人，投保人可以为被保险人。被保险人应具备以下两个要件：

第一，被保险人是保险事故发生时受到损失的人。一旦发生保险事故，被保险人将遭受损害。但在财产保险与人身保险中，被保险人遭受损害的形式是不同的。在财产保险中，因保险事故直接遭受损害的是保险标的，被保险人则因保险标的的损害而遭受经济上的损失。在人身保险中，因保险事故直接遭受损害的是被保险人本人的身体、生命或健康。

第二，被保险人是享有赔偿请求权的人。被保险人对保险金的请求权在财产保险和人身保险中亦有所不同。一般在财产保险中，发生保险事故时，被保险人本人并没有受到伤害，因此，多为被保险人本人享有保险金请求权，如果被保险人在保险事故中死亡，其保险金请求权可以继承。但是，在人身保险中，如果保险事故发生后被保险人生存，被保险人可以亲自享有保险金请求权；如果被保险人死亡，被保险人的请求权消灭，保险金请求权多为受益人根据保险合同的约定取得。

（2）受益人。又称保险金领受人，是指人身保险合同中由被保险人或者投保人指定的享有保险金请求权的人，投保人、被保险人可以为受益人。受益人应具备以下三个要件：

第一，受益人是独立的享有保险金请求权的人。受益人在保险合同中，不负交付保险费的义务，也不必具有保险利益，保险人不得向受益人追索保险费。

第二，受益人的保险金请求权只有在被保险人死亡时才发生。在被保险人生存期间，受益人的请求权只是一种期待权。

第三，受益人是在人身保险合同中，由被保险人或投保人所指定的人。投保人指定受益人时须经被保险人同意。投保人为与其有劳动关系的劳动者投保人身保险，不得指定被保险人及其近亲属以外的人为受益人。被保险人为无民事行为能力人或者限制民事行为能力人的，可以由其监护人指定受益人。被保险人或者投保人可以指定一人或者数人为受益人。受益人为数人的，被保险人或者投保人可以确定受益顺序和受益份额；未确定受益份额的，受益人按照相等份额享有受益权。

受益人的受益权是直接根据保险合同所享有的，并非由被保险人转移而来，因此，受益人根据保险合同受益权所取得的保险金不得作为被保险人的遗产。

但是,被保险人死亡后,遇有下列情形之一的,保险金作为被保险人的遗产,由保险人向被保险人的继承人履行给付保险金的义务:没有指定受益人,或者受益人指定不明无法确定的;受益人先于被保险人死亡,没有其他受益人的;受益人依法丧失受益权或者放弃受益权,没有其他受益人的。受益人与被保险人在同一事件中死亡,且不能确定死亡先后顺序的,推定受益人死亡在先。

被保险人或者投保人可以变更受益人并书面通知保险人,投保人变更受益人时须经被保险人同意。保险人收到变更受益人的书面通知后,应当在保险单或者其他保险凭证上批注或者附贴批单。受益人变更的形式包括:由于原受益人的受益权消灭或其他原因,投保人有权重新指定受益人或增加、减少受益人或改变受益人的优先顺序;投保人以遗嘱的形式变更受益人;经投保人同意,受益人将其受益权转让他人,原保险合同中规定受益权不得转让的除外。

受益人的受益权可以因下列原因消灭:受益人先于被保险人死亡或破产、解散;受益人放弃受益权;受益人故意造成被保险人死亡或者伤残的,或者故意杀害被保险人未遂的,丧失受益权。

(五)保险合同的客体——保险利益

保险利益,又称可保利益,是指投保人或者被保险人对保险标的具有的法律上承认的利益。保险标的与保险利益不同。保险标的是指作为保险对象的财产及其有关利益或者人的寿命和身体,是保险事故可能危及的对象。

订立保险合同时,首先要明确保险人要对哪些对象上所发生的保险事故承担责任,这些对象称为保险标的,就是保险事故发生的承受体。在保险合同中确定保险标的,对投保人来说,就是确定其所要转嫁危险的范围;对保险人来说,则是确定了其所要承担保险责任的范围。但是,保险合同订立的目的,并非保险标的本身,因为将保险标的投保后并不能保证保险标的不发生危险或不遭受损失,而在于保障在保险标的遭受损失后及时得到经济上的补偿。在保险法律关系中,投保人投保的是对保险标的的合法利益,保险合同保障的也是投保人对保险标的具有的利益,保险责任也只是对特定的保险标的因特定的保险事故而使特定的人在经济上遭到特定的损失时进行补偿或给付。因而,保险利益才是投保人和保险人权利义务的共同指向,是保险合同的客体。英国1883年的一个判例的结论言简意赅:“火灾保单承保的究竟是什么？不是用以建造房屋的砖石和材料,而是被保险人在保险标的物中所具有的利益。”

财产保险合同中的保险利益的构成应符合以下要件:

(1)必须是适法的利益,也就是法律所认可的利益。只有法律认可的利益受到损害才能构成保险利益。盗窃所得、非法占有、不当得利等所获得的不法利益,不能构成保险利益。

(2)必须是经济上的利益,也就是可以用货币计算估价的金钱上的利益。

保险是对被保险人遭受的经济上的损失给予经济上的补偿,其既不能保证被保险人免遭损失,也不能弥补被保险人所遭受的非经济上的损失。

(3) 必须是确定的利益。首先,这种利益是能够用货币形式估价或衡量的;其次,这种利益是一种事实上的或者客观上的利益,而不是当事人脱离实际的主观臆断。

由于人身价值难以用金钱估价确定,所以人身保险合同中的保险利益与财产保险合同中的保险利益不同。构成人身保险合同中的保险利益的必要条件包括:

(1) 必须具有利益关系。当投保人以自身为被保险人时,自然具有保险利益,因为本人身体健康或生命安危与本人有着密切的利害关系。当投保人以他人为被保险人时,则在投保人与被保险人之间必须存在某种利益关系。我国《保险法》第 31 条规定:"投保人对下列人员具有保险利益:(一) 本人;(二) 配偶、子女、父母;(三) 前项以外与投保人有抚养、赡养或者扶养关系的家庭其他成员、近亲属;(四) 与投保人有劳动关系的劳动者。除前款规定外,被保险人同意投保人为其订立合同的,视为投保人对被保险人具有保险利益。"保险利益关系还可以是经济上的利害关系,如债权人与债务人的债权债务关系,保证人与被保证人之间的担保关系等。同时,由于人身保险中保险利益的特殊性,《保险法》作出了一些限制性规定,如第 33 条规定:"投保人不得为无民事行为能力人投保以死亡为给付保险金条件的人身保险,保险人也不得承保。父母为其未成年子女投保的人身保险,不受前款规定限制。但是,因被保险人死亡给付的保险金总和不得超过国务院保险监督管理机构规定的限额"。第 34 条规定:"以死亡为给付保险金条件的合同,未经被保险人同意并认可保险金额的,合同无效。按照以死亡为给付保险金条件的合同所签发的保险单,未经被保险人书面同意,不得转让或者质押。父母为其未成年子女投保的人身保险,不受本条第 1 款规定限制。"

(2) 必须是适法的利益。投保人对被保险人的利害关系必须是法律所认可的;不为法律保护的关系,如同居关系,不构成人身保险合同的保险利益。

(六) 保险合同的内容

保险合同的内容,即保险合同当事人、关系人的权利和义务。保险条款是规定保险人与被保险人之间权利义务关系的条文,是保险人对其所承担的保险标的履行保险责任的依据。按其性质,可分为:

第一,基本条款和附加条款。基本条款,是在保险合同中必须载明的事项,它主要确定保险人与被保险人的权利义务以及其他法律规定必须记载的事项。附加条款是为满足被保险人的特殊需要而增加的扩大承保范围的条款。

第二,法定条款和选择条款。法定条款是法律规定必须订立的条款。如财产保险中代位追偿条款和人身保险合同中的不可抗辩条款。选择条款是保险人根据需要选入保险单的条款,如行业条款是保险同业之间在长期的业务实践中所形成的共同约定的条款,是一种选择条款。又如保证条款,是保险人要求被保险人作为或不作为的事项,或保证某种事态存在或不存在,也是选择性条款之一。

保险合同的基本条款包括:

(1) 保险合同主体的姓名(名称)和住所。包括保险人名称和住所,投保人、被保险人姓名(名称)和住所以及人身保险的受益人的姓名和住所。

这是关于保险合同当事人和关系人的基本情况的条款。保险合同的当事人和关系人的名称和住所须详加记载,以便于保险合同成立以后,行使权利和履行义务。

(2) 保险标的。保险标的是指保险事故发生的载体,亦即被保险人投保行为所指向的对象。任何保险,都离不开要保障的对象。在保险合同中载明保险标的,可以判断投保人对保险标的是否存在保险利益,同时可以确定保险人的保险责任范围。

(3) 保险责任和责任免除。保险责任是指保险人对特定的保险事故造成的损失所承担的赔付责任。保险责任范围可分为以下三种:一是一切险责任。除了除外责任以外,任何造成保险标的经济损失的,保险人均予以补偿。二是综合险责任。根据双方当事人约定的事故,一一在保险责任范围中列明,其中任何一项事故的出现对保险标的造成损害,保险人都必须承担赔付责任。三是单一险责任。保险人仅对保险标的所可能遭受的某一种危险承担赔偿责任。

责任免除是指保险人不负补偿或给付责任的范围。责任免除条款也应在保险合同中明确规定,以更好地确定双方的权利义务关系。免责条款一般包括:战争或军事行为所造成的损失;保险标的的正常性的自然损耗、货物固有的瑕疵以及自然特性所致的损失;被保险人的故意行为所致的损失(道德危险);其他不属于保险责任范围的损失。

(4) 保险期间和保险责任开始时间。保险期间是保险人所负保险责任的起讫日期或保险责任的存续期间。保险合同载明保险期间十分重要,因为投保人的保险保障是在保险期间内才能享有,保险事故只有在保险期间内发生时,保险人才予以承担赔偿或给付责任。保险期间可以用时间来计算,也可以根据一定的事实来确定。如“载货船舶保险”的期限,是自起运港装货时开始至目的港卸货完毕时终止。

(5) 保险金额。保险金额,简称保额,是保险合同当事人约定的,如果保险事故发生,保险人应支付的金额。在财产保险中,保险金额的确定以保险标的的价值为依据,最高限额不得超过保险标的的价值;在人身保险中,保险金额并非人身的价值,只是双方约定的保险事故发生后保险人应支付的金额,除了简易人身保险之外并没有最高限额。

(6) 保险费以及支付办法。保险费,简称保费,是投保人向保险人支付的费用,以作为对保险人承担保障责任的对价。保险费是建立保险基金的源泉。缴纳保费是投保人的基本义务。保险费的多少,由保险金额、保险费率和保险期限等方面决定。

保险费的计算形式有三种:定额保险费;保险金额乘以保险费率的积,其中保险费率的推算以保险标的的危险率为依据;以上两项相加。

保险费的支付方法应在保险合同中明确约定,以使投保人适当的履行其义务。保险费可以用现金支付,也可以转账付款。投保人于合同成立后,可以向保险人一次支付全部保险费,也可以按照合同约定分期支付保险费。合同约定分期支付保险费的,投保人应当于合同成立时支付首期保险费,并应当按期支付其余各期的保险费。根据我国《保险法》第 36 条的规定,合同约定分期支付保险费,投保人支付首期保险费后,除合同另有约定外,投保人自保险人催告之日起超过 30 日未支付当期保险费,或者超过约定的期限 60 日未支付当期保险费的,合同效力中止,或者由保险人按照合同约定的条件减少保险金额。被保险人在前款规定期限内发生保险事故的,保险人应当按照合同约定给付保险金,但可以扣减欠交的保险费。

(7) 保险金赔偿或者给付办法。保险金赔偿或者给付办法亦即保险人承担保险责任的方法。保险金赔偿以金钱给付为原则;但是保险合同中也可以约定对特定的损失,可以以恢复原状等代替金钱给付。保险金赔偿或给付办法的明确载明,有利于保险人更好地履行保险责任。

(8) 违约责任和争议处理。违约责任,是指合同当事人因其过错致使合同不能履行或不能完全履行时,应承担的法律后果。违约责任是民事责任的一种,保险合同作为最大诚信合同,确定违约责任更为重要。

争议处理,是指合同当事人对合同事项及保险责任的不同意见的处理。争议处理条款一般包括诉讼条款和仲裁条款等。

(9) 订立合同的年、月、日。注明签约日期,是签订合同的一般规则。保险合同订约时间的明确记载,对于确定投保人的保险利益的有无、保险费的缴纳期限、保险合同生效期间、保险危险的发生是否在合同有效期内等都有重要作用。

(七) 保险合同的订立和解释

1. 保险合同的订立

保险合同的订立与普通合同一样,也分为要约和承诺两个阶段。在保险合同中,投保人提出投保要求并提交投保单为要约,保险人的同意即是承诺。承诺包括以下几种形式:(1) 保险人签章;(2) 保险人出具保险费收据;(3) 保险人出具暂保单、保险单等保险凭证。通常情况下，投保人为要约人。

保险合同的订立程序如下：(1) 投保人提出申请；(2) 投保人与保险人商定支付保险费的方法；(3) 投保人提出要约，填写投保单；(4) 保险人审核并作出承诺；(5) 保险人根据已成立的保险合同，向投保人出具保险单或保险凭证确认。

以上只是保险合同订立的一般程序，并非所有的保险合同都经过上列程序，如短期的人身保险等就采取比较灵活的方式订立。

保险合同成立后，投保人按照约定交付保险费；保险人按照约定的时间开始承担保险责任。

2. 保险合同的解释

保险合同是格式合同、附和合同，按照格式合同的一般原理，我国《保险法》第30条规定：采用保险人提供的格式条款订立的保险合同，保险人与投保人、被保险人或者受益人对合同条款有争议的，应当按照通常理解予以解释。对合同条款有两种以上解释的，人民法院或者仲裁机构应当作出有利于被保险人和受益人的解释。

（八）保险合同的形式

保险合同是要式合同，必须具备法定的形式。投保人提出保险要求，经保险人同意承保，并就合同的条款达成协议，保险合同成立。保险人应当及时向投保人签发保险单或者其他保险凭证，并在保险单或者其他保险凭证中载明当事人双方约定的合同内容。经投保人和保险人协商同意，也可以采取前款规定以外的其他书面协议形式订立保险合同。保险合同订立的程序中的书面形式有以下四种：

1. 投保单

投保单又称要保书，即投保人向保险人申请订立保险合同的书面要约。投保单通常是保险人按照统一格式制作的书据，一般不包括保险条款。投保单是保险合同订立过程中的要约。

投保单一般包括以下内容：(1) 投保人姓名（或名称）、地址；(2) 投保人的职业或经营性质；(3) 保险标的及其位置；(4) 保险标的的实际价值或保险价值的确定方法；(5) 保险金额或保险责任限额；(6) 保险期间；(7) 投保人签章；(8) 投保日期。

投保单本身不是保险合同，也非保险合同的正式组成部分，但投保单一旦被保险人接受（即承诺），就成为保险合同的组成部分之一，它的内容会直接影响保险合同的效力，所以应该如实填写。

2. 暂保单

暂保单又称临时保险单，是保险人签发正式保险单之前的临时合同凭证。暂保单并不是订立保险合同的必经程序，使用暂保单，主要有以下几种情况：

(1) 保险代理人虽就有关保险事宜与投保人达成一致,但在尚未办妥保险单之前,临时向投保人开具暂保单;

(2) 保险公司的分支机构,在对投保单审核阶段,向投保人开具的证明;

(3) 在不能确定保险条件是否符合承保标准前,出具暂保单,待正式保险单签发后再行解除;

(4) 在没有标准条款的险种中,出具正式的保险单需要较长的时间,保险人为了维护投保人的利益,通常也采用出具暂保单的形式。

暂保单没有统一的格式,而是由保险人根据不同的内容制定的。在没有标准条款的险种中,暂保单必须列明所有保险的事项,明确投保人和保险人双方的权利和义务。在已有标准条款的险种中,暂保单的内容比较简单,只要载明被保险人的姓名、保险标的、保险险种、保险金额、保险责任范围以及起讫时间等事项。

暂保单是在正式出具保险单之前,表示保险合同成立的证明,因此与保险单具有同等的法律效力,一旦有效期届满或正式保险单出具,即自行失效。在正式保险单签发以前,保险人亦可终止暂保单,但须提前通知投保人。暂保单通常仅适用于财产保险;人身保险通常不使用暂保单。

3. 保险单

保险单又称保单,是投保人与保险人就保险事宜达成一致协议后,由保险人向投保人签发的保险合同的正式书面形式。保险合同成立后,保险人应当及时向投保人签发保险单,并在保险单或其他保险凭证中载明当事人双方约定的内容。

保险单的主要内容包括:(1) 声明事项。即投保人向保险人所作的告知事项,如被保险人的姓名、保险标的、保险费、保险金额、保险期间以及有关危险性质的说明和承诺。(2) 保险事项。即保险人所应承担的保险责任。(3) 除外事项。即对保险人的保险责任的限制。(4) 条件事项。即保险合同双方的其他权利义务,如危险通知义务、索赔时限、代位求偿权等。

4. 其他保险凭证

(1) 小保单。是一种简化的保险单,与保险单具有同等的法律效力。但是小保单上并不印制保险条款,而通用于国内货物运输保险中。

(2) 联合凭证。是一种保险人使用的发票与保险单相结合的凭证。

(九) 保险合同的履行

1. 投保人(被保险人、受益人)的义务

(1) 投保人交付保险费的义务。交付保险费是投保人的主要义务,也是保险合同的生效条件。根据我国《保险法》的规定,保险合同成立后,投保人按照约定交付保险费;保险人按照约定的时间开始承担保险责任。投保人应按照其与保险人约定的时间、地点、方式交付保险费。不同的保险条款对保险费的交付方法有不同的规定。但是根据我国《保险法》第38条的规定,保险人对人寿保险的保险费,不得用诉讼方式要求投保人支付。按照权利义务对等的原则,保险人提前终止保险合同时,投保人有权要求返还保险费。

(2) 保险事故发生的通知义务。在保险期间内,投保人、被保险人或者受益人知道保险事故发生后,应当及时通知保险人。我国法律规定的"及时通知"是指投保人、被保险人或受益人在客观条件许可的前提下,迅速通知保险人。其目的在于:使保险人得以迅速展开对损失的调查,及时了解事实真相,不致因调查的迟延而丧失证据,影响责任的确定;便于保险人及时协助被保险人抢救被保险财产,不致扩大损失;可使保险人有准备赔偿或给付保险金的时间。[①]

(3) 赔付的举证义务。保险事故发生后,依照保险合同请求保险人赔偿或者给付保险金时,投保人、被保险人或受益人应当向保险人提供其所能提供的与确认保险事故的性质、原因、损失程度等有关的证明和资料。保险人按照合同的约定,认为有关的证明和资料不完整的,应当及时一次性通知投保人、被保险人或者受益人补充提供。这样,才能便于保险人确认保险事故的性质、原因、损失程度以及其他足以影响保险责任之有无或大小的事实。

此外,在财产保险合同中,投保人、被保险人的特殊义务包括:

(1) 防灾减损的义务。为了避免投保方因参加保险而产生麻痹思想,限制保险的消极因素,我国法律加重投保方在防灾减损、维护保险财产安全方面的责任。我国《保险法》第51条规定:"被保险人应当遵守国家有关消防、安全、生产操作、劳动保护等方面的规定,维护保险标的的安全。根据合同的约定,保险人可以对保险标的的安全状况进行检查,及时向投保人、被保险人提出消除不安全因素和隐患的书面建议。投保人、被保险人未按照约定履行其对保险标的安全应尽的责任的,保险人有权要求增加保险费或者解除合同。保险人为维护保险标的的安全,经被保险人同意,可以采取安全预防措施。"可见,投保方应积极配合保险人的安全检查工作,对其建议应认真采取措施落实,保险人有权对投保方的安全情况进行检查,有权提出合理化建议,这既是保险人的权利,也是保险人的职责。

(2) 危险增加的通知义务。危险增加是指订约时未曾预料或未予估计的危

---

① 我国2009年新修订的《保险法》第21条规定:投保人、被保险人或者受益人知道保险事故发生后,应当及时通知保险人。故意或者因重大过失未及时通知,致使保险事故的性质、原因、损失程度等难以确定的,保险人对无法确定的部分,不承担赔偿或者给付保险金的责任,但保险人通过其他途径已经及时知道或者应当及时知道保险事故发生的除外。与旧法相比,新《保险法》针对投保人、被保险人或者受益人未及时通知事故发生的法律责任做出明确规定,并规定了例外情形下,投保人、被保险人或者受益人虽未及时通知,但仍不负责任的情形。

险可能性的增加。根据我国《保险法》第52条的规定,在合同有效期内,保险标的的危险程度显著增加的,被保险人应当按照合同约定及时通知保险人,保险人可以按照合同约定增加保险费或者解除合同。保险人解除合同的,应当将已收取的保险费,按照合同约定扣除自保险责任开始之日起至合同解除之日止应收的部分后,退还投保人。被保险人未履行前款规定的通知义务的,因保险标的的危险程度显著增加而发生的保险事故,保险人不承担赔偿保险金的责任。

(3) 施救义务。保险事故发生时,被保险人有责任尽力采取必要的措施,防止或者减少损失。

(4) 损余标的的转让义务。保险事故发生后,保险人已支付了全部保险金额,并且保险金额相等于保险价值的,受损保险标的的全部权利归于保险人;保险金额低于保险价值的,保险人按照保险金额与保险价值的比例取得受损保险标的的部分权利。

2. 保险人的义务

保险人除履行防灾减损的职责以外,其主要义务是负责赔付。另外,保险人或者再保险接受人对在办理保险业务中知道的投保人、被保险人、受益人或者再保险分出人的业务和财产情况及个人隐私,负有保密的义务。

在保险事故发生后,保险人承担的损失赔偿包括:

(1) 损失补偿。财产损失保险中的保险金额应视实际损失而定,但不得超过保险标的的保险金额;责任保险中,以约定的最高赔偿额为限。人身保险中也以约定的最高限额为准。

(2) 施救费用。保险事故发生后,被保险人为防止或者减少保险标的的损失所支付的必要的、合理的费用,由保险人承担;保险人所承担的数额在保险标的损失赔偿金额以外另行计算,最高不超过保险金额的数额。

(3) 保险人、被保险人为查明和确定保险事故的性质、原因和保险标的的损失程度所支付的必要的、合理的费用,由保险人承担。

保险人承担的上述(2)、(3)项支出的费用,必须符合必要的和合理的两项要件,不合乎此两项要件的,保险人不予承担。必要和合理的衡量标准,应以般善良管理人的注意义务来认定,如果费用过高,那么过高部分由被保险人自己承担。例如保险船舶因碰撞受损,对船舶受损部位进行检验和修理所支出的费用是必要的也是合理的;但如果是由此对全船设备进行检查和修理,显然是不合理的,保险方对该部分费用不负补偿责任。

保险人收到被保险人或者受益人的赔偿或者给付保险金的请求后,应当及时作出核定;情形复杂的,应当在30日内作出核定,但合同另有约定的除外。保险人应当将核定结果通知被保险人或者受益人;对属于保险责任的,在与被保险人或者受益人达成赔偿或者给付保险金的协议后10日内,履行赔偿或者给付保险金义务。保险合同对保险金额及赔偿或者给付期限有约定的,保险人应当依照保险合同的约定,履行赔偿或者给付保险金义务。保险人未及时履行前款规定义务的,除支付保险金外,应当赔偿被保险人或者受益人因此受到的损失。任何单位或者个人都不得非法干预保险人履行赔偿或者给付保险金的义务,也不得限制被保险人或者受益人取得保险金的权利。保险人作出核定后,对不属于保险责任的,应当自作出核定之日起 3 日内向被保险人或者受益人发出拒绝赔偿或者拒绝给付保险金通知书,并说明理由。保险人自收到赔偿或者给付保险金的请求和有关证明、资料之日起 60 日内,对其赔偿或者给付保险金的数额不能确定的,应当根据已有证明和资料可以确定的数额先予支付;保险人最终确定赔偿或者给付保险金的数额后,应当支付相应的差额。

3. 索赔和理赔

索赔是被保险人在保险事故发生后,按照保险合同的有关规定,在法定期限内向保险人提出赔偿损失的请求。人寿保险以外的其他保险的被保险人或者受益人,对保险人请求赔偿或者给付保险金的权利,自其知道保险事故发生之日起两年不行使而消灭。人寿保险的被保险人或者受益人对保险人请求给付保险金的权利,自其知道保险事故发生之日起 5 年不行使而消灭。理赔是保险人接受被保险人的索赔要求后所进行的检验损失、调查原因、搜查证据、确定责任范围直至赔偿的一系列工作过程。

索赔和理赔的程序如下:

(1) 损失通知。保险事故发生后,被保险人应该用口头或函电的方式通知保险人。在财产保险中,通知损失时应提供下列材料:证明事故属于保险责任范围的材料、保险单、保险费的支付凭证、财产损失清单以及施救费用清单等。在人身保险中,则应提供被保险人死亡、疾病或丧失劳动能力的证明。

(2) 损失检验。保险人在接到通知后,应立即派员到现场检验受损标的。

(3) 审核索赔单证。被保险人应提供保险单、勘查报告、损失证明、所有权证明、单据、账目等,以便保险人进行查核是否属于保险事故并确定保险金额。

(4) 核定损失原因、损失程度,计算赔偿数额。

(5) 保险人给付赔偿,被保险人领取赔偿金。

4. 代位求偿权

代位求偿权是指保险人在向被保险人赔偿损失后,取得原应由被保险人享有的向对该损失应负赔偿责任的第三人请求赔偿的权利。代位求偿权只适用于财产保险,人身保险中不存在代位权。保险人对被保险人履行了全部赔偿义务,是保险人取得代位求偿权的前提。

5. 合同解除权

合同解除权包括投保人的解除权和保险人的解除权。该部分内容在保险合同的解除中详述。

（十）保险合同的变更、解除与终止

1．保险合同的变更

保险合同依法成立，即具有法律约束力。当事人双方都必须全面履行保险合同规定的义务，不得擅自变更合同。但是，在某些情况下，保险法允许变更保险合同。

（1）主体变更

主体变更即保险合同的转让，是指在不改变保险人、保险标的和保险内容的情况下，变更投保人或被保险人的行为。保险合同的转让是基于保险标的的所有权而产生的。我国《保险法》第49条规定：保险标的转让的，保险标的的受让人承继被保险人的权利和义务。保险标的转让的，被保险人或者受让人应当及时通知保险人，但货物运输保险合同和另有约定的合同除外。因保险标的转让导致危险程度显著增加的，保险人自收到前款规定的通知之日起30日内，可以按照合同约定增加保险费或者解除合同。保险人解除合同的，应当将已收取的保险费，按照合同约定扣除自保险责任开始之日起至合同解除之日止应收的部分后，退还投保人。被保险人、受让人未履行上文规定的通知义务的，因转让导致保险标的危险程度显著增加而发生的保险事故，保险人不承担赔偿保险金的责任。

（2）内容变更

保险合同是一种期限较长的合同，因此保险法允许对其内容进行变更，以维护当事人的利益。保险合同的内容变更一般应征得保险人的同意，根据我国《保险法》第20条的规定，在保险合同有效期内，投保人和保险人经协商同意，可以变更保险合同的有关内容。变更保险合同的，应当由保险人在原保险单或者其他保险凭证上批注或者附贴批单，或者由投保人和保险人订立变更的书面协议。但是，在人身保险合同中，被保险人或者投保人变更受益人，就只需书面通知保险人，而不必征得保险人的同意。

（3）效力变更

保险合同效力的变更主要是指保险合同效力中止后而复效。保险合同的效力中止，是指在保险合同生效后，由于某种原因的出现而使保险合同暂时失去效力。如在人身保险合同中，合同约定分期支付保险费，投保人支付首期保险费后，除合同另有约定外，投保人自保险人催告之日起超过30日未支付当期保险费，或者超过约定的期限60日未支付当期保险费的，合同效力中止，或者由保险人按照合同约定的条件减少保险金额。被保险人在上述规定期限内发生保险事故的，保险人应当按照合同约定给付保险金，但可以扣减欠交的保险费。保险合同的复效是针对保险合同的效力中止而言的。保险合同的效力中止并不等于保险合同效力的终止和无效。在合同效力中止后，投保人可以在一定的条件下，提出恢复保险合同原有效力的请求，并经保险人承诺，中止的合同效力即可恢复。如根据《保险法》第 37 条的规定，因保险费缴纳问题致使合同效力中止的，经保险人与投保人协商并达成协议，在投保人补交保险费后，合同效力恢复。

2. 保险合同的解除

保险合同的解除，是指在保险合同法律关系有效期限内，当事人依照法律规定或合同约定，提前消灭保险合同的权利和义务。

(1) 投保人的解除权

保险合同为分担投保人可能的损失而设，各国立法都赋予投保人以解除权。我国《保险法》规定，除保险法另有规定或者保险合同另有约定外，保险合同成立后，投保人可以解除保险合同。除外规定一方面是基于某些险种的特殊性考虑，如货物运输保险合同和运输工具航程保险合同，保险责任开始后，合同当事人不得解除合同。除外规定的另一方面是基于合同自由理念，保险人可以在保险合同中对投保人的解除权作出限制。

保险责任开始前，投保人要求解除合同的，应当向保险人支付手续费，保险人应当退还保险费。保险责任开始后，投保人要求解除合同的，保险人可以收取自保险责任开始之日起至合同解除之日止期间的保险费，剩余部分退还投保人。人身保险合同中，投保人解除保险合同后，法律区分其是否交足 2 年保险费而规定不同的法律效果：投保人已交足 2 年以上保险费的，保险人应当按照合同约定退还保险单的现金价值；投保人未交足 2 年保险费的，保险人应当在扣除手续费后，退还保险费。

(2) 保险人的解除权

保险人是保险合同这一格式合同的制定者，各国立法都规定保险人不得随意解除保险合同，除非投保方有违约或违法行为。我国《保险法》规定，除保险法另有规定或者保险合同另有约定外，保险合同成立后，保险人不得解除保险合同。

保险法规定的保险人有解除权的情形包括：

① 投保人故意或者因重大过失未履行如实告知义务，足以影响保险人决定是否同意承保或者提高保险费率的，保险人有权解除合同。投保人故意不履行如实告知义务的，保险人对于合同解除前发生的保险事故，不承担赔偿或者给付保险金的责任，并不退还保险费。投保人因重大过失未履行如实告知义务，对保险事故的发生有严重影响的，保险人对于合同解除前发生的保险事故，不承担赔偿或者给付保险金的责任，但应当退还保险费。

② 被保险人或者受益人在未发生保险事故的情况下，谎称发生了保险事故，向保险人提出赔偿或者给付保险金的请求的，保险人有权解除保险合同，并

不退还保险费。

③ 投保人、被保险人或者受益人故意制造保险事故的，保险人有权解除保险合同，不承担赔偿或者给付保险金的责任，也不退还保险费。但是，投保人、受益人故意造成被保险人死亡、伤残或者疾病的，保险人不承担给付保险金的责任；投保人已交足2年以上保险费的，保险人应当按照合同约定向其他享有权利的受益人退还保险单的现金价值。

④ 投保人、被保险人未按照约定履行其对保险标的安全应尽的责任的，保险人有权要求增加保险费或者解除合同。

⑤ 在合同有效期内，保险标的危险程度增加的，被保险人按照合同约定应当及时通知保险人，保险人有权要求增加保险费或者解除合同。被保险人未履行该通知义务的，因保险标的危险程度增加而发生的保险事故，保险人不承担赔偿责任。

⑥ 投保人申报的被保险人年龄不真实，并且其真实年龄不符合合同约定的年龄限制的，保险人可以解除合同，并按照合同约定退还保险单的现金价值，但是自合同成立之日起逾2年的除外。

⑦ 人身保险合同中，自合同效力中止之日起2年内双方未达成协议的，保险人有权解除合同。保险人据此解除合同，投保人已交足2年以上保险费的，保险人应当按照合同约定退还保险单的现金价值；投保人未交足2年保险费的，保险人应当在扣除手续费后，退还保险费。

3. 保险合同的终止

保险合同的终止是指当事人之间根据保险合同确定的权利义务关系因一定事由的出现而归于消灭。引起保险合同终止的原因包括：

(1) 自然终止。保险合同有效期内，保险事故未发生，保险合同因有效期届满而终止。

(2) 因全部履行而终止。保险事故在保险有效期内发生，保险人已履行全部保险金额的给付义务，保险合同终止。

(3) 因部分履行而终止。保险标的发生部分损失的，在保险人赔偿后30日内，投保人可以终止合同；除合同约定不得终止合同的以外，保险人也可以终止合同。保险人终止合同的，应当提前15日通知投保人，并将保险标的的未受损失部分的保险费，扣除自保险责任开始之日起至终止合同之日止期间的应收部分后，退还投保人。

(4) 保险标的非因保险事故而灭失或死亡，保险合同终止。在财产保险合同中，保险标的如因非保险事故而全部灭失或损毁，保险合同终止；在人身保险合同中，被保险人因非保险事故或事件死亡的，保险合同终止，如意外伤害保险中的被保险人因疾病死亡。[①]

（5）因解除而终止。

二、财产保险合同

（一）财产保险合同概述

财产保险，又称产物保险、损害保险，是以补偿财产的损失为目的的保险。财产保险合同是以财产及其相关利益为保险标的的保险合同。

在我国，财产保险合同有广义与狭义之分。广义的财产保险合同包括有形财产保险和无形财产保险两类。有形财产保险是指将有形的物质财产作为保险标的的保险，又称为财产损失保险。无形财产保险是指以无形利益为保险标的的保险，如责任保险、信用保险、保证保险等。我国即采广义的概念，根据我国《保险法》的规定，财产保险业务，包括财产损失保险、责任保险、信用保险等保险业务。狭义的财产保险合同仅指有形财产保险。

（二）财产损失保险合同

我国财产损失保险合同包括：企业财产保险合同、家庭财产保险合同、运输工具保险合同、运输货物保险合同、工程保险合同、农业保险合同、海上保险合同等。

1. 财产损失保险合同的法律特征

（1）财产损失保险合同主体具有特殊性。投保人必须是对投保财产具有所有权或其他权益的人，即对投保财产有可保利益的人。在企业财产保险中，投保人为法人组织；在家庭财产保险中，投保人是自然人。

（2）财产损失保险合同的标的是财产及其相关利益。

（3）财产损失保险合同的保险责任是指保险标的因遭受自然损害或意外事故所造成的经济损失的补偿。

（4）财产损失保险合同是一种补偿性合同。

2. 财产损失保险合同的主要条款

（1）保险标的

我国企业财产保险的标的可分为以下几类：

① 可保财产。即保险人可以承保的财产，包括属于被保险人所有或与他人共有而由被保险人负责的财产；由被保险人经营管理或替他人保管的财产；具有其他法律上承认的与被保险人有经济利害关系的财产。

② 特保财产。即根据当事人双方的需要而约定的保险财产。特保财产分为不增加保险费率的和增加保险费率的两种，前者是指金银、古玩、字画、邮票、

---

① 覃有土主编：《保险法概论》（第二版），北京大学出版社 2001 年版，第 215 页。

艺术品等珍贵财物或牲畜等饲养动物，以及堤堰、水闸、桥梁等公益建筑，这类保险在双方责任明确的前提下，可不另增保险费率；后者是指为适应一些特种行业或具有特殊危险的财产而设定的特保财产，如矿井等。《企业财产保险条款》（中国人民保险公司1988年11月1日发布并施行）第2条规定，下列财产非经被保险人与本公司特别约定，并且在保险单上载明，不在保险财产范围以内：金银、珠宝、玉器、首饰、古玩、古书、古画、邮票、艺术品、稀有金属和其他珍贵财物；牲畜、禽类和其他饲养动物；堤堰、水闸、铁路、道路、涵洞、桥梁、码头；矿井、矿坑内的设备和物资。

③ 不保财产。即对于某些没有客观标准、损失可能性大或违反法律、道德的财产作为除外，不予保险。下列财产不在保险财产范围以内：土地、矿藏、矿井、矿坑、森林、水产资源以及未经收割或收割后尚未入库的农作物；货币、票证、有价证券、文件、账册、图表、技术资料以及无法鉴定价值的财产；违章建筑、危险建筑、非法占用的财产；在运输过程中的物资。

我国的家庭财产保险标的分为：

① 可保财产。凡是属于被保险人自有的下列家庭财产，都可以向保险人投保：房屋及其附属设备；衣服、卧具、家具、用具、器具、家用电器、文化娱乐用品、交通工具等生活资料；农村家庭的农具、工具、已收获的农产品、副业产品、家禽；个体劳动者的营业用器具、工具、原材料、商品。

② 特保财产。经被保险人与保险人特别约定，并且在保险单上载明属于被保险人代他人保管，或者与他人所共有的可保财产。

③ 不保财产。下列财产不在保险财产范围以内：金银、首饰、珠宝、货币、有价证券、票证、邮票、古玩、古书、字画、文件、账册、技术资料、图表、家畜、花、树、鱼、鸟、盆景以及其他无法鉴定价值的财产；正处于紧急危险状态的财产。

（2）保险利益

财产损失保险合同中的保险利益包括：对保险财产所享有的法律上的权利；因特定法律关系产生可期待的利益；因保险财产所遭受的损失而产生的法律责任。保险利益按照不同的标准，有不同的分类方法：

① 以利益存在的性质为标准，可分为现有利益和期待利益。现有利益是指投保人对保险财产目前已拥有的利益，可以及时用金钱来衡量、兑换。期待利益是在投保时投保人尚未拥有，但未来可能产生依法属于投保人所有的利益，如产品的利润等。

② 以投保人与财产的权属为标准，可分为所有权利益、使用权利益、收益权利益、责任利益、费用利益等。

（3）保险金额

保险金额是投保人对保险标的的实际投保金额，也是保险人计算保险费的依据和承担赔偿责任的最高限额。投保时，应按保险标的的实际价值来投保。保险金额的计算方式有账面计算法和临时估价法两种。前者适用于账务健全的法人单位，后者则适用于不具备账面计算条件的法人和公民。

（4）保险费和保险费率

保险费是投保人按保险金额的一定比例，向保险人缴纳的价金。保险费的数额是以保险金额与保险费率的乘积来计算的。保险费率是保险人按单位保险金额向投保人收取保险费的比率。中国保险监督管理委员会发布并于2006年1月1日起实施的《财产保险公司保险条款和保险费率管理办法》第4条规定，保险机构的保险条款和保险费率应当依照本办法报中国保监会或者派出机构审批或者备案。

（5）保险期限

财产保险的期限是指从保险合同生效至终止之间的起讫时间，一般从保险合同约定起保当天零时起到保险期届满日的24时止，如须续保，可在期满后另办手续。在保险期限内，保险双方当事人享有权利、承担义务。

（6）保险责任和除外责任

保险责任是指保险人赔偿损失的责任范围，即保险人对保险标的遭受的损失所应承担的赔偿责任。保险责任由保险标的的类型决定，不同的财产保险合同，有不同的保险责任。保险责任通常由保险人制定，由投保人选择。

确定保险责任的主要依据是保险危险，亦即造成保险人承担赔偿责任的灾害事故。目前，我国的财产保险责任分为以下三类：

① 因自然灾害或意外事故所造成的损失。一般来说，无论是投保人、被保险人或其代理人的过失，还是被保险人的动物或其他物所引起事故而造成的财产损失，都应由保险人承担赔偿责任。但如果是投保人或被保险人的故意或者重大过失造成的损失，保险人不负赔偿责任。我国有关不可抗力的自然灾害及不能预见的意外事故所致的危险包括雷击、暴风、龙卷风、暴雨、洪水、破坏性地震、地面突然塌陷、崖崩、突发性滑坡、雪灾、雹灾、冰凌、泥石流及火灾、爆炸、空中运行物体的坠落等。

② 停电、停水、停气所造成的损失。但必须是非公用事业的"三停"，即供电、供水及供气设备必须是被保险人自有专用或与其他单位共用的设备，而且是因自然灾害或意外事故遭受损害，引起停电、停水、停气以致直接造成保险财产的损失。

③ 施救费用。发生保险事故时，为了减少保险财产损失，被保险人对保险财产采取施救、保护、整理措施而支出的合理费用，以及为了抢救财产或防止灾害蔓延，采取合理的、必要的措施而造成保险财产的损失，由保险人负责赔偿。

除外责任是指由于以下原因造成的财产损失，保险人不承担赔偿责任，包括：战争、军事行动或暴乱；核子辐射或污染；被保险人的故意行为使保险财产遭受保险事故而引起停工、停业的损失以及各种间接损失；保险财产本身缺陷、保管不善导致的损坏；保险财产的变质、霉烂、受潮、虫咬、自然磨损以及损耗；堆放在露天或罩棚下的保险财产由于暴风、暴雨造成的损失；其他不属于保险责任范围内的损失和费用。

3．财产损失保险的赔偿处理

保险事故发生时，被保险人有责任尽力采取必要的措施，防止或者减少损失。保险人对发生保险事故所造成的保险标的的损失，应当按照合同约定履行赔偿责任。

（1）投保人在赔偿处理过程中的责任包括：及时通知保险人并提出损失清单；处理损余物资；提供必要的委托书和权益转让书。若为推定全损，应由被保险人签署委付书，将损余物资委付给保险人。若损失应由第三人赔偿的，在投保人取得保险人的赔偿金后，应出具权益转让书，将向第三人追偿的权利转让给保险人。

（2）保险人的责任包括：按照保险合同的约定，核定财产损失是否属于保险责任的范围，是否应予赔付，并及时通知投保人；如属保险责任范围内的损失，应按保险合同约定的方式，核算赔付金额，并与被保险人达成有关赔偿的协议。另外，保险事故发生后，被保险人为防止或者减少保险标的的损失所支付的必要的、合理的费用，由保险人承担；保险人所承担的数额在保险标的损失赔偿金额以外另行计算，最高不超过保险金额的数额。保险人、被保险人为查明和确定保险事故的性质、原因和保险标的的损失程度所支付的必要的、合理的费用，由保险人承担。

（三）责任保险合同

1．责任保险合同的概念和法律特征

责任保险合同是指以被保险人对第三者依法应负的赔偿责任为保险标的的保险合同。责任保险合同的法律特征如下：

（1）责任保险是财产保险的一种。财产保险包括对特定物的灭失损毁、对将来可取得利益的丧失、对事故发生所须支出的费用三种情况，责任保险属第三种。对被保险人来讲，如果发生民事赔偿责任，就需在其财产中作出一部分支出。这就是被保险人对责任保险的保险利益。

（2）责任保险合同的标的是被保险人依法应对第三人所负的民事赔偿责任。

（3）责任保险中，保险人的赔偿责任开始于被保险人接到赔偿请求时。

2．责任保险合同的种类

责任保险合同通常分为：公众责任保险合同、产品责任保险合同、雇主责任保险合同和职业责任保险合同。

（1）公众责任保险合同。其保险标的为被保险人在公众活动场所因意外事故造成第三人人身伤亡或财产损失而依法应承担的赔偿责任。

（2）产品责任保险合同。其保险标的为被保险人因其产品的质量缺陷而使产品使用者、消费者或其他人遭受人身伤亡或财产损失而依法应承担的赔偿责任。

（3）雇主责任保险合同。其保险标的为被保险人（雇主）对雇员在雇用期间因人身伤亡而依法应承担的赔偿责任。

（4）职业责任保险合同。其保险标的为被保险人因职业工作过程中的过失造成他人人身伤亡或财产损失而依法应承担的赔偿责任。依据被保险人的具体职业不同，职业责任保险合同又分为：律师职业责任保险合同、注册会计师职业责任保险合同、注册资产评估师职业责任保险合同、保险代理人职业责任保险合同、保险经纪人职业责任保险合同。

3．责任保险合同的保险责任和除外责任

责任保险合同中，被保险人所承担的责任范围一般限于以下几个方面：

（1）保险人对责任保险的被保险人给第三者造成的损害，可以依照法律的规定或者合同的约定，直接向该第三者赔偿保险金。保险人对第三者应负下列责任：过失责任，指民事赔偿责任是由被保险人的过失造成的；无过失责任，指根据法律的规定，无论事故发生时有无过失，均应承担赔偿责任；合同责任，指由于合同当事人未履行或不适当履行合同而造成的损失应承担的赔偿责任。

（2）保险事故发生后，被保险人为防止或者减少保险标的的损失所支付的必要的、合理的费用，由保险人承担；保险人所承担的数额在保险标的损失赔偿金额以外另行计算，最高不超过保险单中约定的每次保险事故的赔偿限额。

（3）责任保险的被保险人因给第三者造成损害的保险事故而被提起仲裁或者诉讼的，除合同另有约定外，由被保险人支付的仲裁或者诉讼费用以及其他必要的、合理的费用，由保险人承担。

除合同另有约定外，保险人对由下列原因造成的损失不负保险责任：战争、地震、罢工；核风险（核责任险除外）；被保险人的故意行为和违法行为；被保险人本身（包括本人、家庭或雇员）的人身或财产的损害。

4．责任保险的赔偿限额

责任保险和财产损失保险的区别之一是以对第三者应承担的民事责任来决定赔偿金额。正因为责任保险承保的是被保险人的赔偿责任，其没有固定的价值，所以，责任保险在保险单中无所谓保险金额而只有赔偿限额的条款。一般在保险单中有两项赔偿限额，一是每次保险事故的赔偿限额，二是保险期限内累计的赔偿限额。

（四）信用保险合同

1. 信用保险合同的概念和法律特征

信用保险是财产保险的一种，是由保险人为被保险人可能遭受的信用风险提供担保的一种形式，如果由于债务人不履行或不能履行债务，致使被保险人遭受经济损失，保险人向被保险人承担赔偿责任。信用保险合同主要包括：出口信用保险合同、投资信用保险合同、国内商业信用保险合同。

信用保险合同的法律特征如下：

(1) 信用保险合同的当事人是债权人（被保险人）和保险人，债务人一般不是信用保险合同的当事人，可以作为合同的第三人。

(2) 信用保险合同的保险标的是被保险人可能遭受的信用风险，即债务人不履行或不能履行债务时被保险人遭受的经济损失。

(3) 保险人向被保险人（债权人）赔偿保险金后，取得对债务人的代位追偿权。信用保险的保险事故通常是债务人违约所致，保险人自向债权人支付赔偿金额之日起，取得在赔偿金额范围内代位行使债权人对债务人请求赔偿的权利。

2. 信用保险合同的保险责任和除外责任

信用保险合同的保险责任包括政治危险责任和商业信用危险责任。政治危险责任一般仅适用于涉外信用保险合同。商业信用危险责任包括买方拖欠、买方拒收、买方破产、贸易纠纷等应承担的责任。

信用保险合同的除外责任包括被保险人（债权人）违法或违约以及由财产损失保险承保的损失。

3. 信用保险合同的赔偿限额

信用保险合同中，保险人根据债务人的信用情况确定具体的信用额度，并据此设定保险责任限额。如短期出口信用保险合同中，责任限额有买方信用限额、保单限额和自行掌握限额。

4. 信用保险合同的赔偿处理

(1) 被保险人在获悉保险事故时应及时通知保险人，并在索赔时效内及时提赔，并提供各种证明损失原因和金额的材料和被保险人已完全履行义务的证明。

(2) 保险人对索赔材料进行调查核实；及时作出赔偿与否以及赔款金额的决定。

(3) 保险人赔偿后，被保险人应出具权益转让书、追讨委托书，并有义务协助保险人追偿。

（五）保证保险合同

1. 保证保险合同的概念和法律特征

保证保险是财产保险的一种，是由作为保证人的保险人为作为被保证人的被保险人向权利人提供担保的一种形式,如果由于被保险人的不忠诚或不履行合同义务,致使权利人遭受经济损失,由保险人予以赔偿。

保证保险合同包括确实保证保险合同和诚实保证保险合同。前者是指被保证人不履行法定或约定义务致使权利人遭受经济损失时,由保险人承担赔偿责任的财产保险合同。后者又称雇员忠诚保证保险合同,是指被保证人(雇员)违反诚实义务给权利人造成经济损失时,由保险人承担赔偿责任的财产保险合同。

保证保险合同的法律特征如下:

(1)保证保险合同的主体包括投保人(权利人)、保险人(保证人)、被保险人(义务人、被保证人),权利人通常又是保证保险合同的第三人(受益人)。

(2)保证保险合同的保险标的是被保险人的不忠诚或不履行合同义务致使权利人遭受的经济损失,其保险利益是无形的经济利益。在保险事故发生后,只有在权利人遭受损失而被保证人不能补偿时,才由保险人代为补偿。

(3)保险人为被保险人(被保证人)支付给权利人的有关赔偿,有权向被保证人追偿。

2. 保证保险合同与保证合同、信用保险合同的区别

(1)保证保险合同与保证合同的主要区别如下:

第一,保证合同是保证人为担保债务人履行债务而与债权人订立的协议,其主体有两方:主合同的债权人(被保证人)和保证人;保证保险合同的主体有三方:投保人(权利人)、保险人(保证人)、被保险人(被保证人、义务人),权利人通常又是保证保险合同的第三人(受益人)。

第二,保证合同通常是单务无偿合同;而保证保险合同则是双务有偿合同,投保人对保险人支付保险费,保险人于保险事故发生时承担保险责任。

(2)保证保险合同与信用保险合同的主要区别如下:

第一,主体地位不同。保证保险合同中的被保险人是债务人,信用保险合同中的被保险人是债权人。

第二,投保目的的侧重点不同。保证保险合同侧重于保证债务人履行债务;信用保险合同则是为了实现债权人的债权。

3. 保证保险的承保方式

(1)指名个人保证。以特定的个人作为被保证人。

(2)指名团体保证。以指明的多数人为被保证人。

(3)流动保证。虽以多数人为被保证人,但与团体保证不同的是,团体保证是每个成员都必须订明保证金额,而流动保证是集体共同确定一个总的保证金额。

(4)总括保证。是以集体内全体成员作为被保证人,保证金额不是以具体个人来衡量,而是以职业分类来确定。

(5) 职位保证。是以职位作为确定被保证人保险金额的标准,凡担任该职的人,保险人均按约定的保证金额承保。

4. 保证保险的赔偿处理

(1) 权利人在发现被保证人不忠诚或不履行义务时,应及时通知保险人,提供必要的证明和资料,并就保险责任范围内的损失提出赔偿请求。

(2) 权利人应主动采取措施,深入追查。

(3) 保险人在进行赔偿后,有权进行追偿,权利人应予以协助。

(4) 权利人和被保证人达成的有关和解协议,应征得保险人的同意。

三、人身保险合同

(一) 人身保险合同的概念

人身保险合同是以人的寿命和身体为保险标的的保险合同。投保人向保险人缴纳约定的保险费后,被保险人在保险有效期内因疾病或意外事故而残废、死亡或丧失工作能力,或年老退休,或因保险期满时生存,保险人负责向被保险人或受益人给付保险金。

(二) 人身保险合同的法律特征

与财产保险合同相比,人身保险合同有以下法律特征:

(1) 保险金额的约定性。人身保险合同为定额保险合同,其保险金额主要由保险人和投保人协商确定。人身价值无法用金钱衡量,保险事故发生后,保险人按合同约定的保险金额予以给付。

(2) 给付性。根据人身保险合同的约定,只要是保险事故发生使被保险人死亡、生病或伤残的,或者合同约定的期限届满时,保险人按照约定的金额向被保险人或受益人给付保险金,而不以被保险人的实际损失为前提,也不论被保险人或者受益人是否已从其他途径得到补偿。[①] 保险人支付的保险金只是一种经济帮助和抚慰。

(3) 保险人承保的危险具有稳定性和规律的变动性。

(4) 人身保险合同的订立,要求投保人对被保险人有可保利益,但在保险金额上并无限制,所以没有重复保险或超额保险的情况,也不存在代位求偿权。人身保险的被保险人因第三者的行为而发生死亡、伤残或者疾病等保险事故的,保险人向被保险人或者受益人给付保险金后,没有向第三者追偿的权利。但被保险人或者受益人仍有权向第三者请求赔偿。

人身保险合同中对保险利益采取亲属关系与同意相结合的原则。投保人对本人、配偶、子女、父母以及其他与投保人有抚养、赡养或者扶养关系的家庭其他

---

① 覃有土主编:《保险法概论》(第二版),北京大学出版社 2001 年版,第 330 页。

成员、近亲属具有保险利益。此外,被保险人同意投保人为其订立合同的,视为投保人对被保险人具有保险利益。

(5) 人身保险合同的长期性。保险有效期往往可以持续几年或几十年,尤其体现在长期性的人寿保险中。

(6) 人身保险具有储蓄性。人寿保险中,死亡危险随着年龄的增长而提高,所以保险费率应逐年上升,但在人寿险中采取均衡费率,使每年的保险费率相同。因此,投保人早年交纳的保险费要高于根据死亡危险率计算的保险费,其中包含了大量的积余,这种积余实质上就是储蓄额。生存保险的保险费是积存起来的,在生存期满时,作为给付的保险金。所以人寿保险中投保人可以享受储蓄权利。如投保人可以向保险公司借款;参加终身保险和生死两全保险的被保险人和受益人,在一定期限后是必然可以领到保险金的。而在财产保险中,如果不发生保险事故,保险人不支付保险金。

(三) 人身保险合同的种类

人身保险合同一般可分为:人寿保险合同、健康保险合同、意外伤害保险合同。

1. 人寿保险合同

人寿保险合同又称为寿险合同,是以被保险人的生命为保险标的、以生死为保险事故的人身保险合同。这里的"生"是指生存,"死"包括自然死亡和宣告死亡。一旦被保险人的生命发生保险事故时,由保险人给付保险金。

人寿保险合同分为以下几种:

(1) 死亡保险。有定期保险和终身保险之分。

(2) 生存保险。被保险人生存到一定期限,可以领取保险金。如在保险期限内死亡,则不退回保险费。

(3) 养老保险(生死两全保险)。被保险人若在保险期限内死亡或生存到保险期满,均给付保险金。

(4) 简易人身保险。是一种小额的适用于普通职工投保的险种,具有保险金额小、交费次数频繁、合同条款简单等特点。

2. 健康保险合同

健康保险合同又称为医疗保险合同或疾病保险合同,是指在保险期限内,被保险人因疾病、分娩或因疾病、分娩所致伤害或死亡时保险人给付约定保险金的保险合同。

健康保险的承保范围包括:

(1) 疾病。疾病与伤害不同,必须符合一定的条件,即必须是由外来的、非先天性、非衰老性的原因所造成的。

(2) 分娩。

（3）残废。这里的残废仅限于因疾病或分娩所致的残废。

（4）死亡。这里的死亡仅限于因疾病或分娩所致的死亡。

但是，战争、故意自杀或企图自杀造成的疾病、残废或死亡，堕胎所致的疾病、残废、流产、死亡等均为健康保险的除外危险。

3. 意外伤害保险合同

意外伤害保险合同是将被保险人遭受意外伤害以及因意外伤害所致的残废、死亡作为保险事故的保险合同。所谓意外伤害是指非所预见、非所意图、非所期待的事故所造成的伤害。凡不是属于外来、剧烈、偶然的意外事故，就不属意外伤害保险的承保范围。具体地说，意外伤害保险的除外危险包括故意自杀、疾病、不必要的冒险行为以及犯罪行为。

（四）人身保险合同的特殊条款

1. 申报年龄不实条款

投保人申报的被保险人年龄不真实，并且其真实年龄不符合合同约定的年龄限制的，保险人可以解除合同，并按照合同约定退还保险单的现金价值。但是保险人行使合同解除权时，应受《保险法》第16条第3款和第6款的限制。即一方面，解除权自保险人知道有解除事由之日起，超过30日不行使而消灭。并且，自合同成立之日起超过两年的，保险人不得解除合同；发生保险事故的，保险人应当承担保险责任。另一方面，如果保险人在合同订立时已经知道投保人未如实告知的情况的，保险人不得解除合同，发生保险事故的，保险人应当承担保险责任。此外，如果投保人申报的被保险人年龄不真实，致使投保人支付的保险费少于应付保险费的，保险人有权更正并要求投保人补交保险费，或者在给付保险金时按照实付保险费与应付保险费的比例支付。如果投保人申报的被保险人年龄不真实，致使投保人支付的保险费多于应付保险费的，保险人应当将多收的保险费退还投保人。

2. 保险费支付条款

投保人于合同成立后，可以向保险人一次支付全部保险费，也可以按照合同约定分期支付保险费。合同约定分期支付保险费的，投保人应当于合同成立时支付首期保险费，并应当按期支付其余各期的保险费。保险人对人寿保险的保险费，不得用诉讼方式要求投保人支付。

3. 合同效力中止和复效条款

合同约定分期支付保险费，投保人支付首期保险费后，除合同另有约定外，投保人自保险人催告之日起超过30日未支付当期保险费，或者超过约定的期限60日未支付当期保险费的，合同效力中止，或者由保险人按照合同约定的条件减少保险金额。合同效力中止的，经保险人与投保人协商并达成协议，在投保人补交保险费后，合同效力恢复。

4. 保险单转让质押条款

人身保险合同具有储蓄性,可以转让或质押。但人身保险合同不能变更被保险人。保险单的转让,应当通知保险人;未通知保险人的,保险人可以只对受益人履行给付保险金的义务。依照以死亡为给付保险金条件的合同所签发的保险单,未经被保险人书面同意,不得转让或者质押。

5. 受益人条款

人身保险的受益人由被保险人或者投保人指定。投保人指定受益人时须经被保险人同意。被保险人为无民事行为能力人或者限制民事行为能力人的,可以由其监护人指定受益人。被保险人或者投保人可以指定一人或者数人为受益人。受益人为数人的,被保险人或者投保人可以确定受益顺序和受益份额;未确定受益份额的,受益人按照相等份额享有受益权。

被保险人或者投保人可以变更受益人并书面通知保险人。保险人收到变更受益人的书面通知后,应当在保险单或者其他保险凭证上批注或者附贴批单。投保人变更受益人时须经被保险人同意。

被保险人死亡后,遇有下列情形之一的,保险金作为被保险人的遗产,由保险人向被保险人的继承人履行给付保险金的义务:(1) 没有指定受益人,或者受益人指定不明无法确定的;(2) 受益人先于被保险人死亡,没有其他受益人的;(3) 受益人依法丧失受益权或者放弃受益权,没有其他受益人的。此外,受益人与被保险人在同一事件中死亡,且不能确定死亡先后顺序的,推定受益人死亡在先。

投保人、受益人故意造成被保险人死亡、伤残或者疾病的,保险人不承担给付保险金的责任。投保人已交足 2 年以上保险费的,保险人应当按照合同约定向其他享有权利的受益人退还保险单的现金价值。受益人故意造成被保险人死亡、伤残、疾病的,或者故意杀害被保险人未遂的,该受益人丧失受益权。

6. 不丧失价值条款

投保人申报的被保险人年龄不真实,并且其真实年龄不符合合同约定的年龄限制的,保险人可以解除合同,并按照合同约定退还保险单的现金价值。

自合同效力中止之日起 2 年内双方未达成协议的,保险人有权解除合同。投保人已交足 2 年以上保险费的,保险人应当按照合同约定退还保险单的现金价值;投保人未交足 2 年保险费的,保险人应当在扣除手续费后,退还保险费。

因被保险人故意犯罪或者抗拒依法采取的刑事强制措施导致其伤残或者死亡的,保险人不承担给付保险金的责任。投保人已交足 2 年以上保险费的,保险人应当按照合同约定退还保险单的现金价值。

投保人解除合同的,保险人应当自收到解除合同通知之日起 30 日内,按照合同约定退还保险单的现金价值。

7. 自杀条款

以被保险人死亡为给付保险金条件的合同，自合同成立或者合同效力恢复之日起2年内，被保险人自杀的，保险人不承担给付保险金的责任，但被保险人自杀时为无民事行为能力人的除外。保险人依照前述规定不承担给付保险金责任的，应当按照合同约定退还保险单的现金价值。

人身保险合同一般都约定，投保人、被保险人、受益人故意制造的事故为除外责任。把自杀作为除外责任，主要是为了避免蓄意自杀者企图通过保险为家属图谋保险金，从而滋长道德风险，损害保险人的合法权益。人身保险合同中规定的自杀条款，一般是指被保险人的自杀。被保险人的自杀，是否当然属于除外责任是一个有争议的问题。如果自杀也能获得保险金，就可能会鼓励意图自杀的人在自杀前投保巨额人身保险，从而诱发道德危险。但如果对并非为图谋保险金的原因而发生的自杀，一概不给予保险金，也将会影响受益人及其遗属的正常生活，而且人身保险的目的又是在于保障受益人或被保险人遗属的利益。[①] 据此自杀条款的宗旨，一方面要防止发生道德危险，保护保险人的利益；另一方面，又要保护被保险人家属或者受益人的利益。由此，把自杀的除外责任在时间上限制在保险契约签订后的2年内，在这一免赔期限内的自杀，保险人不负给付责任，当然，被保险人自杀时为无民事行为能力人的除外；超过这一期限后的自杀，保险人仍要负给付责任。在签订契约或契约复效2年之内自杀的，保险人虽不负给付保险金的责任，但对投保人已支付的保险费，保险人应当按照合同约定退还保险单的现金价值。[②]

第三节　保险业法律制度

一、保险业法概述

（一）保险业法的概念和调整对象

保险业法，又称保险组织法、保险业监督法，是对保险业进行监督管理的法律规范。保险业法属于保险公法。国务院保险监督管理机构依照《保险法》负责对保险业实施监督管理。

保险业法的调整对象包括：国家对保险业的监督管理关系；国家对保险中介的监督管理关系；保险业之间的竞争关系；保险业内部的经营管理关系。

（二）保险业法的作用

保险的主要目的是分散危险，我国《保险法》的立法宗旨是“规范保险活动，

① 李玉泉：《保险法》（第二版），法律出版社2003年版，第249页。

② 覃有土主编：《保险法概论》（第二版），北京大学出版社2001年版，第384页。

保护保险活动当事人的合法权益,加强对保险业的监督管理,维护社会经济秩序和社会公共利益,促进保险事业的健康发展”,因此保险业法的作用是维护被保险人的合法利益;维护保险业的公平竞争;促进保险事业的健康发展。

二、保险监督管理机构

(一) 中国保险监督管理委员会的性质和任务

根据 1998 年国务院发布的《关于成立中国保险监督管理委员会的通知》,为深化金融保险体制改革,切实加强保险业监管,防范和化解保险业风险,决定成立中国保险监督管理委员会。中国保险监督管理委员会(以下简称中国保监会)是全国商业保险的主管部门,为国务院直属事业单位,根据法律和国务院授权,统一监督管理我国保险市场。中国保监会的派出机构,在中国保监会授权范围内行使职权。中国保监会的主要任务是:拟定有关商业保险的政策法规和行业发展规划;依法对保险企业的经营活动进行监督管理和业务指导,维护保险市场秩序,依法查处保险企业违法违规行为,保护被保险人利益;培育和发展保险市场,推进保险业改革,完善保险市场体系,促进保险企业公平竞争;建立保险业风险的评价与预警系统,防范和化解保险业风险,促进保险企业稳健经营与业务的健康发展。

(二) 中国保险监督管理委员会的主要职责

根据 2003 年国务院办公厅《关于印发中国保险监督管理委员会主要职责内设机构和人员编制规定的通知》和《保险法》,中国保监会的主要职责包括:

(1) 拟订保险业发展的方针政策,制订行业发展战略和规划;起草保险业监管的法律、法规;制订业内规章。

(2) 审批保险公司及其分支机构、保险集团公司、保险控股公司的设立;会同有关部门审批保险资产管理公司的设立;审批境外保险机构代表处的设立;审批保险代理公司、保险经纪公司、保险公估公司等保险中介机构及其分支机构的设立;审批境内保险机构和非保险机构在境外设立保险机构;审批保险机构的合并、分立、变更、解散,决定接管和指定接受;参与、组织保险公司的破产、清算。

(3) 审查、认定各类保险机构高级管理人员的任职资格;制订保险从业人员的基本资格标准。

(4) 审批关系社会公众利益的保险险种、依法实行强制保险的险种和新开发的人寿保险险种等的保险条款和保险费率,对其他保险险种的保险条款和保险费率实施备案管理。

(5) 依法监管保险公司的偿付能力和市场行为;负责保险保障基金的管理,监管保险保证金;根据法律和国家对保险资金的运用政策,制订有关规章制度,依法对保险公司的资金运用进行监管。

（6）对政策性保险和强制保险进行业务监管；对专属自保、相互保险等组织形式和业务活动进行监管。归口管理保险行业协会、保险学会等行业社团组织。

（7）依法对保险机构和保险从业人员的不正当竞争等违法、违规行为以及对非保险机构经营或变相经营保险业务进行调查、处罚。

（8）依法对境内保险及非保险机构在境外设立的保险机构进行监管。

（9）制订保险行业信息化标准；建立保险风险评价、预警和监控体系，跟踪分析、监测、预测保险市场运行状况，负责统一编制全国保险业的数据、报表，抄送中国人民银行，并按照国家有关规定予以发布。

（10）对有严重偿付能力问题或损害被保险人利益行为的保险公司，有权决定进行整顿或接管。

（三）中国保险监督管理委员会职能机构

根据上述主要职责，中国保险监督管理委员会设15个职能机构：办公厅、发展改革部、财务会计部、财产保险监管部、人身保险监管部、再保险监管部、保险中介监管部、保险资金运用监管部、国际部、法规部、统计信息部、派出机构管理部、人事教育部、监察局、党委宣传部。

（四）保险监督管理方式

有关国家根据其不同的经济环境和法律选择对保险业的监督管理采取不同的方式，通常有以下三种：[①]

1. 公告管理方式

公告管理方式，又称公告主义，是指国家对保险业的经营不作任何直接的监督和干预，仅规定保险人必须按照政府规定的格式及内容，定期将营业结果呈报监管机关给予公告。通过公告的形式把各保险人的经营置于社会监督之下，监管机关并不对保险人的经营作任何评价。保险人的经营优劣完全依靠社会公众自身加以分析和判断。

2. 原则管理方式

原则管理方式，又称准则主义，是指由国家制定指导保险业经营管理的一些基本准则，要求所有保险人共同遵守。如对最低资本金的要求、资产负债表的审核、资金的运用、违反法律行为的处罚等均做出明确规定。原则管理方式仅从形式上出发，其对保险业的监督管理只是形式上的审查，没有触及保险业经营管理的实体。

3. 实体监管方式

实体监管方式，又称许可主义、批准主义，由瑞士于1885年首创，是指国家制定有完善的保险监督管理规则，由国家监督管理机关对保险企业的设立、经

① 李玉泉：《保险法》（第二版），法律出版社2003年版，第274—275页。

营、财务、人事乃至倒闭清算均实行有效的监督和管理。这是对保险业监督管理方式中最为严格的一种。包括我国在内的世界大多数国家都实行实体监管模式,最典型的是美国和日本。

20 世纪 90 年代以来,世界第五次并购浪潮在全球范围内席卷而来,以银行业、保险业为主导的现代金融产业是这次全球并购潮中的重中之重。外部竞争环境达到了白热化的程度,这种外部约束条件的变化诱导了西方金融业的金融创新。放松保险管制,建立密切配合的保险监管模式成为西方发达国家各保险监管机构的必然选择和努力方向。与西方现行的宽松的保险监管模式相比,中国现阶段保险监管从整体上仍然属于较为严格的监管模式,其独特性表现为:(1) 单一的分业监管机构。1998 年成立的中国保监会为全国商业保险的主管机关,独立行使保险市场的监管职能。(2) 直接的实体监管方式。着力于对单一保险企业的直接监管,即通过一系列法规条文严格规定了保险企业的经营准则,如保险企业的创设制度以及业务监督、财务监督、人事监督制度等,并由保险监督机构(保监会)贯彻执行。(3) 严格的监管内容。对保险企业的监管内容不仅涉及范围广,并且限制性很强。突出表现为两个方面:第一,对保险企业的组织监管,实行严格的市场准入限制。我国《保险法》规定内资保险企业创设的开业资本最低限额为 2 亿人民币,且必须为实缴货币资本。此外,与旧法相比,2009 年新修订的《保险法》将有权经营商业保险业务的主体扩展到法律、行政法规规定的其他保险组织。[①] 第二,对保险企业经营活动也作了严格的限制。从长期看,经济全球化下中国保险监管模式应逐步向国际通行的宽松的保险监管模式过渡。[②]

三、保险公司的监督管理

(一) 我国保险公司的组织形式

旧《保险法》第 70 条规定:保险公司应当采取下列组织形式:(1) 股份有限公司;(2) 国有独资公司。而 2009 年新修订的《保险法》第 94 条规定:保险公司,除本法另有规定外,适用《公司法》的规定。由此可见,与旧《保险法》相比,保险公司的组织形式不仅包括股份有限公司与国有独资公司,还应当包括有限责任公司。

---

① 旧《保险法》第 6 条规定:经营商业保险业务,必须是依照本法设立的保险公司。其他单位和个人不得经营商业保险业务。2009 年新修订的《保险法》第 6 条规定:保险业务由依照本法设立的保险公司以及法律、行政法规规定的其他保险组织经营,其他单位和个人不得经营保险业务。

② 刘友芝:《经济全球化下中国保险监管模式的两难选择》,http://www.paperlw.com/caishuilunwen/baoxianlunwen/jjqqhxzgbxjgmsdlnxz_33126.html,访问时间:2011 年 2 月 10 日。

（二）保险公司的设立条件和程序

1. 设立保险公司的原则和条件

设立保险公司，应当遵循下列原则：遵守法律、行政法规；符合国家宏观经济政策和保险业发展战略；有利于保险业的公平竞争和健康发展。

设立保险公司，必须经保险监督管理机构批准。并且应当具备下列条件：主要股东具有持续盈利能力，信誉良好，最近三年内无重大违法违规记录，净资产不低于人民币2亿元；有符合《保险法》和《公司法》规定的章程；有符合《保险法》规定的注册资本；有具备任职专业知识和业务工作经验的董事、监事和高级管理人员；有健全的组织机构和管理制度；有符合要求的营业场所和与经营业务有关的其他设施。

设立保险公司，其注册资本的最低限额为人民币2亿元，注册资本应当为实缴货币资本。保险监督管理机构根据保险公司业务范围、经营规模，可以调整其注册资本的最低限额。但是，不得低于人民币2亿元。

2. 保险公司的设立程序

申请设立保险公司，应当提交下列文件、资料：设立申请书，申请书应当载明拟设立的保险公司的名称、注册资本、业务范围等；可行性研究报告；筹建方案；投资人的营业执照或者其他背景资料，经会计师事务所审计的上一年度财务会计报告；投资人认可的筹备组负责人和拟任董事长、经理名单及本人认可证明；国务院保险监督管理机构规定的其他材料。

国务院保险监督管理机构应当对设立保险公司的申请进行审查，自受理之日起六个月内作出批准或者不批准筹建的决定，并书面通知申请人。决定不批准的，应当书面说明理由。申请人应当自收到批准筹建通知之日起一年内完成筹建工作；筹建期间不得从事保险经营活动。筹建工作完成后，申请人具备《保险法》第68条规定的设立条件的，可以向国务院保险监督管理机构提出开业申请。国务院保险监督管理机构应当自受理开业申请之日起六十日内，作出批准或者不批准开业的决定。决定批准的，颁发经营保险业务许可证；决定不批准的，应当书面通知申请人并说明理由。

经批准设立的保险公司，由批准部门颁发经营保险业务许可证，并凭经营保险业务许可证向工商行政管理机关办理登记，领取营业执照。保险公司自取得经营保险业务许可证之日起6个月内，无正当理由未办理公司设立登记的，其经营保险业务许可证自动失效。

保险公司成立后应当按照其注册资本总额的20%提取保证金，存入保险监督管理机构指定的银行，除保险公司清算时用于清偿债务外，不得动用。

保险公司在中华人民共和国境内外设立分支机构，须经保险监督管理机构批准，取得分支机构经营保险业务许可证。保险公司分支机构不具有法人资格，其民事责任由保险公司承担。保险公司在中华人民共和国境内外设立代表机构,须经保险监督管理机构批准。

（三）保险公司的变更

保险公司有下列变更事项之一的,须经保险监督管理机构批准:变更名称;变更注册资本;变更公司或者分支机构的营业场所;撤销分支机构;公司分立或者合并;修改公司章程;变更出资额占有限责任公司资本总额百分之五以上的股东,或者变更持有股份有限公司股份百分之五以上的股东;国务院保险监督管理机构规定的其他情形。

（四）保险公司的终止和清算

（1）保险公司因分立、合并需要解散,或者股东会、股东大会决议解散,或者公司章程规定的解散事由出现,经国务院保险监督管理机构批准后解散。保险公司解散,应当依法成立清算组进行清算。经营有人寿保险业务的保险公司,除因分立、合并或者被依法撤销外,不得解散。

（2）保险公司违反法律、行政法规被保险监督管理机构吊销经营保险业务许可证的,依法撤销,由保险监督管理机构依法及时组织清算组,进行清算。

（3）保险公司有《企业破产法》第2条规定情形的,经国务院保险监督管理机构同意,保险公司或者其债权人可以依法向人民法院申请重整、和解或者破产清算;国务院保险监督管理机构也可以依法向人民法院申请对该保险公司进行重整或者破产清算。保险公司被宣告破产的,由法院组织保险监督管理机构等有关部门和有关人员成立清算组,进行清算。经营有人寿保险业务的保险公司被依法撤销的或者被依法宣告破产的,其持有的人寿保险合同及准备金,必须转移给其他经营有人寿保险业务的保险公司;不能同其他保险公司达成转让协议的,由保险监督管理机构指定经营有人寿保险业务的保险公司接受。转让或者由保险监督管理机构指定接受前款规定的人寿保险合同及准备金的,应当维护被保险人、受益人的合法权益。保险公司依法破产的,破产财产在优先清偿破产费用和共益债务后,按照下列顺序清偿:所欠职工工资和医疗、伤残补助、抚恤费用,所欠应当划入职工个人账户的基本养老保险、基本医疗保险费用,以及法律、行政法规规定应当支付给职工的补偿金;赔偿或者给付保险金;保险公司欠缴的除第1项规定以外的社会保险费用和所欠税款;普通破产债权。破产财产不足以清偿同一顺序的清偿要求的,按照比例分配。破产保险公司的董事、监事和高级管理人员的工资,按照该公司职工的平均工资计算。

保险公司依法终止其业务活动,应当注销其经营保险业务许可证。

四、保险经营的监督管理

(一)保险公司的业务范围

保险公司的业务范围包括:(1)财产保险业务,包括财产损失保险、责任保险、信用保险、保证保险等保险业务;(2)人身保险业务,包括人寿保险、健康保险、意外伤害保险等保险业务。同一保险人不得同时兼营财产保险业务和人身保险业务;但是,经营财产保险业务的保险公司经保险监督管理机构核定,可以经营短期健康保险业务和意外伤害保险业务。保险公司的业务范围由保险监督管理机构依法核定。保险公司只能在被核定的业务范围内从事保险经营活动。保险公司不得兼营保险法及其他法律、行政法规规定以外的业务。

(二)保险公司业务经营的其他管理规定

1. 保险准备金的提存

保险公司应当根据保障被保险人利益、保证偿付能力的原则,提取各项责任准备金。保险公司提取和结转责任准备金的具体办法由保险监督管理机构制定。

保险公司应当按照已经提出的保险赔偿或者给付金额以及已经发生保险事故但尚未提出的保险赔偿或者给付金额,提取未决赔款准备金。保险公司还应当依照有关法律、行政法规及国家财务会计制度的规定提取公积金。

为了保障被保险人的利益,支持保险公司稳健经营,保险公司应当按照保险监督管理机构的规定提存保险保障基金。保险保障基金应当集中管理,统筹使用。保险保障基金管理使用的具体办法由保险监督管理机构制定。

2. 最低偿付能力

保险公司应当具有与其业务规模和风险程度相适应的最低偿付能力。保险公司应当根据保护被保险人利益、保障偿付能力的原则,稳健经营,确保实际偿付能力额度任何时点不低于最低偿付能力额度。保险公司的认可资产减去认可负债的差额不得低于国务院保险监督管理机构规定的数额;低于规定数额的,应当按照国务院保险监督管理机构的要求采取相应措施达到规定的数额。

3. 强制再保险

保险公司对每一危险单位,即对一次保险事故可能造成的最大损失范围所承担的责任,不得超过其实有资本金加公积金总和的10%;超过的部分,应当办理再保险。保险公司对危险单位的计算办法和巨灾风险安排计划,应当报经保险监督管理机构核准。保险公司应当按照保险监督管理机构的有关规定办理再保险。

4. 保险公司的资金运用

根据《保险法》和《保险资金运用管理暂行办法》(2010年2月1日中国保

险监督管理委员会主席办公会审议通过，自2010年8月31日起施行），保险资金运用必须稳健，遵循安全性原则，符合偿付能力监管要求，根据保险资金性质实行资产负债管理和全面风险管理，实现集约化、专业化、规范化和市场化。保险资金运用方式限于：银行存款；买卖债券、股票、证券投资基金份额等有价证券；投资不动产；国务院规定的其他资金运用形式。保险资金从事境外投资的，应当符合中国保监会有关监管规定。

保险资金办理银行存款的，应当选择符合下列条件的商业银行作为存款银行：资本充足率、净资产和拨备覆盖率等符合监管要求；治理结构规范、内控体系健全、经营业绩良好；最近三年未发现重大违法违规行为；连续三年信用评级在投资级别以上。

保险资金投资的债券，应当达到中国保监会认可的信用评级机构评定的、且符合规定要求的信用级别，主要包括政府债券、金融债券、企业（公司）债券、非金融企业债务融资工具以及符合规定的其他债券。保险资金投资的股票，主要包括公开发行并上市交易的股票和上市公司向特定对象非公开发行的股票。投资创业板上市公司股票和以外币认购及交易的股票由中国保监会另行规定。保险资金投资证券投资基金的，其基金管理人应当符合下列条件：公司治理良好，净资产连续三年保持在人民币一亿元以上；依法履行合同，维护投资者合法权益，最近三年没有不良记录；建立有效的证券投资基金和特定客户资产管理业务之间的防火墙机制；投资团队稳定，历史投资业绩良好，管理资产规模或者基金份额相对稳定。

保险资金投资的不动产，是指土地、建筑物及其他附着于土地上的定着物。具体办法由中国保监会制定。保险资金投资的股权，应当为境内依法设立和注册登记，且未在证券交易所公开上市的股份有限公司和有限责任公司的股权。保险集团（控股）公司、保险公司不得使用各项准备金购置自用不动产或者从事对其他企业实现控股的股权投资。保险集团（控股）公司、保险公司对其他企业实现控股的股权投资，应当满足有关偿付能力监管规定。保险集团（控股）公司的保险子公司不符合中国保监会偿付能力监管要求的，该保险集团（控股）公司不得向非保险类金融企业投资。实现控股的股权投资应当限于下列企业：保险类企业，包括保险公司、保险资产管理机构以及保险专业代理机构、保险经纪机构；非保险类金融企业；与保险业务相关的企业。

此外，保险集团（控股）公司、保险公司从事保险资金运用，不得有下列行为：存款于非银行金融机构；买入被交易所实行“特别处理”、“警示存在终止上市风险的特别处理”的股票；投资不具有稳定现金流回报预期或者资产增值价值、高污染等不符合国家产业政策项目的企业股权和不动产；直接从事房地产开发建设；从事创业风险投资；将保险资金运用形成的投资资产用于向他人提供担保或者发放贷款，个人保单质押贷款除外；中国保监会禁止的其他投资行为。中国保监会可以根据有关情况对保险资金运用的禁止性规定进行适当调整。

保险集团（控股）公司、保险公司从事保险资金运用应当符合下列比例要求：投资于银行活期存款、政府债券、中央银行票据、政策性银行债券和货币市场基金等资产的账面余额，合计不低于本公司上季末总资产的5%；投资于无担保企业（公司）债券和非金融企业债务融资工具的账面余额，合计不高于本公司上季末总资产的20%；投资于股票和股票型基金的账面余额，合计不高于本公司上季末总资产的20%；投资于未上市企业股权的账面余额，不高于本公司上季末总资产的5%；投资于未上市企业股权相关金融产品的账面余额，不高于本公司上季末总资产的4%，两项合计不高于本公司上季末总资产的5%；投资于不动产的账面余额，不高于本公司上季末总资产的10%；投资于不动产相关金融产品的账面余额，不高于本公司上季末总资产的3%，两项合计不高于本公司上季末总资产的10%；投资于基础设施等债权投资计划的账面余额不高于本公司上季末总资产的10%；保险集团（控股）公司、保险公司对其他企业实现控股的股权投资，累计投资成本不得超过其净资产。

前述1至6项所称总资产应当扣除债券回购融入资金余额、投资连结保险和非寿险非预定收益投资型保险产品资产；保险集团（控股）公司总资产应当为集团母公司总资产。非金融企业债务融资工具是指具有法人资格的非金融企业在银行间债券市场发行的，约定在一定期限内还本付息的有价证券；未上市企业股权相关金融产品是指股权投资管理机构依法在中国境内发起设立或者发行的以未上市企业股权为基础资产的投资计划或者投资基金等；不动产相关金融产品是指不动产投资管理机构依法在中国境内发起设立或者发行的以不动产为基础资产的投资计划或者投资基金等；基础设施等债权投资计划是指保险资产管理机构等专业管理机构根据有关规定，发行投资计划受益凭证，向保险公司等委托人募集资金，投资基础设施项目等，按照约定支付本金和预期收益的金融工具。保险集团（控股）公司、保险公司应当控制投资工具、单一品种、单一交易对手、关联企业以及集团内各公司投资同一标的的比例，防范资金运用集中度风险。保险资金运用的具体管理办法，由中国保监会制定。中国保监会可以根据有关情况对保险资金运用的投资比例进行适当调整。

5. 对保险公司及其工作人员在保险业务中的行为规定

保险公司及其工作人员在保险业务活动中不得有下列行为：欺骗投保人、被保险人或者受益人；对投保人隐瞒与保险合同有关的重要情况；阻碍投保人履行本法规定的如实告知义务，或者诱导其不履行本法规定的如实告知义务；给予或者承诺给予投保人、被保险人、受益人保险合同约定以外的保险费回扣或者其他利益；拒不依法履行保险合同约定的赔偿或者给付保险金义务；故意编造未曾发生的保险事故、虚构保险合同或者故意夸大已经发生的保险事故的损失程度进行虚假理赔,骗取保险金或者牟取其他不正当利益;挪用、截留、侵占保险费;委托未取得合法资格的机构或者个人从事保险销售活动;利用开展保险业务为其他机构或者个人牟取不正当利益;利用保险代理人、保险经纪人或者保险评估机构,从事以虚构保险中介业务或者编造退保等方式套取费用等违法活动;以捏造、散布虚假事实等方式损害竞争对手的商业信誉,或者以其他不正当竞争行为扰乱保险市场秩序;泄露在业务活动中知悉的投保人、被保险人的商业秘密;违反法律、行政法规和国务院保险监督管理机构规定的其他行为。

五、保险业的监督管理

(一) 保险条款和保险费率

关系社会公众利益的保险险种、依法实行强制保险的险种和新开发的人寿保险险种等的保险条款和保险费率,应当报国务院保险监督管理机构批准。国务院保险监督管理机构审批时,应当遵循保护社会公众利益和防止不正当竞争的原则。其他保险险种的保险条款和保险费率,应当报保险监督管理机构备案。保险条款和保险费率审批、备案的具体办法,由国务院保险监督管理机构依照上述规定制定。

(二) 保险监督管理机构的其他权力

(1) 国务院保险监督管理机构应当建立健全保险公司偿付能力监管体系,对保险公司的偿付能力实施监控。

(2) 保险公司使用的保险条款和保险费率违反法律、行政法规或者国务院保险监督管理机构的有关规定的,由保险监督管理机构责令停止使用,限期修改;情节严重的,可以在一定期限内禁止申报新的保险条款和保险费率。

(3) 保险公司未依照本法规定提取或者结转各项责任准备金,或者未依照本法规定办理再保险,或者严重违反本法关于资金运用的规定的,由保险监督管理机构责令限期改正,并可以责令调整负责人及有关管理人员。

(4) 对保险公司进行整顿。保险监督管理机构依照《保险法》第 140 条的规定作出限期改正的决定后,保险公司逾期未改正的,国务院保险监督管理机构可以决定选派保险专业人员和指定该保险公司的有关人员组成整顿组,对公司进行整顿。整顿决定应当载明被整顿公司的名称、整顿理由、整顿组成员和整顿期限,并予以公告。整顿组有权监督被整顿保险公司的日常业务。被整顿公司的负责人及有关管理人员应当在整顿组的监督下行使职权。整顿过程中,被整顿保险公司的原有业务继续进行。但是,国务院保险监督管理机构可以责令被整顿公司停止部分原有业务、停止接受新业务,调整资金运用。被整顿保险公司经整顿已纠正其违反本法规定的行为,恢复正常经营状况的,由整顿组提出报告，经国务院保险监督管理机构批准，结束整顿，并由国务院保险监督管理机构予以公告。

（5）对保险公司实行接管。保险公司有下列情形之一的，国务院保险监督管理机构可以对其实行接管：公司的偿付能力严重不足的；违反《保险法》规定，损害社会公共利益，可能严重危及或者已经严重危及公司的偿付能力的。被接管的保险公司的债权债务关系不因接管而变化。接管组的组成和接管的实施办法，由国务院保险监督管理机构决定，并予以公告。接管期限届满，国务院保险监督管理机构可以决定延长接管期限，但接管期限最长不得超过2年。接管期限届满，被接管的保险公司已恢复正常经营能力的，由国务院保险监督管理机构决定终止接管，并予以公告。被接管的保险公司有《中华人民共和国企业破产法》第2条规定情形的，国务院保险监督管理机构可以依法向人民法院申请对该保险公司进行重整或者破产清算。

（6）撤销保险公司。保险公司因违法经营被依法吊销经营保险业务许可证的，或者偿付能力低于国务院保险监督管理机构规定标准，不予撤销将严重危害保险市场秩序、损害公共利益的，由国务院保险监督管理机构予以撤销并公告，依法及时组织清算组进行清算。

（7）国务院保险监督管理机构有权要求保险公司股东、实际控制人在指定的期限内提供有关信息和资料。保险公司的股东利用关联交易严重损害公司利益，危及公司偿付能力的，由国务院保险监督管理机构责令改正。在按照要求改正前，国务院保险监督管理机构可以限制其股东权利；拒不改正的，可以责令其转让所持的保险公司股权。保险监督管理机构根据履行监督管理职责的需要，可以与保险公司董事、监事和高级管理人员进行监督管理谈话，要求其就公司的业务活动和风险管理的重大事项作出说明。保险公司在整顿、接管、撤销清算期间，或者出现重大风险时，国务院保险监督管理机构可以对该公司直接负责的董事、监事、高级管理人员和其他直接责任人员采取以下措施：通知出境管理机关依法阻止其出境；申请司法机关禁止其转移、转让或者以其他方式处分财产，或者在财产上设定其他权利。

（8）保险监督管理机构依法履行职责，可以采取下列措施：对保险公司、保险代理人、保险经纪人、保险资产管理公司、外国保险机构的代表机构进行现场检查；进入涉嫌违法行为发生场所调查取证；询问当事人及与被调查事件有关的单位和个人，要求其对与被调查事件有关的事项作出说明；查阅、复制与被调查事件有关的财产权登记等资料；查阅、复制保险公司、保险代理人、保险经纪人、保险资产管理公司、外国保险机构的代表机构以及与被调查事件有关的单位和个人的财务会计资料及其他相关文件和资料；对可能被转移、隐匿或者毁损的文件和资料予以封存；查询涉嫌违法经营的保险公司、保险代理人、保险经纪人、保险资产管理公司、外国保险机构的代表机构以及与涉嫌违法事项有关的单位和个人的银行账户;对有证据证明已经或者可能转移、隐匿违法资金等涉案财产或者隐匿、伪造、毁损重要证据的,经保险监督管理机构主要负责人批准,申请人民法院予以冻结或者查封。保险监督管理机构采取前款第1项、第2项、第5项措施的,应当经保险监督管理机构负责人批准;采取第6项措施的,应当经国务院保险监督管理机构负责人批准。保险监督管理机构依法进行监督检查或者调查,其监督检查、调查的人员不得少于二人,并应当出示合法证件和监督检查、调查通知书;监督检查、调查的人员少于二人或者未出示合法证件和监督检查、调查通知书的,被检查、调查的单位和个人有权拒绝。

六、对保险代理人和保险经纪人的监督管理

(一)对保险代理人的监督管理

1. 保险代理人的概念

保险代理人是根据保险人的委托,向保险人收取佣金,并在保险人授权的范围内代为办理保险业务的机构或者个人。保险代理机构包括专门从事保险代理业务的保险专业代理机构和兼营保险代理业务的保险兼业代理机构。

2. 对保险代理人的管理规定

保险人委托保险代理人代为办理保险业务的,应当与保险代理人签订委托代理协议,依法约定双方的权利和义务及其他代理事项。个人保险代理人在代为办理人寿保险业务时,不得同时接受两个以上保险人的委托。

保险代理人根据保险人的授权代为办理保险业务的行为,由保险人承担责任。保险代理人没有代理权、超越代理权或者代理权终止后以保险人名义订立合同,使投保人有理由相信其有代理权的,该代理行为有效。保险人可以依法追究越权的保险代理人的责任。

(二)对保险经纪人的监督管理

1. 保险经纪人的概念

保险经纪人是基于投保人的利益,为投保人与保险人订立保险合同提供中介服务,并依法收取佣金的机构。

2. 对保险经纪人的管理规定

保险经纪人因过错给投保人、被保险人造成损失的,依法承担赔偿责任。

(三)对保险代理人、保险经纪人的共通管理规定

保险代理机构、保险经纪人应当具备国务院保险监督管理机构规定的条件,取得保险监督管理机构颁发的经营保险代理业务许可证、保险经纪业务许可证。保险专业代理机构、保险经纪人凭保险监督管理机构颁发的许可证向工商行政管理机关办理登记,领取营业执照。保险兼业代理机构凭保险监督管理机构颁

发的许可证,向工商行政管理机关办理变更登记。保险代理机构、保险经纪人应当按照国务院保险监督管理机构的规定缴存保证金或者投保职业责任保险。未经保险监督管理机构批准,保险代理机构、保险经纪人不得动用保证金。保险佣金只限于向具有合法资格的保险代理人、保险经纪人支付,不得向其他人支付。

以公司形式设立保险专业代理机构、保险经纪人,其注册资本最低限额适用《公司法》的规定。国务院保险监督管理机构根据保险专业代理机构、保险经纪人的业务范围和经营规模,可以调整其注册资本的最低限额,但不得低于《公司法》规定的限额。保险专业代理机构、保险经纪人的注册资本或者出资额必须为实缴货币资本。保险代理机构、保险经纪人应当有自己的经营场所,设立专门账簿记载保险代理业务、经纪业务的收支情况。

保险专业代理机构、保险经纪人的高级管理人员,应当品行良好,熟悉保险法律、行政法规,具有履行职责所需的经营管理能力,并在任职前取得保险监督管理机构核准的任职资格。个人保险代理人、保险代理机构的代理从业人员、保险经纪人的经纪从业人员,应当具备国务院保险监督管理机构规定的资格条件,取得保险监督管理机构颁发的资格证书。

保险代理人、保险经纪人及其从业人员在办理保险业务活动中不得有下列行为:欺骗保险人、投保人、被保险人或者受益人;隐瞒与保险合同有关的重要情况;阻碍投保人履行本法规定的如实告知义务,或者诱导其不履行本法规定的如实告知义务;给予或者承诺给予投保人、被保险人或者受益人保险合同约定以外的利益;利用行政权力、职务或者职业便利以及其他不正当手段强迫、引诱或者限制投保人订立保险合同;伪造、擅自变更保险合同,或者为保险合同当事人提供虚假证明材料;挪用、截留、侵占保险费或者保险金;利用业务便利为其他机构或者个人牟取不正当利益;串通投保人、被保险人或者受益人,骗取保险金;泄露在业务活动中知悉的保险人、投保人、被保险人的商业秘密。

保险专业代理机构、保险经纪人分立、合并、变更组织形式、设立分支机构或者解散的,应当经保险监督管理机构批准。

思考题

1. 简述保险的构成要件。
2. 简述保险合同的特征。
3. 简述《保险法》中有关保险人赔付保险金的时限规定。
4. 简述投保人的告知义务及投保人违反告知义务时的法律后果。
5. 试述人身保险合同中的特殊条款。

参考书目

1. 强力主编:《金融法》,法律出版社 2004 年版。
2. 汪鑫主编:《金融法学》,中国政法大学出版社 2002 年版。
3. 朱大旗:《金融法》,中国人民大学出版社 2000 年版。
4. 徐新林主编:《金融法概论》,复旦大学出版社 2002 年版。
5. 甘功仁、黄欣主编:《金融法》,中国金融出版社 2003 年版。
6. 陈乐田主编:《银行法》,法律出版社 1999 年版。
7. 吴志攀、白建军主编:《海外金融法》,法律出版社 2004 年版。
8. 刘定华:《金融法专题研究》,北京大学出版社 2002 年版。
9. 丁邦开、周仲飞主编:《金融监管学原理》,北京大学出版社 2004 年版。
10. 刘隆亨:《金融法学》,当代世界出版社 2000 年版。
11. 黄达编著:《金融学(精编版)》(第二版),中国人民大学出版社 2009 年版。
12. 吴志攀主编:《金融法概论》,北京大学出版社 2011 年版。
13. 周仲飞等:《入世过渡期后的中国外资银行法》,上海财经大学出版社 2008 年版。
14. 岳彩申:《金融法学》,中国人民大学出版社 2010 年版。
15. 陶广峰主编:《金融法》,中国人民大学出版社 2009 年版。
16. 周大中:《现代金融学》,北京大学出版社 1994 年版。
17. 〔美〕托马斯・梅耶、詹姆斯・S. 杜森贝里、罗伯特・Z. 阿利伯:《货币、银行与经济》,洪文金、林志军等译,上海三联书店、上海人民出版社 1994 年版。
18. 张忠军:《金融监管法论——以银行法为中心的研究》,法律出版社 1998 年版。
19. 吴志攀主编:《金融法》,中国人民大学出版社 2001 年版。
20. 李明贤主编:《货币银行学》,国防科技大学出版社 2001 年版。
21. 郭雳:《思在录:金融法律问题研究》,经济科学出版社 2001 年版。
22. 石广生:《中国加入世界贸易组织知识读本》,人民出版社 2002 年版。
23. 刘定华、董岚:《银行法》,湖南人民出版社 2002 年版。
24. 王伯庭主编:《现代金融问题法律分析》,吉林人民出版社 2003 年版。
25. 王文宇:《新金融法》,中国政法大学出版社 2003 年版。
26. 周仲飞、郑晖:《银行法原理》,中信出版社 2004 年版。
27. 吴志攀:《中央银行法制》,中国金融出版社 2005 年版。
28. 吴志攀:《商业银行法务》,中国金融出版社 2005 年版。
29. 吴志攀、刘燕编:《金融法》,北京大学出版社 2008 年版。

30. 刘少军:《金融法学》,中国政法大学出版社 2008 年版。
31. 徐孟洲:《金融监管法研究》,中国法制出版社 2008 年版。
32. 周仲飞:《银行法研究》,上海财经大学出版社 2010 年版。
33. 刘隆亨:《银行金融法学》(第六版),北京大学出版社 2010 年版。
34. 倪振峰《银行法学》,复旦大学出版社 2010 年版。
35. 常健、管斌、饶常林:《金融法学专论》,对外经济贸易大学出版社 2010 年版。
36. 吴弘:《金融法律评论》,中国法制出版社 2010 年版。
37. 谢怀栻:《票据法概论》,法律出版社 1990 年版。
38. 赵新华:《票据法》(修订版),吉林人民出版社 1996 年版。
39. 赵威:《票据权利研究》,法律出版社 1997 年版。
40. 刘心稳:《票据法》,中国政法大学出版社 1999 年版。
41. 董安生主编:《票据法》,中国人民大学出版社 2000 年版。
42. 董翠香编著:《票据法》,上海人民出版社 2001 年版。
43. 王小能编著:《票据法教程》,北京大学出版社 2001 年版。
44. 汪世虎:《票据法律制度比较研究》,法律出版社 2003 年版。
45. 杨志华:《证券法律制度研究》,中国政法大学出版社 1995 年版。
46. 吴光明:《证券交易法论》,我国台湾地区三民书局 1996 年版。
47. 徐冬根、陈慧谷、潘杰编著:《美国证券法律与实务》,上海社会科学出版社 1997 年版。
48. 张舫:《公司收购法律制度研究》,法律出版社 1998 年版。
49. 顾功耘:《证券法》,人民法院出版社 1999 年版。
50. 邵挺杰主编:《证券法》,法律出版社 1999 年版。
51. 齐斌:《证券市场信息披露法律监管》,法律出版社 2000 年版。
52. 叶林:《证券法》,中国人民大学出版社 2000 年版。
53. 符启林主编:《中国证券交易法律制度研究》,法律出版社 2000 年版。
54. 钮华明、陈翔云:《证券公司业务发展与法律规范》,法律出版社 2000 年版。
55. 吴志攀、白建军主编:《证券市场与法律》,中国政法大学出版社 2000 年版。
56. 李朝晖:《证券市场法律监管研究》,人民出版社 2000 年版。
57. 吴晓求主编:《证券发行与承销》,中国人民大学出版社 2001 年版。
58. 吴弘主编:《中国证券市场发展的法律调控》,法律出版社 2001 年版。
59. 顾功耘主编:《商法教程》,上海人民出版社 2001 年版。
60. 李东方:《证券监督法律制度研究》,北京大学出版社 2002 年版。
61. 林国全:《证券交易法》,中国政法大学出版社 2002 年版。
62. 范建、王建文:《证券法》(第二版),法律出版社 2010 年版。
63. 叶林主编:《证券法教程》,法律出版社 2010 年版。
64. 朱锦清:《证券法学》(第二版),北京大学出版社 2007 年版。
65. 钱小安主编:《金融期货的理论与实践》,商务印书馆 1997 年版。
66. 严嘉、于静主编:《香港金融法》,河南人民出版社 1997 年版。

67. 唐波主编:《期货法论》,世界图书出版公司 1998 年版。

68. 王文灵、于瑾主编:《衍生工具定价理论》,经济科学出版社 1998 年版。

69. 杨永清主编:《期货交易法律制度研究》,法律出版社 1998 年版。

70. 李明良主编:《期货法》,人民法院出版社 1999 年版。

71. 徐家力、李京生、吴运浩主编:《期货交易法律理论与实务》,中国政法大学出版社 2000 年版。

72. 胡怀邦主编:《金融发展中的衍生市场研究》,中国经济出版社 2000 年版。

73. 潘英丽主编:《全球视角的金融变革》,江西人民出版社 2000 年版。

74. 杨玉川主编:《金融期货期市场研究与策划》,经济管理出版社 2000 年版。

75. 周振华主编:《金融改造》,上海人民出版社 2000 年版。

76. 徐冬根主编:《国际金融法律与实务研究》,上海财经大学出版社 2000 年版。

77. 杨迈军主编:《金融衍生品市场的监管》,中国物价出版社 2001 年版。

78. 刘明康主编:《2000—2001 国际金融报告》,经济科学出版社 2001 年版。

79. 宁敏:《国际金融衍生交易法律问题研究》,中国政法大学出版社 2002 年版。

80. 周英主编:《金融监管论》,中国金融出版社 2002 年版。

81. 郑振龙、张雯:《各国衍生金融市场监管比较研究》,中国金融出版社 2003 年版。

82. 吴庆宝、江向阳主编:《期货交易民事责任——期货司法解释评述与展开》,中国法制出版社 2003 年版。

83. 上海期货交易所"境外期货法制研究"课题组:《美国期货市场法律规范研究》,中国金融出版社 2007 年版。

84. 张玉智:《中国金融衍生品市场监管体系重构》,中国金融出版社 2009 年版。

85. 唐波:《中国期货市场法律制度研究——新加坡期货市场相关法律制度借鉴》,北京大学出版社 2010 年版。

86. 张淳:《信托法原论》,南京大学出版社 1994 年版。

87. 方嘉麟:《信托法之理论与实务》,我国台湾地区月旦出版社股份有限公司 1994 年版。

88. 周小明:《财产权的革新——信托法论》,贵州人民出版社 1995 年版。

89. 周小明:《信托制度比较法研究》,法律出版社 1996 年版。

90. 施天涛、余文然:《信托法》,人民法院出版社 1999 年版。

91. 周玉华主编:《信托法学》,中国政法大学出版社 2001 年版。

92. 何宝玉:《英国信托法原理与判例》,法律出版社 2001 年版。

93. 全国人大《信托法》起草工作组:《〈中华人民共和国信托法〉释义》,中国金融出版社 2001 年版。

94. 赖源河、王志诚:《现代信托法论》(增订三版),中国政法大学出版社 2002 年版。

95. 霍玉芬:《信托法要论》,中国政法大学出版社 2003 年版。

96. 郭德香:《金融信托法律制度研究》,郑州大学出版社 2003 年版。

97. 吴弘、贾希凌、程胜:《信托法论——中国信托市场发育发展的法律调整》,立信会计出版社 2003 年版。

98. 徐孟洲主编:《信托法学》,中国金融出版社 2004 年版。
99. 〔日〕中野正俊:《信托法判例研究》,张军建译,中国方正出版社 2006 年版。
100. 徐孟洲主编:《信托法》,法律出版社 2006 年版。
101. 朱小川:《营业信托法律制度比较研究》,法律出版社 2007 年版。
102. 余卫明:《信托受托人研究》,法律出版社 2007 年版。
103. 余辉:《英国信托法:起源、发展及其影响》,清华大学出版社 2007 年版。
104. 赵磊:《公益信托法律制度研究》,法律出版社 2008 年版。
105. 彭插三:《信托受托人法律地位比较研究》,北京大学出版社 2008 年版。
106. 李勇:《信托业监管法律问题研究》,中国财政经济出版社 2008 年版。
107. 范正峰:《美国商业信托法研究》,中国政法大学出版社 2009 年版。
108. 张军健:《信托法基础理论研究》,中国财政经济出版社 2009 年版。
109. 高凌云:《被误读的信托:信托法原论》,复旦大学出版社 2010 年版。
110. 徐卫:《信托受益人利益保障机制研究》,上海交通大学出版社 2011 年版。
111. 陈春山:《证券投资信托契约论》,我国台湾地区五南图书出版公司 1996 年版。
112. 于建国、余有红等编著:《投资基金的运作与发展》,上海人民出版社 1998 年版。
113. 何绍奇:《证券投资基金的法律透视》,人民法院出版社 2000 年版。
114. 周玉华:《投资信托基金法律应用》,人民法院出版社 2000 年版。
115. 段建新主编:《证券投资基金》,法律出版社 2000 年版。
116. 王苏生:《证券投资基金管理人的责任》,北京大学出版社 2001 年版。
117. 张振亚主编:《美国共同基金》,经济科学出版社 2001 年版。
118. 李惠:《走近私募基金》,经济科学出版社 2001 年版。
119. 〔美〕大卫·史文森:《机构投资与基金管理的创新》,张磊等译校,中国人民大学出版社 2002 年版。
120. 郭峰等:《证券投资基金法导论》,法律出版社 2008 年版。
121. 强力主编:《金融法教程》(修订版),中国政法大学出版社 1996 年版。
122. 覃有土主编:《保险法概论》(第二版),北京大学出版社 2001 年版。
123. 方乐华:《保险法》,立信会计出版社 2002 年版。
124. 江朝国:《保险法基础理论》,中国政法大学出版社 2002 年版。
125. 李玉泉:《保险法》(第二版),法律出版社 2003 年版。
126. 梁宇贤:《保险法新论》,中国人民大学出版社 2004 年版。
127. 许崇苗、李利:《中国保险法原理与适用》,法律出版社 2006 年版。
128. 刘宗荣:《新保险法:保险契约法的理论与实务》,中国人民大学出版社 2009 年版。
129. 方乐华:《保险与保险法》,北京大学出版社 2009 年版。
130. 韩长印、韩永强:《保险法新论》,中国政法大学出版社 2010 年版。
131. 李玉泉:《保险法学:理论与实务》(第二版),高等教育出版社 2010 年版。
132. 陈欣:《保险法》(第三版),北京大学出版社 2010 年版。

PEKING UNIVERSITY PRESS · 1902